Jürgen Link

Versuch über den Normalismus

Wie Normalität produziert wird

5. Auflage

Vandenhoeck & Ruprecht

Bibliografische Information der Deutschen Nationalbibliothek

Die Deutsche Nationalbibliothek verzeichnet diese Publikation in der Deutschen Nationalbibliografie; detaillierte bibliografische Daten sind im Internet über http://dnb.d-nb.de abrufbar.

ISBN 978-3-525-26525-3

Umschlagabbildung: René Magritte, Golkonda, 1953 © VG Bild-Kunst, Bonn 2006

Gesamtherstellung: ⊕ Hubert & Co, Göttingen

Gedruckt auf alterungsbeständigem Papier.

Für Ulla und David,
deren normaler Geduldspegel
mehrfach überschritten wurde.

Vorbemerkung zur 3. Auflage

Seit die 1. Auflage dieser Studie vor fast einem Jahrzehnt erschien, hat sich die ›Herausforderung‹, auf die sie zu antworten suchte, eher noch verstärkt: Die »diskursiven Ereignisse« um den Komplex des Normalen, der Normalität und der Normalisierung in der medialen Öffentlichkeit sind noch weniger zu übersehen als damals (s. dazu den neuen Einleitungsteil). Gleichzeitig damit hält aber auch die analytische Hilflosigkeit dieser medialen Öffentlichkeit gegenüber dem Normalen an. Angesichts einer verbreiteten terminologischen Konfusion vermeidet ein großer Teil der wissenschaftlichen Literatur den, wie es scheint, wenig seriösen Begriff. Das Ziel der vorliegenden Untersuchung war und ist es demgegenüber, ein sowohl systematisch konzises wie historisch plausibles Konzept des »Normalismus« zu entwickeln, worunter ein spezifisch modernes und nur modernes kulturelles Regime verstanden wird, das – gestützt auf kontinuierliche und flächendekkende Verdatung sowie auf statistisch gesteuerte Umverteilung – routinemäßig Normalitäten produziert und reproduziert. Dieses Konzept versteht sich als einen zwei Jahrhunderte umfassenden, sehr konkreten Beitrag zur Kulturwissenschaft, der den Blick für aktuelle Entwicklungen zu schärfen und die prognostische Kapazität zu erhöhen geeignet ist. Insbesondere erweist sich das Normalismus-Konzept als trennscharfes Instrument der Gegenwartsdiagnose, etwa was den engen Strukturzusammenhang zwischen »Postmoderne« bzw. »Posthistorie« und »flexiblem Normalismus« betrifft (s. dazu den neuen Schlußteil).

Die beiden ersten Auflagen dieser Studie haben ein deutliches Echo sowie eine wachsende Normalismus-Forschung veranlaßt, die in den beiden ersten Abschnitten des neuen Literaturverzeichnisses dokumentiert sind. Dieses Echo und diese Weiterentwicklungen haben sowohl die wesentlichen Thesen der Untersuchung bestätigt wie eine Reihe von Ergänzungen, von Erschließungen zusätzlicher Normalfelder und von neuen Erkenntnissen gezeitigt. Ich erwähne exemplarisch die interdisziplinäre DFG-Forschungsgruppe »Leben in Kurvenlandschaften. Flexibler Normalismus in Arbeitsleben und Alltag, Medien, elementarer und belletristischer Literatur« an der Universität Dortmund (1998–2001), deren Ergebnisse in mehreren Sammelbänden publiziert wurden (s. den zweiten Abschnitt des Literaturverzeichnisses). Insbesondere entwickelte sich eine intensive normalismustheoretisch orientierte Forschung im Bereich der Behinderung.

Für diesen dynamischen Forschungskontext bildet die vorliegende Studie, die seit geraumer Zeit vergriffen war, die systematische und historische Grundlage. Der Hauptteil (Teil II bis IX) wurde stellenweise ergänzt bzw. präzisiert, bleibt aber im wesentlichen unverändert. Völlig neu wurden die Teile I und X verfaßt: Sie beziehen sich insbesondere auf aktuelle Tendenzen des Normalismus (einschließlich seines Verhältnisses zur Postmoderne) sowie auf die Denormalisierung zu Beginn des 21. Jahrhunderts. (Um das Literaturverzeichnis nicht zu überlasten, werden ältere Quellen sowie ältere ›Klassiker‹ nur in den Fußnoten des Textes belegt.) Ich danke Ulrike Gießmann-Bindewald und dem Verlag Vandenhoeck und Ruprecht für ihr »grünes Licht« zur 3. Auflage. Ich danke Ernst Schulte-Holtey vielmals für die technische Realisierung der PDF-Datei.

Dortmund, im November 2005 J.L.

Inhalt

Teil I

Einleitung – »Normalität« als spezifische Kategorie; Abgrenzung zu »Normativität« und »Alltag«

1. »Normal« – banale Floskel oder Schlüsselbegriff moderner Kulturen?

Die folgende Studie unternimmt den Versuch, eine sowohl systematische wie historische Theorie des »Normalen« als eines grundlegenden Phänomens moderner westlicher Gesellschaften zu entwickeln. Ein solcher Versuch ist keine Selbstverständlichkeit. Es gibt gute Gründe dafür, daß seit über hundert Jahren – sieht man von Georges Canguilhem ab – keine generelle Theorie des Normalen bzw. der Normalität und Normalisierung mehr entstanden ist. Zwar ist der Begriff in aktuellen westlichen Kulturen allgegenwärtig – aber gerade deshalb erscheint er auch häufig als bedeutungsleere Sprechblase ohne Bezug zu einer psychologisch oder soziologisch greifbaren praktischen Realität. So dürfte es schwer fallen, unter den folgenden jeweils durchaus exemplarischen aktuellen Belegen mittels systematischer Analyse so etwas wie einen gemeinsamen Nenner des gemeinten »Normalen« herauszufiltern:

Ist Kohl noch normal? (*Stern*-Titel 27.1.2000)

Jede Nacht Sex haben. Oder nur einmal im Monat – Wie oft ist normal? (*Cosmopolitan*-Titel Mai 1998)

Wer kennt eigentlich einen prominenten Fußballer, der schwul ist? Erst wenn es normal ist, dass sich ein Fußballer zum Schwulsein bekennen kann, haben wir eine normale Gesellschaft. (Klaus Wowereit, nach *WAZ* 24.6.2002)

Grundsätzlich gibt es zur Bewertung und Beurteilung einer Gruppenleistung, also etwa einer Klasse, zwei Verfahren: Zum einen die Normorientierung. Die Schülerleistung wird an objektiven, vorgegebenen Normen gemessen mit der möglichen Folge, daß zum Beispiel weit über die Hälfte der Klasse eine »Fünf« bis »Sechs« erhält. [...] Das andere Bewertungsverfahren ist die Gruppenorientierung. Dabei wird der durchschnittliche Leistungsstand etwa einer Klasse zugrunde gelegt, wobei um einen Mittelwert die Zensurengebung nach der Gaußschen Normalverteilungskurve erfolgt. Egal, wie schwach die Klasse sein mag, wie schlecht die Leistung selbst des besten

Schülers ist, er erhält in jedem Fall eine »Eins«. (Leserbrief Dr. Peter Schade, *FAZ* 9.7.2002)

»Er war ein ruhiger, ganz normaler Mitbürger« – Jülicher sind fassungslos, dass ein Mitglied der Freiwilligen Feuerwehr den tödlichen Brand gelegt haben soll (*WAZ* 22.11.2003)

Zum anderen bestand er [Carl August Wunderlich, 1815–1877, J.L.] darauf, daß die Kriterien der ärztlichen Urteilsbildung nach dem Vorbild der physikalischen Wissenschaften so zu verallgemeinern seien, daß sich ärztliches Handeln auch im Einzelfall als Anwendung eines nomothetischen Regelwissens begründen lassen müsse: »mit aller Schärfe« wurde an seiner Klinik »der für das ärztliche Handeln schwerwiegende Begriff des normalen und anomalen Krankheitsverlaufs eingeführt« [...]. / Der Fieberkurve räumte Wunderlich dabei eine entscheidende Funktion ein. [...] War vor der Einführung der Fieberkurve »die Procedur bei der Bildung des diagnostischen Urtheils ... dem Arzt, seiner Willkür und seinem Tacte anheim gestellt«, so sollte nun der individuelle Krankheitsverlauf als »Normalform einer Krankheitsform« diskutiert werden, deren »Normen bald strammer, bald schlaffer« sind.[1]

Früher einmal war die westliche Welt normal. Sie war so normal, dass selbst die Ökonomie normal verteilt war. Es war die Welt einer florierenden Mittelklasse, die Welt der Massenmärkte, der Standardisierung, Sicherheit und Stabilität. Die Normalität war sowohl an den TV-Programmen als auch an der Musik und der Mode zu erkennen – sie war omnipräsent. Für Firmen bestand der Erfolg darin, den lokalen Durchschnitt für sich zu gewinnen [...]. Der Durchschnitt, das war die Welt der Volkswagen, weißen Gartenzäune und regelmäßigen Einkommen – die Welt der monochromen Normalität. / Im industrialisierten Westen drehte sich das Projekt der Modernität überwiegend um den Aufbau dieser großartigen Mitte. [...] Die politischen Parteien benötigten die Mitte. [...] Und sogar die Kapitalisten benötigten die Mitte. Der wachsende öffentliche Sektor blähte selbst die Unter- und Oberschicht in die wohlgeformte Bell-Kurve [Glockenkurve, d.h. Gaußsche Normalverteilung, J.L.] hinein. / Das war einmal. Doch heute können sie diese Normalität vergessen. Denken Sie abnormal.[2]

Welches doppelte Tabu steht der Normalität im Wege? In der alten DDR war der Antifaschismus verordnet gewesen und staatlicher Legitimationsgrund. Und in der Bundesrepublik? Als diese anfing, sich selbst genug zu sein, und die Nachgeborenen die geistige Herrschaft antraten, hatte sich der Antifaschismus auch hier in ein Kunstgewand gehüllt. Es verlieh Schutz gegen die Widrigkeiten der Welt und das Gefühl, etwas Besonderes zu sein. Nazideutschland war von der Norm abgefallen, und so blieb den nachfolgenden Teilstaaten verboten, Normalität zu üben. Es gedieh jenes Ausnahmebewußtsein, das wie Blei auf der Seele liegt [...]. Dürfen, weil die nazistischen Verbrechen jede Norm gesprengt haben, die Erben der Normalität entsagen?

---

1 Volker Hess, *Der wohltemperierte Mensch.* Wissenschaft und Alltag des Fiebermessens (1850–1900), Frankfurt/Main u. New York 2000, 163, 165.

2 Jonas Ridderstrale/Kjell Nordström, *Karaoke-Kapitalismus.* Fitness und Sexappeal für das Business von morgen, dt. Heidelberg 2005, 69f.

Folgt das eine aus dem anderen? Das Verbot von Normalität aus dem Bruch der Norm? [...] Die Norm, die gebrochen wurde, war eine sakrale. Die Gesetze, nach denen gelebt – weitergelebt – wird, sind profaner Natur und schreiben Normalität vor. Was sonst? Was soll sein, wenn nicht Normalität? (Paulskirchenrede von Brigitte Seebacher-Brandt, nach *FAZ* 15.11.1993)

Es empfiehlt sich, dieses Material zunächst nach Diskurstypen zu ordnen. Dann gehören stereotype Aussagen wie die der fassungslosen Jülicher Mitbürger über ihren »normalen« Brandstifter zum Alltagsdiskurs, der im folgenden diskurstheoretisch als ***Elementardiskurs*** bezeichnet werden soll. Im Elementardiskurs wuchern Floskeln des Typs »findest du es etwa (noch) normal, daß...?« sowie Floskeln wie »völlig normal«, »total normal«, »der normale Wahnsinn« usw. Bereits hier stellen sich zwei Fragen, die in der vorliegenden Studie systematisch entfaltet werden sollen: Beziehen sich die Floskeln auf spezifische, beschreibbare Erfahrungen? Sowie: Falls ja – handelt es sich um spezifisch moderne oder um sozusagen ewige Erfahrungen? Anders gesagt: Ist Normalität eine moderne Emergenz oder eine anthropologische Konstante?

Am Gegenpol zum Elementardiskurs steht der medizingeschichtliche Beleg von Volker Hess. Offensichtlich ist diese Aussage doppelt wissenschaftlich intendiert: sowohl sind es die zitierten Normalitätspostulate aus dem 19. Jahrhundert wie auch die historische Rekonstruktion. Derartige Diskurse sollen ***Spezialdiskurse*** heißen, weil sie ein spezielles Wissen für ein spezialistisches Publikum bereitstellen und einen deutlichen Bruch mit dem Elementardiskurs implizieren.

Die zu Beginn einer Untersuchung über die Normalität interessantesten Belege sind vielleicht die vom Typ Schade, Seebacher-Brandt und Ridderstrale/Nordström: Sie scheinen irgendwo zwischen Elementar- und Spezialdiskurs zu stehen: Mit dem ersten teilen sie die Beziehung zum Alltag bzw. zur politischen Aktualität sowie die Allgemeinverständlichkeit, mit dem zweiten das Bemühen um terminologische Differenzierung (Normorientierung, durchschnittlicher Leistungsstand; Standardisierung, Durchschnitt, Mitte; Ausnahmebewußtsein, Bruch der Norm, sakrale Norm, Gesetze) sowie die Anschließbarkeit an statistisches Denken (Normalverteilung). Im Unterschied zu der Darstellung bei Hess kombinieren diese Belege Wissenskomplexe verschiedener spezial- und elementardiskursiver Herkunft, und zwar so, daß Verständlichkeit für eine allgemeingebildete Öffentlichkeit zustande kommt. Dieser Diskurstyp wird im folgenden wegen seines kombinatorischen Charakters als ***Interdiskurs*** bezeichnet.

Unter dem Aspekt der Alternative, ob es sich bei der Normalität um eine anthropologische Konstante oder aber um eine historisch spezifische Emergenz der westlichen Moderne handle, sei die Aufmerksamkeit auf die auch im Interdiskurs deutlich akzentuierte Beziehung zwischen dem Normalen

und der Statistik, ja sogar der »Normalverteilung« (Gaußkurve, Glockenkurve, Kurve mit mittlerem *Bauch* des Durchschnitts) gelenkt. Wie die folgenden Ausführungen zeigen werden, tauchte das »Normale« (selbst als Begriff) tatsächlich zuerst im Zusammenhang mit moderner Massenproduktion und moderner Erhebung von Massendaten sowie der statistischen Analyse solcher Massendaten seit dem 18. und verstärkt seit dem frühen 19. Jahrhundert auf. Zunächst dominierten dabei Spezialdiskurse wie Demographie oder Medizin, und erst im weiteren Verlauf wurde das Normale auch zu einer unübersehbar wichtigen Kategorie in Inter- und Elementardiskurs. Die kulturhistorisch eigentlich relevante Frage ist nun die nach dem Grad der Beziehung zwischen dem Normalen auf den drei ›Stufen‹ Spezial-, Inter- und Elementardiskurs. Die Abstinenz der neueren Forschung dürfte der Einschätzung entspringen, daß das alltägliche Normale mit dem spezialdiskursiv definierbaren Normalen, wie es in den statistisch orientierten Wissenschaften begegnet, nichts zu tun habe – das zuletzt genannte lohne vielleicht eine systematische und historische Beschäftigung, das erste aber nicht. Im Gegensatz dazu soll in der vorliegenden Studie gezeigt werden, daß es sich bei dem Normalen insgesamt um einen eng vernetzten Komplex aus diskursiven Konzepten und Modellen wie praktischen Verfahren von größter Bedeutung für moderne Gesellschaften westlichen Typs handelt. Dieser Komplex umfaßt sowohl spezialdiskursive (wissenschaftliche) wie praktisch-gesellschaftliche Verfahren der »Normalisierung« – im Sinne des Normal-Machens, der Produktion und Reproduktion von Normalitäten. Die große Bedeutung dieses Komplexes rechtfertigt es, ihn unter dem Begriff des »Normalismus« zusammenzufassen. Was die floskelhafte und häufig schwammige Verwendung des Normalen und seines Begriffsfelds im Elementardiskurs betrifft, so bezieht sie sich dennoch insgesamt durchaus auf jene modernen Normalitäten in einem prägnanten Sinne, die durch die normalistischen Verfahren der Verdatung, statistischen Analyse und ggf. »Normalisierung« (z.B. durch Therapie oder Umverteilung) produziert werden. Der Zusammenhang läßt sich im Vorgriff folgendermaßen begreifen: Spezialdiskurse und ihre Praktiken produzieren spezielle, sektorielle Normalitäten (z.B. medizinische, psychologische, soziologische) – die Interdiskurse integrieren diese verschiedenen Normalitäten zu allgemein kulturellen Vorstellungen von Normalität, zu einer Art Querschnittskategorie des Normalen – diese Querschnittskategorie schließlich erweist sich als selbstverständlicher Orientierungsmaßstab moderner okzidentaler Subjekte im Alltag: Sie fragen routinemäßig, ob etwas (noch) normal ist oder nicht und adjustieren danach ihr Verhalten und Handeln. Allerdings lag dieser Zusammenhang lange Zeit im toten Winkel systematischer wissenschaftlicher Aufmerksamkeit.

Aus diesem toten Winkel soll die vorliegende Studie den normalistischen Komplex als kulturelles Gesamtphänomen herausrücken. Dabei geht es also

weniger um die Geschichte spezieller Normalitäten als um die der Emergenz, Ausbreitung und Entwicklung des interdiskursiven Phänomens einer Querschnittkategorie Normalität. Insofern handelt es sich um den exemplarischen Fall einer prägnanten kulturwissenschaftlichen Analyse und kulturgeschichtlichen Rekonstruktion.

2. »Normalität« als Generator diskursiver Ereignisse seit 1968

Ein solches Projekt liegt allerdings seit geraumer Zeit sozusagen in der Luft: Es ist vorbereitet und geradezu provoziert durch eine Reihe diskursiver Ereignisse um den Signifikanten des Normalen, die sich (insbesondere in Deutschland) seit 1968 gehäuft haben. Das erste dieser Ereignisse ist die »Normalisierung von Achtundsechzig« selbst (»Achtundsechzig« verstanden als die Gesamtheit der kulturrevolutionären Tendenzen seit den 1960er Jahren, einschließlich ihrer »Folgegenerationen« wie Feminismus, sexuelle Minderheiten, Ökologismus, Pazifismus). Als zumindest kurzfristiger Bruch mit der kulturellen und politischen Normalität westlicher Gesellschaften wurden die Ereignisse vom Typ »Achtundsechzig« von Beginn an wahrgenommen. So formulierte seinerzeit der Soziologe Edgar Morin:

> Es ist etwas kaputtgegangen in einer Maschine, die scheinbar normal lief, [und:] die wunderbare kybernetische Maschine geht kaputt – Was ist also passiert im Mai 1968? Ein soziologischer ›Unfall‹, d.h. etwas, das nicht im normalen Ablauf der Gesellschaft vorgesehen war, aber ein innerer Unfall, aufgrund eines Deichbruchs oder eines geplatzten Äderchens [...].[3]

Soziologische Analysen haben als wesentliche Tendenz der ›Infragestellung‹ (contestation) der Normalität um und nach 1968 die »Entdifferenzierung« in den Blick genommen. Dieser Begriff ist in der Systemtheorie Niklas Luhmanns als gegenläufige Tendenz gegen die in der Moderne dominante Tendenz zu wachsender funktionaler Ausdifferenzierung von gesellschaftlichen Teilsystemen definiert. In Teil IV.8 der vorliegenden Studie wird die Rolle des Normalen bei Luhmann ausführlich behandelt. An dieser Stelle genüge die Feststellung, daß die soziologische Systemtheorie Luhmanns eine »normale« Reproduktion der Teilsysteme wie vor allem auch ein »normales« Funktionieren ihrer gesamtgesellschaftlichen Integration voraussetzen muß. Diese Problematik der »normalen« Kombination und Integration funktional ausdifferenzierter und dadurch weitgehend autonomer bzw. autopoietischer Teilsysteme fußt auf dem in der frühen Soziologie etwa Comtes und Durkheims explizit im Kontext des Normalen diskutierten

3 in: Edgar Morin/Claude Lefort/Jean-Marc Coudray, *Mai 1968. La Brèche.* Premières réflexions sur les événements, Paris 1968, 66, 67.

Problem der gesellschaftlichen Arbeitsteilung (Spezialisierung). Achtundsechzig attackierte damit einen Aspekt von Normalität, den man als ›normale Arbeitsteilung‹ oder auch (im Vorgriff auf genauer historisch Darzustellendes) als »organisch-funktionale Normalität« bezeichnen kann. Dabei bezog sich die Infragestellung sowohl auf die etablierte Spezialisierung des Wissens etwa in der Institution Universität (Sprengung von Grenzen der »Fachidiotie«) wie im großen auf die fundamentalen Spezialisierungen körperliche Arbeit vs. Intelligenz, Reproduktionsarbeit vs. Politik, Arbeit vs. Freizeit bzw. »Leben«. Diese Versuche radikaler »Entdifferenzierung« griffen »Utopien« der Frühsozialisten des 19. Jahrhunderts wieder auf und bilden ein anschauliches Beispiel für eine Überschreitung fundamentaler Prämissen des Normalismus (wie etwa ein in der Gesellschaft spezialistisch und annähernd »normal«, d.h. mittelgipflich verteiltes Wissen) – solche Tendenzen sollen daher ***»transnormalistisch«*** (über den Normalismus hinausgehend) heißen. Da der Normalismus in der vorliegenden Studie als ein historisch emergentes kulturelles Netz betrachtet wird, lassen sich natürlich auch transnormalistische Alternativen diskutieren, die allerdings nicht Gegenstand der Studie sind, dennoch aber stellenweise in den Focus ihrer Aufmerksamkeit treten werden. So sind insbesondere die Grenzen zwischen einer (vermutlich utopischen) »nachhaltigen Normalität« und transnormalistischen Vorstellungen eines dauerhaft stabilen »guten Lebens« (im folgenden als ***»eurhythmisch«*** bzw. ***»polyeurhythmisch«*** gekennzeichnet) fließend. Diese Problematik gehört etwa zu den Implikationen »posthistorischer« bzw. »postmoderner« Kulturen – sie wird im (neuen) Schlußteil X eigens wieder aufgegriffen.

Bekanntlich ließen sich transnormalistische Intentionen auf die Dauer und in größerem Umfang nicht realisieren – statt dessen kam es zur »Normalisierung« von Achtundsechzig. Exemplarisch war das Medienstereotyp von der Entwicklung der Grünen hin zu einer »ganz normalen Partei«. Allerdings blieb Achtundsechzig auch keineswegs folgenlos, weil seine Normalisierung nicht zurück in die zuvor bestehende, sondern in eine neue Spielart von Normalität führte. Für diese neue Spielart bildet etwa die »Normalisierung« (man beachte das semantische Schillern dieses Begriffs) der sexuellen Minderheiten ein eklatantes Beispiel, die zwar Klaus Wowereit, wie der Beleg zu Anfang dieser Einleitung ausweist, aus guten Gründen noch längst nicht weit genug geht, die aber für die Normalitätsvorstellungen ein Jahrhundert früher schlicht unfaßlich gewesen wäre. Diese früheren Normalitätsvorstellungen werden in Teil II idealtypisch als die ***»protonormalistischen«*** gekennzeichnet – ihnen werden ebenso idealtypisch die neuen ***»flexibel-normalistischen«*** gegenübergestellt. Es läßt sich dann resümierend sagen, daß es sich bei den Ereignissen von und nach Achtundsechzig – trotz seiner transnormalistischen Tendenzen – im Ergebnis um eine

›nachholende Kulturrevolution‹ gehandelt hat, die dem längst virulenten flexiblen Normalismus definitiv die kulturelle Hegemonie gesichert hat: Seither gelten, um einen exemplarischen Fall anzuführen, etwa bestimmte normative Normen der katholischen Kirche wie das Zölibat oder das Verbot von Präservativen in der hegemonialen Kultur (der *mainstream*-Kultur) als definitiv nicht mehr »normal«.

Die nächste öffentliche Konjunktur des Normalen im Interdiskurs folgte auf den Zusammenbruch des Ostblocks 1989: Auch hier handelte es sich um einen brüsken Übergang von protonormalistischen ›engen‹ und ›starren‹ Normalitäten zu flexiblen Normalitäten westlichen Typs. Bei diesem Übergang wurden nun aber explizit (und die eingangs zitierte Rede von Brigitte Seebacher-Brandt ist in ihrer Gesamtheit dafür charakteristisch) »Normalitäten« gegen »Utopien« gestellt. In der rhetorischen Frage »Was soll sein, wenn nicht Normalität?« erscheint die deutsche Geschichte endlich integrierbar in eine Leitvorstellung seit dem frühen Normalismus (exemplarisch Auguste Comte: dazu Teil V.3), nämlich die definitive Normalisierung der durch die industrielle und die Französische Revolution ausgelösten Epoche eines chaotischen Wachstums mit seinen Turbulenzen und Krisen sowie ihre Einmündung in eine stabile, heute vorwiegend »nachhaltig« (*sustainable*) genannte Form von Normalität. (Die folgende Untersuchung zählt die Vorstellung einer stabilen und nachhaltigen Normalität zu den ***»eurhythmischen«*** Utopien.) Ohne sich des Zusammenhangs immer bewußt zu sein, stehen die durch 1989 enorm verstärkten Proklamationen der Postmoderne und der Posthistorie im Kontext dieser normalistischen Tradition (s. dazu den neuen Schlußteil X dieser Studie). Zugespitzt läßt sich sagen, daß bei Seebacher-Brandt und anderen »Normalität« an die Stelle geschichtsphilosophischer Tele (Endziele) trat: nicht bloß an die Stelle vielleicht utopischer Tele wie einer klassenlosen Gesellschaft, sondern auch an die Stelle weniger radikaler Tele wie Basis- und Wirtschaftsdemokratie. Wäre »Normalität« tatsächlich das Endziel der Geschichte, dürfte sie dann jedoch weiter im toten Winkel der theoretischen Reflexion verharren?

Speziell in Deutschland, zu dessen nationalstaatlicher Entwicklungskurve die extreme Denormalisierung von 1933–1945 gehört, vermengte sich in den diskursiven Ereignissen der 1990er Jahre die Problematik einer allgemeinen Normalisierung des »modernen«, symbolisch *exponentiellen* Wachstums hin zu »postmoderner«, nachhaltiger Entwicklung mit der speziellen »Normalisierung« der deutschen Geschichte. Dieses Durcheinander heterogener Normalitätsvorstellungen kulminierte Ende 1998, ausgelöst durch die Proklamation der ersten rot-grünen Bundesregierung als »Ausdruck demokratischer Normalität« (Regierungserklärung durch Kanzler Schröder, FAZ 11.11.1998) sowie durch die sogenannte Walser-Bubis-Kontroverse über das deutsch-jüdische Verhältnis, die schließlich in eine makabre Eskalation

um den Signifikanten »Normalität« mündete, die allein schon ein diskursives Ereignis von historischer Qualität darstellt:

BUBIS: Wenn es Antisemiten gibt, dann ist es mir lieber, sie bekennen sich dazu, als daß sie mit diesem Haß im Bauch rumlaufen. Das ist ein Stück Normalität. Das ist Normalität. – WALSER: Das ist eine Anwendung, die mir nicht schmeckt. Aber. – BUBIS: Das ist die Normalität. Obwohl wir über Normalität überhaupt nicht geredet haben. – WALSER: Jetzt gehen wir hinaus, finde ich, weil wir jetzt noch lebendig sind. (FAZ 14.12.1998)

Es war, als ob der mediopolitische Interdiskurs hätte »kommunizieren« wollen: Unser ganzer Diskurs beruht auf der Normalität, aber wir wissen nicht, was das ist. In kurzen Abständen häuften sich die Leitartikel über »Normalität« – als Beispiel seien die entsprechenden Titel aus der WAZ angeführt: »Immer normaler« (14.12.1998) – »Normalität« (21.12.1998) – »Neue Normalität« (31.12.1998) – »Die Normalitäten« (1.11.1999). In einem Leitartikel von Patrick Bahners (»Total normal«: FAZ 3.11.1998) fand sich sogar ein Hinweis auf die 2. Auflage der vorliegenden Studie:

Ein Wort in Gottes Ohr. So was von normal, sagt Schröder. Total normal, sagt Thierse. Stinknormal, sagen Walser und Augstein. Ist das normal? [...] Der Literaturwissenschaftler Jürgen Link wird eine zweite Auflage seines »Versuchs über den Normalismus« vorlegen, eine Studie zum Strukturwandel der Öffentlichkeit. Nach Link ist das öffentliche Gespräch so organisiert, daß der Dissens erst gar keine Chance zur Artikulation bekommt. Indem die Meister des Diskurses bestimmte Redeweisen für normal oder nicht normal erklären, werden Tabus gebrochen oder verhängt. [...]
Links Lehre von der Schweigespirale hat die Form einer Verschwörungstheorie. Aber in diesen Tagen muß sich der Bochumer Gelehrte vorkommen wie der Ufoforscher, auf dessen Schreibtisch eine Untertasse vom Planeten Diana landet. Auch die Mißgünstigen und Verstockten werden angesichts der neuen Beweislage ihre Zustimmung nicht mehr zurückhalten können. [... – und zwar im wesentlichen wegen des Einschwenkens auch von Rotgrün auf die »Normalität«, J.L.]

Es soll hier nicht um das verbreitete Phänomen projektiver Lektüre gehen: Jede Leserin der vorliegenden Studie wird vergeblich nach »Meistern des Diskurses«, »Schweigespiralen« und gar »Verschwörungstheorien« suchen. (Diskurstheorien im Anschluß an Foucault haben mit all dem bekanntlich nichts am Hut, um es medial zu formulieren.) Vielmehr stach der Artikel von Bahners aus den übrigen dadurch hervor, daß er angesichts des unübersehbaren diskursiven Ereignisses immerhin so etwas wie einen theoretischen Klärungsbedarf einklagte, und insofern war sein Bezug auf diese Untersuchung korrekt.

Das letzte diskursive Ereignis schwelt bei Abfassung dieses neuen Einleitungsteils sozusagen noch fort: Seit dem plötzlichen Crash der New Economy im Frühjahr 2000 ist das Dauerbrennerthema »unumgänglicher Re-

formen« explizit oder implizit mit der Problematik einer möglicherweise tiefgehenden Denormalisierung verknüpft, welche eine zyklische Wirtschaftskrise grundsätzlich überschreite – manche Beobachter wie die eingangs zitierten Ridderstrale/Nordström sprechen sogar krude vom »Ende der Normalität« überhaupt. Diese schwelende Denormalisierungsangst wurde durch das symbolisch ins Gigantische gedehnte Mega-Ereignis vom 11. September 2001 vielfach verstärkt. Damals formulierte der jüngere Bush in seiner großen Rede am 20.9.2001:

It is my hope that in the months and years ahead life will return almost to normal.

Seither scheint dieser *return to normalcy* auf ambivalente Weise nur die andere Seite andauernder Denormalisierung zu sein. Diese Ambivalenz geht mit einer Art Zurückscheuen des aktuellen mediopolitischen Interdiskurses vor dem Begriff der »Normalität« einher. Steht das schon seit langem symbolisch beschwerte Jahr 2001 demnach für das Ende der Normalität? Oder umgekehrt gerade für den Beginn einer neuen, diesmal »nachhaltigen« (postmodernen, posthistorischen) Normalität? Der Beitrag der vorliegenden Studie (deren 1. Auflage 1996 erschien und die in der Zeit bis 1995 entstand) zur Beantwortung solcher drängender Fragen entspringt keinen aktualistischen Impressionen, sondern dem analytischen Rückgriff auf zwei Jahrhunderte wissenschaftlichen, philosophischen, sonstigen theoretischen und nicht zuletzt literarischen Nachdenkens über das in Europa und Nordamerika seit dem 18. Jahrhundert entstandene Phänomen des Normalen als eines neuartigen gesellschaftlichen Regulativs auf der Basis massenhafter Verdatung. Hier zwecks Exposition der Analyse ein erstes Beispiel literarischen Nachdenkens, eine erste *»(nicht) normale Fahrt«:*

(Nicht) normale Fahrten 1: »Der Untergang der Titanic«

Hans Magnus Enzensberger ist einer der wenigen zeitgenössischen Schriftsteller, in dessen Texten – parallel zu den soeben erwähnten diskursiven Ereignissen – die Kategorie des Normalen eines der wichtigsten Leitmotive darstellt, und zwar sowohl in der Lyrik wie im reflektierenden Diskurs der Essays. Diese seltene Aufmerksamkeit hat sich zu Recht darin niedergeschlagen, daß Henning Ritter in seinem Artikel »Normalität« im *Historischen Wörterbuch der Philosophie* neben Foucault und Canguilhem Enzensbergers Essay »Zur Verteidigung der Normalität« zitieren konnte.

Dabei rückt – woran die folgende Untersuchung anknüpfen kann – der Zusammenhang zwischen den Floskeln des Elementardiskurses und der Normalität als kulturellem Regime von epochaler Bedeutung in den Blick.

Die eingangs zitierten Formulierungen aus der Umgangssprache ließen sich durch entsprechende Listen bei Enzensberger ergänzen:

Normalerweise hätte ich mich nie auf eine solche Sache eingelassen, aber ... Andererseits finde ich es ganz normal, daß er sich das auf die Dauer nicht gefallen läßt ... Normalnull, -spur, -schall, -uhr, -wald, -kurs, -druck, -film ... Unter normalen Umständen wäre der Leitantrag glatt durchgegangen ... Ein normales Kind fängt in diesem Alter zu sprechen an ... Die Lage in Nicaragua hat sich normalisiert ... Ich habe dir immer gesagt, daß Gudrun nicht mehr ganz normal ist. (207)[4]

Wie aus der Auflistung der Brockhaus-Lemmata hervorzugehen scheint, begreift Enzensberger die Normalität zum einen als eine Art Folgeprodukt der industriellen Normung (Standardisierung). Das ist nicht die einzige Parallele zu Foucault (s.u. den Abschnitt IV.2). Man vergleiche etwa die Taylor-Ballade aus *Mausoleum*:

So eifrig sind nur die Wahnsinnigen. *Ja, Mama.* Gewissenhaft
füllt er die Zuckerdosen, bürstet sich ab, spielt Klavier,
nimmt pünktlich sein kaltes Bad, kratzt seinen Teller aus,
[...]

und:

Akkordhetze gegen die Bummelei. *Wir müssen Freunde werden!*
(Arbeit und Kapital.) Daß sie ihn nicht erschlagen haben,
diesen Fakir, der sie anbrüllte: *Ihr habt nicht zu denken!* –

eigentlich deprimierend. Hoch die Norm, Stoppuhren her.
[...]

und schließlich:

Stets *gesund und normal:* Unförmig döst er im Sitzen, schlaflos
auf unförmigen Kissenburgen. Ein Sozialautomat. Sein Leben lang
impotent.
[...]

Ansonsten Dampframmen, hundert Patente. Der beste Schneidewinkel
für breitnasigen Schnelldreh-Schruppstahl. *Die höchste Prosperität
muß einem jeden zum Vorsatz werden.* Lebt sehr zurückgezogen,
Rosen züchtet er und zieht, sorgfältig, im Sterben seine Taschenuhr auf.[5]

Hier wird – über deutliche Rückgriffe auf die psychoanalytische Lehre von der Zwangsneurose – Normalität als Bezugsgeflecht von industrieller, insbesondere zeitlicher Normung und psychisch-sozialer Normierung begriffen. Ohne daß die Begriffe Leistung und Konkurrenz auftauchen, geht es um Leistungssteigerung mittels Konkurrenz nach der Stoppuhr, also durch

4 Seitenangaben nach Hans Magnus Enzensberger, »Zur Verteidigung der Normalität«, in: ders., *Politische Brosamen* = *PB*, Frankfurt/Main 1982, 207–224)

5 Hans Magnus Enzensberger, *Mausoleum*, Frankfurt/Main 1975, 100f.

»Disziplinierung« und »Dressur« (Foucault) – und das im Protosozialismus Lenins (»Ja, das sind sie:/ Die nächsten Aufgaben der Sowjetmacht«) genauso wie im Fordismus. »Normal« ist damit an einen Tiefpunkt der Wertung gerutscht: es ist synonym mit kastriert und klinisch wahnsinnig.

Bedeutet der »Verteidigungs«-Essay dann so etwas wie eine radikale Umwertung von negativer zu positiver Sicht der Normalität? Für diese Annahme scheint auch die extrem negative Wertung der »Normalisierung« noch im *Spiegel*-Essay »Traktat vom Trampeln« vom 14. Juni 1976 zu sprechen, in dem »Normalisierung« sich auf Maßnahmen wie die Berufsverbote bezieht und also die »Normalisierung« von Achtundsechzig meint. Wenn man die Träger von Achtundsechzig als eine »Avantgarde« auffassen wollte, dann wäre tatsächlich eine Umwertung zu konstatieren: Sowohl im »Verteidigungs«-Essay wie in »Mittelmaß und Wahn«[6] werden die Massen in der *Mitte* der Normalverteilung gegen extreme Avantgarden »verteidigt« – wenn zuvor die Helden der Industrienorm und des *Fortschritts* wie Taylor unter »Wahn« liefen, so nun die rechten und linken Intellektuellen, deren Kampf gegen die Normalität als donquijotesk verspottet wird. Zweifellos waren hier Desillusionierungen des Autors selbst im Spiel. Unter normalismustheoretischem Aspekt ist die wichtigste Frage die, wie die Überlegenheit der Normalität begründet wird. Das erste Modell ist soziologisch:

> Soziologisch und kulturell ist die Republik durch die unangefochtene Hegemonie der *middle class* gekennzeichnet. Die ölfleckartige Ausbreitung dieser unerhört diffusen Klasse war in den Plänen der Theoretiker nicht vorgesehen. [...] Die Zunahme der mittleren Einkommen führt in allen reichen Industrieländern mit schöner Regelmäßigkeit zur Glockenkurve der Gauß-Verteilung (258f.).

Wir werden der Gaußschen Normalverteilung immer wieder als einem mathematischen und funktionalen Leitmotiv des Normalismus begegnen. Enzensberger meint hier die Einkommensverteilung mit einem glockenartigen Bauch in der Mittelzone und dem (angeblich) symmetrischen Abfallen an den beiden Seiten der sehr hohen und sehr niedrigen Einkommen, er meint also die soziologische *Zwiebel* als Modellsymbol der sozialen Normalität.

Gegen dieses soziologische Modell, an das die Normalismustheorie direkt anschließen kann, setzt sich jedoch ein zweites, anthropologisch-ahistorisches Modell durch. Eine genuin normalistische Kategorie wie »Otto Normalverbraucher«, d.h. die statistisch errechnete Durchschnittsgröße der Massennachfrage, wird dann übergeneralisierend und enthistorisierend gleichgesetzt mit »Selbstverschuldete Unmündigkeit, niedrige Instinkte, Hefe des Volkes, Hammelherde, träge Masse« oder »Einfache Leute, Kleine Leute, gemeines Volk, Pöbel, Mob« (*PB,* 209).

6 Hans Magnus Enzensberger, *Mittelmaß und Wahn*, Frankfurt/Main 1988.

Dadurch gerät Enzensbergers Nachdenken über die Normalität in einen Widerspruch zwischen Historizität (und zwar Ultramodernität) auf der einen und anthropologischer Konstanz auf der anderen Seite. Für die erste Tendenz kann das Gedicht »Episode« aus der Sammlung *Zukunftsmusik* von 1991 als repräsentativ gelten:

> Jammernd ausgestreckt in deinem Aeroplan,
> fällt dir nicht auf,
> wie unheimlich leicht du dahinfährst,
> kleine Wolke im Nadelstreifen?
>
> Wasser aus Wasserhähnen,
> soviel du willst, Schuhe, nagelneu,
> mitten im Winter, aus Leder,
> und wenn du in die Hände klatschst,
> überall Licht! Aspirin
> eilt herbei, schluckt dein Kopfweh,
> auf Wunsch wird geheizt,
> sogar Betten sind da,
> betäubend weiß, wenn du müde bist.
>
> Unerhörte Begebenheiten, einmalig
> in der Geschichte des Universums.
> [...]
>
> Unheimlich. Normal. Ein Jammer.
> Du merkst nicht, daß du nichts merkst.

Das ist der Musterfall einer *(nicht) normalen Fahrt* en miniature. Das *Flugzeug* als High-Tech-Vehikel dient hier (wie zuvor schon die in Kürze zu analysierende *Titanic*, vgl. die große Ähnlichkeit des Schlusses von »Episode« mit dem Schluß des *Untergangs der Titanic*) als repräsentatives Symbol des Industrialismus. Akzentuiert ist die absolute Un-Natürlichkeit dieser Blindflugreise *ans Ende der Nacht*, ihre Unwahrscheinlichkeit und historische Einmaligkeit. Hier ist die Grundfrage an den Normalismus gestellt: Wie können Menschen sich wohlfühlen in einem absolut arhythmischen, in punktueller Unwiederholbarkeit *explodierenden* Abenteuer? Die Antwort heißt: »Normal« – auf seiner arhythmischen *Exponentialkurve* produziert der entfesselte Industrialismus gleichzeitig künstliche Rhythmen von der Art des Wasserflusses aus technischen Netzen, denen analoge psychische künstliche Rhythmen entsprechen, und das Regime dieser in Sicherheit wiegenden Kompensation heißt Normalität. Daß du nicht merkst, daß du nichts merkst, ist deren Quintessenz. Deutlicher als in diesem Gedicht läßt sich nicht sagen, daß moderne Alltage nicht deshalb normal sind, weil sie an ewiger Alltäglichkeit partizipieren, sondern weil sie normalisiert sind. Diese Normalisierung beruht auf industrieller Normung und kybernetisch-

technischer Kompensation, geht aber nicht darin auf. Woher stammt das paradoxe Gefühl der Sicherheit als Charakteristikum normalistischer Subjektivität? Das bleibt bei Enzensberger rätselhaft, und die folgende Untersuchung wird es als Effekt zahlreicher normalistischer Verfahren von Ver-Sicherung zu erklären versuchen. Beim späteren Enzensberger soll das Paradox dagegen durch einen symbolischen Bezug auf die Chaostheorie entschärft werden. In der Polit-Simulation »Unregierbarkeit. Notizen aus dem Kanzleramt« (in: *PB*) klärt ein Professor den Kanzler über die (nun physikalische!) »Normalität« von »Turbulenzen« auf und empfiehlt ihm direkt anschließend (das politische! und zwar das damalige!) Italien als Modell:

> Die Anarchie verhindert das Chaos. Und wenn das schon beim Autofahren gilt, dann kann ich mir lebhaft vorstellen, wie es in der Politik aussieht (*PB*, 103).

Eine solche Rückversicherung bei der Physik kann allerdings die Denormalisierungsangst des modernen *Massenatoms* keineswegs glaubhaft versichern: Wenn der Chaostheoretiker Benoît Mandelbrot, auf den Enzensberger sich beruft, etwa die Unausweichlichkeit von »Turbulenzen« im modernen Wirtschafts- und Finanzwesen statuiert, so erklärt er diese Turbulenzen damit weder für normal noch für harmlos und beruhigend.

»Der Untergang der Titanic« als (nicht) normale Fahrt

In keinem anderen Text hat Enzensberger die hier analysierte Konstellation von Normalität, Katastrophe der Denormalisierung, Posthistorie und industrialistischem High-Tech-Vehikel poetisch so gültig verdichtet wie in seiner »Komödie« vom *Untergang der Titanic*[7]. Natürlich steht die *Titanic* repräsentativ symbolisch (als pars pro toto, als Synekdoche) für das Gesamt der industrialistischen Moderne – gleichzeitig ist die revolutionäre Insel Cuba von 1968 eines der *Rettungsboote*, aber nicht weniger auch eine Form des *Zwischendecks* der *Titanic* – ebenso wie die »Insel« Westberlin als *Boot* von Achtundsechzig.

Das *Boot* ist also das High-Tech-Vehikel-Körper-Phantasma insgesamt: Es ist kontaminiert mit *Flugzeugen* (»an Höhe/ verlieren«, 18) und *Autos* (»den Führerschein, und die Lust« verlieren, 19). Vor allem aber steht es in engstem Zusammenhang mit dem Subjekt als High-Tech-Phantasma: »Das ferne Geräusch/ in den Ohren, diesen Antennen/ aus weichem Fleisch, bedeutet nichts« (7) heißt es zu Beginn im Ersten Gesang: »Weißes Rauschen im Kopfhörer/ meiner Zeitmaschine«. Dieses Subjekt mit Antennen und Kopfhörer ist auf der *Titanic* auf seinem ›richtigen Dampfer‹.

Ausgerechnet in diesem in jeder Hinsicht konzentriertesten Text Enzensbergers über den Normalismus kommt das Wort »normal« nicht vor. Um so

7 Hans Magnus Enzensberger, Der Untergang der Titanic. Eine Komödie, Frankfurt/Main 1978.

mehr aber die Sache: Diese *(nicht) normale Fahrt* ist eine Sache der Technik und der Industrie, wie nicht weiter betont werden muß, sie ist aber vor allem eine Sache der Verdatung, der Statistik und der Wachstumskurven, repräsentiert vor allem durch die »Drahtnachrichten vom 15. April 1912« im 19. Gesang: Devisenkurse, Börsenkurse, Rohstoffkurse, Lohnerhöhungen von »3 Pfg. pro Stunde«, »Absatzmöglichkeiten für Automobile« (64), Schiffsrouten, Theaterprogramm, Wetter – ein normales Beispiel normalistischer Medienoutputs. Dazu gehören auch die Unfälle: »Der Freiballon Fantasque wurde nach einer Meldung der Luftschiffer vom Sturme erfaßt und ins Meer getrieben« (63) – und zu den Unfällen gehören, normalistisch gesehen, die Kriege (der Krieg von Tripolis und jene »Heeresvorlage«, die direkt in den Weltkrieg führte). Quintessenz dieser Normalität (Reklame): »Welche strebsame Person will sich ohne Kapital selbständig machen und schnell vorwärts kommen?« (63) Semantisch akzentuiert ist natürlich das ›schnelle Vorwärtskommen‹ mithilfe des Super-Vehikels *Titanic*. Die ironische Pointe, derzufolge »alle Passagiere der Titanic bei ruhiger See die Rettungsboote aufgesucht« hätten (64), weist auf den entscheidenden 27. Gesang voraus:

> »In Wirklichkeit ist nichts geschehen.«
> Der Untergang der Titanic hat nicht stattgefunden [...] (91)

Funktionierender Normalismus schließt das Ereignis im emphatischen Sinne aus und ist synonym mit »Posthistorie«(bzw. Postmoderne)[8]:

> Die Glaziologen haben einen Mikro-Computer mitgebracht,
> der, unter Plexiglas, während des großen Kolloquiums
> über Klimaforschung, Eisberg-Simulationen ausdruckt
> für die nächsten zweihundertfünfzig Jahre (91).

Enzensbergers *Titanic* ist ein Vehikel mit gespaltener, verschiedener Normalität, verschiedenen Standards an Normalität (ich schlage im folgenden vor, von »Normalitäts-Klassen« zu sprechen). Symbolisiert ist diese Spaltung (in, grob gesprochen, drei »Welten«) durch eine hierarchische Schichtung mehrerer »Decks«:

> Nur ganz unten, wo man, wie immer, zuerst kapiert,
> werden Bündel, Babies, weinrote Inletts
> hastig zusammengerafft. Das Zwischendeck
> versteht kein Englisch, kein Deutsch, nur eines
> braucht ihm kein Mensch zu erklären:

8 Bzw. mit »Postmoderne«; dazu die von den Thesen der vorliegenden Studie angeregte Dortmunder Dissertation von Un Nam, Normalismus und Postmoderne. Diskursanalyse der Gesellschafts- und Geschichtsauffassung in den Gedichten Hans Magnus Enzensbergers, Frankfurt/Main u.a. 1995.

daß die Erste Klasse zuerst drankommt,
daß es nie genug Milch und nie genug Schuhe
und nie genug Rettungsboote für alle gibt. (11)

Der Hinweis auf Schuhe und Milch identifiziert das Zwischendeck u.a. mit Cuba, allgemeiner noch mit der Dritten Welt. Im 24. Gesang findet die Wache »frühmorgens/ auf dem Promenadendeck Zelte« (79): die Dritte Welt rückt nomadisch in die Erste ein, die Konnotation türkischer Einwanderer in Deutschland ist durchsichtig, der 24. Gesang nimmt also den Essay *Die Große Wanderung* vorweg, so wie der Elfte die Panik, die entsteht, wenn das Zwischendeck mit einem Male heraufdrängt:

Laßt uns raus
Wir ersticken hier
Der Viehwagen schlingert
Der Schrank schwankt
Der Sarg gurgelt
Wir kämpfen auf den Treppen
Wir trommeln gegen das Holz
Wir drücken die Türen ein
Laßt uns raus
Wir sind zu viele
Wir werden immer mehr
[...]
Ein panischer Pudding
der nach Angst riecht
scharf und rattenhaft
quellen wir und versinken
sackig und sanft (45f.)

So wie die Normalität bei Enzensberger ein »terminologischer Pudding« ist, so der Untergang der Dritten Welt, der vermutlich auch den der Ersten einschließt oder nach sich zieht, ein panischer. Panik ist die Turbulenz der Subjektivität, wo sie statt sich zu normalisieren zur Katastrophe wird. Panik ist also die definitiv freigesetzte Denormalisierungs-Angst. In der ›ausbrechenden‹ Panik der Ersten Welt erweist sich der in ihrem Symbolsystem schrecklich doppeldeutige Status der Dritten: Zum einen ist sie das *Zwischendeck*, in der Panik, wenn *das Boot voll* ist, wird das eigene *Zwischendeck* zu jener *Flut*, der der vom Eisberg gerissene Riß den Weg öffnet. Wer in der Ersten Welt der inneren Flut von Panik in seiner Seele einen Damm entgegenbauen kann, der taugt zum *Deichgrafen* gegen die von unten steigende Flut der Denormalisierung und der Denormalisierungs-Angst – mehr als einen »Aufschub« wird auch er allerdings wohl nicht erreichen (Zehnter Gesang):

Der Aufschub

Bei dem berühmten Ausbruch des Helgafell, eines Vulkans
auf der Insel Heimaey, live übertragen von einem Dutzend
hustender Fernsehteams, sah ich, unter dem Schwefelregen,
einen älteren Mann in Hosenträgern, der, achselzuckend
und ohne sich weiter zu kümmern um Sturmwind, Hitze,
Kameraleute, Asche, Zuschauer (unter ihnen auch ich
vor dem bläulichen Bildschirm auf meinem Teppich),
mit einem Gartenschlauch, dünn aber deutlich sichtbar,
gegen die Lava vorging [...] (44)

Sein Erfolg ist »vorläufig nur, natürlich, doch ohne Panik« (44).
Das Ereignis wäre das der irreversiblen Denormalisierung, in Enzensbergers Text mehrdeutig symbolisiert als der große »Riß«; das zweite Ereignis wäre die gelungene Flucht im Rettungsboot, die Eurhythmisierung (»das Fest«), symbolisiert durch die Insel Cuba. Dieses zweite Ereignis war nichts als Illusion und hat also noch weniger stattgefunden als das erste:

[...] Es schwankte
die Insel Cuba nicht unter unsern Füßen.
Es schien uns, als stünde etwas bevor,
etwas von uns zu Erfindendes.
Wir wußten nicht, daß das Fest längst zu Ende,
und alles Übrige eine Sache war
für die Abteilungsleiter der Weltbank
und die Genossen von der Staatssicherheit,
genau wie bei uns und überall sonst auch.
Wir suchten etwas, hatten etwas verloren
auf dieser tropischen Insel. Das Gras wuchs
über die abgewrackten Cadillacs. (15)

Die (mit Bloch gesprochen) konkrete Utopie, die reale Alternative, die Eurhythmisierung statt der Normalisierung lockte lediglich symbolisch im Bild der vom frischen Gras überwachsenen alten Cadillacs. Es geht um die Zone der *Verrottung* des Industrialismus, von der sich Enzensberger von Beginn an eigenartig fasziniert zeigt, als wäre dort der Ausweg verborgen, und die er später chaostheoretisch mit einer Turbulenzzone identifiziert, in der Denormalisierungen als in ihrem normalen Ort untergebracht werden können. Semantisch akzentuiert sind dabei alle Bedeutungen der Polysemie »Rotten«: Arbeit in »Rotten«, »verrotten«, »sich zusammenrotten in Rotten« (»In den Eingeweiden der Hauptstadt rottete nämlich/ das alte Elend ruhig weiter fort«, 36).

Die Fahrt des Fortschritts-Dampfers ist also gleichzeitig das Normalste und das am wenigsten Normale in und von der Welt. Sie bewegt sich fortwährend in rasendem Tempo auf der Stelle, sie ist das Ereignis, das nicht

stattfindet, nicht stattgefunden hat. Sie ist als ununterbrochen funktionierende Fahrt gleichzeitig der Untergang, als ununterbrochener Untergang die stets funktionierende Fahrt. Sie ist mithin nicht mehr und nicht weniger als die Normalisierung des Aphorismus 125 aus Nietzsches *Fröhlicher Wissenschaft* – wenn dort der »tolle Mensch« das »ungeheure Ereignis« beschwört und pathetisch ruft: »Stürzen wir nicht fortwährend? Und rückwärts, seitwärts, vorwärts, nach allen Seiten?« so antwortet der Normalismus: Das läßt sich ver-sichern – nur wenige stürzen »seitwärts«, die weitaus meisten in den Glockenbauch der Gaußverteilung...

Der Eisberg symbolisiert zwei völlig verschiedene Ideen: den historischen »Riß«, der den Normalismus aufsprengen würde, und »die eisige Woge der Ewigkeit«, mit Trakl gesprochen, die *Entropie* oder genauer so etwas wie eine kosmische Inkompatibilität des Menschen. Mit der zweiten Idee sind chaostheoretische Annahmen sozusagen vorweggenommen, die erste Idee wird als Illusion decouvriert.

3. Was Normalität nicht ist: Sechs Ungleichungen

Die von der vorliegenden Studie zu lösende Aufgabe ist damit deutlich umrissen: Es gilt, einen operativen Begriff von Normalität und den Bedingungen ihrer Produktion und Reproduktion zu entwickeln, der sowohl systematisch tragfähig wie historisch plausibel ist. Dieser Begriff muß sich nicht zuletzt auch an seiner Fähigkeit bewähren, das empirische Chaos im Feld und Umfeld der Namen wie der Dinge des Normalen transparent zu machen. Als ein erster Schritt dazu sollen in heuristischer Absicht die folgenden sechs »Ungleichungen« dienen, deren Relevanz in der Studie im einzelnen vielfältig erörtert werden wird. Es empfiehlt sich aber bereits an dieser Stelle eine schematische Vorwegnahme, um den von den verbreiteten floskelhaften oder übergeneralisierenden Verwendungsweisen des Begriffs der Normalität abweichenden Erwartungshorizont sozusagen im vorhinein zu markieren.

1. Normalität ≠ Normativität
(1a. Normalisierung ≠ Sanktionierung eines Normbruchs)

Ein Großteil der Begriffsverwirrung im Feld des Normalen ist einem etymologischen Quidproquo geschuldet: Vom lateinischen »norma« (rechter Winkel, metaphorisch Regel, mittellateinisch z.B. Ordensregel) mit den neulateinischen Ableitungen »normalis« und »normativus« stammen sowohl alle modernen volkssprachlichen Begriffe der juristischen und juri-

doanalogen (z.B. ethischen) »Norm« wie alle Begriffe des massenhaft akzeptablen »Normalen« ab. Wie im historischen Teil V dieser Studie ausgeführt wird, haben sich diese beiden Diskurskomplexe jedoch seit dem 18. Jahrhundert in zwei kulturell deutlich geschiedene Richtungen auseinanderentwickelt: Auf der einen Seite der Komplex des Normativen (um die sanktionsbewehrte binäre Erfüllungsnorm: ja oder nein) – auf der anderen der des Normalen (als des auf massenhafte Verdatung und letztlich Statistik gegründeten faktisch im Durchschnitt und en gros »Sicheren« und »Akzeptablen«). Auf der Seite der für jede Begriffsbestimmung konstitutiven Negationen steht dementsprechend der normative »Normbruch« oder »Normverstoß« (mit seinen angedrohten Sanktionen) gegen das Abnorme bzw. die Anormalität[9]. Die Bestimmung der Anormalität sowie die der Normalitätsgrenze (zwischen Normalität und Anormalität) ist von fundamentaler Bedeutung und wird einen Großteil der Studie beschäftigen.

Empirisch finden bis in die jüngste Zeit hinein immer wieder Vermischungen beider Bereiche statt, so wenn etwa im Bereich der Behinderung behauptet wird, das Prinzip der Normalität fordere von den Behinderten die Erfüllung idealer »Normen« (was, wie sich zeigen wird, für den flexiblen Normalismus keineswegs zutrifft). Statt dessen wird im folgenden die juristische und juridoanaloge Norm deutlich vom Bereich des Normalen getrennt und unter dem Begriff der Normativität geführt (was im übrigen dem herrschenden wissenschaftlichen Sprachgebrauch entspricht). Diese analytische Trennung empfiehlt sich gerade auch deshalb, weil es historisch natürlich vielfältige Kollisionen, Interferenzen und Kopplungen zwischen Normativität und Normalität gibt, deren Strukturen erst auf der Basis einer vorgängigen kategoriellen Differenzierung durchschaubar werden.

Ein durchaus typisches Beispiel für die Vermengung von Normalität und Normativität findet sich in dem eingangs zitierten Ausschnitt aus der Paulskirchenrede von Brigitte Seebacher-Brandt. Die Nazis, wird dort behauptet, hätten ›sakrale Normen gebrochen‹, während die ›profanen Gesetze Normalität vorschrieben‹. Eher dürfte zutreffen, daß die Nazis profane Gesetze gebrochen haben, die mit profanen (juristischen und ethischen) »Normen« identisch sind. Und welche Gesetze ›schreiben Normalität vor‹? Die dann folgende pathetische Proklamation der »Normalität« zu einer Art letztem Ziel der Geschichte (an der Stelle von »Utopien«) kann nicht einfach die Beachtung der Gesetze, also die Normativität, meinen, weil das ja im Nachkriegsdeutschland kein Novum wäre. Vermutlich ist konnotativ so etwas wie das »normale« Verhalten einer Großmacht, einschließlich des

9 Die griechisch-lateinische Mischform ist etymologisch nicht konsequent, sie hat sich aber faktisch durchgesetzt und wird deshalb im folgenden benutzt. Die korrekte griechische Form der Anomalie gehört zu einer anderen Wurzel (wörtlich »Unebenheit«), wird aber meistens synonym mit Anormalität benutzt.

militärischen, gemeint – wahrscheinlich auch so etwas wie ein »normales« Verhältnis zur nationalen Geschichte, darunter die Einordnung des Dritten Reichs in eine umfassendere Entwicklungskurve mit ihren »normalen« Auf- und Abschwüngen, wobei der extreme Abschwung von 1943–1945 durch den extremen Aufschwung des Wirtschaftswunders bis zu einem gewissen Grade ausbalanciert werden könnte.

Als Martin Walser in seiner Paulskirchenrede 1998 dieses normalistische Modell explizit auch auf den Auschwitzkomplex auszudehnen schien und Ignaz Bubis ihm öffentlich wiedersprach, wurde das oben erwähnte diskursive Ereignis einer Leitartikelexplosion über »Normalität« ausgelöst, das den Begriff vollends verrätselte.

2. Normalität ≠ Alltagsroutine/Alltäglichkeit (2a. Normalisierung ≠ Veralltäglichung)

Die oben erwähnte Häufung diskursiver Ereignisse um die Normalität in der letzten Zeit hat den Begriff (auch ohne Kenntnisnahme der vorliegenden Untersuchung) erneut für die Soziologie interessant gemacht. So kulminiert eine aktuelle Situationsanalyse von Gerhard Schulze, dem bekannten Autor der »Erlebnisgesellschaft«, in der Proklamation des »Normalen« zum Leitbild des 21. Jahrhunderts und zu einer Art Telos am Ende der Epoche des »Steigerungsspiels«, womit die Phase des symbolisch *exponentiellen* Wachstums seit dem *take-off* der westlichen Moderne im 18. Jahrhundert gemeint ist[10]. In der Geschichte des normalistischen Denkens ist diese Figur der *Landung* der hyperdynamischen Moderne in einer Art von eurhythmischem neuen Gleichgewichtszustand, der »normal« genannt wird, seit Auguste Comte, dem Begründer der Soziologie (dazu s.u. Teil V), vielfältig vorgedacht worden. In Schulzes neuer Version ist die Figur mit der aktuellen, häufig als »postmodern« bzw. »posthistorisch« bezeichneten Situation verknüpft. Es wird auf diese geschichtsphilosophische Figur im Schlußteil zurückzukommen sein. An dieser Stelle soll zunächst Schulzes Konzept des »Normalen« als Beispiel für eine verbreitete ahistorische und übergeneralisierende Fassung kommentiert werden. Auf der Suche nach dem »Alltagsverstand« stößt Schulze auf das »Normale«, das er ahistorisch mit »Sitten und Gebräuchen« sowie »immer gleichen« Mustern, schließlich sogar mit »Kultur« im Sinne von Alltagskultur ganz allgemein identifiziert:

> Das Normale begegnet uns erst im Lauf der Zeit. Allmählich kann man das Gemeinsame vieler Wiederholungen herausdestillieren: eine stabile Ordnung von Abläufen

---

10 Gerhard Schulze, *Die beste aller Welten.* Wohin bewegt sich die Geschichte im 21. Jahrhundert? Frankfurt/Main 2004.

(etwa Sitten und Gebräuche, Muster der Zusammenarbeit, Wiederholungen der immer gleichen Konflikte). (349) –

Was heißt *Kultur*? Gemeint ist das Normale: Wiederholungen und Muster im Handeln der Menschen. Auf den ersten Blick wirkt es ungewöhnlich, dazu »Kultur« zu sagen. Doch genau in dieser Bedeutung taucht das Wort oft in der Umgangssprache auf, wenn etwa von »Unternehmenskultur«, »Konsumkultur« und »multikultureller Gesellschaft« die Rede ist. [...] Meine folgende Verwendung des Kulturbegriffs zielt auf die Hauptsache ab, auf den gemeinsamen Nenner aller Definitionen – auf das Normale. (332f.)

Hier klafft allerdings ein symptomatischer Hiat zwischen der extrem generell-anthropologischen Fassung des Normalitätsbegriffs und der sehr spezifischen Historizität der Beispiele (»Unternehmens- und Konsumkultur« usw.). Dabei handelt es sich offensichtlich keineswegs um generell anthropologische, sondern um spezielle, und zwar allermodernste Alltage. Solche Alltage verdanken sich aber nicht einer immer schon gegebenen Ressource »Normalität«, sondern sind das Resultat von Normalisierungen moderner Wachstumsprozesse, etwa von Produktion und Konsum.

3. Normalität ≠ Bio-Homöostase
(3a. Normalisierung ≠ Angleichung an natürliche Parameter)

Wie im Abschnitt IV.1 über Georges Canguilhem ausführlich dargestellt wird, führt die Archäologie des Normalitätsbegriffs nicht zuletzt in die Geschichte der Medizin und Physiologie und damit auch der Biologie. Wir alle kennen die Frage, ob ein Cholesterinwert von 300 mg/dl nicht gefährlich anormal ist. Da die entsprechende Werteverteilung auch schon für den Patriarchen Abraham gültig gewesen sein dürfte, liegt es nahe, das Normale auf biologischer Basis als eine überhistorische Kategorie und anthropologische Konstante aufzufassen. Dieser Schluß wäre jedoch, wie im Verlauf der Untersuchung gezeigt werden soll, voreilig. Für Abraham spielte der Cholesterinwert kulturell eben keinerlei Rolle, ebenso wenig wie eventuelle Analoga, weil Verdatung und Statistik in seiner Kultur keinerlei Rolle spielten. Sozial- bzw. kulturhistorisch ist aber die kulturelle Wirklichkeit entscheidend. Dementsprechend handelt es sich bei der Normalität um eine moderne Emergenz, deren Reprojektion in die Geschichte und Vorgeschichte und a fortiori auf die »Natur« auf einem ›ideologischen‹ Kurzschluß beruht, wie sich verhängnisvoll bei dem Umkehrschluß erweist, der soziale Normalitäten als biologisch begründet auffaßt (wie etwa Francis Galton; s.u. Teil V.3). Dagegen faßt die vorliegende Untersuchung das Normale als strikt soziokulturelle und historische, erst in der Moderne seit dem 18. Jahrhundert emergente Kategorie.

4. Normalität ≠ Kybernetik/Technokratie generell (4a. Normalisierung ≠ industrielle Normung/soziale Normierung, Disziplinierung)

Insbesondere bei Enzensberger ging es u.a. um den Zusammenhang zwischen Normalität und industrieller Normung sowie nach dem Modell solcher Normung vorgestellter sozialer Normierung (exemplarisch dafür die Taylor-Ballade: Taylor war der Begründer des standardisierten Arbeitstakts). Wie sich zeigen wird, suggeriert die übliche Bedeutung des französischen Terminus »normalisation« als industrieller Normung (Standardisierung) eine Identität mit dem deutschen Terminus »Normalisierung« im Sinne von Normal-Machung, die die folgende Untersuchung kritisch hinterfragen wird (was eine partielle Revision einiger Theoreme von Canguilhem und in geringerem Maße von Foucault impliziert). Normalisierung im Sinne von Normal-Machung setzt zwar Industrialismus und damit Normung voraus, ist aber nicht mit ihr identisch (vgl. dazu Abschnitt VI.4). Normalität besitzt (wegen der *Streubreite* des *normal range*) eine konstitutive Flexibilität, die der Industrienorm abgeht. Wie sich zeigen wird, impliziert die Industrienorm auch normative Züge, da sie ja analog zu einer Verordnung festgelegt wird. Insgesamt und hauptsächlich funktioniert sie jedoch normalistisch, d.h. im Sinne eines *mainstreaming* von Massenobjekten in einem homogenen Feld. Im Unterschied zur Vorstellung einer »sozialen Technik« in Analogie zur industriellen Standardisierung ist der Normalismus erheblich feiner differenziert, streubreiter, variabler, flexibler und dynamischer. Allerdings spielt das Modell einer sozialen Normung und Standardisierung im Protonormalismus die Rolle einer nicht unwichtigen Komponente.

5. Normalität ≠ ästhetische Banalität (5a. Normalisierung ≠ ästhetische Banalisierung)

Der literarische Interdiskurs im weitesten Sinne (einschließlich des Films) spielt für die Geschichte des Normalismus (einschließlich seiner Begriffsgeschichte) eine nicht unerhebliche Rolle. Die vorliegende Studie trägt dieser Tatsache durch die Reihe der einmontierten »(nicht) normalen Fahrten« Rechnung. Dabei gilt es jedoch ebenfalls, ein Mißverständnis zu vermeiden (dem Enzensberger teilweise erlegen ist). Zunächst gehört die Opposition avantgardistischer Kunstströmungen gegen Regelpoetiken und klassische Kanons samt ihrer Ästhetik des »Normbruchs« zum Bereich der Normativität. Mit dem Normalismus interferieren solche Kunstströmungen immer dort, wo sie sich an der puren statistischen Häufigkeit bzw. dem Durchschnitt in aestheticis, also dem »Banalen« bzw. »Trivialen«, reiben.

Als »banal« soll entsprechend der Theorie des russischen Formalismus das durch massenhafte Reproduktion »Automatisierte« begriffen werden. In diesem Sinne gab es ästhetisch Banales seit den frühen Hochkulturen. Nicht jede Banalität ist daher normalistisch. Dennoch ist die Interferenz zwischen ästhetischer Banalität und Normalismus seit dem 19. Jahrhundert ständig gewachsen. Insbesondere wird zu zeigen sein, daß die hochgradig »automatisierte« Struktur der massenmedialen Populärkultur (die als *»fun-und-thrill*-Band« bezeichnet sei: s.u.), eng mit Identifikationsangeboten für normalistische Subjektivitäten gekoppelt ist. Im Schlußteil X soll gezeigt werden, daß es zu den strukturellen Konstituentien der »postmodernen« Kunst und Literatur gehört, die ästhetische Opposition gegen den Normalismus aufzugeben und die normalistische Massenkultur gleichzeitig zu bedienen und zu verfremden.

6. Normalität ≠ konstruierte soziale Wirklichkeit (epistemologisch) (6a. Normalisierung ≠ Auflösung epistemologischer Störungen)

Wie im Abschnitt über Niklas Luhmann (IV.8) zu zeigen sein wird, ist die weiteste Verwendung des Normalitätsbegriffs epistemologisch gefaßt und begreift jede gelungene soziale Konstruktion von Wirklichkeit als »normal«. Damit verschwindet der Normalismus als spezifisches historisches Objekt, was forschungsstrategisch in mehrfacher Hinsicht kontraproduktiv erscheint (insbesondere wird die Theorie dann blind gegenüber den Leistungen spezifischer moderner Verfahren der Normalisierung für die Funktionsweise moderner Teilsysteme). Eine besondere Spielart der epistemologisch übergeneralisierten Begriffsverwendung knüpft an die wahrnehmungspsychologische Tatsache an, daß die Aufmerksamkeit sich stets primär auf auffällige Ereignisse im Wahrnehmungsfeld richtet. Auch hier sei Gerhard Schulze zitiert:

> Worauf es bei der Erschließung des Normalen erkenntnistheoretisch ankommt, ist das Handeln als zeitextensives Phänomen. [...] Ein Autofahrer erlebt seine Fahrt von A nach B als Serie von Momenten, von denen er hinterher vielleicht einige erzählen kann, vor allem die ungewöhnlichen, nicht aber die ganze Serie [...]. Vielleicht erinnert er sich daran, dass ein Lastzug plötzlich nach links ausscherte, so dass er auf den Mittelstreifen ausweichen musste. [...]/ Wahrnehmunspsychologisch ergibt sich daraus jedoch, dass wir für das, was unser Leben im wesentlichen ausmacht, das Normale nämlich, viel weniger Aufmerksamkeit erübrigen als für das Außergewöhnliche. Das Beispiel des nach links ausscherenden Lastwagens zeigt zwar, wie lebenswichtig das Interesse am Außergewöhnlichen sein kann, doch wo bleibt das Normale? (a.a.O., 346f.)

Weshalb die epistemologische Übergeneralisierung des Normalitätsbegriffs nicht empfehlenswert erscheint, ergibt sich aus folgender Überlegung: Die

anthropologisch gültige Akzentuierung der Wahrnehmung eines ›verfremdenden‹ Ereignisses gegen einen stabilen Hintergrund ist enorm relativ: Starrt jemand müde und zerstreut auf eine Bücherwand, so wird er eine sich bewegende Fliege als ›Revolution‹ wahrnehmen. Wäre es aber sinnvoll, die Bücherwand nun als normal und die Fliege als anormal zu etikettieren? Schulzes Beispiel von der Autobahnfahrt und dem ausscherenden LKW dagegen impliziert ungewollt eine Historisierung. Es handelt sich um ein kleines Narrativ aus dem weiten Bereich der (nicht) normalen Fahrten.

Wollte man den wesentlichen Aspekt der sechs Ungleichungen zusammenfassen, so ließe sich sagen: In der vorliegenden Studie wird angeregt, die Normalität nicht als ahistorische, jederzeit parate, anthropologisch konstante Kategorie aufzufassen, sondern als historisch spezifische, von der westlichen Moderne nicht ablösbare Emergenz seit dem 18. Jahrhundert. Daraus folgt direkt eine für die Zeitdimension des Normalismus fundamentale Konsequenz: Normalitäten sind niemals statische (sich identisch reproduzierende), sondern stets dynamische (historisch stark variable und evoluierende) soziale Gegenstände. (Das wird übrigens bei Schulze durch die häufig benutzte Formel »normaler Wandel« anerkannt[11]: Nur beginnt genau da erst das Problem, was das sein mag und wie es funktionieren kann!) Die Emergenz des Normalismus fällt, wie die Untersuchung im einzelnen zeigen wird, nicht zufällig mit dem *take-off* der modernen, symbolisch *exponentiellen* Wachstumsdynamiken zusammen. Beides steht vielmehr in einem funktionalen Zusammenhang, der sich antizipierend und in Kürze so kennzeichnen läßt: Der Normalismus stellt Dispositive kompensierender Ver-Sicherung (Sicherheit) gegen die Risiken eines hyperdynamischen, symbolisch exponentiellen Wachstums zur Verfügung. Wenn man die zahlreichen Wachstumskurven der Moderne symbolisch als *Fortschrittskurve* zusammenfaßt, dann haben wir es mit einer engen strukturellen Symbiose zwischen Fortschrittskurve und ihrer normalistische Ver-Sicherung zu tun (wobei das auf Verdatung und Statistik basierende Versicherungswesen im wörtlichen Sinne einen exemplarischen Fall darstellt: dazu insbesondere Teil IV.3 über François Ewalds Theorie des Vorsorgestaats). Anders gesagt: Soll der *Fortschritt* nicht *aus dem Ruder laufen*, muß er ständig normalisiert werden.

Daß es sich bei der Normalität um eine wesentlich dynamische Kategorie handelt, läßt sich schon den eingangs zitierten elementar- und interdiskursiven Belegen ablesen: So sieht Klaus Wowereit die gesellschaftliche Normalität von Homosexualität in einer noch keineswegs abgeschlossenen Entwicklung begriffen. Die dynamische Auffassung der Normalität impli-

11 Z.B. Schulze, 81, 97ff., 307, 313.

ziert höhere oder niedrigere Grade ihrer Verwirklichung, so daß Normalisierung (im hier favorisierten Sinne von Normal-Machung, Produktion und Reproduktion von Normalitäten, nicht im Sinne von Standardisierung/Disziplinierung) als ständiger Prozeß aufzufassen ist. Die zur Normalisierung gegenläufige Tendenz, die also mit sinkenden Graden an Normalität einhergeht, soll *Denormalisierung* heißen. Die Grade sowohl von Normalisierung wie von Denormalisierung werden auf der Basis von Verdatung statistisch gemessen. Denormalisierung löst im Normalismus Alarm aus und provoziert normalisierende (adjustierende) Maßnahmen.

Ein wesentlicher Faktor der normalistischen Dynamik besteht konkret in der variablen Situierung der ***Normalitätsgrenzen***. Dieser fundamental neue Typ sozialer Grenzen trennt den Bereich der Normalität von zwei (in der Regel symmetrisch, vertikal oder horizontal vorgestellten) ›Extremzonen‹ der Anormalität. Durch die Lage der Normalitätsgrenzen wird im Normalismus gesellschaftliche und kulturelle Inklusion bzw. Exklusion geregelt: Lange Zeit lag die Homosexualität jenseits der sexuellen Normalitätsgrenze, bevor diese Grenze verschoben wurde.

Betrachtet man die zahlreichen Bereiche, in denen die Differenzierung nach normal vs. anormal eine kulturell konstitutive Rolle spielt, mit ihrer ständigen Dynamik der vielen Normalitätsgrenzen und den sich verschiebenden Selektionskriterien für Inklusion und Exklusion insgesamt als ein zusammenhängendes, die Individuen ständig verteilendes gesellschaftliches Dispositiv, so läßt es sich im Modellsymbol eines komplexen *Siebes* vorstellen, das normale Verteilungen produziert – in Erweiterung des von Darwins Vetter Francis Galton (dazu Abschnitt V.3) konstruierten »Galton-Bretts« sei dieses Modellsymbol als ***»Galton-Sieb«*** bezeichnet; es wird eine leitmotivartige Rolle in der Untersuchung spielen.

4. Zur Rolle der Literatur im Normalismus

Mittels der sechs »Ungleichungen« sollte umrißhaft und vorläufig das Feld eines Normalen markiert werden, das auf dem historischen Apriori, um einen Begriff von Foucault zu verwenden, systematischer Verdatung in modernen Gesellschaften beruht. Zu den zahlreichen historisch erstmaligen Innovationen okzidentaler Gesellschaften seit dem *take-off* im 18. Jahrhundert gehört nicht zuletzt die regelmäßige und flächendeckende *Verdatung*, durch die diese Gesellschaften sich zunehmend sowohl extensiv wie intensiv (durch stets feinere *Auflösung*) selbst transparent gemacht haben.

Das historische Apriori der Verdatung hat nicht bloß neue gesellschaftliche Objektivitäten, sondern vor allem auch neue Subjektivitätstypen generiert. Diese normalistischen Subjektivitäten (und ihr Zusammenhang mit

den neuen objektiven sozialen Lagen im Normalismus) werden im Zentrum der vorliegenden Untersuchung stehen. Bereits die Ungleichungen implizieren interne Spannungen, wenn nicht Aporien der Subjekte im Normalismus – so die Einbettung dieser Subjekte in technisch normalisierte Alltage das Problem lebensweltlicher *Kälte* und von *Stress* – so die teilweise Berührung mit der ästhetischen Banalität das Problem der Langeweile. Es sind die Interdiskurse, deren wichtigste Funktion in der Vermittlung der normalistischen Objektivitäten (der Datenlagen sozialer Gegenstände) an die Subjekte besteht. Insbesondere ist der literarische Interdiskurs (einschließlich der populären Literatur und des Films) auf die subjektivierende Funktion ›spezialisiert‹. Diese subjektivierende Macht der Literatur läßt sich mittels der Kategorie der *»Applikation«* fassen: Kunst und Literatur stellen dann »Applikations-Vorlagen« parat, d.h. diskursive Komplexe, die von Subjekten (z.B. durch positive oder negative Identifikation wie am deutlichsten beim Computerspiel, wenn »ich« der »Rennfahrer bin«) selektiv assimiliert werden können. Nach dem gleichen Modell, wenn auch im einzelnen komplexer, muß auch die Rezeption literarischer Texte begriffen werden. Im Normalismus läßt sich die Hauptfunktion von Kunst und Literatur als Bereitstellung von Applikations-Vorlagen für Denormalisierungen (z.B. »Marginalisierungen«) auffassen, mit dem Grundtyp der (nicht) normalen Fahrt, die ein Subjekt irreversibel aus der Normalität *abweichen* läßt. Dieser Narrationstyp dient – in Kofunktion mit statistischen Daten – der Markierung von Normalitätsgrenzen, die wiederum *»innere Bildschirme«* zur lebensweltlichen Orientierung normalistischer Subjekte generieren (was in der Studie ausgeführt wird). In den in die Studie einmontierten »(nicht) normalen Fahrten« (als deren Prototyp Enzensbergers *Titanic* diente) werden verschiedene Strukturen und Funktionen dieses normalistischen Faszinationstyps mit den kulturhistorischen Befunden korreliert und konfrontiert.

Zuvor seien einige der häufig verwendeten diskurstheoretischen Kategorien – am Beispiel des Normalen – genauer definiert. Unter ***»Diskursen«*** (kurz für »diskursive Formationen«) sollen im Anschluß an Foucault – im Unterschied zu natürlichen Sprachen – historisch-kulturell sehr viel stärker variable Einheiten verstanden werden, die jeweils spezifische kulturelle Sagbarkeits- und Wissensräume sowie deren Grenzen festlegen. Dazu gehört insbesondere die Konstitution spezifisch historischer Objektivitäten (soziale Gegenstände, Themen, Klassifikationen, Argumente) und Subjektivitäten (legitime Sprecherpositionen, Gender- u.a. Rollen). Dabei betont der »Diskurs«-Begriff die Materialität der Redeweise und ihrer institutionellen Rahmenbedingungen ebenso wie ihre Kopplungsflächen zur Handlung. Aus der Eingrenzung des Sagbaren, der Sprechersubjektivität und der Handlungsrelevanz generiert sich der Machteffekt der Diskurse. Ein Beispiel für diskursgenerierte soziale Gegenstände sind eben die Normalitäten und

Anormalitäten, deren materielle Härte etwa in Irrenanstalten unübersehbar wird – ein Beispiel für normalistische Subjektivitäten sind entsprechend der psychiatrische Blick oder der Leidensdruck eines Behinderungs-Stigmas.

Spezialdiskurse zeichnen sich durch ein Maximum an immanenter Konsistenz und durch strikte Abschließung gegen arbeitsteilig externes Diskursmaterial aus. Das typische Beispiel sind die wissenschaftlichen Diskurse. Sie tendieren idealtypisch zur eindeutigen Denotation unter Ausschaltung aller Mehrdeutigkeiten und Konnotationen. Zu den normalistischen Spezialdiskursen zählen neben Demographie und Intelligenzforschung insbesondere bestimmte Spielarten von Medizin, Psychiatrie, Psychologie, Soziologie und Pädagogik.

Als ***interdiskursiv*** sollen umgekehrt sämtliche Diskurselemente und Diskursparzellen bezeichnet werden, die nicht an einen Spezialdiskurs gebunden sind. Ein typischer Fall ist eben das unspezifisch »Normale«, wie es als sog. ›Reizwort‹ in den eingangs zitierten Belegen auftrat. Zu solchen interdiskursiven Komplexen gehören insbesondere auch sämtliche ›Sprachbilder‹, die im folgenden unter der Bezeichnung ***»Kollektivsymbolik«*** geführt werden sollen. Kollektivsymbole sind kollektiv in einer Kultur verankerte Sinn-Bilder, d.h. sämtliche in der klassischen Rhetorik bekannten ›rhetorischen Figuren‹, bei denen einem »Bild« ein symbolischer »Sinn« oder in der Regel mehrere solcher »Sinne« zuzuordnen sind. Dabei liegt das »Bild« entweder tatsächlich in ikonischer (visueller) Gestalt vor wie bei barocken Emblemen oder auf vielen Bildern der Werbung, oder es wird rein sprachlich evoziert. Der »Sinn« des Bildes wird entweder in Sprache deutlich formuliert (denotiert) oder eher indirekt suggeriert (konnotiert). So kann ein Auto-Bild in der Reklame etwa sowohl »Freiheit« wie »Familie« symbolisieren. »Kollektivsymbolik« meint im folgenden also nicht bloß Metaphorik, sondern die Gesamtheit aller am weitesten verbreiteten Allegorien und Embleme, Vergleiche und metaphorae continuatae (als komplexes Bild ausgeführte Metaphern), partes pro toto (synekdochai continuatae), Exempelfälle, anschaulichen Modelle und Analogien einer Kultur. Wenn man als idealtypische Aussage von Spezialdiskursen die mathematische Formel betrachten kann, so als idealtypische Aussage von Interdiskursen das Kollektivsymbol. Interdiskursive Querschnittskategorien wie das Normale sind in der Regel von einem ›kollektivsymbolischen Mantel‹ umgeben. Zur normalistischen Kollektivsymbolik gehört, wie sich zeigen wird, die Vorstellung sich massenhaft bewegender Menschen als *Atome, Sandkörner* oder *Kügelchen*, die *gesiebt* oder *gefiltert* werden und u.U. als *drop-outs* enden. Das (nicht) normale Funktionieren wird als *Homöostase* modelliert, die wiederum noch konkreter als *medizinischer Körper* oder als *technisches Vehikel* bzw. typischerweise als Kombinations-Katachrese (Bildbruch) aus beiden symbolisiert wird. Die dominante Stellung des Kollektivsymbols *Auto* im Norma-

lismus erklärt sich aus der Kombination zwischen Vehikel-Körper und Massenhaftigkeit. Daraus wird der Faszinationstyp der (nicht) normalen Fahrten generiert, wobei die Kollektivsymbolik mit rudimentären oder ausgesponnenen Narrativen (Geschichten, Mythen) kombiniert wird. Die Gesamtheit solcher interdiskursiver Kleinformen (wie Kollektivsymbolik, einfache Narrative, »Charaktere« usw.) seien als elementar-literarische Formen bezeichnet. All diese elementar-literarischen Formen entspringen aus dem interdiskursiven Mechanismus der Kultur und bedienen sowohl einzeln wie in toto die Funktion partiell-symbolischer Reintegration der Wissens- und Diskursteilung für die Subjekte und damit der Subjektivierung des Wissens.

Als ***Interdiskurse*** seien dann besondere Diskurse bezeichnet, die auf der Basis des interdiskursiven Materials konstitutiert werden und der (immer höchst partiellen und symbolischen) Reintegration der Kultur und der Subjekte dienen. Beispiele sind Populärreligion und Populärphilosophie (einschließlich »Weltanschauung« und »Ideologie«) – aktuell vor allem Mediopolitik und Mediounterhaltung. Der mediounterhaltende Interdiskurs schließt in vieler Hinsicht an den Interdiskurs Kunst und Literatur im weiten Sinne (einschließlich aller Narrative, z.B. des Films) an.

Im ***Elementardiskurs*** werden sogenannte anthropologischen Konstanten (wie Liebe, Feindschaft, Kampf und Tod) mit dominanten interdiskursiven Komplexen kombiniert und dadurch aktualisiert und historisiert. Dabei spielt seit etwa zwei Jahrhunderten der interdiskursive Komplex des Normalen eine herausragende Rolle: In die Geschichten von Liebe, Kampf und Tod sind die sexuellen Devianzen, Süchte und anderen Anormalitäten unübersehbar eingezogen.

Schließlich wird auch der foucaultsche Begriff des ***Dispositivs*** verwendet. Dabei handelt es sich um ein spezifisches, historisch relativ stabiles Kopplungs-Kombinat aus einem spezifischen interdiskursiven Kombinat sowie einem spezifischen Macht-Verhältnis. Das Machtverhältnis stützt sich auf die Kopplung mit nicht-diskursiven Praktiken, vor allem in Institutionen, längs einer Polarität von disponierender und disponierter Subjektivität: am Beispiel des Normalismus etwa Arzt-Patient, Psychiater-Neurotikerin, Pädagoge-Zögling, allgemein Experte-Laie.

Wie sich zeigen wird, sind Funktionsweise und Geschichte des Normalismus wesentlich immer auch Funktionsweise und Geschichte normalistischer Subjektivitätstypen. Wenn gesellschaftliche Normalisierung sich objektiv als *mainstreaming*, d.h. als Herstellung grob gesehen glockenähnlicher Verteilungen von Wissen, Einkommen, Wahlverhalten usw. auf der Basis von Verdatung und kompensierender Intervention darstellt, so ist solche Normalisierung stets auf das Mitmachen der *Massenatome*, d.h. auf normalistische Subjektivität verwiesen. Diese Subjektivität bewegt sich

Normalismus fordert zur Handlung auf, es produziert normalistische Subjekte

zwischen den Polen Sicherheit und Langeweile. Innerhalb von glockenähnlichen Verteilungen, die im folgenden als »symbolisch gaußoide« Verteilungen bezeichnet werden (es handelt sich in den seltensten Fällen um Normalverteilungen oder auch nur Binomialverteilungen im mathematischen Sinne) wird die überwältigende Mehrheit der Population in einen breiten Mittelbereich (*normal range*, normaler Bereich) situiert. Diese Position strahlt Sicherheit aus; der entsprechende Effekt von Normalisierung wird in dieser Studie als *Ver-Sicherung* bezeichnet. Er erklärt sich aus dem Umstand, daß in der Normalverteilung die Anzahl der Individuen um so größer ist, je näher sie bei der *Mitte* liegen – und um so geringer, je näher zu den *Rändern*. Daraus ergibt sich das ungute Gefühl in *Randlagen*, die »Denormalisierungsangst«. Umgekehrt aber funktioniert eine Art normalistische Spannungskurve: Dabei nehmen Intensität, *fun* und *thrill* in Richtung der *Ränder* zu und in Richtung der *Mitte* ab. Mit dem Begriff der »Intensitäten« haben Gilles Deleuze und Félix Guattari jene ›qualitativen‹ Zustände von Lebensgenuß bezeichnet, die ihnen zufolge strikt an »Singularitäten« gebunden und daher weder quantitativ vergleichbar noch mechanisch reproduzierbar sind. Im Kontext dieser Studie wird zu fragen sein, wie sich solche Intensitäten zur Normalität verhalten und umgekehrt. Dabei liegt die damoklesschwertähnliche Pointe der Frage in der verbreiteten Annahme, daß Normalität womöglich jede Intensität unmöglich mache. Normalismus wäre dann eine tendenziell ›menschenfeindliche‹ kulturelle Formation.

Um entsprechende Problematiken im weiteren differenziert untersuchen zu können, seien vorgängig einige zusätzliche Begriffsklärungen vorgeschlagen: Zunächst stimmen alle Evokationen intensiver Zustände im Leben darin überein, daß ihre gefühlte Zeitqualität vom Typ der »durée« (Henri Bergson[12]) sei, daß also das Gefühl einer kompakten und gleichmäßig fortschreitenden, mit der Uhr meßbaren, *eindimensionalen* Zeit-Linie dabei empirisch aussetze. (Im Gegensatz dazu beruht alle normalistische Verdatung auf der Standardisierung der Zeit als einer der fundamentalen Standardisierungen überhaupt.) Eine zusätzlich differenzierende Unterscheidung wäre dann zunächst die zwischen einer »evolutiven« und einer »involutiven« durée. In der Kategorie »durée« betonte Henri Bergson bekanntlich die affektive Tönung und rhythmische ›Dehnbarkeit‹ der Zeit, ihre *Strömungs*-Eigenschaft und ihre Kraft, im Wortsinne »unvergleichli-

12 Ich verwende den »durée«-Begriff Bergsons hier sozusagen sensualistisch-»technisch« bzw. in einem empirischen Sinne »phänomenologisch« – ohne dabei irgendeine der idealistischen Prämissen über den »Geist« zu akzeptieren. Vgl. Henri Bergson, *Essai sur les données immédiates de la conscience*, 4. Aufl. Paris 1991 (1888). Schon bei Bergson steht die Kategorie der »durée« im Kontext von Kategorien wie »Intensität«, »Heterogenität«, »Multiplizität«, die später – etwa bei Georges Bataille und Gilles Deleuze – zu typischen Kampfbegriffen gegen den Normalismus werden.

che« Emergenzen zu generieren. Es sei unter »evolutiver durée« eine gerichtete, dynamische durée verstanden, unter »involutiver durée« jener andere Typ von durée, der mit dem Gefühl des ›Stillstehens‹, des ›Aussetzens‹ der Zeit verknüpft ist, mit dem Gefühl von ›Ewigkeit in der Zeit‹. Beide Formen der durée können wiederum zahlreiche ganz verschiedene, je konkrete Intensitäten tragen, denen keinerlei Systematik (etwa kombinatorischer Art) zugrunde liegt. So gibt es Intensitäten des Tempos und der Ruhe, der »Ekstase« (z.B. im Sinne Georges Batailles) wie der ›Pulsation‹. Dabei sind solche Intensitäten stets zugleich individuell wie as-sociativ (an ein Intensitätsfeld des Socius angeschlossen). So wäre etwa das genußreiche Flanieren inmitten eines mediterranen Spätnachmittags-Corsos als as-sociative Pulsation involutiven Typs zu kennzeichnen, der *thrill* im Sportpalast beim Sechstagerennen als as-sociative Ekstase evolutiven Typs. Die moderne Literatur seit Proust (»essence extratemporelle«, mit Betonung des Involutiven) und Musil (der »andere Zustand«) hat vorzüglich solche Intensitäten zu explorieren gesucht. All diese Explorationen richten sich explizit oder implizit gegen die dem Normalismus zugeschriebene *Eindimensionalität.*

Die *Eindimensionalität* (dazu der Abschnitt III.2 über Herbert Marcuse) gehört zu den verbreiteten Komplexen der Kollektivsymbolik des Normalismus (in kritischer Absicht). Tatsächlich gehört, wie später auszuführen ist, die Homogenisierung des Datenmaterials zu wenigen und tendenziell zu einer einzigen *Dimension* zu den Grundverfahren normalistischer Verdatung und Statistik. Symbolisch steht der Komplex darüber hinaus für alle Normalisierungen. Ferner ist er mit jener historisch-spezifischen evolutiven durée verbunden, die man als die moderne *Fortschrittskurve* bezeichnen kann. Es wird zu zeigen sein, inwiefern Eindimensionalität tatsächlich eine streng operationale, keineswegs bloß symbolische Eigenschaft der *Fortschrittskurve* ist. Hier ist zu betonen wichtig, daß die Fortschrittskurve über lange Zeit enorme Intensitäten agonistischen Typs provoziert und produziert hat (*Wettlauf, Wettrennen, Beschleunigung, Sport, [Blitz-]Krieg*). Diese Art Intensitäten sollen im folgenden unter dem Begriff des *thrill* (bzw., bei weniger extremen Graden, des *fun*) zusammengefaßt werden. Insofern sich herausstellen wird, daß Normalismus und Fortschrittskurve eine epochale Symbiose eingegangen sind, sind die Intensitäten des *thrill* also mit Normalismus nicht bloß kompatibel – sie erweisen sich qua Kompensationen der drohenden Langeweile sogar als der Grundtyp normalistischer Intensitäten überhaupt. *Eindimensionalität* im depressiven Sinne ist dann der Effekt, der bei Desinvestition des Subjekts gegenüber dem Funktionieren der Fortschrittskurve eintritt.

(Nicht) normale Fahrten 2: Döblins »Berlin Alexanderplatz« und Kafkas »Der Verschollene« (»Amerika«)

Im Abschnitt über Enzensberger wurde eine erste (nicht) normale Fahrt noch eher skizzenhaft-heuristisch und ein wenig suggestiv dargestellt. Grob gesagt, lassen sich, um das gesamte Feld überschaubar zu machen, zunächst zwei fundamentale künstlerisch-literarische Strategien beim Spiel mit der Überschreitung der Normalitätsgrenzen unterscheiden: die »realistischen« Geschichten, an deren Ende der Normalismus das Feld behauptet und fortdauert – und die »surrealistischen« Geschichten, die in eine irreversibel-nichtnormalistische Welt führen. Der erste Typ von Narrationen favorisiert häufig die Intensität des *thrill*, der zweite Typ sucht darüber hinaus auch heterogene und »qualitative« Intensitäten transnormalistischen Typs zu suggerieren. Für die erste Strategie sei Döblins *Berlin Alexanderplatz*, für die zweite Kafkas *Der Verschollene* (*Amerika)* als prototypisch angeführt.

Berlin Alexanderplatz erzählt insofern eine normalistische Biographie, als der Held Franz Biberkopf als isoliertes *Atom*, als Galtonsches *Kügelchen* und ›Normal-Monade‹ aufgefaßt ist, der geradezu experimentell aus der Zone der Anormalität (Gefängnis, Kriminalität) wieder in die der Normalität zurückversetzt wird – wobei nun der stochastische Weg des *Kügelchens* durch das Galtonsche Sieb hinab und gleichzeitig *seitwärts* (Marginalisierung) ›objektiv‹ beobachtet wird. Unterwegs kann das *Kügelchen* – wie im Spielautomaten – vorübergehend auch ›wieder hoch katapultiert‹ werden, wenn auch der Abwärts- und Seitwärtstrend (Marginalisierung, *dropping out*) überwältigend ist. Das ist der symbolische Sinn von Nachums einleitender »Geschichte«

> Ein Mann hatte mal einen Ball, wißt ihr, [...], aus Zelluloid, durchsichtig, und drin sind kleine Bleikugeln. [...] Aber wie er den Ball geworfen hat, ist er nicht so geflogen, wie er gemeint hat, er hat noch einen Sprung gemacht, und dann ist er auch noch ein bißchen gerollt, so zwei Hände nebenbei. (45)[13]

Infolge dreier kontingenter Aufprall-Schocks des Kügelchens auf ›Siebränder‹ (symbolische *Hammer*- bzw. *Box-Schläge*) landet der Held zunächst wieder in einer Zone extremer Anormalität (Kriminalität plus Wahnsinn), bevor er ganz am Ende eine prekäre Normalität zurückgewinnt, die vom Text mit pränormalistischem (religiösem) »Sinn« überbaut wird. Dieser Schluß wirkt unglaubwürdig, jedenfalls spielt seine Wendung für den eigentlichen Duktus der Erzählung keine konstitutive Rolle. Bei diesem Duktus geht es um das stufenweise *Herab- und Seitwärtsfallen eines Kü-*

13 Alfred Döblin, *Berlin Alexanderplatz.* Die Geschichte vom Franz Biberkopf, Olten und Freiburg im Breisgau 1961 (Alfred Döblin. Ausgewählte Werke in Einzelbänden in Verbindung mit den Söhnen des Dichters herausgegeben von Walter Muschg, Bd. 3).

gelchens durch die Siebe. Der gesamte Prozeß dieses Herab- und Seitwärtsfallens ist mit dem Motiv des großstädtischen Pendelverkehrs (Trams, U-Bahnen, Autos) verknüpft, wobei insbesondere der zweite Schock (Biberkopf wird von Gangstern unter ein fahrendes Auto geworfen und überfahren, wobei er einen Arm einbüßt) in exemplarischer Weise die denormalisierende Kontingenz als Unfall mit dem Techno-Vehikel darstellt (*Unter-die-Räder-kommen*, ein Leitmotiv der *(nicht) normalen Fahrten*). Der »Wille« des Helden ist bei Beginn des Experiments glaubhaft auf Normalisierung gerichtet, er tritt seine Fahrt also mit normalistischer Subjektivität an, die ihn aber nicht vor dem Geworfenwerden in die Anormalität rettet. Dieser Subjektprozeß wird im Montagestil mit einer Fülle typischer normalistischer Diskurskomplexe gekoppelt. Leitmotivartig-mäandrisch werden statistische Daten, normalistische Diskurse (»Sexualtherapeutikum, nach Sanitätsrat Dr. Magnus Hirschfeld«) und normalistisch-homöostatische Symbolik (darunter der Stadtverkehr) in den Handlungsprozeß eingeflochten, insbesondere zur Illustration von Biberkopfs Denormalisierungsangst, etwa bei Potenzstörung:

> Son Mannsgesicht ist mit Schienen besetzt, jetzt fährt ein Zug drüber weg, sieh mal, wie der raucht, der fährt, FD, Berlin/Hamburg-Altona, 18 Uhr 5 bis 21,35, drei Stunden 35 Minuten [...]. (39)

Konsequenterweise mündet Biberkopfs Marginalisierungsprozeß in die Lieblingsgebiete der normalistischen Statistik: Kriminalität, Selbstmord, Wahnsinn.

Formal kann auch die Geschichte von Karl Roßmann in Kafkas – von Brod so genanntem – Romanfragment *Amerika* (*Der Verschollene*) als Herabfallen eines Galtonschen *Kügelchens* (eines »Durchschnittsschülers«) durch die ›Siebe‹ der Normalität und als Reihe von stochastischen ›Selektionen‹ (in der Regel »Entlassungen« aus Arbeitsverhältnissen), also als Denormalisierungs- und Marginalisierungsprozeß aufgefaßt werden. Auch dieser Prozeß ist leitmotivisch mit Fahrten in modernen Verkehrsmitteln (Dampfschiff, Auto, Eisenbahn) verbunden. Etwa in der ›Mitte‹ des Romans verwaltet der Held als Liftboy selber ein normales, auf und ab pendelndes Vehikel. Der Aufzug kann geradezu als Modell einer komplexen Auf-und-Abbewegung im Galtonsieb betrachtet werden, bei der die fallenden Kügelchen nach Art von Spielautomaten zwischenzeitlich wieder hochkatapultiert werden. Bei Kafka ist dieses Vehikel mit einem der für ihn so typischen bürokratischen Komplexe verbunden, die sich ebenfalls statisch reproduzieren, wobei einzelne Individuen (wie Karl) ausgesiebt werden. Im Gegensatz zur symbolischen Statik des Aufzugs sind die anderen normalen Vehikel des Romans nun mit Konnotationen eines geheimnisvollen ›Sogs‹ versehen, die sie als Vehikel zum »anderen Zustand« erscheinen

lassen. Das ist am deutlichsten bei der wunderbar-traumhaften Eisenbahnfahrt nach Oklahoma, mit der vielleicht nicht zufällig das Fragment abbricht – es ist aber bereits bei dem Dampfer, bei der Schilderung des New Yorker Verkehrs und bei den Autofahrten nicht weniger auffällig. Bei Kafka sind alle Episoden dadurch »surrealistisch« tingiert, daß ihr affektiver Status (wie im Traum) völlig unsicher und ›unrealistisch‹ ist: wo die ›normale‹ Lektüre Schlimmes erwartet, winkt plötzlich Glück und Lust, und umgekehrt. Weil die einzelnen Episoden, Situationen und Bilder gegen die Logik ihrer üblichen Affektkonnotate, Kausalverweise und narrativen Verkettungen ins Spiel gebracht werden, wirken sie sämtlich asyndetisch und ›absolut‹, mit jeweils maximaler Intensität. All das gilt in besonderem Maße für die Vehikel in *Amerika*, die deshalb wie Leitsymbole des ›Vehikels‹ der Kafkaschen Narration selbst wirken. Diese Narration kann als genaue Gegenstrategie gegen den normalistischen Prozeß aufgefaßt werden: Während der Normalismus alle Intensitäten auf das *eindimensionale Band* der statistischen Observation mit ihren Kurven abbildet, wirkt Kafkas Erzählweise wie ein Gegen-Vampir, der diese Intensitäten aus der Normalität wieder heraussaugt. Genau dieser ›Sog‹ ist das Faszinosum der Vehikel in *Amerika*. Vor der letzten Eisenbahnfahrt nach Oklahoma liegt der paradoxeste normalistische ›Selektionsprozeß‹, den man sich denken kann: Eine ungeheure Bürokratie ermittelt mit Hilfe vieler Fragebögen die genaue ›Spezialität‹ und ›Qualifikation‹ der Bewerber – das alles aber unter der Prämisse, das »jeder aufgenommen wird«, wodurch normalistische Selektion in ihr blankes Gegenteil, die märchenhafte Wunscherfüllung, umfunktioniert wird[14]. Die Grundangst der beiden letzten Jahrhunderte, die Denormalisierungsangst, wird Lust. Dieses Wunder hat Kafka höchst symptomatischerweise mit der Phantasie des Amerika der Belle Époque verbunden: Kündigte sich dort doch wie nirgends sonst die »promesse de bonheur« des flexiblen Normalismus an.

Diese kurze Skizze zweier konkreter Texte soll dazu dienen, eine grobe Vorstellung vom Gesamtpanorama normalistischer Narrationen zu erwekken[15]. Der Grundtyp aller (nicht) normalen Fahrten besteht in der »Biographie« (häufig übrigens in Form einer Autobiographie) eines symbolischen *Massenatoms (Kügelchens)*, das stochastisch durch das *Sieb* normalistischer

14 Wie Benno Wagner in zahlreichen Beiträgen nachgewiesen hat, gründete Kafkas durchaus professionelles Interesse am Normalismus vor allem in seiner beruflichen Tätigkeit in der Prager Arbeiter-Unfall-Versicherung, einer exemplarischen normalistischen Institution. Zum *Verschollenen* s. Benno Wagner, »Odysseus in Amerika. List und Opfer bei Horkheimer/Adorno und Kafka«, in: Manfred Gangl/Gérard Raulet (Hg.), *Jenseits instrumenteller Vernunft*. Kritische Studien zur Dialektik der Aufklärung, Frankfurt/Main u.a. 1998, 207–224.

15 S. für einen genaueren Überblick s. J.L., »Normal/Normalität/Normalismus«, in: Karlheinz Barck u.a. (Hg.), *Ästhetische Grundbegriffe*, Bd. 4, 538–562.

Selektionen sowie Inklusionen/Exklusionen hinabfällt und *unten* entweder in der normalen Mittelzone oder (meistens) in einer extremen (nichtnormalen) Seitenposition *landet*. Unter den zahlreichen möglichen Typen einer solchen Biographie des *Kügelchens* dominieren die *Fahrten ins Abseits* (Marginalisierung, Denormalisierung) und die *Aus- und Rückfahrten* über die Normalitätsgrenze (normalistische Exploration). Unter normalistischer Exploration seien (thematische und/oder formale) ›Vorstöße‹ in der Richtung und auf der Linie normalistischer *thrill*-Evolutionen verstanden, wie sie vor allem durch Moden (insbesondere sexuelle) markiert werden. Die typische Bewegung ist ein ›Hinausschießen über das Ziel mit anschließender Relativierung‹. Hierher gehört ein Großteil populärer und »kulturindustrieller« (Adorno) Narrative (Filme, TV-Serien, Popmusik). Dieses *teasing* an und mit der Normalitätsgrenze hat Benno Nothardt am Beispiel der populären TV-Serie *Ally McBeal* exemplarisch unter normalismustheoretischer Fragestellung analysiert: So exploriert die Heldin z.B. ihr lesbisches Potential bis an die Normalitätsgrenze, bevor sie sich dann heterosexuell rückver-sichert[16]. Unter dem noch genereIleren Aspekt einer Struktur des mediounterhaltenden Interdiskurses fügen sich all diese Narrative in das Strukturbild eines nie unterbrochenen, end- und zäsurlosen *fun-und-thrill-Bandes*, dessen Grundrhythmus vom »Basso continuo sincopato« der Popmusik gebildet wird[17]. Dieses mediale *fun-und-thrill*-Band bildet im Wortsinne die Begleitmusik der ebenso zäsurlosen normalisierten Fortschrittskurve.

Aus dieser entropischen Tendenz folgt nahezu zwangsläufig die ›Spezialisierung‹ der ›Elite-Kunst‹ auf die kritische Destruktion der populären *fun-und-thrill*-Kultur und auf das Thema der irreversiblen Denormalisierung. Die irreversible Denormalisierung wäre das schlechthin Andere des Normalismus, wäre sein Ende als jener Prozeß, der jede Rückkehr zur Normalität unmöglich machen würde. Die Vorstellung (sowohl individueller wie kollektiver) irreversibler Denormalisierung ist daher die stärkste Quelle von Angst im Normalismus. Die Einbeziehung der Literatur in eine Kulturgeschichte des Normalismus ist allein deshalb notwendig, weil die übrigen normalistischen Spezial- und Interdiskurse die irreversible Denormalisierung weder denken, wissen noch sagen können. Der mediopolitische und der mediounterhaltende Interdiskurs springen an der Grenze dieser Unsagbarkeit in den Mythos der Apokalypse. Ein Subjekt jedoch, das ernsthaft

16 Benno Nothardt, »Ally McBeal: Flexibler Normalismus verfilmt«, in: *kultuRRevolution* 48 (2004), 59–64.

17 Dazu J.L., »Basso continuo sincopato. Stau und Beschleunigung im normalistischen Fun-und-Thrill-Band", in: Patrick Primavesi/Simone Mahrenholz (Hg.), *Geteilte Zeit.* Zur Kritik des Rhythmus in den Künsten, Schliengen 2005, 115–125.

mit der Apokalypse rechnen und »leben« würde, wäre aus normalistischer Sicht – anormal.

Die leitenden Fragestellungen und Arbeitshypothesen dieser Studie über den Normalismus sind damit grob skizziert – es geht nun darum, sie systematisch und historisch im einzelnen zu erproben, zu explizieren, zu präzisieren und ggf. zu bewähren. Im Zentrum stehen dabei die auf der Basis des historischen Aprioris von Verdatung und statistischer Selbsttransparenz der Gesellschaft emergenten normalistischen Strukturen und Funktionen, etwa der Konstituierung und Dynamik von Normalitätsgrenzen als eines neuen Typs sozialer Grenzen. Darüber hinaus sollen epochale historische Tendenzen des Normalismus beschrieben werden – anläßlich der im Kairos von »2001« dramatisierten Denormalisierung sogar mit der Frage nach einem möglichen Ende des Normalismus oder aber seiner Einmündung in definitive und nachhaltige, »posthistorische« (bzw. »postmoderne«) »Normalität« (wie Gerhard Schulze sie prognostiziert). Diese Frage wird im (neu verfaßten) Schlußteil X in resümierender Engführung wieder aufgenommen. Gerade im Kontext der Frage nach epochalen historischen Tendenzen gilt es jedoch gleich hier zu betonen, daß mit Normalismus ein intermittierendes und disparates, historisch extrem bewegliches diskursiv-operatives Netz gemeint ist – modellartig am ehesten als ein ***»Archipel« von Diskursen und Dispositiven*** zu fassen – und nicht etwa ein GeistesTyp. Es geht im folgenden ausdrücklich nicht um die Konstruktion einer neuen Globalformel in Konkurrenz zu den bekannten Formeln »Moderne«/»Modernisierung«, »Industrialismus«, »Kapitalismus«, »Bürokratie«, »Technokratie«/»Expertokratie«, »Szientismus« oder »Militarismus«. Zwar möchte ich zeigen, daß Normalismus ausschließlich an die von diesen Formeln markierte Epoche der okzidentalen »Moderne« gebunden ist – aber nicht als ein flächendekkendes, autopoietisches »System«, sondern als ein lediglich sektoriell und lückenhaft, oft »parasitär« an andere Reproduktionszyklen gekoppelter »Archipel« aus Diskursen und Dispositiven. Es geht also keineswegs darum, nun überall Normalismus zu postulieren, etwa auf der Basis rein semantischer Analogien (diese Denkweise wird als »sem-synthetisch« explizit verworfen) – auch nicht in der neuen Literatur; die Studie versteht sich als operativ und fragt deshalb nicht bloß nach Normalitätsgrenzen, sondern gerade aiuch nach Grenzen des Normalismus – sowohl synchronisch wie diachronisch.

Teil II

Die Fragestellung: Der Platz des Normalismus in modernen Kulturen. Die konstitutive Spannung zwischen fixistischem Protonormalismus und flexiblem Normalismus

1. Zwei normalistische Strategien (Protonormalismus vs. Flexibilitätsnormalismus)

Die bisherigen Annäherungsbewegungen an den Gegenstand der Untersuchung erlauben ein vorläufiges, umrißhaftes Zwischen-Resümee, das gleichzeitig als eine Art Arbeitshypothese die weitere Untersuchung orientieren soll: Sowohl diskursive Normalitäts-Komplexe wie operative Normalitäts-Dispositive treten teils in Spezialdiskursen, teils in interdiskursiven Zusammenhängen auf. Es kann sowohl ein ›verhaltensauffälliges Kind‹ mit bestimmten normalistischen Taktiken normalisiert wie das deutsche Volk dazu aufgerufen werden, sich nicht länger gegen die »Normalität« zu sperren. Das Auftauchen solcher Diskurs-Komplexe und Dispositive in einem Spezial- oder Interdiskurs setzt offenbar jeweils zunächst die Etablierung eines »Normalfeldes« voraus. Ein Normalfeld homogenisiert und kontinuiert eine bestimmte Menge von Erscheinungen innerhalb des Spezial- oder Interdiskurses, wodurch diese Erscheinungen als untereinander vergleichbare »Normaleinheiten« konstituiert werden. Ein in modernen okzidentalen Kulturen außerordentlich paradigmatischer Fall wäre das Normalfeld der »geistigen Gesundheit« (*mental health*) mit seiner Normalitätsgrenze und seinen anormalen Anschlußzonen (*mental disease*). Als besonders typisches Alltagsphänomen dieses Normalfeldes können die »Süchte« gelten. Die Ordnung der Einheiten im Feld kann verschieden und vielfältig sein – entscheidend ist aber als nächster Schritt die Etablierung einer oder mehrerer »Dimensionen« (»Achsen«, »Linien«), auf denen Graduierungen, Skalierungen und Skalen errichtet werden können. So können Achsen der »Süchte« (zwischen *weich* und *hart*) etwa nach Graden der »Auffälligkeit im Alltag« oder nach Graden der »Arbeitsfähigkeit« oder »Verkehrstüchtigkeit« oder nach Graden der »Abweichung von einer Normalbiographie« oder

nach solchen der »Kriminalitätsgefährdung« vorgestellt werden. Mindestens müssen auf solchen Achsen symbolische »Punkte« (positive und/oder negative) gemacht werden können. Die typische Skala ist quantitativ und linear-*gerichtet* und erlaubt die vergleichende Anordnung der Normaleinheiten in einer ›Leistungskonkurrenz‹ (temporal als *Fortschritt*) sowie die Zusammenfassung in einer statistischen Streuungs- bzw. Verteilungskurve mit Durchschnittswert, Normalspektrum, Grenzwerten und Anormalitätszonen. In jedem Normalfeld ist nach Möglichkeit mindestens eine solche linear-*gerichtete* Skala zu entwickeln, die (zumindest symbolisch) die Annäherung an das Modell homöostatischer Normalität erlaubt. Symbolisch läßt sich ein solches Normalfeld (etwa das der *mental health* oder konkret der *Süchte*) insgesamt als ein komplexer *Homöostat* betrachten, von dem innerhalb der Schwankungsbreite bestimmter Grenzwerte Normalität produziert wird – ebenso wie umgekehrt Anormalität bei Überschreitung dieser Grenzwerte. So läßt sich der Alkoholgenuß pro Kopf und Zeiteinheit verdaten und verdurchschnittlichen. Toleranzen und Normalitätsgrenzen können dann verschieden *locker* oder *eng* etabliert werden. Für betriebliche und versicherungstechnische Anwendungen spielen im konkreten Einzelfall stets auch symbolische Parameter wie Auffälligkeit im Alltag und Arbeits- bzw. Verkehrsunfähigkeit (schlimmstenfalls Unfallverursachung) eine ausschlaggebende Rolle. Immer aber liegt allen Taktiken der Etablierung von Normalitätsgrenzen die Vorstellung eines graduierten Kontinuums mit *gleitender Übergangszone des Durchdrehens* zugrunde. So läßt sich aktuell der Alkoholanteil im Blut genauestens messen. Der Staat kann dann eine Normalitätsgrenze der Verkehrstüchtigkeit festlegen, die, wie jede andere, da auf einem Kontinuum liegend, der Diskussion unterworfen ist. Durch eben diese Auffassung konstituierten bereits Broussais und Auguste Comte zu Beginn des 19. Jahrhunderts einen explizit normalistischen Diskurs. Dieser Diskurs funktionierte von Anfang an als eine Kombination aus spezialdiskursiven, mehr oder weniger operativen Dispositiven, und kollektivsymbolischen, interdiskursiven Vorstellungen. Faßte man den biologischen Organismus etwa wie Broussais und Comte (der zum biologischen den »sozialen Organismus« hinzufügte) als eine Einheit vieler solcher Homöostaten auf, dann erwies sich die Gesamt-Normalität als ein komplexer Zusammenhang sektorieller und integrativer Normalitäten. Hier lag die archäologische Voraussetzung für die Durkheimsche Theorie der normalen Arbeitsteilung und ferner die für die Systemtheorien, insbesondere auch die von Niklas Luhmann. Da für das Gesamt-*Gleichgewicht*, also den aus vielen sektoriellen Homöostaten bestehenden Gesamt-Homöostaten nicht leicht eine eigene Dimension und Skala gefunden werden kann, dienen dem Normalismus in aller Regel bestimmte Teil-Homöostaten (z.B. die Körpertemperatur) als repräsentativ-symbolische Homöostaten für das Ganze. Eine solche symbo-

lische Normalskala erfüllt dann an der ›Oberfläche‹ die für den Normalismus ungemein wichtige Funktion der »Signalisierung« des (unsichtbaren) Normalitäts-Grades in der ›Tiefe‹ der *black box* eines Systems, woraus sich wiederum ein ›positivistischer Glaube‹ erklärt (Comte). Die jeweilige normalistische »Signalebene« dient gleichzeitig als »Orientierungs-« und »Kontrollebene«, auf der regulierende Interventionen erfolgen können.

Die Kombination der sektoriellen Homöostaten zum Gesamt-Homöostaten kann mehr ›mechanisch‹ (durch *Verlötung* relativ autonomer Normalfelder) oder mehr ›organisch‹ (durch schrittweise Spezialisierung innerhalb eines ganzheitlichen Normalfeldes) aufgefaßt werden. Eine besondere Schwierigkeit ergibt sich bei allen sozialen Normalitäts-Problemen aus der für eine interaktionistische Auffassung trivialen Annahme, daß auch die sozialen Individuen eigene *Homöostaten* darstellen, die zur Gesamt-Homöostase der Gesellschaft bzw. der Kultur integriert, as-sociiert werden müssen. Ich nenne das »soziale Atom«, d.h. das als mehr oder weniger ›autonom‹ aufgefaßte Mono-Subjekt, die »Normal-Monade«. Das sich daraus ergebende Problem der Selbst-Normalisierung der Individuen und der Koordination zwischen massenhafter Selbst-Normalisierung und normalisierter As-Sociation ist Gegenstand der Teile VII, VIII und IX. Es wird hier bereits exponiert, weil es möglicherweise den wichtigsten Punkt der Auseinandersetzung zwischen protonormalistischen und flexibel-normalistischen Strategien darstellt.

Im eigentlichen Sinne homöostatische Modelle können allerdings nur auf solche Gegenstände angewendet werden, die langdauerstabil oder mindestens mitteldauerstabil (innerhalb einer Schwankungsbreite) statisch funktionieren. Das gilt z.B. für Gegenstände der Biologie und der Medizin wie lebende Organismen. Temperatur, Kreislauf, Blutdruck usw. schwanken zwar individuell und nach Situationen erheblich, ändern sich aber in ihrer gesamten »normalen« Schwankungsbreite nicht von einem Jahrhundert zum nächsten. Eine fundamental andere Situation ergibt sich bei historischen, sozialen und kulturellen Gegenständen in der Moderne. Wie in einigen der folgenden Kapitel ausführlich darzustellen sein wird, wurden Normalitäts-Diskurskomplexe und Normalitäts-Dispositive gezielt gerade in hochdynamischen Bereichen der Moderne implementiert – und zwar geradezu als »Ver-Sicherung« gegen eine riskante, ›explosionsartige‹ Dynamik (gegen ein entsprechendes – positives bzw. negatives – *Wachstum* mit dem Risiko des *Durchdrehens* bzw. des *Kollapses*).

Aus diesem Gegensatz zwischen moderner Dynamik und dem Modell homöostatischer Normalität mußten sich ***zwei fundamental verschiedene normalistische Strategien*** ergeben. Ich benutze den Begriff der (diskursiven) »Strategie« dabei im Sinne einer ›gerichteten‹ Kombination einzelner »Taktiken«, wobei die ›Richtung‹ in der Regel nicht teleologisch, subjektiv-intentional und gänzlich bewußt vorgegeben ist, sondern sich im Verlaufe

der »taktischen« Prozesse wie eine durch die Struktur von Milieus und ökologischen Nischen ›tendenziell provozierte Evolution‹ transsubjektiv unter Schwankungen ›einstellt‹. Es sind also – analog zu militärischen bzw. spielerischen Kontexten – die jeweiligen Lagen und Konjunkturen in speziellen und integrativen Normalfeldern, die (je kairologisch) durch die ›Herausforderung‹ eines historisch-spezifischen »Normalisierungsbedarfs« die immer schon eingeschlagene ›Grundrichtung‹ zusätzlich determinieren, präzisieren und adjustieren. Solche Kurskorrekturen der Strategien ›bieten sich‹ also aufgrund von Lagen und Konjunkturen im Feld des Normalismus ›an‹. Sie können dann sowohl ›ausgenutzt‹ wie auch ›verschenkt‹ werden. Die zwei ›Grundrichtungen‹ sind dabei mit dem Feld des Normalismus unmittelbar gegeben: Wenn Normalisierung in ihrem Kern die *Ein-Stellung* (im mehrfachen Sinne) einer Normalitäts-Zone auf einem homogenen Kontinuum ist, dann gibt es dabei die zwei Taktiken der maximalen Komprimierung oder der maximalen Expandierung der Normalitäts-Zone. Beispiele aus dem Bereich der ›Süchte‹ wären einerseits Prohibitionen, anderseits Legalisierung *weicher* Drogen. Diese zwei Taktiken werden durch den (im Normalismus) sowohl fundamentalen wie universellen Charakter der zugrunde liegenden Strukturen und Funktionen tendenziell zu ›Strategien‹. Ich nenne die Strategie der maximalen Komprimierung der Normalitäts-Zone, die mit ihrer tendenziellen Fixierung und Stabilisierung einhergeht, die ***protonormalistische Strategie***, da sie insbesondere zu Beginn des Normalismus dominierte. Die entgegengesetzte, auf maximale Expandierung und Dynamisierung der Normalitäts-Zone zielende Strategie nenne ich die ***flexibel-normalistische***.

Entweder also konnte unter der anzustrebenden Gesamt-»Normalität« eine einfach homöostatische Normalität verstanden werden. Dann dominierte strukturell das homöostatische Modell über die Dynamik. Dann mußten die Wachstumskurven als ›Ausschläge‹ interpretiert werden, die zunächst zu reduzieren und dann in eine relativ enge Toleranzbreite um einen fixen Richtwert zu bannen wären. Daraus leiten sich wiederum verschiedene Verzweigungen ab: So kann die Epoche der Schwankungen insgesamt als »Übergangsepoche« (Auguste Comte) interpretiert werden, die eines guten Tages in einen stabil-homöostatischen, eurhythmischen Zustand münden wird. Diese Vorstellung ist mit einer gemäßigten fixen, stabilen Wachstumsrate in der eurhythmischen Phase kompatibel. Aus diesem Konzept ergibt sich direkt die Notwendigkeit, die Individuen in einem ›autoritären‹ Sinne von außen und oben zu »normalisieren«, d.h. im Sinne der »Außenlenkung« (Riesman), der »Dressur« (Foucault) und der »Manipulation« (Marcuse). Sicher gewann das protonormalistische Konzept der sowohl fixen wie ›engen‹ Richt- und Grenzwerte viel von seiner Plausibilität durch die symbolische Anlehnung an Industrienormen.

Es leuchtet unmittelbar ein, daß die protonormalistische Subjektivierungstaktik der »Außenlenkung« partiell zu einer »Fassaden-Normalität« führen muß: Der Öffentlichkeit gegenüber geben sich viele Subjekte symbolisch als »normal«, während sie heimlich »anormalen« Praktiken (insbesondere z.B. Süchten) frönen. Diese Tendenz zum »Doppelleben« bot der Literatur von Anfang an eine Zielscheibe der Anklage gegen den Protonormalismus, die mit Taktiken des Coming-out bzw. des Outing geführt wurde. Sie mußte aber auch unter normalistischen Prämissen selbst als gefährlich gelten: Die »Fassaden-Normalität« verfälscht die Verdatung und die Daten. Deshalb wendet sich die flexibel-normalistische Kritik mittels »authentischer Geständnisse« (Coming-out und Outing) gegen protonormalistische Datenlagen. Typisch dafür sind die Kinsey-Reports mit ihrer (angeblich »authentisch« fundierten) Datenrevolution. Damit verspricht der Flexibilitäts-Normalismus den Subjekten gleichzeitig das Glück eines »authentischen« Lebens, zu dem sie sich »offen bekennen« können. Dem können selbst britische Thronfolgerinnen auf die Dauer nicht widerstehen.

Im Flexibilitäts-Normalismus wird das homöostatische Modell also insgesamt und prinzipiell lediglich als untergeordnetes, technisches Instrument gesehen, um die als dominant betrachtete Dynamik vor *Durchdrehen, Explosion* und *Kollaps* zu bewahren. Als Ziel gilt dann ein prinzipiell dynamisch-flexibles ›potenziertes Fließgleichgewicht‹, eine *Homöorhese*, wie Walter Bühl dieses Paradox einer ›dynamischen Homöostase‹ nennt.[1]

Das folgende Zwei-Kolonnen-Schema stellt nicht etwa zwei GeistesTypen, sondern die ›Richtungs-Grenzen‹ eines identischen Manövrier-Feldes (des Normalismus) dar. Es handelt sich natürlich auch nicht um die ›Pole‹ eines einzigen, übergreifenden Normalfeldes, sondern um die (kritische) Rekonstruktion der prinzipiell nicht normalisierbaren ›siamesischen Bifurkation‹ (s.u.) der beiden normalistischen strategischen Möglichkeiten. Die einzelnen konkreten ›Richtungs-Grenzen‹ sind also gegeneinander mehrdimensional, diskontinuierlich und heterogen zu lesen. Für die folgende sowohl systematische wie historische Studie dient dieses Schema im weiteren Verlauf als heuristisches Instrument. Es sind daher einzelne Alternativen darin aufgenommen, deren Bedeutung sich erst später klären wird.

Es ist für das Verständnis der folgenden Untersuchungen absolut entscheidend zu betonen, daß es sich um zwei (idealtypisch konstruierte) polare Strategietypen handelt, nicht um zwei getrennte, diskontinuierliche (z.B. epochal diachronische) diskursive bzw. technische ›Systeme‹. Beide Strategien operieren in einem epochal identischen Feld, dem Feld des Normalismus, das durch die partielle kulturelle Hegemonie spezial- und interdiskur-

---

1 Walter Bühl, *Sozialer Wandel im Ungleichgewicht.* Zyklen, Fluktuationen, Katastrophen, Stuttgart 1990, 40ff.

siver Normalitäts-Dispositive konstituiert wird. Prinzipiell können beide Strategien kombiniert bzw. wechselnd und partiell eingesetzt werden. Wie sich aber erweisen wird, ist diese Kombinatorik durch eine Art ›Kohärenzzwang‹, insbesondere auch der einzelnen Subjekte, stark eingeschränkt. Wer daher für die radikale Aussonderung »verhaltensauffälliger Kinder« eintritt, wird in aller Regel auch die Legalisierung *weicher* Drogen ablehnen und dann auch (sollte er auch selber phasenweise dem Alkohol verfallen) schlecht gegen niedrige Promillegrenzen argumentieren können (›Zugzwang‹).

Es bleibt zu präzisieren, wie das Verhältnis des Normalismus zu den anderen großen Tendenzen der Moderne (Industrialismus, Kapitalismus, Bürokratismus, Technokratismus, Szientismus, Expertokratismus, Militarismus usw.) wie auch zu den dominanten ideologischen Strömungen (Liberalismus, Sozialismus usw.) zu denken ist. Der normalistische ›Archipel‹ ist überall dort präsent, wo spezial- oder interdiskursive Normalitäts-Dispositive operieren. Bezogen auf Einheiten wie Industrialismus, Kapitalismus, Technokratismus usw. erstreckt sich der normalistische ›Archipel‹ also ›quer‹, d.h. selektiv, lückenhaft und stets übergreifend. Die Vorstellung von dem gesamten ›Archipel‹ als solchem (d.h. von »Normalität überhaupt«) ist ein interdiskursives, stark kollektivsymbolisch gefärbtes Konstrukt, das (irrigerweise) nicht nur Kohärenz, sondern auch Dominanz des Normalismus unterstellt. Im Gegensatz dazu ist die vorliegende Analyse bemüht, niemals die de facto fragmentarische, inhomogene, intermittierende und mehrdimensionale Struktur des normalistischen ›Archipels‹ zu ›vergessen‹.

Die aus den Kopplungen zwischen Normalismus und Industrialismus usw. entstehenden Dependenzen sind stets doppelseitig: Normalistische Dispositive gewinnen nicht nur neue Terrains für den Normalismus, sie werden stets auch umgekehrt von nicht- bzw. außernormalistischen ›Logiken‹ in Dienst genommen und ›überdeterminiert‹. Was die großen Ideologien der Moderne betrifft, so ist bisher keine von ihnen dominant mit dem Normalismus *verlötet*. Das Verhältnis ist vielmehr ebenfalls doppelseitig ›überdeterminierend‹: Der Liberalismus findet z.B. in solchen Konjunkturen eine Greif-Fläche, in denen durch normalistische Dispositive die *Motoren des Wachstums* (Spontaneität, Kreativität, Produktivität) *entropisch* geschwächt zu sein scheinen. Durch »Deregulierung« möchte er die *Potenz* wieder erhöhen. Die gleiche Konjunktur könnte aber auch einem ›offensiven‹ Sozialismus als Greif-Fläche dienen.

Protonormalistische Strategie	*Flexibel-normalistische Strategie*
Bildung von Normalfeldern	
▪ möglichst ›offensiv‹, mit maximaler Ausklammerung von Friktionsfaktoren	▪ möglichst defensiv, mit minimaler Ausklammerung von Friktionsfaktoren
Status der Normalitätsgrenze	
▪ fixe und stabile Grenze = Stigma-Grenze	▪ dynamische und in der Zeit variable Grenze = Passsage-Grenze
▪ ›harte‹ semantische und symbolische Markierung der Grenze	▪ ›weiche‹ und ›lockere‹ semantische und symbolische Markierung der Grenze
▪ Tendenz zur ›Anlehnung‹ der Normalität an Normativität	▪ Tendenz zur ›Entfernung‹ der Normalität von Normativität
▪ Taktik ›reiner‹ Exklusion (z.B. Stigmatisierung aller »Auffälligen« als »Minusvarianten«)	▪ Taktik von Exklusion-Inklusion (z.B. breites Spektrum von »Behinderungen«)
▪ Tendenz zur ›Anlehnung‹ der Normalität an materielle Sonderterritorien (z.B. Gefängnis, Irrenanstalt)	▪ Tendenz zur stochastischen Marginalisierung von ›locker gefügten‹ Minoritäten
▪ Tendenz zur Bildung fixer »anormaler« biographischer und »Abstammungs-« Identitäten	▪ Statuswechsel »normal«-«anormal« in Biographie und Generationenfolge
Struktur des Normalitäts-Spektrums	
▪ kompakt und ›atomistisch‹-massiv = Normal-Block	▪ hochaufgelöst, fein graduiert, ›atomistisch‹-mobil
▪ Binnendifferenzierung nach Teil-Blöcken	▪ Binnendifferenzierung gleitend-kontinuierlich
▪ Bevorzugung von typologischen Block-Diagrammen	▪ kurvenartige Profile
▪ ›Anlehnung‹ an Typologien	
Homöostatische Taktiken	
▪ maximale Kompression der Normalitätszonen	▪ maximale Expansion der Normalitätszonen
▪ fixe Normal- und Grenzwerte	▪ flexible und dynamische Normal- und Grenzwerte; Floating

Protonormalistische Strategie	***Flexibel-normalistische Strategie***
Umgekehrte Proportionalität zwischen Normal- und Anormalitätsspektrum	
▪ enges Normal- und breites Anormalitätsspektrum	▪ breites Normal- und enges Anormalitätsspektrum
Bildung der Gesamt-Homöostase	
▪ durch isomorphe Kopplung der einzelnen Normalfelder und Normalitätsgrenzen = *Fascio* der Homöostasen	▪ durch anisomorphe, ›lockere‹ Kopplung der einzelnen Normalfelder und Normalitätsgrenzen
▪ Tendenz zur Formation des *Fascio* durch den *Staat*	▪ Tendenz zur spontanen Kombination in der *Gesellschaft*
Subjekt-Taktiken	
▪ Außen-Lenkung, Dressur, autoritärer Charakter, Konformismus	▪ Selbst-Normalisierung, Selbst-Adjustierung, selbständiger Risiko- und Kompensationskalkül
▪ Folgelast: »Fassaden-Normalität«	▪ Chance: »Authentizität« (durch *Coming-out* und *Outing*)
As-Sociations-Taktiken	
▪ regulierte Formen von Konkurrenz und Ver-Sicherung	▪ flexible Formen von Konkurrenz und Ver-Sicherung
▪ Rückgriff auf außer- und vornormalistische As-Sociationen (z.B. ›organisch‹-nationalistische und rassistische)	
Leitdiskurse	
▪ Medizin/Psychiatrie, Biologie, Industrialismus	▪ Ökonomie, Kybernetik, Systemtheorien, Fluktuationstheorien, flexibilistische Psychologien
Legitimierende Globalkonzepte	
▪ vornormalistische Ideologeme: Natur, Gesundheit, Charakter, Charakterzüge, Typen	▪ tendenziell selbstreferentielle Ideologeme: Technologie, Ökologie, Autopoiesis
▪ Industrienorm	
▪ Anlehnung an Normativität	
Geschichtskonzepte	
▪ Teleologie, Historizismus mit definitiver Zielphase	▪ ›offene‹ Posthistorie, Postmoderne

Von allen Ideologien besitzen die »positivistischen« systematisch und historisch die größte Affinität zum Normalismus. Davon wird im folgenden oft die Rede sein. Aber selbst die Positivismen sind keineswegs lediglich *Überbauten* über dem Normalismus. So hat z.B. der Falsifikationismus mit dem Normalismus direkt nichts zu tun. Die Großtendenzen und die Großideologien der Moderne bleiben also bei allen Verstrickungen in den Normalismus ihm gegenüber ›autonom‹ – die Interdependenzen sind stets vom Typ des strategischen bzw. taktischen *Greifens*, niemals von dem einer »expressiven Kausalität«.

Zwischen beiden normalistischen Strategien besteht eine enge gegenseitige Abhängigkeit, die nicht vom »dialektischen«, sondern vom Typ einer aporetischen unlösbaren Interdependenz ist. Ich schlage vor, von einer ***›aporetischen siamesischen Bifurkation‹*** zu sprechen, um die Untrennbarkeit von zwei *Richtungen einer Gabelung* zu suggerieren. Wenn die Taktik des *Stop and go* bekanntlich für spezielle normalistische Interventionen so charakteristisch ist, so hängt das mit dieser Struktur der siamesischen Bifurkation direkt zusammen. Die (vermutlich schon anthropologisch gegebene) Tendenz zu einem Minimum an Kohärenz strategischen wie taktischen Verhaltens muß zur jeweiligen Stabilisierung protonormalistischer wie flexibel-normalistischer Strategien führen, muß also beide (bei aller Interferenz und Kombination unterwegs) gegeneinander profilieren. Daraus müssen regelrechte Konfrontationen entstehen, die in außergewöhnlichen historischen Krisensituationen tendenziell irreversibler Denormalisierung bis zum katastrophischen Bruch führen können. Auch ein solcher katastrophischer Bruch, wie er erstmals in der Geschichte des Normalismus in der durch das rätselhafte Ereignis »1914« eröffneten Phase eintrat – und wie er sich unter Umständen in der Denormalisierungsphase seit 1989 wiederholen könnte – hebt die Einheit des normalistischen Feldes nicht auf, ist also nicht vom Typ des »dialektischen« Bruchs oder gar der »dialektischen Synthese«. Vielmehr könnte der katastrophische Bruch innerhalb der siamesischen Bifurkation der normalistischen Strategien symbolisch als ›mörderisches Sich-Austoben in einem Käfig‹ gekennzeichnet werden. Siehe die Phase 1914–1945. Ob es einen *Ausstieg* aus dem normalistischen *homöostatischen Vehikel*, einen *Ausweg* aus dem epochalen normalistischen Feld, der also ein Bruch mit dem gesamten Feld wäre, geben kann oder sogar geben muß? The answer is blowing in the wind.

(Nicht) normale Fahrten 3: »Momo« als Trivial-Mythos des Übergangs vom Protonormalismus zum Flexibilitäts-Normalismus

Michael Endes erfolgreicher »Märchen-Roman« *Momo* montiert verschiedene diskursive Töne an- und ineinander. In unserem Zusammenhang ist dabei der Komplex der »grauen Herren« besonders interessant, die unter dem Deckmantel einer »Zeit-Spar-Kasse« den Menschen der modernen Stadt ihre ›Lebenszeit stehlen‹, womit die bekannte Hochgeschwindigkeit, ›Hektik‹ und der ›Streß‹ des industrialistischen Lebens symbolisiert ist. Die »grauen Herren« fahren nun *schnelle graue Autos*, und sie fahren nicht eine individuelle Abenteuer-Fahrt, sondern zirkulär und repetitiv im Massenverkehr der Großstadt:

> In dieser Nacht wunderten sich viele Leute in der Gegend, warum der Lärm der vorbeirasenden Autos überhaupt nicht mehr verstummen wollte. Selbst die kleinsten Seitenstraßen und holperigsten Kieswege waren bis zum Morgengrauen von einem Getöse erfüllt wie sonst nur die größten Hauptverkehrsstraßen. [...] Rastlos jagten und hasteten die Menschen in riesigen Massen durcheinander, schoben sich gegenseitig ungeduldig beiseite, rempelten sich an, oder trotteten hintereinander her in endlosen Kolonnen. Auf den Fahrbahnen drängten sich die Autos, dazwischen dröhnten riesige Omnibusse, die ständig überfüllt waren (122f.).[2]

In solchen Evokationen, wie sie in vielen Texten und vor allem Filmen des 20. Jahrhunderts immer wieder erscheinen (vgl. die *Momo*-Verfilmung von Johannes Schaaf), konzentriert sich die Phantasie vom modernen Massenverkehr. Der Unterschied etwa zur »unendlichen Fahrt« Manfred Franks ist deutlich. Die *(nicht) normale Fahrt* beginnt in der Regel mit diesem zirkulären Verkehr. Bei Michael Ende ist das eigentliche Subjekt des Normalverkehrs nun in der Verschwörung der »grauen Herren« zu suchen, d.h. der Zeit-Vampire, die die *Exponential*kurve des Wachstums von Geschwindigkeit, Geld, Produktion und Konsum symbolisieren. Typischerweise werfen diese Herren mit *exponentiell* steigenden riesigen Zahlen um sich wie Adolf Hitler in seinen Reden. Ihr zirkuläres Herumrasen in Autos dient ausschließlich dieser Akkumulation (von ›gestohlener Zeit‹). Auch die von ihnen verführten Menschen, zum Beispiel den Geschichtenerzähler Gigi, der eine TV-Karriere macht, bringen sie zum Rasen in *Autos* und *Flugzeugen*. Mittels des Mythos von den »grauen Herren« ist der gesamte Komplex des Normalverkehrs bei Ende also zunächst in die Farbe des Totalitarismus, also eines extremen Protonormalismus, getaucht. Die »grauen Herren« sind Bürokraten, die die Raserei mit pedantischer Ordnung betreiben.

---

2 Michael Ende, *Momo oder Die seltsame Geschichte von den Zeit-Dieben und von dem Kind, das den Menschen die gestohlene Zeit zurückbrachte.* Ein Märchen-Roman, Stuttgart 1974.

Die gute Seite im Drama ist zum einen durch Momo und ihre Freunde, d.h. vornormalistisch lebende mediterrane Menschen, die noch Zeit zum Genuß ›qualitativer‹ Intensitäten, also Zeit als involutive »durée« haben, repräsentiert – und zum anderen durch den kitschig-mythischen Komplex des »Meisters Hora«, der den Schatz der »Stundenblumen« verwaltet, die in den »Herzen der Menschen« entweder aufblühen oder eben von den Zeit-Vampiren geraubt werden können. Hora unterstützt Momo in ihrem Kampf durch die Schildkröte Kassiopeia, deren mythische Langsamkeit in symbolischer Opposition zum Rasen der Autos steht. Das Zentrum der Zeitigung ist durch eine Zeitstaumauer gegen Autorasen geschützt:

Außerhalb dieses seltsamen Stadtteils, dort wo Nacht war, jagten drei elegante Autos mit leuchtenden Scheinwerfern die zerlöcherte Straße entlang. In jedem saßen mehrere graue Herren. Einer, der im vordersten Wagen saß, hatte Momo entdeckt, als sie in die Straße mit den weißen Häusern eingebogen war, wo das seltsame Licht anfing. / Als sie jedoch diese Ecke erreicht hatten, geschah etwas höchst Unbegreifliches. Die Autos kamen plötzlich nicht mehr vom Fleck. Die Fahrer traten aufs Gas, die Räder jaulten, aber die Autos liefen am Ort, als ob sie auf einem fahrenden Band stünden, das mit gleicher Geschwindigkeit in entgegengesetzter Richtung lief. Und je mehr sie beschleunigten, desto weniger kamen sie vorwärts (131).

Dieser mythische *Auto-Stopp* bringt lediglich jenen Topos symbolisch zur Anschauung, nach dem die rasende Bewegung des Normalismus auf der Stelle tritt, weil im Normalismus nichts mehr geschehen könne: Posthistorie.

Diese Vision wird am Schluß durch einen Totalstopp aller Autos noch überboten: Meister Hora stoppt eine Stunde lang den Ausfluß der Zeit, um Momo die Vernichtung der »grauen Herren« zu ermöglichen:

Auf den Fahrbahnen standen die Autos Reihe neben Reihe, hinter den Steuerrädern saßen bewegungslos die Fahrer, die Hände an der Schaltung oder auf der Hupe (einer tippte sich gerade mit dem Finger an die Stirn und starrte wütend zu seinem Nachbarn hinüber), Radfahrer, die den Arm ausgestreckt hatten, um zu zeigen, daß sie abbiegen wollten, und auf den Gehsteigen all die Fußgänger, Männer, Frauen, Kinder, Hunde und Katzen vollkommen reglos und starr, sogar der Rauch aus den Auspuffrohren./ Auf den Straßenkreuzungen waren die Verkehrspolizisten, ihre Trillerpfeife im Mund, mitten im Winken stehen geblieben. Ein Schwarm Tauben schwebte über einem Platz unbeweglich in der Luft. Hoch über allem stand ein Flugzeug wie gemalt am Himmel (252).

Diese glücklich auf der Basis des bekannten Motivs aus *Dornröschen* aktualisierte Szene wirkt nun bereits idyllisch: der totalitäre Schrecken ist bereits aus ihr verschwunden. Es ist ein idyllischer Stau. Die zum normalistischen Stau gehörige »Panik« erleiden nur die »grauen Herren« in ihrem Untergang (139, 251). So wird das humorvoll intendierte Happy Ending des

Märchens vorbereitet, in dem die Menschen ihre Lebenszeit (durée) zurückerhalten, ohne doch aufs Autofahren verzichten zu müssen:

> Und in der großen Stadt sah man, was man seit langem nicht mehr gesehen hatte: Kinder spielten mitten auf der Straße, und die Autofahrer, die warten mußten, guckten lächelnd zu, und manche stiegen aus und spielten einfach mit (266).

Das können die Kinder im Fond des Autos lesen. Wenn sie soweit gekommen sind, geht die Spannungs-Linie mit ihrem *thrill* zuende. Es ist eine Spannung vom Typ der evolutiven, teleologischen durée. Sie macht folglich zusätzlich Hunger auf Film und TV – so wie bereits das bloße Sitzen im Fond des Autos und das Vorbeiziehen-Sehen der Straße.

Es gehört ja zu den Vorzügen der sogenannten trivialen Literatur, daß ihre Applikations-Struktur ganz durchsichtig gehalten ist: das Märchenwunder vom Kinderspiel zwischen den Autos, das hier um gotteswillen nicht vermiest werden soll, ist deutliche Applikationsvorlage für jene Verkehrsberuhigung der achtziger Jahre, die uns 30–Kilometer-Zonen mit Bremsschwellen aus roten Ziegeln und Blumentöpfe als Hindernisse gegen Rasen beschert hat. Es ist nicht ausgeschlossen, daß Ende dazu beigetragen hat, was nicht sein geringstes Verdienst wäre. Der Märchenschluß von *Momo* symbolisiert also die Flexibilisierung des Protonormalismus. Während in dem Märchen Gigis Erzählungen auf Kassetten als totalitär konnotiert sind, nehmen Endes Erzählungen auf Kassetten Donald Duck wenigstens einen kleinen Teil seines Markts weg, wofür wir dankbar sein müssen. Allerdings verkauft *Momo* uns den flexiblen Normalismus als Ausweg aus dem Normalismus und als Eurhythmisierung unserer Kultur. Das ist wohl genauso unausweichlich wie die Tatsache, daß Hunderte von flexibel-normalen, ›leicht alternativen‹ Kneipen und Woll-Läden *Momo* heißen und also diesen Etikettenschwindel institutionell applizieren.

2. Die Langlebigkeit des Protonormalismus: Nach Kurt Schneider Paul Bresser

Seit dem 19. Jahrhundert gehören die verschiedensten Richtungen der Psychiatrie zu den archäologisch wichtigsten Spezialdiskursen für die Ausarbeitung und Verbreitung der Kategorien »normal«, »abnorm«, »Normalität« usw. Die Versuchung liegt daher nahe – und Canguilhem ist ihr weitgehend und Foucault teilweise erlegen – die neuere Psychiatrie insgesamt zum Bereich der »Normalitäts-Dispositive« im Sinne des Protonormalismus zu zählen. Demgegenüber wird in der vorliegenden Untersuchung angeregt, gerade auch in der neueren Psychiatrie deutlich zwischen den beiden ver-

schiedenen diskursiven Strategien (protonormalistisch und flexibel-normalistisch) zu differenzieren.

Man kann die erhebliche Relevanz der Unterscheidung zwischen Protonormalismus und Flexibilitäts-Normalismus an einem recht kuriosen und anachronistischen, für die betroffenen Opfer leider scheußlichen Phänomen aufzeigen: Ich meine die in Deutschland noch bis in die jüngste Zeit starke Stellung einer sozusagen vorsintflutlichen Gerichtspsychiatrie auf geistestypologischer Basis. Nicht bloß Zufall hat es gewollt[3], daß ich Schriften des Kölner forensischen Psychiaters Paul Bresser zu studieren hatte, von dem u.a. auch manchmal in Gerichtsreportagen des *Spiegels* die Rede war. Aus gegebenem Anlaß also nehme ich ihn als Beispiel für die Schule, es hätten sich ebenso andere nehmen lassen. Dabei ließ sich nicht vermeiden, auch auf Kurt Schneider, Bressers theoretischen Hauptgewährsmann, sowie auf einige andere Bezüge einzugehen. Wenn Normalismus sich auf Durch-

3 Vielmehr wurde ich in meiner Eigenschaft als Hochschullehrer mit einer deutschen Biographie konfrontiert, in die Paul Bresser in charakteristischer Weise intervenierte: Paul Brune studierte in den siebziger Jahren in Bochum (u.a. bei mir) und legte sein erstes Staatsexamen ab (u.a. bei mir). Einige Zeit später wußte er mir zu berichten, daß er u.a. aufgrund eines Gutachtens von Bresser am Eintritt ins Referendariat gehindert werden sollte. Er mußte diesen Eintritt per Gerichtsbeschluß erzwingen. Und nun erzählte er mir seine Geschichte: 1935 geboren und 1936 wegen des Suizidversuches seiner Mutter, die danach sterilisiert wurde, in ein Waisenhaus verbracht, wurde er 1943 durch die Initiative eines in der NSDAP engagierten Schulrektors wg. ›erblicher Belastung‹ in die Kinderpsychiatrie zwangseingewiesen, wo er nur knapp der auch in dieser Zeit ›diskret‹ fortgesetzten »Euthanasie« entging. Da nach 1945 die aufgrund der rassistischen Ideologie erfolgten Zwangsasylierungen keineswegs überprüft werden, gelingt es ihm erst im Jahre 1962, die Entmündigung loszuwerden und freizukommen. Eine Zeitlang schlägt er sich als Hilfsarbeiter durch und erprobt vergeblich gleichzeitig den Weg über das Abendgymnasium. Erst 1967 erhält er durch eine Petition ein Stipendium, das ihm den Weg zum Abitur und Studium eröffnet. Vor dem Eintritt ins Referendariat von einem Amtsarzt denunziert, der sich über die Kinder- und Jugendzeit informiert zeigte und bereits während des Studiums einen kontinuierlichen Krieg mit dem Ziel gegen ihn führte, ihm die Sozialhilfe zu entziehen, muß er sich einer psychiatrischen Untersuchung bei Bresser unterziehen. In seinem Gutachten, dessen Text dem Betroffenen erst durch juristische Intervention zur Kenntnis gelangt, schreibt Bresser u.a. wörtlich: »Die ältere Psychiatrie hätte ihn vielleicht in die Gruppe der ›Degenerierten‹ eingeordnet«, sowie: »Die Labilität hat sich aber nunmehr über Jahrzehnte in so vielfältigen allgemein menschlichen, sozialen und gesundheitlichen (bis zur Arbeitsunfähigkeit führenden) Auffälligkeiten manifestiert, so daß (sic) schon von einer stark psychopathischen Persönlichkeitsentwicklung gesprochen werden darf«. Dabei stützte sich Bresser demnach auf Einschätzungen seiner Vorgänger aus der Zeit der Zwangsinternierung (damals sterotype Diagnose: »Psychopathie«), zu denen er sich nach der Darstellung des Betroffenen den Zugang durch einen Trick erschwindelt habe: Er habe als »Schriftprobe« den Namenszug auf einem leeren, nur in der Mitte vorgepunkteten Bogen verlangt und dann offenbar später darüber ein »Einverständnis« simuliert, u.a. den Bochumer Amtsarzt von seiner Schweigepflicht zu entbinden (Situation leider ohne Zeugen...). So etwas könnte man allenfalls als »Kriegslist« auffassen. Womit bewiesen wäre, daß hier ein Krieg geführt wird – aus Paul Brunes Sicht eindeutig der gleiche nach wie vor 1945. Aus der Sicht der vorliegenden Studie handelt es sich mindestens um die Kontinuität protonormalistischer Taktiken – einmal im *total durchgedrehten* Zustand, einmal im »normalen«...

schnitte gründet, so kann Bresser als ausgesprochen normal gelten. Neben der aus gegebenen Gründen polemischen Wahl Bressers spricht demnach noch ein ›solider‹ Grund für diese Selektion: die durchschnittliche und daher exemplarische Struktur seines Diskurses.

Bresser wäre, so ließe sich sagen, besser Germanist geworden, weil er sein naives geistestypologisches Denken dabei auf relativ unschädliche Weise an literarischen Texten statt an »jugendlichen Rechtsbrechern« hätte austoben können. Die Hoffnung erscheint sogar nicht unbegründet, daß die Texte eher Verteidiger gegen ihn gefunden hätten und ihm das Handwerk eher gelegt worden wäre. Die GeistesTypologie, von Dilthey nicht erfunden, aber systematisiert, bringt bekanntlich komplexe Phänomenbereiche wie Weltanschauungen, Kunststile, Charaktertypen, Nationalcharaktere, Kulturkreise usw. jeweils auf die Formel eines angeblich dominierenden Sem-Komplexes. Z.B. ist die Klassik ›geschlossen‹ und die Romantik ›offen‹, z.B. ist der französische Nationalcharakter ›rationalistisch‹ und der deutsche ›irrationalistisch‹ usw. Wenn ich hier in der Kürze karikiere, so leider weniger, als es den Anschein hat – man lese nur entsprechende Texte wie etwa Fritz Strichs seinerzeit populäres Buch *Deutsche Klassik und Romantik oder Vollendung und Unendlichkeit* oder auch Oswald Spenglers berühmten *Untergang des Abendlandes*. In ihrem Selbstverständnis glaubte die GeistesTypologie, durch genaue phänomenologische Durchdringung ihres Gegenstandes dessen geistigen ›Wesenskern‹, eben den zugrunde liegenden GeistesTyp, herausschälen und auf einen Set von »Primeigenschaften«, wie es dann bei den Psychiatern (etwa Lersch; *JR*, 13f.) heißt, reduzieren zu können. Der GeistesTyp wird wesentlich als stabil und fix betrachtet. Er muß nicht, kann aber auf so etwas wie »vererbte Anlage«, sei es individuell, sei es kollektiv-ethnisch oder rassisch, zurückgeführt werden. Entgegen ihrem phänomenologischen und individualistischen Selbstverständnis handelte es sich bei der GeistesTypologie diskursgeschichtlich um die Fortsetzung einer klassifizierenden, taxonomisch-kombinatorischen »Episteme« auch über die von Foucault postulierte Epochenschwelle gegen 1800 hinaus. GeistesTypologie ist also die Fortschreibung der von Foucault »klassisch« genannten Episteme im Rahmen des seit 1800 diskursiv dominierenden »Historizismus«. Es ist – wenn man die wesentlichen diskursiven Instrumentarien betrachtet – die Fortschreibung der taxonomischen Matrix im Zeitalter der dynamischen Kurve. Diese ›epistemologische Verspätung‹ ist nun ein höchst aufschlußreiches Symptom für die Geschichte des Normalismus; sie zeigt, wie die protonormalistische Strategie auf ihrer Suche nach Ver-Sicherungen gegen die Denormalisierungsangst zwecks Festklopfens der Normalitätsgrenzen auf vornormalistische »Charaktereigenschaften« in Form von *traits* zurückgreift.

Da die Geistestypologie4 alle ihre Gegenstände als dominant »geistig«, also anthropomorph auffaßt, ist die Kategorie des »Charakters« eigentlich synonym mit Geistestyp und also ein Synonym für die Basiskategorie schlechthin. Es gibt für die Geistestypologie also nicht bloß »Nationalcharaktere«, sondern auch »Kulturkreischaraktere«, »Stilcharaktere« usw. Das war eine zu große Versuchung für deutsche Psychiater, die es ja nun einmal mit echten, ganz empirischen Charakteren zu tun zu haben meinten. Jedenfalls florieren in der deutschen Psychiatrie seit Diltheys Zeiten die Charaktertypologien (z.B. die von Klages, Kretschmer, Spranger und Kurt Schneider).

Insert: Kurt Schneiders »Psychopathentypen«

Eine der berühmtesten Charaktertypologien ist die der »Psychopathen« von Kurt Schneider, die dann von Bresser kaum modifiziert übernommen und ›angewendet‹ wurde. Wenn Bresser hier soeben als »durchschnittlich« gekennzeichnet wurde, so nicht etwa, um Kurt Schneider demgegenüber nun den Status eines ›originellen Autors‹ zu verleihen. Das gesamte ›Kapitel‹ ist vielmehr ein Musterfall von taktischer Diskurs-Bastelei innerhalb eines historisch vorgegebenen strategischen Feldes, wobei die diskursiven Ereignisse gegenüber den »Autoren« eine eigene Art von transsubjektiver Originalität behaupten. Dabei operierte (der ›frühe‹) Kurt Schneider in der Zeit des Ersten Weltkriegs und danach im wesentlichen unter den Prämissen einer protonormalistischen Strategie in einem taktischen Dreieck, das aus dem normalistischen Grundprinzip von Broussais-Comte (d.h. dem Prinzip der Kontinuität zwischen Normalem und Anormalem), den geistestypologischen Prämissen diskontinuierlicher »Charaktere« und dem forensisch-psychiatrischen Postulat bestand, eine praktisch tragfähige Brücke zwischen Normalität und juristischer Normativität zu konstruieren. Im Gegensatz zu seinem Schüler Bresser und zu seinem Lehrer Karl Jaspers stellt Kurt Schneider das Prinzip von Broussais-Comte als Grundprinzip nicht in Frage, situiert sich also explizit im epochalen Feld des Normalismus. Er leitet die »quantitative« Auffassung der Kontinuität zwischen »normalem« und »abnormem Seelenleben« von Windelband (und sogar von Kant) her, erkennt »Durchschnitte« als Orientierungsmarken an und formuliert entsprechend schon 1923:

Halten wir den Begriff des Normalen als einen reinen *Seins*begriff fest und hüten wir uns, ihn mit Wertbegriffen zu vermischen, so sind *abnorme Persönlichkeiten Varia-*

4 Bresser bekennt sich explizit zur »Geistestypologie« (Paul Bresser, *Grundlagen und Grenzen der Begutachtung jugendlicher Rechtsbrecher* (Habilitations-Schrift; = *JR*), Berlin 1965, 17.

tionen, Abweichungen von einer uns vorschwebenden, aber nicht näher bestimmbaren Durchschnittsbreite menschlicher Persönlichkeiten, Abweichungen nach dem Mehr *oder* nach dem Weniger, nach oben *oder* nach unten, abnorme Persönlichkeiten im wörtlichen Sinn.[5]

Schon hier, bei der ersten Formulierung des Grundprinzips der Kontinuität und des Durchschnitts, wendet sich Schneider aber paradoxer- (oder wenn man will: paralogischer-) weise gegen die statistische Bestimmung des Durchschnitts!

Wir halten uns an den quantitativen Normbegriff. Daß er keinesfalls rein statistisch aufgefaßt werden darf, da die Normalität kein Punkt, sondern eine Strecke ist, hat W. *Stern* [...] mit Recht verlangt. (*PP*, 2)

Das ist starker Tobak nicht bloß für jeden Statistiker, sondern auch für jeden Laien der normalistischen Epoche, der schon einmal eine statistisch errechnete Gaußkurve mit Normalitäts-Bereich (»Strecke«) und Grenzwerten gesehen hat. Als ob Statistik bloß »Punkte« und nicht gerade Kurven errechnen würde! Hier schneidet ein Taktiker seine normalistischen Puzzle-Elemente vorsorglich gewaltsam so zurecht, daß er später dann so tun kann, als ob seine geistestypologischen Puzzle-Elemente dazu passen würden. Zuvor aber gilt es, den Anschluß an den dritten Punkt des taktischen Dreiecks (d.h. die juristische Ecke) vorzubereiten. Das geschieht mittels der »berühmten« Definition: *»Psychopathische Persönlichkeiten sind solche abnorme Persönlichkeiten, die an ihrer Abnormität leiden oder unter deren Abnormität die Gesellschaft leidet.«* (*PP*, 3; ebenso noch in *KP*, 4[6]) Das diskurstaktische Problem besteht darin, von der Kontinuität zwischen Normalität und Anormalität (»Abnormität«) zur Diskontinuität der Kriminalisierung zu kommen. Zu diesem Zweck wird zunächst die normalistische medizinische Reformulierung der Opposition *gesund/krank* als *normal/anormal* rückgängig gemacht, indem beide Oppositionen nicht bloß entkoppelt, sondern geradezu als inkompatible Gegensätze aufgefaßt werden: wer »krank« ist, kann nicht »abnorm« sein und umgekehrt. Wiederum starker Tobak, für dessen Konsum auf einen rein philosophisch begründeten scharfen »Dualismus« zwischen Körper (gesund/krank) und Seele (normal/abnorm) rekurriert werden muß (*KP*, 2). Wie gesagt, ein Musterfall taktischen (inter)diskursiven Operierens »zwischen« den Spezialdiskursen Medizin, Psychiatrie, Philosophie und Jurisprudenz. Ein Musterfall auch dafür, daß ganz offensichtlich nicht ein souveränes »strategisches Subjekt« operiert, sondern daß taktierende, sich jeweils ad hoc re-identifizierende

---

5 Kurt Schneider, *Die psychopathischen Persönlichkeiten* (= *PP*), 2. Aufl. Leipzig/Wien 1928 (1. Aufl. 1923), 2f.

6 Kurt Schneider, *Klinische Psychopathologie* (= *KP*), 11. Aufl. Stuttgart 1976 (1. Aufl. 1946, Vorstufen seit 1935).

Subjektivitäten von der friktiven Bewegung der Diskurse ›mitgeschoben‹ werden. Es gilt, das juristische Puzzle-Element irgendwie ›anzuschließen‹:

> Es wäre im Grund einerlei, ob man von krankhaften Persönlichkeiten reden sollte oder nicht, wenn diese meist so willkürlich gebrauchte Bezeichnung nicht zu schwerwiegenden praktischen Folgerungen namentlich auf forensischem Gebiet geführt hätte. Eine der frühesten Stimmen, die sich dagegen gewandt hat, war die *Pelmans* im Jahre 1892: ›Da wird jede Abnormität zur Krankheit und jedes verschrobene Individuum in eine pathologische Kategorie gebracht, als ob die Irrenanstalten Raritätenkabinette und keine Krankenhäuser wären. Was in aller Welt haben hier so unklare Begriffe wie moralisches Irresein oder gar der Querulantenwahnsinn – eine sehr beliebte Bezeichnung – zu tun, als ob nur Verrückte querulieren und kein geistig Gesunder ein rechter Lump sein könnte.‹ Es mag hier ganz allgemein gesagt werden, daß von der Auffassung aus, daß psychopathische Persönlichkeiten keine kranken Menschen, sondern charakterologische Spielarten sind, eine Exkulpierung *grundsätzlich nicht* stattfinden kann [...]. (*PP*, 15; ähnlich noch *KP*, 9)

Tanta molis erat, damit die Bressers gutachten und dabei »*grundsätzlich nicht* exkulpieren« können. Es wird zu zeigen sein, daß in der Zeit der »Belle époque« aus den Kontinuitäts-Prämissen des Normalismus erstmals in spürbarem Umfang flexibilistische Konsequenzen gezogen wurden, u.a. im Grenzbereich von Psychiatrie und Justiz. Dagegen erfolgte im Vorfeld des Ersten Weltkriegs und dann vor allem *durch* den Krieg selbst eine Art ›Aufstand der protonormalistischen Strategie‹, in den sich die Konsolidierung einer deutschen geistestypologischen Psychiatrie und »Charakterologie« einfügt. Erst im Kontext dieser epochalen diskursstrategischen Konfrontation gewinnt eine Aussage wie die ihren Sinn, daß statistische Normalität ein »Punkt« und keine »Strecke« sei: Dadurch wird der »Statistik« kontrafaktisch extreme Fixität (nach Art einer Industrienorm) unterstellt und für die eigene Position größere Flexibilität reklamiert – eine völlige Verdrehung nicht im Sinne subjektiv intendierter Manipulation, sondern als Resultat des ›Geschoben-Werdens‹ vom Hin und Her der beiden großen normalistischen Strategien und der vielen kleinen taktischen ›Züge‹.

Das »berühmte« Definitionskriterium für »Psychopathen« (»unter deren Abnormität die Gesellschaft leidet«) bindet die Normalität also in radikaler Weise zurück an die Normativität[7]. Statt eines flexiblen Spiels von Normativität auf Normalität wird das positive Recht mit der *Schmerzgrenze* »der« Gesellschaft gegenüber Anormalität und damit auch mit der zivilgesellschaftlichen *Toleranzgrenze* ineinsgesetzt. Damit wird also auch keine Differenz zwischen Zivilgesellschaft und Staatsapparaten zugelassen. Diese Art fixer Kopplung und Konnexion möglichst vieler sektorieller *Grenzen* ist höchst charakteristisch für die protonormalistische Strategie. Dadurch ent-

7 Bis hin zum rabiaten Vorschlag der »Kastration« (*PP*, 73).

stehen, bildlich gesprochen, *dicke* und *massive* Grenzen, die man mit Erving Goffman als *Stigma-Grenzen* bezeichnen kann (im Unterschied zu der Dekonnexion sektorieller Grenzen im flexiblen Normalismus).

Allerdings wird nun das durch die *Leidensgrenze* der Gesellschaft auf der einen und die *Krankheitsgrenze* auf der anderen Seite abgesteckte Anormalitäts-Feld in ein wahres »Raritätenkabinett« taxonomisch diskontinuierlicher »psychopathischer Charakter-Typen« verwandelt. Ganz wie dem Foucault der *Histoire de la folie* (dt. *Wahnsinn und Gesellschaft*) zufolge die »klassische« (im Sinne des deutschen »aufgeklärte«) Episteme die Vielzahl der Krankheiten und ›Verrücktheiten‹ als einen *botanischen Garten*[8] diskontinuierlicher ›Arten‹ in den Feldern einer taxonomischen, kombinatorischen Matrix dachte, denkt Schneider seine »Psychopathen«. Da wimmelt es nun von »hyperthymischen Psychopathen« (*PP*, 30ff.), »depressiven Psychopathen« (*PP*, 36ff.), »selbstunsicheren Psychopathen« (*PP*, 40ff.), »fanatischen Psychopathen« (*PP*, 50ff.), »geltungssüchtigen Psychopathen« (*PP*, 55ff.), »stimmungslabilen Psychopathen« (*PP*, 62ff.), »explosiven Psychopathen« (*PP*, 67ff.), »gemütlosen Psychopathen« (*PP*, 69ff.) usw. usf. (vgl. auch *KP*, 22ff.). Obwohl Schneider den »systemlosen« Status dieses Sammelsuriums ohne weiteres zugibt (*PP*, 17, 29) und diese »abnormen Charaktere« ausdrücklich nicht als jeweilige ›Überspannung‹ eines entsprechenden »normalen Charakters« verstanden wissen will, beruht die gesamte semantische Alchimie (Semsynthese) dennoch deutlich auf jenen Semkomplexen, mit denen der protonormalistische Elementardiskurs (»Alltag«) das ›eindeutig nicht mehr Normale‹ zu markieren pflegt: *Durchdrehen, Kollaps, Explosion, Fanatismus, Herzlosigkeit.* Die geistestypologische Charakterologie verwandelt also die ›vertikale‹ semantische Markierung der Normalitätsgrenze (*Durchdrehen, Überspannung, Kollaps, Explosion*) in einen ›horizontalen‹ wimmelnden *Reichtum* von »Charakteren«. Die hermeneutische und taxonomische Entfaltung dieses *Reichtums* ist Aufgabe der Geistestypologie, d.h. der »verstehenden« und »sinnerschließenden« Methode. Innerhalb der Gesamt-Taktik fällt der Geistestypologie hauptsächlich die Funktion zu, *Diskontinuitäten* zu postulieren. Das Spiel mit den »Charakteren« zeigt immer und immer wieder, *daß es Diskontinuitäten gibt* – also gibt es auch Diskontinuität zwischen »krank« und »abnorm«, zwischen einer Abnormität, an der die Gesellschaft nicht leidet, und einer, an der sie leidet, also zwischen »Psychotikern« und »Psychopathen«. Über den Test der »Differentialdiagnose« ist die geistestypologische »Charakterologie« ihrerseits funktional an den psychiatrischen und juristischen Diskurs rückgebunden. Das zeigt sich in wünschenswerter Klarheit an dem

8 S. Michel Foucault, *Histoire de la folie à l'âge classique*, 2. Aufl. Paris 1972, 193ff. (Kapitel »Der Wahnsinnige im Garten der Arten«).

folgenden Kriterium der Differentialdiagnose zwischen (dem Sinnverstehen zugänglichen) »psychopathischen Charakteren« und (dem Sinnverstehen verschlossenen) »krankhaften Psychosen«: »Vor allem aber *zerreißen sie* (die Psychosen, J.L.) *die Geschlossenheit, die Sinngesetzlichkeit, die Sinnkontinuität der Lebensentwicklung.«* (*KP*, 8f.) Anders gesagt: ›Runder‹ Sinn und das Funktionieren von Sem-Synthese signalisieren »Seele« und damit (nicht exkulpierbare) »Abnormität«, während ›Risse‹ durch den Sinn und das Versagen von Hermeneutik auf »Körper« verweisen und (exkulpierbare) »Krankheit« anzeigen. Noch krasser gesagt: Soweit die Hermeneutik reicht, herrscht Seele, Anormalität, Schuld und Gefängnis; wo sie scheitert, herrscht Körper, Krankheit, exkulpierte Unmündigkeit und Irrenhaus. Kategorien wie die der »Neurose«, die diesen Manichäismus in Frage stellen, müssen entsprechend »konzessionslos« abgelehnt werden (*KP*, 10). Das zu stark zum Flexibilitäts-Normalismus tendierende Feld der Psychoanalyse wird zur Gänze vom Feld der »Psychopathen« besetzt.

***

Bresser weiß also im Anschluß an Kurt Schneider, bevor er einen »jugendlichen Rechtsbrecher« zu begutachten hat, immer von vornherein genau, daß dieser »Proband« zu einem und nur zu einem der folgenden Charaktertypen gehören muß: »geistige Minderbegabung«[9] (*JR*, 81ff.), »Willensschwäche« (94ff.), »Gemütsarmut« (110ff.), »Geltungsbedürfnis« (119ff.), »Reizbarkeit« (127ff.). »Betriebsamkeit« (135ff.), »Selbstunsicherheit« (144ff.), »Stimmungslabilität« (162ff.), »Fanatismus« (165ff.). Bressers »Forschungsergebnisse« bestehen also, wie man sieht, in einigen Modifikationen der Schneiderschen Typologie (z.B. »gemütsarm« statt »gemütslos« u.ä.). Diese Modifikationen beruhen hauptsächlich auf einer stärkeren Einbeziehung fiktionaler »Charaktere«. Liest man den Text und besonders die Fallberichte genauer, dann fühlt man sich als Germanist ganz zu Hause: Die Charaktere sind eigentlich sämtlich aus der klassischen und trivialen Literatur seit dem 18. Jahrhundert gewonnen. »Gemütsarmut« (darüber promovierte Bresser[10]) bedeutet z.B. nichts anderes als das Charaktermerkmal

---

9 Paul Bresser, *Grundlagen und Grenzen der Begutachtung jugendlicher Rechtsbrecher* (Habilitations-Schrift), Berlin 1965.

10 Paul Bresser, *Das Gemüt.* Eine Studie zu seiner Theorie, Psychologie und Anthropologie, Diss. (Masch.-Schr.) Düsseldorf (München) 1950. In dieser grotesken Kompilation aus Klages, Spranger, Lersch und Kurt Schneider werden die »Dichter« explizit zur Hauptquelle erklärt (4, 21ff.). Das führt zu Kriterien wie diesen: »Innere Armut spricht immer für einen Mangel an Gemüt« (23) – »Der Gemütslose findet nirgends warmen Kontakt« (33) – (Mutterliebe) »ist ein beispielhaft tiefes Erlebnis – tief in jedem Sinne. Rein formal ist sie insofern tief, als sie ganz und gar verwurzelt ist im elementarsten Lebens- und Erlebensgrund mütterlichen Wesens. Gemessen an der Tiefendimension des Gemütes ist sie gleichfalls ausgesprochen tief, wenn wir nämlich erkennen, dass die Mutterliebe ein edles und tiefes Gefühl ist, welches tief im Herzensgrunde ihres Ge-

›–Herz‹ (›minus Herz‹) im bürgerlichen Trauerspiel, »Willensschwäche« ist gleich dominant ›verführbar‹, ›sinnlich affizierbar‹. Man kann das ganze typologische System dieser Psychiatrie als eine einfache Matrix darstellen, so wie man die Charakter-Konfigurationen Schillerscher Dramen matrizieren kann[11]. Bresser überlegt manchmal, ob er als Psychiater einen starken Einfluß von Filmen auf »jugendliche Rechtsbrecher« annehmen darf. Er ist da im allgemeinen skeptisch, weil er stets den »anlagebedingten« Charaktertyp für ausschlaggebend hält – er selbst appliziert jedenfalls mit seinem ganzen Denken klassische und triviale deutsche Literatur, was ich nicht für anlagebedingt, sondern für anerzogen halten würde.

Nun aber der für diese Untersuchung interessanteste Punkt: Wie Don Quijote gegen die Windmühlen kämpft Paul Bresser unermüdlich gegen die Statistik (z.B. *JR*, Vorwort, 27, 55, 79). Warum tut er das? Dazu zitiert er einmal Friedrich Wilhelm Foerster, der schon 1911 gesagt habe, daß »der Begriff des Normalen überhaupt bald einer überwundenen Epoche der Wissenschaft angehören wird, oder man wird – wie einmal treffend bemerkt wurde – als ›normal‹ die ›richtige‹ Mischung aller möglichen Minderwertigkeiten bezeichnen« (bei Bresser, *JR*, 74). Das ist in mehrfacher Hinsicht ein überaus symptomatisches Zitat. Zum einen rekurriert Bresser auf den konservativen Pädagogen Foerster, weil bei Einsatz von Statistik nicht a priori garantiert ist, daß sich nicht Verhaltensweisen als durchschnittlich und also »normal« im Sinne von durchschnittlich erweisen könnten, die nach den präexistenten Normen deutscher Psychiater »minderwertig« und also »abnorm« in ihrem Sinne sind. Ein Musterbeispiel dafür ist die Homosexualität, die Bresser noch 1965 als wesenhaft abnorm behandelt[12]. Aber auch die gesamte Serie der abnormen Charaktertypen ist als fix und stabil gedacht, d.h. als durch Statistik nicht zu erschüttern. Zweitens ist der Rekurs auf Foerster besonders komisch, weil es sich bei ihm bekanntlich um das reale Vorbild von Musils grotesker Figur »Lindner« handelt: Bresser bekennt sich damit, ohne es zu wissen, zum »Lindnerismus«! Es wird im historischen Teil zu zeigen sein, daß sich in der Tat zu Beginn des Jahrhunderts zum erstenmal im großen Maßstab die Panik beobachten läßt, die fle-

---

mütes schlummert und wirkt« (68). »Gemütlosigkeit« (Vorsicht, Knast!) liegt überall dort vor, wo solcher »seelischer Tiefgang« fehlt (109). Insbesondere »Gemütsfeigheit«, definiert nach dem Nazibarden Kolbenheyer, hat ausgesprochen schlechte Karten (135).

11 Vgl. zum Verfahren der Matrizierung von »Charakter«-Dramen J.L., »Schillers *Don Carlos* und Hölderlins *Empedokles*: Dialektik der Aufklärung und heroisch-politische Tragödie«, in: ders., *Elementare Literatur und generative Diskursanalyse*, München 1983, 87–125.

12 *JR*, 173ff.; das geht bis zur Rückbindung an »Natürlichkeit«: »Die biologische Norm, die mit den Geschlechtsvorgängen das Ziel der Zeugung verbindet, bleibt Richtmaß für das, was als natürlich oder normal zu betrachten ist.« (174) Damit ist der Protonormalismus von etwa 1850 festgeschrieben. Homosexuelle sind »vorwiegend willensschwach, andere selbstunsicher, betriebsam, gemütsarm oder auch geistig minderbegabt« (175).

xibel-normalistische Taktiken auszulösen pflegen, und daß dieser Panik-Mechanismus zu den Grundeinsichten Musils bei seiner literarischen Ätiologie des Ersten Weltkriegs gezählt werden muß.

Genau das ist m.E. die wesentliche Differenz zwischen Protonormalismus und Flexibilitäts-Normalismus. Der Protonormalismus behauptet, durch Wesensschau zu wissen, daß etwa Homosexualität oder auch dominante Gemütsarmut abnorm sind. Der flexible Normalismus verdatet zunächst ein Feld und stellt dabei etwa fest, daß sich zwischen 5 und 10% der Bevölkerung homosexuell verhalten, und daß dieser Anteil folglich normal ist. Es ließe sich also auch sagen: Der Protonormalismus legt seine Normen ex ante fest und ist bereit, sie den Individuen repressiv aufzuzwingen (Bresser ist berüchtigt für seinen ›Fanatismus‹ hoher Strafen und autoritärer Erziehung), der flexible Normalismus errechnet die Normen ex post aus statistischen Erhebungen und überläßt es den Individuen, ihr Verhalten aufgrund ihres Wissens über die Statistik selbst zu adjustieren.

In einer anderen Veröffentlichung Bressers, der als Basislehrbuch für Medizinstudenten in den vorklinischen Semestern gedachten *Medizinischen Psychologie*[13] findet sich folgendes nun wirklich ›schlagende‹ Zitat:

> Es gibt keinen Gradmesser dafür, wie weit eine charakterliche Zuspitzung ausgeprägt sein muß, um sie als abnorm einzustufen. Bei dem breit gefächerten Variationsreichtum individueller Merkmale, die nur mit größerer oder geringerer Seltenheit zu beobachten sind, muß jedenfalls die Grenze sehr weit gesteckt werden, ehe von einer Abnormität gesprochen werden darf./ Rechnerische Meß- und Durchschnittswerte, die von der Häufigkeit eines bestimmten Merkmals ausgehen, lassen sich nicht ermitteln, weil die Merkmalskonstellation bei jedem Individuum andere charakterologische Dimensionen aufweist. Maßgebend sind vielmehr evidente Dominanzen eines das Persönlichkeitsbild in deutlich abnormer Weise prägenden Eigenschaftsprofils. Dabei tritt immer ein (!) das Gefüge vorherrschend überformender Grundzug hervor./ Sollte etwa daran gedacht werden, Normalverteilungen und Standardabweichungen zu bestimmen, so wäre das bei hinreichend qualifizierender und differenzierender Betrachtung für so viele Konstellationen erforderlich, daß es eine exakte oder auch nur plausible Einteilung oder Grenzziehung nicht geben kann. Deshalb ist nur das in psychologisch anschaulicher Weise bei einem Menschen extrem Abnorme, für das bei vollständiger Würdigung auch der sozialen Auswirkungen oder ihrer problemstiftenden Erlebniskonstellationen auf keinen Fall mehr die Bezeichnung normal angemessen erscheint, mit hinreichender Evidenz dem charakterlich Abnormen oder dem Psychopathischen zuzurechnen. Alles das, was den besonnen urteilenden Laien unmittelbar veranlaßt zu sagen: Das ist doch krankhaft, das kann doch nicht mehr normal sein, wäre nach Ausschluß einer Krankheit im engeren Sinne zu den persönlichkeitseigenen Abnormitäten zu rechnen. (MP, 98)

---

13 Paul Bresser, *Medizinische Psychologie (= MP)*, Berlin/New York 1979.

Dieser Text kann als exemplarisch gelten. Seine Stoßrichtung gegen statistische, also flexibel-normalistische Verfahren ist eindeutig. Bresser scheint am Anfang und Schluß des Abschnitts für mehr Toleranz zu plädieren (»muß jedenfalls die Grenze sehr weit gesteckt werden«, »das extrem Abnorme«).

Wenn man aber Tilman Mosers brillante Kritik dieser Art deutscher Gerichtspsychiatrie gelesen hat[14], erkennt man erst die Abgründe des Diskurses. Es geht Bresser darum, seine Charaktertypologie gegen die Statistik zu behaupten. Er trainiert dem jungen Mediziner folgendes Verfahren an: ›immer ein Grundzug‹. Will sagen: auf jeden Fall liegt einer der 10 oder 12 Charaktertypen vor, im Zweifelsfall müssen wir uns also zwischen z.B. »Gemütsarmut« oder »Fanatismus« entscheiden. Gut. Damit ist der Charaktertyp gefunden, aber noch nicht die Grenze des nicht mehr Normalen bestimmt. Das darf nicht der Statistik überlassen werden, wird vielmehr intuitiv entschieden! Und zwar nach der Intuition eines »besonnen urteilenden Laien«. Man begreift eine solche Wissenschaft nur, wenn man ihr Funktionsproblem kennt: Sie dient hauptsächlich dazu, per Gutachten ggf. ein Maximum an Rechtsbrechern, inklusive jugendlicher Rechtsbrecher, maximal zu ›verknasten‹, um es drastisch zu formulieren[15]. Dazu müssen sie aber erstens voll verantwortlich sein, also nicht organisch krank, sondern bloß seelisch abnorm. Dazu müssen sie aber zweitens auch für Psychotherapie und ähnliche normalisierende ›sanfte‹ Techniken unzugänglich sein, und das sind sie als anlagebedingte, untherapierbare Psychopathen, als fixe »abnorme Charaktere«. Der Gutachter gutachte also so, daß der »besonnene Laie« (Kompliment an präsumtive Geschworene!) ihm intuitiv in der Prognose zustimmen wird: ›Bei dem hilft die sanfte Tour nicht, das sieht man doch ganz klar!‹ Wir haben es hier – en passant gesagt – mit einer in dieser Form sicher selten offenen Rückkopplung eines Spezialdiskurses nicht bloß an den Interdiskurs, sondern an den Elementardiskurs des »Alltags« (man kann nicht umhin zu sagen: ans »gesunde Volksempfinden«), zu tun. Diese Rückkopplung dürfte für jede Spielart von Normalismus, auch die flexible, konstitutiv sein, obwohl sie in der Regel möglichst hart spezialdiskursiv abgearbeitet werden muß. Bei Bresser tritt die Denormalisierungsangst geradezu naiv hervor. Die aus den USA nach 1945 ›herüberschwappende‹ Flexibilität löst bei ihm Panik aus: Wo kommen wir hin, wenn wir »sogenannten Neurosen [...] Krankheitswert zusprechen« (*JR*, 252) – was hat das für »fragwürdige Folgen für das Zivil- und Entschädigungsrecht« (ebd.)! »Die täglichen Belange der Gutachterpraxis erfordern aber ein festes Fundament,

14 Tilman Moser, *Repressive Kriminalpsychiatrie.* Vom Elend einer Wissenschaft. Eine Streitschrift, Frankfurt/Main 1971.

15 »In der Regel ist für den Minderbegabten eher die obere als die untere Grenze der angemessenen Strafe zweckmäßig und erfolgversprechend.« (*JR*, 88)

sonst gerät in ihrem Bereich alsbald die Rechtsordnung ins Wanken«! (ebd.) Dieses panikartige Greifen nach einem »festen Fundament« auf dem glitschigen Boden des Flexibilitäts-Normalismus ist jener Reflex, der immer wieder die protonormalistische Strategie in Gang setzt[16].

3. Die Kinsey-Reports als diskursives Ereignis und der Durchbruch des flexiblen Normalismus in den USA

Die Kinsey-Reports werden im folgenden nur unter ganz bestimmten, selektiven Aspekten besprochen, die allerdings für eine Theorie und Geschichte des Normalismus hoch symptomatisch sind. Dabei geht es weniger um die theoretischen Prämissen, um die technischen Verfahren und bestimmte Resultate bzw. Behauptungen im einzelnen als um das gesamte diskursive Ereignis, insbesondere auch einschließlich seiner Folgen für die sogenannte »sexuelle Revolution«, einen der wesentlichen Aspekte der kulturrevolutionären Entwicklungen der sechziger Jahre. Kinseys eigene Auffassung von (sexueller) Normalität erscheint zunächst fast ganz biologistisch. Das wird nicht nur durch das Paradigma der Insektenforschung nahegelegt, in der Kinsey seine wissenschaftlichen Sporen gewonnen hatte. Er scheint darüber hinaus die Auffassung zu vertreten, daß soziale und historische (etwa religiöse) Faktoren des Sexualverhaltens ausschließlich die »biologische Ursprünglichkeit« im negativen Sinne beeinflussen:

> Die Art, wie jede Gruppe auf eine bestimmte Lebensform reagiert, entscheidet über die ›Normalität‹ oder ›Abnormität‹ des Verhaltens eines Individuums – innerhalb dieser jeweiligen Gruppe (Benedict 1934). Wie immer die moralische Ausdeutung sein möge (wie etwa bei Moore 1943), es gibt keinen wissenschaftlichen Grund, bestimmte Formen sexueller Betätigung als tatsächlich in ihren biologischen Ursprüngen normal oder abnorm anzusehen. [...] Unsere heute gültigen gesetzlichen Definitionen sexueller Akte als ›zulässig‹ oder ›natürlich‹ und als ›widernatürlich‹ fußen nicht auf Daten, die Biologen erarbeitet haben, noch auf der Natur selbst (*SVM*, 196).[17]

> Es besteht kein Recht zu der Annahme, daß bestimmte Formen des Sexualverhaltens immer Ausdruck einer Psychose oder Neurose seien. Tatsächlich sind sie häufiger der Ausdruck dessen, was im Säugetier- und anthropoiden Verhalten biologisch ursprünglich ist, und sie stellen eine beabsichtigte Mißachtung sozialer Konventionen

---

16 Es paßt zu dem Ausgeführten, daß Bresser in vorderster Front der Experten kämpfte, die sich den Haupttendenzen der Großen Strafrechtsreform von 1969/70 (1. Reformgesetz) und 1975 (2. Reformgesetz) zu widersetzen suchten (die man ihrerseits als normatives Aggiornamento an die inzwischen dominant gewordenen flexibel-normalistischen Tendenzen begreifen kann).

17 Im folgenden zitiert als *SVM* (Alfred C. Kinsey/Wardell B. Pomeroy/Clyde E. Martin, *Das sexuelle Verhalten des Mannes*, dt. Frankfurt/Main 1970) und *SVF* (Alfred C. Kinsey/Wardell B. Pomeroy/Clyde E. Martin/Paul H. Gebhard, *Das sexuelle Verhalten der Frau*, dt. Berlin und Frankfurt/Main 1954).

dar. Viele sozial und intellektuell hervorragende Personen in unseren Berichten, erfolgreiche Wissenschaftler, Erzieher, Ärzte, Geistliche, Geschäftsleute und Personen in hohen Regierungsstellen bringen in ihren Sexualberichten sozial tabuierte Einzelheiten und weisen, zusammengenommen, fast die ganze Spanne sogenannter sexueller Anomalien auf (*SVM*, 195).

Hier scheint Kinsey also davon auszugehen, daß gerade soziohistorisch besonders entwickelte Sozialtypen es besonders einfach hätten, sich »biologisch ursprünglich« zu verhalten.

»Normalität« ist für Kinsey also eine Art ursprüngliche Bio-Macht[18] (im konkreten Sinne von Bio-Potenz) im Sinne Foucaults, die es gegen ihre soziohistorischen Einschränkungen zu stimulieren gilt. In dieser Absicht zur Stimulierung und Leistungssteigerung liegt das dynamische und intervenierende Element der Reports:

Die biologische Kapazität des durchschnittlichen jüngeren Mannes dürfte vermutlich noch höher als 4,8 pro Woche liegen [...]. [...] Man darf wohl mit Sicherheit annehmen, daß der durchschnittliche Mann zu täglichem Orgasmus fähig wäre, und daß die Raten von mehr als einmal täglich, die für einige Arten der Primaten beobachtet wurden (Sokolowsky 1923; Bingham 1928; Yerkes und Elder 1936; Carpenter 1942; Young und Orbison 1944), von einem großen Teil der Bevölkerung ebenfalls erreicht werden könnten (*SVM*, 199).

Die sportliche Wirkung der Lektüre solcher Aussagen auf den »durchschnittlichen jüngeren Mann« ist leicht vorzustellen. Zweifellos handelt es sich bei den Reports also insofern um Dokumente eines dynamischen, flexibilisierten Normalismus, als ihr eigentlicher Subjekt-Appell die Leistungssteigerung (in einem banalen quantitativen Sinne von Anzahl der Orgasmen pro Zeiteinheit) ist. Diese Dynamik und intervenierende Stimulation wird zwar theoretisch geleugnet: Explizit herrscht das Pathos der puren Deskription der empirischen Tatsachen vor, faktisch haben die vielen Rekordmeldungen appellativen Charakter (Beispiel: »ein Mann, ein gebildeter und geschickter Jurist, hat durch dreißig Jahre einen Wochendurchschnitt von 30 aufrechterhalten«, *SVM*, 188; vgl. auch die Tabellen der »sechs aktivsten Männer«: *SVM*, 211f.).

Es ist also gerade die relative ›Naivität‹ des expliziten theoretischen Rahmens bei Kinsey, der die darüber weit hinausgehende historische Bedeutung der Reports in ihrer tatsächlichen diskursiven Taktik und in ihrer tatsächlichen Wirkung als diskursives Ereignis um so deutlicher hervortreten läßt. Die Wirkung war die einer para-sportlichen Konkurrenz, die durch einen »Glauben an die Wissenschaft« stimuliert wurde:

---

18 Kinsey spricht explizit von »biologisch normal«: z.B. *SVM*, 462, 495.

> Es scheint, als habe selbst der Wissenschaftler den Glauben des Mannes auf der Straße an wissenschaftliche Methodik unterschätzt, seine Achtung vor den Ergebnissen der Forschung, sein Vertrauen darein, daß er selbst und die Gesellschaft schließlich von der Sammlung wissenschaftlich gesicherten Materials profitieren werden. (*SVM*, 25)

Dieser »Glaube« materialisierte sich konkret in einer Flut von »vollständigen und aufrichtigen Bekenntnissen« (*SVM*, 48), »offenen und vollständigen Bekenntnissen« (*SVM*, 49), durch die die *Reports* strukturell aufs engste mit der Therapiekultur in den USA verknüpft sind. Nirgendwo aber zeigt der massenhafte ›Wille zum Geständnis‹ so deutlich wie hier seinen unterschwelligen Konkurrenz-Charakter: Strukturell handelte es sich um eine lustvolle Konkurrenz, Spitzenleistungen oder jedenfalls normale Durchschnittsleistungen »vollständig und aufrichtig« gestehen zu dürfen. (Der »Glaube« des Kinseyschen Teams an die Objektivität der so erhaltenen Daten ist angesichts dieser Struktur übrigens selbst eine erstaunliche Leistung.)

Unter den Kurven der *Reports*, in denen die Ergebnisse der Verdatung und statistischen Auswertung der Daten anschaulich und suggestiv konzentriert erscheinen, dominieren zwei deutlich verschiedene Typen von Kurven, die man als gelängte S-Kurven und als Gaußoidkurven bezeichnen kann. Beide Typen sind für den Normalismus wichtig. Den ersten Typ, die gelängte S-Kurve (symbolische Annäherung an die logistische Kurve), kann man auch als *Reifungs-* oder *Entwicklungs*-Kurve bezeichnen (mit dem umgekehrten Pendant der im Alter zur Impotenz hin abfallenden *Entropie*-Kurve). In dieser Form wird etwa die sexuelle Erfahrung oder die ›Erreichung von Orgasmus‹ in Prozenten der Gesamtpopulation (Ordinate) auf der Basis der Altersskala (Abszisse) notiert (Beispiele bilden die Kurven *SVM*, 177, 182, 376). Diese Kurve konnotiert symbolisch ganz allgemein ›natürliche Entwicklung/Reifung‹. Die mittlere Steilphase dieser S-Kurve konnotiert symbolisch Durchschnitt und Maximum an Normalität, während die beiden Krümmungen am Anfang und am Ende (für *Früh-* und *Spätentwickler*) eher Ausnahmen, also einen geringeren Grad an Normalität ›signalisieren‹. Wie bei Francis Galton (s.u. Teil V.3), in dessen Tradition Kinsey durchaus in mancher Hinsicht stand, werden die beiden Extreme der Kurve aber keineswegs symbolisch gleichwertig aufgefaßt: Die *Frühentwickler* genießen auch einen symbolischen Vorsprung in der Wertung. Sie gelten als Pioniere einer dynamischen Normalität, die nicht als fix und stabil betrachtet wird, sondern die *fortschreitet*. In dem sicher besonders wirkungsmächtigen Kapitel über »Das Pubertätsalter und die sexuelle Triebbefriedigung« (*SVM*, 278ff.) wird explizit der statistische Nachweis versucht, frühere Initiation steigere die Potenz (s. die vergleichende Gaußoidkurven: *SVM*, 299). Dieses derartig symbolisch präsentierte Material scheint direkt

dazu beigetragen zu haben, zumindest das durchschnittliche Initiationsalter von Collegegirls in den USA spürbar *herabzufahren*.

Zusätzlich verwandeln die *Reports* die Reifungs-S-Kurve durch vergleichende Aufspaltung in mehrere differenzierte Kurven von Teilpopulationen (insbesondere nach Bildungsgrad, religiösen Konfessionen und Graden der »Strenggläubigkeit«) in Leistungskonkurrenzen und dynamisieren sie dadurch (vgl. Abb.): Es zeigt sich, daß etwa Volksschüler den Collegeboys (*SVM*, 377, 379) im Geschlechtsverkehr oder indifferente Protestantinnen den strenggläubigen Katholikinnen bei der Onanie (*SVF*, 146) erheblich *voraus sind*. Sie beginnen früher, steigern sich schneller und erreichen früher größere Maxima. Hier geht es also symbolisch um einen *Fortschritts-Run*. Eine strukturell ganz analoge Fortschrittskonkurrenz herrscht zwischen den Generationen. Nach den von den *Reports* präsentierten Daten habe die Generation der um 1900 geborenen (und in der Zeit des Ersten Weltkriegs und danach initiierten) US-Amerikaner die Sex-Performance enorm gesteigert (*SVF*, 236f.). Durch die vergleichenden, annähernd parallelen Kurven mehrerer Teilpopulationen wird symbolisch eine *Spitzengruppe*, ein *Mittelfeld* und eine *Schlußlichtgruppe* konstituiert (tatsächlich werden in der Regel drei Kurven miteinander verglichen).

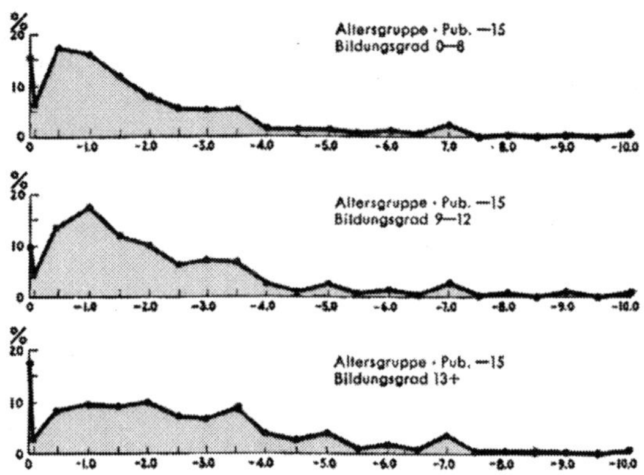

Der zweite Typ von Kurven, die ich als symbolische Gaußoidkurven zu bezeichnen vorschlage, weil sie von Null aus links außen ansteigen und rechts außen wieder nach Null abfallen und irgendwo dazwischen gezackte Maxima erreichen, ist noch exemplarischer für die Tendenz zur normalistischen Leistungskonkurrenz und indirekt zum Flexibilitäts-Normalismus: Das sind die Kurven der Orgasmusfrequenzen. Regelrechte Gaußkurven setzen die *Reports* nicht als Idealtypen ein. Allerdings müssen Kurven wie die der »individuellen Variation der Häufigkeit der Gesamt-Triebbefriedigung« (*SVM*, 193; Abb.) ebenfalls als implizite Appelle gelesen werden, eine »asymmetrisch« linksgeneigte Gaußoidkurve durch Verschiebung der Populationsspitze nach rechts zur Mitte hin zu normalisieren, sie also einer Gaußkurve anzunähern. Das fordert der Begleittext ziemlich unumwunden:

Die psychologische und psychiatrische Literatur wimmelt von Ausdrücken, die den Häufigkeiten der sexuellen Triebbefriedigung Werturteile zuteilen. Aber solche Bezeichnungen wie infantil, frigide, sexuell unterentwickelt, unteraktiv, übermäßig aktiv, überentwickelt, übersexualisiert, hypersexuell oder sexuell überaktiv, und die Versuche, solche Zustände als Nymphomanie, Satyriasis, als gesonderte Erscheinungen aufzufassen, können bei objektiver Analyse nicht mehr bedeuten, als Positionen innerhalb einer kontinuierlichen Kurve.

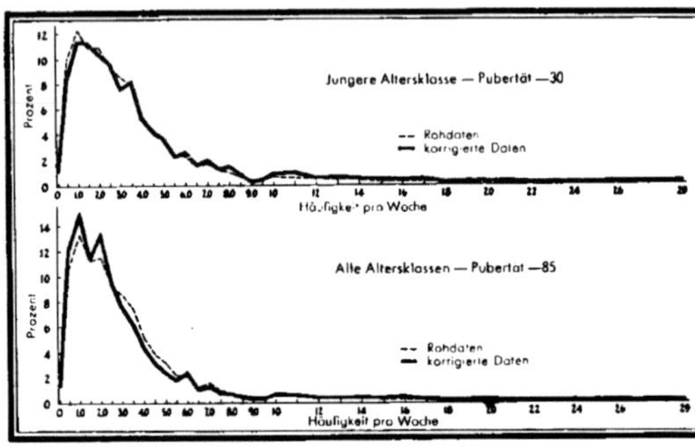

Individuelle Variation der Häufigkeit der Gesamt-Triebbefriedigung

Manchmal hat man den Verdacht, daß ›normal‹ und ›abnorm‹ Ausdrücke sind, die ein Autor im Hinblick auf seine eigene Stellung in dieser Kurve anwendet. Das Bedeutsamste an dieser Kurve ist ihre Stetigkeit [...]. Sie ist nicht symmetrisch, wobei ein bestimmter Teil der Bevölkerung als ›normal‹, ›entsprechend‹, ›typisch‹ oder ›völlig abweichend‹ kontrastiert würde. Kein Individuum unterscheidet sich in seiner sexuellen Häufigkeit von den nächsten in der Kurve um mehr als einen geringen Grad. Solch eine stetige und weitausgedehnte Reihe läßt die Frage zu, ob die Ausdrücke ›normal‹ und ›abnorm‹ überhaupt in ein wissenschaftliches Vokabular gehören. Im besten Falle können mit ›abnorm‹ gewisse Individuen bezeichnet werden, deren Aktivitätsraten weniger hoch sind [!! Hervorhebung von mir, J.L.] [...]. In diesem Falle wäre aber vorzuziehen, solche Personen als ›seltene‹ zu bezeichnen, anstatt als abnorme. Außerdem erweist sich bei statistischer Prüfung, daß viele Einzelheiten des menschlichen Sexualverhaltens, die in Lehrbüchern als abnorm oder pervers bezeichnet werden, bei 30, 60 oder 75 Prozent gewisser Bevölkerungsgruppen vorkommen [...]. (SVM, 194)

Gerade in seiner mäandrischen Argumentationslinie ist dieser Kommentar höchst charakteristisch für flexiblen Normalismus. Geradezu modellhaft ist zunächst die radikale Homogenisierung und Kontinuierung des Gesamtfeldes, die Leugnung aller ›qualitativen‹ Einschnitte, also die Radikalisierung des Prinzips von Broussais und Comte bis zur asymptotischen Auslagerung der Normalitätsgrenze ins symbolische Null und ins symbolische Unendlich. Die Definition von »anormal« als »selten« (ebenso *SVM*, 27f.) ist statistisch-flexibel, sie geht bis zum Zweifel an der wissenschaftlichen Haltbarkeit einer Normalitätsgrenze überhaupt. Den Punkt auf dem i bietet aber die Konzession, allenfalls *geringe* »Aktivitätsraten« könne man als »abnorm« bezeichnen, während für die sogenannt »perversen« suggestive hohe Prozentzahlen aufgefahren werden. Damit ist eine dynamische Flexibilität der

Kurve nach *rechts* hin, zur Steigerung der Spitzen- und Durchschnittsfrequenzen hin suggeriert. Diskurstaktisch besonders geschickt wirkt die Einschüchterung wissenschaftlicher Konkurrenten, die niedrigere Durchschnittswerte verfechten: Sie werden mit der impliziten Drohung konfrontiert, man werde ihre niedrigen Durchschnittswerte künftig auf ihre eigene, ganz persönlich »abnorme« *Unter*aktivität zurückführen! Man begreift die Panik eines Mannes wie Bresser, sollte er überhaupt gewagt haben, einen Blick in das schreckliche Buch hineinzuwerfen.

Die Stoßrichtung der Reports gegen ›niedrige statistische Werte‹ richtet sich damit insbesondere auch gegen die protonormalistische »Fassaden-Normalität«, die mittels einer *Explosion* von massenhaften *Coming-out*-Geständnissen sozusagen ein für allemal zerschmettert werden soll. Als auf diese Weise rekonstruiertes diskursives Ereignis bilden die Reports demnach also den Musterfall jener Strategie des Normalismus, die in der vorliegenden Untersuchung »Flexibilitäts-Normalismus« bzw. »flexibler Normalismus« genannt wird. Diese Strategie teilt mit jedem Normalismus und insbesondere mit der protonormalistischen Strategie die Verwendung statistischer Dispositive und die wissenschaftlich-expertokratische Form von regulierenden Interventionen. Der Unterschied liegt in der dynamischen Perspektive der Ausdehnung des Normalitätsspektrums und der Propagierung wachsender Frequenzen und wachsender Populationsanteile an möglichst hohen Frequenzen, also wachsender Durchschnitte, im Gegensatz zum protonormalistischen Erkenntnisinteresse an der Fest-Stellung möglichst fixer und stabiler Normalitätsgrenzen und Durchschnitte sowie an möglichst engen Normalitätsspektren (Toleranzzonen). Parallel dazu läßt sich in den Kinsey-Reports eine Tendenz zur vollständigen und radikalen Entkopplung von Normalität (häufig als »biologische Normalität« bezeichnet: *SVM*, 462, 495) und Normativität beobachten, während protonormalistische Strategien zu versichernder Rückkopplung von Normalität an Normativität tendieren.

Was sich hier zeigt, ist eine wichtige und symbolisch sehr wirksame Opposition zwischen den beiden normalistischen Strategien, die sich als ***»umgekehrte Proportionalität zwischen Normal- und Anormalitätsspektrum«*** bezeichnen ließe: Während die ›enge‹ Kompression des *normal range* im Protonormalismus automatisch zu ›breiten‹ Auswalzungen von »Anormalitäten« führt (wie bei Kurt Schneider und Bresser), zieht die Expansion des *normal range* mit ihrer Inklusion früherer »Anormalitäten« im flexiblen Normalismus genau die umgekehrte Struktur nach sich.

Diese Art von flexibel-normalistischer Verwendung statistischer Dispositive läßt sich exemplarisch am Beispiel der Homosexualität in den Kinsey-Reports verdeutlichen. Im Grunde sucht Kinsey zunächst zwei frühere statistische Annahmen zu widerlegen: erstens die Verbreitung von Homosexualität in Prozent der Gesamtbevölkerung und zweitens statistisch be-

gründete Thesen über eine Diskontinuität zwischen Heterosexualität und Homosexualität. Auf diesen beiden Annahmen beruhte ja die These von der »Anormalität« der Homosexualität, soweit sie überhaupt normalistisch argumentierte und nicht einfach vormodern-traditionalistisch. Was den Verbreitungsgrad betrifft, so stellt Kinsey etwa der Prozentzahl von Magnus Hirschfeld, die bei 2,3 oder 2,2 lag (*SVM*, 577, 578), seinen Befund von 37 (und bei unverheirateten Jüngeren sogar 50) gegenüber (*SVM*, 582). Es ist klar, daß aus solchen Zahlen ein spontaner Effekt von »Normalisierung« folgt. Anteile über 10 Prozent befinden sich so weit im Inneren des ›mittleren Bauches‹ der Gaußschen Normalverteilung, daß es absurd wäre, mit der Statistik gegen ihre Normalität argumentieren zu wollen. Genau diesen Sachverhalt kannte z.B. Paul Bresser genau und lehnte deshalb von vornherein statistische Argumente pauschal ab. Allenfalls könnte ein entsprechendes Argument noch auf eine deutliche Diskontinuität zwischen exklusiv Hetero- und exklusiv Homosexuellen gegründet werden. Kinsey entzieht auch einer solchen Argumentation den Boden, indem er einen statistisch stetigen Übergang zwischen Homosexualität und Heterosexualität statuiert. In seiner »heterosexuell-homosexuellen Zuordnungsskala« (Abb., *SVM*, 597; *SVF*, 362) behauptet er einen völlig gleichmäßigen Übergang zwischen Homosexualität und Heterosexualität in sechs Graden. Diese These kann selbstverständlich bestritten werden, weil etwa die Übergänge zwischen »nur vereinzelte Homosexualität« (Grad 1) und »stärkere Homosexualität« (Grad 2) auch als ›qualitative‹, diskontinuierliche Differenzen gedeutet werden könnten. Angesichts solcher Einwände erweist das Schema sich eben als das, was es in erster Linie ist: als aktiv intervenierendes Dispositiv, das dazu angetan ist, eine eventuell bezweifelbare gleichmäßige Kontinuität zu stimulieren. Die Symmetrie des Schemas mit einer »gleichgewichtigen« Bisexualität in der Mitte muß als Stimulans einer Verteilung wirken, bei der eben diese Fifty-fifty-Bisexualität am weitesten verbreitet wäre und also den Scheitelpunkt einer Normalität bilden würde, die sämtliche Grade bisexueller *Mixe* umfassen würde.

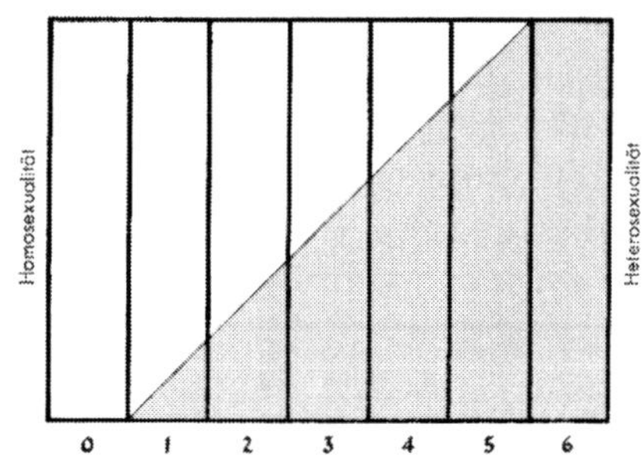

Als diskursives Ereignis ersten Ranges erwiesen sich die Kinsey-Reports durch ihre ungeheure und weltweite Breitenwirkung. Unabhängig von ihrer primär biologistischen und behavioristischen Orientierung (die allerdings

mit vielfältigen Querverweisen auf »Psychoanalyse« einhergeht) gaben die *Reports* den in den USA schon längst angewachsenen Tendenzen zur Umkehrung der strategischen Grundorientierung aus protonormalistischen in flexibel-normalistische Richtungen vermutlich den entscheidenden *Push* für ihren definitiven *Durchbruch*.

Insert: Flexibilisierung von Stigmata (Erving Goffman)

Wie sich im Verlauf dieser Untersuchung mehrfach zeigen wird, verdankt sich die Herausbildung flexibel-normalistischer Dispositive in den USA u.a. einer erstaunlichen Fähigkeit zur Herstellung von Diskurs-*Mixen*, d.h. einer Entdeckung und Ausnutzung der produktiven Möglichkeiten von Eklektizismus für Normalisierungen. Diese *Mixe* werden häufig nicht bereits in der ersten Instanz elaborierter Theorien, sondern erst in der zweiten Instanz, der Anwendung solcher Theorien (exemplarisch ist die Therapie-Kultur, das *Counseling*), ›zusammengeschüttet‹. Wie in den Teilen V und VIII zu zeigen sein wird, können dabei theoretisch ›eigentlich‹ völlig unvereinbare *approaches* in der Praxis zum Kofunktionieren gebracht werden. Es ist eben gerade die gemeinsame Brauchbarkeit von ansonsten unvereinbaren Theorien für normalistische Zwecke, z.B. für die Flexibilisierung von protonormalistisch fixen Normalitätsgrenzen, die das Mixen steuert. (Dieses Mixen ist selbst ein normalistisches Verfahren, bei dem irreduktible theoretische Qualitäten unter selektiven Aspekten vergleichbar und integrierbar gemacht werden, so daß provisorische Gerüste eines »theoretischen Normalfeldes« entstehen.) Kinseys Behaviorismus ist vom Ansatz her eigentlich inkompatibel mit dem symbolischen Interaktionismus – beide lassen sich aber gemeinsam für die Flexibilisierung von fixen Normalitätsgrenzen funktionalisieren. Das soll kurz an Erving Goffmans klassischer Darstellung *Stigma*[19] illustriert werden. Goffmans Definition der Kategorie »Stigma« (»Diskrepanz zwischen virtualer und aktualer Identität«, 11) setzt interaktionistisch bei überwiegenden Erwartungen an: überwiegend erwartete Eigenschaftsbündel von Individuen sind (sozial) »virtuelle Identitäten«. Ein »Stigma« ist eine Eigenschaft (etwa Blindheit), die von der überwiegenden Erwartung abweicht:

> Ein Individuum, das leicht in gewöhnlichen sozialen Verkehr hätte aufgenommen werden können, besitzt ein Merkmal, das sich der Aufmerksamkeit aufdrängen und bewirken kann, daß wir uns bei der Begegnung mit diesem Individuum von ihm abwenden, wodurch der Anspruch, den seine anderen Eigenschaften an uns stellen, ge-

---

19 Erving Goffman, *Stigma*. Über Techniken der Bewältigung beschädigter Identität, dt. 4. Aufl. Frankfurt/Main 1980 (das engl. Original von »Bewältigung« lautet »Management«).

> brochen wird. Es hat ein Stigma, das heißt, es ist in unerwünschter Weise anders, als wir es antizipiert hatten. Uns und diejenigen, die von den jeweils in Frage stehenden Erwartungen nicht negativ abweichen, werde ich die Normalen nennen. (13).

Damit sind Nicht-Normale, also Anormale, mit Stigmatisierten gleichgesetzt, worunter Goffman allerdings eine so heterogene Population wie physisch und intellektuell Gehandicapte, Prostituierte, Junkies, Kriminelle, Homosexuelle, Afroamerikaner und Juden zusammenfaßt. (Es wird sich zeigen, daß eine solche Zusammenfassung selbst bereits als eine Taktik der Flexibilisierung von Normalitätsgrenzen begriffen werden muß.) Das Stigma selbst liegt bei Goffman auf der Ebene der Realität, wo es auch verborgen existieren kann. Es äußert sich sozial in »Stigmasymbolen« (59), wie bei Blinden z.B. Stöcken, Armbinden, dunklen Brillen, bei Afroamerikanern der Hautfarbe. Aus all dem folgt, daß Goffman sich analytisch und kritisch auf die protonormalistische, fixe Normalitätsgrenze bezieht. Bei dieser Grenze wird das prinzipiell immer kontinuierliche Normal-Feld semiotisch und semantisch (insbesondere symbolisch) fest und möglichst unauslöschlich markiert. Das griechische Wort »stigma«, d.h. die körperliche Brandmarkung, Markierung, ausgrenzende In-Schrift, eignet sich ausgezeichnet zur Bezeichnung dieser Art Grenze. Goffmans Vorschlag wird also für die weitere Darstellung übernommen, dabei allerdings präzisiert: die protonormalistische Normalitätsgrenze soll auch Stigmagrenze genannt werden.

Nun geht es Goffman in seinem Buch aber gerade um die Infragestellung, Mobilisierung, Flexibilisierung und schließlich Aufhebung der Stigmagrenze. Seine Intervention richtete sich demnach in der hier entwickelten Perspektive gegen den Protonormalismus (und wirkte daher faktisch parallel mit Interventionen wie den Kinsey-Reports). Dabei benutzt diese Intervention in exemplarischer Weise einige grundlegende Taktiken des flexiblen Normalismus. Zunächst wird die Kontinuität eines einzigen Normalfeldes zwischen »Normalen« und »Stigmatisierten« postuliert:

> Es sollte also gesehen werden, daß Stigma-Management [z.B. Verbergen des Stigmas u.ä., J.L.] ein allgemeiner Bestandteil von Gesellschaft ist, ein Prozeß, der auftritt, wo immer es Identitätsnormen gibt (160f.).

Oder in rollentheoretischer Fassung:

> Man kann deshalb vermuten, daß die Rolle ›normal‹ und die Rolle ›stigmatisiert‹ Teile des gleichen Komplexes sind, Zuschnitte des gleichen Standardstoffes (161).

Es wird sich zeigen, daß dieses Postulat eines Kontinuums zwischen normal und anormal bereits zu Beginn des 19. Jahrhunderts als das Prinzip von Broussais-Comte formuliert wurde und die eigentliche Basis für Normalismus überhaupt zur Verfügung stellte. Die protonormalistische Strategie zielte aber gerade auf eine Beschwörung der Gefahren des Kontinuitäts-

Prinzips, d.h. der potentiellen Flexibilität der Normalitäts-Grenze. Deshalb die semantische, also zusätzliche und äußerliche, Fixierung als »Stigma«. Jede Infragestellung dieser protonormalistischen Strategie beginnt daher, wie Goffman es hier exemplarisch praktiziert, mit einer nochmaligen radikalen Formulierung des Prinzips von Broussais-Comte. Die nächste Taktik Goffmans besteht darin, nicht bloß den Sektor der Anormalität, sondern gerade auch den Sektor der Normalität in viele kleine, kontinuierliche Differenzen zu gradualisieren:

Selbst der am meisten vom Glück begünstigte Normale hat wahrscheinlich seinen halbversteckten Fehler, und für jeden kleinen Fehler gibt es eine soziale Gelegenheit, bei der er ein drohendes Aussehen annehmen kann [...]. Deshalb bilden die gelegentlich Unsicheren und die konstant Unsicheren ein einziges Kontinuum, und ihre Situation im Leben ist innerhalb des gleichen Rahmens analysierbar (157).

Je ›enger‹ auch die Normal-Seite des Feldes graduiert ist, um so willkürlicher muß die Normalitätsgrenze gezogen erscheinen. Goffman möchte sie schließlich mit einer weiteren Taktik, die ich die der »chiastischen Integration über die Normalitätsgrenze« nenne, vollständig aufheben:

Und zweitens kann man voraussetzen, daß der Stigmatisierte und der Normale die gleiche mentale Ausrüstung haben, und daß dies in unserer Gesellschaft die Standardausrüstung ist; derjenige, der eine dieser Rollen spielen kann, hat also genau die erforderliche Ausstattung, die andere zu spielen [...] (161).

Mit der Zeit wird das Individuum also fähig, in dem Drama normal – abweichend beide Rollen zu spielen (163).

Goffman verweist hier auf therapeutische Rollenspiele, durch die beide Seiten der Grenze in die Verhaltensweisen der jeweils anderen eintrainiert werden sollen (das ist der Chiasmus). Dadurch also, daß die Kontinuität betont wird, daß beide Segmente möglichst gestückelt und in das anormale Segment zuvor möglichst normale Populationen disloziert werden, daß schließlich und endlich beide Seiten in ein Spiel chiastischer Integration versetzt werden, schmilzt die Normalitätsgrenze sozusagen weg. Wenn beide Seiten demnach am »Standard«-Verhalten partizipieren, partizipieren sie an nichts anderem als an Normalität: »Wenn nun die stigmatisierte Person deviant genannt werden muß, sollte man sie besser normal deviant nennen [...].« (162) Auch auf dieses Paradox der ›normalen Anormalität‹ werden wir noch mehrfach stoßen.

Die Gesamtheit von Goffmans Taktiken können füglich als Strategie bezeichnet werden: Es handelt sich um den Musterfall einer flexibel-normalistischen Strategie, die sogar zur Alternative polyeurhythmischer Experimente hinüberschillert.

Teil III

Auf dem Wege zu einer Theorie der Normalität: »vor« Achtundsechzig

1. Theodor W. Adorno oder: Der verleugnete Flexibilitäts-Normalismus

Von der Weimarer Republik über das Exil in den USA bis zur Rückkehr in das Westdeutschland Adenauers und zur direkten Kollision mit dem Positivismus war Theodor W. Adorno ununterbrochen mit jeweiligen exemplarischen Entwicklungen des modernen Normalismus konfrontiert, teilweise persönlich in sie involviert: Nach seiner eher gescheiterten Kooperation mit Lazarsfeld entwickelte er in den USA die berühmten »F-«, »E-« und »A-S-Skalen«[1] als Pionierleistungen einer Kombination »quantitativer« und »qualitativer« Repräsentativumfragen, während seine Kritik der »Kulturindustrie« unermüdlich gegen die normalisierende »Manipulation« der Subjekte protestierte. Nicht zuletzt deshalb wurde er in Westdeutschland einer der wichtigsten Inspiratoren der Kulturrevolution von 1968 (die hier längst vorher begonnen hatte). Dennoch hat Adorno den Normalismus (unter welcher Terminologie auch immer) ›nicht gedacht‹. Dennoch hat er statt dessen etwas ›anderes gedacht‹ – mit entsprechenden Wirkungen auf die westdeutsche Kulturrevolution. Statt des Normalismus hat Adorno eine Gesellschaftsformation gedacht, die er wechselnd in marxschen Termini (im Westen »Spätkapitalismus«, im Osten »Staatskapitalismus«), dem Sinne nach in Max Weberscher Terminologie als Bürokratismus (»verwaltete Welt«) oder auch als »Totalitarismus« kennzeichnete. Der Totalitarismus als Extremformel der neuesten Formation ist das letzte Wort einer historizistisch aufgefaßten großen epischen Hauptlinie, einer »Großen Erzählung«, derjenigen von der Dialektik der Aufklärung. Auf dieser Linie gibt es »progressive« und »regressive« Entwicklungen. Folgt man der Logik der Kollektivsymbolik, so wechseln im Gang der Linie »offene« Phasen, in denen der Strom sich sozusagen verbreitert, mit »sackgassen«-ähnlichen Blockaden,

1 Theodor W. Adorno, *Studien zum autoritären Charakter*, Frankfurt/Main 1973 (besonders Einleitung).

»Mauern«, die zu einem »Rückstau« in die vorprogressistische »Barbarei« führen. Den Kairos des 20. Jahrhunderts sieht Adorno als totalen »Block« (im Sinne von »Blockierung«):

Erst einmal wäre die Gesellschaft als universaler Block, um die Menschen und in ihnen, zu erkennen. Hinweise zur Änderung vorher helfen nur dem Block, entweder als Verwaltung des Unverwaltbaren, oder indem sie sogleich die Widerlegung durchs monströse Ganze herausfordern (*SS* I, 19).

Diese abschließende Formulierung aus dem Essay »Gesellschaft« von 1965 ist exemplarisch für Adornos Verwendung des *Block*-Symbols, in dem die (u.a. psychoanalytische) Vorstellung eines ›Pfropfens‹ in einem Kanal, wodurch der freie Fluß von Vehikeln »blockiert« wird (»Versperrtheit«), mit dem Bild eines »monolithischen« Konstrukts (vermutlich auch mit Konnotaten protonormalistischer »Blockdiagramme«) verschmilzt. Zu den wichtigen Konnotaten des Symbols gehören neben der »Starrheit«, der »Statik« (*SS* I, 393f.[2]) und dem »Tod« vor allem auch die »Undurchsichtigkeit«[3] (*SS* I, 54) und die »monopolistische« Ballung von Macht (»Machtblöcke«: I, 360). Das strategisch eingesetzte Symbol des *Blocks* soll dazu dienen, das Konzept einer »integralen«, »totalen«, »verwalteten« usw. Gesellschaft sowie deren »negativ dialektischen« Ort am Ende der »Vorgeschichte« (im Sinne von Marx) als plausibel zu suggerieren. Darüber wird die grundsätzliche Diskussion des Problems versäumt, wie das von Marx übernommene Theorem der universalen Vergesellschaftung durch ubiquitären »Tausch« auf strikte Weise mit den Weberschen Kategorien der Bürokratie (»Verwaltung«) und »Herrschaft« sowie mit dem Technokratie-Theorem und der »Anpassung« als subjektiver Tendenz gekoppelt zu denken wäre. Man vergleiche etwa folgenden symptomatischen Abschnitt aus den »Reflexionen zur Klassentheorie«:

Die jüngste Phase der Klassengesellschaft wird von den Monopolen beherrscht; sie drängt zum Faschismus, der ihrer würdigen Form politischer Organisation. [...] Die totale Organisation der Gesellschaft durchs big business und seine allgegenwärtige Technik hat Welt und Vorstellung so lückenlos besetzt, daß der Gedanke, es könne überhaupt anders sein, zur fast hoffnungslosen Anstrengung geworden ist. Das teuflische Bild der Harmonie, die Unsichtbarkeit der Klassen in der Versteinerung ihres Verhältnisses gewinnt darum nur jene reale Gewalt übers Bewußtsein, weil die Vorstellung, es möchten die Unterdrückten, die Proletarier aller Länder, als Klasse sich vereinen und dem Grauen das Ende bereiten, angesichts der gegenwärtigen Verteilung von Ohnmacht und Macht aussichtslos scheint. Die Nivellierung der Massenge-

---

2 Theodor W. Adorno, *Soziologische Schriften I* (= *SS*), Frankfurt/Main (*stw*) 1979 (1. Aufl. 1972).

3 In der *Negativen Dialektik* wird diese Konnotation sogar zum »Kantischen Block« (S. 378ff.), d.h. zu der These, der Kantische Apriorismus entspringe dem Übermächtigungswillen des Subjekts, dessen Zugang zur Realität er insofern sozusagen ›selbstverschuldet‹ blockiere.

sellschaft [...] ist in Wahrheit nichts anderes als die verzweifelte Sanktionierung der Differenz als der Identität, die die Massen, vollends Gefangene des Systems, zu vollbringen trachten, indem sie die verstümmelten Herrscher imitieren, um vielleicht von ihnen das Gnadenbrot zu erhalten, wenn sie sich nur hinlänglich ausweisen. [...] Die klassenlose Gesellschaft der Autofahrer, Kinobesucher und Volksgenossen verhöhnt nicht bloß die draußen sondern die eigenen Mitglieder, die Beherrschten, die es weder anderen noch sich selber einzugestehen wagen, weil das bloße Wissen bereits mit qualvoller Angst vorm Verlust der Existenz und des Lebens bestraft wird. So angewachsen ist die Spannung, daß zwischen den inkommensurablen Polen gar keine mehr besteht. Der unermeßliche Druck der Herrschaft hat die Massen so dissoziiert, daß noch die negative Einheit des Unterdrücktseins zerrissen wird, die im 19. Jahrhundert sie zur Klasse macht. Dafür werden sie unmittelbar beschlagnahmt von der Einheit des Systems, das es ihnen antut. Die Klassenherrschaft schickt sich an, die anonyme, objektive Form der Klasse zu überleben (*SS* I, 376f.).

Das Symbol des *spannungslosen Spannungsfeldes* ist dem des *Blocks* äquivalent. Als entsprechende Formation ist die sogenannte »Konsumgesellschaft« (also der flexible Normalismus) der Autofahrer und Kinobesucher im Visier, die aber sofort in den Faschismus rutscht (»und Volksgenossen«). Das sich aufdrängende Phänomen der »Organisation« (Bürokratie und Technokratie) kann sich sozusagen theoretisch nicht eigenständig entfalten, weil es ›nach vorn‹ in totalitären Terror zerfließt und ›rückwärts‹ ökonomistisch reduziert wird (es soll einfach die Logik des big business sein).

Materielle Produktion, Verteilung, Konsum werden gemeinsam verwaltet. Ihre Grenzen, die einmal innerhalb des Gesamtprozesses dessen aufeinander bezogene Sphären doch auch voneinander schieden, und dadurch das qualitativ Verschiedene achteten, verfließen. Alles ist Eins. Die Totalität der Vermittlungsprozesse, in Wahrheit des Tauschprinzips, produziert zweite trügerische Unmittelbarkeit. [...] Das meinten Horkheimer und ich vor Jahrzehnten mit dem Begriff des technologischen Schleiers (*SS* I, 369).

Diese unbewußt komische Katachrese des »technologischen Schleiers« kann nicht anders denn als Symptom gelesen werden: Der »Schleier« *über* einem ›Tiefen-Subjekt‹ erscheint als völlig unangemessenes Bild für die moderne Technostruktur, die ja sogar in Heideggers »Ge-stell« als ›Tiefen-Wesen‹ anerkannt ist. Noch weniger sind die subjektformierenden normalistischen Dispositive mit dieser Katachrese zu fassen. Indem vag angedeutete allgemeine »Vermittlungsprozesse« zunächst auf ›gemeinsame Verwaltung von Produktion und Konsum‹ (als ob das neu wäre) und dann weiter einfach auf das bei Marx ganz ökonomisch operational gemeinte Tauschprinzip reduziert werden, soll die Brücke zwischen Marktökonomie und Bürokratie/Technokratie, ja sogar bis hin zur Kultur der Subjekte zustande kommen. Diese Brücke trägt nicht. So ließe sich z.B. die Normalisierung

des von Foucault so genannten »Sexualitäts-Dispositivs«, dessen ungeheure Bedeutung auch Adorno absolut klar war, keinesfalls etwa auf »Konsum« und von dort dann weiter auf *business* und Warentausch reduzieren. Die Formel der »integralen« bzw. »totalen Gesellschaft« bzw. auch der »verwalteten Welt« ist also in der Tat nicht bloß nicht operational (siehe die Kritik der Positivisten um Popper und Albert), sondern auch nicht operativ in einem über den bornierten und normalismusapologetischen Positivismus hinausreichenden Sinne. In dieser Formel sind fundamentale Aspekte »integriert«, die gegenüber der Marx verpflichteten ökonomischen Genealogie ein schlechterdings Anderes darstellen. Diese Aspekte (wie etwa die Beschaffung eines kompensatorischen Sicherheitsgefühls für ca. zwei Drittel der Gesellschaft mittels statistisch gesteuerter Um-Verteilungsprozesse) werden erst einer normalismushistorischen Analyse zugänglich.

Der in vieler Hinsicht interessanteste Aspekt innerhalb des von Adorno theoretisch entworfenen »Verblendungszusammenhangs« ist nun der Aspekt der Subjektivität. »Ideologie« und »Manipulation« der Kulturindustrie reduzieren die Individuen nach Adorno und Horkheimer auf austauschbare »Durchschnittsfälle«, die sich sämtlich mit den wenigen Gewinnern von lotterieähnlichen ›Erfolgen‹ und Karrieresprüngen (Stars) identifizieren und an deren »Glück« symbolisch partizipieren, weil sie sämtlich auch die »Glücklichen« hätten sein können: »Zufall und Planung werden identisch« (*DdA*, 174). Damit sind wichtige Rituale des flexiblen Normalismus erfaßt, ohne daß allerdings der entscheidende Zusatz erwähnt wird, daß dieser Mechanismus nur bei Individuen ›greifen‹ kann, die außerdem durchschnittliche (»normale«) *gratifications* (wie Autos usw.) tatsächlich und routinemäßig erhalten. Solche und andere Aspekte der Subjektformation sind in dem Begriff »Anpassung« zusammengefaßt. In einer für Adornos Denken charakteristischen Weise ist der Begriff doppeldeutig: Er meint zum einen alle operationalen Verfahren behavioristischer Konditionierung und massenmedialer Dressur. Er meint also Adjustierung von Subjektivitäten an Durchschnittsnormen und zielt insofern in den Kernbereich normalistischer Subjektformation. Dabei beschränkt er sich aber gänzlich auf die entsprechenden protonormalistischen »Manipulations«- und Repressionstechniken. Über diesen operationalen Aspekt hinaus meint »Anpassung« bei Adorno stets »Konformismus« in einem sehr viel globaleren, philosophischen Sinne: Die neueste und radikalste Version des (angeblich) auf dem Tausch als universalem gesellschaftlichem Prinzip beruhenden »monadologischen Subjekts« (*SS* I, 54f.) funktioniere ausschließlich noch als Agent von »Arbeitsfähigkeit und healthy sex life« (*SS* I, 60), d.h. als bloßer Agent der gesellschaftlichen Grundstruktur. Ein solches »unbeschränkt anpassungsfähige(s), [...] subjektlose(s) Subjekt« (68) sieht Adorno durch radikale ›Hinaussäuberung‹ aller sinnlichen Intensitäten, aller kindlichen Sponta-

neität und erotischen Sehnsucht konstituiert. Dieses Konzept entstand nicht zuletzt aus einer Kritik der US-amerikanischen Therapiekultur, deren flexibel-normalistische Tendenzen der Kritiker offensichtlich nicht wahrhaben wollte. Wo das realexistierende Subjekt des flexiblen Normalismus zusehends ungeahnte »positive« Errungenschaften entwickelte (wie das ›*lockere* In-sich-Zulassen‹ von Exploration, Experiment, Spiel, *Ausstieg*, Androgynie, Homosexualität usw.), erblickte Adorno um so unerschütterlicher eine rein protonormalistische, »zensierte« und »kastrierte« Normal-Monade. Zwar ›spürte‹ er dabei richtig die fundamentalen normalistischen Grenzen auch der neuen flexiblen Strategien, ihre »Kontrollen« und *Bremsungen* angesichts irreversibel transnormalistischer »Risiken«, dennoch brachte ihn die Blindheit für den Umschwung vom Protonormalismus zum Flexibilitäts-Normalismus oft genug in donquijoteske Positionen.

Unter Verwendung der hier vorgeschlagenen Begriffe ist Adornos Sicht der aktuellen Gesellschaft also dadurch gekennzeichnet, daß es für ihn keine normalistische Entwicklung über den Protonormalismus hinaus gibt. Der Protonormalismus mit seiner ›Starrheit‹ ist für ihn das letzte Wort der Formation. Adornos Kollektivsymbolik könnte nicht eindeutiger sein: *Block, Mauer* und *KZ* statt *freiem Vehikel* und *Floating* – und wo noch eine *Straße* zu existieren scheint, da erweist sie sich als *Sackgasse* (*SS* I, 30).

Wenn die Kategorie der Normalität für Adorno also auch nicht zu den dominierenden, die zeitgenössische Gesellschaftsformation definierenden Kategorien zählt, so ist es sicherlich dennoch höchst aufschlußreich, seinen Gebrauch dieser Kategorie und deren Stellenwert zu untersuchen. Meistens taucht »normal« in psychologischen Kontexten auf (z.B. *SS* I, 29, 53, 67, 75), wobei der Begriff in aller Regel mit Anführungszeichen versehen und relativiert wird: »Selbst solche, die für normal gelten, und vielleicht die besonders, akzeptieren Wahnsysteme [...]« (*SS* I, 173). Es zeigt sich also, daß »normal« bei Adorno durchgängig die Subjektseite, meistens die Psyche zeitgenössischer Individuen kennzeichnet. Adorno entleiht die Kategorie demnach relativ unmodifiziert vom psychiatrischen und psychoanalytischen Diskurs. Objektive Gegebenheiten werden demgegenüber nicht in der Terminologie von »normal/anormal« beschrieben. Höchst erstaunlicher Weise fehlt sogar überall, wo von operationaler Normalisierung mittels statistischer Erfassung und Durchschnittskalkül die Rede ist, der Begriff der Normalität. Das gilt auch für Adornos ausführliche Darstellungen der Soziologie Emile Durkheims. In seiner Kritik einer Emnid-Erhebung über die westdeutsche Jugend der zweiten Nachkriegszeit wendet sich Adorno polemisch gegen die »sogenannte ›Normalität‹« (*SS* I, 525) und die »krampfhaft sich übertreibende Normalität« (530). Hier ist offensichtlich von »Normalität« als interdiskursiver, kulturell konstitutiver Kategorie die Rede – symptomatischerweise gewinnt die Kritik aber keinen analytischen Vor-

sprung vor dem Kritisierten: Die Kontamination zwischen ›Normalisierung‹ der Hitlerkatastrophe und beginnendem Import des flexiblen Normalismus aus den USA wird zwar mit Unbehagen ›gespürt‹, kann aber nicht auf den Begriff gebracht werden.

Entsprechend verwendet Adorno die Kategorie der »Normalität« mit Vorliebe für extreme protonormalistische Repressionsmaßnahmen in Situationen gründlicher latenter oder manifester Denormalisierung, wie z.B. in der Zeit des Faschismus. Die Henker von Auschwitz werden ihm so zu »Normalungetümen« (*ND*, 282), einer parallelen Ausdrucksweise zu Hannah Arendts berühmtem Diktum von der »erschreckenden Normalität« Eichmanns. Wie die Kategorie der Normalität dem Diskurs der negativen Dialektik kompatibel gemacht wird, zeigt etwa die folgende Formulierung:

> Noch in seiner äußersten Abstraktheit ist das Gesetz ein Gewordenes, das Schmerzhafte seiner Abstraktheit sedimentierter Inhalt, Herrschaft auf ihre Normalform gebracht, die von Identität (*ND*, 268)[4].

Diese These generalisiert eine Kritik an Kants Lehre vom Gewissen, bei dem es sich nicht um eine »intelligible«, sondern empirische Gegebenheit handle, die »Verinnerlichung der Repression« (ebd.). »Identität« meint in diesem Kontext also konkret den Zwang der Sozialisierung, durch den das Individuum mit den herrschenden Normen der Gesellschaft »identisch« gemacht wird, sowie ebenfalls den Zwang des »Charakters«, durch den ihm Identität in der Zeit aufgezwungen wird. Solch doppelte Identi-Fizierung kommt im Normalismus tatsächlich durch die eindressierte oder ›spontane‹ Attraktionskraft der Durchschnitte in homogenen Feldern zustande, und insofern schließt sich Adornos These an die Empirie an. »Identität« könnte als operationale Kategorie im Sinne von Homogenisierung und Kontraktion empirischer Streuungen um die Durchschnitte gelesen werden. Zugleich muß sie aber als »dialektische« Kategorie gelesen werden: als ganz fundamentaler Effekt des Denkens eines auf Herrschaft über Natur orientierten Subjekts. Durch diese »Dialektisierung« erhalten Adornos Kategorien stets eine die historisch spezifische Phase und Situation des Normalismus ins Allgemeine überschreitende Abstraktheit.

Die Festlegung von Normalismus auf Protonormalismus und darüber hinaus sogar auf den delirierenden Protonormalismus in der Epoche der katastrophischen Denormalisierung (1914–1945) muß konsequenterweise in die Identifizierung von »Normalität« mit »Wahnsinn« münden. Enzensberger hat die entsprechende paradoxe Gleichung mehrfach bei Adorno vorfinden können:

---

4 Theodor W. Adorno, *Negative Dialektik* (=*ND*), Frankfurt/Main 1975 (*stw*; 1. Aufl. 1966).

Selbst solche, die für normal gelten, und vielleicht sie besonders, akzeptieren Wahnsysteme, weil diese immer weniger von dem ihnen ebenso undurchsichtigen der Gesellschaft zu unterscheiden, aber einfacher sind (*SS* I, 173).

Man beachte die Deduktion: Weil das System der total verwalteten Welt, das für sich Normalität in Anspruch nimmt, den Individuen nicht transparent ist (vielmehr ein opaker *Block*), verschwimme seine Differenz etwa gegenüber paranoiden »Systemen« (konkret ist an die Astrologie gedacht). Ähnlich heißt es anläßlich des Referats von Alexander Mitscherlichs »Pubertät und Tradition«:

der Preis der Anpassung ist also, Mitscherlich zufolge, nicht nur weit höher, als Schelsky und König ihn veranschlagen, sondern das scheinbar gesunde Verhalten selber, die krampfhaft sich übertreibende Normalität, enthüllt sich als neurotisch (*SS* I, 530).

Apodiktisch resümiert der Schlußteil der *Negativen Dialektik*:

Daß die endliche Welt der unendlichen Qual umfangen sei von einem göttlichen Weltplan, wird für jeden, der nicht die Geschäfte der Welt besorgt, zu jenem Irrsinn, der mit dem positiven Normalbewußtsein so gut sich verträgt (*ND* 368).

Hier erweist sich also als eine der Quellen des Topos vom »Wahnsinn der Normalität« die emphatische Reservierung des Begriffs für den protonormalistischen Exzeß (unter Ausblendung jedes relativ stabilen Protonormalismus und insbesondere jedes flexiblen Normalismus).

Sozusagen als Postscriptum läßt sich hier allerdings anschließen, daß Adornos Unfähigkeit, mitten im voll entwickelten Normalismus so etwas wie Normalismus zu denken, eine äußerst starke historische Begründung besitzt. Es wird sich durchgängig zeigen, daß die Generation der etwa mit dem 20. Jahrhundert Geborenen aus Gründen bitterer biographischer Erfahrung jedem Versuch einer Bestimmung der neuesten Formation die überwältigende Evidenz der katastrophischen Denormalisierung in den Jahrzehnten zwischen 1914 und 1945 zugrunde legte. Aus der Sicht dieser Epoche mußte die Prognose einer ebenfalls mindestens mehrere Jahrzehnte umfassenden stabilen Normalisierung in der Tat höchst unplausibel wirken. Ereignisse wie die Weltkriege, die Exterminationen in den KZs und die Atomwaffen schienen einfach nicht als ›Betriebsunfälle‹ an der ›Oberfläche‹ der Geschichte begreifbar zu sein – sie schienen unbedingt symptomatisch für den ›Kern‹ der historischen ›Tiefenstruktur‹ des 20. Jahrhunderts. Dann schien aber der Flexibilitäts-Normalismus der zweiten Nachkriegszeit nichts anderes als ›Oberfläche‹, als »Schleier« über einer exterministischen Tiefenstruktur, die jederzeit erneut virulent werden konnte. Die entsprechende Tiefenstruktur gewinnt dadurch eine mysteriöse Farbe, während sie bei Marx eigentlich (materialistisch) genauso operativ wie die ›Oberfläche‹ gedacht war. Adornos semsynthetische Fassung der Tiefenstruktur, seine

Insistenz auf der Tiefenstruktur als einheitlichem, *block*artigem Zusammenhang um die eine »Wurzel« (*SS* I, 33) des Tauschakts herum war der operativen Analyse einzelner, konkreter Produktionsinstanzen von Normalität (wie etwa Foucault sie dann versuchen würde) nicht günstig. Insbesondere die deutsche Version von Achtundsechzig beerbte diese Auffassung von einer angeblich höchst labilen, firnisartigen Konsistenz des flexiblen Normalismus, unter dem beim geringsten Kratzen der ›nackte Faschismus‹ hervorkäme. Diese Verkennung konnte später leicht in die entgegengesetzte umschlagen: in die Verwechslung von flexibel normalistischen Explorationen mit eurhythmischen »Alternativen«.

2. Normalismus und Eindimensionalität: Herbert Marcuse

Zu den zweifellos wirkungsmächtigsten Kampfschriften der kulturrevolutionären Bewegungen vor und um 1968 gehörte *Der eindimensionale Mensch* von Herbert Marcuse, zuerst 1964 in den USA als *One Dimensional Man* publiziert. Die Wirkungsmacht des Buches ließe sich, wenn man die Prämissen der vorliegenden Untersuchung zugrunde legt, nicht zuletzt daraus erklären, daß es, wenngleich wie Adornos Theorie im Diskurs der Hegelschen und Marxschen Dialektik bzw. der »Kritischen Theorie« der Frankfurter Schule geschrieben, gleichzeitig bereits zu den ersten globalen Analysen zu zählen wäre, die Grundzüge wie auch Krisentendenzen des Normalismus (und zwar einschließlich des flexiblen) ins Zentrum des Interesses gerückt hätte.

Was meint »Eindimensionalität« bei Marcuse? Wie bei Adorno werden auch bei Marcuse die diskurstragenden Kategorien ›zweistimmig‹ gehandhabt: zum einen anschließbar an operative Analysen, zumal solche normalistischer Prozesse, zum anderen gleichzeitig »dialektisch«, d.h. interdiskursiv, philosophisch, subjektappellativ. In der ersten Lektüre ist *Eindimensionalität* bloßes Zitat: die üblichen normalistischen Skalen beziehen sich tatsächlich auf je eine »Dimension« und heißen daher »eindimensional«; auch die Erhebung mehrerer *traits* dient dazu, mittels einer Analyse der Korrelationen den gesamten Fächer auf die (symbolisch) eine Dimension einer »Hauptkomponente« zu reduzieren. Marcuse hatte dieses normalistische Verfahren in Soziologie und Psychologie der USA genauestens kennengelernt. In der zweiten, dialektischen Lektüre meint »eindimensional« den Verlust von Dialektik, d.h. von Widerspruch und Antagonismus aus Praktiken wie aus Diskursen. In ähnlicher Kollektivsymbolik wie bei Adorno (»Gleichschaltung«: 14, 116, 117; »Normung«/»Normierung«: 106, 108, 111; »total«/»totalitär«: 16ff., 55, 69 und öfter) wird das Fehlen jeder po-

tentiell sprengenden Energie konstatiert. Aus diesem dialektischen Sinn des Begriffs *Eindimensionalität* ergibt sich so etwas wie ein voluntaristischer Appell, die »Transzendenz« trotz allem zu bewahren, womit »Tendenzen in Theorie und Praxis« gemeint sind, »die in einer gegebenen Gesellschaft über das etablierte Universum von Sprechen und Handeln in Richtung auf seine geschichtlichen Alternativen (realen Möglichkeiten) ›hinausschießen‹« (13). Neben dieser Lektüremöglichkeit von *Eindimensionalität* steht aber eine andere, operative: Marcuse gibt, wobei er sich gezwungenermaßen ernsthaft auf Diskursmaterial der von ihm bekämpften, *eindimensionalen* (d.h. normalistischen) Diskurse einlassen muß, so etwas wie ein (selbstverständlich nicht vollständiges) Repertoire normalistischer Kategorien. Eine dieser Basiskategorien ist »Operationalität«. In einem eindrucksvollen Abschnitt seines Buches (123ff.) kritisiert Marcuse die »Übersetzung« sogenannter »transitiver« (d.h. tendenziell »transzendenter«) Aussagen in »operationale« (die deutsche Version Marcuses sagt, wie übrigens auch Adorno, noch »operationell« für engl. »operational«). Ich weise darauf besonders hin, weil ich im folgenden paradoxerweise versuchen werde, Marcuses Schrift wenn schon nicht ins »Operationale«, so doch ins »Operative« ›rückzuübersetzen‹ – und das, worüber Marcuse hoffentlich geschmunzelt hätte, in durchaus nicht *eindimensionaler* Absicht. Unter »transitiven« Aussagen versteht Marcuse Aussagen, die den empirischen Einzelfall in Richtung gesamtgesellschaftlicher Strukturen überschreiten (125). Vielleicht wäre es operativer zu sagen: die die Immanenz bestehender Normalfelder auf das Problem der Konstitutionsbedingungen von Normalismus hin überschreiten.

Wie das Beispiel der Kritik an der empirischen Betriebssoziologie (123ff.) zeigt, gewinnt die operative Perspektive bei ihm tendenziell das Übergewicht über die dialektisch-philosophische. Das Verhältnis zwischen beiden Seiten kehrt sich gegenüber Adorno tendenziell um. Zweifellos lag darin auch der Hauptgrund für die höhere praktische, vor allem politische Operativität. Das operative Korrelat des Begriffs der *Eindimensionalität* liegt m.E. im Prinzip fundamentaler Homogenität und Kontinuität, entsprechend im Weg-Operieren aller Heterogenitäten und Diskontinuitäten durch alle normalistischen Verfahren auf allen Ebenen. Dieses forcierte *Ausklammern* und *Auslagern* aller ›sperrigen‹ Daten und Faktoren ist ein Preis, den der Normalismus unvermeidlich für die Homogenisierung zahlen muß, und Marcuse konstatiert völlig zu Recht, daß er entschieden zu hoch ist. Ein beliebiger diskursiver oder auch praktischer Prozeß wird erst dadurch prinzipiell normalisierbar, daß er zu einem Ensemble homogener und kontinuierlicher »Felder« ›aufbereitet‹ wird. Jedes Normalfeld besteht dabei aus homogenen Daten-›Atomen‹ (Normal-Einheiten) von jeweils einer gleichen ›Sorte‹. Der Hauptgewinn dieser Art Aufbereitung ist durchgehende *immanente* Vergleichbarkeit der so normalisierten Elemente. Der Begriff *eindi-*

mensional gewinnt in diesem Kontext also einen präzise operativen Sinn. So zeigt Marcuse in seiner Kritik einiger exemplarischer amerikanischer Studien zur Betriebssoziologie, wie »transitive« Sätze von der Art »Der Lohn ist zu niedrig« von den Forschern ›übersetzt‹ werden in Sätze wie: »Infolge der Krankheit seiner Frau sind die augenblicklichen Einkünfte von B unzureichend, um seinen laufenden Verpflichtungen nachzukommen« (131f.). Er zeigt die »therapeutische« (126, 132) Funktion dieser Transformation, die dazu dient, im konkreten Fall kompensierend (normalisierend) intervenieren zu können. Der Satz »Der Lohn ist zu niedrig« kann nicht in bestimmte Normalitäts-Felder eingetragen werden. Die Neuformulierung konstituiert eine konkrete »Einheit« im Feld der Krankenversicherung. Die Versicherung funktioniert für die gegebene Einheit nicht normal. Solange also nicht eine große Normalisierung des Feldes (Krankenversicherungsreform als Um-Verteilung) möglich ist, muß eine besondere Normalisierungsmaßnahme (individuelle Kompensation) vorgeschlagen werden. »Operationale« Intervention meint hier also Intervention im Rahmen einer ›homöostatischen Normalität‹ vom Typ der Ver-Sicherung. Das gesamte Beispiel ist ein Musterfall normalistischer *Ausklammerungs*-Taktik: eine fundamentale »Qualität« (der »Klassenantagonismus«) wird *ausgelagert*, um ein homogenes Normalfeld konstituieren und nutzen zu können.

»Fundamentale Diskontinuität« ist eine Ausdrucksweise, die auch von Normalisten sicherlich verstanden werden könnte. Bei Marcuse heißt das gleiche in dialektischer Sprache »Antagonismus« – und da würden Normalisten sicherlich (man denke an den Positivismusstreit) voll höhnischer Ironie sagen, daß sie so etwas »nicht verstehen könnten«. Tatsächlich konnotiert der Begriff »Antagonismus« mehr als »fundamentale Diskontinuität« eines »Feldes«, etwa den *gap* in der Einkommensstreuung eines bestimmten Gesellschaftskörpers. Er konnotiert so etwas wie die Kohabitation zweier irreduktibel feindlicher Pole, deren Feindschaft notwendig bis zur Explosion anwachsen muß. Er konnotiert also gegenüber der positivistischen ›Oberfläche‹ einer Datenstreuung eine dynamische ›Tiefe‹, von der die empirische Streuung lediglich der ›Ausdruck‹ wäre. Wenn der »Antagonismus« zudem (wie bei Adorno) als unik und ubiquitär betrachtet wird, ist aufgrund der hegelianisch-dialektischen Vorstellung von der »bestimmten Negation« die Auffassung kaum zu vermeiden, nach der der Antagonismus bereits Garant einer neuen, der alten womöglich überlegenen Totalität (»Versöhnung«) wäre. Das würden Normalisten völlig zu Recht für metaphysisch halten. Marcuse äußert sich am Schluß des *Eindimensionalen Menschen* sehr skeptisch:

> Die Tatsache, daß sie [die Marginalen, J.L.] anfangen, sich zu weigern, das Spiel mitzuspielen, kann die Tatsache sein, die den Beginn des Endes einer Periode markiert.

> Nichts deutet darauf hin, daß es ein gutes Ende sein wird. Die ökonomischen und technischen Kapazitäten der bestehenden Gesellschaften sind umfassend genug, um Schlichtungen und Zugeständnisse an die Benachteiligten zu gestatten, und ihre bewaffneten Streitkräfte hinreichend geübt und ausgerüstet, um mit Notsituationen fertig zu werden. [...] Die kritische Theorie der Gesellschaft besitzt keine Begriffe, die die Kluft zwischen dem Gegenwärtigen und seiner Zukunft überbrücken könnten; indem sie nichts verspricht und keinen Erfolg zeigt, bleibt sie negativ [...]. (267f.)

Was Normalisten aber nicht unbedingt leugnen würden (und schlecht leugnen könnten), wäre demgegenüber die Möglichkeit bzw. sogar die Wirklichkeit fundamentaler Diskontinuitäten auf der Ebene der ›positiven Oberfläche‹, der Empirie. Beispiele sind die von Marcuse durchgängig angeführten: die fundamentale Diskontinuität zwischen den industrialistischen »Wohlstandsgesellschaften« und den »armen Ländern« der Dritten Welt; ferner innerhalb der »Wohlstandsgesellschaften« die fundamentale Diskontinuität gegenüber den sog. »Randgruppen« (*marginals*), d.h. z.B. in den USA den rassischen Minderheiten und *drop-outs* aller Art. Normalisten leugnen allerdings die notwendige Entwicklung solcher fundamentaler Diskontinuitäten zu Brüchen oder gar zu Antagonismen. Statt dessen entwikkeln sie vielmehr Techniken der Kontinuierung dieser Diskontinuitäten (Kontinuierung im Sinne von Kontinuierlich-Machung) mittels Techniken der Um-Verteilung. Für Normalisten gibt es einen nicht durchdachten Zusammenhang zwischen dem Faktum, daß sie Spezialisten der Kontinuierung sind, einerseits – und der selbstverständlichen und absolut unerschütterlichen Überzeugung, daß eben diese Tätigkeit in jedem Fall die bestmögliche und daher notwendige und allein legitime sei, anderseits. Diesen Zusammenhang kritisiert Marcuse zu Recht, wie ich meine, als letztlich »irrational« und eben *eindimensional* im Sinne einer alternativlosen Hörigkeit gegenüber fast jedem beliebigen Status quo.

Sollte Marcuse die These vertreten, daß fundamentale Diskontinuitäten notwendig zu irreversiblen (nicht normalisierbaren) Brüchen führen müssen, so wäre diese These nicht beweisbar. Sollten Normalisten die Gegenthese vertreten, daß solche Brüche niemals eintreten könnten, so wäre das nur die andere Seite der gleichen Medaille. Strukturell geht es bei dieser Frage um das noch ausführlich zu erörternde Paradox der Normalitätsgrenze. In Kapitel IX.2. wird darzustellen sein, daß zwar die Existenz »antagonistischer Klassen« im Marxschen Sinne innerhalb der ›reichen Länder‹ auf einer ›positiven‹ Ebene weniger plausibel geworden zu sein scheint, daß aber die Existenz von »Normalitäts-Klassen«, d.h. globalen Zonen mit grundsätzlich verschiedenen Standards von »Normalität« (üblicherweise als »Entwicklungsgrade« bezeichnet) schlechthin ›positiv‹ ins Auge springt. Marcuses These von der »Integration« der Arbeiterklasse und der Verschiebung des »Antagonismus« zu den Randgruppen (*marginals*) trägt dieser

Lage Rechnung. Die Randgruppen werden, wie der Name sagt, durch *Aussieben* (*dropping out*) von Individuen aus einer Masse konstituiert. Das trifft, wie sich zeigen wird, den normalistischen Selektionsprozeß genau. »Randgruppe« läßt sich präzise als Begriff für die ›seitlichen‹ Extreme einer Normalverteilung (Gaußverteilung) lesen. Marcuse hätte sicherlich nicht die normalistische Überzeugung bestritten, daß das »System« einen bestimmten (»normalen«) Prozentsatz von *drop-outs* verkraften könne – er glaubte aber eine Tendenz zu sehen, daß die Randgruppen über diese Schwelle hinaus wachsen und daß sie sich mit den *unteren* Normalitätsklassen der Dritten Welt koppeln müßten. So reformuliert, erscheinen die Thesen Marcuses zwar in der konkreten Prognose bestreitbar, aber jedenfalls dem Normalismus strukturell und kategorial adäquat.

Der Begriff der »Integration«, den Marcuse im Sinne der westlichen empirischen Soziologie der zweiten Nachkriegszeit verwendet, meint die Kontinuierung der sozialen Schichtung mit der Tendenz zur *Zwiebel*, d.h. zur Annäherung der Einkommensverteilung an die Gaußkurve. Marcuse bestreitet wie gesagt nicht diese Tendenz und als deren Folge die »Integration« der Klassenantagonismen (39ff.). Er erblickt das Wesen solcher Integration in der Verwandlung qualitativer Differenzen in quantitative, also in der Homogenisierung von Feldern (d.h. ihrer Normalisierung):

> Sie [die eurokommunistischen Parteien mit ihrer Tendenz zur Sozialdemokratie, J.L.] zeugen von der Tiefe und Reichweite der kapitalistischen Integration und von Verhältnissen, die die qualitative Differenz widerstreitender Interessen als quantitative Differenzen innerhalb der etablierten Gesellschaft erscheinen lassen (41).

Als einen der wichtigsten Faktoren der sozialen Integration sieht Marcuse sicherlich zu Recht die kulturelle:

> Wenn der Arbeiter und sein Chef sich am selben Fernsehprogramm vergnügen und dieselben Erholungsorte besuchen, wenn die Stenotypistin ebenso attraktiv hergerichtet ist wie die Tochter ihres Arbeitgebers, wenn der Neger einen Cadillac besitzt, wenn alle dieselbe Zeitung lesen, dann deutet diese Angleichung nicht auf das Verschwinden der Klassen hin, sondern auf das Ausmaß, in dem die unterworfene Bevölkerung an den Bedürfnissen und Befriedigungen teil hat, die der Erhaltung des Bestehenden dienen (28).

Marcuses Kritik richtet sich dabei gegen »falsche Bedürfnisse« (25) – und setzt sich also der Notwendigkeit aus, die ›Falschheit‹ des Bedürfnisses nach modischem Makeup zu begründen. Wie kann er unterscheiden »zwischen dem Auto als etwas Lästigem und als bequemer Einrichtung? [...] Zwischen der privaten Lust und der kommerziellen und politischen Nützlichkeit einer Erhöhung der Geburtenziffer?« (28f.). Von dem letzten Dilemma hat die Pille und die normalistische Verhütungstechnik die Menschen der Ersten und Zweiten Normalitätsklasse inzwischen längst befreit,

wodurch Marcuses Dilemma nur größer geworden ist. Er gibt zu, daß der Begriff der »Entfremdung« fragwürdig geworden sei: »Die Menschen erkennen sich in ihren Waren wieder; sie finden ihre Seele in ihrem Auto [...]« (29).

Unter dem Stichwort »Entsublimierung« schildert Marcuse den ›Verlust der zweiten Dimension‹ der Kunst in der Massenkultur. In der Hochkultur hätten die »auflösenden Charaktere« (78) zum realen Leben antagonistisch gestanden – in der Massenkultur funktionierten sie in ein und derselben Dimension mit der realen Gesellschaft:

> Freilich sind diese Charaktere nicht aus der Literatur der fortgeschrittenen Industriegesellschaft verschwunden, aber sie überleben wesentlich verändert. Der Vamp, der Nationalheld, der Beatnik, die neurotische Hausfrau, der Gangster, der Star, der charismatische Industriekapitän üben eine Funktion aus, die von der ihrer kulturellen Vorläufer sehr verschieden ist, ja im Gegensatz zu ihr steht. Sie sind keine Bilder einer anderen Lebensweise mehr, sondern eher Launen oder Typen desselben Lebens, die mehr als Affirmation denn als Negation der bestehenden Ordnung dienen (79).

Damit ist die Funktion der ›normal-anormalen‹ »Charaktere« flexibel-normalistischer Kulturen (besonders in Film und TV) als ambivalenter Applikationsvorlagen (Identifikationsangebote) für normalistische Subjekte recht gut erfaßt: Diese »Kriminellen« und »Neurotiker« liegen zum einen im Kontinuum der Normalität, gleichzeitig aber jenseits der Normalitätsgrenze. Ihre einzelnen Motive und Subjekt-Situationen (Konkurrenz, Dreiecksbeziehung usw.) sind völlig normal, aber sie übertreiben quantitativ. Diese von Marcuse beklagte Verringerung der Applikations-Distanz macht solche »Charaktere« operativer: Sie können nun als *marker* für je individuelle »Normalitäts-Entwürfe« dienen; einzelne Individuen können ihre je persönlichen »Entwürfe« für Normalitätsgrenzen mit Hilfe solcher Figuren also imaginär ›abstecken‹. In dieser kulturellen Spielart erweist sich die *eine Dimension* also als das *fun-und-thrill-Band*, in das die Subjektivitäten sozusagen direkt und restlos involviert werden.

Wenn Marcuse semantisch spielend »Fakten« gegen »Faktoren« stellt (197), so meint er das generative Verhältnis zwischen produzierenden Instanzen (»Faktoren«) und ihren Produkten. Er kritisiert am Positivismus die bornierte Fixierung auf die empirische Gestalt und Streuung der Produkte und die Ausklammerung der Frage nach dem Produktionsmechanismus dieser Gestalt und dieser Streuung. Um welche produzierenden Instanzen aber handelt es sich konkret bei der Produktion von *Eindimensionalität*? Hier rekurriert Marcuse charakteristischerweise auf globale und einheitliche »System«-Begriffe mit ökonomischer Tingierung wie »Kapitalismus«, »Technik« (bes. 19) und »Verwaltung«, er spricht von einem einzigen »Produktionsapparat«:

Der Produktionsapparat und die Güter und Dienstleistungen, die er hervorbringt, ›verkaufen‹ das soziale System als Ganzes oder setzen es durch. Die Mittel des Massentransports und der Massenkommunikation, die Gebrauchsgüter Wohnung, Nahrung, Kleidung, die unwiderstehliche Leistung der Unterhaltungs- und Nachrichtenindustrie gehen mit verordneten Einstellungen und Gewohnheiten, mit geistigen und gefühlsmäßigen Reaktionen einher, die die Konsumenten mehr oder weniger angenehm an die Produzenten binden und vermittels dieser ans Ganze. Die Erzeugnisse durchdringen und manipulieren die Menschen; sie befördern ein falsches Bewußtsein, das gegen seine Falschheit immun ist. Und indem diese vorteilhaften Erzeugnisse mehr Individuen in mehr gesellschaftlichen Klassen zugänglich werden, hört die mit ihnen einhergehende Indoktrination auf, Reklame zu sein; sie wird ein Lebensstil, und zwar ein guter – viel besser, als früher –, und als ein guter Lebensstil widersetzt er sich qualitativer Änderung (31f.).

Mehr noch: auch »Zen, Existentialismus und Beatniks« gehören zum Angebot (34). Welches ist dieses »soziale System als Ganzes«? Der Kapitalismus? Können sich Lebensstile einfach aus Produkten ergeben, mit denen der jeweils größte Profit zu machen ist? Wie funktioniert das »Einhergehen« der »gefühlsmäßigen Reaktionen« mit dem Kapitalismus genau? Hier erweist sich Marcuses Denken noch in »expressiver Kausalität« (Althusser) verfangen: die (konkret z.B. normalistischen) Instanzen der Produktion von Subjektivität erscheinen als reduzierbarer ›Ausdruck‹ des Kapitals. Paradoxerweise denkt Marcuse also hier, wo er zu Recht die *Eindimensionalität* einer verabsolutierten ›Oberfläche‹ kritisiert, deren Produktionsmechanismus die Positivisten mit Analysetabu belegen, selbst in gewisser Hinsicht ›eindimensional‹, nämlich ökonomistisch. Dadurch entgeht ihm die irreduktible Eigenart der normalistischen produzierenden Instanzen, die z.B. durch Um-Verteilung Normalverteilungen oder die mit dem *fun-und-thrill-Band* normalistische Subjektivität produzieren. Demnach wäre auch die Vorstellung einer umfassenden gesellschaftlichen *Eindimensionalität* zu differenzieren in sektorielle *Eindimensionalitäten* konkreter Normalfelder, die sich lediglich ex post interdiskursiv verbinden.

Im Kontext dieser Problematik skizziert Marcuse am Ende seines Buches drei exemplarische Situationen, um sozusagen normale Subjektivität zu simulieren: die Freude an der Schönheit eines neuen Autos, die Freude an einem verbliebenen Stück Natur neben einer Autobahn, die depressive Stimmung unter abgearbeiteten Menschen in der U-Bahn (237f.). In allen drei Szenen schwankt die Stimmung zwischen positiven und negativen Elementen; in den ersten beiden setzt sich zunächst eine positive Gesamtsicht durch, im letzten eine negative. Erst die kritische Reflexion zerstört »die glückliche Ehe des Positiven und des Negativen« (238) gänzlich. In allen drei Fällen gründet die positive Tendenz in einer *Bremsung* der negativen, in einem Gefühl des kleineren Übels und der Kompensation. Genau das ist

der springende Punkt des »Lebensstils«, der demnach nicht nur und nicht in erster Linie aus der Ökonomie entspringen kann, sondern aus der strukturellen Notwendigkeit, eine intuitiv als irreversibel erfahrene Dynamik zu *bremsen*. Zu diesem Lebensstil gehört also die Vergleichbarkeit und Meßbarkeit jedes Erlebnisses mit möglichen Alternativen (auch dieses Wäldchen könnte schließlich zubetoniert sein), die aber prinzipiell im gleichen Kontinuum liegen. Die zugrunde liegende Dynamik selber profiliert sich nur in einem solchen Kontinuum, so daß sie selbst wie auch ihre kompensierenden Korrekturen sich als real-operative oder aber imaginäre ›innere‹ Kurven darstellen. Versteht man *Eindimensionalität* also als Kurven-Eigenschaft von Erfahrungen, so erweist sich Marcuses Kritik als eine der ersten globalen Analysen von Normalismus. Gleichzeitig folgt daraus aber auch, daß ein »Lebensstil«, der auch alle Erfahrungen nichtökonomischer Art kurvenförmig »präformiert«, der das Leben in ein Bündel von Kurven verwandelt, nur auf ökonomistische Weise aus der Ökonomie abgeleitet werden kann. Es ist in diesem Zusammenhang besonders symptomatisch, daß auch Marcuse selbst bei Evokationen der »geschichtlichen Alternative« in Kurven denkt: es gehe darum, bei einem »Minimum« von Arbeit (13, 36) »die optimale Entwicklung und Befriedigung individueller Bedürfnisse und Anlagen« (13) zu erreichen. Solche Formulierungen sind natürlich ambivalent, da sehr leicht normalistisch zu ›vereinnahmen‹. Die Reduzierung der Arbeitszeit ist seither von den Gewerkschaften erfolgreich vorangetrieben worden (wenn auch sicher nicht in Marcuses Sinne). Was unter »Optimierung« (längst ein Grundwort des Manager-Diskurses) zu verstehen sei, bleibt – über die imaginäre Vorstellung eines Kurvenverlaufs hinaus – völlig rätselhaft. Aber die nützliche Seite dieser Ambivalenz liegt gerade in der Anschließbarkeit an operatives Denken. Aus ihr ergibt sich die Frage, ob das Denken in Kurven »alternativ« zum Normalismus eingesetzt werden könnte, ggf. müßte und wie[5].

Die genaue Lektüre Marcuses zeigt also, daß seinerzeit kaum jemand so nah an eine (globale) Theorie des flexiblen Normalismus herangekommen ist wie er. Marcuses »System« besitzt keineswegs die von Adorno statuierte Starrheit und absolute Kälte des »Totalitären«; Marcuse sieht sich also nicht

5 Für solche Alternativen steht in der vorliegenden Studie der Begriff »polyeurhythmischer« Dispositive, der allerdings, da es hier um den Normalismus geht, lediglich abstrakt-abgrenzend (und nicht ›positiv‹-konkretisierend) verwendet werden konnte. Ich verweise statt dessen pauschal auf das Projekt der von mir mit herausgegebenen *kultuRRevolution, zeitschrift für angewandte diskurstheorie* (Bochum, später Essen 1982ff.). – Gegen mögliche Mißverständnisse soll an dieser Stelle ferner eigens betont werden, daß »polyeurhythmische« Dispositive sicherlich ihrerseits auf den Einsatz von Statistik, einschließlich der Exploration ›latenter Kausalität‹ mittels des Vergleichs mit der Gaußkurve o.ä., verwiesen sind – allerdings befreit vom »Willen« zu normalisierenden Um-Verteilungen, insbesondere auch befreit vom normalistischen Verbot proliferierender Prozesse.

länger imaginär dem Protonormalismus konfrontiert, sondern einer neuen Strategie, die er mit eher paradoxen als »dialektischen« Begriffen von der Art »repressive Entsublimierung« (76ff.) bzw. »repressive Toleranz« zu charakterisieren suchte. Auch sein Begriff von »Normalisierung« selbst (der weitgehend originell ist) gehört, recht verstanden, in diesen Kontext. »Normalisierung« meint bei Marcuse speziell die Gewöhnung an das strukturelle Risiko des Atomkriegs zwischen Ost und West:

> Hat sie [die repressive Entsublimierung des Sex und die damit gekoppelte Aggressivität, J.L.] einen Grad von Normalisierung erreicht, bei dem sich die Individuen an das Risiko ihrer eigenen Auflösung und Vernichtung im Sinne normaler nationaler Bereitschaft gewöhnt haben? [...] Auf jeden Fall ist das Risiko vermeidbarer, von Menschen herbeigeführter Zerstörung zum normalen Rüstzeug im seelischen wie materiellen Haushalt der Menschen geworden [...]. Mehr noch, als Teil ihres täglichen Haushalts kann es sie sogar an dieses System binden (97f., 122).

»Normalisierung« also als psychische Gewöhnung an ständige extreme Lebensgefahr – bei Marcuse bleibt völlig ungeklärt, wie das möglich ist, ohne die Subjekte schwer krank zu machen.

Sicher ist es dem *Eindimensionalen Menschen* wie ähnlichen Erfolgsbüchern gegangen: es ist vermutlich sehr viel weniger häufig gelesen als gekauft worden. Viele Käufer werden nicht über die Lektüre einiger Anfangsabschnitte und vielleicht des Schlusses hinausgekommen sein. In den Massenmedien wurde Marcuses Intervention zu einer »Message« verarbeitet, und diese »Message« wiederum bestand wie in solchen Fällen üblich aus einigen Schlagwörtern bzw. Topoi. Dazu gehörten u.a. »Randgruppen-Strategie«, »repressive Toleranz« und »Große Weigerung«. Der Begriff »Große Weigerung«, den Marcuse selbst als Zitat, und zwar von Maurice Blanchot, einführt, spielt nur kurz am Ende seines Buches eine Rolle. Er ist allerdings gerade unter dem Aspekt des Normalismus von strategischer Bedeutung. Gemeint ist damit nämlich so etwas wie eine Erklärung fundamentaler Diskontinuität gegenüber dem Normalismus (Erklärung im Sinne von Kriegs-Erklärung), die logischerweise keine normalen Gründe für sich anführen kann und aus dieser Not die militante Tugend der trotzigen Provokation und Rebellion gewinnt. Dieser Gestus erklärt sich gerade aus der Tatsache, daß Marcuse sich (anders als Adorno) wirklich dem Flexibilitäts-Normalismus gegenübersieht und nicht länger einem imaginären, »totalitären« Protonormalismus. So erklärt es sich, daß die Rock- und Beatles-Generation mit ihm »am meisten anfangen« konnte (im mehrfachen Sinne dieser Floskel).

Wie bereits erwähnt, wurde besonders Marcuses These der »repressiven Toleranz« genüßlich in den hegemonialen Massenmedien breitgetreten, immer natürlich mit ironischem, höhnischem und gleichzeitig triumphie-

rendem Ton. Es schien auch zu schön für die Hegemonie: Der radikale Gegner mußte ihr »Toleranz« bescheinigen, wenn er auch in seiner impotenten Verranntheit den offenbaren und offenbar unsinnigen Widerspruch »repressiv« daranhängte. In der Tat jonglierte Marcuse hier bewußt stur und seinerseits ironisch mit einer »dialektischen« Kategorie. Das mindeste, was man sagen muß, ist wohl, daß diese Kategorie diskurstaktisch nur bei wenigen Individuen ›greifen‹, daß sie bei den überhaupt nur über die hegemonialen Medien von Marcuses Denken berührten Massen bloß als ›spinnert‹ registriert werden konnte. Wiederum aber hatte Marcuse eine wichtige Verfahrensweise des Normalismus im Blick, die Foucault dann auf andere Weise versucht hat, theoretisch zu modellieren. Ich meine das Verfahren der »Integration« von möglichen politischen und sozialen Diskontinuitäten durch ein Spiel des teilweisen ›Hereinlassens‹ der Oppositionellen, mehr noch, durch teilweises ›Zulassen‹, ja manchmal sogar ›Fördern‹ von ›Macht‹ dieser Oppositionellen. In Frankreich nannte man dieses Spiel der Macht und der Mächte seit 1968 »récupération« (»Vereinnahmung«), d.h. Wiedereinfangen (z.B. einer Laufmasche, oder auch im Sinne von industrieller Wiederverwertung). Bei den von Marcuse unter dem Begriff der »repressiven Toleranz« gemeinten Techniken von »récupération« handelt es sich also um normalistische Techniken der Kontinuierung von Diskontinuitäten. Ist es am »Rande« (*margin*, Grundbegriff Marcuses) eines kontinuierlichen Normalfeldes zu einem »Bruch«, einem »Abbrechen« der Kontinuität gekommen, der in chronische Diskontinuität überzugehen droht, so gilt es im Sinne einer normalistischen Strategie der »récupération« vor allem und unbedingt die Kontinuität zwischen den beiden Rändern des Risses wiederherzustellen, wenn nicht anders möglich, durch Anerkennung ›marginaler‹ Mächte. Dieses Verfahren ist von Foucault ohne moralische Entrüstung und ohne bloße Wut analysiert worden – und Foucault hat für die entsprechenden Prozeduren die Kategorie »Repression« zu Recht als irreführend zurückgewiesen, vielmehr sogar die »Produktivität« zugestanden.

Ein Widerstand, der sich der »repressiven Toleranz« entziehen könnte, würde womöglich in »Alternativen« münden. Auch dieser Begriff mit der bald so phänomenalen Karriere gehört bereits zu Marcuses tragenden Kategorien. Marcuse möchte ihn im Sinne eines Sartreschen »projet« aufgefaßt wissen. Wie oben erwähnt, nähert sich sein Denken einer »Alternative« (manchmal auch im Plural: 15) paradoxerweise zuweilen dem Grundtyp des normalistischen Denkens, dem Denken in Kurven an (vor allem ›Minimierung der Arbeit‹). Es nimmt damit die Ambivalenz aller konkreten »alternativen« Projekte nach 1968 vorweg. Es geht um die »achtundsechziger« Taktik der gezielten ›Überspannung‹ flexibel-normalistischer Trendkurven, von der der Sprung in die (polyeurhythmische) »Alternative«, mit Hegel gesprochen ins »Reich der Freiheit«, erhofft wird. Vom flexiblen Normalis-

mus aus gesehen, läßt sich solche Taktik als Exploration von Normalitätsgrenzen lesen. Diese Ambivalenz ist unhintergehbar, und auch das hatte Marcuse bereits begriffen: Insofern erweist sich das Festhalten an der »dialektischen« Sprache nicht zuletzt auch als Symptom der Tatsache, daß transnormalistische »Alternativen« nicht von soliden eigenen Terrains aus entwickelt werden können (nach Art »sozialistischer Länder«), sondern ausschließlich aus dem Spiel der normalistischen Prozesse selber.

Mein Versuch, Marcuses Theorie der *Eindimensionalität* normalismustheoretisch zu reformulieren, hat den hohen Grad von Kompatibilität erwiesen: ›Beinahe‹ hätte die Achtundsechziger Kulturrevolution eine Theorie des flexiblen Normalismus besessen, die nicht bloß sektorielle Normalitäten, sondern Normalität und Normalisierung als interdiskursive, kulturell hegemoniale Strategie systematisch hätte in den Blick fassen können. Das entscheidende epistemologische Hindernis, das dem im Wege stand, war das Fehlen einer zur Semsynthese (»Dialektik«) alternativen, ihrerseits operativen Vorstellung des Verhältnisses von gesellschaftlicher ›Tiefen-‹ und ›Oberflächenebene‹, von »Faktoren« und »Fakten«, von *grass roots* und *Eindimensionalität*, d.h. von produzierenden Instanzen und Produkten. Die semsynthetische Vorstellung denkt die ›Tiefenebene‹ als einheitlichen »Ursprung« (»bürokratischer Kapitalismus«), aus dem die Ökonomie wie die Kultur wie die Subjektivität als verschiedene »Ausdrucksformen« entspringen. Statt dessen wären gerade die produzierenden Instanzen selbst schon als irreduktibel plural und lediglich friktional gekoppelt zu denken: normalistische Subjektivität dient sicherlich u.a. auch der Perpetuierung des Kapitalismus – sie ist aber nicht ›gleichursprünglich‹ mit ihm, kann nicht als sein ›Ausdruck‹ begriffen werden, sondern ist das Produkt irreduktibler normalistischer produzierender Instanzen, die es nach ihrer Eigenlogik zu analysieren gilt, wozu die ersten Schritte dann in Frankreich getan wurden.

(Nicht) normale Fahrten 4: Der LSD-Trip (Bernward Vespers »Die Reise«)

> Als ich durch den Vorgarten gegangen war, auf die Türkenstraße kam, war der Trip vorbei. Ich ging wie ein ganz normaler Mensch, so, wie ich immer über die Straße gegangen war. Meine Knie waren nicht länger weich, ich hatte nicht das Gefühl, auf einem Fließband zu laufen (152)[6].

Bernward Vespers *Reise* versteht sich als »einfaches« Protokoll eines Experiments mit der Selbst-Denormalisierung. Dabei sind allerdings theoretische Reflexionen und der Einsatz theoretischer bzw. im weitesten Sinne wissenschaftlicher Begriffe keineswegs ausgeschlossen. Die emphatische Ableh-

---

6 Seitenangaben nach Bernward Vesper, *Die Reise*. Romanessay, Frankfurt/Main 1977.

nung des Begriffs »Literatur« meint nicht zuletzt auch das: quasiwissenschaftliches Brainstorming steht nicht unter Tabu. Hierher gehört nicht nur die Kritik von seinerzeit greifbarer Literatur über die Wirkung von Drogen, sondern auch der Einsatz behavioristischer Kategorien wie »Konditionierung« (auch im Sinne von Dekonditionierung, Umkonditionierung, Neukonditionierung verwendet):

> Zeichnen: Das Bild der Teekanne gelangt über die Netzhaut und die Nervenstränge ins Sehzentrum; es ist dieses »Bild«, das wir aufs Papier zu bringen versuchen. Dabei haben wir vergessen, daß vom Sehzentrum bis zum Stift eine zweite Strecke zurückzulegen ist, ein komplizierter, nach bestimmten Regeln arbeitender Mechanismus aus Nerven, Sehnen, der ebenfalls auf die Wiedergabe einwirkt. »Realistisches Zeichnen« bedeutet, den Auffassungsprozeß bis zur Darstellung zu verlängern, sich so konditionieren, daß die zweite Wegstrecke nicht länger eigenwillig existiert. Diese *Konditionierung* [Hervorhebung von mir, J.L.] gelingt den allermeisten Menschen nicht, ihren Vorteil sehen sie, aus Gründen, die sich historisch und gesellschaftlich vermittelt haben, als Übel an. Sie werden entmutigt, geben diesen Teil ihrer kreativen Möglichkeiten auf, verstümmeln sich selbst. [...] Der Trip durchbricht dieses anerzogene Mißtrauen in die eigenen Fähigkeiten. Neue (im Grunde alte) schöpferische Fähigkeiten treten auf (242f.).

Dieser theoretisch reflektierende Kommentar folgt auf den Versuch, die Autofahrt von München nach Undingen in der Schwäbischen Alb unter der Wirkung von (abklingendem oder schon abgeklungenem, aber negativ weiter wirkendem) LSD (und vorher das »Hofgarten-Erlebnis« ekstatischer Fusion mit dem All unter LSD) so intensiv wie möglich (das ist mit ›realistisch‹ gemeint) durch Schreiben zu evozieren. Vesper versteht Subjektivität also (im Marxschen Kontinent denkend) als gleichermaßen objektiv (Werke) wie subjektiv produktiv (sinnliche Intensitäten, Feelings). Das Modell des »Zeichnens« steht deutlich analog für das eigene Schreiben. Das Subjekt ist demnach Produkt einer (frühkindlichen und späteren) »Konditionierung«, auch »Manipulation« (44, 472), die es (im Falle des hier erörterten Kulturtyps) von den Möglichkeiten, sich an das »All« anzukoppeln, abschneidet. Es kann sich aber (z.B. durch LSD) dekonditionieren und neukonditionieren. Statt LSD kann vielleicht sogar Kindervitalität dazu dienen: »(Das Laufen von Felix um den Tisch könnte vom Störfaktor zur Bedingung meiner Arbeit werden.) Es ist wirklich eine Frage der Konditionierung!« (30)

Der Begriff der Normalität spielt bei Vesper zwar eine faktisch nicht unwichtige Rolle, er gehört aber nicht zu den theoretisch markierenden und markierten Kategorien, wird vielmehr ›naiv‹ verwendet. (Dieser Befund ist symptomatisch für den größten Teil auch der avanciertesten achtundsechziger Literatur.) An der eingangs zitierten Stelle heißt »normal«: with low intensity, im Gegensatz zur high intensity und zum »full speed« (34) der Dro-

genwirkung. Vermutlich ist dieses »normal« sowohl allgemein anthropologisch wie spezifisch-historisch zu lesen: wie jeder normale Mensch und besonders wie die »Vegetables« in der Münchner Türkenstraße. Meistens ist die spezifisch-historische Konnotation vorherrschend: »Die normale Misere: Unterdrückung im Elternhaus, Isolation in der Schule, kein ›subjektiver Kontakt‹, keine Information« (179). Die archäologische Reise in die Kindheitsgeschichte der eigenen Konditionierung deckt ein eigenartiges Ereignis auf, dessen Effekt dem Schreibenden aber opak bleibt: Nach dem Kriege wurden die Kinder in der Schule nach der Binäropposition »Normalverbraucher« vs. »Selbstversorger« eingeteilt (121) – die ersten bekamen Schulspeisung, die zweiten nicht. Der kleine Bernward Vesper hätte beinahe wie die anderen Kinder Schulspeisung bekommen, wenn der Lehrer nicht eingegriffen hätte: »›Er kommt vom Gut‹, sagte Herr Anklam, ›ich glaube nicht, daß das nötig ist. Selbstversorger.‹« (121) Damit war der kleine Bernward aus der As-Sociation der anderen Kinder (der »Normalverbraucher«) ausgeschlossen – nach einem Kriterium des Lehrers, das man wie folgt formulieren müßte: ›Schulspeisung ist plebejisch und schlecht; Vesper ist Gutserbe und Sohn des großen Nationaldichters Will Vesper; er ist was Besonderes; er ist kein Normalverbraucher‹.

Dieses Ereignis gehört also zur Vorgeschichte sowohl der zentralen vesperschen Kategorie »Vegetables« wie auch zur Vorgeschichte des eigenen Bewußtseins der Nicht-Normalität: »und ich heulte natürlich wieder dreimal. Einmal ist ›Norm‹. That‹s the end, little girl« (257). Was heißt »Vegetable«? Eigenartigerweise heißt es »Auto(fahrer)«:

> Immerhin sind wir jetzt in ein Land gekommen [Deutschland, J.L.], in dem man vor Kindern, die mit andern Kindern spielen wollen, die Türen verschließt. Eine Kolonie degenerierter Fötusse. Vegetables – über ihrem Kopf mindestens drei Meter Erde. Übrigens bin ich da aufgewachsen, in diesem Landstrich, und das ist wirklich sehr interessant, sehr interessant. [...] Ich hasse Deutschland. Ich hasse dies herumrollende Gemüse. Ich hasse Autos. Ich hasse Straßen. Ich hasse Berlin. Ich hasse Kinder. Ich hasse meinen Vater. Ich hasse alle, die mich zur Sau gemacht haben (10).

»Vegetables« sind Menschen, die nicht ›leben‹, sondern nur ›vegetieren‹. Sie sind ›lebende Tote‹ (»Die andre Lösung wäre die, daß ich tatsächlich unter Toten umhergehe, sie grüße«, 24), vegetieren schon zu Lebzeiten in tiefen Gräbern, und zwar in Familienhäusern (als Kinder von Vätern und Väter von Kindern) und eben in Autos. Sie existieren in jeder Beziehung *down*: im »Sumpf« (12), in der ›tiefen Scheiße‹ (23), im »Morast«: »ES SIND DIE VEGETABLES. Alles hier ist Vegetable. Was nützt es, high zu sein, wenn man auf dem Grund dieses Morastes sitzt?« (58). Sie heißen »Vegetables«, weil sie stets Salat fressen müssen, wie Gudrun Ensslin gesagt hatte (13), und auch deshalb, weil sie einer Ideologie der ›Natürlich-

keit‹ frönen wie der Vater, der Nazidichter (43, 44), die ihrerseits wieder mit ihrer Fixierung, Territorialisierung an einen festen Ort, ihrer Seßhaftigkeit und ihrer Angst vor dem Nomadischen zuammenhängt (58). Die »Vegetables«, obwohl die überwältigende Mehrheit, sind die eigentlichen Wahnsinnigen:

Ein Haus, an dessen Gartenfenster an einem beliebigen Sonntag Irre vorbeigehn können, Imbecile, Vegetables, mit einem Gesicht, wie es Sarah Bernard gehabt hätte, hätte man sie auf dem Trip begrüßt, ist das nicht ein hübsches Haus? (11)

Die wahrhaft surrealistisch in Autos rollenden Vegetables verdecken den Widerspruch zwischen Protonormalismus (Fixiertheit) und Flexibilitäts-Normalismus (Mobilität), den das Denken von Achtundsechzig nicht gedacht hat, d.h. den Widerspruch zwischen dem dressierten, »konditionierten« Zwangscharakter und jenem neuen Typ von Normalität, der sich einfach als »Durchschnittlichkeit« erweist und der dem Helden auf seinem LSD-Trip in Gestalt seines Mit-Reisenden, des triperfahrenen, globetrottenden, amerikanischen Juden Burton, mit einem Male entgegentritt:

Mit Burton kam es jetzt zur Krise. Einfach dadurch, daß er zurückwollte. Es war im Grunde seine fixe [! J.L.] Idee: das Haus, der Kaffee. Ich spürte, daß er mich belauerte und dann, als er zuschlagen wollte, merkte ich, daß ich unangreifbar war. Er brauchte immerhin Stunden, um eine Situation zu finden, wo er den Versuch riskieren konnte (mich mit dieser Stadt, diesem Land, der Beklemmung, der Durchschnittlichkeit in Verbindung zu bringen), mir ein Netz überzuwerfen (mich an den Felsen zu fesseln, von dem ich mich gelöst hatte) (87).

Der Kontext ist bis zum Zerreißen mit Ambivalenz geladen: Zuvor wird ein amerikanischer Dokumentarfilm referiert, eine »Ausgeburt der Vegetables, der Nachtmenschen, der Gnome, der Schweine«, in dem es um den Kampf der Drogenpolizei von LA gegen das LSD ging; danach wird gegen Jean Cau als »légume français« polemisiert, weil er sich vom Arzt von LSD purgieren ließ. In diese Reihe wird nun der Trampgenosse Burton (Jude in Deutschland) eingereiht: weil er den Trip wenigstens minimal regulieren will. Das, was Burton hier sowohl instinktiv wie bewußt anstrebt (und was der Autobiograph des letzten Teils ganz und gar akzeptieren wird), ist flexible Normalisierung: Regulierung mithilfe eines äußersten Grenzwerts, Respektierung des Endes der Toleranzzone um den flexiblen Durchschnitt. Daß Vesper diese Art Normalisierung nicht von der protonormalistischen Normierung seines Vaters zu unterscheiden vermag, darin genau liegt der blinde theoretische Fleck, der der gesamten *Reise* eine zusätzliche, unbeabsichtigte Spannung verleiht, die ihr als Text zusätzliche Intensität und zusätzlichen Reiz gibt. In der überzogenen (Selbstmythisierung des Ichs als Prometheus!) Wut gegen Burton kommt also die folgende sehr komplexe

und ambivalente Konstellation im wahrsten Sinne zum ›Ausbruch‹: Es gilt ›auszubrechen‹ aus Objektivität und Subjektivität der protonormalistischen Vater-Ordnung – die Mittel dazu sind aber solche der flexibel-normalistischen (›amerikanischen‹) Ordnung: Trip und Auto. Kann der Trip also vom Regen in die Traufe führen? Die Frage kann aus mehrfachen (sowohl psychologischen wie theoretischen) Gründen so nicht gestellt werden. An diesem äußersten Punkt bleibt dem Sohn nichts als der »Wille«, verstanden als ›innerer Ruck‹ (sein Vater hieß »Will«, vgl. auch 357: das Kind assoziierte bei dem Namen »wenn Gott will«), aus jeder Form von Normalismus auszubrechen, und dabei kommt es zu einem symptomatischen Chiasmus: Der Kumpel Burton (der Jude) wechselt auf die Seite des Protonormalismus, d.h. des Nazi-Vaters – und umgekehrt erweist sich jener »Wille« zur radikalen Trans-Normalität als archäologisch gestützt vom protonormalistisch gezüchteten »Willen«, der ja in der Nachkriegszeit in seiner sturen Ablehnung von Autos, Mode, Kino, Amerikanismus und anderer (flexibler) Normalität sich selbst ins *Abseits* des Nicht-Normalen manövriert hatte. Mehr noch: Das ekstatische, orgiastische Aha-Erlebnis des Trips, die Identifikation der aufgehenden Sonne im Hofgarten mit dem Sohn Felix, ist nichts anderes als intensivste, ja »religiöse« Selbst-Identifikation mit jener Vater-Rolle, gegen die die *Reise* Sturm läuft.

In diesem Kontext erst läßt sich der Kern der *Reise*, die noch im Ausklang und Nachhall des Trips unternommene Autofahrt von München nach Undingen zum Sohn Felix, in ihrer ganzen ›polyphonen‹ Intensität lesen:

Fahren, als hielte ich zum ersten Mal ein Lenkrad unter den Händen. Ich erkenne keine Straße wieder, fahre, bis ich das blau flammende Schild ›Autobahn Stuttgart‹ finde, biege ab, stürze mit dem Fahrzeug in den schwarzen Straßenschacht, aus dem perlend die Scheinwerfer entgegenkommender Fahrzeuge hervortreiben, verliere die Richtung, wende, als die Gegenfahrbahn frei ist, zurück zum Schild, finde es nicht, stoße schließlich auf ein andres, das wiederum zurückweist, wende, schleuse mich ein in eine Fahrzeugkette, gerate mit den Reifen auf die Straßenbahnschienen, erreiche endlich einen Kreisverkehr, den ich wiedererkenne, ich bin schon fast bis zum Westrand der Stadt gelangt, erhöhe langsam die Geschwindigkeit, ein zweiter Kreisel, Beginn der Autobahn, die Straßenbeleuchtung bleibt zurück, der rötlich schimmernde Betonstreifen, angeleuchtet von den starken Scheinwerfern, die ich aufblinken lasse: Jetzt bin ich auf dem richtigen Kurs, zweihundert Kilometer in dieser Richtung, dann bin ich bereits ganz in der Nähe von Felix, es ist halb zehn, vielleicht komme ich rechtzeitig ins Dorf, ehe alle schlafen./ Noch immer der Mond, vom Dachauer Moos frische, feuchte Luft, die durch die offenen Seitenfenster wirbelt, ich lege den dritten Gang ein, trete das Gas durch, das rote Band unter der Skala des Tachometers schiebt sich auf 80, 90 vor, ich umklammere das Steuer, halte die Maschine auf Kurs, halte mich an den dünnen, wulstigen Biegungen des Steuerrades aufrecht. Beschleunigungen, einen Lastwagen überholen, die komplizierten Manöver, das Abschätzen der Geschwindigkeit des Fahrzeugs, das mit Blinksignalen hinter mir auftaucht, der Sog des

10–Tonners, an dem ich vorbeiziehe, Blinker, wieder auf der rechten Fahrbahn, jetzt sind keine Rücklichter mehr in Sicht, ich kann den vierten Gang nehmen, 120, 130. Da: aus den Sträuchern an der Böschung und hinter den Planken des Mittelstreifens schießen phosphoreszierende Farben, die von den Scheinwerfern erfaßten Silhouetten schimmern in gleißendem Rotgrün, irisierende Regenbogenspektren blenden mich, die scharf gezogene Lichtbahn verliert an Konturen, beginnt zu fließen, ich verliere die Orientierung, nehme den linken Fuß etwas zurück, das Feuermeer sinkt in sich zusammen, nur noch schwache Reflexe, ein Hof von zwanzig, dreißig Zentimetern um alle Gegenstände, zwischen denen ich hindurchfahre (225f.).

Der Effekt der Droge und die Hochgeschwindigkeit des industrialistischen Vehikels erweisen sich als solidarisch: *full speed.* Diese »orientierte« Fahrt auf der Autobahn ist nichts anderes als die Grunderfahrung des flexiblen Normalismus, das *thrill-Band*: Alle fahren in die gleiche Richtung, Intensitäten gibt es nur in der gleichen Richtung – die des Überholens (von Konkurrenten) und die der rauschhaften Höchstgeschwindigkeit, wenn die Orientierung ins Schwimmen gerät. Die Droge vergrößert den Effekt wie mit der Lupe: schon bei 120 beginnt das »sprühende Feuerwerk« (226), d.h. die ersehnte »Explosion« (255), die aber gleichzeitig Mord und Selbstmord wäre, der ›Verkehrsunfall‹, den Burton gefürchtet hatte – Grenzwerte sind auf Autobahnen einfach unabweisbar, alles andere wäre Wahnsinn.

Ich konnte unmöglich länger auf der Autobahn bleiben, deren Monotonie mich schlauchte./ Ich erinnerte mich, daß ich über Ulm auf die Alb gelangen konnte; Ruth, die Fahrt auf der zum erstenmal die Vibrationen auftraten, die zu allem weiteren geführt hatten, und verließ bei der Abfahrt Günzburg die gerade Strecke (230).

Nicht nur diese zentrale Autofahrt, die gesamte *Reise* ereignet sich in jenem industrialistischen Vehikel, das alles zugleich ist: *Auto, Motorrad* (376ff.), *Eisenbahn, Flugzeug* und *Boot*: »Dialektik: sich verändern, das Sein verändern, auf einen Trip gehn, abfahren, ankommen, starten, landen, träumen, weinen, lachen, flippen, ausflippen, einflippen, tiefstapeln, tralala!« (253) Dieses Allzweckvehikel ist gleich dem Subjekt selbst des flexiblen Normalismus – wird man ihm darin entkommen können?

Das konditionierte und umkonditionierbare, von LSD auf *speed* gebrachte Subjekt ist selbst ein industrialistisches Vehikel, etwa ein *Raumschiff*:

Eine schwefelgelbe Kugel schoß in den inneren Raum, entfernte sich in siebenfacher Gestalt, jede Kugel kleiner als die vorangehende, stieg am Mond und an den Planeten des Sonnensystems vorbei, die (selber unsichtbar) mit ihren Strahlen die linke Hälfte meines inneren Gesichtsfelds beleuchteten. (›Wenn es nicht gelingt, die Steuerraketen zu zünden, wird Apollo 13 in 165 km Entfernung an unserem blauen Planeten vorbeischießen und in der Unendlichkeit des Weltraums verschwinden.‹ [...] Meinen Leib ließ ich zurück in einer 1x2 m großen Toilettenzelle [...]. Es gelang mir, die Magnetbänder meines Hirns mitzunehmen auf meinen freien Spaziergang durch die Ewigkeit: Fahndung nach den ›letzten Dingen‹. [...] Wenn es mir gelänge, mit den Daten,

die ich auf meinen Magnetbändern gespeichert hatte, zurückzukommen, brauchte man sie nur noch in einen leistungsfähigen Computer zu füttern. Eine Hochrechnung – und die fernste Zukunft der Welt und jedes Menschen ließe sich mühelos ermitteln (197).

Das neue Subjekt ist nicht eindeutig: es ist gleichermaßen normalistisches Standardvehikel (*Apollo 13*) wie transnormalistisches (surrealistisches) *Bastel-Maschinchen*, in dem industrialistische mit handwerklichen und animalischen ›Ersatzteilen‹ eine Einheit eingehen:

Ich habe eine Maschine im Kopf, einen Elektromotor, eine Winde, die alle Gedanken aufwickelt wie Schiffstaue, eine Gabel, die alle Ideen aufwickelt wie Spaghetti, eine rotierende Trommel, die aus dem seidenen Blau des Himmels die Kondenzstreifen der Flugzeuge aufwickelt, eine Rolle, die von allen Masten die Überlandkabel aufwickelt, ein Tiger, der von Turm zu Turm springt, an den Seilen des Manegendirektors, eine Ariadne, die ihr rotes Netz auswirft und die Objekte einfängt und zu einem Kosmos organisiert (109).

Über was für eine Maschinerie müßte man verfügen, um dies Angebot an ›Bildern‹, dieses Hochschnellen immer neuer Tontauben und auch noch: ›Vorgabe! Schuß!‹, die permanente Prüfung der Kontaktstreifen meiner tausend Photoaugen in die Vorstellungswelt eines andren zu transportieren? (199)

Diese organischen und surrealistisch zusammengetüftelten Subjektmaschinen sind es, die man durch »Einwerfen« (21,28,31) von LSD auf Touren bringt. Die Vorstellung fallender oder schwebender *Kügelchen* erinnert an ›befreite‹ Flipper-Kugeln (»Tontauben«), die wiederum mit dem Auto identisch sind, das in ›Straßenschluchten stürzt‹.

Nahezu zeitgleich mit dem *Anti-Ödipus* hat Bernward Vesper hier die Exploration jener Subjektzonen betrieben, wo Extremwerte des Flexibilitäts-Normalismus sich mit transnormalistischen Nova zu berühren scheinen. In beiden Fällen werden Subjektivitäten als symbolische Vehikel imaginiert, in denen der kulturelle Antagonismus von *Maschine* und *Organismus* keine Rolle mehr spielt.

Das Experiment der Selbst-Denormalisierung, der eigenen Um-Konditionierung ist schließlich auf eine weitere *Reise* verwiesen: auf die Rück-Reise entlang der eigenen Subjektbildung in der Kindheit. Wodurch wurden das Kind und der Adoleszent »konditioniert«? Durch den gekoppelten Effekt eines ungeheuren Schwadronierens (der Nazi-Diskurs des Vaters, das protonormalistische Markieren und Klassifizieren der Nicht-Normalen, der »Asphaltliteraten«, »jüdischen Emigranten« und anderen »Anten«, der »Asozialen« und »Minderwertigen«) mit einem Schweigen (»under the table«) sowie mit einer psychophysischen Dressur einschließlich äußersten psychischen und physischen Terrors. Die Mechanismen der »Konditionierung« sind also eigentlich Mechanismen des Diskurses im Sinne Foucaults:

des Redens und Nicht-Redens als einer Macht-Strategie des Anbietens und Verbietens von Kopplungspunkten und ›Ladetasten‹ zum Körper, zum Handeln. Der Diskurs, der Körperzonen und Handlungssequenzen positiv und negativ zu ›laden‹ erlaubt, wird im Gehirn implementiert. Dabei stellt Versper sich diese protonormalistische »Konditionierung« als ungemein prägungsstark und tiefgehend vor – auch daraus folgt die Notwendigkeit, ihr mit LSD zuleibe zu rücken. In Wirklichkeit genügt es, wie sein Buch beweist, diesen Diskurs in verfremdetem Kontext wörtlich zu zitieren, damit er sich selbst annulliert:

»Schämst Du Dich nicht! Schämst Du Dich gar nicht?« Er sprang auf, er zitterte am ganzen Körper, er hatte einen feisten Bauch, mein Gesicht war in der Höhe seiner bebenden Gürtelschnalle. »Mein Vater hat mich drei Dinge gelehrt«, schrie er mit seiner dunklen, dröhnenden Stimme, »erstens: spotte nie über körperliche Gebrechen anderer! Zweitens: belustige Dich nie über den Namen anderer Leute, für seinen Namen kann keiner! Drittens: wirf nie Brot auf die Erde! Hast Du verstanden? Wirf nie Brot auf die Erde! Brot ist etwas Heiliges in dieser Welt des Hungers und des Elends! Ich bin alt geworden und habe diese goldnen Regeln meines Vaters immer beherzigt. Ich dulde nicht, daß mein eigner Sohn sie mißachtet! Wir haben die Spur unter dem Fenster gefunden, wir haben den Teller aufgehoben, an dessen Rand man deutlich sehn kann, daß er ausgegossen wurde, wir haben schließlich das Loch aufgegraben! Man könnte meinen, man hätte es mit lauter Wahnsinnigen zu tun!« (313f.)

Daß Normalität Wahnsinn ist, daß die deutsche protonormalistische Normalität eines ganzen Jahrhunderts Wahnsinn war, ist durch diesen »einfachen Bericht« hinfort aktenkundig – Zweifel daran sind hinfort wirklich nicht mehr möglich.

Die Schreibform eines Experiment-Protokolls ist schließlich selber »Reise« (und zwar z.B. zu *Schiff*, 139, oder im *Ballon*, 245): Eine reisende Subjektivität protokolliert ihre jeweiligen Wachheitszustände und ihre jeweils produzierten Sensibilitäten tels quels und unter Ausschaltung jedes identischen, teleologieverstrickten Ich. Das führt zu unaufgehobenen Widersprüchen bis zu dem zwischen der Empfehlung der Droge und der Warnung vor der Droge. Wie das Experiment selbst bewegt sich das Protokoll ohne jedes heimliche Telos. Die letzten, vor dem Selbstmord in der Klinik am 15. Mai 1971 verfaßten Abschnitte protokollieren eine gänzlich unerwartbare, ›medizinisch-therapeutische‹ Subjektivität, die dennoch keineswegs einfach auf Widerruf hinausläuft; es wird nun die Kategorie (pluraler) »Teilbewußtseine« eingeführt (auch hier eine frappierende Parallele zum *Anti-Ödipus*), und die ›therapeutische‹ Subjektivität ist lediglich ein neues »Teilbewußtsein«, das zu den anderen hinzutritt, ohne »integrieren« zu können:

Die solchermaßen teilbewußtseinserweiternden Drogen verleiten den Drogenesser – auch nach dem Ausscheiden der chemischen Substanzen aus dem Kreislauf – zu einer

> disproportionalen Einschätzung seiner Erkenntnisse, die der zum ›Normalbewußtsein‹ zurückgekehrte sich nur noch schwer korrigieren kann, denn diese neue Konditionierung hat in dem durch die Droge entgrenzten Bewußtsein tiefe Spuren hinterlassen. So wird die Theorie des drogenessenden Wissenschaftlers zum Opfer der Droge [...] (490f.).

Das »Normalbewußtsein« wird jetzt als eines der »Teilbewußtseine« begriffen, und offenbar als eines, dessen »Neukonditionierung« große Risiken einschließt. Das Vehikel befindet sich nun »auf der Einbahnstraße des Trips« (493), möglicherweise in einer Sackgasse, möglicherweise vor einer tödlichen Kollision – und eines der »Teilbewußtseine« weiß das. Es hat zuletzt zu Protokoll gegeben: Die Denormalisierung ist in diesem individuellen Fall wohl irreversibel, sie ist nicht angstfrei, ist womöglich mit ›Krankheit‹ verbunden – Diskursparzellen transnormalistischer, eurhythmischer Hoffnung (»Revolution«) lassen sich lediglich in das Protokoll ›einsetzen‹, es sieht nicht so aus, als könnten sie ›tragen‹. So bleibt postum nur die gänzliche Ungewißheit darüber zu konstatieren, ob die Reise zum Zeitpunkt des tödlichen Unfalls irgendeine transnormalistische, »alternative« Zone berührt hatte – daß dagegen die Reise des Überlebenden, Burtons, ›bloß‹ vom Typ der flexibel-normalistischen Exploration war, ist gänzlich gewiß.

Teil IV

Auf dem Wege zu einer Theorie der Normalität: »nach« Achtundsechzig

1. Zwischen medizinischer und sozialer »organischer Normalität« (Georges Canguilhem)[1]

Georges Canguilhems Studien über *Das Normale und das Pathologische*[2] bilden die Grundlage jeder theoretischen und historischen Beschäftigung mit dem Normalismus. Nahezu alle einschlägigen Kategorien (von »Gleichgewicht«/»Homöostase« über »Durchschnitt« und »Gaußverteilung« bis zu »Dispositiv«) finden sich zuerst bei ihm im Zusammenhang des Normalitäts-Konzepts detailliert entwickelt[3]. Um so notwendiger ist es deutlich zu machen, worin seine Studien sich fundamental von einer diskursanalytischen Untersuchung unterscheiden. Für die Diskursanalyse Foucaults sind die Diskurse historisch spezifische Objekte, Materialitäten, die entsprechende reale Gegenständlichkeiten gemäß ihrem jeweiligen »historischen Apriori« mit-konstituieren. Für Foucault kann es demnach keine überzeitliche Wahrheit über den Menschen und seine Kultur geben, an der besondere historische Diskurse als mehr oder weniger große Annäherungen oder Abweichungen gemessen werden könnten: Es gibt vielmehr lediglich historisch verschiedene Weisen des Wahrheit-Sagens (véridiction) mit ihrer jeweiligen Effektivität, soziale Gegenstände mitzukonstituieren. Demgegenüber fragt Canguilhem nach dem Normalen als einer überzeitlichen Realität – und er fragt durchaus auch, inwieweit z.B. Broussais oder Auguste Comte oder Claude Bernard sich einem entsprechenden ›richtigen‹

1 Canguilhems und ein Teil von Foucaults Arbeiten zur Normalität liegen chronologisch vor 1968. Ich habe sie hier aus systematischen Gründen in das Ensemble von Analysen integriert, die – nicht zuletzt aufgrund der Erfahrungen mit der antinormalistischen Kulturrevolution von Achtundsechzig – zu den direkten Vorarbeiten einer Theorie des Normalismus zählen.

2 Georges Canguilhem, *Le normal et le pathologique* (= *NP*), Paris 1966.

3 Im deutschen Sprachraum ist Canguilhems Normalitätstheorie durch Wolf Lepenies (»Normalität und Anormalität. Wechselwirkungen zwischen den Wissenschaften vom Leben und den Sozialwissenschaften im 19. Jahrhundert«, in: *Das Ende der Naturgeschichte*, Frankfurt/Main 1978, 169–196) und Henning Ritter (Artikel »Normal, Normalität« im *Historischen Wörterbuch der Philosophie* 1984) referiert und diskutiert worden.

Begriff von Normalität angenähert haben. Konkret geht es Canguilhem um die *Widerlegung* des normalistischen Konzepts von Krankheit und Gesundheit. Diese Orientierung der Fragestellung ist prinzipiell auch in den zwanzig Jahre nach der Habilitation (Thèse) von 1943 zusätzlich publizierten Studien beibehalten, die dem ersten Text seitdem hinzugefügt wurden.

Es hieße, sowohl Canguilhems enorme historische Kenntnisse wie auch seinen philosophischen Scharfsinn zu unterschätzen, wollte man die Ahistorizität seines Normalitäts-Begriffes aus einem etymologischen Quidproquo herleiten: aus der irrigen Identifizierung von »Normalität« mit »Norm« und »Normativität«. Es ist vielmehr umgekehrt Canguilhems philosophisches Konzept, das die etymologische ›Gleitschiene‹ als willkommenes Mittel zu nutzen versteht. In dem Artikel »Das Normale und das Pathologische« von 1952, der das etymologische Feld systematischer abschreitet als die Thèse, wird das »Normale« explizit mit der »Norm« und dem »Normativen« identifiziert[4]:

> Wir können aus dem Zusammenspiel der Fluktuationen von Genen mit den Schwankungen in Quantität und Qualität von Lebensbedingungen einschließlich ihrer geographischen Verteilung schließen, daß das Normale einerseits einen durchschnittlichen [moyen] Charakter bedeutet, von dem die Abweichung um so seltener ist, je stärker sie ausfällt – und anderseits einen Charakter, dessen Bedeutsamkeit und Wert für das Leben (vitales) die künftige Reproduktion, also Überleben und Vermehrung, erweisen wird. In dieser zweiten Bedeutung muß das Normale als normsetzend [instituteur de la norme] oder normativ verstanden werden. In dieser Bedeutung ist es prototypisch und nicht bloß einfach archetypisch. Diese zweite Bedeutung muß normalerweise [sic!] bei der ersten mitgedacht werden (162).

Es geht Canguilhem hier um die Unterscheidung zwischen zwei Formen von »Anormalität«, die zu verwechseln in der Tat einen schweren Irrtum darstellen würde: die eigentliche »pathologische Anormalität« der Krankheit, und die evolutive »Anormalität« (im Sinne bloßer statistischer Seltenheit[5]), die sich künftig sogar als besonders expansionsträchtig erweisen könnte. Canguilhem möchte nun die zweite Spielart von »Anormalität« nicht nur nicht weiter so bezeichnen, sondern mit ihr umgekehrt sogar den semantischen Kern von »normal« identifizieren. Diese emphatische »Normalität« wird dann identisch mit »Normativität« im Sinne der ›Potenz des Lebens, neue Normen zu kreieren‹.

Man kann den Weg dieser Begriffsbildung plausibel rekonstruieren, wie ich es hier versuche. Dreierlei muß dabei allerdings bemerkt werden: Er-

4 Zitiert nach Georges Canguilhem, »Le normal et le pathologique«, in: *La connaissance de la vie*, 2. Aufl. Paris 1992, 155–169.

5 Das ist die Problematik der seltenen, also insofern nicht normalen, dennoch aber positiven Mutationen bzw. Adaptationen (»sports«), die zuerst von Galton ausführlich diskutiert worden ist (s.u. das Galton-Kapitel).

stens weicht diese Definition erheblich von allen sonst üblichen ab (auch im Falle von »normativ«, das für den Bereich intentional gesetzter, also wesenhaft kultureller, teleologischer und präskriptiver, etwa juristischer Normen reserviert bleiben sollte) – zweitens impliziert sie jene Ideologie der Humanwissenschaften von der schöpferischen ›Tiefe des Lebens‹, die Foucault als Denken mittels der »empirisch-transzendentalen Dublette« gekennzeichnet hat – und drittens bereitet sie den Anschluß an die Goldsteinsche These von der ›individuellen Normalität‹ vor, durch die jeder Normalitäts-Begriff ad absurdum geführt wird.

Bevor dieser eigentliche Kern des von Canguilhem entwickelten Normalitäts-Konzepts dargestellt werden kann, gilt es zunächst, bestimmte Kernpunkte seiner ›positiven‹ Entwicklungsgeschichte des Normalen und Pathologischen im 19. und 20. Jahrhundert zu skizzieren, zumal jede Darstellung des Normalismus (einschließlich der vorliegenden) daran anschließen muß. Dabei ging es bereits in dem Text von 1943 um die Darstellung einer interdiskursiven Konstellation: Canguilhem war zu Recht fasziniert von der Übertragung des Normalitäts-Modells aus der Medizin, wo es sich zuerst kristallisiert zu haben schien, in die Soziologie durch Auguste Comte. Der springende Punkt bei dieser Übertragung war für Comte das sogenannte »Broussaissche Prinzip« gewesen, dem zufolge es keinen Wesensunterschied, keine *qualitative* Differenz zwischen normalen und pathologischen Zuständen des menschlichen Körpers gäbe, sondern nur eine *quantitative* Differenz der Intensität. In diesem »Prinzip« hat Canguilhem mit sicherem Blick so etwas wie einen Kernbestandteil moderner Normalitäts-Dispositive erkannt, wenn er auch, wie gesagt, primär nach Wahrheit oder Irrtum dieser Auffassung fragte. Dabei erscheint die Reformulierung des Gegensatzes mittels der Binäropposition quantitativ vs. qualitativ zwar naheliegend, aber eher verwirrend. Weder Broussais noch Comte sprechen in diesem Kontext von »Quantitäten« oder »Qualitäten«. Broussais leugnet ein besonderes »Wesen« der Krankheit; er erklärt sich gegen einen »ontologischen« Gegensatz zwischen Krankheit und Gesundheit. Vermutlich hätte er einen *Umschlag von Quantität in Qualität* bei Überschreitung der Normalitätsgrenze gar nicht abgestritten. Um den Status einer solchen Normalitätsgrenze geht es eigentlich, und nicht um die Semantik von *quantitativ vs. qualitativ*. Canguilhems Kennzeichnung des Broussaisschen Prinzips bringt die Kategorien »Homogenität« und »Kontinuität« (*NP*, 25, 40f., 66f.) ins Spiel, wobei eine »Kontinuität« des Übergangs zugestanden, eine »Homogenität« aber abgestritten wird (*NP*, 40f.). Für Canguilhem ist »Homogenität« unvereinbar mit dem *qualitativen Sprung*; die Normalisten verstehen unter »Homogenität« aber eine operative Kategorie, die es lediglich erlaubt, bestimmte gesunde und kranke Phänomene auf einer einzigen und identischen Daten-Achse (z.B. Anteil bestimmter Körperchen im Blut) zu erfas-

sen (statt auf ganz verschiedenen). In der Tat beschrieben eine Reihe von Medizinern um 1800, die bei Canguilhem im einzelnen referiert werden, ein homogenes und kontinuierliches physiologisches Feld (z.B. auf der Basis von Kategorien wie »Reizung« und »Erregung« im Anschluß an Haller), das durch imaginäre »Thermometer der Gesundheit und Krankheit« (*NP*, 28) teilweise prinzipiell sogar als durchgängig skalierbar und meßbar vorgestellt wurde. »Normal« wurde nun jener Toleranzbereich genannt, dem das Spektrum »gesunder« Zustände entsprechen sollte – »pathologisch« hieß entsprechend der Bereich jenseits der Grenze dieser Normalität. Daß dieses Modell bzw. Dispositiv zuerst in der Medizin ausformuliert wurde, erklärt eine Reihe von bis heute anhaltenden Quidproquos. Physiologische Zustände (etwa Blutdruck) beziehen sich auf ultralangdauerstabilisierte Substrate, wie ich den schillernden und meistens ideologisch aufgeladenen Begriff »natürlich« verfremdend umschreiben möchte. Die Strukturen und Funktionen des menschlichen Körpers sind wie andere biologische Systeme Resultate der Evolution, also einer ultra-longue durée. Das in ihnen materialisierte »Gleichgewicht« (bzw. die »Harmonie«) kann mit ganz anderem Recht als »stabil« betrachtet werden als vorgebliche »Gleichgewichte« und »Harmonien« des »sozialen Organismus«, die nicht Jahrmillionen oder auch nur Zigtausende von Jahren, sondern allenfalls ein paar hundert Jahre alt sind, meistens sogar noch erheblich weniger. Wo immer aber eine interdiskursive Kopplung zwischen den vorkulturellen (»natürlichen«) und kulturellen *Homöostasen* etabliert wird, da findet eine doppelte Um-Definition statt: Nicht bloß werden, worauf Canguilhem den Blick lenkt, kulturelle Normalitäten mit »Natur« *aufgeladen* – umgekehrt werden immer auch »natürliche« Normalitäten im Sinne kultureller, also teleologischer, technomorpher, ja präskriptiver »Normen« ›um-gedacht‹. Gegen dieses zweite ›Um-Denken‹ schreibt Canguilhem an – die Frage bleibt, ob er nicht unbewußt an ihm mitwirkt, wenn er der ›Natur‹ »Normen« und »Normativität« zuschreibt[6].

Besonders aufschlußreich für eine Theorie des Normalismus ist Canguilhems Kapitel über »Norm und Durchschnitt«. Es zeigt sich nämlich, daß die Interferenzen zwischen Medizin und Soziologie zum Teil auf den ersten Blick paradox wirken. So ist es nicht etwa die ›wissenschaftlich weiter fortgeschrittene‹ Medizin, die zuerst die Statistik in den Dienst der Feststel-

6 Die »Natur« steht unter »Gesetzen« und sie scheint (anthropomorph und analog zur Kultur geredet!) »Normalverteilungen« zu produzieren – beides ohne jede Spur von Teleologie. Aber schreibt sie sich selbst »Normen« vor, die sie selbst dann sozusagen ›sanktionieren‹ müßte, wie Canguilhem anzunehmen scheint? Müßte »sie« sich dann nicht vor-schreiben: ›Du sollst expandieren, aber keine Schwellenwerte überschreiten, die zur Katastrophe führen‹? Wäre »sie« dann nicht schon subjektiviert und teleologisiert? Wäre diese »sie« demnach nicht ›eigentlich‹ das naturalisierte Ensemble der gesellschaftlichen Normalitäts-Dispositive?

lung von Normalität gestellt hat, sondern umgekehrt die Soziologie (mit Quételet). Auguste Comte lehnte mit Berufung auf die Medizin die Statistik in der Soziologie ab. Noch Claude Bernard etablierte seine Normal-Werte nicht durch statistische Durchschnitte, sondern durch Laborexperimente unter ›Idealbedingungen‹. Das ist hoch symptomatisch: Es zeigt, wie sehr das Normale der Medizin im 19. Jahrhundert (und entsprechend das nach diesem Modell gedachte Normale der Soziologie) als *idealtypisch* konzipiert war. Dieses implizit präskriptiv-normative Normale war also fixistisch als langzeitstabil und (mit geringen Schwankungen) invariant gedacht – was in der Physiologie plausibel war, auf die Soziologie übertragen aber massive ideologische Effekte zeitigen mußte. Daß sich dann sehr bald doch die Statistik und die Durchschnittsbestimmung von Normalität in der Medizin durchsetzten, änderte am impliziten Fixismus und an der impliziten Statik nichts. Es verstärkte vielmehr den protonormalistischen Einsatz der Statistik und des Durchschnittskalküls zwecks Fest-Stellung einer als langzeitstabil und quasi invariant vorgestellten Normalität nur zusätzlich.

Wenn Canguilhem die anti-fixistische Kritik von Maurice Halbwachs an Quételet referiert, die auf die sozial-variablen Faktoren selbst von demographischen Größen wie Durchschnittsgröße (einer Population), Durchschnittsgewicht, Durchschnittslebensdauer usw. verwies, dann geht es ihm wiederum primär um die Frage, ob der statistische Durchschnitt legitime Basis der Normalität sein könne oder ob nicht umgekehrt eine als Idealtyp zu verstehende Gesundheits-Normativität des »Lebens« sich als Durchschnitt niederschlage.

Gegen die erste Ansicht (Quételets) und für die zweite schien ihm insbesondere das empirische Phänomen des Normenwachstums (Steigerung von Normen, z.B. körperliche Leistungsnormen) zu sprechen (*NP*, 106). Dabei werden aber eine Reihe von Ebenen nicht deutlich differenziert, woraus am Ende eine Tendenz zur Ahistorisierung resultiert: Die »Normativität des Lebens« ist die ultralangdauergeregelte Evolution mit ihren gänzlich nichtteleologischen und nicht-intentionalen Mechanismen der optimalen Anpassung an ökologische Nischen. Scheinbar zielgerichtete Wachstumsvorgänge (wie etwa das Wachstum des Gehirnvolumens bei Hominiden) lassen sich ausschließlich deskriptiv ex post als solche konstatieren. Das Ergebnis der biologischen Evolution (die »Normativität des Lebens«) sind langzeitstabile, nur schwach fluktuierende Normen. Die statistische Methode stellt diese Normen empirisch fest, während die experimentelle Methode unter idealen Laborbedingungen im Sinne Claude Bernards sozusagen die generativen Bedingungen dieser Normen (einschließlich der Bedingungen der Möglichkeit von Variation) freilegen möchte. Beide Verfahren sind in Biologie und Medizin durchaus prinzipiell kompatibel. Das ändert sich grundlegend bei der Übertragung in die Soziologie: Das Labor fällt nun ganz weg und muß

durch idealtypische Rekonstruktion von Geschichte ersetzt werden (wie bei Comte und Durkheim); die empirische Statistik und der Durchschnittskalkül werden nun auf lediglich kurzzeitstabile und teilweise intentional-teleologische (geplante) Phänomene angewandt. Je nachdem ob dieser fundamentale ›Sprung‹ als solcher er- und anerkannt wird oder nicht, verzweigen sich nun zwei völlig verschiedene Theoriestränge über Normalität. Wird der ›Sprung‹ (wie bei Canguilhem) nicht in seiner alles entscheidenden Radikalität erkannt, so werden sozialhistorische Normen und sozialhistorische Normalität in Analogie zu langdauerstabilisierten (»natürlichen«) biologisch-medizinischen Normen und der entsprechenden »Normalität« gedacht.

Daraus folgt eine Auffassung von Normalität, die in der vorliegenden Untersuchung als »protonormalistisch« bezeichnet wird und die fundamental durch das ›Vergessen‹ bzw. ›Verdrängen‹ der absoluten Unvergleichbarkeit und Nicht-Analogisierbarkeit der explosiven soziohistorischen Dynamik der letzten zwei oder drei Jahrhunderte charakterisiert ist. Insofern kann man Canguilhems Studien teilweise als eine implizite protonormalistisch eingeschränkte Theorie der Normalität auffassen, obwohl sie explizit gegen fixe Normen als wesentliche Komponente von Protonormalismus gerichtet ist. Dem entspricht eine (m.E. vollständig unzulässige) Übertragung der »Normativität des Lebens« auf soziale Normativitäten, wie sie teilweise noch das Schlußkapitel von François Ewalds »Vorsorgestaat« beeinflußt (s.u.). Die direkte Folge dieser unzulässigen Ausdehnung vom Bios auf den Sozius ist erstens die Aussparung der modernen historischen Dynamik aus den Konstituentien von (sozialer und historischer) Normalität und zweitens die Aussparung des aktiv-operativ-effektiven Charakters aus der Analyse der Normalitäts-Dispositive. Canguilhem beschreibt genau den Grundtypus von Normalitäts-Dispositiven als Homogenisierung und Kontinuierung eines Feldes (des homogenen Feldes physiologischer Phänomene statt der qualitativen Differenzen Gesundheit/Krankheit), der Quantifizierung (Messung) ermöglicht und dadurch wiederum den Einsatz von Statistik und die Fest-Stellung eines Durchschnitts als normalistischer Norm einschließlich einer normalen Toleranzzone zwischen Grenzwerten (»Schwellen«) zwecks normalisierender Intervention (Therapie) erlaubt. Er beschreibt dieses Dispositiv aber als rein erkenntnistheoretisch-wissenschaftlich statt als primär operativ-konstitutiv. Das erklärt sich aus dem primär medizinischen Gegenstand, wird aber bei sozialen Gegenständen vollständig inadäquat bzw. tendiert darüber hinaus sogar zur protonormalistischen Dressur und Manipulation im Dienste angeblich »organischer Normen«.

Nun möchte Canguilhem gegen protonormalistische Normalisierung (im Sinne von Stereotypierung) gerade Einspruch erheben. Gestützt auf Kurt

Goldsteins Theorie ›individueller Normalität‹[7] kritisiert er jedes auf statistische Durchschnitte gegründete Normalitäts-Konzept. »Normalität« müsse »ganzheitlich«-funktional bezüglich je konkreter Organismen gedacht werden – nicht vergleichend-statistisch bezüglich größerer Populationen (Kollektive). Goldsteins Forschungen über Readaptation von Verletzten des Ersten Weltkriegs hätten gezeigt, daß die »normative Kapazität« des Lebens (*NP*, 120) sogar schwere Läsionen bis zu einem gewissen Grade kompensieren könne. So entständen »pathologische Normen« (*NP*, 79), die die »gesunden Normen« ergänzten, ja »Krankheit« sei geradezu als »untere Norm« (»norme inférieure«) zu definieren (*NP*, 120). In Wirklichkeit ist die Berücksichtigung individueller, flexibler Homöostasen durchaus vereinbar mit statistischer Erfassung der Grenzen kollektiver, ebenfalls flexibler Homöostasen. Man könnte die »unteren Normen« (im Sinne geringerer Belastbarkeit) z.B. ohne weiteres als ›untere Zone‹ in eine flexibel erweiterte Normalitäts-Bandbreite integrieren (so wie man eine *abgestürzte* Währung im EWS durch Erweiterung der Bandbreiten normalisieren kann). Man kann die teils paradoxen, teils auch offen widersprüchlichen Norm- und Normalitäts-Konzepte Canguilhems in ihrer (internen) Logik nur begreifen, wenn man seine (von Goldstein inspirierte) *Strategie* im epochalen strategischen Feld des Normalismus (also zwischen protonormalistischer und flexibel-normalistischer Strategie) rekonstruiert. Es geht Canguilhem im Grunde um einen *Ausstieg* aus diesem Feld hin zu einem »polyeurhythmischen« Konzept, wobei er diesen *Ausstieg* aber mithilfe einer eigenwilligen Umfunktionierung normalistischer Kategorien und sogar unter Benutzung der protonormalistischen *Rück-Ver-Sicherung* bei der »Natur« bewerkstelligen möchte. Goldsteins paradoxes Konzept einer »individuellen Normali-

---

7 S. Kurt Goldstein, *Der Aufbau des Organismus.* Einführung in die Biologie unter besonderer Berücksichtigung der Erfahrungen am kranken Menschen, Den Haag 1934, Reprint 1963. Goldsteins Thesen können als »eurhythmisch« (vgl. die Identifizierung von Normalität mit »Rhythmus«, 98) orientierte Generalkritik am Normalismus gelesen werde. So wendet er sich insbesondere gegen Modelle, die den Organismus als Kombination »isolierbarer Apparate« (44) simulieren zu können glauben, also gegen die »analytische« Auffassung organischer Homöostase als Kombination von Partial-Homöostasen. Gegen dieses Modell setzt er seine »Ganzheitstheorie des Organismus« (131ff.), die sich auf ›alternative‹ Naturforscher wie Goethe beruft. Im Falle von »Schädigungen« (9ff.) seien nicht einzelne Funktionen geschädigt, vielmehr stimme der Organismus sein Gesamt-Leistungsniveau herab und finde ein neues, ›niedrigeres‹ *Gleichgewicht.* Goldstein bezeichnet auch ein solches »geschädigtes« *Gleichgewicht* als »normal« und leitet daraus seinen Begriff strikt »individueller Normalkonstanten« (238) ab – im Grunde eine polemische Diskurstaktik der Umwertung hegemonialer Werte. Er löst damit die Bedeutung des Terms »normal« vollständig vom Kriterium des Durchschnitts bzw. der überwiegenden Mehrheit der Fälle. Anders gesagt löst er das Konzept einer organisch-funktionalen Normalität vollständig von der gaußoiden Normalität und der analytisch-homöostatischen Normalität. Von größter Relevanz für eine Theorie des Normalismus ist aber seine Erklärung der traumatischen Angst als eines Verlusts der mit dem organischen *Gleichgewicht* gegebenen *Sicherheit* (187ff.). Diese Angst ist eben bei normalistischen Subjekten in normalistischen Kulturen konkret Denormalisierungsangst.

tät« signalisiert dabei die Suche nach transnormalistischer Polyeurhythmie – was die flexibel-normalistische ›Vereinnahmung‹ (récupération) allerdings genauso wenig ausschließt wie irgendein anderes polyeurhythmisches Konzept.

In den neuen Studien von 1963, die u.a. Foucault und Ewald enorm inspiriert haben, wird die interdiskursive Konstellation von Normalität systematisch erweitert: um die industrielle Normung, die kybernetische Homöostase und die soziale Anpassung. Canguilhem handelt in diesen Studien u.a. von der Planifikation und Programmierung, bis hin zum Computer. Um so wichtiger ist es festzustellen, daß die mögliche Besonderheit bzw. Einmaligkeit der neuesten europäisch-nordamerikanischen Weltgeschichte, vor allem die absolute historische Einzigartigkeit ihrer *exponentiellen* Dynamik bei der Akkumulation von Wissen, Technologie, Kapital und Planifikation, auch jetzt nicht als möglicherweise konstitutiver Faktor von Normalität und Normalisierung diskutiert werden. Canguilhem behandelt die Normalität des 19. und 20. Jahrhunderts prinzipiell nicht anders, als er Gesundheit und Krankheit bei den alten Griechen behandelt. Das Gewicht des auf zwei Beinen, dem langzeitstabilen medizinischen und dem hochdynamischen soziologischen, ruhenden Konzepts »normal« bleibt auf dem ersten. Erst die Verlagerung auf das zweite vermag den Normalismus als historisch-spezifische Formation in den Blick zu bringen. Diese Verlagerung hat Michel Foucault vorgenommen.

2. Normalitäts-Dispositive bei Foucault zwischen protonormalistischer Dressur und normalistischer Flexibilisierung

Es ist nicht ganz einfach, den systematischen Rang von Kategorien wie »Normalität« und »Normalisierung« innerhalb der Diskursanalyse von Michel Foucault zu gewichten und einzuschätzen. Diese Begriffe werden zuerst in *Überwachen und Strafen*[8] (*Surveiller et punir*, erschienen 1975 und erarbeitet in den Jahren zuvor) mit offenbar besonderem Gewicht verwendet, wie es ihr Auftauchen in Kapitelüberschriften nahelegt. Dabei ist allerdings zu bedenken, daß »normalisation« im Französischen u.a. die technische Bedeutung von (industrieller) »Normung«, engl. »standardization«, besitzt (s. Canguilhem, *NP*, 183[9]). Der Abschnitt »Die normierende Sankti-

8 Im folgenden zitiert nach der dt. Ausgabe Frankfurt/Main 1976.

9 Es ist für den französischen Wortgebrauch charakteristisch, daß unter dem Stichwort »normalisation« im thematischen Katalog der Bibliothèque Nationale bis in die jüngste Zeit hinein ausschließlich Titel über industrielle Normung erfaßt sind. Die wenigen (sämtlich neuen) Ausnahmen datieren seit Canguilhem und Foucault.

on« (»La sanction normalisatrice«; (dt. 229–238, frz. 180–186) gehört zum Kapitel »Die Mittel der guten Abrichtung« (»Les moyens de bon dressement«) und zum Hauptteil »Disziplin«. Darin geht es um die »Dressur« von Individuen bzw. Körpern in Analogie zu industrieller Normung, wobei diese Analogie jedoch nicht eigens thematisiert wird. Ich schlage vor, von »sozialer Normierung« in Parallelität zu »industrieller Normung« zu sprechen. Dann geht es in dem gesamten Hauptteil »Disziplin« nicht bloß um »normalisierende« (in meiner genauer differenzierenden Terminologie »normierende«; so auch der Übersetzer Seitter) Sanktionen, also Strafen, sondern ebenso um normierende Belohnungen (z.B. durch ›gute‹ Rangplätze in Leistungskonkurrenzen). Die Mehrdeutigkeit von »Normalisierung« bei Foucault zeigt sich exemplarisch in folgenden Formulierungen:

> Im System der Disziplinarmacht zielt die Kunst der Bestrafung nicht auf Sühne und auch nicht eigentlich auf die Unterdrückung [répression] eines Vergehens ab. Sie führt vielmehr fünf verschiedene Operationen durch: Sie bezieht die einzelnen Taten [actes, eher Handlungen], Leistungen und Verhaltensweisen auf eine Gesamtheit [un ensemble], die sowohl Vergleichsfeld wie auch Differenzierungsraum und zu befolgende Regel [principe d'une règle à suivre, also Prinzip der Regel, J.L.] ist. Die Individuen werden untereinander und im Hinblick auf diese Gesamtregel differenziert, wobei diese sich als Mindestmaß [seuil minimal, also Minimalschwelle], als Durchschnitt oder als optimaler Annäherungswert [optimum dont il faut s'approcher = zu erreichendes Optimum] darstellen kann. Die Fähigkeiten, das Niveau, die ›Natur‹ der Individuen werden quantifiziert und in Werten hierarchisiert. Hand in Hand mit dieser ›wertenden‹ Messung geht der Zwang zur Einhaltung einer Konformität. Als Unterschied zu allen übrigen Unterschieden wird schließlich die äußere Grenze gegenüber dem Anormalen gezogen [die ›Schandklasse‹ der École militaire]. Das lückenlose Strafsystem, das alle Punkte und alle Augenblicke der Disziplinaranstalten erfaßt und kontrolliert, wirkt vergleichend, differenzierend, hierarchisierend, homogenisierend, ausschließend. Es wirkt normend, normierend, normalisierend [durch diese drei Ausdrücke hat Seitter den Terminus »normalise« wiedergegeben, J.L.] (236, frz. 185).

Vergleicht man dieses Konzentrat des homogenen Normalitäts-Feldes bei Foucault mit entsprechenden Formulierungen bei Canguilhem, so tritt als entscheidender Unterschied der streng operative und damit gleichzeitig auch historische Charakter bei Foucault hervor. Die Homogenisierung ist ein Eingriff in die soziale Realität, die ein homogenes Feld erst herstellt, konstituiert. Sie erfolgt prinzipiell über die Stufen: Vergleichen (Äquivalierung), Homogenisierung, Kontinuierung, Quantifizierung, Statistik, Durchschnittskalkül, Ausdifferenzierung des Feldes als Normalitätsfeld mit Toleranzzone und Grenzwerten.

Das Anschauungsmaterial zu solchen Thesen entstammt zur Gänze dem historischen Kontext des Übergangs vom alten theatralisch-öffentlichen Strafsystem (»Sühne« = »expiation«) zum modernen, von der Öffentlich-

keit abgeschotteten Straf- und Überwachungssystem während des 18. Jahrhunderts. Es geht z.B. um eine Klassen-Aufteilung nach Leistungsstandards in der École militaire in der Zeit um 1758 und 1763, wo es eine unterste, fünfte »Schandklasse« gab (235). Es geht parallel dazu um Dressur von Soldaten, Fabrikarbeitern (wobei Foucault mehrfach an strategischen Stellen Marx zitiert) und Schülern allgemein. Das Problem liegt in der Verwendung einer Kategorie wie »anormal« für Dispositive der Mitte des 18. Jahrhunderts. Ich bin nicht sicher, ob die Schüler der »Schandklasse« tatsächlich bereits als »anormal« konstituiert werden sollten. Auf der anderen Seite ist Foucault sicher darin zuzustimmen, daß wir es hier mit Pilotphänomenen des Normalismus zu tun haben. Die Dreiheit Minimalschwelle/Durchschnitt/Optimum innerhalb eines homogenen und kontinuierlichen Vergleichsfeldes scheint tatsächlich schon das normalistische Dispositiv der Wachstumskurve mit Durchschnittswachstum als Richtwert sowie oberem und unterem Grenzwert bzw. normaler Toleranzbreite vorwegzunehmen. Nur war die Kategorie des Durchschnitts als solche in diesem Kontext noch nicht aufgetaucht. Aber selbst wenn normalistische Grundkategorien für diese pränormalistischen Entwicklungen voll akzeptiert werden könnten, bleibt dennoch ganz unklar, ob die Normen als präexistent-fix aufzufassen sind (wobei das gesamte Vergleichsspiel dann nur der Fest-Stellung im doppelten Sinne dienen würde) – oder ob hier bereits dynamische Normen praktiziert und eventuell sogar schon diskursiviert werden.

Für das Praktiziertwerden sprechen die auf Dynamik zielenden Dressuren mittels Konkurrenzen. Foucault erwähnt die Jesuitenschulen, in denen im Laufe des 18. Jahrhunderts eine frühere Art mannschaftssportlicher Zweiteilung der Klassen durch flächendeckende Individualkonkurrenz in einem »seriellen Raum« (188) ersetzt wurde. Es handelt sich bei dem neuen System also um Leistungskonkurrenzen als dynamische, ständig sich ändernde Rangordnungen (wie die heutigen Weltranglisten der Tenniscracks). Diese Konkurrenzen werden von Foucault zu Recht direkt mit der Normierung verbunden (233): Schon im 18. Jahrhundert wurden Punktsysteme eingeführt, auf deren Basis die Rangordnungen genau nach Plus- und Minuspunkten kalkuliert werden konnten. Solche Konkurrenzen um Punkte erwiesen sich bereits damals als höchst wirksame Systeme von Prämien und Sanktionen, weil sie das Begehren der Schüler voll mobilisieren konnten. Für den eigentlichen Normalismus interessant würden solche Konkurrenzen allerdings erst dann, wenn die Leistungen über längere Zeiträume gemessen und verglichen würden und wenn der jeweilige synchronische Mechanismus der Konkurrenz klar im Dienste einer diachronischen allgemeinen Leistungssteigerung, also eines »historischen Fortschritts« stände. Aufgrund der bei Foucault angeführten Belege bleibt das für die einzelnen Beispiele aus dem 18. Jahrhundert ungewiß. Unter dem Aspekt der großen

Tendenzen des 19. und 20. Jahrhunderts aber sind hier wesentliche Grundzüge von Normalitäts-Dispositiven als interdiskursiven Dispositiven auf den Begriff gebracht. Entscheidend ist dabei die interdiskursive Übertragbarkeit von Konzepten, Modellen und operativen Dispositiven: Das Verfahren der Homogenisierung, Quantifizierung und Normalisierung eines Feldes erweist sich auf verschiedenen Gebieten wie Armee, Schule, Fabrik als gleichermaßen operativ. Da dieses Verfahren diskursiv ist (im Sinne von strukturiertem Wissen mit Handlungskopplung), kann es prinzipiell in dem Maße auf stets neue Gebiete ausgedehnt werden, als sich diese dem entsprechenden interdiskursiven Modell zugänglich erweisen. Die Tendenz einer enormen historischen Proliferation zeichnet sich ab, von der Foucault später noch einige weitere Facetten (vor allem die Sexualität) untersucht hat.

Was also meint »Norm« in dem folgenden Resümee: Natur-Norm, Industrie-Norm, quasi-industrielle, aber fixe Sozial-Norm oder tatsächlich schon dynamische, normalistische Norm?

> In den Disziplinen kommt die Macht der Norm zum Durchbruch. Handelt es sich dabei um das neue Gesetz der modernen Gesellschaft? Sagen wir vorsichtiger, daß seit dem 18. Jahrhundert die Macht der Norm zu anderen Mächten hinzutritt und neue Grenzziehungen erzwingt: zur Macht des Gesetzes, zur Macht des Wortes und des Textes, zur Macht der Tradition. Das Normale etabliert sich als Zwangsprinzip im Unterricht zusammen mit der Einführung einer standardisierten Erziehung und der Errichtung der Normalschulen [écoles normales]; es etabliert sich in dem Bemühen, ein einheitliches Korpus der Medizin und eine durchgängige Spitalversorgung der Nation zu schaffen, womit allgemeine Gesundheitsnormen durchgesetzt werden sollen; es etabliert sich in der Regulierung und Reglementierung [frz. nur régularisation] der industriellen Verfahren und Produkte (237, frz. 186).

Eine Fußnote zum letzten Satz verweist auf Canguilhem. Dieser Verweis wie auch die gegebenen Beispiele legen es eher nahe, daß Foucault hier an eine interdiskursive Kopplung von zwei präexistent-fixen Sorten von Normen denkt: medizinischen Natur-Normen und industrialistischen Produkt- bzw. Arbeits-Normen. Zwar steckt in den Industrie-Normen der Keim der Dynamik, er scheint aber hier nicht betont zu sein.

Vielleicht war die Dynamik im Pränormalismus auch durch einen interdiskursiven Faktor gehemmt: Foucault beschreibt die Individualisierungs-Taktiken innerhalb der pränormalistischen Vergleichsfelder analog zur klassifizierenden Episteme dieser Zeit, also etwa zu Linnés Taxonomien. Das Modell des Panoptikums arrangiert sozusagen eine synchronische »Menagerie« verschiedener Delinquenten-Charaktere. Wenn sich dabei überhaupt sinnvoll von einem »Durchschnitt« sprechen läßt, dann ist er naturgeschichtlich-statisch aufgefaßt. Ein solcher statischer Durchschnitt wäre aber grundsätzlich von dem dynamischen, beweglichen, sich ständig

verschiebenden, weil sich ständig steigernden Durchschnitt des *Fortschritts* zu unterscheiden. Foucault erwähnt Beispiele beider Durchschnitte ineins, ohne sie kategoriell zu sondern. So ist im Abschnitt »Die Kontrolle der Tätigkeit« (»Le contrôle de l'activité«) von den Verfahren die Rede, durch die die effektiven Handlungen pro Zeiteinheit gesteigert werden. Dabei geht es also, um es überdeutlich zu sagen, um die archäologischen Vorläufer des Taylorismus. Tatsächlich führt Foucault dabei u.a. Beispiele aus Manufakturen an. Es ging dabei im 18. Jahrhundert zunächst um die Ausmerzung aller »Ablenkungen«, um die Unterbindung des Witzeerzählens und des freien Umherlaufens, auch des andauernden Verlassens des Arbeitsplatzes (192ff., frz. 152f.). Beschleunigungseffekte wurden durch »erschöpfende Nutzung« (»utilisation exhaustive«, 197ff., frz. 155f.) der Zeiteinheiten erzielt; von »zeitlichen Normen« (199) ist die Rede. Gerade hier wird aber nicht erwähnt, daß sich aufgrund solcher Prozeduren die Durchschnitte tendenziell ›zu größerer Leistung‹ hin verschieben.

Es wird auch nicht erwähnt, daß Konkurrenzen ein wesentliches Mittel zur Steigerung des Durchschnitts sind. An diesem Punkte wird auch die funktionale Rolle der »Produktion von Individualitäten« für Durchschnittssteigerung per Leistungskonkurrenz transparent. Foucault spricht angesichts früher Fabrikordnungen (183) von einer »Antidesertions-, Antivagabundage-, Antiagglomerationstaktik«. Die Isolierung der Individuen voneinander diente ihrer »Individualisierung«, umgekehrt formuliert: der Verhinderung ihrer Vermassung, also ihrer Entmassung. Es dürfte kaum zweifelhaft sein, daß allerdings auch solidarische enthusiastische Massen große Leistungen vollbringen können. Nur hat der Normalismus keinerlei Interesse an derlei Leistungen. Ihm geht es ausschließlich um kontrollierte, »programmierte«[10] (vgl. Foucault, 195, 208), individualisierte Leistungen. Deshalb ist der aus isolierten Individuen (Normal-Monaden) bestehende und durch die Konkurrenz as-sociierte Socius sein Ideal. Man stelle sich das Panoptikum als dynamische Konkurrenz vor, und man hat ein Modell eines solchen Socius.

Gegenüber Canguilhem etabliert Foucault seine Kategorien Normalität und Normalisierung also eindeutig als historische Kategorien innerhalb der Moderne, die erst seit dem 18. Jahrhundert sinnvoll verwendet werden können. Wenn die Medizin seit dem 18. Jahrhundert die alte »Gesundheit« durch die neue »Normalität« ersetzt, so wird die alte Gesundheit dadurch etwas ganz anderes. Die medizinische Normalität ist deshalb etwas anderes als die alte Gesundheit, weil sie sozusagen diskursiv und praktisch quergekoppelt ist an körperliche, etwa militärische (und dann sportliche, worauf

10 Foucault denkt hier die Archäologie des in Frankreich etablierten Bildungssystems, das durch Konkurrenzen (teilweise spektakuläre nationale Konkurrenzen wie die »agrégation«) auf der Basis von »Programmen« Qualifikationen vermittelt.

Foucault nicht eingeht) Dressurleistungen (Fitness) und an industrielle Normierungen, etwa gesteigerte Akkorde. Man braucht bloß an die »Rassen«-Kategorie der Nazis zu denken, um sich davon zu überzeugen.

In *Sexualität und Wahrheit*[11] wird »Normalisierung« (»normalisation«) ähnlich wie in *Überwachen und Strafen* verwendet: als operatives, intervenierendes Dispositiv. Über die »Psychiatrisierung der perversen Lust« im 19. Jahrhundert heißt es:

> Der sexuelle Instinkt ist als autonomer biologischer und psychischer Instinkt isoliert worden; alle seine möglichen Anomalien sind analysiert worden; man hat ihm eine normalisierende und pathologisierende Rolle für das gesamte Verhalten zugeschrieben; schließlich hat man nach einer Korrekturtechnik [»technologie corrective«] für diese Anomalien gesucht (dt. 127, frz. 138).

Die »Scientia sexualis« des 19. Jahrhunderts wird wie folgt charakterisiert:

> Am Kreuzungspunkt einer Geständnistechnik und einer wissenschaftlichen Diskursivität [...] hat die Sexualität sich in ihrer »Natur« bestimmt: ein für pathologische Prozesse offenes Gebiet, das dementsprechend nach therapeutischen oder normalisierenden Eingriffen [»des interventions de thérapeutiques ou de normalisation«] ruft [...] (88, frz. 92).

»Normalisierung« scheint in solchen Kontexten weiterhin eher protonormalistische Dressur als entwickelt-normalistische Flexibilisierung und Selbst-Adjustierung zu meinen. Sehr deutlich wird das an der Stelle, an der die »Positivität« der Scientia sexualis als einer eigenen Ars erotica betont wird, wo es heißt:

> Weder in dem von der Medizin versprochenen Ideal einer gesunden Sexualität, noch in der humanistischen Träumerei von einer vollkommenen, allseits entfalteten Sexualität und erst recht nicht in den Gesängen vom Orgasmus und den guten Gefühlen der Bioenergetik braucht man nach den wichtigsten Elementen einer Kunst der Erotik zu suchen, die an unser Wissen über die Sexualität geknüpft ist (handelt es sich dabei doch nur um ihren normalisierenden Gebrauch), sondern vielmehr in der Vermehrung und Intensivierung der Lüste, die an die Produktion der Wahrheit über den Sex gebunden ist (91, frz. 95).

Das sei die »Lust der Analyse« (91, frz. 96). In eigenartiger Dichotomie wird hier die »Entfaltung« des Sex (»sexualité épanouie«) als ›bloße Normalisierung‹ in Gegensatz gegen die Analyse-Lust der Geständnisse gestellt. Diese Dichotomie erscheint wenig einleuchtend, da ja die »Entfaltung« eben hauptsächlich durch Geständnisse und Analysen stimuliert wird (vgl. Kinsey-Reports). Es scheint, als ob die fehlende Unterscheidung zwischen protonormalistischer Dressur und dynamischer Stimulierung der

---

11 Michel Foucault, *Sexualität und Wahrheit*. Der Wille zum Wissen, dt. Frankfurt/Main 1977; frz. , Paris 1976.

subjektiven Spontaneität im Flexibilitäts-Normalismus zu solchen Unklarheiten geführt hätte.

Wie in *Überwachen und Strafen* setzt Foucault auch bei seiner Archäologie des modernen Sexualitäts-Dispositivs den entscheidenden Einschnitt im 18. Jahrhundert bzw. um 1800 an, ohne seither einen neuerlichen Einschnitt anzunehmen. Sehr grundsätzlich wird das absolute Novum einer »Bio-Macht« (168; frz. 185) aus dem explosiven diskursiven, ökonomischen und demographischen Take-off des europäischen 18. Jahrhunderts abgeleitet:

> Diese Bio-Macht war gewiß ein unerläßliches Element bei der Entwicklung des Kapitalismus, der ohne kontrollierte Einschaltung der Körper in die Produktionsapparate und ohne Anpassung der Bevölkerungsphänomene an die ökonomischen Prozesse nicht möglich gewesen wäre. Aber er hat noch mehr verlangt: das Wachsen der Körper und der Bevölkerungen, ihre Stärkung wie auch ihre Nutzbarkeit und Gelehrigkeit [docilité]; er brauchte Machtmethoden, die geeignet waren, die Kräfte, die Fähigkeiten, das Leben im ganzen zu steigern, ohne deren Unterwerfung zu erschweren (168, frz. 185).

Hier und in den folgenden Ausführungen ist der Zusammenhang zwischen dem einmaligen Wachstumsschub der europäischen Moderne und der Entstehung und Funktionalisierung von Normalitäts-Dispositiven in aller wünschenswerten Klarheit ausgesprochen. Foucault bringt diesen Einschnitt auf den Begriff einer »biologischen Modernitätsschwelle« (170; »seuil de modernité biologique«, 188) und betont die dadurch notwendige Ablösung der alten, primär juristischen Machttypen durch die neuen, normalistischen:

> Und wenn es wahr ist, daß das Juridische in gewiß nicht erschöpfender Weise eine Macht repräsentieren konnte, die wesentlich an der Abschöpfung [prélèvement] und am Tode orientiert war, so ist es doch den neuen Machtverfahren völlig fremd, die nicht mit dem Recht, sondern mit der Technik arbeiten, nicht mit dem Gesetz, sondern mit der Normalisierung, nicht mit der Strafe, sondern mit der Kontrolle [...] (110f.; frz. 117f.).

Aus dieser Opposition zwischen (juristischem) »Gesetz« und (normalistischer) »Norm« (vgl. auch 171f., frz. 189f.) ist das Projekt von François Ewalds Analyse des »Vorsorgestaats« (s. u.) entstanden, in dem letztlich jedoch nachgewiesen wird, daß »Gesetz« und (normalistische) »Norm« kompatibilisierbar sind, daß es ein normalistisches Funktionieren des Rechts geben kann. Foucaults Problemkonstellation bleibt davon allerdings in ihrem Kern unberührt: Was er die »biologische Modernitätsschwelle« nennt (es ist die Schwelle der *exponentiellen* Wachstumstrends von Wissen, Kapital und Körpern), fordert gebieterisch regulierende Macht-Dispositive, um nicht in eine ›wilde‹, unkontrollierte Deterritorialisierung überzugehen. Dazu sind die traditionalen Macht-Dispositive aber untauglich:

Das Gesetz kann nicht unbewaffnet sein und seine hervorragendste Waffe ist der Tod. [...] Eine Macht aber, die das Leben zu sichern hat, bedarf fortlaufender, regulierender und korrigierender Mechanismen. Es geht nicht mehr darum, auf dem Feld der Souveränität den Tod auszuspielen, sondern das Lebende in einem Bereich [domaine] von Wert und Nutzen zu organisieren. Eine solche Macht muß eher qualifizieren, messen, abschätzen, abstufen, als sich in einem Ausbruch manifestieren. Statt die Grenzlinie zu ziehen, die die gehorsamen Untertanen von den Feinden des Souveräns scheidet, richtet sie die Subjekte an der Norm aus, indem sie sie um diese herum anordnet (171f., frz. 189f.).

Hier, wo er die »Normalisierungsgesellschaft« (172; »société normalisatrice«, 190) auf ihren Begriff bringt, berührt Foucault auch ihr fundamentales Paradox, nämlich das der Normalitäts*grenze*. Wenn die Normalitätsgrenze keine klare, souveräne und dezisionistische Grenze zwischen Freunden und Feinden sein kann (womit Carl Schmitt von Foucault implizit als Pränormalist oder allenfalls Protonormalist desavouiert ist), so bedeutet das ja keinesfalls, daß der Normalismus ohne Grenze zwischen dem Normalen und Anormalen auskommen könnte. Die ›Anordnung um die Norm herum‹ meint die statistische Distribution um den Durchschnitt. In seiner Darstellung lenkt Foucault den Blick also in die Mitte der Normalität, in ihre Kernzone, die von ihrer Grenze am weitesten entfernt ist. Das entspricht ganz dem Funktionieren des Normalismus selbst. Eine systematische Analyse des Normalismus müßte darüber hinaus aber nach der Konstituierung der Toleranzgrenzen fragen.

Eine Gaußsche Normalverteilung endet in maximaler Ferne von ihrer Mitte an den ›ausgedünnten‹ Enden bei einer Konstante, die im Grenzfall null ist. Wenn der durchschnittliche IQ bei 100 liegt, verdünnt sich bei 50 und 150 die Population bereits stark. Unter 0 kann kein IQ fallen. Die Normalitätsgrenze kann aber nicht bei 0 und $\propto$ angesetzt werden. Da die abfallende Kurve aber stetig ist, gibt es kein mathematisches Kriterium für die Schwelle zum Nicht-mehr-Normalen. Diese Schwelle kann demnach einzig und allein durch Kopplung zwischen der Kurve und einer semantisch-qualitativen Schwelle bestimmt werden – und sei es der durch das Dezimalsystem suggerierte symbolische Schwelle von 50% oder den von ein oder zwei Standardabweichungen suggerierten 67% oder 95% o.ä. der Erstrekkung zwischen Minimum und Maximum.

Bereits in *Wahnsinn und Gesellschaft* hatte Foucault sich de facto mit den semantisch-qualitativen Schwellen der Normalität beschäftigt, wenn die Kategorie selbst auch weder sein Material (das bis an die Schwelle um 1800 führt, mit einem Ausblick auf das 19. Jahrhundert) noch seine Fragestellung bestimmt. In seinem offiziellen Gutachten zu Foucaults Studie, die ihm als Thèse zur Beurteilung vorgelegt worden war, schrieb Georges Canguilhem u.a.:

Ich weiß nicht, ob Herr Foucault bei der Abfassung seiner Thèse die geringste Absicht oder auch nur das geringste Bewußtsein hatte, einen Beitrag zu einer, wie man heute sagen könnte, ›Sozialpsychologie des Anormalen‹ zu leisten. Es scheint mir allerdings, daß er einen solchen Beitrag geleistet hat.[12]

Diese Bemerkung dürfte Foucaults spätere Untersuchungen zur Normalisierung mit angestoßen haben; ich nehme aber an, daß Foucault sich dem Postulat eines ahistorischen Gegenstandes »Normalität« bei Canguilhem sicher entschieden widersetzt hätte. In *Wahnsinn und Gesellschaft* zeigt er ja gerade, daß historisch verschiedene Diskurse und Dispositive ganz verschiedene Referentiale »Wahnsinn« mit völlig verschiedener Extension produzieren. Er konnte später auf dieses Material und diese Erkenntnisse explizit und vor allem implizit zurückgreifen. Insofern hatte *Wahnsinn und Gesellschaft* tatsächlich auch eine archäologische Analyse der vor- und pränormalistischen Voraussetzungen für das Auftauchen der Grenze normal vs. anormal um 1800 geliefert. Dabei bildete die »große Einschließung« des 17. und 18. Jahrhunderts insofern eine wichtige Voraussetzung, als sie (entlang der Grenze »Vernunft vs. Nicht-Vernunft«) einen brutal sichtbaren »homogenen Raum« geschaffen hatte, der den Ärzten des Pränormalismus und Protonormalismus als absolut heterogen erschien, weil in ihm »Wahnsinnige« mit Paupers und Kriminellen vereinigt worden waren. Die Etablierung des neuen, homogenen psychiatrischen Normalfeldes stand mit der Auflösung der alten, ›falschen‹ Homogenität also in direktem Zusammenhang. Dabei hatte Foucault bereits in dem Kapitel »Die große Angst« die Denormalisierungs-Angst im Blick gehabt, die sich aus der Anwendung des Broussaisschen Prinzips der Kontinuität von Normalem und Anormalem unmittelbar ergeben mußte. Diese Angst förderte alle Arten von protonormalistischen Verfahren zur neuerlichen Fixierung verläßlicher Normalitätsgrenzen. Die Fixierung einer stabilen Grenze auf dem prinzipiell homogenen Kontinuum Normalität-Anormalität kann aber nur durch die Zuschreibung semantisch und symbolisch diskontinuierlicher Qualitäten in Verbindung mit materiellen Grenzen erfolgen. Insofern hat Foucault in *Überwachen und Strafen* beschrieben, wie symbolische und materielle Dispositive der »großen Einschließung« der protonormalistischen Strategie dazu dienten, mittels symbolischer und materieller Mauern nunmehr die neue Population der »Anormalen« deutlich von der Population der »Normalen« zu trennen. Dieser Akt der ›Übertragung‹ (von Leprastationen auf Irrenanstalten) ist ein interdiskursives Phänomen, wobei kollektivsymbolische Modelle entscheidend sind. Die fixen und stabilen protonormalistischen Normalitätsgrenzen erweisen sich damit als semantisch (symbolisch) ›über-

12 Gutachten von Georges Canguilhem über Foucaults Thèse *Histoire de la folie à l'âge classique*, 19.4.1960, in: Didier Eribon, *Michel Foucault*, Paris 1991, Anhang 2 (358ff.), 361.

determinierte‹, also interdiskursiv verstärkte Qualitätsgrenzen, die an das prinzipiell flexible normalistische Kontinuum sozusagen ›angelötet‹ werden müssen. Da Normalitätsgrenzen nur als solche wirksam sind, wenn sie von der statistischen Mehrheit als solche ›anerkannt‹ werden, beruht die protonormalistische Strategie also auf der Subjektdressur mittels vornormalistischer Kollektivsymbole: die große Denormalisierungsangst des 19. und 20. Jahrhunderts wird andressiert durch die Erinnerung an die alte Angst vor den Leprösen und dann den in die Enklaven der Nicht-Vernunft (Déraison) Eingemauerten. Das erlaubt die parallele Lektüre von *Wahnsinn und Gesellschaft* mit *Überwachen und Strafen* zu begreifen.

Obwohl Foucault deutlich und oft genug eine Position der »Resistenz« gegenüber dem Normalismus eingenommen hat, hat er nicht das Vorurteil verhindern können, er verhalte sich affirmativ zu diesem Dispositivnetz. Ganz sicher hängt dieses Verdikt mit seinen Ausführungen über die »Positivität« des Normalismus zusammen, mit seiner Betonung der »produktiven« Rolle von Normalitäts-Dispositiven. Zu diesen Thesen gehört als Kehrseite Foucaults bekannte Kritik an der »Repressionshypothese« gegenüber dem Sex (25ff.). Von der Tatsache ausgehend, daß in der Zeit des »Viktorianismus« die Diskurse über den Sex geradezu explodierten, verweist Foucault auf die damit einhergehende Wissensexplosion. Offenbar möchte er den Blick auf den Umstand lenken, daß die spätere »sexuelle Befreiung« von dem Wissen zehrte, das die Theoretiker der »Perversitäten« angehäuft hatten. So unbezweifelhaft das ist, so überzogen erscheinen manche Formulierungen gegen die »Repressions-Hypothese«. Scheint Foucault, der schließlich wie kaum ein anderer den Horror und Terror gegen die »Anormalen« und gegen jede Art von »Abweichung« auch bei den »Normalen« kannte, nicht kontrafaktisch die Repression herunterzuspielen? Mir scheint, daß Foucault in der Tat zu tendenziell irrigen Formulierungen verleitet wurde, weil er nicht zwischen protonormalistischen und flexibelnormalistischen Strategien unterschied. Ganz ohne jeden Zweifel setzten die protonormalistischen Strategien des 19. und noch des 20. Jahrhunderts massiv Repression ein, um fixe Normalitäts-Grenzen festzuklopfen (im wörtlichen und im übertragenen Sinne). Auch die normenden und normierenden »Dressuren« konnten nicht ohne Repression auskommen. Das Schreckbild des Abstürzens aus der ›sicheren‹ Zone der Normalität heraus in das (mit allen Erinnerungen an frühere Ausschließungen symbolisch aufgeladene) Inferno der Anormalität gehört zu den psychoterroristischen Taktiken, für die der Begriff Repression fast noch verharmlosend wirkt. Und doch hat Foucault selbst in diesem Horror ganz richtig die »positiven« Wissens- und Technikproduktionen erkannt. Denn tatsächlich ist der Protonormalismus vom Flexibilitäts-Normalismus nicht wie ein besonderes Territorium von einem anderen getrennt – vielmehr operieren beide Strategien

zwar in großenteils entgegengesetzte Richtungen, aber in ein und demselben Normalitäts-Feld. Die protonormalistische Angst antwortet ja auf das Broussaissche Prinzip der Kontinuität und Homogenität: Mag eine »Perversion« oder eine »Entartung« noch so sehr symbolisch mit allem Grauen Boschs oder Goyas aufgeladen werden, so liegt sie nach normalistischen Prämissen dennoch stets auf einer eindimensionalen, kontinuierlichen Kurve mit der Normalität. Das repressive Toben der protonormalistischen Strategie entwirft daher als seinen unsichtbaren und häufig genug nur allzu sichtbaren Schatten stets die Möglichkeit einer umgekehrten, flexibelnormalistischen und »toleranten« Strategie mit. Tatsächlich – das hat Foucault zutreffend gesehen – stammen die Kinsey-Reports direkt von den Psychopathologien des 19. Jahrhunderts ab. Insofern hat die »sexuelle Revolution« als kulturrevolutionäre Bewegung tatsächlich »Positivitäten« freigesetzt, die allererst durch die Repression des »Viktorianismus« produziert worden waren. Hier wie überall gilt es zu betonen, daß nicht ›Naturprodukte‹ »befreit« wurden und werden können, sondern ausschließlich historische Produkte.

Zur normalistisch produzierten »Positivität« gehören nicht zuletzt ganz sicher auch jene Subjekteffekte, die gleichzeitig Ver-Sicherung wie As-Sociation bewirken. Das normalistische »Wir« ist vermutlich das prekärste »Wir« der bisherigen Geschichte: Nicht bloß, daß es auf vielfältigen Konkurrenzen zwischen den Individuen beruht und demnach ständig ›zerfällt‹ – es kann sich nicht einmal seiner Normalität sicher sein. Das Prinzip von Broussais und Comte (Kontinuität zwischen Normalität und Anormalität) bedroht den qualitativen Unterschied von Positivität und Negativität. Wenn diese Kontinuität zum einen nahelegt, die Normalität immer weiter ›nach außen‹ in die Bereiche der früheren Pathologien und Perversionen hinein vorzuschieben, so läßt die gleiche Kontinuität umgekehrt die Anormalität virtuell gefährlich ›in die Nähe rücken‹, wodurch die Denormalisierungsangst verstärkt wird. Diese beiden Bewegungen können als rein quantitative Dynamik vielleicht gedacht, nicht aber gelebt werden. Sie erfordern für die Subjekte notwendigerweise eine ver-sichernde Kopplung zwischen den kontinuierlichen Kurven und qualitativ-semantischen, also diskontinuierlichen Schemata. Solche Schemata generieren Typologien. Dabei entspricht der zentrifugalen Expansion der Normalität eine semantisch-qualitative Kondensation des Bereichs der Anormalität und umgekehrt dem zentripetalen Heranrücken der Anormalität ein semantisch-qualitatives Schrumpfen der Normalität (umgekehrte Proportionalität zwischen Normal- und Anormalitätsspektrum). Diese beiden Bewegungen führen aber an beiden jeweils kondensierten Extremen zu einem imaginären harten Kern von Normalität bzw. Anormalität. Dabei handelt es sich um eine paradoxe Einheit aus ›Subjektivität‹ und ›Objektivität‹, aus ›Ich‹ und ›Wir‹: Ein ›Ich‹ ›fühlt sich

eines Konsenses sicher‹ (self-assertiveness) über das eben dadurch gesetzte ›Faktum‹, daß es normal ist (bzw. daß ein anderer nicht normal ist). Auf diese letzte Ver-Sicherung kann kein Normalismus verzichten, auch der flexible nicht.

3. Normalität, Versicherung und Sozialrecht: François Ewalds Archäologie des »Vorsorgestaats«

François Ewalds großangelegte Rekonstruktion der Entstehung des heutigen ›sozialen Rechts-Staats‹ in Frankreich ist dem Verfahren der Foucaultschen Diskursanalyse aufs engste verpflichtet (Ewald gehörte zu Foucaults nächsten Mitarbeitern). Der Titel der deutschen Übersetzung (*Der Vorsorgestaat*[13]) benötigt, um Mißverständisse zu vermeiden, einen Kommentar: »L'État-providence« meint wörtlich den »Vorsehungs-Staat« (mit der religiösen Konnotation der ›göttlichen Vorsehung‹), der übliche Sinn ist »Sozialstaat« bzw. »Wohlfahrtsstaat«. »Vorsorge« (»prévoyance«) ist dagegen bei Ewald gerade umgekehrt die »liberale« Kategorie individuellen Selbstschutzes durch den »guten Familienvater«, die durch den *État-providence* abgelöst wurde (vgl. dazu etwa den Abschnitt »Die gescheiterte Vorsorge«, 328ff.). Ewald begreift die Ablösung eines »liberalen« durch ein »soziales« Modell als epochalen Einschnitt nicht bloß im Rechtssystem (Ersetzung eines Rechts der persönlichen Schuld und der persönlichen Verantwortung durch das »Sozialrecht« als Solidarrecht auf der Basis »normaler Risiken«), sondern darüber hinaus noch sehr viel fundamentaler als Novum in der Konstitutionsweise moderner Gesellschaften und Kulturen bis hin zu ihrer »Episteme«. Zentriert ist die geschichtliche Darstellung dieser Mutation um die jahrzehntelange Debatte über die erste Gesetzgebung des neuen Typs in Frankreich, das Arbeitsunfallgesetz von 1898 (in Deutschland entspricht diesem Einschnitt die Bismarcksche Sozialgesetzgebung).

Ewalds Untersuchung gehört (gemeinsam mit Castel, Donzelot und Guillaume) in großen Teilen zu den detailliertesten und auch im kategoriellen Zugriff der vorliegenden Analyse nächstverwandten mir bekannten Beiträgen zur Rekonstruktion dessen, was hier »Normalismus« genannt wird. Ewald selbst spricht im Anschluß an Canguilhem von »normativer Ordnung« (»ordre normatif«: Buch 4, 381ff.), was nur aufgrund mißverständlicher Wortwahl andere Assoziationen als »normalistische Ordnung«

13 François Ewald, *Der Vorsorgestaat*, dt. Frankfurt/Main 1993; frz. Original: *L'État-providence*, Paris 1986.

weckt[14]. Ewald betont die konstitutive Rolle der Verdatung, Statistik und Wahrscheinlichkeitsrechnung (konkret auf dem Felde der privaten Versicherung und staatlichen Sozialversicherung) für die neue Episteme ebenso wie er die Etablierung von (normalistischen) »Normen« durch ein Verfahren des »Vergleichs« (im juristischen Sinn: frz. »transaction«; der deutsche Terminus konnotiert deutlicher die ›komparative‹ Basis der Kategorie), der »Gleichgewichtung« und der pendelartigen Bestimmung eines Durchschnitts – nie ex ante, sondern stets ex post – wiederholt ausführlich entwickelt.

Soweit es sich bei Ewalds Untersuchung um eine konkrete Fallstudie handelt, ist sie vor allem auf den modernen »Unfall« und seine Versicherung zentriert:

Unfälle hat es immer gegeben. Dennoch aber wird der Unfall offenbar erst im 19. Jahrhundert, sobald sich die Frage der Arbeitsunfälle verschärft hatte, als ein spezifisch soziales Problem betrachtet, das nach einer konzeptuellen Ausarbeitung und zugleich nach geeigneten praktischen Maßnahmen verlangt. Dies ergibt sich zumindest aus einer lexikalischen und juristischen Untersuchung: Erst Ende des 19. Jahrhunderts verliert der Begriff *Unfall* [accident] seine abstrakte Bedeutung ›etwas, das zufällig geschieht‹ und wird mit der Vorstellung eines wiedergutzumachenden Schadens verknüpft; fortan bezeichnet er nicht mehr nur einen Typus von Ereignis, sondern eine Modalität der Beziehung zu anderen. Wie ist nun der Unfall zu dem sozialen Problem geworden, wie wir es kennen, zu einem Problem, das überdies die Herausbildung eines speziellen Rechts erforderlich machte? Was sind also die wesentlichen Charakteristika des modernen Unfallproblems? (16f., frz. 16)

Zu Recht lehnt Ewald Antworten auf diese Frage ab, die den modernen Unfall kausal an die Maschine oder das technische Vehikel (etwa das Auto) knüpfen. Es gehe vielmehr um rein statistische Zusammenhänge einer so starken Zunahme, daß das Prinzip der persönlichen »Schuld« und »Verantwortung« schließlich sozusagen ›überrollt‹ wurde. Im Kontext der kulturellen, d.h. vor allem interdiskursiven und besonders auch symbolischen Komponente des Normalismus ist die (symbolische!) Kopplung des modernen Unfalls an die Maschine bzw. das Techno-Vehikel (d.h. den Industrialismus) dennoch von ganz entscheidender Bedeutung, nicht zuletzt was die Möglichkeiten einer dem statistisch erwartbaren Unfall sowie seiner Normalisierung in Form von »Reparatur« entsprechenden Subjektbildung betrifft.

Warum war es (besonders in Frankreich) so schwierig, eine moderne Unfallgesetzgebung (mit Zwangsversicherung und obligatorischer Schadensregelung auf der Basis von Verdatung, Statistik und Versicherungsmathe-

14 »Normativ« scheint im vorherrschenden Sprachgebrauch eher präskriptiven, tendenziell sogar fixen Normen zu entsprechen als den bei Ewald gemeinten deskriptiv-flexiblen.

matik) durchzusetzen? Weil das, wie Ewald detailliert nachzeichnet, dem Grundprinzip der persönlichen »Schuld« und »Verantwortung« des *Code Napoléon* (1804) vollständig widersprach. Vor der neuen Regelung mußten also in jedem Einzelfall Prozesse zwischen Arbeiter und Unternehmer um die »Schuld« bzw. die »Verantwortung« geführt werden, obwohl seit den Zeiten Quételets Unfallsstatistiken eine relativ feste durchschnittliche Erwartbarkeit von Unfällen, d.h. ihre Normalität erwiesen hatten. Ewald rekonstruiert ausführlich die entsprechenden juristischen Debatten, und zwar unter der Prämisse einer Krise der »liberalen« Rechtsauffassung. Das kann man sicherlich so darstellen. Im Kontext des entstehenden Normalismus scheint mir aber der folgende Aspekt entscheidend (und von Ewald nicht klar herausgearbeitet) zu sein: Wie sehr auch immer das Rechtsprinzip der strikt persönlichen »Schuld« bzw. »Verantwortung« als mehr oder weniger »liberal« zu deuten sein mag, so ist dieses Rechtsprinzip jedenfalls ein qualitatives, strikt individuelles (einzelfallbezogenes) und demnach inhomogenes Prinzip. Das neue Rechtsprinzip des Sozialrechts führt dagegen ein homogenes, geregelt quantifizierbares – und insofern gerade nicht mehr »individuelles« Feld ein. Anders gesagt: Es führt ein normalisierbares Feld ein, es beweist, daß auch das Recht normalisierbar ist, daß es normalistisches Recht geben kann. Dabei muß allerdings Ewalds Begriff der »Individualisierung« wegen möglicher Mißverständnisse erläutert werden. Der Begriff der »Individualität« und des »Individuellen« scheint mir im dominierenden Wortgebrauch das Qualitativ-Inkommensurable (Unvergleichbare) zu implizieren und damit dem normalistischen homogenen Feld quantitativer Vergleichbarkeit gerade zu widersprechen. Ewald verwendet den Begriff »individuell« und »Individualisierung« dagegen (im Anschluß an Foucault[15]) durchgängig im Sinne der normalistischen, quantifizierenden Einordnung, Positionierung, also Messung innerhalb eines homogenen Normalfeldes. Ein Beispiel ist folgende Darstellung der Kategorie des »Durchschnittsmenschen« (»homme moyen«) bei Adolphe Quételet:

Denn was ist [...] die Theorie des Durchschnittsmenschen anderes als eine neue, moderne Art der Individualisierung der Individuen einer Bevölkerung [›mode d'individualisation des individus‹ – eher: ein neuer Modus, die Individuen einer Population zu individualisieren; J.L.]? Sie ist nichts anderes als die Definition dessen, worauf wir uns heute in Gestalt der Norm und des Normalen berufen. Der Begriff [notion] des Durchschnittsmenschen drückt genau dies aus und korreliert mit einer neuen Beurteilung der Individuen, der einzigen, die wissenschaftlich möglich ist. [...] / Mit der Theorie des Durchschnittsmenschen begründet Quételet einen Modus der Individuali-

15 Vgl. folgende Formulierung Foucaults in *Überwachen und Strafen*: »Einerseits zwingt die Normalisierungsmacht zur Homogenität, andererseits wirkt sie individualisierend, da sie Abstände mißt, Niveaus bestimmt, Besonderheiten fixiert und die Unterschiede nutzbringend aufeinander abstimmt.« (237)

sierung der Individuen, der nicht mehr von ihnen selbst ausgeht, von dem, was ihre Natur ist oder ihr Ideal zu sein hätte, sondern von der Gruppe, der sie angehören. Die Theorie des Durchschnittsmenschen ist nichts anderes als ein Instrument, das es erlaubt, eine Population bzw. eine Kollektivität – und die Individuen, aus denen sie besteht – nicht mehr auf etwas zu beziehen, das außerhalb von ihnen liegt, etwa auf ihren verborgenen Ursprung, ihre glückliche Zukunft, auf ein Ziel, sondern auf sich selbst. Mit der Konstruktion des Durchschnittsmenschen hat Quételet zweifellos jenen die Soziologie begründenden Weg eröffnet, der es ermöglicht, die Gesellschaft und die Individuen, aus denen sie besteht, ohne Bezugnahme auf etwas anderes als sie selbst zu denken (191f., frz. 159).

Man muß sich also sehr deutlich klarmachen, daß diese Art (normalistische) »Individualisierung« stets zugleich Entindividualisierung meint[16] (all das selbstverständlich ohne ideologische Wertung zu verstehen!). Unter »individuell« wird dabei lediglich die besondere, identifizierbare *Position* eines *Kügelchens* in einem Normalfeld verstanden, und nicht so etwas wie eine ›qualitative‹ Besonderheit. Ich ziehe es wegen dieser Mißverständlichkeit in der vorliegenden Analyse vor, von »Wertzumessung«/ »Wertzurechnung«/ »Wertzuweisung« (an ein Individuum) bzw. von »Differenzierung« (zwischen den Individuen eines Normalitätsfeldes) zu sprechen. Bestimmte Parameter (Dimensionen bzw. Raster) von empirischen Individuen werden gemessen, so daß ihnen Werte (»Punkte«) zugerechnet werden können. Durch Zusammensetzung beliebig vieler Raster entsteht (wie bei einem gerasterten Bild) schließlich das »Individuum«. Das ist das Prinzip der Rasterfahndung. Bei der Messung einzelner Parameter (wie meistens im Normalismus, z.B. im Versicherungs- und Rentenwesen) werden aber immer wieder vielen, oft Millionen von Individuen gleiche Werte zugerechnet, wobei dann der größte Teil der ›individuellen‹ Eigenschaften der entsprechenden Individuen gerade keinerlei Rolle spielt. (Für die ›qualitativ‹ verstandene Individualität hat sich inzwischen weitgehend, gerade auch in Frankreich, der Begriff »Singularität« durchgesetzt.)

In seinem Kapitel über Quételet unterscheidet Ewald klar zwischen a priori und ex ante aufgrund von präetablierten Vorstellungen festgelegten Normen und dem a posteriori und ex post funktionierenden Verfahren der Durchschnittsberechnung bei Quételet:

In *Überwachen und Strafen* hat Michel Foucault gezeigt, wie die Disziplinen ›normalisieren‹, und ihre unterschiedlichen Verfahren der ›Normalisierung‹ sehr detailliert beschrieben. Man könnte sagen, daß die über die Disziplin erfolgende Normalisierung nach wie vor eine Normalisierung klassischen Typs ist: Die Individuen werden nicht

16 Was sich übrigens aus anderen, direkt entgegengesetzten Formulierungen auch bei Ewald zweifelsfrei ergibt: »Was die soziale Physik Quételets – wie allgemein die Soziologie – charakterisiert, ist die Aufgabe jeder individuellen bzw. psychologischen Perspektive [perspective individuelle ou psychologique]« (frz. 162).

unter Bezugnahme auf einen Mittelwert [bzw. Durchschnitt, J.L.], sondern gemäß einer Norm [norme], einer Regel oder einem ihnen äußerlich bleibenden Maßstab identifiziert und bewertet, und zwar vom Besten bis hin zum Schlechtesten, vom Vollkommenen bis zum Abscheulichen. Die mit dem Begriff des Durchschnittsmenschen verbundene Normalisierung ist von ganz anderer Art; sie bedient sich eines völlig verschiedenen Standards [d.h. Maßstabs, J.L.]. Es wird nun nicht mehr von den Individuen ausgegangen, um sie nach einem Maßstab von Fähigkeiten einzeln zu messen [von mir geändert, J.L.], sondern von der Menge, der Kollektivität selbst, und die Klassifizierung [classement, i.S.v. Ranking, J.L.] geschieht unter Bezugnahme auf deren Normalität: nicht mehr in einer hierarchischen Abstufung von 0 bis 10, sondern anhand der Abweichungen von einem Mittelwert, der nicht das zu erreichende Minimum, sondern den gruppenspezifischen Typus bezeichnet. Die Durchschnittsgröße, das Durchschnittsgewicht geben nicht mehr die Größe an, die die wohlgestalteten Individuen einer wohlregierten Gesellschaft aufweisen müßten, sondern ermöglichen, die Individuen in jeweils verschiedene [d.h. aufeinander bezogene, J.L.] Gruppen einzuteilen. Quételets Durchschnittsbegriff kommt nicht durch einen Imperativ zustande – oder zumindest nicht vor allem durch einen explizit erhobenen Imperativ. Die Politiken der Normalisierung werden von nun an nicht die Gestalt von Forderungen annehmen, die an die Disziplin gerichtet werden. Ein Test ist kein Examen, auch wenn er ihm formal gleicht (192, frz. 159f.).

Das sind Thesen von entscheidender Wichtigkeit: Ganz sicher ist der Unterschied zwischen präetablierten Ideal-Normen und statistisch ermittelten Durchschnitts-Normen fundamental. Allerdings fragt es sich, ob die Kopplungen zwischen verschiedenen Verfahren der Norm-Konstituierung und verschiedenen Verfahren der Normalisierung historisch tatsächlich so verlaufen, wie Ewald es hier annimmt. Mir scheint bei Foucault der wichtige Faktor der konkurrenzinduzierten Progreßdynamik, der dann im 19. und 20. Jahrhundert immer wichtiger wird, schon für das 18. Jahrhundert zu Recht eigens ansatzweise betont zu sein, während Ewald im Anschluß an Canguilhem (und unter Berufung auf Quételet) diese *exponentielle* Dynamik ganz aus seiner Theorie von Normalität fernhält. Bezieht man die Dynamik aber als wesentlich ein, dann ergibt sich die folgende historische Phasierung: Am Beginn stehen (im 18. Jahrhundert) leistungssteigernde Konkurrenzen in einzelnen Bereichen (Militär, Fabrik, Schule), die mit den Mitteln mehr und mehr homogener und kontinuierlicher Vergleichsfelder arbeiten. Ich schlage vor, hier von »pränormalistischen« Erscheinungen zu sprechen. Der Einschnitt des statistischen Durchschnitts, den man mit dem Namen Quételet verbinden kann, ermöglicht dann allerdings zwei ganz verschiedene allgemeine Diskursivierungen (und Strategien) von Normalität, die ich als protonormalistisch und als flexibel-normalistisch bezeichnet habe. Die erste Diskursivierung (exemplarisch bei Comte) begreift die mittels statistischer Durchschnitte ermittelten Normen als quasi-statisch bzw. höchstens schwach-dynamisch in Zeiträumen von longues durées. Diese Auffassung

erklärt sich aufgrund der bei Quételet dominierenden Paradigmen z.B. der physiologischen Konstitution, aber auch z.B. der Kriminalität. Aus heutiger Sicht geht es teils um ultralangdauerstabilisierte Reproduktionszyklen wie z.B. die physiologische Konstitution des Homo sapiens, deren Basis ein ›natürliches‹ Produkt der Evolution ist – mindestens geht es meistens um ausgesprochen langdauerstabilisierte Reproduktionszyklen wie Kriminalität. Daraus erklärt sich die frühe Kopplung des neuen normalistischen Dispositivs an den medizinischen Diskurs und an Vorstellungen von »Natürlichkeit« statistisch ermittelter Durchschnitte. Wenn Comte diese neue (normalistische) Art der Normbildung dann auf die Soziologie anwendet, kann diese Übertragung keineswegs en bloc als plausibel anerkannt werden. Die Annahme quasi-statischer Durchschnitts-Normen ist vielmehr bloß in dem Maße plausibel, in dem es in der Soziologie langdauerstabilisierte Objekte (wie z.B. Selbstmordraten) gibt. Wo soziologische Objekte dagegen starken Dynamiken, etwa starken Wachstumsraten, unterliegen (wie etwa Scheidungsraten im 20. Jahrhundert), riskiert jede Übertragung des quasistatischen Modells der Durchschnittsnorm eine ›Ideologisierung‹ der beschriebenen Gesellschaft. In der Tat gehen generalisierende Äußerungen von Quételet, die auch von Ewald ohne historisierende Einschränkung angeführt werden, in diese protonormalistische Richtung:

»Ich glaube, daß der Mensch über eine geistige [morale, also moralische, J.L.] Kraft verfügt, die die ihn betreffenden Gesetze zu verändern imstande ist; diese Kraft wirkt jedoch nur äußerst langsam, so daß die auf das gesellschaftlich System einwirkenden Ursachen keinerlei plötzliche Veränderungen [altérations brusques] erfahren können« (bei Ewald, 198, frz. 163)

– was Ewald korrekt wie folgt kommentiert: »Demnach sind Revolutionen unmöglich« – was im 19. Jahrhundert immerhin eine nicht von vornherein plausible These ist. Denkt man schließlich an positive ökonomische und negative ökologische Wachstumsraten des 20. Jahrhunderts, so scheint mir die These von der prinzipiell nur langsam denkbaren gesellschaftlichen Dynamik falsifiziert zu sein. Ganz offenbar hielt Quételet die dynamischen Erscheinungen seiner eigenen Zeit für untypisch und nahm für die Zukunft die gleiche langsame Dynamik wie während der vielen Jahrhunderte der Vergangenheit an. Die späteren Untersuchungen zum Normalismus stehen also immer in der Auseinandersetzung zwischen den protonormalistischen, zum Fixismus tendierenden Prämissen, wie sie bei Quételet dominieren, und den Erfahrungen zunehmender Dynamik. Nur in dem Maße, in dem die Dynamik nicht bloß ernst genommen, sondern als Konstituens und produktiver Impuls heutiger Normalität erkannt und anerkannt wird, kann eine Theorie des Normalismus (im engeren Sinne) entwickelt werden.

Die protonormalistische Tendenz zur Entdynamisierung und Enthistorisierung der statistischen Dispositive gerät logischerweise immer wieder mit der faktisch starken Dynamik seit 1800 in Konflikt. Das von Ewald hauptsächlich behandelte Beispiel der Unfälle ist dafür typisch: Nach seiner Darstellung war es vor allem das starke quantitative Wachstum der Unfälle, das schließlich gegen stärkste Widerstände des früheren juristischen Systems und der individualistischen Ideologie ganz allgemein die Einführung eines normalistischen Dispositivs erzwang. Ewald zufolge ist diese Dynamik danach in ein neues »Gleichgewicht« gemündet, das er offenbar für äquivalent mit einem langdauerstabilisierten Gleichgewicht hält. Er diskutiert deshalb die aktuelle »Krise des Vorsorgestaats« als eine grundsätzlich lösbare Adjustierungskrise, die ihm zufolge offenbar in eine definitive langzeitstabile Normalität überleitet. Das scheint mir höchst zweifelhaft. Die aktuellen Krisen von »Grenzen des Wachstums« in verschiedenen Bereichen dürften vielmehr jeweils in der Spannung zweier alternativer Prognosen stehen: Sie sind entweder normale Stagnationskrisen, wie sie auch bei Konjunkturzyklen die zyklische Abflachungsphasen der mittelfristig in Form endloser gelängter S-Kurven ansteigenden Wachstumskurven bestimmen – oder sie sind grundlegende Krisen des Normalismus, und zwar für den Fall, daß die jeweilige zugrunde liegende langfristige durchschnittliche Wachstumsrate grundsätzlich sinken oder stagnieren würde. Ewalds Darstellung bleibt mit ihrer Aussparung der stark dynamischen Trends (der Wachstums-Durchschnitte statt einfacher statischer Durchschnitte) dagegen selber der protonormalistischen Voraussetzung verhaftet, daß die Normalität auch unter Bedingungen des 19. und 20. Jahrhunderts (bzw. des 21.) eine quasistatische bzw. nur schwach-dynamische »Gleichgewichts«-Normalität sein könnte[17].

Die zweite, von der protonormalistischen grundsätzlich zu unterscheidende Möglichkeit, statistische Dispositive zu generalisieren, bezieht also die starke und eindeutig ›aufwärts‹ vektorisierte Dynamik industrialistischer, szientistischer und expertokratischer Gesellschaften seit 1800 als wesentliche Prämisse ein. Daraus entsteht dann die Formation, die in der vorliegenden Studie als »Flexibilitäts-Normalismus« zu bezeichnen vorgeschlagen wird. Wie bei Foucault werden bei Ewald wichtige Strukturmerkmale und wichtige historische Weichenstellungen dieser flexiblen Strategie beschrieben, ohne daß aber eine kategorielle Abgrenzung gegenüber dem Protonormalismus erfolgt. Stärker als bei Foucault beeinflußt die protonormalistische Annahme langfristig relativ stabiler statistischer Normen in allen gesellschaftlichen Bereichen darüber hinaus sogar Ewalds eigenes

17 All das wurde vor Ewalds Engagement als wissenschaftlicher Berater des französischen Arbeitgeberverbands in der Zeit der großen Sozial-»Reformen« geschrieben.

Strukturbild der »normativen Ordnung«. Das liegt an der relativ starken Orientierung an Canguilhem und an der Doppeldeutigkeit von »Gleichgewicht« als quasistabil bzw. mindestens als »homöorhetisch«.

Ein Terminus schließt sämtliche Merkmale dieser juristischen Urteilslogik [gemeint ist die des neuen, normalistischen Sozialrechts, J.L.] ein: der der Norm. Ein Gleichgewichts-Urteil im Sinne des Sozialrechts ist ein normatives [normatif] Urteil. Es geht dabei um eine Art Urteil, die nach einer Beziehung zwischen Ganzem und Teil funktioniert, die genau derjenigen entspricht, auf der die Idee des Durchschnitts bei Quételet basiert – für den übrigens die soziale Logik bloß eine Logik von Gleichgewichten sein konnte. Nach Prämissen von Gleichgewicht zu urteilen, bedeutet, über die Bewertung eines Verhaltens oder einer Praxis gemäß ihrem Bezug zur sozialen Normalität zu urteilen [...]. Es bedeutet also, relativ zu urteilen: Die gleiche Handlung konnte an einem Ort bestraft werden, an einem anderen nicht. Das Prinzip der Strafe liegt dabei nicht in der Wesensqualität der Handlung, sondern in ihrem Bezug zu anderen: Es geht um das Anormale, den Mißbrauch, die Übertreibung – um das, was eine bestimmte Grenze [limite], eine bestimmte Schwelle [seuil] überschreitet, die als solche nicht natürlich, sondern sozial, also nach Zeit und Ort variabel sind. Nicht daß das Anormale amoralisch oder schuldhaft wäre. Ganz im Gegenteil kann es nützlich und notwendig sein wie die industrielle Entwicklung mit ihren schädlichen Begleiterscheinungen. Aber es führt zu einem sozialen Ungleichgewicht, das gerechterweise kompensiert werden sollte [...]. [...] Die Norm ist beweglich, wechselnd, variabel; sie ändert sich wie die und mit der Gesellschaft. Mehr noch: Die Norm bezeichnet gleichzeitig eine Tatsache und einen Wert: Die Norm wird festgestellt; sie besitzt die Objektivität eines statistischen Durchschnitts. Gleichzeitig liefert sie ein Verpflichtungsprinzip, das unmittelbar den zu einem gegebenen Zeitpunkt gültigen Forderungen der Sozialordnung entspricht. Wunder der Norm: Sie erlaubt jenen Übergang vom Sein zum Sollen [dt. im Original, J.L.], vom Deskriptiven zum Präskriptiven [...] (frz. 473, meine Übers., J.L.).

Diese Formulierung ist in dem Sinne korrekt, in dem sie sich gleichzeitig auf Protonormalismus und heutigen Flexibilitäts-Normalismus bezieht. In dieser Nicht-Differenzierung liegt gleichzeitig auch ihre Grenze: Die protonormalistische Beweglichkeit einer langdauerstabilen Fluktuation um einen langdauerstabilen Durchschnitt ist etwas ganz anderes als die flexibelnormalistische Beweglichkeit um einen dynamischen, möglicherweise *exponentiellen* Wachstums-Durchschnitt. Nur im ersten Fall erscheint die Prognose eines langdauerstabilen »Gleichgewichts« in einer entsprechenden »normativen Ordnung« plausibel. Im zweiten Fall will die Struktur eines Normalismus gedacht werden, der durchaus »plötzliche Veränderungen« (»altérations brusques«) kennt. Im Rahmen des ersten Konzepts von (Proto-)Normalismus müßten Theorien der Moderne, die dominant auf Kategorien wie »Katastrophe« und »Schock« (Walter Benjamin), aber auch »Diskontinuität« beruhen, einfach als kuriose Verirrungen aufgefaßt werden, während sie im Rahmen des zweiten Konzepts von Normalismus für

diesen selbst zumindest als legitimes Problem mit konstitutiv werden könnten. Es braucht nicht betont zu werden, daß die vorliegende Untersuchung für das zweite Konzept plädiert. Sie fühlt sich in diesem Plädoyer auch gegen den Wortlaut bestimmter resümierender Thesen bei Ewald durch dessen historische Darstellung eher bestätigt. Das gilt gerade auch für die von Ewald ins Zentrum gerückte Normalisierung des juristischen Diskurses. Das klassische moderne (»liberale«) Recht stellt mit seinen verschiedenen Sektoren, Untersektoren und punktuellen Definitionen das Musterbeispiel eines qualitativen, inhomogenen Feldes dar. Auf den ersten Blick würde man es für nicht normalisierbar halten. Ewalds Darstellung zeigt jedoch, wie einem solchen inhomogenen Feld homogene normalistische Kontinua (vom Typ der Versicherung) ›unterlegt‹ werden können. Dadurch verwandelt sich Normativität partiell in Normalität, und zwar sowohl durch Ausgliederung aus dem Rechtssystem wie auch in wachsenden Sektoren des Rechtssystems.

4. Von der psychiatrischen Ausschließung der Anormalen zur flächendeckenden Betreuung von ›Behinderung‹ (Robert Castel)

In mehreren umfassenden Studien hat Robert Castel, der eine Zeitlang sowohl mit Michel Foucault wie mit Pierre Bourdieu eng kooperiert hat, am Beispiel der Behandlung der »Geisteskrankheiten« exemplarisch den Unterschied zwischen jenen zwei normalistischen Strategien und Entwicklungsphasen rekonstruiert, die in der vorliegenden Untersuchung als »protonormalistisch« und »flexibel-normalistisch« bezeichnet werden. Die historisch zurückgreifende Studie (*L'orde psychiatrique* = *OP*[18]) behandelt am Beispiel Frankreichs die Herausbildung der klassischen Psychiatrie zwischen den Revolutionen von 1789 und 1848, mit dem symbolischen Jahr 1838, als in Frankreich die erste systematische Gesetzgebung über standardisierte ›moderne‹ Irrenhäuser und über die obligatorische staatliche Internierung, Medizinierung und gleichzeitig Entmündigung der »Geisteskranken« (»aliénés«) erfolgte, als Angelpunkt. Die anderen Studien (*Le psychanalysme* = *PS*[19], *La gestion des risques* = *GR*[20] und – gemeinsam mit Françoise Castel und Anne Lovell – *La société psychiatrique avancée* = *SPA*[21]) liefern eine kritische Rekonstruktion und Darstellung der zuerst in den USA dominant

18 Robert Castel, *L'orde psychiatrique*. L'âge d'or de l'aliénisme, Paris 1976 (= *OP*).

19 Robert Castel, *Le psychanalysme*, Paris 1973 (= *PS*).

20 Robert Castel, *La gestion des risques*. De l'anti-psychiatrie à l'après-psychanalyse, Paris 1981 (= *GR*).

21 Robert Castel/Françoise Castel/Anne Lovell, *La société psychiatrique avancée*. Le modèle américain, Paris 1979 (= *SPA*).

gewordenen ›eklektisch-flexiblen‹ »Therapie für die Normalen«. Dabei stellt *La gestion des risques* das Jahr 1975, als in Frankreich mit dem Gesetz über die »Behinderten« (»handicapés«) ein neues homogenes Feld konstitutiert wurde, in dem frühere »Geisteskranke« mit körperlich Behinderten und vor allem mit »Lernbehinderten« integriert und einer flexiblen Therapie unterworfen wurden, dem Jahr 1838 gegenüber. Castel spricht von zwei großen »Aggiornamento«-Schüben, wodurch er bei aller Betonung des Unterschieds auch eine übergreifende Kontinuität postuliert. Ich versuche im folgenden, die beiden Formationen systematisch sozusagen als zwei Synchronien gegenüberzustellen, während Castels im engeren Sinne historische Rekonstruktionen weiter unten in Teil V und Teil VII verarbeitet sind.

Verglichen mit Canguilhem und teils auch mit Foucault legt Castel einen noch stärkeren Akzent auf die institutionellen Komponenten der Produktion von Normalen und Anormalen. Er analysiert die jeweiligen Berufsgänge der Experten und ihre Kombinationen, also sozusagen die institutionelle Seite der Diskursspezialisierung und ihrer interdiskursiven Rekombination, soweit durch beide die sozialen Gegenstände im Feld Normalität/Anormalität produziert werden.

Castel charakterisiert die Konstituierung und Behandlung der »Anormalen« im 19. Jahrhundert grob als »totalitär« (*OP*, 11) und »dualistisch« (*OP*, 16) und stellt ihr das »faserförmig durchlässige« (»capillaire«) bzw. »flüssige« Verfahren der zweiten Hälfte des 20. Jahrhunderts gegenüber. Er bezeichnet dabei als »normalisierend« im engeren Sinne das Spektrum ›weicher‹ Interventionsformen (»techniques douces«: *OP*, 18; also ›soft technologies‹) der Epoche seit dem Zweiten Weltkrieg (*OP*, 12, 15, 119, 152, 288). Auf der anderen Seite werden die Begriffe »normal« und »Normalität« allerdings im Einklang mit der historischen Objektsprache und dem vorherrschenden Sprachgebrauch aller bisherigen Normalitätstheorien auch flächendeckend für die gesamte Epoche seit der Französischen Revolution verwendet (*OP*, 188ff., 247ff.). Diese Inkohärenz läßt sich durch die Untergliederung in »Protonomalismus« und »Flexibilitäts-Normalismus« vermeiden. Das Gesetz von 1838 konstituierte die »Geisteskranken« als eine von den »Kriminellen« deutlich und vollständig getrennte Population, die aber wie die Kriminellen von der »normalen« Population durch eine sowohl einschneidende wie fixe Grenze getrennt wurden. Obwohl auch die damalige Psychiatrie differenzdiagnostische Spielarten von Geisteskrankheit kannte, dominierte insgesamt eine Art Kontinuität und Homogenität aller Anstaltsinsassen. Diese symbolische Homogenität der »Anormalen« gegenüber den »Normalen« war Castel zufolge nicht zuletzt dadurch verursacht, daß die Anstaltschefs (d.h. die Psychiater) aufgrund des Gesetzes von 1838 sozusagen alle relevanten Konstitutionsachsen (Normalitätsachsen)

bündelten: Sie waren nicht bloß Chefs der medizinischen, vielmehr gleichzeitig auch der juristischen und der administrativen Achse (vgl. die zusammenfassende Liste *OP*, 243). Wir werden im weiteren Verlauf noch häufig beobachten können, daß die isomorphe, an der gleichen Stelle dichotomisch zweigeteilte Bündelung mehrerer Normalitätsachsen einer der Gründe für die ›Härte‹ der protonormalistischen Normalitätsgrenze ist, die daher als ›Stigma-Grenze‹ bezeichnet werden soll (vgl. zum »Stigma«-Begriff *OP*, 187). Auf der juristischen Achse begründete das Gesetz von 1838 eine vollständige Komplementarität: beide Populationen von »Anormalen«, die Geisteskranken wie die Kriminellen, waren gegenüber den Normalen als »gefährlich« konstituiert (*OP*, 185) und wurden deshalb eingeschlossen. Geisteskranke konnten aber nicht kriminell sein, weil sie als Geisteskranke per se unzurechnungsfähig waren – umgekehrt konnten Kriminelle nicht geisteskrank sein (*OP*, 183). Diese Art Stigma-Grenze implizierte also einen »dichotomischen Charakter der Opposition normal-pathologisch« (*OP*, 188):

> Aber der Einschnitt zwischen dem Normalen und dem Pathologischen [...] gilt in doppelter Richtung: die ›Verrückten‹ waren vollständig verrückt und die ›Normalen‹ vollständig normal (*OP*, 21).

Das zweite »Aggiornamento« (von 1968[22] und 1975) ersetzt definitiv das ›dichotomisch-totalitäre‹ System durch flexible »Normalisierung« im Sinne von »Management« (»gestion«). Das fundamentale Verfahren eines solchen flexibel-normalistischen Managements ist das Gutachten (*OP*, 153ff.), das Castel als spezifische Form der allgemeinen Tendenz zur Bürokratisierung im Sinne Max Webers deutet (*OP*, 153ff.). Im Übergang wurden die isomorphen Normalitätsachsen sozusagen von einander gelöst, einzeln flexibilisiert und mit neuen hochflexiblen Achsen (wie z.B. der Psychoanalyse) neu gebündelt, wobei bei dem neuen Bündel die Grenzen nicht länger nach Art des Bands um ein Rutenbündel (*Fascio*) isomorph verlaufen müssen, sondern auf jeder einzelnen Achse unabhängig und abweichend voneinander relativ frei verschiebbar erscheinen.

Im Zuge der Vorbereitung des Behinderten-Gesetzes von 1975 hatte François Bloch-Lainé bereits 1969 die folgende Definition von »Behinderten« (handicapés) gegeben:

> Man nennt diejenigen ›Behinderte‹ [...], die aufgrund ihres physischen, geistigen [mental] oder charakterlichen Zustands, bzw. aufgrund ihrer sozialen Situation, unter Störungen [troubles] leiden, die für sie ›Behinderungen‹ [handicaps] bedeuten, d.h. Schwächen bzw. besondere Abhängigkeiten [servitudes] im Vergleich mit dem Nor-

---

22 In dem ersten wichtigen Reformgesetz von 1968 wurde bereits der Internierungszwang für entmündigte »Geisteskranke« aufgehoben und damit der ›offene Vollzug‹ ermöglicht.

malwert [la normale], wobei dieser als Durchschnitt der Fähigkeiten und Chancen der meisten Individuen definiert ist, die in der gleichen Gesellschaft leben; – Als unangepaßt [inadaptés] an die Gesellschaft, zu der sie gehören, gelten jene Kinder, Jugendlichen oder Erwachsenen, die aus verschiedenen Gründen mehr oder weniger große Schwierigkeiten haben, wie die anderen zu sein oder zu handeln (*GR*, 117).

Wenn man diese Definitionen in erster Linie als hilflos bzw. tautologisch kritisieren wollte, übersähe man ihren rein funktionalen Status: Es geht darum, ein neues normalistisches, also homogenes Feld zu konstituieren. Zu diesem Zweck werden drei ehemals »qualitative« (also diskontinuierliche) Achsen (»physisch«, »geistig«, »charakterlich«) wie auch deren diskontinuierliche Anormalitäts-Begriffe (»Behinderung«, »Störung«, »Schwäche«, »Nicht-Anpassung«, »Defizit«) integriert. Diese Integration erfolgt aber nicht isomorph, sondern stellt sich auf der Basis schwankender Kriterien in den einzelnen Expertisen (Gutachten) stets erst ex post her. So wird es durch diese Operation möglich, ein homogenes und gleichzeitig ganz flexibles Feld zu konstituieren, in dem der (flexible) Durchschnitt der einzige Referenzpunkt geworden ist. Praktisch wird durch das französische Behinderten-Gesetz von 1975 eine einheitliche Siebungs- und Entscheidungs-Instanz geschaffen (eine vom Präfekten berufene Kommission pro Département), in der ›qualitativ‹ verschiedene Experten rein organisatorisch integriert sind. Deren Aufgabe besteht in einer einheitlichen Siebung normal/anormal, wobei es bei Kindern hauptsächlich um die Sonderschule und bei Erwachsenen hauptsächlich um die normale Arbeit geht: Ein neues ›Galtonsieb‹ ist so erfunden.

»Eins der ersten Kennzeichen« des Gesetzes sei es, schreibt Castel, »absolut heterogene Fälle unter dem gleichen Label zu vereinen und von der gleichen Entscheidungsinstanz abhängig zu machen. So zunächst die körperlich und die geistig Behinderten, z.B. den Blindgeborenen und den Geistesschwachen. Weiterhin dann innerhalb jeder dieser Kategorien heterogene Typen von Abweichung gegenüber einem normalen und durchschnittlichen Funktionieren, z.B. den schwer Oligophrenen und das durch Schulschwierigkeiten auffällig gewordene Kind« (*GR*, 120f.).

Hier zeigt sich exemplarisch die fundamentale Ambivalenz flexibel-homogener Normalfelder: Was für den Oligophrenen entlastend sein kann, kann für das lerngestörte Kind der Beginn einer Fahrt in die dauernde Anormalität werden. Die Verbreiterung der normalistischen »Toleranzen« kann zur Toleranz beitragen, sie kann aber auch die Denormalisierungsangst auf größere Populationen ausdehnen und verstärken.

Hinter der Behinderung verbirgt sich nicht etwa der Einbruch des Pathologischen, sondern das Reich der Ungleichheit. Einer Ungleichheit, die sowohl auf Mängel in der Konstitution verweisen wie aus dem Kampf ums Dasein entsprungen sein kann, der wie ein Hürdenlauf vorgestellt wird, und die in beiden Fällen stets als Minderwer-

tigkeit [infériorité] gemessen wird. Die Behinderung naturalisiert gleichermaßen die Geschichte des Subjekts, indem sie seine Mängel als Defizite behandelt, wie auch die Geschichte der Gesellschaft, indem sie die zu einem gegebenen historischen Zeitpunkt geforderten Leistungen mit einer ›natürlichen‹ Normalität gleichsetzt (*GR*, 122).

Die letzte der beiden Thesen könnte bestritten werden: Behaupten die Vertreter des flexiblen Normalismus wirklich, daß die dynamisch mit den Durchschnitten wachsenden Leistungen als »natürlich« in einem unhistorischen Sinn aufzufassen seien? Eher ist es wohl so, daß die »Natürlichkeits«-Ideologie des Protonormalismus noch sehr stark weiterwirkt und sich parallel mit dem Flexibilitäts-Normalismus weiter reproduziert.

Castel zeichnet diesen Integrationsprozeß vor allem als diskursiven Integrationsprozeß zwischen Psychiatrie, Spezialmedizin (Neurologie), Psychoanalyse und Verhaltenstherapie (*GR*, 109ff.) nach. Es geht dabei um einen für das Funktionieren des flexiblen Normalismus ungemein exemplarischen Vorgang. Zweifellos ist es unmöglich, Spezialdiskurse wie Neurologie, Psychoanalyse und Behaviorismus in einem strikten Sinne ›wissenschaftlich zu integrieren‹. Eine solche strikt wissenschaftliche Integration mag sich irgendwann in der Zukunft durch revolutionäre neue Einsichten in das Funktionieren des Gehirns (Synergie von physiologischen, sprachlichen und anderen, etwa im Freudschen Sinne »unbewußten«, kognitiven Funktionen) abzeichnen – sie wäre aber Neukonstitution neuer Objektfelder und neuer Wissenschaften, keineswegs Integration der genannten alten. Was geschieht also durch die normalistische Kopplung qualitativ irreduktibler Spezialdiskurse zu einem homogenen praktischen Dispositiv? Was folgt etwa aus der Reform von Studiengängen, die sowohl Neurologie wie Psychoanalyse wie Verhaltenstherapie gleichermaßen obligatorisch machen? Offenbar werden durch solche *Mixe* neuartige interdiskursive Dispositive geschaffen, die operative Kopplungen statt auf strikt wissenschaftliche Zusammenhänge vielmehr auf ein semantisches Feld interdiskursiver ›Kurzschlüsse‹ beziehen. In dem entsprechenden Feld verbinden sich Elemente aus verschiedenen Spezialdiskursen primär nicht nach operativen Gesichtspunkten, sondern nach allgemein normalistischen, vor allem subjektfunktionalen ›Evidenzen‹. In den Teilen V bis VIII der vorliegenden Studie wird versucht, die Grundzüge des entsprechenden flexibel-normalistischen, interdiskursiven Gesamt-Orientierungsrahmens zu modellieren. Dabei geht es um die imaginäre Totalität normalistischer ›Basis-Evidenzen‹ als Querschnitt und *Mix* so verschiedener sektorieller Normalitäten wie der medizinischen, psychologischen, industriellen und politischen mittels des gemeinsamen Komplexes homöostatischer Kollektivsymbolik, wie sie wiederum vor allem in Gestalt der modernen Verkehrssysteme den Alltag bestimmt. Das flexible »Betreuungs«-System der »Therapie für Normale« läßt sich

sogar stricto sensu als ein ›Galtonsieb‹ begreifen, mit dem durch ein fast kontinuierliches Raster gradueller *Entfernungen* von der *Mitte* Normal-Monaden in gaußoid verteilte Haufen transformiert werden. Dem operativen Kopplungs-Dispositiv entspricht also ein ›semantischer Mix‹ für die subjektive Applikation der »Betreuer«.

Die m.E. wichtigste These Castels bezieht sich auf die »Betreuung« (tutelle) als jenes Grundverhältnis, das mit der gesellschaftlichen Konstitution von Teil-Populationen als »anormal« und »zu normalisieren« eigentlich ›gemeint‹ ist und das in den zwei fundamentalen Strategien (Protonormalismus, Flexibilitäts-Normalismus) mit zwei verschiedenen Dispositiven von »Management« (gestion) und »Filterung« gekoppelt wird. Die französische Kategorie der »tutelle« bestreicht ein breiteres Bedeutungsfeld als das deutsche »Betreuung«. »Tutelle« meint im juristischen Spezialdiskurs die Vormundschaft, insbesondere für Minderjährige und Entmündigte. Durch das Gesetz von 1838 wurde mit der Grundlage für die Entmündigung von Geisteskranken also gleichzeitig die Grundlage für einen »totalen« (»totalitären«, wie Castel sagt) Typ der Betreuung geschaffen. Mit der juristischen Entmündigung war der »Betreute« radikal vom ›normalen‹ Alltag ausgeschlossen, so daß die lebenslange Internierung tendenziell als ›angemessenste‹ Form der »Betreuung« erschien. Demgegenüber ist die neue Kategorie der »tutelle« im Sinne eines breiten Spektrums von Betreuungs-Maßnahmen das flexible Resultat eines flexiblen *Filterungs*- bzw. *Siebungs*-Prozesses.

Das paradoxe Resultat des Aggiornamento von 1968 ist die Tendenz zur »Therapierung der Normalen« (*GR*, 13, 43f., 75, 101, 111) am ›inneren‹ Pol des Fächers der Betreuung:

> Am einen Ende dieses Fächers gibt es weiter die noch immer direkt vom Staatsapparat dirigierte Verwaltung der ›riskanten‹ Populationen auf der Basis eines Profils sozialer Verlaufsschemata [filières], die man sie einzuschlagen nötigt. Das ist das soziale Risiken-Management. Am anderen Pol blühen Innovationen von spielähnlichem Typ: Intensivierungstrainings fürs ›menschliche Potential‹, Entwicklungstechniken fürs Beziehungskapital, Produktion einer psychologischen Massenkultur, die von den heißhungrigen Konsumenten wie Analoga verlorener Geselligkeit verschlungen werden. Das ist das Management der individuellen Zerbrechlichkeiten (*GR*, 14).

Hier geht es also um jene Therapiekultur, auf die bereits Adorno und Marcuse in den USA gestoßen waren – die sie aber größtenteils ignoriert und ansonsten mit protonormalistischen Verfahren vermengt hatten. Es wird sich erweisen, daß diese Therapiekultur, also der tendenziell die gesamte Gesellschaft erfassende Trend einer »Therapierung der Normalen«, viel mehr bedeutet als die sprichwörtlich gewordene »Beschäftigungstherapie« zwecks Minimierung von ›fast-normalen‹ »Störungen« aller Art. In der Therapiekultur können vielmehr wie nirgends sonst die subjektiven Selbst-

Normalisierungsverfahren trainiert werden, auf die der flexible Normalismus im Unterschied zum Protonormalismus mit seiner Außen-Steuerung und Dressur notwendig verwiesen ist. Ohne Therapiekultur kann der Flexibilitäts-Normalismus genauso wenig funktionieren wie ohne Sport und Wissenssport. Castel erblickt in diesem Kontext den wichtigsten Beitrag der Psychoanalyse zum flexiblen Normalismus:

Die Psychoanalyse wird dabei das wichtigste Vehikel der Propagierung einer psychologischen Kultur, die, wie sich zeigen wird, in die noch kaum vermessenen Gefilde der ›Therapie für die Normalen‹ weist, jenseits der Trennungslinie zwischen dem Normalen und dem Pathologischen (*GR*, 101).

So scheint also die Öffnung der Anstalten auf die Gesellschaft (offene Therapie und Feldtherapie) die ganze Gesellschaft zum potentiell kranken Körper konstituiert zu haben:

Aber bedeutet nicht die Propagierung einer ›Psychiatrie der Ausdehnung‹, das Soziale selbst zu einem großen kranken Körper zu machen, dessen sämtliche Dysfunktionen hinfort medizinisch zu lösen wären? (*GR*, 43)

Bereits in der noch von der polemischen Verve von Achtundsechzig getragenen Schrift über den Psychoanalysmus (*Le Psychanalysme* = *PS*) hatte Castel die zwei verschiedenen normalistischen Strategien und Entwicklungsphasen skizziert und dabei die Rolle der Psychoanalyse bei der Flexibilisierung beschrieben. Auf der einen Seite steht bei ihm »die Form der Zwangs-Autorität« (autorité-coercition), auf der andern »die Form des Beredens-Manipulierens« (persuasion-manipulation). Castel, der zu den frühen Kennern und Vermittlern Marcuses in Frankreich gehörte[23], schlägt mit dessen Begriffsfeld den Flexibilitäts-Normalismus scheinbar ganz der ›Dressur‹ zu und würde ihn damit zu einer bloßen Verlängerung (»aggiornamento«) des Protonormalismus machen. Gegen eine solche Sicht seiner Studie spricht aber die konkrete Analyse der flexibel-normalistischen ›Positivitäten‹ und der Pilotrolle der Psychoanalyse in diesem Kontext. Das vielleicht wichtigste Kapitel des *Psychoanalysmus* trägt den symbolischen und programmatischen Titel »Die Große Auf-Schließung« (»Le grand désenfermement«, *PS*, 184ff.) – es handelt sich dabei um die Umkehrung der Foucaultschen Formel der »Großen Einschließung« (»le grand enfermement«). Gemeint ist die auch statistisch höchst auffällige Trendumkehrung der Anzahlen fix in Anstalten internierter »Geisteskranker«, die in den USA in den fünfziger Jahren des 20. Jahrhunderts begann[24]. Es ist völlig richtig anzunehmen, daß der neue Trend zum ›offenen Vollzug‹ keinen Bruch mit dem Normalismus darstellt, sondern im Gegenteil aufgrund des Prinzips

23 S. dazu die Anm. 23 auf S. 230 von *PS*.
24 S. die statistischen Kurven bei Castel/Castel/Lovell, *SPA*, 109.

von Broussais und Comte von Anfang an als mögliche Alternativ-Strategie mit diesem gesetzt war. Es ist aber ebenso richtig, mit Castel die Katalysatorrolle der Psychoanalyse bei der historischen Konkretisierung des Strategiewechsels zu betonen:

> Die eigenwüchsige Berufung der Psychoanalyse – ich betone noch einmal: Berufung, nicht spätere Entartung – disponiert sie von vornherein dazu, die beiden grundsätzlichen Anforderungen an eine ›moderne Politik der geistigen Gesundheit‹ zu übernehmen: erstens den absoluten Charakter des Einschnitts normal/pathologisch der alten psychiatrischen Symptomatologie aufzubrechen, um in den Übergangszonen greifen zu können, wo die Grenzen von Anormalität und mangelnder sozialer Anpassung sich verwischen; zweitens die Langzeitproblematik in den Griff zu bekommen, das Risiko einer Pathologie während der Latenz zu antizipieren, um den Übergang von der Repression a posteriori zur Prävention a priori zu gewährleisten. In beiden Punkten bietet die Psychoanalyse einen entscheidenden Beitrag an, von dem die klassische Psychiatrie nicht einmal hätte träumen können. Die Flexibilität [souplesse] der Kategorien, die sie ins Spiel bringt, erlaubt es, die gesamte Skala [gamme] von Verhaltensübergängen zwischen Normalität und Anormalität, Konformität und Nonkonformität zu denken, in denen die soziale Kontrolle heute ihre schwierigsten Probleme sieht. (*PS*, 158f.)

Im Detail beschreibt Castel dann die institutionelle und professionelle Integration der Psychoanalyse in das neue flexible Gesamtfeld (Integration der Psychoanalyse in die Anstalts-Psychiatrie und in die neue ›offene‹ Feld-›Betreuung‹; obligatorisches Parallelstudium von Neurologie, Psychiatrie, Psychoanalyse; Schaffung integrierter Studiengänge von *Counseling* unter Einschluß von »angewandter Psychoanalyse« usw.).

Abschließend sei noch einmal erwähnt, daß Castels historische Rekonstruktion des neuesten Aggiornamento diese Entwicklung partiell als eine der wichtigsten ›Vereinnahmungen (récupération) der Kulturrevolution von 1968‹ (Eingangskapitel zu *PS*: »Vereinnahmt, vereinnahmbar, vereinnahmend«, 19ff.) herausstellt. Ohne die Explosion von 1968 mit ihren antipsychiatrischen, lacanianischen und schizoanalytischen Rebellionen wäre nach der Auffassung Castels das zuvor noch stark protonormalistisch strukturierte Gesamtfeld vermutlich nicht genügend durchgerüttelt worden, um es anschließend dann zu einem tendenziell homogenen »Betreuungs-Feld« neu konstituieren zu können. Eine ähnlich stimulierende Rolle für den Flexibilitäts-Normalismus spielte Castel/Castel/Lovell zufolge auch die »Vereinnahmung« der counter-culture in den USA (wenn die entscheidenden Evolutionen der neuen Strategie dort auch der counter-culture vorausgegangen waren). Dieses Faktum legt es nahe anzunehmen, daß der Flexibilitäts-Normalismus relativ ›starke Dosen‹ von Denormalisierung verkraften, ja daß er u.U. aus einem vorübergehenden Chaos zusätzliche Energie gewinnen kann. In all diesen Hinsichten ist das homogene »Betreuungs«-Feld

der »Therapie für die Normalen« für den Flexibilitäts-Normalismus ein enorm bedeutsamer, prototypischer Fall. Er käme durchaus als Modell für eine generelle ›flexible Normalisierung *nach unten*‹ reicher Industriegesellschaften der Ersten Welt im Falle einer langdauernden Stagnationskrise nach 1989 in Frage (s. dazu den Schluß dieser Untersuchung).

5. Die Sphäre der Sozialarbeit als flexibles Feld zur Produktion normalisierter Charaktere (Jacques Donzelot)

Donzelot gibt in seinem Buch *La police des familles*,[25] das sich im Verfahren eng an Foucault anschließt, eine »Archäologie« (im Sinne Foucaults) des für heutige Gesellschaften der ersten Normalitätsklasse so wichtigen Sektors des »Sozialen«. »Le social« hat im Französischen noch stärker als »das Soziale« im Deutschen den emphatischen Beigeschmack von »Sozialarbeit«. Das französische Äquivalent von »Sozialarbeiterin« ist »assistante sociale« (üblicherweise in weiblicher Form), wörtlich »Sozialhelferin«. Donzelot schildert die Vorläufer dieser Figur seit dem 18. Jahrhundert (stets am französischen Beispiel), ihre feste Etablierung seit der Zeit um 1900, ihr spektakuläres Anwachsen im 20. Jahrhundert und ihre Einmündung in eine Art psychoanalytisch orientierte soziale Psychotherapie nach dem Zweiten Weltkrieg.

Wie der Titel des Buches anzeigt, ist für Donzelot das Feld des »Sozialen« weitgehend deckungsgleich mit dem Gegenstand »Familie«. »Police« ist im Sinne des 18. Jahrhunderts (wie das damalige deutsche »Policey«) verwendet: als soziale Regulierung im weiten, nicht eng repressiven Sinne. In der Tat läßt sich ja sagen, daß die hegemonialen Sektoren der Zivilgesellschaft in »modernen« europäischen Gesellschaften seit dem 18. Jahrhundert als Ensembles von »Familien« konstituiert sind. Das gilt sowohl für die aktiv-hegemonialen bürgerlichen Oberklassen wie für die hegemonialbeherrschten plebejischen und proletarischen Unterklassen.

Ich erlaube mir, bei der Darstellung von Donzelots Untersuchung auch meine eigenen Fragestellungen und Kategorien ins Spiel zu bringen: Dann läßt sich sagen, daß es sich um die Geschichte einer Homogenisierung und Kontinuierung (Kontinuierlich-Machung) des zunächst äußerst heterogenen und diskontinuierlichen Gegenstands »Familie« handelt. Anfangs gab es im strengen Sinne kaum plebejische oder proletarische »Familien«. Wie Donzelot schildert, herrschte in den Unterklassen ein ›wilder‹ Stil der biologisch-sozialen Reproduktion und der Sexualität vor. Wenn man von der kollektivsymbolischen Binäropposition *(Familien-)Haus* vs. *Straße* ausgeht,

25 Donzelot, Jacques, *La police des familles*, (dt. Die Ordnung der Familie), Paris 1977.

dann mußten die Unterklassen erst noch von der *Straße* geholt und ins *Haus* gebracht werden. Das war die Arbeit der Sozialarbeiterinnen avant la lettre, d.h. der religiös oder aufgeklärt-philanthropisch orientierten Helferinnen, wie sie in Deutschland etwa durch Bettina von Arnim, geborene Brentano, repräsentiert sind. Am Ende steht Donzelot zufolge die heutige Durch-Familiarisierung der Gesellschaft, die in der Psychoanalyse eine Technik besitzt, mit der gleichermaßen und kontinuierlich sowohl Ober- wie Unterklassenfamilien behandelt werden können (im mehrfachen Sinne von »behandelt«). Diese Entwicklung läßt sich also als Anpassung des zivilgesellschaftlichen Sektors und insbesondere der biologisch-sozialen Reproduktion sowie der Sexualität an die Grundbedingungen des Normalismus auffassen: Normalismus setzt ja die Homogenisierung und Kontinuierung des Heterogenen und Diskontinuierlichen unbedingt voraus. Nur in einem homogenen und kontinuierlichen Feld können kontinuierliche Datenerhebungen und Bildungen von Gesamtdurchschnitten vorgenommen werden. Nur in einem solchen kontinuierlichen Feld können solche Durchschnitte sich flexibel »wandeln« (im Sinne einer friedlichen Evolution und eines möglichst kontinuierlichen aggiornamento). Nur in derartigen homogenisierten Feldern können Devianzgrenzen aufgrund der positiven Datenlage und ohne apriorische, präetablierte moralische Normen bestimmt werden. Nur mittels solcher Felder können also normalistische Normen statt moralischer kulturell dominant werden.

Diese Kontinuierung zum Normalfeld setzt aber ferner in jedem Falle homogene Normaleinheiten voraus: Die im modernen realexistierenden Normalismus einzige durchgängige und ›stabile‹ Normaleinheit ›kleiner As-Sociation‹, die einzige zwischen Individuum (Normal-Monade) und »Nation«, ist die (Klein-)Familie. Andere kleine oder mittlere As-Sociationen wie Sport- und andere Clubs bzw. Vereine oder größere As-Sociationen wie Kirchen, Gewerkschaften und Parteien besitzen im allgemeinen nicht annähernd die Konsistenz der (Klein-)Familie.

Zwei Abschnitte heißen bei Donzelot explizit »La normalisation«: der erste gehört zum Kapitel »Le gouvernement par la famille«, der zweite (»Stratégie familiale et normalisation sociale«) ist Teil des Kapitels »La régulation des images«, in dem der heutige, durch die Psychoanalyse bestimmte Zustand beschrieben wird. Aber auch Abschnitte mit anderen Titeln handeln hauptsächlich von »normalisation«. In dieser mangelnden kategorialen Klarheit zeigt sich wie bei Foucault ein Schwanken im Begriff der »normalisation« (mit dominanter semantischer Tendenz auf »standardization«): Es wird nicht zwischen der präetablierten Norm und der durch ›freies Floating‹ gebildeten flexiblen Durchschnitts-Norm unterschieden. Dabei liefert Donzelot Material in Hülle und Fülle, das sozusagen nach einer solchen Unterscheidung ruft: Mit großem strukturellem Scharfblick hat er das

Gerichtswesen für Kinder und Minderjährige als symptomatischen Knotenpunkt des sogenannten »sozialen« Feldes ausgemacht. Und an den in Frankreich institutionalisierten »Kindergerichten«[26] (tribunaux pour enfants) läßt sich mustergültig die entscheidende Transformation studieren: Zuerst waren es Polizisten (im engen Sinne) und Psychiater, die dem Richter die Normen angaben. In beiden Fällen handelte es sich also um präetablierte Normen, bei den Psychiatern des 19. Jahrhunderts z.B. um Normen der gesunden Rasse und Grenzen der Entartung. Heute dagegen sagen psychoanalytisch orientierte Therapeuten und Sozialarbeiterinnen das entscheidende Wort: Ihr Wissen ist grundsätzlich flexibel und von wechselnden statistischen Daten abhängig. Wenn die Daten einen »neuen Sozialisations-Typ« hergeben, kann mutmaßlich deviantes Verhalten eventuell ganz neu bewertet werden.

Der eigentliche Triumph des Flexibilitäts-Normalismus auf dem Gebiet des »Sozialen« liegt aber zweifellos in der Homogenisierung und Kontinuierung des Feldes über die Grenzen des Kriminellen, Geisteskranken, Geistig-Behinderten usw. hinweg. Neue Kategorien wie die der »inadaptation« (frz. für Unangepaßtheit) oder in Deutschland der »Dissozialität« sind ausgesprochen kontinuierlich zu verstehen. Unter dem Dach dieser Kategorien lassen sich sozusagen Kurven unmerklicher Graduierung von mehr oder weniger großem Abstand zur Normalität als Durchschnitt vorstellen.

Wie bereits mehrfach in dieser Untersuchung angedeutet, gehört zu dem von mir vorgeschlagenen Begriff der (heute dominanten) flexibel-normalistischen Strategie außer der Kontinuierung von Diskontinuitäten auch die »spontan-freie« Selbst-Formierung und Selbst-Regulierung der Subjekte entsprechend den flexiblen normalistischen Normen (im Gegensatz zu einer autoritären bzw. repressiven Fremd-Regulierung, Dressur). Auf dem Feld des »Sozialen«, wie Donzelot es analysiert hat, geht es dementsprechend um die Selbst-Formierung und Selbst-Regulierung normalistischer »Charaktere«. Donzelot behandelt dieses Thema im letzten Kapitel »La régulation des images« (»Die Regulierung der Bilder«), womit er die grundlegenden »Charakter«-Bilder der Psychoanalyse, also familiale »Charaktere« (Vater-, Mutter-, Sohn- und Tochter-Bilder) meint. Die exemplarische Situation ist dabei die des devianten Kindes, das in der Therapie gebeten wird, ein Bild seiner Familie zu malen (192ff.).

Literaturwissenschaftlich gesehen, lassen sich solche »Charakter«-Bilder als Applikations-Vorgaben bestimmen. Die Subjekte können sich mit ihnen positiv oder negativ »identifizieren«, wie es heißt, sie können sie »introjizieren«, wie Freud sagt, usw. Solange wir nichts Genaueres über die entsprechenden Vorgänge im Gehirn wissen, schlage ich vor, allgemein von

---

26 Zur deutschen Parallele der Jugendgerichte s. Detlev Peukert, *Grenzen der Sozialdisziplinierung.* Aufstieg und Krise der deutschen Jugendfürsorge von 1878 bis 1932, Köln 1986, 87ff.

»Applikation« zu sprechen. Dann besteht Literatur im weitesten Sinne, also einschließlich z.B. Film, aus nichts anderem als aus Applikations-Vorgaben. Es sind daher selbstverständlich die modernen Massenmedien, die jenes bunte Kaleidoskop von »Charakteren« jeder Art liefern, die aber sämtlich (abgesehen von wenigen Avantgarde- und E-produkten) auf den gleichen Schlüssel des Familialismus gestimmt und insofern alle verrechenbar und kontinuierlich sind. Aus diesem bunten »Charakter«-Kaleidoskop (einem Teilaspekt des oben dargestellten *fun-und-thrill-Bandes*) schält sich eine durchschnittliche und mittlere Zone »normaler Beziehungen« heraus, die keineswegs mehr langfristig-monogam sein müssen, die aber durchgängig »ödipal« und »triangulär« im Sinne von Deleuze und Guattari bleiben, an denen sich Donzelot außer an Foucault am stärksten orientiert (Deleuze hat das Nachwort zu Donzelot geschrieben). Diese Mittelzone »normaler Beziehungen« bildet sich in einem komplizierten Rückstoß-Prozeß von den kriminellen, psychotischen und utopischen »Charakteren« und »Beziehungen« heraus, von denen die Filme hauptsächlich handeln. Die normalistische Mittel- und Durchschnitts-Zone zieht die Applikationen der Subjekte an. Sie ist aber nur durch ihre Kontinuität mit den interessanten und spannenden devianten »Charakteren« attraktiv im mehrfachen Sinne.

Donzelots Analyse wirft also eine Reihe weitergehender Fragen auf: Läßt sich die von ihm beschriebene Entwicklung etwa als Übergang vornormalistischer ›wilder‹ Beziehungen zunächst in protonormalistische »Normal-Familien« und dann in flexibel-normalistische »offen«-familialistische »Normal-Beziehungen« kennzeichnen? Die protonormalistische »Normal-Familie« wäre dabei mit dem von Freud analysierten, »ödipalen« Familientyp identisch, ebenso mit der »autoritären« Familie bei Horkheimer und Adorno. Normalismustheoretisch spricht gegen diesen Familientyp seine innere Heterogenität: es gibt erstens keinerlei Homogenität zwischen den »Charakteren« des Vaters, der Mutter und der übrigen Familienmitglieder, und zweitens ist die Außenwand dieser Art von Familie tendenziell ohne jede Porosität, so daß das Feld des »Sozialen« auf der Mikroebene von lauter kleinen Diskontinuitäten zerhackt ist. Mehr noch: die fehlende soziale Durchlässigkeit der Familien-Wände produziert in Gestalt proliferierender Neurosen eine exotische Pluralität und Heterogenität »devianter Charaktere«, die die Homogenität des Feldes stören. Während also die demographische, ökonomische, politische und womöglich auch sexuelle Normalisierung im Prinzip auch mit Singles (Normal-Monaden) arbeiten könnte, scheint die Normalisierung der biologischen Reproduktion, der Primärsozialisation und insbesondere der Integration zwischen Sexualität und As-Sociation zu ihrer Normalisierung auch weiterhin auf eine Instanz »Normal-Familie« nicht verzichten zu können. Deren Flexibilisierung, d.h. *gebremste*, kontrollierte *Öffnung*, dürfte allerdings im strengen Sinne aporetisch sein.

6. Auf dem Wege zu einer allgemeinen Theorie (flexibler) sozialer Normalisierung: Marc Guillaume

In seinem Buch *Lob der Unordnung* (*Éloge du désordre*, Paris 1978) hat Marc Guillaume einen Begriff der »Normalisierung« (»normalisation«) entwickelt, der sich in mancher Hinsicht mit der hier vorgeschlagenen Kategorie des »Normalismus« deckt: Auch Guillaumes »Normalisierung« will als eine kulturelle Dominante gelesen werden, nicht bloß als Kennzeichnung sektorieller, also spezieller Dispositive. Vor allem aber kulminiert Guillaumes historisch angelegte Darstellung in der These, es habe sich seit dem Zweiten Weltkrieg nicht bloß sektoriell, sondern kulturell-dominant eine qualitativ neue Stufe der »Normalisierung« etabliert, die dominant auf »sanften« (»douces«) Taktiken (63) und auf »Selbstnormalisierung« (»autonormalisation«: 12, 23) beruhe. Es kann auf den ersten Blick so scheinen, als ob diese neue Stufe exakt die gleiche Formation meine, die in der vorliegenden Untersuchung »Flexibilitäts-Normalismus« zu nennen vorgeschlagen wird. So spricht Guillaume nicht bloß von »Selbstnormalisierung«, sondern betont auch – in Abkehr von jeder Form von Ökonomismus – die Eigenständigkeit der »Normalisierungsweise« (»mode de normalisation«: 75ff.) gegenüber der »Produktionsweise« im Sinne von Marx. Demnach betrachtet auch Guillaume das Verhältnis von Kapitalismus und Normalismus als historisch entstandene Kopplung, als eine Art von funktionaler »Symbiose«:

> Die Normalisierung ist nicht bloß eine Art Dopplung des Kapitals, ein Parasit, der sich mit der Zeit eingeschlichen hätte [...]; sie sind noch enger verbunden, nach Art einer wirklichen Symbiose. [...] Ohne Normalisierung entwickelt der Kapitalismus sich nicht dauerhaft, er ist dann wie ein Organismus ohne Knochengerüst. Ohne Kapitalismus und industrielle Entwicklung bleibt die Normalisierung archaisch, wie in den nicht industrialisierten Ländern, oder brutal wie in den Ländern des Ostblocks und in China. Der wirkliche Gegensatz zwischen Ländern mit verschiedenen politischen Regimen betrifft also das Niveau und die Verfahrensweisen [modalités], die sie jeweils zwischen Kapitalismus bzw. Industrialismus einerseits und Normalisierung anderseits entwickelt haben. Der marxistische Begriff der Produktionsweise berücksichtigt diese Symbiose nur indirekt und partiell, weil eine autonome Normalisierungsweise [»mode de normalisation«] zu erklären wäre (9).

In dieser konzentrierten Formulierung fallen allerdings Widersprüche auf: Wenn die »Normalisierungsweise« wirklich als »autonom« betrachtet werden muß, dann kann die »Symbiose« nicht sozusagen exklusiv und providentiell an den Kapitalismus gebunden sein. Tatsächlich erweitert Guil-

laume die Kombinationsmöglichkeiten sozusagen unter der Hand auf den »Industrialismus«, um die leninistischen und postleninistischen (»sozialistischen«) Formationen erfassen zu können, deren (proto-)normalistische Funktionsweise evident erscheint. Der folgende längere Abschnitt aus der resümierenden Einleitung faßt Guillaumes Auffassung von der »modernen Normalisierung« konzentriert zusammen:

Es [das forcierte wirtschaftliche Wachstum, J.L.] ist begleitet von einer grundlegenden Änderung (mutation) der Normalisierung. Diese Normalisierung, die 150 Jahre westlicher Kapitalismus bereits relativ komplex gestaltet haben – besonders im Vergleich mit den Ländern des Ostblocks –, wird noch subtiler, indirekter und totalitärer. Sie wird nicht mehr ausschließlich in den klassischen Einrichtungen der Einschließung und Konzentration [équipements collecteurs], etwa des Erziehungs- und Gesundheitswesens, produziert. Sie beruht nicht mehr ausschließlich auf Konzentration, Überwachung und direkter Hierarchie, noch weniger auf ausschließlicher Uniformierung. Der Kapitalismus mit seiner (spezifischen) Unordnung ist nicht länger der einzige Motor ihrer Entwicklung, seit die Welt der Ware nicht länger die einzige negative Instanz ist [...], deren Wirkungen sie zu bekämpfen bzw. in Schach zu halten suchte. Sie erringt eine relative Autonomie, gestützt auf neue Arten von Unordnung – die ökologische Unordnung, die Droge, den Terrorismus und, warum nicht, die erotische Unordnung – die sie zuweilen mit einer gewissen Nachgiebigkeit zuläßt, um desto mehr Kraft daraus ziehen zu können. Aber sie geht noch weiter. Die moderne Normalisierung duldet gleichzeitig einen gewissen Grad an Aufsprengung der zentralen Verwaltungsinstanzen und wird immer diffuser, gestreuter, innerlicher: allgemein etablierte Selbst-Normalisierung. Geht es doch darum, die Breschen wieder zu stopfen, die gerade der Grad ihrer eigenen Perfektion dadurch öffnen kann, daß sie das Subjekt bis an den Rand der Einsicht in die Wahrheit seines Mangels und des Aspekts seiner Versklavung in dem Dienst führt, den sie ihm leistet. Zu diesem Zweck wird die Normalisierung dominant indirekt, wobei sie vor allem mittels einer subtilen An-Ordnung [mise en ordre] der Vorstellungen [représentations] verfährt (teils als Inszenierung der Vergangenheit, wie die Geschichtsschreibung sie gut zu leisten beginnt, teils als Inszenierung und Ausbeutung der Zukunft) (12).

Es handelt sich bei Guillaumes Arbeit im wesentlichen um eine theoretische Synthese, die nicht eigene neue Spezialforschungen ins Spiel bringt, sondern die auf den Ergebnissen von Foucault und seinen Schülern (insbesondere sehr stark auf den Studien von Lion Murard und Patrick Zylbermann zur Urbanistik der Arbeitersiedlungen[27]) aufbaut. Historisch geht es um einen konzentrierten Abriß symptomatischer Entwicklungen des 19. und 20. Jahrhunderts: Parallel zu den industriellen Fabriken werden Perioden der »Normalisierungsfabriken« (58ff.) und Normalisierungs-»Ausstattungen« (»équipements«: 58ff., etwa im Sinne von Foucaults »Dispositiven«) skiz-

27 Lion Murard/Patrick Zylbermann, *Le petit travailleur infatigable ou le prolétaire régénéré.* Villes-usines, habitat et intimités au 19e siècle (= *Recherches* 25, nov. 1976), Fontenay-sous-Bois 1976.

ziert. Die wichtigsten Sektoren sind dabei außer den eigentlichen Fabriken der Urbanismus, das Militär, das Gesundheits- und das Erziehungswesen. Guillaume zeichnet eine historische Folge von »Unordnungen« nach (wie die der »nomadischen« Proletarier in der ersten Hälfte des 19. Jahrhunderts), gegen die je neue Normalisierungstaktiken erfunden wurden. Dabei entsteht insgesamt das Bild einer schrittweisen Verwandlung des beängstigenden *Gewimmels* der modernen Massen in einen kontrollierten Prozeß der Durchschleusung isolierter Massen-Atome durch ein immer verzweigteres System von »Leitungsröhren« (*tubes*: 61ff.) zwecks Klassifizierung, Positionierung und Selektion (*Aus-Siebung*). Diese »Leitungsröhren-Gesellschaft« (»société tubulaire«: 61) ähnelt dem »Galtonsieb«, wie es in der vorliegenden Studie als zentrales normalistisches Dispositiv und Modell entwickelt wird. Allerdings käme es darauf an, deutlich zwischen einem protonormalistischen Röhrensystem aus relativ wenigen, relativ *dicken Röhren*, das die individuellen *Kügelchen* (Normal-Monaden) früh und en masse verteilt – und einem flexibel-normalistischen Siebsystem zu unterscheiden, das relativ häufige Um-Siebungen und ein annähernd kontinuierlich gestreutes *Ankunftsfeld* erstrebt.

Der Fluchtpunkt der Darstellung liegt in einer Theorie »weicher« Normalisierung, insbesondere in einer Theorie der »Selbst-Normalisierung«. Unter dem Titel »Untertanen/Subjekte ohne Herren (Sujets sans Maîtres)« wird versucht, der Tendenz der neuesten normalistischen Subjekte (seit etwa den sechziger Jahren des 20. Jahrhunderts, also seit der völligen Durchsetzung des Flexibilitäts-Normalismus) auf den Grund zu gehen, sich freiwillig unterwerfen und »nicht wissen zu wollen«. Guillaume sieht die tiefste Wurzel dieser Tendenz in der von Lacan im Anschluß an Hegel entwickelten Dialektik der »Anerkennung«. Solange die Individuen die radikale Akzeptanz ihrer Singularität und damit gleichzeitig die der »Heterogenität« des Socius scheuten und beim »Anderen« Anerkennung suchten, reproduzierten sie stets schon ein »homogenes« soziales Feld der Vergleichbarkeit und Konkurrenz. Wenn nun in diesem Feld die Instanz des »Herren« wegfalle, bleibe als »Anderer« eine rein abstrakte »Axiomatik« des Staats. Diese »Axiomatik« könne den Wunsch (désir) heterogener Individuen nach Anerkennung prinzipiell niemals erfüllen und verschiebe ihn auf das Angebot staatlicher Dienstleistungen (128ff.) für einen Bedarf (besoin). Lassen die Individuen sich darauf ein, so konstituieren sie sich im Feld der Vergleiche und Um-Verteilungen und sind damit normalisiert. Dagegen setzte Guillaume seinerzeit in der Tradition Nietzsches, Batailles und ein wenig Debords auf radikales Festhalten an individueller Heterogenität und »Unordnung« (15) im Rahmen einer »kalten« Kulturrevolution (125).

In drei wesentlichen Punkten unterscheidet sich Guillaumes Theorie der »modernen Normalisierung« trotz aller Nähe von der hier vorgeschlagenen

Theorie des »Flexibilitäts-Normalismus«: Erstens verwendet Guillaume einen in Anschluß an Georges Bataille entwickelten anthropologischen, panchronischen und panhistorischen Normalitäts-Begriff. Zweitens sieht er den neuesten Typ von »Normalisierung« als kontinuierliche Steigerung der autoritären Normalisierung des 19. Jahrhunderts (d.h. des Protonormalismus) und darüber hinaus der gesamten Geschichte und Vorgeschichte. Symptomatisch dafür ist die Gleichsetzung von »Selbstnormalisierung« mit »Selbstzensur« (23). Drittens ist der Zusammenhang der einzelnen Normalisierungs-Dispositive innerhalb der gesamten kulturellen Formation nicht operativ-funktional, sondern letztlich semsynthetisch gedacht. Wenn also Foucault auf das (semsynthetische) Mißverständnis der *Ordnung der Dinge* bei manchen Lesern gerade durch die noch radikalere Heterogenisierung konkreter, in sich ebenfalls bereits heterogener Dispositive reagiert hatte, so mündet der guillaumesche Diskurs umgekehrt in eine philosophische Subsumtion der modernsten Normalitäten unter das anthropologische Modell Batailles von Verschwendung und Macht (154ff.).

(Nicht) normale Fahrten 5: Im Citroen DS russisches Roulett mit der flexiblen Normalitätsgrenze spielen (Roger Vaillands »La Fête«[28])

Das Szenario dieses stark autobiographisch gefärbten Romans des Kommunisten, Playboys, Säufers, Junkies, Gelegenheitsrevolutionärs und Geheimagenten Roger Vailland ist folgendes: Der Held Duc, der zur Zeit der Ereignisse als Schriftsteller auf dem Lande in einer ›offen-toleranten‹ Dauerbeziehung mit Léone lebt und einen Citroen DS fährt, plant einen Roman mit »fünf Personen und zwei Autos; das ist alles, was ich genau weiß« (23). Er legt die beiden Autos dann auf einen Citroen DS und einen Peugeot 403 fest. Während er mit diesem Romanplot Schwierigkeiten hat und stecken bleibt, empfängt er einen jungen Freund aus Paris mit dessen noch jüngerer Frau Lucie, einer Sekretärin, die mit der Metro zur Arbeit fährt. Duc flirtet zunächst normal mit Lucie und beschließt dann, mit ihr ein Abenteuer zu haben, ein »Fest« (*Fête*). Nachdem sie zunächst nicht gewollt hat, will sie später, und die beiden verbringen ein Wochenende in einem Schloß-Hotel auf dem Lande. Am Ende teilt Duc seiner Dauerfreundin Léone mit, daß er nun wisse, was er schreiben möchte: nicht den geplanten Roman, sondern einfach den Ablauf der letzten Tage und Wochen in dokumentarischer Treue – eben jenen Text *La Fête*, den wir gerade gelesen haben.

Dieser Text will einen normalen Lebensabschnitt simulieren, was durch die Montage vieler Episoden erreicht wird, dic vor dem Erwartungshorizont

28 Roger Vailland, *La fête*, Paris 1960.

eines Romans als blinde Motive wirken. So kommt es nicht zu einem chiastischen Partnertausch der vier Beteiligten nach dem Muster der *Wahlverwandtschaften*, obwohl es an einem bestimmten Moment so aussieht. So bleiben viele Gespräche über »Souveränität«, »schriftstellerische Ausdrucksmittel«, »verrückte Liebe«, römische Generäle und Strategie, Résistance in Frankreich und Revolution in Ägypten sowie eben über »das Fest« stecken wie das Romanprojekt. Vor allem aber wird das Auto-Motiv in vielfacher Weise als blindes Motiv eingesetzt. Als Duc in seinem DS zum Rendez-vous mit Lucie unterwegs ist (Lucie kommt im Zug von Paris dorthin), riecht es nach verbranntem Öl. Duc sucht eine Werkstatt auf und läßt den Wagen untersuchen:

> Die Mechaniker meinten, daß der Motor nicht anormal [anormalement] heiß wäre. Öltropfen mußten auf heißes Metall gefallen sein, wahrscheinlich auf das Auspuffrohr; woher kam dieses Öl? Da lag das Problem (233).

Es läßt sich nichts feststellen, und Duc fährt langsamer weiter, »ohne Risiken einzugehen« (233). Während das an Romane gewohnte Bewußtsein nun eine Explosion erwartet, womöglich zusammen mit Lucie, passiert nicht nur nichts dergleichen, sondern wird das Problem im folgenden schlicht vergessen.

Diese Strategie der Realeffekte durch Enttäuschung zuvor bewußt provozierter romanhafter Erwartungen wird noch durch die Enttäuschung erwarteter Symbolisierungen verstärkt: Das Kollektivsymbol des Autos ist fest in unserem Kopf verankert, wir erwarten Analogien zwischen Autokörper und Frauenkörper, zwischen Autofahrt und Lebensreise usw. Vor allem erwarten wir, daß uns das Auto als normalistisches Subjekt-Simulacrum präsentiert wird, zumal wenn es angeblich um »die Beziehungen des Menschen und des Autos« (284) gehen soll. Wiederum Fehlanzeige: Statt dessen wird z.B. einfach akribisch beschrieben, wie der DS aus der Garage manövriert wird:

> Er ging runter in die Garage und setzte sich ans Steuer des DS. Er drehte den Zündschlüssel und ein rotes Lämpchen ging an. Er zog den Choke, verringerte die Frühzündung, drückte auf den Anlasser, der Motor sprang sofort an; Duc war zufrieden, daß der Motor beim sechsundzwanzigtausendsten Kilometer genauso leicht startete wie bei der Lieferung des Wagens. Er drückte den Choke rein, erhöhte die Frühzündung auf voll, hörte die Pumpe des Öldrucksystems, die in Gang kam; das rote Lämpchen ging aus. Er gab ein wenig Gas, die Karrosserie hob sich, zuerst das Vorderteil, dessen Schatten er links an der Wand, gegenüber der Garagenbeleuchtung, sah, dann das Hinterteil, das er hinter sich hochgehen fühlte; dann senkte sich das Vorderteil ein bißchen, und er sah den Schatten an der Wand kleiner werden, der Wagen hatte sein Gleichgewicht erreicht; er konnte sich immer noch von diesen Seufzern, wie aus einer Brust, wie aus einem Bauch, bezaubern lassen. / Léone machte das Garagentor auf, er gab Gas, um den Motor zu erwärmen. Als das Tor auf war, fuhr er langsam im ersten

Gang an, um in die Straße einzubiegen, die eng ist. Er hatte seine Orientierungspunkte, das Abflußrohr des Hauses gegenüber, den Zementmasten der Stromleitung, die kleine Gartenmauer der Nachbarn, – wie die Bojen, an denen die Schiffsleute sich nacheinander orientieren, um ohne Lotsen in einen Hafen, eine Bucht, einen Fjord oder eine Lagune hineinzukommen –, um in die Garage hinein oder aus ihr herauszufahren, im Vorwärtsgang oder im Rückwärtsgang, ohne sich umzudrehen oder zur Seite zu blicken. Sobald er nach dem vierten Orientierungspunkt, dem Eckstein einer alten Einfahrt, ausgerichtet war, wußte er, daß er aus der Garage herauswar, stoppte und schaltete in den Leerlauf (64f.).

Das ist natürlich nicht zuletzt auch ein Schreiben im Schatten des Films bzw. mit Blick auf Verfilmung. Parallel mit Godard. Der Normalitäts-Effekt wird dadurch zusätzlich erhöht, weil auch triviale filmische Erwartungen (Autojagden aus Krimis oder Liebe bzw. Familiendramen im Auto) nicht erfüllt werden. Der Höhepunkt ist eine Wettfahrt gegen einen Peugeot 403, ziemlich zu Beginn des Textes, vor der Zuwendung Ducs zu Lucie, gemeinsam mit Léone. Man muß annehmen (es wird nicht gesagt), daß Duc diese Wettfahrt u.a. deshalb unternimmt, weil er den Plan des Romans mit zwei Autos, einem DS und einem 403, im Kopf hat. Begründet wird die Jagd, bei der Duc seinen Gegner schließlich durch tollkühne Überhol- und plötzliche Einscher-Manöver in einen tödlichen Aufprallunfall gegen entgegenkommende LKWs jagen möchte, mit der »miesen Fresse« (»sale gueule«) seiner Konkurrenten im 403. (Übrigens kommt es auch hier nicht zu dem erhofften »Knall«.)

Bei diesen Konkurrenten handelt es sich deutlich um eine Normal-Familie (Papa, Mama, Bubi) auf einer Normal-Fahrt. Nach der ersten Aufprallfalle heißt es von dem 403: »Er berührt die Böschung, die ihn auf die Straßenmitte zurückwirft, in die normale Position (position normale) zurück« (71). Jenseits der Zurückweisung jeder künstlich-analogen, etwa metaphorischen Symbolik entsteht auf diese Weise ein Effekt repräsentativer Symbolik: die Konkurrenzfahrt gegen den 403 ist ein Kampf-Spiel gegen die Normalität, genauer ein russisches Roulett mit der Normalität gegen die Normalität. Die Liebesgeschichte mit Lucie (»das Fest«) ist nicht einfach homolog zu der Autowettfahrt – aber auch da geht es um ein Spiel an und mit den äußersten Grenzen der Normalität: Ist die ›offen-tolerante‹ Dauerbeziehung zwischen Duc und Léone (die sich niemals zanken und anschreien, weil sie beide darüber hinaus sind) bloß das Äußerste, was der Flexibilitäts-Normalismus als kulturelles Schema anbietet, oder ist eine transnormale, eurhythmische Lebensform gemeint? Am Ende des Textes bleibt offen, ob »das Fest« mit Lucie beendet ist oder nicht. Ein indirekter Hinweis könnte darin liegen, daß Duc die intimen Episoden aus Léones Leben während dieser Zeit (z.B. die Situation zwischen Léone und Lucies Mann) nur von Léone erfahren haben kann. Nur von Léone kann er ferner erfahren

haben, daß Lucies Mann schließlich sehr patriarchalisch-protonormalistisch auf das »Fest« seiner Frau reagiert hat: »Lucie ist sein Haus. Er hat es aufgebaut nach seinem Bilde, seine Frau, sein Haus, sein Intimstes« (209).

Haus statt Auto. War das eigentliche »Fest« also eines mit Léone, die riskante Autofahrt, die ja immer Ducs und Léones Leben gleichzeitig aufs Spiel setzte (und bei der Léone dennoch niemals ins Steuerrad zu greifen versuchte wie die Erzählerin von Christoph Heins *Drachenblut*; s.u.)? Bei dieser Autofahrt sucht Duc eine transnormale Intensität, indem er die Normalität (Auto, Konkurrenz, Geschwindigkeit und *Exponential*kurve) an ihre Grenze treibt. Sucht er also in dem »Fest« mit Lucie, bei der die flexibilitäts-normalistische Familialität aufs äußerste angespannt wird, ebenfalls eine transnormalistische Eurhythmie, einen polyeurhythmischen Eros? Diese Annahme wird durch die Musik-Symbolik für das Schreiben (übrigens eine der am wenigsten überzeugenden Stellen, falls sie nicht durch den Kontext kritisiert werden soll) am Ende suggeriert:

> Zuerst ein langes Kapitel, schwer, massiv, ganz im Präsens geschrieben, der Waldspaziergang mit Jean-Marc und Lucie; ich exponiere darin die Themen, die ich entwickeln möchte: die Souveränität, die verrückte Liebe, das Fest, die Ausdrucksmittel des Schriftstellers und die Beziehungen zwischen Mensch und Auto. Danach, ein Kapitel nach dem anderen, brauche ich bloß noch die einzelnen Fäden auszuspinnen, wobei ich immer alle anderen als Kontrapunkt mit weiterführe; ich verknüpfe diesen dichten Zusammenhang im vorletzten Kapitel, einem Orgelsolo; ich ende mit einem klaren Umriß, dem Bericht über das Fest, ganz schmucklos [nu]. Siehst du, was ich meine? Ich muß Symphonien komponieren lernen; vielleicht ist das mein eigentlicher Beruf. – Reicht es dir nicht, zu schreiben? fragte Léone. / Der Zeitpunkt für den Whisky war gekommen, und sie servierte ihn (284f.).

Das Stilmittel der Enttäuschung romanhafter Erwartungen muß als Einsicht in den Umstand gelesen werden, daß die Normalität nicht durch romanhafte bzw. ›poetische‹ Forcierungen erschüttert werden kann, daß sie dadurch im Gegenteil konsolidiert wird. An die Stelle tritt das stilistische Ideal eines Protokolls von Experimenten an der Grenze des Flexibilitäts-Normalismus, wobei Autor und Leser sozusagen gleichermaßen, »brüderlich« darauf warten müssen, ob es irgendwo zu transnormalen, eurhythmischen Intensitäten kommt, so wie seinerzeit in der Résistance:

> Er fährt mit dem Rad, Ende 1942. Es ist Nacht, es regnet, der Regen ist kalt. Die Finger in den Handschuhen werden steif, er hält kurz an, um die Hände in die Taschen zu stecken, bis sie wieder warm sind, dann fährt er weiter. In den Dörfern ist alles dunkel. Keine Autos auf den Straßen. Weder französische Polizei noch deutsche Patrouillen. [...] Er fährt mit dem Rad, in der kalten Nacht tritt er in die Pedale, er hat ein schlafendes Dorf durchquert, die Straße steigt an, sie ist hell in dem von der Lampe beschienenen Abschnitt, er fühlt sich vollkommen glücklich, er fährt zu auf [il va à] (235ff.).

Duc nennt diese Bewegung, in der sich unter dem Deckmantel einer normalen Bewegung, einer Radfahrt oder Autofahrt, die Fahrt ins intensive Jenseits der Normalität ereignet, »zufahren auf« (»aller à«). Gemeint ist dabei, daß das Ziel eine Qualität, Intensität außerhalb der Normalität sein soll. Die Fahrt springt sozusagen unterwegs heimlich aus dem Gleis der Normalität und endet ›anderswo‹. Auch Vailland kann dieses Anderswo nicht sehr konkret evozieren. Die Anklänge an Sartres Fahrt der Existenz sind ebenso deutlich wie die an die atmosphärischen Verfremdungen des Erotismus bei Bataille. Aber Vaillands Ton hat den Ausweg aus jedwedem Pathos, wie es sich aus der Reaktion auf protonormalistische Zwänge ergeben kann, geschafft, er bewegt sich eindeutig im Terrain des Flexibilitäts-Normalismus: Droge (vgl. die Eisenbahnfahrt, um sich Heroin zu beschaffen: 234f.), offene Multifamilie, Auto. Dem entspricht ein neues Konzept von »Souveränität«: die Instrumentalisierung des flexiblen Normalismus für rhythmische Ausflüge in transnormale Intensitäten. Aber sind es Ausflüge? Tatsächlich bleibt alles immer auch immanent normalistisch lesbar. Ob normal oder transnormal, bleibt unentscheidbar, weil es davon abhängt, ob sich (da es keinerlei ›transzendentale‹ Ebene gibt) in Zukunft etwas Transnormales ›ergeben‹ wird oder nicht. Eher müßte man also im musikalischen Sinn von ›Umdeutungen‹ sprechen – »aller à« als eine ›Umdeutung‹ des ganz normalen Laufs des *Kügelchens* und des Autos – und vielleicht liegt da der unbewußte Grund für die ausgerutschte Symphonie-Symbolik.

7. Ian Hacking. Zum Anteil der mathematischen Statistik am Normalismus

Im Zentrum der wissenschafts- und begriffsgeschichtlichen Forschungen von Ian Hacking stehen die Genealogie (*The Emergence of Probability*)[29] und die kulturweite Durchsetzung (*The Taming of Chance*)[30] des epistemischen Paares von Wahrscheinlichkeitsrechnung und Statistik. Schon im bisherigen Verlauf der vorliegenden Untersuchung war häufig von der engen diskursiven Symbiose zwischen Normalismus und Wahrscheinlichkeitsrechnung/Statistik die Rede (insbesondere in den Abschnitten über Bresser/Kurt Schneider, Kinsey und Ewald). Diese Symbiose wurde als Faktum konstatiert, ohne noch diskurshistorisch analysiert und rekonstruiert zu werden. Hackings Untersuchungen bieten eine erste Grundlage in Richtung einer solchen Analyse und Rekonstruktion. Seine Darstellung folgt

29 Hacking, Ian, *The Emergence of Probability*, New York u.a. 1975.

30 Hacking, Ian, *The Taming of Chance*, Cambridge u.a. 1990.

insgesamt einer ideen- und problemgeschichtlichen Orientierung; allerdings kennt er auch Canguilhem und Foucault und benutzt selektiv deren Thesen.

Hackings Gegenstand ist also das epistemische Paar Wahrscheinlichkeitsrechnung/Statistik, dessen »Emergenz« in der zweiten Hälfte des 17. und der ersten Hälfte des 18. Jahrhunderts er in seinem ersten Buch (Entwicklung des Wahrscheinlichkeitskalküls zwischen Pascal und Hume) nachzeichnet. Wie sich auch bei Hacking erweist, eilt die mathematische Entwicklung den ersten pränormalistischen Einsatzmöglichkeiten (Demographie und Versicherung) am Anfang weit voraus. Das am Glücksspiel entwickelte mathematische Modell der »Kügelchen«, die aus »Krügen« gegriffen werden, spielt aber für die normalistische Phantasie (vor allem für ihre Vorstellung von As-Sociation, Kontingenz und Konkurrenz) eine gar nicht hoch genug einzuschätzende Rolle. Das zweite Buch beginnt um 1800 und führt bis an die Schwelle des 20. Jahrhunderts. Hacking interessiert sich einerseits für die Entstehung und Entwicklung konkreter diskursiver Dispositive dieses epistemischen Feldes (wie die Gaußkurve oder Grenztheoreme von Bernoulli bis Poisson) wie auch ihres jeweiligen sektoriellen Einsatzes (z.B. in Versicherung und staatlicher Planung). Diese konkreten Ausführungen stehen aber im Rahmen einer übergreifenden Fragestellung ideengeschichtlichen Typs: Hacking sieht zwischen 1800 und 1900 den epochalen Umschlag von »deterministischem« zu »indeterministischem« Denken. Der Normalismus besitzt in dieser Entwicklung keinen wirklich systematischen Ort: Hacking beobachtet parallel zu seiner Hauptthese vielmehr lediglich einen parallelen Umschlag von deterministischer zu indeterministischer Interpretation der Normalität. Hacking ›stößt‹ eher bei der Verfolgung seiner Linie auf die sukzessive Applikation des Wahrscheinlichkeitskalküls zunächst auf menschliche Massen (bei Quételet) und später auf physikalische Vorgänge (Quantenmechanik): bei der ersten Applikation registriert er das Faktum der Symbiose von Wahrscheinlichkeitsrechnung/Statistik und Normalität. Indem er dann die Normalität als Pionierbereich von Indeterminismus einordnet, vernachlässigt er weitgehend sowohl ihre historische wie ihre soziokulturelle Spezifizität (den Normalismus) – was ihn aber nicht hindert, eine Reihe normalistischer Episoden plastisch nachzuzeichnen.

Gegenüber dem 18. Jahrhundert ist die erste Hälfte des 19. nach Hacking (besonders seit etwa 1820, wie er annimmt) zunächst vor allem durch eine »Lawine von veröffentlichten Zahlen« (»avalanche of printed numbers«, 2 passim) gekennzeichnet. Gemeint ist die in dieser Zeit wahrhaft *exponentiell* anwachsende Produktivität der verschiedenen nationalen statistischen Institutionen. Vor der Revolution waren Statistiken von den Staaten eher als geheimzuhaltende Daten betrachtet worden. Der Umschlag zur immer größeren Publizität entsprach sowohl dem demokratischen Ideal von Publizität wie vor allem dem Wissenschafts-Enthusiasmus. Hacking verweist aber zu

Recht auf einen weiteren Faktor von erstrangiger Bedeutung: die Konkurrenz zwischen den Nationalstaaten. Ohne öffentliche Statistiken konnte ein Staat nicht als ›zivilisierter‹ Staat gelten. Nachdem dieses Prinzip einmal akzeptiert war, setzten nicht nur inhaltliche Konkurrenzkämpfe ein (Hakking berichtet über den Kampf zwischen London und Paris über die Selbstmordraten (64ff.)), sondern sicherlich auch Leistungskonkurrenzen über die genauesten und quantitativ umfassendsten Statistiken selbst. Diese Art Rekordrennen verstärkte das, was man die Auflösungsschärfe der Verdatung des sozialen Feldes nennen könnte, in wahrhaft atemberaubender Weise:

Der Enthusiasmus für numerische Daten spiegelt sich z.B. in der Volkszählung der USA. Die erste Volkszählung fragte jeden Haushalt nach 4 Daten. Die zehnte Zehnjahres-Zählung stellte insgesamt 13.010 Fragen nach verschiedenen Fragebögen, die sich an Einzelne, Firmen, Farmen, Krankenhäuser, Kirchen usw. richteten. Diese dreitausendfache Steigerung ist beeindruckend, liegt aber bei weitem unter der Wachstumsrate der veröffentlichten Zahlen. Dort wäre eine dreihunderttausendfache Steigerung eine bessere Schätzung (2).

Das Kapitel »The normal state« (als englische Übersetzung von »état normal«, also »Normalzustand«) beginnt mit einer Begriffsgeschichte von »normal«, die sich vor allem auf Canguilhem stützt und die teils unvollständig, teils auch unkorrekt ist. Weiterführend ist aber die Skizze einer ansatzweise diskursgeschichtlichen Fragestellung. Hacking spricht von mehreren »Wegen« (routes) »zur Normalität«. Als Königsweg erscheint ihm wie Canguilhem der medizinische Diskurs und vor allem die Ausstrahlung von Broussais (164), besonders auf Comte und den entstehenden soziologischen Diskurs. Zwei weitere ›Wege‹ sieht er im technologischen Diskurs der Ingenieure und im militärischen Diskurs (165). In der Tat ist Hackings Betonung der Tatsache, daß Broussais als Militärarzt unter Napoleon begann (82), sicherlich von mehr als anekdotischer Bedeutung. Mehrfach lassen sich seit der zweiten Hälfte des 18. Jahrhunderts punktuelle Kopplungen zwischen industrieller Normung (Standardisierung), militärischer Normierung (Dressur) und epidemiologischer Medizin beobachten. Sicherlich ist die Normung der Maße und Gewichte durch die Erste französische Republik, die zuvor von pränormalistischen Pionieren wie Condorcet gefordert worden war, in diesem Kontext ein diskursives Ereignis allerersten Ranges (wenn sie auch noch nicht »Normierung/ Normalisierung« hieß). Am Ende des Kapitels »The normal state« greift Hacking auf die anschließenden Kapitel vor und entwirft eine binäre Typologie der Auffassung von Normalität im 19. Jahrhundert. Er sieht im 19. Jahrhundert zwei entgegengesetzte Auffassungen von Normalität (bei Hacking im engl. manchmal »normality«, manchmal »normalcy«), die mit einer entgegenge-

setzten Wertung verbunden seien. Während Quételet und Durkheim die Normalität (im Sinne von Durchschnitt) im positiven Sinne als Norm aufgefaßt hätten, habe Galton im Mittelwert umgekehrt eine eher negativ gewertete »Durchschnittlichkeit« gesehen und sich statt dessen für extreme Abweichungen (im Sinne extremer positiver Leistungen) interessiert. Mit dieser Dichotomie berührt Hacking eine wichtige Problematik der Normalverteilung, die für die Evolution vom Protonormalismus zum Flexibilitäts-Normalismus von Bedeutung ist. Allerdings wäre der Zusammenhang anders und komplexer zu rekonstruieren. Zunächst einmal kann der von Hakking idealtypisch skizzierte Unterschied als statische oder dynamisch-vektorisierte Auffassung der Gauß-Kurve begriffen werden: Wenn Quételet bei seinen Größenmessungen von Soldaten usw. einen langdauerstabilen Durchschnitt sah, den er auch mit »Schönheit« verbunden glaubte, interessierte sich Galton mit Vorliebe für sportliche Leistungen, die gesteigert werden können. Während also Quételet fixe Normalitäten suchte, ging es Galton um dynamische Durchschnitte und dynamische Normalitäten, idealiter um die Anhebung von Durchschnitten an Spitzenwerte. Solche ›Verbesserung‹ von Normalitäten gehört zu den hauptsächlichen Zielen des Flexibilitäts-Normalismus (s.o. das zu Kinsey Gesagte). Hacking fehlt der Blick für diese Zusammenhänge, und so ordnet er Durkheim irrigerweise der Tendenz »Quételet« zu, während dessen »Anomie«-Angst gerade umgekehrt auf die Dynamik des Normalismus antwortet und insofern unbedingt zur Tendenz »Galton« zu zählen ist (s.u.).

Nur in der Einleitung streift Hacking einmal kurz den für eine Analyse des Normalismus als historischer Formation wesentlichen Aspekt der Rückkopplung zwischen statistischen und anderen normalistischen Dispositiven auf der einen und normalistischer Subjektbildung auf der anderen Seite:

> Die systematische Datensammlung über die Bevölkerung [about people], hat nicht nur die Weise beeinflußt, in der wir Gesellschaft begreifen, sondern auch die Art, wie wir unseren Nachbar beschreiben. Sie hat alles, was wir wählen zu tun, was wir versuchen zu sein, und was wir über uns selbst denken, tiefgreifend verändert. (3)

In der Tat wären normalistische Formationen (oder, wie Marc Guillaume in Analogie zu »Produktionsweisen« sagte, »Normalisierungsweisen«) als »autopoietische« Kreisläufe aufzufassen, in denen die Subjektivitäten eine Durchlauf-Instanz bilden, die zum einen durch normalistische Dispositive konstituiert, strukturiert und in-formiert wird, und die ihrerseits diese Dispositive konstituiert, erprobt, modifiziert und ›in Gang hält‹. Hacking zeigt sich durchaus fasziniert über diese Instanz »normalistischer Subjektivitäten«, wenn er sie auch sozusagen bloß im Schatten der ideengeschichtlichen Wende vom Determinismus zum Indeterminismus unsystematisch berührt.

Dabei geht es vor allem um den »Enthusiasmus« der »Leute« (people) für Statistik und Normalisierung. Warum lassen sich die »Leute« so gern messen, wiegen, befragen, in Kurven einordnen usw.? Warum geben sie so gern ›ihre Daten aus‹ (Galtons Klientel bezahlte sogar dafür!)? Hier ist von der Konkurrenzlinie des Fortschritts die Rede, die ohne statistische Dispositive nicht funktionieren könnte, weil jede linear vektorisierte Konkurrenz ein homogenes Spiel-Feld und einen Maßstab für immanente Vergleichsmessungen braucht. Dieser »Enthusiasmus« ist also ein konstitutiver »Wille« im Sinne Nietzsches und Foucaults, ein »historisches Apriori« (Foucault), das Spiel des Fortschritts-Rennens mitspielen zu »wollen« und sich dementsprechend so subjektivieren zu »wollen«, daß die dadurch generierten Subjektivitäten als Normal-Einheiten in den verdateten, homogenen, kontinuierlichen, quantifizierbaren ›Spiel-Feldern‹ ihre »Rolle spielen« können. Jedem Normalfeld entspricht dabei im Wortsinn eine bestimmte »Rolle« (eine ›Spielart‹ der Normal-Monade) – was auch auf die soziologische Rollentheorie ein normalistisches Licht wirft. Hackings Tendenz zur Festschreibung auf Protonormalismus und zum ›Übersehen‹ der flexibel-normalistischen Tendenzen gegen Ende des 19. Jahrhunderts hängt wie bei vielen anderen Beobachtern mit seiner Blindheit für die einmalige Spezifizität der modernen Epoche seit dem »Take-off« zusammen.

8. Was meint »Normalisierung von Unwahrscheinlichkeit«? (Niklas Luhmann)

Der diskursive Komplex »Normal«/»Normalität«/»Normalisierung« gehört nicht zu den dominanten Bestandteilen des Luhmannschen »Theoriedesigns«[31]. Das heißt allerdings nicht, daß dieser Komplex bei Luhmann selten oder funktionslos präsent wäre. Zu unterscheiden ist zunächst eine weit verbreitete, weitgehend unreflektierte, offenbar als »normal« empfundene Verwendungsweise von einer ansatzweise reflektierten Verwendungsweise in der Formel »Normalisierung des Unwahrscheinlichen«. Die erste, unreflektierte Verwendungsweise kennt Formeln und Kontexte wie »Normalfall« (*LV*, 112; *SS*, 401; *RG*, 83, 174, 566[32], *SR*, 72, 97, 183[33]), »Normalerscheinung« (*SS*, 543), »Normalfunktionieren« (*SS*, 217; *RG*, 584), »Nor-

31 Die entsprechenden Begriffe fehlen etwa in der Liste von Grundbegriffen der Systemtheorie im Vorwort von *Soziale Systeme*: Niklas Luhmann, *Soziale Systeme*. Grundriß einer allgemeinen Theorie (= *SS*), Frankfurt/Main 1987, 12. Sie fehlen auch meistens als Lemmata in den Registern, mit einigen Ausnahmen (wo sie übrigens sehr unvollständig erfaßt sind).

32 Niklas Luhmann, *Das Recht der Gesellschaft*, Frankfurt/Main 1993 (= *RG*).

33 Niklas Luhmann, *Soziologie des Risikos*, Berlin/New York 1991 (= *SR*).

malverlauf« (*SA* Bd. 2, 46[34]), »Normalregelung« (*LV*, 216), »Normalregulierung« (*LP*, 84), »Normalweg« (*SS*, 549), »normales operatives Verhalten« (*SS*, 617), »Normalkommunikation« (*SS*, 509; *SR*, 91), »Normaleinstellung« (*SA* Bd. 1, 224), »Normalerwartung« (*SA* Bd. 3, 246; *LP*, 68[35]), »normale Kognition« (*SS*, 454), »Normalsachverhalt« (*SS*, 197, 438), »Normalverhalten« (*LP*, 185), »Normalmitglied« (*RG*, 167), »Normalmensch« (*LP*, 153f.), »normales Leben« (*SS*, 403), »Normalanforderungen« (*LV*, 92), »normales Verfahren«, »normaler Geschäftsgang« (*LV*, 212), (*LV*, 75[36]), »normales Interesse« (*SA* Bd. 2, 32), »normale Sukzession« (*SS*, 363), »normale Interpretation« (*RG*, 96), »im täglichen Leben normal« (*LV*, 187, 79), »normale soziale Kontrolle« (*LP*, 31), »Normalität sozialer Ordnung« (*SS*, 165), »Normalität und Wiederholbarkeit« (*SS*, 615), »normaler Alltag« (*SR*, 110), »Alltagserfahrungen von Normalität, die gesellschaftlich durchgängig verfügbar sind« (*SA* Bd. 3, 21), »Normalbestand an Angewiesenheit auf normale Rechtspflege« (*RG*, 82), »normale, permanent laufende verfahrensmäßig geregelte politische Arbeit« (*LV*, 237), »Normalität kommunikativer Übertragungsleistungen« (*LV*, 5), »Normaleinstellung des alltäglichen Erlebens und Handelns« (*SA*, Bd. 1, 46), »gesellschaftliche durchgehende Normalitätserwartungen« (*SA* Bd. 2, 14), »eine etwas anspruchsvollere soziale Normalität der Komplementarität des Verhaltens« (*RG*, 157), »ganz normaler Vorgang der Unsicherheitsabsorption im Verkehr zwischen Systemen« (*RG*, 90), »Durchbrechen des Scheins der Normalität« (*SS*, 162). Zu den Symptomen der verabsäumten Reflexion auf die Kategorie zählt gerade auch der Synonymenreichtum: Man hat den Eindruck, daß meistens »Normalfunktionieren« im Sinne homöostatischer (einschließlich homöorhetischer) Normalität gemeint ist. Gerade im Kontext einer u.a. auch an kybernetischen Homöostase-Modellen orientierten Systemtheorie hätte die Hypothese nahegelegen, daß es sich bei Normalität womöglich um eine spezifische Leistung kybernetisch-homöostatischer Systeme, also um etwas geregelt, ja ›systematisch‹ Produziertes handeln könnte – diese Hypothese bleibt bei Luhmann aber ungedacht. Statt dessen scheint Normalität ganz im Gegenteil häufig etwas nicht geregelt Produziertes, sondern etwas spontan Vorhandenes zu sein – sozusagen eine ›immer schon vorhandene Ressource‹. In diese Richtung tendieren die Verwendungsweisen, die Normalität mit »Alltäglichkeit« und »Lebensweltlichkeit« gleichsetzen. In einem fast

---

34 Niklas Luhmann, *Soziologische Aufklärung*, Bd. 1 Opladen 1970 (= *SA*); Bd. 2 Opladen 1975; Bd. 3 Opladen 1981; Bd. 4 Opladen 1987; Bd. 5 Opladen 1990.

35 Niklas Luhmann, *Liebe als Passion*. Zur Codierung von Intimität, Frankfurt/Main 1982 (= *LP*).

36 Niklas Luhmann, *Legitimation durch Verfahren*, 3. Aufl. Frankfurt/Main 1978 (= *LV*; 1. Aufl. 1969).

definitorischen Kontext über »Erwartungserwartungen« wird diese Identifikation mit »Gewohnheit« und »Üblichkeit« quasi definitorisch stabilisiert:

Aus der Unübersichtlichkeit kann aber nicht auf die Irrelevanz von Erwartungserwartungen geschlossen werden, sondern nur auf die Notwendigkeit symbolischer Kürzel, die hochkomplexe Erwartungslagen in der laufenden Orientierung vertreten. Sollaussagen, Werte, Pflichtbegriffe, Hinweise auf Gewohnheit, Normalität, Üblichkeit sind zum Beispiel Abstraktionen mit dieser Funktion. Sie sind auf der Metaebene des Erwartens von Erwartungen angesiedelt und dienen hier als Surrogat für ein zu umständliches Eruieren, Auflisten und Bekanntmachen der implizierten faktischen Erwartungen. (*SS*, 416)

Ein Vergleich mit anderen Kontexten (z.B. *RG*, 32, 61, 80, 105, 133 und bes. 138) zeigt, daß »normativ« und »normal« bei Luhmann in aller wünschenswerten Klarheit differenziert und entgegengesetzt werden: »normativ« (incl. »Normativität«) ist kontextuell mit »Norm« solidarisch und steht im Gegensatz zu »kognitiv« (*RG*, 134ff.), während »normal« (incl. »Normalität«) nie mit »Norm« gekoppelt wird, sondern etwa mit »Akzeptabilität« (*RG*, 82f.). Soweit stimmt dieser Wortgebrauch also ganz mit dem hier vorgeschlagenen überein. Die Liste der gerade zitierten »symbolischen Kürzel« ist also dichotomisch zu lesen: erstens Normen, zweitens Normalität sind Konzentrate von Erwartungserwartungen. Dabei lassen sich Normen (»Sollaussagen, Werte, Pflichtbegriffe«) bekanntlich ohne Schwierigkeiten theoretisch explizieren – Normalitäten bleiben aber theoretisch blinde Flecke, solange sie bloß tautologisch als Üblichkeiten definiert werden.

Der systematischen Vagheit entspricht eine nicht minder große historische Vagheit: Alltäglichkeit, Gewohnheit und Üblichkeit wären panchronische und damit transhistorische, ja ahistorische Kategorien. In der Tat kennt Luhmann im Prinzip Normalitäten jederzeit und allerorts, wenn auch die übergroße Mehrzahl der Beispiele moderne, »funktional ausdifferenzierte« Gesellschaften betreffen. Zum Beispiel wird »Normalität« in Altchina und in der okzidentalen Antike (*SR*, 72), im italienischen Mittelalter (*RG*, 163) und in den alteuropäischen Aristokratien der Renaissance und des Barock (*LP*, 63, 68, 79) statuiert. In einem nahezu definitorischen Kontext der Rechtssoziologie, bei dem es um die Differenz zwischen »Normativität« und »Normalität« geht, erhält die »Normalität« schließlich geradezu einen archaischen, frühhistorischen Akzent:

In der Evolution von Gesellschaften hängen Entwicklungsschwellen an dieser Möglichkeit arbiträrer Normierung – zunächst wohl immer verbunden mit einer Invisibilisierung oder doch Weglegitimierung des Willkürmomentes in der Normfestlegung. Und gerade weil die Mischform Normalität/Normativität (unterschieden vom Unvertrauten, Unerwarteten, Überraschenden) immer vorausgeht, kann das Recht an diesen

Entwicklungsschwellen die Vergangenheit so lesen, als ob es immer schon Recht gegeben habe. Das Recht muß nie ›anfangen‹. (*RG*, 138)

Hier suggeriert Luhmann ein dreigliedriges diachrones (»evolutives«) Schema reine Normalität – Mischform Normalität/Normativität – reine Normativität, wobei die reine »Normalität« im Sinne von »Selbstverständlichkeiten des Alltags« oder einer allgemeinen »Moral« (*RG*, 137) aufgefaßt werden soll. »Normalität« dient dabei einfach als Deckbegriff für das Immer-schon-spontan-Gegebene, ist also Symptom eines blinden Flecks in der Theorie – gleichzeitig wird der Anachronismus auf die Spitze getrieben, indem das Modernste als das Alleränteste versehen wird.

Diese Tendenz zur systematischen und historischen Entspezifizierung der Kategorie des Normalen bestätigt sich in dem reflektiertesten Verwendungs-Kontext bei Luhmann, der »Normalisierung des Unwahrscheinlichen« (*SS*, 162f., 217ff., 259, 537, 588ff., 613ff.; s.a. Register, 669). Schon »Unwahrscheinlichkeit« meint keine spezifische, etwa probabilistische oder statistische (quantifizierbare) Kategorie, sondern eine Art globaler Differenz zwischen stark negentropischen und mehr entropischen Zuständen, und insbesondere die sogenannte »doppelte Kontingenz«, d.h. das Problem, wieso zwei Kommunikanten bzw. Interakteure (»Ego und Alter«) sozusagen eine ›gleiche Wellenlänge‹ finden können:

Diese Auffassung ist mit der Radikalisierung des Problems der doppelten Kontingenz vorbereitet. Sie artikuliert die Frage, ›Wie ist soziale Ordnung möglich?‹ in einer Weise, die diese Möglichkeit zunächst als unwahrscheinlich vorführt. Wenn jeder kontingent handelt, also jeder auch anders handeln kann und jeder dies von sich selbst und den anderen weiß und in Rechnung stellt, ist es zunächst unwahrscheinlich, daß eigenes Handeln überhaupt Anknüpfungspunkte (und damit: Sinngebung) im Handeln anderer findet; denn die Selbstfestlegung würde voraussetzen, daß andere sich festlegen, und umgekehrt. Zugleich mit der *Unwahrscheinlichkeit* sozialer Ordnung erklärt dieses Konzept aber auch die *Normalität* sozialer Ordnung; denn unter dieser Bedingung doppelter Kontingenz wird jede Selbstfestlegung, wie immer zufällig entstanden und wie immer kalkuliert, Informations- und Anschlußwert für anderes Handeln gewinnen. (*SS*, 165)

»Normalität« ist hier mithin in einem extrem »abstrakten« Sinne verstanden: Es geht ganz allgemein um die »Anschließbarkeit« sozialer Handlungen irgendwelcher Art. Als »normal« wird die Tatsache charakterisiert, daß die Reproduktion sozialer Systeme nicht ständig coupiert wird und abbricht, sondern vielmehr ›das Leben weitergeht‹. Die Systemtheorie stellt sich dann (und löst einigermaßen plausibel) die Aufgabe, den »Schein« solcher »Normalität« zu »durchbrechen« (*SS*, 162) und ihre »Unwahrscheinlichkeit« aufzuweisen – sie kommt aber, da sie »Normalität« nicht reflektiert und definiert hat, bei deren Begründung nicht aus dem Zirkel heraus (›An-

schlüsse sind normal, weil Coupierung nicht normal wäre‹). Anders gesagt: Da die Systemtheorie keinen materiellen Druck für ›Anschlüsse‹ von Kommunikationen kennt (etwa die Notwendigkeit zu essen), wird die Faktizität regelmäßiger Reproduktion von ›Anschlüssen‹ zu einem Rätsel. Das Wort »Normalität« wird dabei zirkelschlüssig anstelle einer gesuchten nicht-materiellen Reproduktions-Energie lediglich ›eingesetzt‹. Für eine bessere Begründung müßten die sprachlichen und vor allem diskursiven Mechanismen der ›Anschlüsse‹, d.h. die sprachlichen und vor allem diskursiven Reproduktionsmechanismen analysiert werden (wie bei Foucault und der an ihn anschließenden Forschung), die nun einmal die wichtigsten ›Schienen‹ für konkrete ›Anschlüsse‹ parat halten. Weil der Urmensch essen muß, muß er Tiere jagen. Er jagt, indem er wiederholbare sprachliche Komplexe bildet, die bei der Jagd von der sprachlich konstituierten As-Sociation wiederholbar applizierbar sind, so daß es wiederholbar zum Essen kommen kann. Damit sind reproduzierbare sprachliche »Isotopien«[37] (d.h. semantische »Felder«) über Tiere und Jagd vorhanden, die unter dem Zwang zu essen und also dem Zwang, sprachlich vermittelt zu jagen, auch tatsächlich reproduziert werden müssen. Sie bilden die evolutive Vorstufe eines ersten, ansatzweise spezialisierten Quasi-Diskurses über Tiere und deren freie sprachliche Kombinatorik (die Mythen im Sinne von Claude Lévi-Strauss), der dann nicht mehr bloß auf die Jagd, sondern auch auf die Sozialstruktur (Heirat zwischen Clans ist diskursiv Heirat zwischen »Tiersorten«) appliziert werden kann. Die Reproduktion von sich mit der Zeit differenzierenden Diskursen läßt sich auf diese Weise begründen, und demnach auch das Luhmannsche Rätsel der Notwendigkeit von ›Anschlüssen‹ – den Begriff »Normalität« sollte man allerdings aus diesem Spiel lassen und für spezifisch moderne Leistungen reservieren.

Im Gegensatz zu dieser entspezifizierenden Tendenz situiert sich, wie bereits erwähnt, die übergroße Mehrzahl der von Luhmann erwähnten oder diskutierten Beispiele von Normalität tatsächlich in der Moderne und vor allem der jüngsten Moderne. Erwähnungen von Normalität sind keineswegs stochastisch über die Texte verteilt, sondern kumulieren sich um bestimmte thematische Komplexe, von denen hier exemplarisch die beiden Komplexe des »Risikos« und der Geschlechtsintimität erörtert werden sollen. In der Einleitung zur *Soziologie des Risikos* kumuliert sich der diskursive Komplex »normal/Normalität/Normalisierung«, er gewinnt punktuell sogar die Dignität einer »Unterscheidung« (»normal/abweichend«, *SR*, 3), ohne daß

37 Zur Kategorie der »Isotopie« s. Algirdas J. Greimas, *Sémantique structurale*, Paris 1966; dt. *Strukturale Semantik*, Braunschweig 1971. Man kann bestimmte größere, spezialthematische Isotopien oder Isotopien-Kombinate als Bausteine von bzw. Vorstufen zu rudimentären Spezialdiskursen betrachten; vgl. dazu J.L., »Literaturwissenschaft und Semiotik«, in: Walter A. Koch (Hg.), *Semiotik in den Einzelwissenschaften*, Halbbd. 2, Bochum 1990, 521–564.

diese »Unterscheidung« aber für die Darstellung selbst eine Rolle spielte. Die Kumulation in der (vermutlich nachträglich verfaßten) Einleitung ist daher nicht mehr als ein Symptom für die wachsende ›Aufdringlichkeit‹ des real existierenden Normalismus. Obwohl Luhmann den Begriff der »Risikogesellschaft« als »modisch« abtut (*SA* Bd. 5, 139; *SR*, 14) und die bekannten Publikationen von Ulrich Beck und Elisabeth Beck-Gernsheim mit einem pauschalen »unreflektiert« (*SR*, 13) überspringt, bestätigt er also voll und ganz die ständig wachsende Relevanz des entsprechenden diskursiven Komplexes (d.h. nach unserer These des normalistischen Komplexes):

> Unser zweites Beispiel ist fast noch nicht spruchreif. Es wird erst seit wenigen Jahren diskutiert, und seine Semantik befindet sich noch in einem vorbegrifflichen Stadium. Wir erörtern es unter dem Stichwort ›Risiko‹. (*RG*, S. 141).

In seiner *Soziologie des Risikos* optiert Luhmann für den »binären Code« »Risiko/Gefahr« (statt: »Risiko/Sicherheit«), wobei »Risiko« durch »Selbstzurechnung« eines sozialen Akteurs definiert wird (gegenüber »Fremdzurechnung« bei der »Gefahr«; SA Bd. 5, 134f., 148): »Nur für Raucher ist Krebs ein Risiko, für andere ist er nach wie vor eine Gefahr« (148). Diese Option öffnet ganz ohne Zweifel den Weg zu wichtigen Einsichten über die Tendenz modernster Gesellschaften, immer mehr Gefahren partiell in »Risiken« zu verwandeln, d.h. von Entscheidungen gesellschaftlicher Instanzen abhängig zu machen, wodurch dann aber paradoxerweise für andere Sektoren der Gesellschaft neue »Gefahren« entstehen. So komme es zu chronischen Konflikten zwischen den jeweiligen »Entscheidern« und den jeweils »Betroffenen« (*SR*, 111–134). Für die vorliegende Untersuchung ist ein anderer Aspekt dieser Option für den binären Code »Risiko/Gefahr« (statt: »Risiko/Sicherheit«) aufschlußreicher: Es handelt sich nämlich gleichzeitig um die Option für einen Entweder-Oder-Binarismus gegen einen kontinuierlichen Feineinstellungs-Binarismus. Dieser Unterschied läßt sich am einfachsten an zwei verschiedenen Typen homöostatischer Schaltungen illustrieren. Dem Entweder-oder-Binarismus entspricht die Schaltung *ein-aus*. Symptomatischerweise ist es diese Schaltung, mit der Luhmann seine »binären Codes« kollektivsymbolisch expliziert:

> Codes sind voraussetzungsreiche Strukturen, die in schärfster Vereinfachung auf die Errungenschaft von *Bistabilität* zurückgeführt werden können. Damit sind Systeme [sic, J.L.] gemeint, die zwei Zustände (positiv/negativ, 1/0, an/aus usw.) annehmen können, von denen ihre weiteren Operationen ausgehen. (*RG*, 177)

Ein solcher Binarismus kennt demnach nur zwei Zustände, die entsprechend ganz diskontinuierlich sind. Der ›glatteste‹ Fall ist der Binarismus »Recht/Unrecht« im klassischen Rechtssystem. Ein solcher Binarismus ist in der Tat auch das Paar »Risiko/Gefahr«: Entweder bin ich Raucher, dann

ist Krebs ein Risiko für mich, oder Nichtraucher, dann eine Gefahr. Es gibt nun aber einen anderen (und tendenziell wichtigeren) Typ von homöostatischer Schaltung, die Feineinstellung auf einer kontinuierlichen Skala (z.B. die kontinuierliche Regulierung eines elektrischen Widerstands). Dieser kontinuierlichen Feineinstellung entspricht eine völlig andere Verwendung von Binarismen, eben die normalistische, bei der die beiden Glieder der Binäropposition als Extrempole eines homogenen Kontinuums fungieren, wobei Mischungsverhältnisse der beiden Glieder (A,B) sich kontinuierlich zwischen 100% A über 50% A/50% B bis 100% B erstrecken. Genau diese normalistische Verwendung charakterisiert den von Luhmann ins zweite Glied rangierten Binarismus »Risiko/Sicherheit«: Mittels Statistik und Wahrscheinlichkeitskalkül läßt dieser Binarismus sich kontinuieren, so daß mehr oder weniger große Risiken (und umgekehrt genau komplementär Sicherheiten) bestimmbar werden sollen. Bei seiner deutlichen Reserve gegen dieses normalistische Verfahren läuft Luhmann Gefahr, zwei Dinge zu vermengen: die (sicherlich völlig berechtigte) Kritik an der Unzuverlässigkeit der Kalküle und die implizite (nicht reflektierte) Verwerfung des normalistischen Verfahrens der Kontinuierung und Flexibilisierung von Binarismen überhaupt. Diese implizite Verwerfung macht die Theorie tendenziell blind für den gesamten ›Archipel Normalismus‹ in der Moderne. Konkret macht sie blind für die mächtigen Tendenzen, die fundamentalen Binarismen nach Möglichkeit überall zu kontinuieren und zu flexibilisieren. Das gilt nicht bloß evidentermaßen für den »Code« der »Zahlung«, sondern selbst für den Code »Recht/Unrecht«, der mittels des Instruments des Vergleichs dem diskontinuierlichen Entweder-Oder längst entwachsen ist und immer mehr entwächst (vgl. dazu oben den Abschnitt über François Ewald)[38].

Das zweite Beispiel ist die Geschlechtsintimität (vor allem nach *Liebe als Passion*). Luhmann setzt sich das Ziel, die Entstehung und Evolution einer spezifisch modernen, den funktional differenzierten Gesellschaften entsprechenden »Semantik« für »höchstpersönliche Kommunikation« (*LP*, S. 24) zu beschreiben. In einer eher literarhistorischen Darstellung längs der Romantypen wird behauptet, die Entwicklung gehe von der strikt außerehelichen »Passion« der Zeit Ludwigs XIV. zu einer »romantischen Liebe«, die kontrafaktisch mit dem »System Ehe« ineins gesetzt wird (wobei der Fried-

38 Man könnte sagen, daß die Dimension von Homogenität/Kontinuität bei Luhmann eben nicht in den »Codes«, sondern in den »Medien« präsent sei. Das ist richtig, wie besonders das »Medium Geld« beweist. Dennoch fehlt genau die (normalistische) Kontinuierung der »Codes« mittels der »Medien«. Für den »Code Risiko/Gefahr« wird als »Medium« die Achse »Wahrscheinlichkeit/Unwahrscheinlichkeit« angesetzt (*SR*, 81). In diesem »Medium« ist potentiell Kontinuität gegeben, die allerdings den straff diskontinuierlichen »Code Risiko/Gefahr« nicht ins Gleiten bringen darf. Den »Code Risiko/Sicherheit« könnte sie flexibilisieren – der wird aber (gerade deshalb?) ausrangiert.

rich Schlegel der *Lucinde* und Stendhal die Gewährsmänner bilden müssen!) und die angeblich noch die heutige Situation prägen soll. Es soll hier nicht darum gehen, einzelne historische Unrichtigkeiten zu monieren. Die Frage ist vielmehr, wie sich der »Medien«- und »Code«-Ansatz auf einem der wichtigsten Normalfelder (Sexualitäts-Dispositiv) bewährt bzw. nicht bewährt. »Liebe« im modernen, »höchstpersönlichen« Sinn wird von Luhmann zunächst plausibel als Fall von enorm großer »Unwahrscheinlichkeit« (*LP*, 21), als Extremfall von »doppelter Kontingenz« (*LP*, 35, 60) eingeführt. Damit steht »Liebe« zunächst in klarem »Gegensatz zur Normalität« (*LP*, 79) – und es müßte im weiteren darum gehen, ihre »Renormalisierung« (LP, 118) zu entwickeln. »Liebe« wird nun meistens als (»symbolisch generalisiertes«) »Medium« (LP, 15, 23, 108) bezeichnet (parallel etwa zu »Macht«), es fehlt aber ein davon deutlich unterschiedener, klar diskontinuierlicher binärer »Code«; vielmehr dient »Liebe« zuweilen gleichzeitig selbst auch als »Kommunikationscode« (*LP*, 23), sofern nicht »Formen des Codes« (wie »Idealisierung«, »Paradoxierung« und »Reflexion«) als »Medien-Codes« bezeichnet werden (*LP*, 51, 54). »Sexualität« wird als »symbiotischer Mechanismus« (d.h. als Kopplung mit Körperlichkeit) mit »Liebe« lediglich kombiniert (und zwar anscheinend problemlos! von Verhütungsmethoden ist dabei keine Rede, auch nicht von Impotenz und Frigidität!). Das Konzept »höchstpersönlicher Kommunikation« setzt offenbar zweierlei voraus: eine hochgradige persönliche Distinktion der Kommunikanten und die Fähigkeit, dennoch mit den (hoch distinkten) ›Augen des Anderen zu sehen‹. »Romantische Liebe« (*LP*, 163ff.), die als definitive Version der Ausdifferenzierung des »Mediums« und deshalb auch als Basis moderner Ehen betrachtet wird, beruht wesentlich auf der »Code-Form« »Reflexion« (*LP*, 174). Damit ist die reziproke Übernahme der Weltsicht des Partners (*LP*, 135, 168, 174) oder einfacher das »Lieben des Liebens« (174) gemeint. Damit müßten aber »Normalmenschen« (*LP*, 153f.) – oder gar »Arbeiter oder Dienstmädchen« (175) – als Kandidaten für »Liebe« von vornherein ausscheiden – nun soll aber gerade die Normalität »romantischer Liebe« (in der Ehe!) erklärt werden. Das geschehe durch ›Herunterstimmung‹ »ins Triviale« (*LP*, 187), also ganz offensichtlich durch Transformation in Kitsch (der Term wird vermieden). Nun ›übernimmt‹ der Kitsch (d.h. die Kategorie »romantic love« in personality tests in den USA) von der romantischen Liebe aber bloß das ambivalente bzw. (meistens) negativ gewertete Nebenthema eines ›weiß-romantischen‹ Familialismus[39], aber

39 Vgl. dazu ausführlich Lothar Pikulik, *Romantik als Ungenügen an der Normalität*, Frankfurt/Main 1979, insbesondere 132ff., wo der Antagonismus zwischen der romantischen Liebeskonzeption und der Ehe mit eindringlichen Belegen nachgewiesen wird. Für Pikulik fällt die Ehe ganz in die von den Romantikern verabscheute »Normalität« (d.h. den »prosaischen« Weltzustand), während Luhmanns »Medium romantische Liebe« bei Pikulik Vehikel des »Ungenügens« daran ist.

kein einziges der romantischen essentials (Außerehelichkeit, extreme Reflexivität, ›schwarz-romantische‹ Faszinationen bis hin zu sexuellen ›Perversionen‹). Das »Medium«, um mit Luhmann zu sprechen, des ›weiß-romantischen‹ (bzw. eher des ›weiß-realistischen‹) Familialismus ist *Kindesliebe* – das der ›schwarz-romantischen‹ (und später surrealistischen) magischen Attraktion ist *erotische Faszination*. Es fällt schwer, darin lediglich zwei »Verwendungen« des gleichen »Mediums Liebe« zu sehen. Ganz offenbar liegt hier statt dessen irreduktible Heterogenität vor. Leider geht Luhmann auf das Verhältnis von Kindesliebe und Geschlechtsliebe im Familialismus nicht ein und erspart sich damit den gesamten familialistisch-modernen Inzest-Komplex (Ödipus-Komplex).

In der Epoche des Normalismus (19. und 20. Jahrhundert) haben wir es also zunächst mit mindestens zwei recht verschiedenen »Liebes«-Konzepten zu tun: einer (von der Schwarzen Romantik über den Schwarzen Realismus bis zum Naturalismus, Symbolismus und Surrealismus beschworenen) »Liebe« als Einlassen auf die Faszinationen der Anormalität (insbesondere auch der sexuellen) – und einer (von der Weißen Romantik und dann vom Weißen Realismus, schließlich vom Kitsch kontrafaktisch postulierten) »Liebe« als Intensität des Normalen. Diese beiden Konzepte sind schließlich in der *growth*-Psychologie der US-amerikanischen Therapiekultur eine paradoxe Einheit eingegangen, so daß die flexibel-normalistische Geschlechtsbeziehung idealiter gemischt monogam-polygam, gemischt ›natürlich-pervers‹, kurz gemischt normal-anormal sein soll (s.u. Teil VIII). Diese Entwicklung hat *Liebe als Passion* nicht einmal ansatzweise in den Blick bekommen. Dieses Scheitern dürfte sich vor allem aus der Verwendung eines übergeneralisierten Modells (bzw., mit Luhmann gesprochen, aus mangelnder »Respezifikation«) erklären[40]. »Sex« erweist sich nämlich als keineswegs »anthropologische Grundausstattung« (*LP*, 49), sondern als spezifisch modernes, normalistisches »Dispositiv« (Foucault), das ganz offensichtlich tendenziell »Liebe« *substituiert*[41].

Am meisten symptomatisch für Luhmanns ›Übersehen‹ des Normalismus ist allerdings seine Behandlung des medizinischen Komplexes. In dem Artikel »Der medizinische Code« (*SA* Bd. 5, 183ff.) wird Canguilhem souverän ignoriert:

40 Dazu kommt die Aversion der Systemtheorie gegen »Entdifferenzierung«, d.h. gegen die Anerkennung interdiskursiver und intersystemischer Tatbestände als Tatbestände eigenen Rechts und eigener Strukturen (s. dazu die Ausführungen im weiteren Verlauf). Eros ist immer ein Diabolos von Spezialisierungen, was nicht heißt, daß er totalisieren könnte: Er überschreitet aber immer *einige* Diskurs- und Systemgrenzen. In höchstem Maße gilt das natürlich für »romantische Liebe«.

41 Zu diesem epochalen Wechsel von »Liebe« zu »Sex« s. Friedrich Kittler, *Aufschreibesysteme 1800–1900*, München 1985.

Schon auf den ersten Blick ist klar: Es kommt nur eine einzige Unterscheidung für diese Funktion der binären Codierung in Betracht – die von *krank* und *gesund.* (*SA* , Bd. 5, 186)

Die Substitution von »gesund« durch »normal« seit 1800 mit ihren weitreichenden Folgen kann mithin nicht diskutiert werden; Entwicklungen wie die hin zur »Therapie der Gesunden« (Robert Castel) werden nicht wahrgenommen. Diese Selektionen passen zu den Vermeidungsstrategien gegenüber allen kontinuierten und gradualisierten Binäroppositionen, d.h. gegenüber der normalistischen Ersetzung von Entweder-Oder-Binarismen durch kontinuierlich-skalierbare Normalfelder.

Das ›Übersehen‹ des Normalismus durch die Luhmannsche Systemtheorie erscheint paradox und ist unter Umständen bloß kontingent. Es könnte allerdings mit der Abneigung der Systemtheorie gegen potentielle Basiskategorien zusammenhängen, die entweder nicht ganz generell oder nicht koextensiv mit einem einzelnen Teilsystem sind: In der Tat ist Normalität (im historisch-spezifischen Sinne von Normalfeldern und Normalitäts-Dispositiven) keineswegs koextensiv mit modernen sozialen Systemen im Sinne Luhmanns ganz allgemein und auch nicht mit bestimmten Teilsystemen wie dem Rechtssystem oder dem Wirtschaftssystem. In der vorliegenden Untersuchung werden denn auch Normalitäts-Dispositive nicht systemtheoretisch, sondern diskurstheoretisch modelliert. Normalitäts-Dispositive haben sich in verschiedenen Spezialdiskursen entwickelt und operative Normalfelder begründet, ohne solche Diskurse aber flächendeckend ›auszufüllen‹. Der gesamte ›Archipel‹ von Normalitäts-Dispositiven ›überlappt‹ umgekehrt aber die einzelnen speziellen Sektoren (seien es Teilsysteme im Sinne Luhmanns, seien es Spezialdiskurse – beides ist keineswegs identisch). Die interdiskursive Resonanz dieser Dispositive hat die Normalität zu einer bedeutenden ›grundlegenden‹, d.h. interdiskursiven Kategorie der Moderne gemacht, wobei ihre Gesamtverteilung aber ebenfalls eine ›archipelartige‹ und intermittierende Struktur aufweist. Im Sinne Luhmanns müßte der normalistische ›Archipel‹ (wie alle interdiskursiven Komplexe und Dispositive) demnach als eine »entdifferenzierende« Tatsache betrachtet werden – und solche Tatsachen liebt die Systemtheorie nicht[42]. Das liegt

42 Trotz des Hilfsbegriffs der »Interpenetration«, der zudem meistens auf Ego und Alter bezogen wird. Wo er auf Teilsysteme bezogen wird, geschieht das ad hoc und ohne theoretische Generalisierung. Symptomatischerweise werden solche »Interpenetrationen« dann einfach für – »normal« erklärt! So heißt es anläßlich der Tatsache einer »Interpenetration« zwischen Recht und Ethik geradezu entschuldigend: »Das führt weder zu einer Verwischung der Systemgrenzen noch zu einem Überlappen der Systeme, noch notwendigerweise zu einer gesamtgesellschaftlichen Gewichtsverlagerung aus dem Rechtssystem in andere Funktionssysteme. Im Prinzip geht es nur um einen ganz normalen Vorgang der Unsicherheitsabsorption im Verkehr zwischen Systemen (so wie das Gehirn die chemischen Ordnungsleistungen der Nervenzellen benutzt, ohne sie als eigene Operationen zu ordnen). Man erkennt die unberührt bleibende [! J.L.] Autonomie daran, daß es

m.E. an einem »basalen« Mißverständnis: »entdifferenzierende« Tatbestände gelten der Systemtheorie in ihrem Wesen als theoretisch und historisch, als synchronisch und diachronisch ›älter‹ als funktionale Differenzierung – sie gelten also als irgendwie ›archaisch‹ und insofern als sozusagen peinliche Relikte bzw. Atavismen in der Moderne. Dabei übersieht die Systemtheorie m.E. den simplen Tatbestand, daß jede Ausdifferenzierung von der Neubildung »entdifferenzierender«, integrierender Strukturen, Dispositive, Verfahren und Mechanismen begleitet ist (der Begriff der modernen ›Macher‹ dafür ist *Mixe*[43] – etwas ganz und gar nicht Archaisches, etwas Ultramodernes!). Um der Systemtheorie möglichst verständlich zu sprechen, treten durch Ausdifferenzierung zwischen zwei Teilsystemen A und B mindestens neuartige Friktionen des ›Übergangs‹ zwischen Handlungen in A und Handlungen in B auf, für die es ›erleichternde, streßreduzierende‹ Dispositive braucht. (Den diskursiven Anteil solcher ›Kitt-Mechanismen‹ zu untersuchen, ist eben das Geschäft der Interdiskursanalyse, das in der vorliegenden Studie betrieben wird.) Es gehört zu dem gleichen Komplex von Mißverständnissen, wenn die Systemtheorie bei »Entdifferenzierung« (bzw. bei besonderen, teilsystemübergreifenden »Integrations«-Mechanismen und *Mixen*) tendenziell an *Totalität* denkt: Zu Recht ist die Systemtheorie skeptisch gegenüber besonderen *Total*-Integrationen, z.B. »Super-Codes« wie der »Moral« (oder einer Gesamt-»Ideologie«). Solche *Total*-Integrationen könnten sich nicht anders als totalitär und dann terroristisch entwickeln – und würden (in der Moderne) dennoch nicht lange funktionieren, teste Stalin. Tatsächlich geht es aber bei interdiskursiven Integrationen gar nicht um Totalität, sondern um selektive, intermittierende ›Archipel‹-Bildung wie im Fall der Normalität. Das erlaubt z.B. den ›Import‹ nicht bloß von metaphorisch-symbolischen, sondern von operativ-symbolischen Modellen von einem Spezialdiskurs in einen anderen, wohl auch von einem ›Teilsystem‹ in ein anderes, wobei immer starke, auch strukturelle, Resonanzen erhalten bleiben. Ein gutes Beispiel ist der Einbau des Modells »Immunsystem« (aus der Physiologie) in die Systemtheorie (*RG*, 565ff.), von dem Luhmann vielleicht durchaus zu Recht beansprucht, er sei mehr als eine bloße »Metapher« (*RG*, 565; es handelt sich in der Tat vielleicht um den ansatzweise operativen Einbau eines Stücks Normalitäts-Dispositiv). Insofern ließe sich u.U. mutmaßen, daß das ›Übersehen‹ des Normalismus ausgerechnet in der

---

normalerweise rechts*spezifische* Entscheidungen sind, die einen solchen Ausgriff nötig machen [...].« (*RG*, 90). Das räumt den Verdacht kaum aus, daß es sehr wohl um ein »Überlappen« und sehr wohl um eine »Gewichtsverlagerung« geht.

43 Was moderne Technokraten als »Mixe« bezeichnen (z.B. »Energie-Mix«), meint nichts anderes als jene Art transspezieller, sowohl diskursiver wie nichtdiskursiver Verbünde, die bei Foucault »Dispositive« heißen.

Systemtheorie einer Art »Entdifferenzierungs-Angst« geschuldet sein könnte, hinter der sich nichts anderes als Denormalisierungs-Angst verbergen würde. Die Übergeneralisierung des Normalitäts-Begriffs bei Luhmann wäre dann Symptom des Ausweichens vor der Tatsache der Interdiskursivität. Das sind eher Fragen als Thesen – es ist hier nicht der Ort für eine grundsätzliche Diskussion der möglichen Kompatibilität oder Nicht-Kompatibilität zwischen den beiden Ansätzen der System- und der Diskurstheorie. Die Unterschiede liegen nicht nur im verschiedenen ›Zuschnitt‹ Luhmannscher Teilsysteme und Foucaultscher diskursiver Formationen – sie liegen nicht zuletzt auch in der Fundierung der systemtheoretischen Kategorien auf »Sinn«, worunter eine vorsprachliche Potenz von »Selektivität« verstanden wird, während der Basisbegriff »Diskurs« natürlich Sprache und andere semiotische Systeme bereits voraussetzt und annimmt, daß welcher »Sinn« auch immer bloß Effekt von Semiosis sein könne[44]. Nicht-Spezifizität und Nicht-Differenzierung sind also in der Systemtheorie stets ›frühe‹, durch Ausdifferenzierung von Systemen ›erledigte‹ Gegebenheiten. In der Diskurstheorie wird die Spezialisierung von Diskursen demgegenüber von jeweils neuen interdiskursiven Integrationen begleitet. Daraus ergäbe sich also die Wette, daß ein Diskurs, der wie die Systemtheorie die Struktur hochspezialisierter moderner Gesellschaften studiert, nicht ohne die interdiskursive ›Schiene‹ der normalistischen (homöostatischen) Kollektivsymbolik, vor allem der Techno-Vehikel-Körper, prozessiert werden könnte:

> Die in den Thesen genannten Bedingungen machen, zusammengenommen, die Reproduktion von Intimität schwierig, oft hat man sogar gesagt: unwahrscheinlich. Die Ehen werden im Himmel geschlossen, im Auto gehen sie auseinander. Denn derjenige, der am Steuer sitzt, richtet sich nach der Situation und fährt, wie er meint, auf Grund seines besten Könnens; aber der, der mitfährt und ihn beobachtet, fühlt sich durch die Fahrweise behandelt, führt sie auf Eigenschaften des Fahrers zurück. Er kann nur in einer Weise handeln, nämlich kommentieren und kritisieren; und es ist wenig wahrscheinlich, daß er dabei die Zustimmung des Fahrers findet. Im Taxi hätte man (von Extremfällen abgesehen) wenig Anlaß, darüber zu kommunizieren. Bei Intimbeziehungen wird jedoch genau diese Situation zum Test auf die Frage: handelt er so, daß er meine (und nicht seine) Welt zu Grunde legt? Und wie könnte man davon absehen, bei Zweifeln den Versuch einer kommunikativen Klärung zu unternehmen, wenn man anderenfalls mit resigniertem Schweigen sich und dem anderen sagen würde, daß man den Test nicht riskiert? / Dies Beispiel mag uns als Leitfaden dienen auf der Suche nach Generalisierungen. Es lehrt zunächst, daß ein sehr hohes Maß an gemeinsam gewußtem Situationswissen, also auch ein sehr hohes Maß an

---

44 Hoch plausibel und daher bereits ›klassisch‹ ist Jacques Derridas Dekonstruktion des bei Luhmann übernommenen »Sinn«-Begriffs von Edmund Husserl: *Die Stimme und das Phänomen. Ein Essay über das Problem des Zeichens in der Philosophie Husserls*, dt. Frankfurt/Main 1979 (frz. 1967).

kultureller Vorprägung vorausgesetzt werden muß, das weder mit Individualität noch mit Liebe etwas zu tun hat, aber sich dazu eignet, Nuancen des Verhaltens attributionsfähig zu profilieren. (Er ›schneidet die Kurven‹, obwohl er weiß, daß ich das nicht mag; sie ›fährt auf der Autobahn stur links‹, obwohl sie weiß, wie pedantisch ich immer auf die Vorschriften achte.) (*LP*, 42f.; ganz ähnlich ebenso in *SS*, 308f.)

Diese ›Scharnierstelle‹ aus *Liebe als Passion* gehört, wie unschwer zu erkennen ist, zu den *(nicht) normalen Fahrten* – sie benutzt und inszeniert die gleichen interdiskursiven Vorgaben, die gleiche Kollektivsymbolik, wie Roger Vailland in *La Fête* (s.o.), wie Céline in der *Reise ans Ende der Nacht* oder Christoph Hein in *Drachenblut* (s.u.), die der ›Beziehungs-Kiste‹ in Gestalt des kulturell stereotypen Techno-Vehikels, des Autos. Explizit benutzt Luhmann diese Kollektivsymbolik, um zwei »Themen« engzuführen: das komplexe Verhältnis zwischen »Beobachter erster und zweiter Ordnung« auf der einen und das Prekäre der Systematisierung von Geschlechtsintimität in der Ehe auf der anderen Seite. Interdiskursiv und kollektivsymbolisch ist aber eine Menge mehr impliziert: vor allem die symbolische Isomorphie zwischen High-Risk-Fahrverhalten und flexibel-normalistischer High-Risk-Geschlechtsbeziehung. Der symbolische flexibel-normalistische Liebes-Test par excellence ist tatsächlich – das hat Luhmann sich vom entsprechenden Interdiskurs völlig zutreffend soufflieren lassen – die Fähigkeit, sich spontan sicher zu fühlen auf einer gemeinsamen Autofahrt durch Risikozonen mit der/dem Geliebten (geschnittene Kurven, Überholspuren). Léone bei Vailland fühlt sich bei Ducs lebensgefährlichen Überholmanövern in diesem Sinne spontan sicher – symbolisch ist das äquivalent mit ihrer perfekten Toleranz des ›Seitensprungs‹, d.h. der konkurrenzfreien Liebe in der Ambivalenzzone von polyeurhythmischem Experiment und flexiblem Normalismus – Heins Erzählerin greift dem Mann dagegen in der riskanten Situation spontan ins Steuerrad, während er sie daraufhin schlägt. Solche und ähnliche kombinatorisch mögliche Situationen sind mit dem Kollektivsymbol konnotativ gegeben, auch wenn sie nicht expliziert werden, weil das Auto die Isomorphie zwischen Normalfahrt/riskanten Episoden und Normal-Geschlechtsbeziehung/intensiven Episoden symbolisiert, wobei »Liebe als Passion« nun einmal kulturell als Negation von »Normalität«, also als riskante Episode, kodiert ist und bleibt.

Der Konnotationenreichtum der Kollektivsymbolik (und allgemeiner des Interdiskurses) ist ein Beispiel für das, was Luhmann unter dem Titel »Sinn« behandelt. Aus diskurstheoretischer Sicht kann dieser »Sinn« allerdings nicht (wie bei Luhmann) als prädiskursive, präsemiotische Gegebenheit aufgefaßt werden. (Vorsprachlich, wie explizit bei Luhmann[45], könnte

45 Vgl. die enorm ›späte‹ (zwei Kapitel nach dem fundierenden »Sinn«-Kapitel!) und geradezu periphere Einführung von »Sprache« in *Soziale Systeme* (220f.). Dabei wird »Sprache« mit dem

»Sinn« nur insofern genannt werden, als den entwickelten Lautsprachen sicherlich weniger komplexe semiotische Systeme vorausgingen, die ihrerseits allerdings bereits elementare »diskursive« Funktionen erfüllt haben müssen.) »Sinn« als Verweisungs-Reichtum, als Flottieren von Konnotationen, gar als den Reichtum begleitende Affekt-Intensität, ist kein Ur-Sprung von Semiosis, sondern immer schon deren Effekt[46].

Man könnte sich abschließend fragen, ob die Luhmannsche Systemtheorie – unabhängig von ihrem unspezifischen, teils quasi-alltagssprachlichen, teils übergeneralisierten Normalitäts-Begriff – nicht dennoch sehr wohl von der spezifisch modernen Normalität und Normalisierung handle. Deuten nicht die von Luhmann mit Vorliebe verwendeten interdiskursiven Komplexe, insbesondere seine stark kybernetische und physiologische (*Immunsystem*), Kollektivsymbolik darauf hin? Man könnte mutmaßen, daß die sektorielle Homogenität, die Luhmann für seine Teilsysteme benötigt und die er aus seinen »symbolisch generalisierten Kommunikationsmedien« herleitet, von der operativen Homogenität der Normalfelder zehren kann. Dafür sprechen die Probleme mit der »Liebe«, wo die Homogenität eines »Mediums« kontrafaktisch postuliert werden muß – man könnte vermuten: weil das Sexualitäts-Dispositiv es bisher nicht vermocht hat, die Intensitäten dieses ›Sektors‹ genügend zu homogenisieren.

Gebrauch »akustischer bzw. optischer Zeichen für Sinn« (220) identifiziert, also eigentlich im weiten Sinne von semiotischen bzw. semiologischen Systemen ganz allgemein verwendet. Solche »Sprachen« kennen viele Tiergattungen! Wenn aber »Sinn« ihr Prius (statt ihr mit ihnen evoluierender Effekt) sein soll, wo wäre dann sein Ort in der Evolution?

46 Noch eine Mutmaßung: Wäre »Sinn«, also die frei flottierende Selektivität, d.h. der frei flottierende Konnotationsreichtum, nicht etwa realiter der Effekt von Kollektivsymbolik ganz allgemein? In hochspezialisierten Kulturen ist Kollektivsymbolik ja die Quintessenz von Interdiskursivität – und obwohl sie kein Prius, sondern ein Post ist, scheint sie genau jenen »Sinn« zu »appräsentieren«, den die Subjekte einer solchen Kultur ›irgendwie immer schon‹ zu wissen meinen. Als Probe aufs Exempel wäre eine umfassende Analyse der Luhmannschen Kollektivsymbolik interessant, die hier nicht durchgeführt werden kann. Dennoch läßt sich zweifelsfrei behaupten, daß in dieser Kollektivsymbolik der Komplex der kybernetischen Normalität und insbesondere die Techno-Vehikel dominieren: Das Auto (z.B. *SR*, 15, 35, 36, 37, 57, 108, 171, 219, 235; *LP*, 23, 45, 180; *RG*, 230; *GS* Bd. 2, 26, 28; *SA* Bd. 5, 149f., 152: AIDS als *Aquaplaning*), das Flugzeug (z.B. *SR*, 32, 29; *SS*, 13: Systemtheorie als *Blindflug*, 99, 100, 576; *GS* Bd. 1, 19). Wie man sieht, vertritt die Kollektivsymbolik in der Systemtheorie den ansonsten vergessenen Normalismus und respektiert dabei keinerlei Spezialisierungen.

Teil V

Zur Diskursgeschichte des Normalismus – Aufstieg und Ausbreitung eines Dispositiv-Netzes

1. »Normal«/»Normalität«/»Normalisierung«: Stationen und Etappen eines diskursiven Komplexes vor Quételet und Comte

Die folgende Skizze versteht sich als »diskursgeschichtlich« – damit ist im Anschluß an Foucault gegenüber Konzepten wie »Begriffsgeschichte« und »historischer Semantik« die enge Kopplung zwischen den im engeren Sinne diskursiven (etwa semantischen) Komplexen und operativen Dispositiven betont (das Musterbeispiel ist die Gaußkurve und ihr operativer Einsatz, z.B. bei Tests). Besonderes Augenmerk ist auf »diskursive« bzw. »interdiskursive Ereignisse« (von der Art der ›Explosion‹ der »Normalisierung« im mediopolitischen Diskurs seit 1968, mit deren Dokumentierung diese Studie begann) zu lenken. Für die interdiskursive Fragestellung dürften *Enzyklopädien* eine besonders wichtige Quelle darstellen, da ihre Funktion ja genau darin besteht, dasjenige spezialdiskursive und interdiskursive Wissen zu sammeln, das mutmaßlich den gesamten interdiskursiven Bereich der Kultur konstituiert. Dabei geben interne Feinstrukturen einer Enzyklopädie wie Auftauchen eines Begriffs als Lemma oder lediglich im Inneren von Artikeln, Länge der Lemmata, Bilanz der Querverweise und vor allem Akzentuierung eines Lemmas als kulturell dominant durch die Widmung eines (z.B. ›eingerahmten‹) Spezialartikels wichtige Hinweise auf das jeweilige interdiskursive Gewicht. Durch die Analyse solcher enzyklopädischer Verweisnetze können insbesondere auch wichtige Aufschlüsse über interdiskursive Dominanzstrukturen und Dominanzwechsel gewonnen werden: Ein Interdiskurs, in dem soziologische Normalitäts-Konzepte unter der Dominanz biologischer stehen, ist offenbar ›qualitativ‹ verschieden von einem Interdiskurs, bei dem dieses Verhältnis umgekehrt wäre. Wie nicht anders zu erwarten, sind die Lemmata »normal«, »Normalität«, »Normalisierung« (einschließlich ihrer Zusammensetzungen) im Laufe des 19. und 20. Jahrhunderts in den Enzyklopädien von Null auf erheblichen Umfang expandiert, ohne aber bisher den Status von Spezialartikeln erreicht zu haben.

Durch Vergleich zwischen speziellen und allgemeinen Enzyklopädien lassen sich weitere Anhaltspunkte für den interdiskursiven Transfer gewinnen. Wenn man nun vom augenblicklichen Status quo (Beginn der neunziger Jahre des 20. Jahrhunderts) ausgeht, so existieren im deutschsprachigen Raum erst sehr wenige ausführliche Artikel »Normal, Normalität« in Spezialenzyklopädien, von denen ich exemplarisch den Artikel von Henning Ritter im *Historischen Wörterbuch der Philosophie* von 1984 erwähne. Dieser Artikel faßt im wesentlichen die Thesen von Canguilhem zusammen und gewinnt daraus den avanciertesten deutschsprachigen enzyklopädischen Standard zum Komplex des »Normalen«. Systematisch wird (nach Canguilhem) erstens das »Normale« in ein mehr »deskriptives« und ein mehr »normatives« Normales zweigeteilt. Das Deskriptiv-Normale ist an Statistik und Durchschnitte, also an jeweils als positiv dominant konstatierbare Befunde gekoppelt. Ihm gegenüber wird aber (mit Canguilhem) die These verteidigt, daß »in letzter Instanz eine normative Entscheidung unumgänglich« sei (921). In dieser Darstellung ist also das Normale nicht zufriedenstellend von der Normgeltung und der Normativität unterschieden. Die semantische Bifurkation zwischen Normalität und Normativität wird eher verwischt als akzentuiert, und obwohl das Prinzip von Broussais-Comte gebührend dargestellt wird, plädiert der Artikel schließlich mit Canguilhem für eine »neuerliche ›qualitative Differenzierung von Normalität und Anormalität‹« (924).

Gegenüber dem speziellen Artikel von Ritter, der hauptsächlich auf expliziten Theorien wie der Canguilhems fußt, beruht der Artikel »Normal« des vom CNRS erarbeiteten *Trésor de la langue française* von 1986, der hier als exemplarisches Beispiel einer avancierten allgemeinen Enzyklopädie angeführt werden soll, auf einer Synthese des allgemeinen Sprachgebrauchs einschließlich seiner Kopplung an strategische Spezialdiskurse. Dabei ergibt sich mit aller wünschenswerten Klarheit die Entmischung des Normalen vom Normativen. Alle dominierenden Verwendungsweisen von »normal« beziehen sich explizit oder implizit auf graduierte Kontinua und auf numerische Häufungen (stets also »deskriptive« Kategorien im Sinne Ritters, allerdings zusätzlich stets graduiert-numerische). Das Material ist in drei Großgruppen geordnet: (A) »was konform mit der Norm, dem häufigsten, üblichen Zustand, was frei von jeder Art Ausnahme-Charakter ist« (231) – (B) »was konform mit der Norm ist und keine Anomalie, keine Abweichung aufweist« (233) – (C) »was eine Norm repräsentiert« (233). Der durch die Etymologie nahegelegte Bezug auf das Lemma »Norm« suggeriert dabei noch indirekt einen Zusammenhang mit dem Normativen (besonders in Abschnitt C), der durch die Beispiele aber weitestgehend dementiert wird. Diese Beispiele, die besonders bei Interdiskursen (wie Literatur) weit ins 19. Jahrhundert zurückreichen (viele Belege stammen z.B. von Balzac), beziehen sich auf ›normale Ernten‹ (232), normale Todesraten (in

der *Pest* von Camus, 232), normale Maße: »normale Dimension, Dicke, Länge; normaler Konsum, normale Produktion; normale Frist, normale Geschwindigkeit« und »normale Preise« (232). Weitere Belege beziehen sich auf normale »Verläufe« und »Prozesse« (232), wobei es um das geht, was in der vorliegenden Untersuchung als »homöostatische Normalität« bezeichnet wird. Schließlich wird dieser ganze Komplex mit spezialdiskursiven (meteorologischen, anthropologischen, psychologischen) Belegen über statistische Normalität (Durchschnitte) und über die Gaußkurve abgeschlossen (232). Der hieran anschließende Block B (233) stellt das »gute Funktionieren, sowohl von einem Mechanismus wie von einem Organismus gesagt«, in den Vordergrund. Auch dabei geht es also um die homöostatische Normalität, wobei nun mehr das Funktionieren selbst als die daraus resultierenden Verteilungen betont ist. Die meisten entsprechenden Belege sind spezialdiskursiv, und zwar biologisch, medizinisch, psychiatrisch, psychologisch und pädagogisch. In diesem Belege-Korpus begegnet auffallend oft der Begriff der »Störung«: (psychologisch normal) »was keinerlei geistige Störung aufweist« (»qui ne présente aucun trouble mental«, 233) – »In normaler Zeit. (=) In einer Periode ohne Störung« (233). – Der gesamte Bereich der industriellen Normung ist in dem gesonderten Artikel »Normalisation« (235f.) erfaßt, wobei sich das Belegmaterial vielfältig mit dem des Lemmas »Normal« überschneidet. So wie der Artikel »Normal« auf das operative Dispositiv der Statistik und der Gaußverteilung verweist, so der Artikel »Normalisation« auf die institutionelle Normierung und die AFNor (Association Française de Normalisation), das Pendant zum Deutschen Normen Ausschuß.

Insgesamt läßt sich das Material des *Trésor* als Niederschlag der nun bereits seit vielen Jahrzehnten anwachsenden und anhaltenden Wirkung vernetzter Normalitäts-Dispositive auf die Kultur und insbesondere auf die allgemeine, alltägliche Sprache auffassen. Es zeigt sich darin, wie stark dieser Diskurs-Komplex und diese operativen Dispositive das »Alltagsbewußtsein« (den »senso comune« im Sinne Gramscis) bereits geprägt haben. Natürlich ist nicht zu erwarten, daß der Standarddiskurs des Alltags Struktur, Funktion und kulturelle Wirkungsweise des diskursiven Netzes und des Dispositiv-Netzes »Normalismus« homolog ›widerspiegelt‹. Um so erstaunlicher ist es aber festzustellen, daß fundamentale Konstituentien des Normalismus wie der Unterschied zur Normativität, wie die statistische Komponente oder die flexible Normalitäts-Grenze sich auch in der alltäglichen Sprachverwendung weitgehend durchgesetzt haben.

Man kann den Artikel »normal« des *Trésor* als eine Art ›ausgereiftes‹ Produkt der enzyklopädischen Evolution auffassen und dementsprechend versuchen, dieser Evolution nachzugehen. Entsprechend dem hier favorisierten interdiskursiven Ansatz wäre dann vor allem auf zweierlei Entwick-

lungen zu achten: Zum einen auf »diskursive« und »interdiskursive Ereignisse«, wie etwa auf das erste Auftauchen (émergence) des diskursiven Komplexes der Normalität in einem bestimmten Spezialdiskurs oder auf entsprechende Transfers von einem Spezialdiskurs zu einem anderen (wie von der Medizin zur Soziologie bei Auguste Comte) – vor allem aber auf das ›Zusammenschießen‹ sektorieller Normalitäten im Interdiskurs mit womöglich gesamtkulturellen Effekten. Zum anderen auf die jeweiligen Verbindungen zwischen den diskursiven Komplexen und den entsprechenden operativen Dispositiven, einschließlich der wechselnden interdiskursiven Dominanzen. Dieses Projekt ist so weitreichend, daß im folgenden bloß Ansätze zu seinen Konturen skizziert werden können, wobei die bereits in Teil IV referierten Vorarbeiten von Canguilhem, Foucault, Ewald, Castel, Hacking u.a. vorausgesetzt werden.

Der diskurstheoretische Ansatz schließt eine reine Wortgeschichte von vornherein aus. Der diskursive Komplex des Normalen ist selbst auf sprachlicher Ebene nicht identisch mit den Signifikanten »normal«/»Normalität«/ »Normalisierung«. Der gleiche diskursive Komplex kann sich mittels anderer »Wörter« artikulieren (so hat sich im englischsprachigen Bereich für das deutsche »Normung/Normierung« und das französische »normalisation« das Wortfeld »standard«/»standardization« durchgesetzt). Der Komplex kann ferner sozusagen ›diskursive Koalitionen‹ eingehen: So hat sich von einem bestimmten Moment der Diskursgeschichte an die Normalität aufs engste mit statistischen Dispositiven und vor allem mit Begriffen wie »Skala« und »Durchschnitt« verknüpft, so daß die entsprechenden »Begriffe« seither einen integralen Bestandteil des diskursiven Komplexes der Normalität bilden.

Alle »Begriffe« werden also im folgenden als ›schwere Signifikanten‹ zu behandeln sein: ›schwer‹ von netzartig verzweigten Feldern und ›schwer‹ von operativen Dispositiven. Das ist umgekehrt eine Warnung vor ›leichten Signifikanten‹, d.h. z.B. bloßen ›Wortverwandtschaften‹. Natürlich sind (normative) »Norm« und »Normalität« ›verwandte Wörter‹ – als ›schwere Signifikanten‹ jedoch haben sie herzlich wenig miteinander zu tun, wie sich bereits mehrfach zeigte und wie sich ferner zeigen wird. Eine besonders verführerische Falle aus ›leichten Signifikanten‹ bildet fast stets die Etymologie, so auch im Falle der Normalität. Wie den Lexika zu entnehmen ist, ›stammen‹ alle Angehörigen des »Wortfeldes« vom Lateinischen »norma« ab, dem Namen des rechtwinkligen Winkelmaßes der römischen Baumeister. Ob dieses Wort wirklich auf ein spekulatives italiengriechisches »*gnorima« zurückgeführt werden kann, mag dahingestellt bleiben. Jedenfalls wurde »norma« schon im klassischen Latein »figurativ« für Regeln und Muster aller Art, insbesondere Gebote und Gesetze, in diesem Sinne also auch bereits für »Normen« verwendet. In beiden Bedeutungen (Winkel-

maß und Regel) reproduzierte sich »norma« durch das mittelalterliche Latein hindurch bis in die Neuzeit. Aus dieser ganzen Wortgeschichte soll hier nur das mittellateinische »norma« im Sinne von Ordensregel gebührend erwähnt werden. Darin liegt sozusagen eine Art ›höherer Sinn‹, wenn man daran denkt, daß Foucault in den Klöstern eine wichtige Quelle moderner »Disziplinen« und damit eine »genealogische« bzw. »archäologische« Station auf dem Weg zu den frühen »Normalisierungen« entdeckt hat. Allerdings gibt es keinerlei begriffs- oder auch nur diskurshistorische Filiation zwischen der Ordensregel und den »Normalisierungen« (Foucault hat den Begriff »normalisation« ja auf rein metasprachlicher Basis rückwirkend auf das 18. und frühe 19. Jahrhundert angewandt).

In den lateinisch verfaßten Spezialdiskursen der modernen Wissenschaften bedeutete »norma« entweder im wörtlichen Sinne Rechteck oder im übertragenen Sinne Regel, juristisch Gesetz, »normalis« diente als Adjektiv dazu. Dazu wurden vereinzelt seit dem 17., häufiger seit dem 18. Jahrhundert volkssprachliche Lehnwörter gebildet (frz. »normal«, dt. »normal«). Noch in der Mutter aller modernen Enzyklopädien, in der berühmten *Encyclopédie* von Diderot und d'Alembert, gibt es nur ein kurzes Lemma »normale«, das rein spezialdiskursiv den mathematischen Begriff einer »Normalen« als der Senkrechten auf einer Geraden bzw. auf der Tangente einer Kurve definiert. Weder »norme« noch »normalité« existieren als Lemmata. Daraus läßt sich allerdings nicht etwa schließen, daß genealogische Vorstufen zum diskursiven Komplex der Normalität im 18. Jahrhundert vollständig gefehlt hätten. Es wird sich immer wieder zeigen, daß vor allem Gesamt-Enzyklopädien sehr langsam reagieren und häufig gerade besonders zukunftsträchtige Komplexe wie den der Normalität ›verschlafen‹ – jedenfalls unter den Lemmata. Es wird sich herausstellen, daß das Lemma »normal« fehlen kann, während der diskursive Komplex in anderen Artikeln der gleichen Enzyklopädie bereits proliferiert.

Pränormalistische Komplexe und Dispositive im 18. Jahrhundert

Eine ausführlichere Darstellung hätte im 18. Jahrhundert vor allem den Beginn der diskursiven Bifurkation zwischen Normalität und Normativität aufzuspüren. Dabei wäre nach dem »strukturalistischen« Kriterium der Distinktion und Opposition von entsprechenden Kontexten zu verfahren. Dabei bietet gerade die Verwendung von »Norm« im juristischen Spezialdiskurs ein gutes Beispiel für das, was soeben als die ›Schwere‹ oder ›Leichtigkeit‹ von Signifikanten bezeichnet wurde: Es ist von Beginn an so etwas wie eine (zur magnetischen analoge) ›Abstoßung‹ zwischen der juristischen »Norm« und dem »Normalen« zu beobachten. Wenn man den älteren An-

selm Feuerbach (Paul Johann Anselm, den Vater des Philosophen und Großvater des Malers) als exemplarisch für den juristischen Diskurs um 1800 betrachten kann, so verwendet er »Norm« sowohl fast synonym mit juristischer Vorschrift bzw. »Gesetz« wie auch im besonderen Sinne von ›hierarchisch höhere Regel, Prinzip für eine hierarchisch niedrigere Regel‹ (wie es heute etwa bei Urteilen des Verfassungsgerichts üblich ist). Ich gebe für beide Gebrauchsweisen je ein Beispiel:

Der Gesetzgeber soll die Rechtsverhältnisse durch positive Normen bestimmen, die wechselseitigen Rechte und Verbindlichkeiten fixieren, Grenzen für das Mein und Dein festsetzen.[1]

Unabhängig von aller positiven Gesetzgebung liegt in der menschlichen Natur als die letzte Quelle aller Rechte und aller Verbindlichkeiten das Gesetz der Vernunft, das wir vorzugsweise das *Rechtsgesetz* nennen, – ewig wie die Vernunft selbst, frei von dem Wechsel der Erfahrung, Gesetz aller Gesetzgeber, aller Gesetzgebungen ewige Norm. (65)

Diese beiden Verwendungsweisen lassen sich nicht bloß bei Feuerbach vielfältig belegen, sie ziehen sich auch weiterhin nebeneinander (bis heute) durch den juristischen Diskurs. Dabei gehört »Norm« zwar zu den häufig verwendeten, nicht aber zu den früh (etwa in Lexika) metasprachlich reflektierten Signifikanten. Erst 1872 erscheint mit Karl Bindings zweibändigem Werk *Die Normen und ihre Übertretung*[2] eine umfangreiche Monographie, wobei Binding aber gegen den *mainstream* schwamm. Noch viel später rückt »Norm« in die juristischen Nachschlagewerke vor. Für die Diskursgeschichte der Normalität ist die Feststellung wesentlich, daß »Norm« im juristischen Diskurs anscheinend nie mit »normal«, »Normalität« und »Normalisierung« koexistiert. Es ist, als ob zwischen beiden Diskurskomplexen eine unsichtbare, aber undurchlässige Scheidewand läge. (Übrigens scheint auch die Symbiose zwischen der juristischen »Norm« und dem Diskurskomplex »normativ«/«Normativität« relativ späten Datums zu sein. Hier ging die Philosophie mit ihrer Unterscheidung zwischen Naturwissenschaften und »normativen Wissenschaften« voran, bevor sich dieser philosophische Sprachgebrauch bei Kelsen wieder mit dem juristischen vereinte.[3])

---

1 Paul Johann Anselm Feuerbach, »Über Philosophie und Empirie in ihrem Verhältnis zur positiven Rechtswissenschaft«, in: Klaus Lüderssen (Hg.), P.J.A.F./Carl Joseph Anton Mittermaier, *Theorie der Erfahrung in der Rechtswissenschaft des 19. Jahrhunderts.* Zwei methodische Schriften, Frankfurt/Main 1968, 59–100, hier 81; zuerst publ. 1804.

2 Karl Binding, *Die Normen und ihre Übertretung.* Eine Untersuchung über die rechtmässige Handlung und die Arten des Delikts, 2 Bde. Leipzig 1872.

3 Vgl. dazu etwa den Artikel »Norm« im *Wörterbuch der philosophischen Begriffe* von Rudolf Eisler/Karl Roretz, 4. Aufl. Berlin 1929 (zu Kelsen 257). Nur sehr wenige Autoren (z.B. Windelband) sprechen in diesem Entwicklungsstrang von »normal« im Sinne von »normgemäß«.

Deutlich getrennt von der juristischen Linie des Normativen lassen sich ebenfalls bereits im 18. Jahrhundert eine Reihe von diskursiven Komplexen und Dispositiven erkennen, die sich im Rückblick als ›Vorläufer‹ der Normalität erweisen. Diese einzelnen Komplexe und Dispositive, die man »pränormalistisch« nennen mag, entstanden allerdings weitgehend unabhängig voneinander und entwickelten sich zunächst ohne Netz-Bildung. Soweit der Begriff des »Normalen« hier bereits auftaucht, meint er die Vorstellung einer *Masse genormter Produkte*. »Norm« meint dabei also technische (präindustrielle) Produkt-Norm, d.h. Muster und Schablone (Standard) für Massenfertigung. Die entsprechenden pränormalistischen ›Pionier‹-Dispositive erweisen sich also als »genealogische« Stationen der industriellen Normung. Dabei sind vor allem fünf sektorielle Entwicklungen zu erwähnen: die militärische Uniformierung und Standardisierung, die beginnende Vereinheitlichung der Maße und Gewichte, die Bestimmung des wahrscheinlich korrektesten Meßwertes bei astronomischen und physikalischen Messungen, die Flußregulierung sowie die pädagogische Standardisierung.

Frühe Beispiele für präindustrielle Normung, die zudem bereits mit der Kategorie des »Normalen« diskursiviert war, liefert das preußische Militär. Schon in der Mitte des 18. Jahrhunderts wurden die berühmten »Blauröcke« (Uniformen) im Auftrage des Königs von den Schneidern nach »Normalmaßen« und »Normalgrößen« gefertigt, die man sich ganz konkret als papierene Schablonen vorzustellen hat, die wiederum auf vier »Normalfiguren« beruhten[4]. Diese »Normalfiguren« entsprachen einer Art Durchschnitt der je vier »Rotten«, in die ein Regiment nach der Körpergröße aufgeteilt wurde. Kleinere individuelle Abweichungen waren möglich. Wie man sieht, geht es hier also nicht bloß um die »Archäologie« der industriellen Serienfertigung und der Eichung, sondern auch um die der Normalität als *technischer Herstellung von Durchschnittlichkeit in Massen*. Wie man weiter sieht, konnte dabei das »Normale« entweder mehr auf die Schablone (den Prototyp) und damit auf einen Einzeltyp oder mehr auf das Resultat, d.h. auf eine um einen Durchschnitt gestreute Masse bezogen werden. Beide Möglichkeiten spielten offenbar für die frühe Semantik des »Normalen« eine dominante Rolle.

Schon 1795 entdeckte Gauß die berühmte symmetrische, glockenähnliche Verteilungskurve astronomischer Meßwerte, die später zu einem der wichtigsten normalistischen Dispositive in nahezu allen Sozialwissenschaf-

---

Insgesamt bestätigen die Belege überwältigend die Abzweigung der »Normativität« von der »Normalität«.

4 Gisela Krause, *Altpreußische Uniformfertigung als Vorstufe der Bekleidungsindustrie*, Hamburg 1965, 39, 41, 43.

ten avancieren sollte. Durch einen symbolträchtigen Zufall wurden gleichzeitig im revolutionären Frankreich die modernen Einheitsmaße und -gewichte fixiert. Dazu heißt es in dem Artikel »Normalisation« des *Grand Larousse* von 1963:

Die große industrielle Ära des 19. Jahrhunderts wurde durch eine meisterhafte Normung [normalisation] eröffnet, durch das metrische System, das in Frankreich per Gesetz vom 8. Germinal des Jahres III (dem 7. April 1795) errichtet wurde [...].

Die Bezeichnung als »normalisation« ist anachronistisch (wenn es sich auch im Rückblick durchaus um eine solche handelt) – die Zeit sprach von »calibrage« (dt. »Eichung«, damals meistens noch »Aichung« geschrieben). Unter normalismustheoretischen Gesichtspunkten ist vor allem die partielle strukturelle Homologie von Maßvereinheitlichung und Fehlerkurve zu betonen: In beiden Fällen geht es um Streuungen einer Menge abweichender Werte (die verschiedenen Maße, die verschiedenen Meßwerte), die es zu vereinheitlichen, bald würde man sagen: zu »normen« bzw. zu »normieren« gilt. Daraus ergab sich ein Anschluß an Statistik und an Wahrscheinlichkeitsrechung. In beiden Fällen liegt also eine empirische Streuung von Daten mit Häufungen in einem homogenen Feld vor, so daß die Vereinheitlichung auf einen dominanten Wert wie das Zusammenfalten einer Kurve zu einer einzigen Senkrechten oder Waagrechten vorgestellt werden kann.

Analog zu den bisherigen Beispielen ist auch die Semantik der »Normalschulen« und »Normalprogramme« in der Pädagogik des ausgehenden 18. Jahrhunderts aufzufassen. Noch vor den berühmten »écoles normales« der Französischen Revolution (1795) wurden in Österreich bereits 1774 Lehrerausbildungsseminare als »Normalschulen« bezeichnet. Diese Bezeichnung muß parallel zu den Uniformen aufgefaßt werden: In einer Zeit, in der jeder Lehrer (insbesondere jeder Hofmeister) nach eigenem gusto lehrte, mußten zunächst ›Musterlehrer‹ produziert werden, die sich dann an entsprechenden Musterprogrammen orientieren konnten.

Bereits anhand der pränormalistischen diskursiven Komplexe lassen sich einige Eigenschaften von (nicht-juristischen) »Normen« beobachten, die sowohl für die diskursive Bifurkation Normalität/Normativität wie auch für die normalistische Entwicklung selbst von Bedeutung sind: Zunächst geht es in allen pränormalistischen Dispositiven um ›große Zahlen‹, um Massen. Dabei schien ein prinzipieller Unterschied darin zu liegen, ob die Masse seriell durch ein einziges Muster (einen Prototyp) produziert wurde (Maße, Gewichte, Kanonenkugeln und andere industrielle Serienprodukte, Schülerwissen) oder nicht (astronomische Daten, nichtserielle Industrieprodukte). »Norm« bedeutete zum einen den ex ante gegebenen Prototyp (das Muster) – zum anderen aber auch den ex post festgestellten Durchschnitt. Die Annahme eines heimlichen Prototyps (einer »Idee« bzw. eines Idealtyps)

auch bei lediglich ex post feststellbaren Normalitäten sollte sich als weit verbreitete protonormalistische Überzeugung erweisen. Dazu trug sicherlich ein Quidproquo der industriellen Normung seinen Teil bei: Normung war zum einen die Vereinheitlichung von zuvor ›wild‹ gestreuten Produktgrößen (Standardisierung), zum anderen streuen auch die Größen serieller Produkte (wenn auch natürlich in relativ geringem Maße) um einen Mittelwert (so wie Meßfehler).

2. Entwicklungsschritte normalistischer Dispositive und ihrer Theorie

Zwischen Teratologie und Überspannung

Neben den industrialistischen pränormalistischen Dispositiven entwickelten sich parallel dazu und unverbunden seit dem 18. Jahrhundert diskursive Komplexe des »Normalen« (und teils ebenfalls bereits ansatzweise Dispositive) in einer Reihe von naturwissenschaftlichen Spezialdiskursen. Die wichtigsten dieser Spezialdiskurse waren Meteorologie, Naturgeschichte und Medizin (s. das historische Überblicksschema).

Im Spezialdiskurs der »Naturgeschichte« (nicht identisch mit der künftigen »Biologie«) ist das »Normale« zu Beginn des 19. Jahrhunderts ein bereits fest etablierter Grundbegriff. Es handelt sich dabei allerdings um eine eindeutig pränormalistische Auffassung. In seinem Beitrag über die »Monstren« für das *Dictionnaire classique d'Histoire Naturelle*[5] spricht Étienne Geoffroy Saint-Hilaire, in der deutschen Kulturgeschichte bekannt durch Goethes Gespräch mit Eckermann vom 2. August 1830, in dem der Dichter-Naturforscher Geoffroys Kritik an Cuvier für wichtiger erklärte als die Julirevolution, von der »normalen Zoologie« (14; im Sinne von ›Zoologie normaler Lebewesen‹), vom »Normaltyp« (»type normal«, 14, 15), vom »Normalmenschen« (7), vom »normalen (Lebe-) wesen« (»être normal«, 10, 11) und vom »Normalzustand« (»état normal«, 17). Gemeint ist damit stets eine idealtypische Gattungs-»Normalität« in einem quasi-platonischen Sinne. Das innere Auge dieser Naturgeschichte (Goethe ist ein Musterfall) stellt sich ein Eidos (wie einen industriellen Prototypen bei Serienproduktion) vor, das die Masse der Exemplare produziert hat.

---

5 Étienne Geoffroy Saint-Hilaire, *Considérations générales sur les monstres, comprenant une théorie des phénomènes de la monstruosité,* Paris 1826 (Sonderausgabe nach Bd. 11 des *Dictionnaire classique d'Histoire Naturelle*).

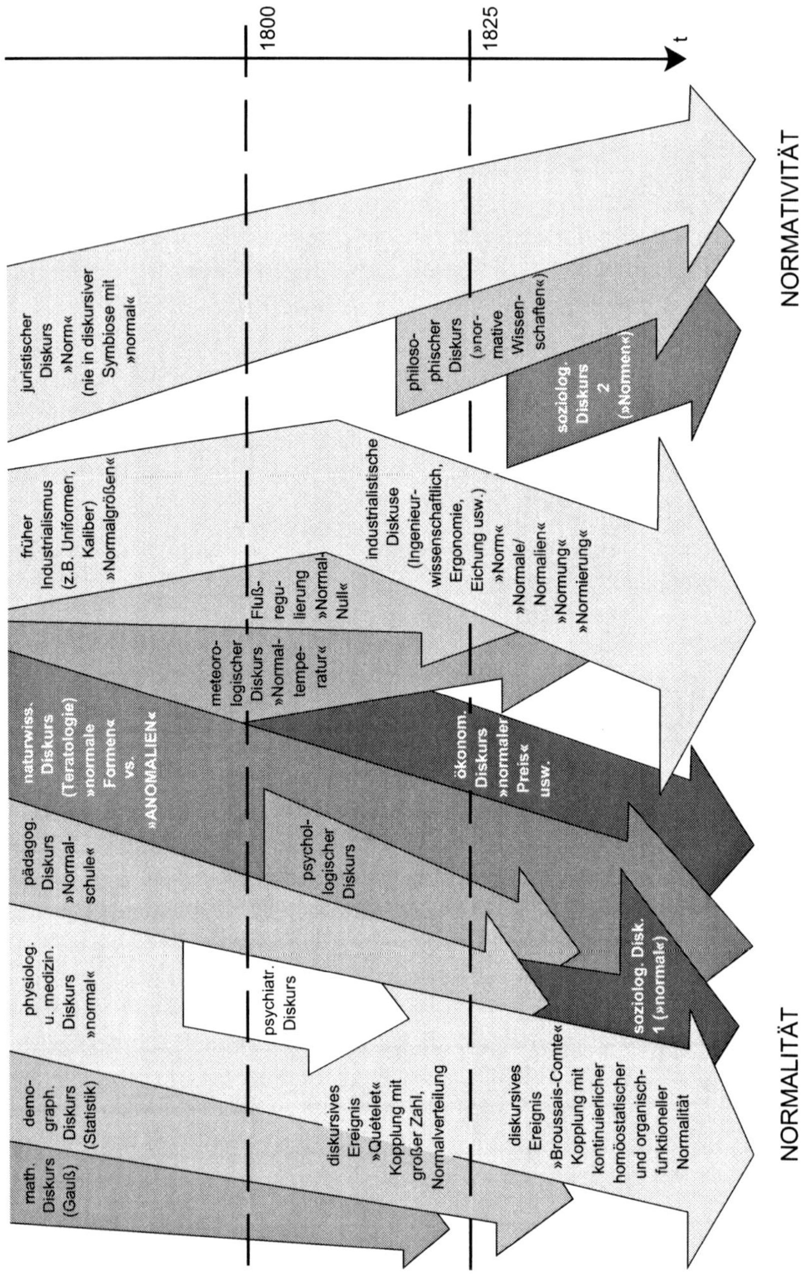
1800
1825
t
math. Diskurs (Gauß)
demo-graph. Diskurs (Statistik)
physiolog. u. medizin. Diskurs »normal«
pädagog. Diskurs »Normal-schule«
naturwiss. Diskurs (Teratologie) »normale Formen« vs. »ANOMALIEN«
früher Industrialismus (z.B. Uniformen, Kaliber) »Normalgrößen«
juristischer Diskurs »Norm« (nie in diskursiver Symbiose mit »normal«
psychiatr. Diskurs
psychol-logischer Diskurs
meteoro-logischer Diskurs »Normal-tempe-ratur«
Fluß-regu-lierung »Normal-Null«
industrialistische Diskuse (Ingenieur-wissenschaftlich, Ergonomie, Eichung usw.) »Norm« »Normale/ Normalien« »Normung« »Normierung«
philoso-phischer Diskurs (»nor-mative Wissen-schaften«)
soziolog. Diskurs 2 (»Normen«)
ökonom. Diskurs »normaler Preis« usw.
diskursives Ereignis »Quételet« Kopplung mit großer Zahl, Normalverteilung
diskursives Ereignis »Broussais-Comte« Kopplung mit kontinuierlicher homöostatischer und organisch-funktioneller Normalität
soziolog. Disk. 1 (»normal«)
NORMALITÄT
NORMATIVITÄT

Die »monstruösen Abweichungen« (»déviations«, 12, 13, 17) bzw. »Störungen« (»perturbations«, 8, 10) oder »Alterationen« (»altérations«, 10) sind dabei ausdrücklich nicht als kontinuierlich mit dem »Normaltyp« verstanden, sondern als ein eigener »Typ« im Sinne einer eigenen, eben »monstruösen« Para-Gattung. Ein »Monstrum« ist nach Geoffroy Saint-Hilaire also ein Wesen, in dem zwei diskontinuierliche, völlig wesens- und substanzfremde »Ordnungen« (»eine neue Ordnung setzt sich an die Stelle der alten«, 15) neben- und gegeneinander koexistieren. Zwei Eide haben bei der Produktion sozusagen interferiert. Sein anschauliches Beispiel sind Fäulniszonen in Früchten (14), die ihren eigenen, »regelmäßigen und unabhängigen Gang« gingen:

Ein Monstrum ist ein regelmäßiges (Lebe)wesen im größten Teil, ein unregelmäßiges im geringeren Teil seiner Organe. Dort, wo das Monstrum regelmäßig ist, gründet sich seine Existenz [condition] als eines gesonderten [à part] und normalen (Lebe) wesens auf eine bestimmte Summe von Organen [...]: dort, wo es sich im Gegenteil von der Regel entfernt, handelt es sich um eine andere Summe von Organen mit höchst komplizierten und unbekannten (internen) Beziehungen, die es zu erforschen gilt (13).

Eine Mauer der Diskontinuität und Inhomogenität trennt nach Geoffroy Saint-Hilaire also in einem und demselben Lebewesen das Normale und das Monstruöse, »Abweichung« heißt eben gerade noch nicht kontinuierliches ›Aus-dem-Ruder-Laufen‹, sondern diskontinuierliches ›Hinüberspringen‹ in eine gänzlich andere Gattung6. Vor dem Hintergrund dieser »naturgeschichtlichen« Auffassung von »Normalität« gewinnt das »Broussaissche Prinzip«, insbesondere in der Version Auguste Comtes, erst sein Profil einer epochalen epistemologischen Revolution, wodurch der Kontinent des Normalismus eröffnet wird. Anders ausgedrückt ließe sich auch sagen, daß Geoffroy Saint-Hilaires »Normalität« mit diskontinuierlichen Matrizen gedacht ist und die von Broussais und Auguste Comte mit kontinuierlichen Kurven.

Dabei ›stammte‹ die Vorstellung kontinuierlicher Kurven aus einer medizinischen ›Linie‹, die vor Broussais gar nicht oder in geringerem Maße mit dem Terminus des »Normalen« verbunden war als die naturgeschichtliche Teratologie: Es handelt sich um das Modell der *Reizung* (»Irritation« von Fibern, »Sensibilisierung« von Nerven nach Haller), die nach vagen mechanischen bzw. hydraulischen Analogien als graduelle *Spannung* vorgestellt wird. Bei William Cullen und dann insbesondere bei John Brown ist so jenes homöostatische Kontinuum antizipiert, das bei Broussais aus einer

6 Ganz in den naturgeschichtlichen Kontext Geoffroy Saint-Hilaires gehört eine seltene Verwendung von »normal« beim späten Goethe (»beobachtete ich nur sorgfältiger das Verhältnis, die Wechselwirkung der normalen und abnormen Erscheinungen«: *Zur Morphologie*, 1817, Hamburger Ausgabe Bd. 13, 59).

»normalen« Zone mittlerer *Spannung* (»irritation«) und zwei »pathologischen« (nicht normalen) Anschlußzonen der (*oberen*) *Überspannung* und der (*unteren*) *Abspannung* bestehen wird. Wie sehr dieses Modell im Interdiskurs verbreitet war, zeigt die Tatsache, daß es noch im heutigen Alltagsdiskurs reproduziert wird.

Es gibt einige Praktiken mit starken nicht-diskursiven Komponenten, die für die Evolution und ›Kristallisierung‹ des Normalismus die Rolle eines Katalysators gespielt haben. Dazu gehört insbesondere auch die moderne militärische Praxis. Stellen wir uns den jungen Broussais als Militärarzt in einer der Schlachten Napoleons vor, so erblicken wir eine in höchstem Maße ›normalismus-trächtige‹ Konstellation: Schon gehören die Maschinen des Todes mit ihren Kalibern zu den (ersten!) gänzlich genormten Maschinen. Schon richten sie unter den en masse ausgehobenen und statistisch vermessenen Körpern künstliche Massenepidemien an, die Broussais und andere Ärzte in improvisierten Statistiken erfassen. Die langen Reihen nebeneinander aufgebahrter Verletzter und Toter bilden in vivo et mortuo homogene Vergleichsfelder, die zur Verdatung einladen, sie bilden eine sehr konkrete »Skala«, die durch Umgruppierung nach der Größe der Überlebenschance auch ganz praktisch erstellt werden muß – und in Pausen der Infernos konnten die Broussais vielleicht schon von gaußoiden Verteilungen der Kugeleinschläge (später ein Modellbeispiel für die Gaußkurve) bzw. der Körpergrößen träumen.

Es ist für die Übergangsphase zwischen Pränormalismus und Protonormalismus um 1800 charakteristisch, daß es zu einzelnen auffälligen (inter)diskursiven Ereignissen kommt, die aber isoliert bleiben und spurlos von der Diskursfläche wieder verschwinden[7]. Ich erwähne exemplarisch bloß einen kurzen Abschnitt in Kants *Kritik der Urteilskraft* (den § 17 im Ersten Teil, I. Abschnitt, 1. Buch), wo Kant den Begriff einer »ästhetischen *Normalidee*« prägt (Reclam, 116). Es handelt sich um den Musterfall einer interdiskursiven Kopplung, aus der sich ein diskursives Mikroereignis ergibt, das weitgehend vom Autor unabhängig Konturen gewinnt (darunter verblüffend ›antizipatorische‹), schließlich aber folgenlos ›verschenkt‹ wird. Kants Kontext ist die Problematik des »Ideals der Schönheit«, für das es aufgrund seiner Auffassung des Ästhetischen als einer rein »subjektiven« Kategorie keinerlei »objektive« Kriterien geben kann. Wie läßt sich dann auf »subjektive« Weise ein »Muster« oder »Urbild des Geschmacks« (114)

7 Neben Kant seien die Prägungen »Normalstaat« und »Normalnation« beim jungen (jakobinischen) Joseph Görres erwähnt (»Der allgemeine Frieden, ein Ideal« von 1798, in: *Ausgewählte Werke*, hg. v. Wolfgang Frühwald, Bd. 1, Freiburg u.a. 1978, 5–78); offenbar handelt es sich um eine interdiskursive Kontamination zwischen naturgeschichtlichem »Typ« und pädagogischem »Muster«.

gewinnen? Eben dadurch, daß dieses Muster als »Idee« (der »Vernunft«) bzw. »Ideal« (der »Einbildungskraft«) deduziert wird. Bekanntlich ist Schönheit nach Kant die subjektive Vorstellung einer »Zweckmäßigkeit« (sinnvollen Mannigfaltigkeit) »ohne Zweck« (ohne Transparenz einer teleologischen Produktionsabsicht und -regel). Die tragende Rolle der »Zweckmäßigkeits«-Kategorie in Kants Ästhetik erklärt sich dabei großenteils aus der internen Systematik der drei *Kritiken* (»Zweck« dominant in der Ethik, getilgt aus der Naturwissenschaft und bloß »analog« in der Ästhetik) – hier ist lediglich zu beobachten, daß auf diese Weise durch die »Zweckmäßigkeit« ständig Schönheit und biologische Organik, diskursiv also Ästhetik und Naturgeschichte, parallelgeschaltet werden. Es braucht daher in unserem Zusammenhang auch nicht kommentiert zu werden, warum es nach Kant ein ästhetisches »Ideal« nur von der menschlichen Gestalt (nicht aber z.B. von der Gestalt einer Blume) geben kann – es reicht vielmehr aus, die Induzierung des naturgeschichtlichen Diskurses durch die Kategorie der »Zweckmäßigkeit« und die Induzierung des »Normalen« durch den naturgeschichtlichen Diskurs zu erklären. Kant definiert das Ideal des schönen Menschen (genauer Mannes) durch eine Kombination von »Vernunftidee« und »Normalidee«; da die »Vernunftidee« aber nur schwer (durch »symbolische Analogie«) mit der Sinnlichkeit zu vermitteln ist, muß zunächst die »Normalidee« die hauptsächliche Last dieser Vermittlung tragen:

Hiezu gehören aber zwei Stücke: *erstlich* die ästhetische *Normalidee*, welche eine einzelne Anschauung (der Einbildungskraft) ist, die das Richtmaß seiner Beurteilung, als eines zu einer besonderen Tierspezies gehörigen Dinges, vorstellt; *zweitens* die *Vernunftidee*, welche die Zwecke der Menschheit, sofern sie nicht sinnlich vorgestellt werden können, zum Prinzip der Beurteilung seiner Gestalt macht, durch welche, als ihre Wirkung in der Erscheinung, sich jene offenbaren. Die Normalidee muß ihre Elemente zur Gestalt eines Tiers von besonderer Gattung aus der Erfahrung nehmen; aber die größte Zweckmäßigkeit in der Konstruktion der Gestalt, die zum allgemeinen Richtmaß der ästhetischen Beurteilung jedes Einzelnen dieser Spezies tauglich wäre, das Bild, was gleichsam absichtlich der Technik der Natur zum Grunde gelegen hat, dem nur die Gattung im ganzen, aber kein einzelnes abgesondert adäquat ist, liegt doch bloß in der Idee des Beurteilenden, welche aber, mit ihren Proportionen, als ästhetische Idee, in einem Musterbilde völlig in concreto dargestellt werden kann. (116)

Diskursgeschichtlich ist es völlig plausibel, wie aus Kants Gedankenfigur, nach der »Zweckmäßigkeit« außerhalb der Ethik nur den Gestaltungen der Schönheit und der Organik unterlegt werden kann, die ›Entlehnung‹ einer Kategorie des Diskurses der Naturgeschichte (»Normaltyp«, »Normalgröße« usw.) folgt. Es geht ja um »Tierspezies« und »Tier von besonderer Gattung«. Dennoch soll es sich paradoxerweise, obwohl die »Erfahrung« hier nicht zu umgehen ist, um eine »Idee« handeln. Kant ist sich des Prekären seiner Begriffsbildung wohl bewußt:

Um, wie dieses zugehe, einigermaßen begreiflich zu machen (denn wer kann der Natur ihr Geheimnis gänzlich ablocken?), wollen wir eine psychologische Erklärung versuchen. (116)

Diese »psychologische Erklärung« antizipiert nun in einem Geistesblitz nicht bloß die statistische Konstruktion eines »mittleren Menschen« im Sinne Quételets mithilfe von arithmetischen Mitteln (Durchschnitten), sondern darüber hinaus nicht mehr und nicht weniger als das galtonsche Verfahren der Serienfotos:

Jemand hat tausend erwachsene Mannspersonen gesehen. Will er nun über die vergleichungsweise zu schätzende Normalgröße urteilen, so läßt (meiner Meinung nach) die Einbildungskraft eine große Zahl der Bilder (vielleicht alle jene tausend) auf einander fallen; und, wenn es mir erlaubt ist, hiebei die Analogie der optischen Darstellung anzuwenden, in dem Raum, wo die meisten sich vereinigen, und innerhalb dem Umrisse, wo der Platz mit der am stärksten aufgetragenen Farbe illuminiert ist, da wird die *mittlere Größe* kenntlich, die sowohl der Höhe als Breite nach von den äußersten Grenzen der größten und kleinsten Staturen gleich weit entfernt ist; und dies ist die Statur für einen schönen Mann. (Man könnte ebendasselbe mechanisch herausbekommen, wenn man alle tausend mäße, ihre Höhen unter sich und Breiten (und Dicken) für sich zusammen addierte, und die Summe durch tausend dividierte. [...]) (117)

Dieser Text wurde von philosophisch und literarisch orientierten Lesern gelesen, die diese radikal protonormalistische (avant la lettre) Bestimmung von Schönheit wohl mehrheitlich mit Kopfschütteln quittiert haben werden. Im Rahmen einer Geschichte des Normalismus ist es allerdings als gleichermaßen kurios wie symptomatisch zu konstatieren, wie der Diskurs unter Kants Feder, einmal auf das *Gleis* des Normalen gesetzt, sozusagen automatisch zur Statistik, zum Durchschnitt als normalistischer Norm, zu einer Skala mit zwei symmetrisch zum Durchschnitt liegenden Devianzbereichen und mit zwei Extremen *fährt*[8]. Nicht weniger verblüffend aber auch, daß all das für die Geschichte des Normalismus ›nichts bringen‹ konnte, bevor nicht durch die im medizinischen Diskurs erfolgte Kombination dieses Modells mit dem *Homöostase*-Modell das Prinzip von Broussais und Comte formuliert wurde.

---

8 Und sogar, in einem ›Nachhall‹ der pränormalistischen Isotopie in § 25 (im Kontext der Diskussion der »Größe«-Kategorie anläßlich des »Erhabenen«), zur Fehlerkurve, die Gauß wenige Jahre später mathematisch formulieren wird: »Er [der Maßstab der Größe, J.L.] mag übrigens empirisch sein, wie etwa die mittlere Größe der uns bekannten Menschen, Tiere von gewisser Art, Bäume, Häuser, Berge, u. dgl.; oder ein a priori gegebener Maßstab, der durch die Mängel des beurteilenden Subjekts auf subjektive Bedingungen der Darstellung in concreto eingeschränkt ist: als im Praktischen, die Größe einer gewissen Tugend, oder der öffentlichen Freiheit und Gerechtigkeit in einem Lande; oder im Theoretischen: die Größe der Richtigkeit oder Unrichtigkeit einer gemachten Observation oder Messung u. dgl.« (141)

Von der Matrix zur Kurve oder Archäologie des normalistischen Kurven-Dispositivs

Michel Foucault hat den fundamentalen epistemologischen Bruch, der sich um 1800 in jenem Fächer von Wissensbereichen ereignete, die sich dann als »Humanwissenschaften« konstituierten, als Wechsel vom »taxonomischen« zum »historizistischen« Denkmodell beschrieben. Das basale methodologische Instrument der taxonomischen Episteme ist die kombinatorische Matrix, wie sie etwa dem Linnéschen System zugrunde liegt. Die typologische Teratologie funktionierte als ein Teilbereich dieser gleichen Episteme. Wie sich zeigte (s. Kap. II.2. über die »Psychopathen«-Typologie Kurt Schneiders und Paul Bressers), sind weder kombinatorische Matrix noch taxonomisches Denkmodell mit dem Jahre 1800 ausgestorben – insbesondere sollte die »Charakterologie« bis zu Klages und bis heute erst ihre eigentliche Konjunktur erfahren. Dennoch gewann das »historizistische« Denken seit 1800 mehr und mehr eine führende Position in den »Humanwissenschaften«. Historizismus bedeutet die wesentliche Konstitution der Phänomene durch ihre temporalen Koordinaten sowie durch ihre Genealogie und Filiation in einem idealiter linear vorgestellten Evolutions-Kontinuum (Prototyp Darwin). Foucault spart den Umstand aus, daß auch dem Historizismus (wie der Taxonomie die Matrix) ein basales methodologisches Instrument entspricht: Es ist die Gesamtheit der temporalen Verlaufskurven, die historizistische »Kurven-Landschaft«. Dazu gehören die evolutionistischen Filiationskurven ebenso wie alle Wachstumskurven und sinuidalen zyklischen Entwicklungskurven. Mit dieser *Kurvenlandschaft* ist der Normalismus von Beginn an eine enge Allianz eingegangen, die sehr bald zu einer wahren Symbiose wurde. Des näheren läßt sich sagen, daß die reine teratologische und typologische Matrix auch dort, wo bereits der Signifikant »normal« auftaucht, als vornormalistisch einzustufen ist, während die Kombination von Matrix und Kurve für Pränormalismus und Protonormalismus, die reine *Kurvenlandschaft* für den Flexibilitäts-Normalismus symptomatisch erscheint. Die Symbiose zwischen Normalismus (als Regulation nach Durchschnitten auf statistischer Basis) und Kurven-Dispositiv ist bereits bei Quételet und Guerry vollständig ausgeprägt und ›kristallisiert‹.

Damit diese Symbiose zustande kommen konnte, mußten sowohl normalistische wie Kurven-Dispositive entwickelt worden sein. Wachstumskurven existierten implizit in Tabellenform seit dem späten Mittelalter in der Ökonomie und seit dem 17. Jahrhundert in der Demographie. Erst William Playfair aber erfand und entwickelte seit 1786 (*The Commercial and Political Atlas*) jene suggestiven graphischen Instrumente wirklicher Kurven-

landschaften, die binnen kurzem zu einem der konstitutiven Dispositive moderner Gesellschaften avancieren sollten. (Nach Edward Tufte wurden um 1980 im Weltmaßstab jährlich zwischen 1 und 2 Billionen statistischer Graphiken gedruckt[9]; diese Zahl dürfte sich seither, insbesondere auch durch die Elektronisierung, weiter *exponentiell* erhöht haben.) Es will als mehr denn symbolisch erscheinen, daß Playfair eines der epistemischen Basisdispositive der Moderne entwickelte, um die ökonomische Konkurrenz der europäischen Nationalstaaten augenfällig darstellbar zu machen: Seine Kurven beziehen sich vor allem auf das Wachstum von Importen und Exporten, außerdem auch auf Preis-Lohn-Vergleiche und bereits auf das *steil wachsende* Staatsdefizit. Synchronisch erscheint die Nationen-Konkurrenz als Blockdiagramm, diachronisch als Kurvenfächer. Durch eine synchron-diachrone Abbildung mehrerer nationaler Kurven entsteht die *Landschaft*: nicht bloß *Wettrennen, Aufholjagden, Wenden* und *Scheren* werden darstellbar, sondern auch *Überschuß-* bzw. *Defizitzonen.* Solche *Scheren* und *Zonen* waren normalistisch ohne weiteres z.B. als Risikotendenzen oder Risikozonen, als Denormalisierungs- oder Normalisierungsprozesse lesbar. Mit der naheliegenden Extrapolation von Kurven war gleichzeitig ein wichtiges prognostisches Instrument konstituiert. Vermutlich hätte Malthus seine berühmte Scheren-Prognose so kaum ohne Playfairs suggestive Dispositive entwickeln können. Insbesondere Playfairs steile growth-Kurven mußten von Anfang an auch die Vorstellung von limits to growth provozieren, d.h. von einer *Plafond-Geraden*, die das Wachstum nicht überschreiten könnte. Diese Vorstellung (einer Art »Entropie«) ist für Malthus wie auch für Ricardo charakteristisch: Sie löst Denormalisierungsangst und Normalisierungsbedarf aus, die Comte mit seinem Protonormalismus zu decken sucht (s.u. V.3).

Playfairs Dispositiv der *growth*-Kurven-Fächer läßt sich mit anderen, etwa geographischen Dispositiven koppeln und dadurch zu wirklichen »Landschaften« entfalten. So entwickelte Guerry im Anschluß an vergleichende Blockdiagramme das Instrument verschieden stark getönter Regionen (z.B. der französischen Departements auf einer Landkarte), um unterschiedliche statistische Verteilungen (der Sterblichkeit, der Bildung usw.) zu illustrieren. Solche Karten sind normalistisch direkt als Verteilungen von Risiko- bzw. Sicherheitszonen lesbar – sie nehmen das *Gefälle* zwischen Normalitätsklassen vorweg (s.u. IX.2).

Die Folge der diskursiven Ereignisse im einzelnen zu rekonstruieren, durch die unsere heute übliche *Kurvenlandschaft* nach und nach entstanden ist, überschreitet die Möglichkeiten der vorliegenden Studie. Ich verweise

---

9 Edward R. Tufte, *The Visual Display of Quantitative Information*, Cheshire (Connecticut) 1983, 10. Vgl. auch Thomas Knieper, *Infographiken: Das visuelle Informationspotential der Tageszeitung*, München 1995, 18ff.

exemplarisch auf den Galton-Abschnitt im weiteren Verlauf dieses Kapitels, wo die Kopplung der positiven und negativen Wachstums- und Fortschrittskurven mit der Gaußkurve dargestellt wird (s.u. V.3.). Gegen Mißverständnisse ist bereits hier zu betonen wichtig, daß die *Kurvenlandschaft* aus ***symbolischen Kurven*** besteht, deren praktische Orientierungsfunktion auch bei bloß sehr grober Annäherung an die ›sauberen‹ mathematischen Prototypen erfüllt werden kann. Auch hier gilt es, die eigene Operativität des Interdiskurses nicht zu verkennen: Ein Mathematiker wird dazu tendieren, über 90% der interdiskursiven Verwendungsweise von »exponentiell«, »entropisch«, »normalverteilt« usw. schlicht als *falsch* zu brandmarken – für das praktische Management z.B. von *Grenzen des Wachstums* ist aber diese grobe interdiskursive Kennzeichnungsweise unverzichtbar. Auch wenn ein konkreter Kurvenverlauf im mathematischen Sinne nicht »exponentiell« oder nicht »entropisch« genannt werden kann, kann die entsprechende symbolisch-interdiskursive Kennzeichnung (etwa in den Medien) dazu beitragen, großen Massen von Menschen einen *Trend* zu verdeutlichen, der sie massenhaft zu einer *Wende* ihres Verhaltens veranlaßt und dadurch womöglich tatsächlich eine *Wende* der Kurve zustande bringt. Da die vorliegende Untersuchung nicht Geschichte der Mathematik, sondern Geschichte interdiskursiver Dispositive und ihrer Subjekteffekte betreibt, sind die *symbolischen* Kurven des Normalismus ihr Gegenstand. Sie ist sich dabei der mathematischen *Falschheit* bewußt, gewinnt ihre kritische Perspektive aber keineswegs aus diesem Umstand, da der Handelnde (um Goethe zu paraphrasieren) nun einmal kein mathematisches Gewissen besitzt.

Symbolisch gesehen, sind also z.B. »geometrische« und »exponentielle« *growth*-Kurven weitestgehend äquivalent: Malthus, Ricardo und Marx sprachen von »geometrisch«, der Club of Rome spricht von »exponentiell« – symbolisch betont ist in beiden Fällen ein denormalisierendes *Ausscheren*. Ebenso ist der in den Sozialwissenschaften weit verbreitete Usus, grobe Kurventypen nach der Form von Buchstaben zu benennen (umgekehrte U-Kurve = Normalverteilung, »logistische« S-Kurve und umgekehrte S-Kurve = »Ogive«, umgekehrte J-, Sichel-Kurve usw.), zum Dispositiv der normalistischen *Kurvenlandschaft* zu zählen. Die (umgekehrte) J-Kurve begegnet schon bei Quételet als gekrümmte Wachstumskurve mit zunächst starkem, dann nachlassendem und schließlich leicht negativem Steigungswinkel – geht dieses Wachstum dann in eine Gerade (Nullwachstum) über, so handelt es sich um eine »Sichel-Kurve«. Diese symbolischen J- und Sichelkurven liegen allen Vorstellungen von Normalisierung im Sinne von Einmündung eines starken Wachstums in Eurhythmie (wie bei Comte) zu Grunde. Als (umgekehrte) J-Kurve wurde auch die Kurve vom »abnehmenden Grenznutzen« formalisiert, die in den Wirtschaftswissenschaften seit Gossen (1854) bzw. in der Neoklassik seit den siebziger Jahren des 19.

Jahrhunderts eine so kapitale Rolle spielt. Ganz ähnlich funktioniert die logistische Kurve (S-Kurve), bei der das Wachstum nur nicht *raketenartig* (*Senkrechtstarter*), sondern *exponentiell* beginnt. Setzt sich nach der *Wende* einer positiven *growth*-Kurve das negative Wachstum fort, so haben wir es mit einer *Regressionskurve* zu tun (s.u. Galton). Dazu gehören alle Vorstellungen von »Degeneration« und »Dekadenz«. Symbolisch scheinen Regressionskurven mit starkem (negativem) Steigungswinkel katastrophische Denormalisierungen zu implizieren, während solche mit schwacher Neigung bzw. Nullwachstum als (symbolisch!) »entropisch« gelten.

Eine Wachstumskurve, die mehr oder weniger periodisch zwischen *Wenden* zu *exponentiellem* und zu negativem bzw. Nullwachstum *pendelt* (wie typischerweise die Kurve der kapitalistischen Akkumulation) erscheint als *endlos wachsende Schlange*. Diese symbolische Kurve vereint in sich logistische S-Kurven, J-Kurven, *exponentiell* und *entropisch* verlaufende Kurvensegmente und »Ogiven«-Segmente (umgekehrte S-Kurve, s.u. bei Galton). Der *thrill* der *endlos wachsenden Schlange* besteht in dem Risiko, daß jedes *exponentielle* oder *regressive* (z.B. *entropische*) Segment in die irreversible Denormalisierung *ausscheren* könnte. Die *endlos wachsende Schlange* (einschließlich ihrer Partialkurven) dient daher im Normalismus als ein Grundmuster für prognostische Simulationen, wobei sowohl die Prognose der *Wenden* wie die der jeweiligen Steigungswinkel nach Möglichkeit mehr und mehr verfeinert werden soll. Die implizite ***Idealvorstellung eines »normalen Wachstums«*** besteht zweifellos in einer endlosen Folge ineinander übergehender logistischer Kurven; in diesem Idealmodell der *endlos wachsenden Schlange* gäbe es an den Übergängen lediglich Nullwachstum und keine Regression (ganz offensichtlich versuchte der legendäre Alan Greenspan die Konjunktur der USA diesem Idealmodell anzunähern).

Die für die normalistische *Kurvenlandschaft* wohl wichtigste Kopplung besteht in der durchgängigen ***Kontrollfunktion der Gaußkurve (Normalverteilung)*** gegenüber anderen Kurvenverläufen. Ein synchronischer Zustand (z.B. eine Einkommensverteilung) gilt als befriedigend, d.h. »normal«, wenn sie (mindestens vage symbolisch!) als »gaußoid« kodiert werden kann, d.h. wenn sie eine breite Mittelzone und zwei auslaufende Extreme aufweist (*mainstreaming*). Dabei können u.U. auch keilartige Verläufe, deren Scheitel nicht rund, sondern knickartig umbiegt (Cauchy-Kurve[10]), *symbolisch* als Gaußoide fungieren. In der Diachronie unterliegt diese Verteilung nun insgesamt einem (positiven oder negativen) Wachstum. »Nor-

10 Vgl. zu dieser Kurvenlandschaft Benoît Mandelbrot/Richard Hudson, *The (Mis)Behavior of Markets*, New York 2004 (ausführliche Darstellung und Kritik des kontrollierenden Einsatzes der Gaußkurve in der Routinearbeit der finanztheoretischen Analyse und Prognostik).

mal« ist dieses Wachstum, wenn sozusagen stets ein »gaußoider« Querschnitt mitwächst. Dieser Zusammenhang ist in der Galtonschen *Kurvenlandschaft* jedenfalls implizit bereits gegeben (s.u.).

Empirisch zählen nicht bloß symbolische Gaußoidkurven, sondern auch andere, typisch davon abweichende Verteilungen zur normalistischen Kurvenlandschaft. Als besonders wichtig seien die ***zweigipfligen (symbolischen) Gaußoide*** erwähnt, die zwar die beiden symmetrischen Abflachungen an den Extremen mit der Binomialverteilung teilen, deren *Mitte* aber sozusagen *eingedrückt* ist, so daß zwei Gipfel entstehen, die durch ein mittleres *Tal* getrennt sind. So behaupten z.B. die zu Beginn dieser Studie zitierten schwedischen Managementberater Ridderstrale und Nordström, daß die Verteilung des Lebensstandards in den ›reichen‹ westlichen Ländern zu Beginn des 21. Jahrhunderts durch einen Trend zur Zweigipfligkeit gekennzeichnet werden könne, was sie zurecht als Denormalisierung, nicht aber als Krise begreifen (worin ihnen die vorliegende Studie im Schlußteil widersprechen wird). Andere Beispiele für Zweigipflichkeit stellen Wahlverteilungen mit deutlich diskontinuierlicher *Linker* und *Rechter* bei schwacher *(rechter und linker) Mitte* dar.

(Nicht) normale Fahrten 6: Auf der Flucht vor dem Schatten der Denormalisierungsangst (Chamissos »Schlemihl«)

Chamissos berühmte Geschichte von Peter Schlemihl fasziniert durch viele schwer erklärliche Antizipationen. Als wollte sie bis in den Stil hinein ihr Thema der Hochgeschwindigkeit und der abrupten Beschleunigung simulieren, verwendet sie das Stilmittel der Bildlichkeit mitten in der Epoche der goethezeitlichen (inclusive romantischen) Symbolik bereits gänzlich ohne ›symbolische Tiefe‹, rein suggestiv-deskriptiv und narrativ-funktional wie später Kafka. Daher die unfreiwillige Komik der hermeneutischen Bemühungen um eine »Erschließung« des Schatten-Symbols. Der Schatten besitzt zwar kollektivsymbolische Konnotationen, von denen noch zu sprechen sein wird – er will aber nicht auf symbolische ›Tiefe‹ hin gelesen werden. Der reine, absolute Symbolisant des Schattens fungiert vor allem in syntagmatischer Kontiguität, in einer narrativ durchgespielten Konstellation mit anderen absolut verwendeten Symbolisanten: mit den *Siebenmeilenstiefeln*, mit dem sich wunderbar akkumulierenden Geld, mit dem galvanistischen Experiment, dem (Romantik konnotierenden) *Bergwerk* und nicht zuletzt der »Numero 12« im Armenhospital.

Das Symbol der *Siebenmeilenstiefel* mit ihren ingeniösen *Bremspantoffeln* gehört erkennbar zum symbolischen Paradigma der Hochgeschwindigkeitsvehikel. Mittels eines Märchenmotivs wird sozusagen die technologi-

sche und darüber hinaus die allgemein ›atmosphärische‹ Tendenz extrapoliert. In der Zeit der Entstehung des Textes konnotierte das Symbol vor allem Napoleons Blitzmärsche. Auch Schlemihls Geschwindigkeit steigert sich rapide: Er kommt zu Schiff im Märchen an und versucht vom Verlust des Schattens an, sein Problem durch Geschwindigkeit zu lösen. So fährt er in einer Nacht 30 Meilen mit der Post, rast mit seiner Kutsche »in gestrecktem Galopp«, versucht, »die Zeit zu besiegen«, rennt und reitet mit dem Teufel um die Wette, wobei die kollektivsymbolische Vorstellung eines konkurrierenden Wettlaufs eine Rolle spielt, bevor er schließlich resigniert in den (›romantischen‹) *Bergbau* gehen will und genau in diesem Moment die ihn vor diesem Bankrott rettenden Meilenstiefel als Belohnung für seine moralische Standhaftigkeit findet. Betrachtet man diese Narration im Zusammenhang, so rückt auch der Teufel selbst in die Nähe eines absoluten Symbols der Höchstgeschwindigkeit (Teufels- und Hexenritte).

Die beiden wichtigsten absoluten Symbole des Textes, der Schatten und die Meilenstiefel, stehen nun darüber hinaus im Kontext epochaler Entwicklungen des Diskurssystems. Was zunächst den Schatten betrifft, so erscheint mir die Assoziation romantischer Doppelgängerei völlig verfehlt. Ein von seinem Körper trennbarer und sozusagen archivierbarer Schatten hat mit einem Doppelgänger nichts zu tun. Dagegen gibt es im Kollektivsymbolsystem der Zeit die Silhouette, den Schattenriß. Silhouetten, die durch Nachzeichnung der Projektion eines Schattens angefertigt wurden, waren im Alltag zum einen das, was heute die Fotos der Lieben sind: Man trug sie mit sich oder hängte sie an die Wand. Typischerweise (dabei ist das Wissen der Physiognomik symbolisch konnotiert) soll der Schattenriß den »Charakter« (also in gewisser Weise auch die »Seele«) repräsentieren. Deshalb gibt es zum anderen auch Silhouetten-Archive wie das von Lavater. Bei Chamisso sammelt der Teufel Silhouetten, um sie zusammen mit Geld gegen Seelen zurückzutauschen. Die platten Silhouetten nach dem Tausch, denen die *Tiefe* der Seele abhanden gekommen ist, die sozusagen den neuen, quasi ›normalen‹ »Charakter« einer puren »Identität« gewonnen haben, werden dick wie die Bankkonten der Kapitalakkumulation. Schlemihl verweigert den Rücktausch und ist damit schattenlos. Diese Schattenlosigkeit symbolisiert keinen Tiefen-Sinn, sondern *funktioniert* auf der Ebene der Handlung – und zwar als »Gebrechen«, »Fluch« und »düsteres Geheimnis«, wie es heißt. Ohne Silhouette zu sein, funktioniert damit aber wie ein allgemeines Schema von Nichtnormalität. Es verweist unspezifisch (interdiskursiv) in den Bereich von Devianz, wobei Sexualität, Pathologie, Psychopathologie und Kriminalität schon damals die leitenden Paradigmen waren. Chamissos Text wäre dann eines der ganz frühen Dokumente jener Denormalisierungsangst, die als Reflex der Subjekte auf die registrierenden Normalitätsdispositive fast pausenlos über die Frage nachgrübeln muß: »Bin ich noch normal?«

Die Meilenstiefel retten Schlemihl, weil kein Körper bei hoher Geschwindigkeit mehr einen Schatten wirft. Statt Geld akkumuliert Schlemihl mittels des symbolischen Hochgeschwindigkeitsvehikels Wissen in den Spezialdiskursen Geographie, Geognostie, Meteorologie, Botanik und Zoologie. Dabei schlägt Taxonomie in Progreßdynamik um: Die steigende Kurve dieser Akkumulation wird quantifiziert, und Schlemihl kann sich rühmen, »die Zahl der bekannten Arten müßig um mehr als ein Drittel vermehrt zu haben« – eine sehr stolze Wachstumsrate.

In diesem Kontext gewinnt die Episode von Schlemihls Hospitalisierung als »Numero 12« im Armenhospital ihre symptomatische Funktion. Er wird dort von seinem früheren Diener und seiner früheren Braut nicht wiedererkannt – demnach fällt seine Schattenlosigkeit im Zustand eines »dünnen« anonymen *Kügelchens* ebenfalls nicht auf. Sowohl in der *oberen* Zone des wissenschaftlichen Fortschritts wie in der *unteren* der kollektiven Devianz schwindet offensichtlich der »Charakter«, so daß auch die »Seele« Schlemihls nicht mehr die gleiche geblieben sein kann. Ein Zurück zur vornormalistischen Seele ist Schlemihl offenbar ebenso wie den Kapitalisten verbaut. Das Angebot des Teufels, sich statt dessen normalisieren zu lassen, lehnt er aber ab. Er möchte sich der *dicken* Mittelzone der Normalität mit ihren platten »Identitäten« gänzlich entziehen. Und tatsächlich beweist Schlemihls *nicht normale Fahrt*: An beiden Enden der Gaußverteilung kann man mit etwas Glück dem Teufel der Normalisierung entwischen.

3. Facetten einer Theorie des (Proto-)Normalismus im 19. Jahrhundert: Von Quételet und Comte bis Durkheim – ein Höhenkamm und seine Basis

Das »Normale« auf dem Weg in die Enzyklopädien

Der eigentliche Durchbruch einer ersten kulturell »hegemonialen« normalistischen Formation (die hier »Protonormalismus« zu nennen angeregt wird) ist in dem halben Jahrhundert zwischen 1820 und 1870 erfolgt und mit den ›großen Namen‹ Adolphe Quételet, Auguste Comte, Claude Bernard und Francis Galton (ein wenig später dann Émile Durkheim) verknüpft. Dieser ›Höhenkamm‹ wurde von einer breiten ›molekularen‹, schwierig zu rekonstruierenden diskursiven Evolution auf der Ebene von Spezialdiskursen und Interdiskursen sowie im Alltag ›getragen‹. Während um 1820 noch niemand im Alltag hätte sagen oder verstehen können: »Das finde ich (nicht) ganz normal«, hatte sich diese Redeweise fünfzig Jahre später ›durchgesetzt‹: Symptom einer epochalen kulturellen Innovation. Zur Markierung einiger Konturen dieser Evolution sollen wiederum exemplarisch Enzyklo-

pädien befragt werden. In Frankreich, wo zweifellos der höchste Grad an theoretischer Reflexion über den sich konstituierenden Normalismus erreicht wurde, ist bereits der Eintrag »normal« im Großen Larousse von 1874 (*Grand Dictionnaire du XIXe Siècle*) in gewisser Weise ›ausgereift‹. Als Terminus quo ante habe ich die weit verbreitete *Encyclopédie moderne* von Courtin (in den beiden ersten, verbundenen Auflagen 1823ff.) konsultiert.

Im Courtin fehlen weiterhin vollständig die Lemmata »norme« und »normal«. Allerdings gehörten Broussais selbst und vor allem mehrere seiner Schüler (besonders während der ersten Bände) zu den Autoren der medizinischen Artikel. Es kann also nicht überraschen, daß das »Normale« in solchen und anderen Artikeln durchaus präsent ist. Da der Courtin nach dem Vorbild von Diderot/d'Alembert bei jedem Lemma den zugehörigen Spezialdiskurs (z.B. »Medizin«) nennt, läßt sich zunächst sagen, daß der medizinische Diskurs quantitativ und qualitativ zu den absolut dominanten Spezialdiskursen des Courtin gehört. Das wird auch dadurch bestätigt, daß viele der Sonder-Artikel diesem Bereich zugehören. In dem Artikel »Geschwür«, den seine Terminologie als »broussaisistisch« ausweist, heißt es grundsätzlich:

> Was immer die Ursache der Entzündung sein möge, die die Erweichung und Geschwürbildung determiniert, so ist das betreffende Gewebe entweder im normalen oder im umgewandelten [transformé] oder im degenerierten Zustand. Wenn es sich um eine lokale Ursache handelt, ist die Heilung im ersten Fall häufig (Bd. 23, 1831, 235).

Nach dem Broussaisschen Prinzip werden dabei die drei verschiedenen »Zustände« als ein Kontinuum aufgefaßt. Ähnlich heißt es beim gleichen Autor (Boisseau) im Artikel »Urin«, der sich gegen eine Prognostik aufgrund äußerer Merkmale des Urins wendet:

> Ganz sicher wird man heute nicht in dieser wirklich lächerlichen Richtung die normalen und anormalen Variationen des Urins untersuchen (Bd. 23, 1831, 287).

Statt dessen wird vorgeschlagen, z.B. die täglichen »Minima« und »Maxima« zu messen. Besonders hohe Quantitäten seien u.a. für Hysterie charakteristisch (286, 287). Wie bei Broussais liegt hier ein, wenn auch vages, homöostatisches Normalitäts-Dispositiv zugrunde: Normalität und Anormalität einer konkreten organischen Funktion bilden ein homogenes Kontinuum mit quantitativen »Variationen«. Da die betreffenden Funktionen aber schließlich nur in ihren qualitativen Effekten beobachtet werden können, sucht der Physiologe nach repräsentativen graduierten Skalen (wie der täglichen Menge des Urins), auf denen dann Minima, Maxima, Variationsbreiten und Durchschnitte bestimmt werden können. Wo solche Skalen schlechthin nicht existieren, wird kollektivsymbolisch von ›Intensitätsgraden‹ etwa einer »Irritation« oder einer »Entzündung« gesprochen. Zu solchen »Variationen« des »normalen Zustands« werden auch die »Degenera-

tionen« (»Entartungen«) gerechnet (wobei der medizinische Diskurs sich direkt an den der Naturgeschichte ankoppelt). So heißt es im Artikel »Degeneration« (Dégénérescence) des Courtin:

Die schönen Konzeptionen von Herrn Geoffroy de Saint-Hilaire und seine bedeutenden Arbeiten über die Monstren lassen sich an die Theorie der botanischen Degenerationen anschließen: [...] Im Artikel *Organisation* werden wir die Auswirkung solcher Degenerationen behandeln, wie sie bei allen Geschöpfen, nach Art berechneter Monstruositäten, den normalen Zustand modifizieren, wobei Kombinationen entstehen, in denen selbst das geschulteste Auge den normalen Zustand nur mit Mühe wiedererkennt (Bd. 9, 1826, 416).

Ein schönes Beispiel für ein molekulares interdiskursives Ereignis findet sich im Artikel »Niederkunft« (»Part«) des Courtin. Dieses Lemma wird in den Spezialdiskurs »forensische Medizin« (»médecine légale«) eingeordnet. Es geht dabei um höchst brisante Probleme der bourgeoisen Legitimität und Erbregelung. Kann z.B. die Mutter eines zehn oder elf Monate nach der Scheidung geborenen Kindes für dieses Kind noch die eheliche Legitimität reklamieren? Kann die Ehefrau eines zehn Monate abwesenden Ehemanns den gleichen Anspruch stellen (o.ä.)? Hier ist der juristische Spezialdiskurs auf eine Kopplung an den medizinischen angewiesen. Die juristische Legitimität (künftig würde man »Normativität« sagen!) wird an die biologische »Normalität« gekoppelt! Der Artikel zitiert Tessier, der bei Kühen

eine Differenz von 81 Tagen, d.h. von mehr als einem Viertel der durchschnittlichen Dauer [durée moyenne], und bei Stuten ein Intervall von 97 Tagen, also ebenfalls eine Differenz von mehr als einem Viertel der durchschnittlichen Dauer

festgestellt habe (Bd. 17, 1829, 555). Ähnliche »Anomalien« habe Geoffroy Saint-Hilaire beobachtet.

Alberti, Teichmeyer und Buttner lehnen z.B. nicht absolut die Möglichkeit verzögerter Geburten im elften und sogar zwölften Schwangerschaftsmonat ab, während Ludwig und Hauer sie nicht über den zehnten hinaus zugestehen; schließlich meint Osiander, daß sich die Schwangerschaft bis zum dreizehnten Mondmonat über den normalen Zeitpunkt hinaus verschieben könne (557).

Angesichts solcher »Bizarrerien« habe der *Code civil* im Artikel 315 nach dem Kriterium der »größten Zahl von Fakten« den 300. Tag als Grenze gesetzt, nicht zuletzt auch, »um den Frieden in die Familien zurückzubringen« (557). Es handelt sich, wie gesagt, um ein schönes Beispiel eines molekularen interdiskursiven Ereignisses: Nicht nur sind juristischer und biologisch-medizinischer Diskurs gekoppelt, beide sind gleichzeitig auch an statistische Dispositive angeschlossen. Angesichts der unübersichtlichen statistischen Streuungen geht es ganz wie im modernsten Normalismus darum, vernünftige Grenzwerte (Toleranzgrenzen) auf einer numerisch graduierten

Skala festzulegen. Nichts könnte schöner als der Hinweis auf den »Frieden der Familien« beweisen, daß die normalistischen Dispositive schon in dieser frühen Phase keine biologischen Dispositive im Sinne einer präexistenten, »natürlichen« Regelung sind, sondern ganz und gar soziale und historische Dispositive, die soziale Grenz-Probleme nach sozialen Toleranzen und Akzeptanzen zu regeln erlauben, wobei allerdings die Statistik eine konkrete Toleranzgrenze zusätzlich zu ver-sichern erlaubt.

Adolphe Quételets anthropometrische Normalität als symbolischer »Durchbruch«

Mit Quételets Anteil an der Konsolidierung des Normalismus haben sich bereits zahlreiche Autoren, u.a. François Ewald und Ian Hacking (s.o.), ausführlich beschäftigt, so daß ich mich hier auf wenige Akzentsetzungen beschränken kann. Quételets Bedeutung liegt darin, daß er durch sein vielfältiges publizistisches Engagement, insbesondere für eine internationale Standardisierung regelmäßiger statistischer Erhebungen und Volkszählungen, sozusagen in die Rolle eines ›personifizierten Interdiskurses‹ hineinwuchs – und daß er als solcher der erste ›Mister Normalismus‹ wurde. Die bedeutsame diskursive Kopplung zwischen empirischer und mathematischer Statistik (einschließlich der gaußschen »Normalverteilung«) war schon vor Quételet in der Mathematik und in der Versicherungsmathematik erfolgt, Quételet hatte sie insbesondere von Laplace, bei dem er 1823 studierte, übernommen. Quételet popularisierte diese Kopplung aber wie kein zweiter, indem er seine Anthropometrie auf sie begründete. Quételets Anthropometrie erbrachte (parallel mit Comtes Positivismus) den ersten spektakulären Durchbruch des Normalismus im Interdiskurs, weil sie den zugrunde liegenden Diskurskopplungen lautstarken kollektivsymbolischen Ausdruck sicherte. Quételet erhob seinen »mittleren Menschen« (homme moyen, im Sinne von Medianwert) nämlich zum sowohl *ästhetischen wie politischen Idealtyp*, indem er die Kollektivsymbolik des *Gleichgewichts*, der *Stabilität*, des *Optimalen* und der *Schönheit* mit ihm verknüpfte. Auch dabei stimmte er weitgehend mit Comte überein, der ihm nicht zuletzt als einem lästigen Konkurrenten die kalte Schulter gezeigt zu haben scheint.

Unter dem »mittleren Menschen« bündelte Quételet durchaus verschiedene Aspekte. Wenn er in der Anthropometrie die militärisch erhobenen statistischen Daten über Körpergröße, Brustumfang, Gewicht usw. von Rekruten mittels teilweise krasser Manipulationen[11] in perfekte Gaußkurven

11 S. Michel Tort, *Le quotient intellectuel*, Paris 1974, 96ff.

verwandelte, so ging es um synchronisch-statische Daten. Damit ist aber bloß ein relativ kleiner Teil der *Physique sociale* (*SP*[12]) gekennzeichnet: Eine zweite Vorstellung von »Mitte« bestand in den Leistungsmaxima, die die Individuen durchschnittlich im Laufe einer Entwicklungskurve ihres Lebens erreichten (Untertitel *développement des facultés de l'homme*). Quételet zeichnete etwa Kurven der Geburtenhäufigkeit von Frauen, die zunächst anstiegen, bei 30 Jahren kulminierten und dann nahezu symmetrisch wieder abfielen. Ähnlich stellte er sich auch die »Entwicklung« anderer »Fähigkeiten« (*facultés*) vor, darunter auch negativer wie der Kriminalität oder des Selbstmords. Indem er ferner (wegen fehlender Daten häufig spekulativ) verschiedene Länder und Epochen verglich, versuchte er, invariante von variablen »Normalzuständen« zu unterscheiden. Unterschieden sich etwa die Kriminalitätsraten nach Ländern, konnte man auf Verbesserung durch politische Reformen hoffen, wobei ein bestimmtes Minimum offenbar invariant zu sein schien. Bei den anthropometrischen Größen nahm er relativ invariante, bloß typologisch nach Klimaten und Rassen differenzierte Normalitäten an. Demgegenüber standen die Wachstumskurven der Demographie, der Ökonomie und des Wissens. Bei variablen »Fähigkeiten« stellte er sich die phylogenetische Wachstumskurve als Mantelkurve der ontogenetischen vor (Abb.).

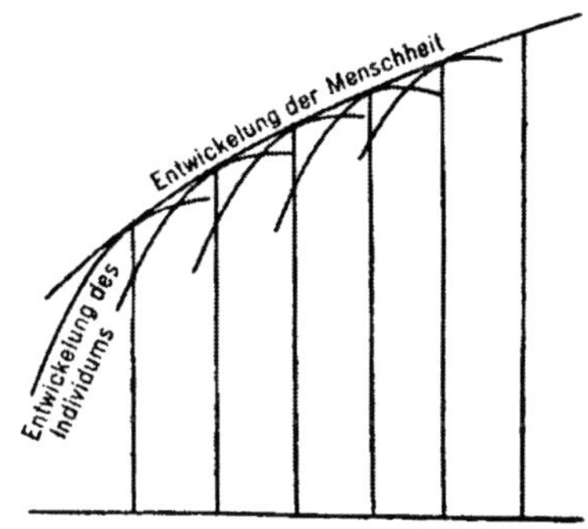

Quételets Betonung der invarianten Normalitäten mußte zu einer rein protonormalistischen Strategie tendieren: Empirische und mathematische Statistik sollten die »natürlichen« Normalitäten entdecken, an denen sich die Politik dann orientieren könnte. Ähnlich wie bei Comte (allerdings viel weniger explizit und eher beiläufig) wurde für die variablen Parameter eine Art moderates Tempo empfohlen, um *Stau*-Krisen (Revolutionen und Kriege) zu vermeiden (*SP* Bd. 2, 414ff.). Ingesamt ist Quételets Denken alles andere als systematisch: Häufig formuliert es Widersprüche, ohne sie als solche zu bemerken. So fragt auch Quételet schon nach den Spitzenleistungen der »Genies«, ohne deren ›Anormalität‹ bezüglich des »mittleren Menschen«, der seinerseits ja angeblich »der Repräsentant alles Großen, Guten

12 Zitiert nach Adolphe Quételet, *Soziale Physik oder Abhandlung über die Entwicklung der Fähigkeiten des Menschen*, dt. 2 Bde. Jena 1914 u. 1921 (= Ausg. letzter Hand 1869, zuerst 1825).

und Schönen« (*SP* Bd. 2, 408) sein sollte, zu problematisieren. Diesen Widerspruch deckte später Francis Galton auf, der daraus den Anstoß für entscheidende theoretische Klärungen in der Theorie des Normalismus empfing (s.u.).

Quételets große Wirkung belegt die These der vorliegenden Studie, daß es bei der Entwicklung des Normalismus in erster Linie um interdiskursive Ereignisse geht: Mathematisch war Quételet Autodidakt, und auch in keinem anderen Spezialdiskurs hervorragend professionell. Dafür hatte er sowohl als Meteorologe wie Astronom wie Pädagoge (u.a. Militärschullehrer) und Volkszähler gearbeitet, Statistik und Gaußkurve also ausgesprochen interdiskursiv gehandhabt. Dementsprechend handelte es sich auch bei seiner für die Zukunft so fundamentalen Kategorie der »menschlichen Fähigkeiten« (facultés, i.S.v. Leistungen) um eine symbolisch generierte interdiskursive Größe, aus der sich dann Größen wie »Intelligenz« und »Motivation« entwickeln sollten.

Auguste Comte oder Über den Anteil eines Gehirnexperiments der Natur am Durchbruch des Normalismus

Ist Auguste Comte der geniale Erfinder nicht bloß des Positivismus, sondern auch des Normalismus? Oder ist eben diese erfinderische Genialität bloße individuelle ›Kristallisation‹ mehrerer bereits kollektiv etablierter Normalitäts-Dispositive? Die Diskurstheorie erlaubt, diese scheinbare Alternative in einen geschlossenen Reproduktionszyklus zu transformieren. Die Formierung der Subjektivität »Auguste Comte« ist zunächst einmal die eines ›enzyklopädischen Gehirns‹: Das Kind aus Montpellier, das durch mathematische Spitzenleistungen und durch Auswendigwissen ganzer Bücher und Enzyklopädieartikel hervorsticht, wird in Napoleons Elite-der-Eliten-Schule, die École Polytechnique aufgenommen[13]. Diese Aufnahme erfolgt (wie noch heute) durch einen »concours« (Wettbewerb), in dem der ehrgeizige Provinzkandidat das viertbeste Ergebnis von ganz Frankreich erzielt. In dieser Episode erscheint die Subjektivität des späteren Theoretikers der Normalität also bereits exemplarisch an das Verfahren der Leistungskonkurrenz gekoppelt. Der Leistungswille im Konkurrenzfeld ist jene entscheidende ›kreative Energie‹ eines Élan vital, die zu ihrer Kompensation und Ver-Sicherung Normalitätsgrenzen notwendig macht, soll sie nicht in Anormalität ›durchdrehen‹. Comte wird diesen Zusammenhang in vivo ex-

13 Die biographischen Daten folgen der klassischen Darstellung von Henri Gouhier, *La vie d'Auguste Comte*, 2. Aufl. Paris 1965, insbesondere dem Achten Kapitel (»Épisode cérébral«), 122ff.

perimentieren. In Paris lernt er zunächst sein Gehirn als Speicher auffassen, in das Unmengen von Wissen, ganz explizit von »enzyklopädischem« Wissen, mit Hochgeschwindigkeit eingespeichert und eingeordnet werden können, so daß bereits der Neunzehnjährige von dem Grafen von Saint-Simon, dem Erfinder vieler berühmter Projekte, nicht zuletzt des Sozialismus, als lebende Enzyklopädie engagiert wird. Die eine Seite der Subjektivität »Auguste Comte« ist also – anachronistisch gesagt – der lebende Computer avant la lettre, wobei es ausdrücklich um Rekordleistungen und Konkurrenzen geht. Die andere Seite ist das, was man – ebenfalls anachronistisch – den ›Sex‹ nennen könnte: die Liaisonen mit ganzen und halben Prostituierten, schließlich die feste Liaison mit der halben Prostituierten Caroline Massin, die er während seiner Wahnsinnsphase auch offiziell und kirchlich heiraten wird. Handelt es sich bei der ›Wissensmaschine‹ um Akkumulation, Speicherkapazität, Geschwindigkeit, Leistung, »Organisation des Wissens«, d.h. Integrationsarbeit, so bei der ›Sexmaschine‹ um ein ständiges ›Auf und Ab‹ affektiver »Irritationen« und Intensitäten – in beiden Fällen also um dynamische Skalen und dynamische, quasi-homöostatische Apparate, deren »Normalität« von Anfang an prekär ist.

Ein Wahnsinnsanfall ist mithin eines der wichtigsten diskursiven Ereignisse des Normalismus, vielleicht sein konstitutives. 1826 hat Comte seine berühmten öffentlichen Vorlesungen vor der Pariser intellektuellen Elite (einschließlich des deutschen Wahlparisers Alexander von Humboldt) über die »positive Philosophie« begonnen: eine »Enzyklopädie« des gesamten Wissens der Zeit samt seiner rationalen Ordnung (»Organisation«). Nach der dritten Vorlesung dreht das Genie durch (als solches Durchdrehen hat Comte die Krise später selbst ganz distanziert beschrieben), schreibt Briefe wie der wahnsinnige Nietzsche, wandert wie Büchners Lenz halluzinierend durch die Wälder und schlägt Caroline vor, zusammen mit ihm wie Jesus auf dem Wasser zu wandeln. Mithilfe des berühmten Physiologen Blainville, der im *Cours de philosophie positive* einen Ehrenplatz erhalten wird, schafft Caroline ihren Auguste nach Charenton zu Esquirol, der eine »Manie« diagnostiziert. Comte muß die übliche psychiatrische (damals neben der Ruhigstellung durch Pfleger noch beschränkt auf kalte Duschen und Aderlässe) und die übliche familialistische Folter durchmachen (bis zur Drohung mit Entmündigung). Luzide durchschaut er die Schädlichkeit der Therapie. Es gelingt ihm schließlich, mithilfe Blainvilles – gegen den erklärten Rat Esquirols – die Anstalt zu verlassen, und zwar mit der Einstufung »N.G.«, d.h. »non guéri«, nicht geheilt. Die fromm-katholische Mutter, die ebenfalls längst herbeigeeilt ist, arrangiert nun erst einmal die kirchliche Trauung, bei der Comte die Pfaffen beschimpft und die Heiratsurkunde mit »Brutus Bonaparte Comte« unterzeichnet. Obwohl er zu Hause zuweilen noch mit Messern um sich wirft, macht seine Luzidität Fortschritte,

führt aber zunächst von der »Manie« in die »Melancholie«, d.h. Depression, bis zu einem Selbstmordversuch in der Seine. Etwa zweieinhalb Jahre nach der »Explosion« kann Comte die Vorlesungen fortsetzen; unter den Zuhörern sind jetzt außer Blainville und Broussais der Mathematiker Fourier und Esquirol selber, den der Fall vermutlich unter der Fragestellung Genie und Wahnsinn besonders interessiert haben dürfte.

Es gehörte zu dem bis in die Enzyklopädien hinein verbreiteten Standardwissen der Zeit, daß Krankheiten (d.h. Prozesse des »pathologischen Zustands«) als »Experimente der Natur« aufgefaßt und für die wissenschaftliche Erkenntnis genutzt werden könnten. Comte selbst betonte diese Einsicht in seinen Vorlesungen. In diesem Sinne hat er seinen Wahnsinnsanfall als Experiment in vivo betrachtet und für sein System zu nutzen gesucht. An mehreren Stellen seiner theoretischen Schriften, z.B. im dritten Buch des *Système de politique positive*, geht er auf »meine eigene Gehirnkrankheit von 1826« ein (90[14]):

> Nun hat mir der gesamte Ablauf dieser ausnahmeartigen Schwankung [oscillation exceptionelle] meine jüngste Entdeckung über das Hauptgesetz der menschlichen Evolution auf doppelte Weise zu verifizieren erlaubt. Ich durchlief seinerzeit nämlich sämtliche wesentlichen Entwicklungsphasen, zunächst rückwärts, dann wieder vorwärts.

Mit den Entwicklungsphasen sind die bekannten »fetischistischen«, »theologischen«, »metaphysischen« und »positiven Stadien« gemeint. Er sei bis zum »Fetischismus« ›regrediert‹, wie man später formuliert hätte. »Meine Spontaneität stellte die normale Existenz wieder her.« Insgesamt deutete er seine manisch-depressive Phase als Überschreitung der Normalitätsgrenze zunächst nach *oben* (durch ›Überhitzung‹ und ›exzessives Tempo‹ des Denkens), danach nach *unten* (durch ›Einschlafen‹ des Denkens in der Depression). Diese Erkenntnis glaubte er aus Broussais' Traktat *De l'irritation et de la folie* (*Über die Erregung und den Wahnsinn*) ziehen zu können, an dessen gründliches Studium er sich nach dem Ende seines Wahnsinns schon 1827 umgehend begab. Man könnte Comtes Lektüre dieses Broussais-Texts – ›an der Grenze des Wahnsinns‹ – als ›Gründungsepisode des Normalismus‹ bezeichnen – wenn es so etwas gäbe. Jedenfalls lassen sich Comtes ›Rezeptionseffekte‹ bei der Lektüre noch heute leicht mutmaßen. Über die Entstehung des Wahnsinns las er dort:

> Zum einen die zu weit getriebenen intellektuellen Anstrengungen, zum anderen die heftigen und vor allem andauernden Leidenschaften bewirken Tag für Tag, da sie der Innervation keine Ruhe gönnen und ihr nie ein Absinken zum Normaltyp gestatten,

14 Zitiert nach Auguste Comte, *Sociologie* (ed. J. Laubier), Paris 1963.

eine Entzündung, deren Hauptherd im Nervenapparat der drei wichtigsten Körperhöhlen [Gehirn, Brust, Magen, J.L.] liegt. (*IF*, Bd. 2, 292[15])

Wenn vor allem das Gehirn in ununterbrochene neue »Erektion« (érection) versetzt wird, »bevor noch die letzte auf den Normalgrad absinken konnte, wird die Reizung überstark und die Entzündung tritt ein [...].« (*IF*, Bd. 2, 291) Wenn Broussais diese »Explosion« (*IF*, Bd. 2, 451) vor allem als *Geschwindigkeitsüberschreitung* der Nervenbewegung, als *Durchdrehen* im Wortsinne, zu fassen sucht, so muß das dem genialen Polytechnicien unmittelbar eingeleuchtet haben:

denn das bedeutet, daß der hypernormale Modus der Bewegung im Gehirn [mouvement intra-cérébral] derartig schnell ist, daß nichts ihn stoppen kann. (*IF*, Bd. 2, 454)

Bei diesem Tempo, so erklärt Broussais, kann das »Ich« als bewußter Focus die anormalen Empfindungsäquivalente nicht mehr von normalen unterscheiden: es ist wahnsinnig geworden.

Das wesentliche Ergebnis der Broussais-Lektüre war die Formulierung des »Broussaisschen Prinzips«, das Broussais selber nirgends explizit als »Prinzip« formuliert zu haben scheint, das also eigentlich auf Comte zurückgeht und das dann von Canguilhem als Basis für das Normalitäts-Konzept des 19. Jahrhunderts schlechthin gewürdigt wurde. Wie in der vorliegenden Untersuchung mehrfach dargestellt, ging es Canguilhem dabei um die Widerlegung dieses Prinzips, gemessen an den wirklichen Verhältnissen: die Krankheiten seien nicht als kontinuierliche »Verlängerungen« (»prolongements«, Comte) des Normalzustands aufzufassen. Dieses Interesse der Widerlegung hat Canguilhem daran gehindert, die fundamentale strukturelle Bedeutung des »Prinzips« für normalistisches Denken allgemein und insbesondere seinen ›technischen‹ Modellcharakter für die Entwicklung von Normalitäts-Dispositiven in den Mittelpunkt zu rücken, wie es die vorliegende Untersuchung unternimmt. Dieser ›technische‹ Charakter einer, wie ich zu sagen vorschlage, ›homöostatischen Normalität‹ tritt nun nirgends so deutlich hervor wie bei Comte und seiner Ableitung eines universalen normalistischen Denkmodells aus der »broussaisistischen« Deutung seines eigenen Wahnsinnsanfalls. Es wäre leicht, aus heutiger Sicht Comtes These vom Wahnsinnsanfall als simpler ›Überziehung‹ der Denk- und Affekttätigkeit zu widerlegen – doch wäre damit die Erfindung eines ›technisch‹ verstandenen, tendenziell operativen Dispositivs von enormer historischer Wirkungsmacht in anderen, z.B. sozialen Sektoren, schlicht übersehen.

15 Broussais, *De l'irritation et de la folie*, 2. Aufl. 2 Bde. Paris 1839.

Aufgrund des in höchstem Maße philosophischen Prinzips, das hinfort der positiven Pathologie als generelle und direkte Basis dient und dessen definitive Formulierung wir dem kühnen und hartnäckigen Genie unseres berühmten Mitbürgers Monsieur Broussais verdanken, unterscheidet sich der pathologische Zustand keineswegs radikal von dem physiologischen [hier synonym mit »normal« benutzt, weil die Physiologie den Körper im »Normalzustand« studiert, J.L.], demgegenüber er in beliebiger Hinsicht nichts anderes als eine einfache, mehr oder weniger weitgehende Verlängerung [prolongement] der entweder oberen oder unteren Variationsgrenzen [limites de variation] darstellt, die zu jedem einzelnen Phänomen des normalen Organismus gehören, ohne daß dabei jemals wirklich neue Phänomene entstehen können, die nicht in gewissem Grade [degré] ihre rein physiologischen Analoga besäßen. (*CPP*, 695f.[16])

Aufgrund seiner Erfahrungen von 1826/27 spezifiziert Comte das »Broussaissche Prinzip« gleich anschließend vor allem für die »zerebralen« Anormalitäten:

Unter dem ersten Aspekt hat man die erhellende Grundsatzformel [le lumineux aphorisme fondamental] der medizinischen Philosophie, die der Menschengeist Herrn Broussais verdankt, und der darin besteht, alle beliebigen Phänomene des pathologischen Zustands grundsätzlich als einfache, gegenüber ihren üblichen Variationsgrenzen überzogene oder abgeschwächte [exagérés ou atténués] Verlängerung von Phänomenen des Normalzustands aufzufassen, bis heute noch nicht auf angemessene Weise auf geistige und seelische [intellectuels et moraux] Phänomene angewandt. Es ist jedoch unmöglich, die verschiedenen Arten des Wahnsinns auch nur ansatzweise zu begreifen, wenn ihre wissenschaftliche Untersuchung nicht ständig durch dieses große Prinzip gesteuert wird (*CPP*, 87f.).

Sicherlich wird bei dieser Lektüre auch die definitive Kopplung zwischem einem medizinisch-psychiatrischen und einem soziologischen Normalitäts-Dispositiv ›eingerastet‹ sein: die Analogie zwischen ›Überhitzung‹ bzw. ›Unterkühlung‹ (d.h. der doppelten Denormalisierung) des Denkens im individuellen Gehirn und den politischen Prozessen muß dem ehemaligen Sekretär Saint-Simons nun ein für allemal ›eingeleuchtet‹ haben. Wenn er die Heiratsurkunde mit »Brutus Bonaparte Comte« unterzeichnet hatte, dann bedeutete das ja: revolutionäre Anormalität – despotische Anormalität – gemäßigt-fortschrittliche Normalität als ›These – Antithese – Synthese‹ (»Comte« heißt »Graf« und als Homonym – compte – gleichzeitig »zähle!«: auch das überzogene Zählen sollte womöglich der Graf beruhigen).

Kein Zweifel also: Auf das diskursive Ereignis der Broussais-Lektüre ›an der Grenze des Wahnsinns‹ geht der Normalismus als allgemeines Denk-

---

16 Auguste Comte, *Philosophie première. Cours de philosophie positive*, Leçons 1 à 45 (= *CPP*; ed. M. Serres u.a.), Paris 1975 – *Physique sociale. Cours de philosophie positive*, Leçons 46 à 60 (= *CPP*, Bd. 2; ed. J.-P. Enthoven), Paris 1975.

modell und als generelles Dispositiv-Schema in Comtes Positivismus zurück. Diese Lektüre muß auf Comte ›ver-sichernd‹ gewirkt haben: Sie muß ihm die Angst genommen (oder mindestens gemildert) haben, daß er womöglich in seinem »Wesen« »anormal« sein könnte. So wie Broussais den Begriff eines »wesenhaften Fiebers« (»fièvre essentielle«) widerlegt und das Fieber mit der dynamischen Überschreitung einer Normalitätsgrenze der »Erregung« (»excitation/irritation«) identifiziert hatte, so hatte er auch den Wahnsinn dynamisch als eine solche Grenzüberschreitung erklärt. In beiden Fällen hätte aber auch nach Broussais durch falsche Therapie die Fixierung der Anormalität als (z.B.) »chronische Phlegmasie« bzw. »chronischer Wahnsinn« gedroht. Comte war noch gerade rechtzeitig diesem Schicksal, das ihm bei Esquirol in Charenton gedroht hätte, entgangen! Seine »Spontaneität«, also eine ungreifbare Energie der ›Tiefe‹, hatte ihn gerettet. Bei Auguste Comte läßt sich also der zirkelförmige Zusammenhang zwischen dem Normalismus und seiner Grundangst exemplarisch verfolgen: Diese Grundangst ist die, bei einer riskanten Exploration von Grenzzonen der Normalität über die Grenze hinaus in die Denormalisierung zu geraten und nicht wieder zurückzufinden in die sichere Zone der Normalität. Comte glaubte, am eigenen Leibe zwei solcher Explorationen erlebt zu haben: Überschreitung der normalen Wissensdynamik (nach Tempo und Menge) und der normalen Sexualitätsdynamik. Immerhin zog er aus seinen Erkenntnissen umgehend therapeutische Konseqenzen: Er verordnete sich nach der Genesung eine strikte »zerebrale Hygiene«, indem er die weitere enzyklopädische Lektüre (einschließlich aller Neuerscheinungen und sogar noch nicht gelesener Klassiker) und die weitere Exploration des Venusbergs einstellte. Er wollte nicht riskieren, seine beiden ›durchgedrehten‹ Homöostaten einem neuerlichen Test der Normalitätsgrenze auszusetzen. Diese Denormalisierungsangst sollte ihn schließlich noch zum Religionsstifter konvertieren.

Daraus erklärt sich seine Kategorie der Normalität (das Substantiv existiert noch nicht; Grundbegriff ist der »Normalzustand«, der »état normal«) mit den begleitenden Begriffen »Variation« (*CPP*, 677), »normale Grenze« (»limite normale«, *CPP*, 678), »Skala« (»échelle«, *CPP*, 677), »Grad« und »normaler Grad« (»degré«, »degré normal«) wie »Störung« (»perturbation«, *CPP*, 677, 691, 697, 779).

Das »Broussaissche Prinzip« war für Comte so fundamental[17], weil es erlaubte, den Wahnsinnsanfall als bloß episodisch aufgrund einer kontingenten Auslösung zu begreifen. Deshalb war die Homogenität der Erregungs-Skala und die Kontinuität des dynamischen Prozesses Voraussetzung des

17 Im positivistischen *Katechismus* wurde Broussais zum Dank zu einem der »Heiligen« der positivistischen Religion erhoben: mit Anrecht auf einen besonderen Festtag und einen Kult.

ver-sichernden Dispositivs. Mit diesem Prinzip war aber zugleich eine extrem verun-sichernde Vorstellung verbunden: Wenn die Normalitätsgrenze auf einer homogenen und kontinuierlichen Skala liegt, dann kann jeder prinzipiell ›über die Grenze geraten‹. Ver-Sicherung kann dann nicht länger im Vertrauen auf ein ein für allemal »gesundes Wesen«, auf einen »gesunden Typ« oder »Charakter« gefunden werden. Mit dem von Comte formulierten »Broussaisschen Prinzip« ist demnach auf einen Schlag das epochale Gesamt-Feld des Normalismus eröffnet, einschließlich seiner flexibel-normalistischen Tendenzen, Möglichkeiten und Risiken. Unmittelbar ist also die Denormalisierungs-Angst als Angst vor zu großer Flexibilisierung gesetzt. Daraus erklären sich sämtliche ver-sichernden (protonormalistischen) Tendenzen des Comteschen Positivismus wie sein Ordnungsfanatismus, seine Regulierungssucht und seine Propagierung neuer Hierarchien. Umgekehrt weiß Comte schon wie die späteren Flexibilitäts-Normalisten (und ebenfalls aus eigener Erfahrung), daß die Dynamik nicht ›abgewürgt‹ werden darf. Hatte nicht seine »Spontaneität«, also ein dynamischer Elan, ihn gerettet? Denn am anderen Extrempol droht eine andere Fundamentalkrankheit des Normalismus: die Langeweile, der Ennui. Die deutsche Übersetzung von »ennui« mit »Langeweile« trifft bekanntlich nur einen Teil der Semantik des französischen Wortes. Die Konnotationen ›Ärger/Überdruß‹ und ›Melancholie‹ (das »Mal du siècle«, die »Zeit-Krankheit« des 19. Jahrhunderts) kommen dabei zu kurz. Allerdings läßt sich vermuten, daß die deutsche Version besonders gut jene Transformation trifft, die aus dem noch romantischen »Weltschmerz« eine Krankheit des Normalismus gemacht hat: jenes fade Feeling, das als Bodensatz zurückbleibt, wenn die Normalität den *thrill* des eindimensionalen Fortschritts- und Konkurrenz-Rausches einbüßt. Genau diesen spezifisch normalistischen »ennui« meinte offensichtlich bereits Comte, weil er ihn explizit mit der ›unteren‹ Anormalitäts-Zone, d.h. der Zone ›zu niedriger Erregung‹ verbindet:

> Das Bedürfnis zur Ausübung der Fähigkeiten ist sicher das allgemeinste und bedeutsamste aller Bedürfnisse des tierischen Lebens [vie animale] im eigentlichen Sinne. [...] Leider ist diese positive Forschung bisher noch höchst unvollkommen bezüglich der meisten tierischen Funktionen und bezüglich der drei allgemeinen Aktivitäts-Grade [d.h. Normalität, obere und untere Anormalität, J.L.], die dabei zu unterscheiden sind. Genau darauf bezieht sich die genaue Analyse der so vielfältigen Phänomene von Lust und Schmerz, sowohl körperlich wie seelisch [moral]. Der Fall des Defizits ist dabei noch weniger untersucht als der des Exzesses, obwohl seine wissenschaftliche Erforschung zweifellos keine geringere Bedeutung besitzt, und zwar wegen der Theorie der Langeweile [ennui], deren Untersuchung in der sozialen Physik absolut fundamental [capital] ist [...] (*CPP*, 839).

Canguilhem und andere haben Comtes Ablehnung der Statistik betont. Normalismustheoretisch handelt es sich um eine womöglich symptomatische

Problematik, weil dabei ja konstitutive normalistische Dispositive in Gegensatz zueinander zu geraten scheinen. Konkret lehnte Comte die damaligen Versuche ab, mittels statistischer Vergleiche die relative Stärke bzw. Schwäche medizinischer Therapien und Theorien zu evaluieren. Insbesondere gab es massive Polemiken gegen Broussais und seine Aderlaß-Therapie, die sich auf statistische Vergleiche beriefen[18]. Comtes Kritik an dieser Art Einsatz von Statistik wendet sich gegen die Pauschalität der Daten, die keine Differenzierung von Faktoren und individuellen Unterschieden zulasse:

Eine solche Methode, wenn sie diesen Namen überhaupt verdiente, wäre tatsächlich nichts anderes als absoluter Empirismus in spielerischer mathematischer Verkleidung. In ihrer äußersten logischen Konsequenz würde sie auf die radikale Aufhebung jeder wirklich rationalen medizinischen Therapie [médication] zielen, indem sie dazu führen würde, nach dem Zufallsprinzip beliebige therapeutische Verfahren auszuprobieren, wobei nur mit größter Präzision die quantitativen Resultate ihrer rein faktischen Anwendung erfaßt würden. Es ist aber von vornherein evident, daß die ständigen Schwankungen [variations], denen jeder Organismus unterworfen ist, im pathologischen Zustand notwendigerweise noch größer sein werden als im Normalzustand, so daß die Fälle dann also noch weniger exakt ähnlich [similaires] sind; woraus sich die offenbare Unmöglichkeit ergibt, zwei Therapien bloß aufgrund statistischer Tabellen ihrer Wirkungen unter Absehen von jeder gesunden [saine] medizinischen Theorie zu vergleichen. (*CPP*, 724).

Man kann diese Kritik nur dann adäquat bewerten, wenn man sie mit der seinerzeit von Broussais und anderen Medizinern vertretenen und von Comte übernommenen Theorie vom »Konsens« (»consensus«) der Organe zusammendenkt. Danach kann das gleiche anormale Symptom, etwa ein Fiebergrad, auf gänzlich verschiedenen Störungen des Konsenses der Organe beruhen. Um also eine sinnvolle Korrelation zwischen empirischen statistischen Daten und einer tragfähigen Diagnose herstellen zu können, müßten Skalen gefunden werden, die entweder einem isolierbaren Normalitäts-Parameter oder einer bestimmten kombinatorischen Konsens-Störung eindeutig zuzuordnen wären. Anders gesagt: Es müßte einen strikten Zusammenhang zwischen statistischen Daten und »Gesetzen« geben. Wo er einen solchen Zusammenhang sieht, da lehnt Comte keineswegs das numerische Kriterium der überwiegenden Anzahl als Signal der Normalität ab. Ein Musterbeispiel dafür ist die Frage, ob die »französische« Form der staatlich gelenkten und zentralisierten Industrialisierung oder aber die »englische« Form einer dezentralisierten Wildwüchsigkeit als »normal« zu gelten habe. Wenn Comte für die Normalität des »französischen Weges« plädiert (»der normale oder französische Weg«: *CPP*, Bd. 2, 512), so betont er nicht nur

18 Wolf Lepenies, *Das Ende der Naturgeschichte.* Wandel kultureller Selbstverständlichkeiten in den Wissenschaften des 18. und 19. Jahrhunderts, Frankfurt/Main 1978, 186f.

die Unabhängigkeit dieser Einschätzung von »kindisch patriotischem« Vorurteil (*CPP*, Bd. 2, 518), sondern er verweist vor allem auf die numerische (also statistische) Mehrheit:

> [...] ich muß hier übrigens anmerken, daß [...] der französische Fall sich als wesenhaft normal und dem größten Teil der europäischen Republik gemeinsam erwiesen hat, während der englische Fall umgekehrt die extreme [éminemment] Ausnahme darstellte. (*CPP*, Bd. 2, 512)

Comte akzeptiert also statistische Argumente dann, wenn er sie mit einem »Gesetz« verbinden kann – anders gesagt: seine Bedenken richten sich nicht gegen Statistik als solche, sondern gegen deren unkontrolliert-fluktuierenden, potentiell flexiblen Aspekt – es ist protonormalistische Denormalisierungsangst.

Insert: Broussais' Stress-Konzept avant la lettre

Canguilhem und Lepenies haben die Bedeutung des François-Joseph-Victor Broussais für die Entwicklung des Normalitäts-Konzepts und insbesondere für die positivistische Soziologie Auguste Comtes ausführlich dargestellt. Dazu sind für die vorliegende Untersuchung nur wenige Ergänzungen bzw. Korrekturen notwendig. Ergänzend ist vor allem auf Broussais' Lehre von der »Sympathie« (»sympathie«) der Organe zu verweisen, weil sie die problematische Kombination zweier Typen von Normalität impliziert, die nicht nur für Comte und Durkheim, sondern für jede Spielart des Normalismus von fundamentaler Bedeutung sind. Ich schlage vor, diese beiden Typen von Normalität als »homöostatische« und als »organisch-funktionale« Normalität zu bezeichnen (beiden entspricht in der Zeitdimension als dritte die »evolutive«). Als homöostatische Normalität bezeichne ich graduelle Zustands- und Werte-Schwankungen in einem isolierbaren, homogenen, relativ autonomen Teilsystem, z.B. einem Funktionsorgan oder Funktionsnetz. Das klassische Beispiel ist die von Claude Bernard experimentell simulierte Blutzuckerfunktion mit ihrem Grenzwert, jenseits dessen die Niere den Zucker in den Urin durchläßt. Bei Broussais wäre seine Vorstellung einer Gehirnentzündung mit ›zu hoher Geschwindigkeit der Innervationen des Gehirns‹ ein (freilich sehr imaginäres) Beispiel. Als organisch-funktionale Normalität bezeichne ich dagegen das *Gleichgewicht* zwischen allen Sektoren eines (etwa physiologischen oder sozialen) Gesamtsystems, ihr »normales« Ko-Funktionieren. Broussais stellt sich die Normalität des Organismus als einen *Konsensus* beider Arten von Normalität vor. Damit nahm er (freilich auf rein kollektivsymbolischer Ebene) in gewisser Weise eine Vorstellung vorweg, wie sie Hans Selye in operativer Form als *Stress*-Theorie ent-

wickelt hat. Die »organische Sympathie« (*TPP*, Bd. 2, 32)[19] sorgt bei Broussais (hauptsächlich mittels des Sympathikus!) für die »Regulierung« des Zusammenspiels aller Organe und Funktionen. Sie leitet über die Nerven alle »vitalen Erektionen« an das Gehirn, das seinerseits umgekehrt solche »Erektionen« in anderen Bereichen stimuliert, um das »Gleichgewicht« wiederherzustellen (*TPP*, Bd. 2, 36). Bei Denormalisierung einer bestimmten Funktion bzw. eines bestimmten Organs setzt über die gleichen Konnexionen der »Sympathie« umgekehrt sofort ein Teufelskreis von Denormalisierungen weiterer Organe ein. Dabei ist insbesondere der Magen fast immer affiziert (Broussais war berühmt für diese These der Magenentzündungen) – und wiederum denkt man an die *Stress*-Theorie.

Wie schon im Canguilhem-Kapitel ausgeführt, muß bezweifelt werden, ob die Kritik am »Broussaisschen Prinzip« mittels der Binäropposition *quantitativ* vs. *qualitativ* das Verständnis sowohl des frühen wie auch des späteren Normalismus sonderlich erleichtert. Folgt man Lepenies, so seien Comte und Bernard z.B. von Broussais' *quantitativer* Auffassung zu einer angeblich *qualitativen* zurückgekehrt:

Comtes Metaphern zeigen, wie sehr Broussais' Prinzip durch ihn verändert wurde. Pathologische Erscheinungen werden als Störungen und Abweichungen beschrieben, nicht nur, wie es die Doktrin Broussais' erfordern würde, als Veränderungen; während der Gesundheitszustand als Normalexistenz beschrieben wird, ist der Begriff des Anormalen von qualitativen, negativen Konnotationen begleitet und wird als ›Übertreibung‹, ›Disproportion‹ und ›Desharmonie‹ charakterisiert. (*EN*, 189f.)

Comte sei gegenüber Broussais »zu einer scharfen qualitativen Differenzierung von Normalität und Anormalität« zurückgekehrt (*EN*, 190). Die entsprechende Metaphorik (bzw. Kollektivsymbolik) bei Comte (*Störung, Abweichung, Übertreibung* usw.) ist die stereotyp normalistische, so daß es höchst überraschend wäre, wenn sie den Diskurs von Broussais nicht im gleichen Maße organisieren würde wie den von Comte und allen übrigen Normalisten. Tatsächlich redet Broussais genauso wie Comte auf Schritt und Tritt von *Störungen*, *Abweichungen* usw.:

[...] so werden wir veranlaßt zu erforschen, wie diese Erregung vom Normalzustand abweichen [dévier] und den anormalen oder krankhaften Zustand konstituieren kann. (*IF*, Bd. 2, 272) – Aufgrund dieser Fakten können wir die Störungsgrade [degrés perturbateurs] einer solchen Reizung [excitation] als Entzündung [irritation] bezeichnen. (*IF*, Bd. 2, 190) – Solange der Mensch nicht vom Normalzustand abweicht, werden solche übermächtigen Eindrücke durch Ablenkung, Ruhe und Schlaf getilgt. (*IF*, Bd. 2, 441)

19 Broussais, *Traité de Physiologie appliquée à la Pathologie* (= *TPP*), Bd. 1 Paris 1822; Bd. 2 Paris 1823.

Wie bereits im Canguilhem-Kapitel ausgeführt, ist natürlich auch bei Broussais die Krankheit (der »anormale Zustand«) nicht einfach »identisch« mit der Gesundheit (dem »normalen Zustand«) – das wäre auch bei einem Arzt, und heiße er Broussais, ein bißchen zu absurd. Die Binäropposition *quantitativ* vs. *qualitativ* tendiert dazu, das eigentliche Problem der Normalitätsgrenze eher zu verwirrren: Das Überschreiten der Normalitätsgrenze auf einem homogenen Kontinuum führt eine Änderung des Zustands herbei, die man selbstverständlich auch bei Broussais als *qualitativ* bezeichnen könnte, wenn man wollte. Gerade bei Broussais beschränkt sich diese *Störung* zudem, wie gerade dargestellt, keineswegs auf einen bestimmten Sektor (ein Organ bzw. eine Funktion, normalistisch gedacht einen ›Homöostaten‹) – gerade Broussais betonte die sofort eintretenden synergetischen Quereffekte im gesamten Organismus, die man ebenfalls *qualitativ* nennen könnte – oder ist »Desorganisation« (désorganisation; *IF*, Bd. 2, 296) etwa kein *qualitativer Sprung*? Dieses Denkmodell hat Comte also ohne jede größere Modifikation übernommen. Was Lepenies als ›Rückkehr zur qualitativen Differenzierung‹ betrachtet, scheint mir eher auf eine andere, in der Tat wichtige Modifikation zu zielen: auf die protonormalistische Einschränkung und Fixierung der bei Broussais ansatzweise ziemlich flexiblen und fluktuierenden Normalitäten auf extrem feste »Ordnungen« und »Hierarchien« bei Comte. Anders gesagt: Sowohl die sektoriellen Normalitätsgrenzen wie die des organischen *Gleichgewichts* werden von Comte starrer aufgefaßt als von Broussais.

***

Das oben zitierte, konkret auf das Studium der Spielarten des Wahnsinns bezogene Lob Comtes für Broussais' »Prinzip« steht im Kontext der Erörterung geistiger und seelischer »Fähigkeiten« (»facultés«). Comte wendet sich gegen die Annahme sehr vieler solcher »Fähigkeiten« und spricht sich für die kombinatorische Generierung vieler abgeleiteter aus wenigen »fundamentalen Fähigkeiten« aus. Dabei eben könne das an Broussais' »Prinzip« orientierte Studium der »Manien« behilflich sein:

> Nun wäre aber, auf der Basis dieser notwendigen Homogenisierung [assimilation] zwischen den pathologischen und den rein physiologischen [d.h. normalen, J.L.] Fällen, nichts angemessener als das sorgfältige Studium des Wahn-Zustands [état de folie], um die wahren Grund-Fähigkeiten [facultés fondamentales] der menschlichen Natur zu entdecken bzw. zu bestätigen. Denn diese traurige Situation hat die Tendenz, diese Grund-Fähigkeiten dadurch energisch herauszuheben, daß jede von ihnen nacheinander in dominantem Übermaß [exaltation prépondérante] erscheint, wodurch sie deutlich von allen anderen abgehoben wird. (*CPP*, 877)

Hier wird Comtes Auffassung sehr deutlich: Es gibt theoretisch isolierbare Grundfunktionen der Organe, die aber praktisch durch das »normale« Zusammenspiel (»consensus«, »synergie«, »sympathie«, »économie«) nicht sichtbar sind. Die isolierte Sichtbarkeit einer Grundfunktion ist ein Symptom schwerer Störung des Konsenses. Die normale Variation einzelner Parameter ist also stets durch funktionierenden Konsens definiert und in der Realität bedingt. Gerät dieser Konsens aus den Fugen, so ›scheren‹ einzelne Parameter ›aus‹ und überschreiten dabei ihre Normalitätsgrenzen. Genau das ist das soziologische Normalitäts-Konzept des Comteschen Positivismus.

»Soziologie« ist bei Comte in strikter Analogie zur Physiologie gedacht: der organischen Funktionsdifferenzierung des Körpers und insbesondere des Gehirns entspricht die gesellschaftliche Arbeitsteilung und Spezialisierung. Insbesondere geht es um die Differenzierung der praktischen und theoretischen Funktionen, so daß der Schwerpunkt der konkreten Darstellung stets auf Intelligenz- und Wissenssoziologie (bzw., wenn man will, »Epistemologie«) liegt. Nach der gleichen Analogie mit der Physiologie ist auch die soziale Normalität gedacht: sie besteht aus einzelnen sektoriellen homöostatischen Normalitäten (etwa Wirtschaft, Politik, Religion) sowie aus der organisch-funktionalen Normalität des Ganzen. Comte unterscheidet den »statischen« vom »dynamischen« Aspekt seiner Soziologie (später hätte man gesagt: den »synchronischen« vom »diachronischen«) – mit seiner »dynamischen Soziologie« leistet er seinen Beitrag zum epochentypischen »Historizismus«. Nach dem berühmten »Drei-Stadien-Gesetz« müssen alle ausdifferenzierten Sektoren aus einem »theologischen« über ein »metaphysisches« in ein »positives« Stadium übergehen. Dabei ist das zweite (»metaphysische«) Stadium, grob gesagt, mit der »Moderne« (in einem weiten Sinne: beginnend mit dem Spätmittelalter) identisch. Es ist gekennzeichnet durch stürmisches Wachstum, Industrialisierung, Umsturz aller traditionalen, auf »theologischem« Denken beruhenden Ordnungen. Es kulminiert in der »Anarchie« und im »Chaos« der Französischen Revolution, die während des 19. Jahrhunderts noch andauern und weiter andauern werden, bis der Positivismus die Erlösung bringt und eine definitive, eurhythmische Ordnung begründet. Unter dem Gesichtspunkt der Normalität ist die »Übergangsphase« der Moderne paradox: als solche ist sie notwendiger Bestandteil einer »normalen Evolution« (*CPP*, Bd. 2, 276) und »normalen Transition« (*CPP*, Bd. 2, 261, 534), wenn sie auch geradezu gesetzmäßig »Anomalien« produziert. Im Grunde hat bereits Comte die Normalisierung der modernen Dynamik als große logistische (S-)Kurve gedacht: auf eine relativ statische (›horizontale‹) Phase vor dem *Take-off* folgt die *steile* Phase des *Wachstums* mit ihren Denormalisierungs-Schüben, bevor auf einem *hohen Level* die neue ›Horizontale‹ der »positiven« Eu-

rhythmie erreicht wird. In diesem Denkschema ist der Widerspruch zwischen faktisch stark *driftenden* Normalitäten und der erwünschten *stabilen* Normalitäts-Bandbreite durch Temporalisierung ›gelöst‹: die starken *Ausschläge* der Kurven liegen zeitlich *vor* den (künftigen) konstanten Werten. Kollektivsymbolische Modelle sind das *Einpendeln* von Pendeln und Waagen sowie vor allem das organische *Wachstum* und die organische *Reifung*. Als einen solchen Wachstums- und Reifungs-Prozeß sieht Comte die Dynamik der Moderne. Bekanntlich reifen nach seiner Ansicht die einzelnen Sektoren dabei allerdings nicht im gleichen Zeitrhythmus: Je komplexer ein Sektor, desto später seine Reifung. Deshalb ›lockern‹ sich während der Übergangsphase sozusagen die »statischen« (synchronischen) Verkettungen zwischen den Sektoren, so daß die einzelnen Spezialbereiche eine verhängnisvolle relative Autonomie gegenüber dem Ganzen gewinnen und daher über ihre sektoriellen Normalitätsgrenzen ›hinausschießen‹ können. Deshalb braucht es, um den Abschluß des Reifungsprozesses zu beschleunigen und um weitere Katastrophen (Revolutionen) zu verhindern, vor allem eine *interdiskursive*, auf die Integration des Gesamtsystems zielende, Regulierung – worin eben die Aufgabe des Positivismus besteht.

Comtes Gesamtkonzept von Normalität beruht demnach auf der Kombination zweier Teilkonzepte: des sektoriellen Konzepts einer *homöostatischen Normalität* und des intersektoriellen Konzepts einer *organisch-funktionalen Normalität*. Dabei erscheint das erste Teilkonzept operativ klar, während das zweite theoretisch sehr viel größere Schwierigkeiten impliziert. Hier geht es um die funktionale Ausdifferenzierung bzw. »Arbeitsteilung« innerhalb eines »Systems«. Die gleiche Problematik liegt noch der modernen Systemtheorie, etwa in der Fassung Niklas Luhmanns, zugrunde. Wenn man nicht wie Comte auf die (»natürliche«, biologische) »Spontaneität« rekurrieren möchte und auch nicht wie Luhmann auf die ein bißchen tautologische Annahme, daß jede Funktionsdifferenzierung eo ipso in das übergeordnete System ›passen‹ muß, aus dem sie sich ausdifferenziert hat, weil sie sich sonst nicht aus eben diesem System hätte ausdifferenzieren können, dann bleibt zunächst nur der Rekurs auf die Kollektivsymbolik übrig, d.h. auf Metaphern wie die des *Gleichgewichts*, des *Konsens*, der *Ökonomie*, der *Synergie*, der *Harmonie* usw. Mit dieser Kollektivsymbolik bestreitet Comte in der Tat einen Großteil seines Diskurses. Die Frage ist, ob sich daraus Anschlüsse an eigentlich normalistische Denkmodelle ergeben. Ganz sicher kann die Synergie der funktional ausdifferenzierten Sektoren nicht als »Konkurrenz« gedacht werden, obwohl dieser Begriff neuerdings manchmal auf Friktionen zwischen Teilsystemen angewendet wird. Wenn aber (um ein möglichst »organisches« Beispiel zu nennen) zwischen *Herz* und *Lunge* keine »Konkurrenz« herrschen kann, wie wäre ihr *Gleichgewicht* (oder *Ungleichgewicht*) dann genauer vorzustellen? Schon Comte und

Broussais haben dafür ein Konzept entwickelt, das verblüffend dem *Stress*-Konzept von Selye ähnelt: Der *Druck* auf das Gesamtsystem (bzw. seine *Belastung*) wirkt auf die *Kette* aller Teilsysteme (»Organe«), von denen jedes nach einer sektoriellen homöostatischen Normalität funktioniert. Wird der *Druck* übergroß, so ergibt sich zunächst die Denormalisierung des *schwächsten Kettengliedes*, d.h. der Homöostase eines oder weniger ›kritischer‹ Organe, z.B. des Magens (interessanterweise stimmen Broussais und Selye auch darin überein, im gastrischen Teilsystem ein bevorzugtes ›Einfallstor‹ für anormale *Irritation* bzw. anormalen *Stress* zu sehen). Die Denormalisierung der homöostatischen Normalität bestimmter Teilsysteme *signalisiert* mithin die Denormalisierung des *Gleichgewichts* der organisch-funktionalen Normalität des Gesamtsystems. Sowohl wegen der qualitativen Differenz der Teilsysteme wie aufgrund der ungemein komplexen Konnexions-Kombinatorik zwischen ihnen erscheint die organisch-funktionale Normalität des Ganzen als solche irreduktibel auf Homöostase und daher auch nicht eigentlich normalisierbar. Offensichtlich wäre der Begriff einer ›durchschnittlichen‹ homöostatischen Normalität (als ›Durchschnitt‹ der sektoriellen Normalitäten spezieller Homöostasen) unsinnig. Es bleibt nur der Ausweg, bestimmte sektorielle Homöostasen als ›repräsentativ‹ für das unüberschaubare Ganze aufzufassen. Dem entspricht bei Broussais die exemplarische »Irritation« und »Entzündung« des Magens (»Gastroenteritis«) und später in Selyes Stress-Theorie das Konzept einer unspezifischen Krankheit und eines »General Adaptive Syndrome«. Bei Comte führt die Schwierigkeit bzw. Unmöglichkeit eines strikt normalistischen Modells für das Gesamtsystem zu verstärkt protonormalistischen Ver-Sicherungen: am Ende mündet Comtes Normalität in die »normale Ordnung« (z.B. *CPP*, Bd. 2, 689) und die »normale Hierarchie« (z.B. *CPP*, Bd. 2, 491). Auf allen Gebieten werden »normale« Rangordnungen (Rankings) etabliert, deren Vorbild die Gallsche Rangordnung der Gehirnsektoren ist. Als Beispiel diene die hierarchische ›Normalisierung‹ (diesen Begriff kennt Comte noch nicht als Begriff) der sozialen Arbeitsteilung und funktionalen Ausdifferenzierung:

Trotz der nahezu unendlichen Vielfalt und der extremen Inkohärenz [incohérence], die auf den ersten Blick infolge des Geistes der Spezialität und (Arbeits-)Teilung, der bisher ihre vorgängige Evolution [évolution] bestimmte, zwischen den verschiedenen Elementen der positiven Zivilisation zu herrschen scheinen, müssen wir das Gesamtsystem [système total] der menschlichen Arbeiten als große lineare Reihe [grande série linéaire] auffassen, das sich von den geringsten materiellen Operationen bis zu den sublimsten ästhetischen, wissenschaftlichen und philosophischen Spekulationen erstreckt. Die aufsteigende Ordnung dieser Reihe geht mit einer kontinuierlichen Zunahme [accroissement continu] an Allgemeinheit und Abstraktheit des normalen Gesichtspunkts einher, unter dem jede Art von üblicher Beschäftigung betrieben wird,

während umgekehrt die absteigende Skala [progression descendante] nach der graduell abnehmenden Kompliziertheit ihrer unmittelbaren Anwendung und der zunehmend direkten Nützlichkeit ihrer täglichen Tätigkeit eine umgekehrte Ordnung der verschiedenen Berufe darstellt. In der normalen Ökonomie einer solchen Gesamtheit zeichnen sich die obersten Ränge [premiers rangs] der ungeheuren Hierarchie durch hervorragendere [plus éminente] und ausgedehntere, aber unvollständigere, indirektere, weniger sichere und sogar häufig scheiternde Partizipation [participation] aus, während die unteren Ränge umgekehrt durch Vollständigkeit, Unmittelbarkeit und Evidenz ihrer unabweisbaren Dienste das Niedrige und Beschränkte kompensieren. (*CPP*, Bd. 2, 496)

Die postulierte homöostatische Gesamt-Normalität einer solch starren Hierarchie (aus der eine ebenso starre Klassenordnung deduziert wird) ist nicht mehr kompatibel mit der von Comte so unentwegt beschworenen »Spontaneität«, sie widerspricht völlig den Fluktuationen und Variabilitäten der einzelnen sektoriellen Homöostasen. Diese *Landung* des Comteschen Normalismus in der »hierarchischen Normalität« ist symptomatisch für bestimmte Tendenzen der protonormalistischen Strategie. Überall, wo selbst dynamische Normalität nicht anders gedacht werden kann denn als Provisiorium, das in *definitive* Normalitäts-Bandbreiten einmünden müsse, schlägt Normalität in eine Spielart um, die wieder mit Normativität kompatibel wird. Die Denormalisierungsangst ver-sichert sich dann in einem *Glauben* an »Eurhythmie«, als deren Fundament im Protonormalismus typischerweise nicht soziologische oder psychologische, sondern biologische Parameter favorisiert werden. Hier liegt ein spezifisch normalistischer Ursprung für die Ideologie der »Naturalisierung«, die also nicht bloß (nach Marx) auf der Enthistorisierung bürgerlicher Wirtschaftskategorien beruht. So ist Comtes Reprojektion der Normalität auf biologische (»natürliche«) »Gesundheit« exemplarisch für die folgenden hundert Jahre einer in der Regel dominierenden protonormalistischen Strategie.

Die extreme Konsequenz aus der die Angst vor der Denormalisierung rückversichernden Tendenz ist die Gründung einer explizit normalistischen Religion (des »Positivismus«) durch den späteren Comte. Diese am Katholizismus und an der Freimaurerei orientierte absurde Sekte führt paradoxerweise einen antifetischistischen Fetischismus, eine antitheologische Theologie, eine antimetaphysische Metaphysik usw. ein. Der folgende Titel spricht Bände: *Positivistischer Katechismus oder summarische Darstellung der universellen Religion in dreizehn systematisierten Dialogen zwischen einer Frau und einem Priester der HUMANITÄT*, von Auguste Comte. Apostolische Ausgabe, Positivistisches Apostolat, Paris-Rio de Janeiro-London 1891. Das Vorbild der »Tochter«, die dem »Priester« und »Vater« dümmlich vorprogrammierte Fragen stellt, war Comtes Geliebte Clotilde de Vaux, die er zur Madonna der positivistischen Religion mythisierte.

Einen Katechismus, der den »Normalzustand« (148), die »normale Größe« eines Staates (299), die »normale Verfassung (constitution) der modernen Industrie« (303), die »normale Nachfolgeregelung beliebiger Beamter« (304), vor allem aber die »normale Hierarchie unseres Kultus« (303) mit den entsprechenden »normalen Einschränkungen dieser Grundfreiheit« (der Meinung und Diskussion, 302) predigt, würde kein späterer Normalismus mehr anzubieten wagen. Es handelt sich um ein enorm (!) symptomatisches Kuriosum, das sich nur durch die in Auguste Comte ganz offensichtlich extrem große und peinigende Angst vor Denormalisierung, vor Aus-dem-Ruder-Laufen der Normalität, erklärt. Der Positivismus als Religion ist ein radikal protonormalistisches Unterfangen, das auf allen Gebieten die zum Floating tendierenden modernen Dynamiken stillstellen will. Dabei wird selbst die Erkenntnistheorie protonormalistisch fundiert:

Die Außenwelt dient bei unseren höchsten geistigen Funktionen genauso wie bei unseren materiellsten Handlungen in gleicher Weise als Nahrung, als Stimulans und als Regulator [régulateur]. Während die Unterordnung des Subjektiven unter das Objektive demnach nicht länger isoliert betrachtet wurde, erhielt sie durch die positive Philosophie zusätzlich ihre notwendige Ergänzung, ohne die die statische Erforschung der Intelligenz nicht mit der dynamischen hätte verbunden werden können. Diese Ergänzung besteht darin anzuerkennen, daß im Normalzustand die subjektiven Bilder [images subjectives] stets weniger lebhaft und weniger deutlich (nettes) sind als die objektiven Eindrücke, aus denen sie sich ableiten [émanent]. Wenn das nicht so wäre, könnte das Außen niemals das Innen regulieren [régler]. (148)

Daß bei dieser Formulierung wiederum die Erfahrung von 1826/27 Pate gestanden hat, zeigt die direkte Anschlußfrage der »Tochter«, die sich auf den Wahnsinn bezieht – und noch mehr zeigt es die Antwort des »Priesters«:

Es wird für Sie ausreichend sein, meine Tochter, die gerade dargestellte Lehre [doctrine] aufmerksamer zu erwägen, um zu erkennen, daß sie in der Tat die wahre Theorie des Wahnsinns und der Idiotie enthält. Diese beiden entgegengesetzten Zustände [états] bilden die beiden Extreme der normalen Korrelation [proportion], die der Zustand der Vernunft [état de raison] zwischen den objektiven Impulsen und den subjektiven Einfällen [inspirations] erfordert. Die Idiotie besteht im Exzeß der Objektivität, wenn unser Gehirn zu passiv wird; und der eigentliche Wahnsinn besteht im Exzeß der Subjektivität, infolge einer maßlosen Aktivität dieses Apparats. Aber der mittlere Grad [degré moyen], der die Vernunft konstituiert [constitue], bewegt sich selber in jenen regelmäßigen Schwankungen [variations régulières], die jede menschliche Existenz, die soziale so gut wie die persönliche, erfährt (150).

Die radikal protonormalistische Strategie des »Katechismus« erlaubt am Ende auch die Einführung einer »Normal-Statistik« (»statistique normale«, 306), die sich allerdings nicht a posteriori aus empirischen Daten rekrutiert, sondern die der »Hohe Priester der Humanität« (»Grand-Prêtre de l'Humanité«, 307) a priori kommandiert:

2.000 Bankiers, 100.000 Handeltreibende, 200.000 Fabrikanten und 400.000 Landwirte reichen m.E. aus, um für die 120 Millionen Bewohner, die die okzidentale Bevölkerung bilden, genügend Industriekapitäne [chefs industriels] zu liefern. Bei dieser kleinen Anzahl von Patriziern sind dann also alle okzidentalen Kapitale konzentriert, so daß sie frei deren aktiven Einsatz leiten können, unter ihrer eigenen ständigen moralischen Verantwortung und zum Nutzen [profit] eines dreiunddreißigmal größeren Proletariats. (306f.)

Hier wird die antitheologische Theologie durch die antiutopische Utopie ergänzt – die künftigen protonormalistischen Sozialismen mit ihrer kommandierten (und natürlich fiktiven) »Statistik« und »Normalität« lassen grüßen.

Ein neues Reizwort in der Konversation um 1830 oder: Das Normale taucht im Interdiskurs auf

Schon bei der Behandlung des *Courtin* deutete sich an, daß die erste Konsolidierung des Normalen im Interdiskurs in die zwanziger und dreißiger Jahre des 19. Jahrhunderts fällt. Diese Konsolidierung erweist sich erstens in einer erheblichen quantitativen Zunahme des Diskurskomplexes und zweitens in der Irreversibilität seiner Bifurkation gegenüber dem Entwicklungsstrang der Normativität. Drittens tauchen nun – bei Adolphe Quételet und Auguste Comte – die ersten expliziten Theorien der Normalität auf. Es handelt sich in beiden Fällen um interdiskursive Synthesen, die selbstverständlich nicht als ›geniale Neuschöpfungen‹, sondern als Verarbeitungen des vorgängigen ›molekularen‹ interdiskursiven ›Gewimmels‹ aufzufassen sind. Dabei müssen allerdings bestimmte Theoreme von Quételet (wie die Kombination von Normalität und Gaußkurve) bzw. von Comte (insbesondere das »Prinzip von Broussais« über den kontinuierlichen Übergang zwischen Normalität und Anormalität) ihrerseits als äußerst wichtige zusätzliche interdiskursive Klammern begriffen werden, die sofort in den ›molekularen‹ Interdiskurs hinein proliferierten. In diesem Kontext wurde das »Normale« erstmals zu einem »Reizwort«, das sich etwa auch in der allgemeinen Konversation, in der öffentlichen Meinung wie in den Salons, unaufhaltsam verbreitete. Um das Reizwort des »Normalen« fluktuierte dabei ein Feld von Kollektivsymbolen und ›Problemen‹ wie die Komplexe »Gesetz der großen Zahl«, Menschen als *Sandkörner*, *Atome* oder *Kügelchen* in »Massen«, Durchschnittlichkeit und Kontingenz. Philosophisch strahlte dieser Normalismus »positivistische« Konsequenzen aus: Er richtete den Blick auf die Verteilungen an der ›Oberfläche‹ und deren Kurven – unter Ausklammerung des Problems der transzendentalen ›Tiefe‹. Damit legte er, bildlich gesprochen, sozusagen ›horizontale‹ Narrationen statt ›vertikaler‹ nahe:

Wie bewegen sich die individuellen *Kügelchen* in den Massen, nach welchen Kontingenzen kollidieren sie oder kopulieren – nach welchen Zufällen geraten sie in die Sicherheit der *Mitte* oder aber an den *Rand* der Devianz, bis hin zur Katastrophe des *Durchdrehens* – und wie ordnen sie sich dennoch en masse und in the long run schließlich zu Normalverteilungen? Demgegenüber werden die ›vertikalen‹ Bewegungen in das Geisterreich hinauf bzw. aus dem Geisterreich hinunter und die transzendentalen Metamorphosen mehr und mehr vernachlässigt und vergessen. Wenn diese ›Vertikalität‹ in der frühen Romantik dominiert hatte, so mußte die spätere, sog. »schwarze Romantik« bereits auf den diskursiven Druck des normalistischen Komplexes reagieren, z.B. durch die radikale Ästhetisierung (Symbolisierung) der ›vertikalen‹ Komponenten.

Diesen Fragen konnte sich die damalige ›Öffentlichkeit‹ offenbar weniger und weniger entziehen. Dabei war das Phänomen der Aufdringlichkeit des Normalen keine Frage der ideologischen Orientierung: Romantiker wie Realisten, Reaktionäre wie Sozialisten werden vom Diskurskomplex des Normalen gleichermaßen ›angesteckt‹. Schon Hacking hat bemerkt, wie das »Normale« den ›großen Autor‹ Balzac[20] erobert hat (und umgekehrt): Dabei handelt es sich sehr realistisch um das Medizinisch-Normale von Broussais, der in der Ärztesatire am Schluß des Romans *La peau de chagrin* als Brisset karikiert wird. Brisset erklärt das transzendentale Wunder des schrumpfenden Chagrinleders (Balzac baut hier romantisch-›vertikale‹ Motive à la Hoffmann ein) als »Monomanie«, die einen geschrumpften Magen nach außen projiziert habe. Der Protagonist Raphael habe (ganz wie Auguste Comte in seiner Selbstdiagnose) durch intellektuelle Überanstrengung den »état normal« seines Organ-Gleichgewichts und insbesondere seines Magens zerstört. Die erhöhte »Reizung« (»irritation«) des Magens habe (ganz im Sinne von Broussais' *De l'irritation et de la folie*) sympathetisch auf das Gehirn gewirkt und dort den Wahnsinn ausgelöst. Als Therapieempfehlung folgt natürlich der Aderlaß, gegen den Balzac auch an anderen Stellen polemisiert. Bei genauerem Hinsehen ist Balzac allerdings keineswegs der Faszination normalistischer Vorstellungen entgangen: Das durch Teufelspakt erhaltene Chagrinleder ist die Materialisierung der Wünsche des Helden; wie eine ›vitale Potenz‹ schrumpft es kontinuierlich, ganz nach Art einer *entropisch* fallenden Kurve; der Symbolisant ist ›vertikal‹ – das Symbolisat aber ganz normalistisch-›horizontal‹: es ist das tragische »Regressionsgesetz« der Vitalkraft in Richtung *schrumpfender* Normalität, das Galton später formulieren sollte. Noch provokativer formuliert: Die Schrumpfung des Chagrinleders begleitet Balzacs Narration bereits wie heute die

---

20 Hacking, *The Taming of Chance*, 82f. und passim.

fallende Punktskala ein verlorenes Videogame – und natürlich ist der Held Raphael vor allem Glücksspieler.

Da die damaligen Talkshows (in Salons und Clubs) noch nicht elektronisch aufgezeichnet werden konnten, sind wir auf direkte und vor allem indirekte literarische Belege angewiesen. Allerdings sind Floskeln, die vermutlich der Konversation entstammen, relativ leicht als solche zu erkennen.

Der späte Eichendorff versucht in seinen Essays, den Katholizismus und eine dezidiert katholische Romantik diskurstaktisch so zu verteidigen, daß beide im wahrsten Sinne salonfähig werden. Er greift dabei häufig sog. Mode- und Reizwörter auf und versucht sie geschickt für seine Zwecke zu wenden. Dazu gehört auch der Diskurskomplex des Normalen. In seiner Besprechung der Reiseberichte Friedrichs von Schwarzenberg benutzt er bereits Floskeln wie »im normalen Sinne« (110[21]). Interessanterweise findet sich nun auch in einem der Zitate aus Schwarzenberg die Normalität:

> Ja, der Bürgerkrieg ist [in Spanien, J.L.], wie gewisse Krankheiten im menschlichen Organismus, endlich sozusagen im Lebensprinzip dieses Volkes verschmolzen und beinahe ein normaler Zustand geworden. (113)

Hier ist mit dem »normalen Zustand« die Herkunft aus dem medizinischen und physiologischen Diskurs eindeutig, ebenso wie der vermutliche Import aus Frankreich. Wir sind also ganz nah bei Broussais und Comte wie auch bei der Salonkonversation.

Anfang der dreißiger Jahre schreibt Heinrich Laube in seinen *Reisenovellen* anläßlich einer Besichtigung des Doms von Regensburg:

> Man fühlt, wieviel Zeit man im Mittelalter hatte, da ein einziger Mensch sein halbes Leben lang an einem Standbild oder an einer Reihe von Schnörkeln arbeiten mochte, die unter normalen Umständen nie ein menschliches Auge wieder sehen. (190[22])

»Unter normalen Umständen«: Das ist immerhin eine der von Enzensberger in seinem Essay »Zur Verteidigung der Normalität« aufgelisteten Standardfloskeln, und so weit reicht sie also zurück. Daß der Icherzähler dieser Novellen, in denen das Normale mehrfach auch wörtlich erscheint, sich bei seiner Eilkutschenfahrt ironisch als »Peter Schlemihl« vorstellt, paßt in die Diskursgeschichte bestens hinein:

> Jetzt, vor Braunschweig, dachte die Alte noch, ich hätte keinen Charakter. Ich fragte sie, ob sie Herrn Peter Schemihl kenne, der keinen Schatten, aber vortreffliche Stiefel habe. Darauf sah sie mich so dumm wie möglich an. (80f.)

---

21 Eichendorff, *Werke* (Winkler) Bd. 3, München 1976.

22 Heinrich Laube, *Reise durch das Biedermeier* (Neuausgabe der *Reisenovellen*, 1833–1837), Hamburg 1965.

Auch bei Ludwig Feuerbach ist der medizinisch-physiologische Herkunftsdiskurs der Normalität noch sehr deutlich; hoch symptomatisch kommt dazu die enge Kopplung mit der Sexualität:

Jede *organische Funktion* ist im normalen Zustande mit *Wollust* verbunden – selbst das Atmen ist ein wollüstiger Akt [...]. [...] Kurz, wer, wie die Bibel, wie die Kirche, nicht die *Fleischeslust* anerkennt – versteht sich die natürliche, normale, vom Leben unzertrennliche –, der *anerkennt nicht das Fleisch.*[23]

Ähnlich wie Feuerbach benutzt auch sein Antipode Schopenhauer den Begriff mit stark physiologischen Resonanzen. Bei ihm kommt aber auch die Durchschnittlichkeit von Leistungen im Sinne Quételets hinzu, wenn er etwa den »normalen Kopf« gegen das »Genie« stellt[24].

Wie mein Kollege und Freund Wulf Wülfing bereits entdeckt und kommentiert hat, findet sich in einem Reisebericht aus London von Georg Weerth (1843) die kuriose Formel eines »Normalschritts« des durchschnittlichen Passanten:

[...] wie nie ein Rad über das Trottoir rasselt, wo die Fußgänger ebenfalls in zwei Strömen aneinander vorbeisausen, um einem jeden Raum zu lassen, seinem Vordermanne zu folgen, und wo nur der über den Haufen gerannt wird, der sich dem Normalschritt widersetzt, der ein anderes Tempo in seinen Beinen entwickelt und sich dagegen sträubt, daß die Bewegung der ganzen Masse über einen Kamm geschoren wird.[25]

Diese Formulierung erscheint im Kontext der hier entwickelten Problematik um so symptomatischer, je mehr normalistische Komplexe sie koppelt: Verkehr, »Masse« im Sinne einer Masse kontingent und stochastisch *durchgeschüttelter Atome*, »Tempo« im doppelten Sinne von Durchschnittstempo und genormtem Tempo. Da diese Vorstellung eines ›Normaltempos‹ sich implizit auch auf den Wagenverkehr bezieht, haben wir es insgesamt also mit nichts anderem zu tun als mit dem Komplex der (nicht) normalen Fahrt.

Auch hier möchte ich mit einem ›molekularen‹ diskursiven Ereignis schließen, das als solches überhaupt erst unter dem ›Mikroskop‹ der normalismushistorischen Fragestellung sichtbar wird: Carl Gustav Carus, der hartnäckig an einer goetheschen und romantischen Naturphilosophie festhielt, obwohl er bereits mit normalistischen Daten von Quételet u.a. konfrontiert

23 Ludwig Feuerbach, *Das Wesen des Christentums*, Stuttgart 1969 (1841), 476.

24 Schopenhauer, *Sämtliche Werke* Bd. 3 (*Die Welt als Wille und Vorstellung*, 2. Bd.), Wiesbaden 1966, 162.

25 Nach Wulf Wülfing, »Medien der Moderne: Londons Straßen in den Reiseberichten von Johanna Schopenhauer bis Theodor Fontane«, in: Anne Fuchs/Theo Harden (Hgg.), *Reisen im Diskurs.* Modelle der literarischen Fremderfahrung von den Pilgerberichten bis zur Postmoderne, Heidelberg 1995, 470–492; hier 481.

war, versuchte das »Normale« noch einmal rein idealtypisch und geistestypologisch zu definieren. In dieser Fassung bildet es einen seiner Grundbegriffe, der nahezu omnipräsent seinen Diskurs beherrscht. In nächster Nachbarschaft eines so ›gegen den Strich‹ idealtypisch gefaßten »Normalen« findet sich nun die folgende Äußerung:

> Wie oft hören wir in unseren Tagen, daß auf Dampfwagen, wenn sie in rasender Schnelligkeit Hunderte von Menschen dahintragen, schon das kleinste Versehen, die kleinste Unachtsamkeit unermeßliches Unglück verbreiten könne, aber nicht solcher Gelegenheiten allein bedarf es – fast in jedem Augenblicke des Lebens umschweben uns unsichtbar verderbliche Dämonen; ein Fallenlassen eines Messers, ein unbedacht gesprochenes Wort, ein Fehlgriff zwischen zwei Gläsern und tausend Ähnliches, kann zu jeder Zeit uns und anderen die furchtbarsten Geschicke bereiten [...].[26]

Mit dem Eisenbahnunfall wird die typische Denormalisierungskatastrophe thematisiert, die sich kontingent, aber mit statistischer Wahrscheinlichkeit ereignen wird. Genau an dieser Textstelle, an der sich genuin normalistische Diskurskomplexe kontingent kumuliert haben (Eisenbahn, Industrieunfall, Risikokalkül), hat Carus, dem sein idealtypisch »Normales« sozusagen ins Normalistische zu entgleiten droht, die extrem ›vertikale‹, romantische Kategorie des »Schicksals« mobilisiert: das ›stürzende Messer‹ entstammt dem romantischen Schicksalsdrama. Statt aber den Eisenbahnunfall auszubalancieren, rückt es vielmehr umgekehrt selbst das romantische Drama in die Nähe des Industrieunfalls: Bald schon werden bei den Betriebsunfällen der familialen Genealogie die Sünden der Ahnfrauen durch Genschäden ersetzt werden. Wir schreiben bereits das Jahr 1842 – wer in diesem Diskurskampf siegen wird, ist nicht länger zweifelhaft.

»Normal« als unumgänglicher, aber ›blinder‹ Begriff der materialistischen Politökonomie bei Karl Marx

In seiner umfangreichen Studie *Marx als Denker des Möglichen* (*Marx penseur du possible, Paris 1992*), die sich gegen eine enge und einseitig »deterministische« Marx-Lektüre richtet, hat Michel Vadée eine zuvor weitestgehend übersehene und gleichwohl konstitutive Komponente des Marxschen Diskurses ins Zentrum der Aufmerksamkeit gerückt: die statistisch-probabilistische. Gedacht ist dabei nicht in erster Linie an die bekannte Tatsache, daß Marx sich bei seiner Polemik gegen die Ausbeutung der englischen Arbeiter auf die offiziellen Statistiken der Fabrikinspektoren stützte, obwohl auch das sicherlich seinem Diskurs eine spezifisch normalistische

26 Carl Gustav Carus, *Goethe*. Zu dessen näherem Verständnis, Leipzig 1931 (1842), 54.

Tönung gibt. Vadée geht viel weiter und verficht explizit die These, daß Marx in seinem Denken intensiv durch Quételet und allgemein durch protonormalistische Diskurse des 19. Jahrhunderts beeinflußt gewesen sei. Zwei Kapitelüberschriften bei Vadée lauten: »Hat Marx von Quételet den Begriff des Durchschnittsmenschen übernommen?« (177) sowie: »Marx und der neue probabilistische Geist« (182). Vadée stützt sich bei seinen Thesen erstens auf ausführliche Bezüge auf Quételet bei Marx, zweitens auf den Befund, daß die Kategorie des »Durchschnitts« für Marx zentral ist, und drittens auf den kategoriellen Zusammenhang zwischen »Durchschnitt« und »Tendenz«.

Vadée ging es um eine primär philosophisch intendierte Relektüre von Marx, die durch die Betonung des probabilistischen epistemischen Elements der menschlichen »Freiheit« gegen den »Determinismus« zu ihrem Recht verhelfen möchte: »Möglichkeit« meint demzufolge, daß bei Marx stets nur Rahmenbedingungen als »determiniert« zu denken seien, nicht aber deren konkret-historische Füllungen. Als ökonomisches Modell dieses »dialektischen« Zusammenhangs betrachtet Vadée das Verhältnis zwischen (»kausal determiniertem«) Durchschnitt (z.B. der gesellschaftlich notwendigen Arbeitszeit oder des Tauschwerts bzw. Preises einer Ware) und der »zufälligen« Verteilung der individuellen Einheiten um diesen Durchschnitt herum nach Quételet (bzw. Gauß).

Ich werde auf diesen Dualismus von »Oberfläche« und »Tiefe« zurückkommen, möchte zuvor aber Vadées Anregungen normalismustheoretisch erweitern. Nicht bloß die Kategorie des »Durchschnitts« ist nämlich im *Kapital*[27] dominant, sondern auch die des »Normalen«. Marx spricht u.a. von »Normalgröße«, »Normalquantum« (III, 719), (I, 249; II, 502), »normalem Niveau« (I, 568), »normalem Maß« (II, 89), »normalem Maßstab« (III, 500), »normalem Umfang« (II, 112), »normalen Bedingungen« (II, 129), »normalen Verhältnissen« (II,84), »normalen Phänomenen« (II, 498), »normalem Verlauf« (II, 411, 454, 505, 513), vom »normalen Mehrwert« (III, 189) und vom »Normalpreis« (I, 122, 567, 568; II, 342; III, 640); von »normalem Arbeitslohn« (II, 479, 504, III, 189, 638, 640), »normaler Lebenszeit des fixen Kapitals« (II, 174), »normalem [...] Surplusprofit« (III, 656, 662), »normalem Verschleiß« (II, 175, 177), »normaler Produktion« (II, 109), »Normalbebauung« (III, 737), von »normaler Güte« (einer Ware; I, 187), »Normalgeschwindigkeit« (I, 361), aber auch vom »Normalarbeitstag« (I,294ff.; s.u.), vom »Normalgrad von Intensität« (der Arbeit) (I, 534), vom »Normalfall der modernen Industrie« (III, 68), von »normalen

---

27 Zitiert nach Karl Marx, *Das Kapital.* Kritik der politischen Ökonomie, 3 Bde. (= *I,II,III*) Frankfurt/Main 1967 (= MEW Bde. 23–25).

gesellschaftlichen Bedingungen« (III, 192), schließlich auch vom »normalen Lebenszustand« (der Arbeiter; I, 117).

Obwohl die Kategorie des »Normalen« also als durchaus ›tragend‹ innerhalb des marxschen Diskurses betrachtet werden muß (er bräche zusammen, wenn man ihm diese Kategorie ›entziehen‹ würde), ist zunächst zu konstatieren, daß Marx nirgends explizit auf Normalität reflektiert[28], daß er nirgends das Normale definiert. Er verwendet die Kategorie also unreflektiert, ›spontan‹ und ›naiv‹. Teilweise hat er sie direkt aus seinen Quellen übernommen, darunter auch einem Teil der frühsozialistischen Literatur, etwa Proudhon, teilweise offenbar aus dem spezialdiskursiven und interdiskursiven ›Gewimmel‹, das ihn umgab, u.a. sicherlich aus der Presse. Durch eine Analyse der jeweiligen Kontexte läßt sich feststellen, daß »normal« bei Marx das gesamte Spektrum der damaligen spezial- und interdiskursiven Konnotationen umfaßt. So dominiert in folgenden Kontexten die biologische bzw. medizinische Normalität: »die normale Erhaltung der Arbeitskraft« im Sinne von »gesunder Erhaltung des Körpers« (I, 280). Hier polemisiert Marx gegen die ungesunden Arbeitsbedingungen im Manchester-Kapitalismus, z.B. gegen die »naturwidrige Verlängerung des Arbeitstages« (I, 281). Da nur minimal gesunde Arbeiter hart arbeiten können, lautet die Folgerung: »Das Kapital scheint daher durch sein eigenes Interesse auf einen Normalarbeitstag hingewiesen« (I, 281). Im Kapitel »Der Kampf um den Normalarbeitstag« (I, 294ff.) erweist Marx (ohne allerdings eigens darauf zu reflektieren) an diesem konkreten Beispiel die historische Dynamik von Normalität. Während das Kapital den Arbeitstag »bis zu seinen normalen Maximalgrenzen« (I, 294) ausdehnen möchte, gelingt den Arbeitern eine schrittweise Verkürzung dieser Normalität. Mit den »normalen Maximalgrenzen« ist offensichtlich eine biologisch-medizinische (»natürliche«) Normalität konnotiert – die historische »Tendenz« belegt dagegen zugleich, daß die tatsächliche Normalität stets eine kulturelle, gesellschaftliche Größe ist. Implizit erkennt Marx die biologisch-medizinische Normalität also allenfalls als theoretisches Extrem an.

Innerhalb dieses Konnotationsspektrums dominiert allerdings eindeutig die Normalität als Durchschnittlichkeit im Sinne Quételets: »unter normalen, d.h. durchschnittlichen gesellschaftlichen Produktionsbedingungen« (I, 204), »normale Durchschnittsdauer« (I, 549), »normale Durchschnittshöhe« (des Lohns; II, 503); »normales Durchschnittsniveau« (III, 640, 764), »normales Durchschnittsmaß von Kapital« (III, 689), »normales Durchschnittsprodukt per Acre« (III, 719), »normaler Durchschnittsprofit« (III, 764), »normaler Abfall« im Sinne von »durchschnittlichem« Abfall (III,

28 Obwohl sich bei Marx sogar bereits das Substantiv »Normalität« (wenn auch ganz vereinzelt) findet (III, 757).

90), »durchschnittliches Normalverhältnis« (III, 153), »gesellschaftlich-normal« synonym mit »gesellschaftlich-durchschnittlich« (III,61).

Wenn also der semantische Kern der Marxschen Normalität der statistische Durchschnitt ist, so ist ihr dominierender Modellfall die homöostatische Normalität einer zyklisch-reproduktiven Funktionseinheit (z.B. Maschine oder Kapitalzyklus). Das gesamte semantische Feld der homöostatischen Normalität ist bei Marx präsent: »normale Operation« (II, 453), »Gleichgewicht«, »Störung« (II, 74, 89, 111), »Stockung« (II, 74, 149), »Stau«, »Minimalgrenze« (auch »Normalminimum«: III, 719), »Maximalgrenze«, »Abweichung«, »Kompensation« (bzw. »Ausgleichung«), »Regulierung«. Oder in Kontexten: »Der Kreislauf des Kapitals geht nur normal vonstatten, solange seine verschiednen Phasen ohne Stockung ineinander übergehen.« (II, 56) – bzw.:

Die Tatsache, daß die Warenproduktion die allgemeine Form der kapitalistischen Produktion ist, schließt bereits die Rolle ein, die das Geld, nicht nur als Zirkulationsmittel, sondern als Geldkapital in derselben spielt, und erzeugt gewisse, dieser Produktionsweise eigentümliche Bedingungen des normalen Umsatzes, also des normalen Verlaufs der Reproduktion, sei es auf einfacher, sei es auf erweiterter Stufenleiter, die in ebenso viele Bedingungen des anormalen Verlaufs, Möglichkeiten von Krisen umschlagen, da das Gleichgewicht – bei der naturwüchsigen Gestaltung dieser Produktion – selbst ein Zufall ist (II, 490f.).

Die homöostatische Normalität eines zyklisch-maschinellen Prozesses muß als interdiskursive Kontamination zweier spezialdiskursiver Bereiche begriffen werden: der industriellen Maschinen-Technologie (Ingenieurswissenschaft, Industrienorm) und der Biologie-Medizin (Physiologie). Wie bereits dargestellt, hat diese interdiskursive Kontamination den protonormalistischen Interdiskurs ganz wesentlich konstituiert. Zwei völlig verschiedene Normalitäten (bzw. »Normen«), die »natürliche« der Physiologie und die technische Industrienorm verschmolzen zu einer einheitlichen, kulturkonstitutiven Vorstellung mit realen diskursiven Effekten. Die auf diese Weise konstituierte Vorstellung von Normalität wurde im Protonormalismus demnach handlungsanleitend und zur Basis einer ganzen Reihe von homöostatisch orientierten Normalisierungs-Dispositiven bzw. Sozialtechnologien. Die durch die Kontamination von der Biologie auf die Technologie und Sozialität übertragene Vorstellung »organischer« Normalität liegt dem protonormalistischen Bestreben zugrunde, die definitiv »gesunden«, eine stabile homöostatische Reproduktion garantierenden Normen zu entdecken und dann zu implementieren. Die eine Konsequenz dieser Auffassung war die Enthistorisierung der Kategorie Normalität und ihre ahistorisch-panchronische Ausdehnung auf die gesamte Geschichte und Vorgeschichte. Die andere Konsequenz war umgekehrt eine utopische Komponente, die – gestützt auf die Effizienz der industrialistischen Normen – durch geplante Interven-

tion eine definitiv eurhythmische Normalität in der Zukunft herzustellen suchte (hierher gehörte u.a. auch Proudhon[29]).

Da Marx die Kategorie des Normalen nicht reflektiert hat, muß seine diesbezügliche Auffassung indirekt erschlossen werden: Auffälligerweise begegnet die Kategorie so gut wie gar nicht in den Kapiteln bzw. Ausführungen über vormoderne Epochen. (Die symptomatisch wichtigste Ausnahme über die alten Griechen als »normale Kinder« ist weiter unten gesondert zu kommentieren.) Da die Kategorie der Moderne für ihn in ökonomistischer Reduktion mit dem Kapitalismus ineinsfällt, betrachtete er das Normale offensichtlich zunächst als eine – irgendwie ›selbstverständliche‹ – kapitalistische Kategorie. Der wesentliche Unterschied des Kapitalismus (bei Marx Wesen und »Basis« aller Moderne) im Vergleich mit früheren Formationen liegt für Marx (wie für viele andere) darin, daß in früheren Formationen »einfache Reproduktion« (Reproduktion ohne systematisches Wachstum, d.h. identische Reproduktion) dominiert und im Kapitalismus »erweiterte Reproduktion«, d.h. auf systematisches (symbolisch gesehen, exponentielles) Wachstum angelegte Reproduktion. Dementsprechend ist das Normale bei Marx von vornherein dominant dynamisch, nicht statisch. Sämtliche Konstanten bzw. Quasi-Konstanten (wie der Zins) sind als konstante Wachstums-Raten aufzufassen. Die meisten Normalitäten sind Variablen, die allenfalls zeitweilig und vorübergehend den Anschein der Stabilität gewinnen können (d.h. eine kurz- oder mittelfristig annähernd konstante Wachstumsrate). Typisch ist folgende Formulierung über den Akkumulationsprozeß:

> Aber die Basis, auf der infolge der erweiterten Maschinerie etc. die Produktion vor sich geht, und die nun nach einigen Schwankungen als neue normale Basis, als neuer Ausgangspunkt zu gelten hat, ist sehr erweitert durch die Vorgänge während des letzten Umschlagszyklus (III, 129).

Ein weiteres Beispiel ist die Dynamik der Grundrente, die Marx anhand eines theoretischen Modells verschieden fruchtbarer Böden A, B, C, D (für steigende Fruchtbarkeit) diskutiert. Durch Investition von Kapital kann die Fruchtbarkeit aller Böden erhöht werden, wobei aber womöglich der Boden A irgendwann aus der Konkurrenz ausscheidet, weil er nicht mehr das nötige Minimalkapital aufbringen kann:

> [...] wenn es da heißt, daß 1 Acre von A, von dem den Produktionspreis regulierenden Boden, soundso viel Produkt zu dem und dem Preis gibt, und daß die bessern Boden-

29 So begegnet »normal« im Sinne von »définitif« etwa in Proudhons *Philosophie de la misère*, die Marx genau studiert und widerlegt hatte, s. Pierre-Joseph Proudhon, *Philosophie de la misère*/Karl Marx, *Misère de la philosophie*, Paris 1964 (1845), 183. Vermutlich unterscheiden sich die frühsozialistischen Diskurse signifikant danach, ob sie sich an den Normalismus ankoppeln oder nicht (wie es bei Fourier der Fall zu sein scheint).

arten B, C, D so viel Differentialprodukt [...] geben, so ist immer unterstellt, daß ein bestimmtes, unter den gegebnen Produktionsbedingungen als normal betrachtetes Kapital angewandt wird. [...] Ändert sich infolge der mit Verbesserungen verknüpften, sukzessiven Anlage von Kapital auf demselben Boden dies Minimum, so geschieht dies allmählich. [...] Sobald indes die neue Betriebsart sich soweit durchgesetzt hat, daß sie die normale geworden ist, fällt der Produktionspreis. [...] Das Kapitalquantum, das nun durchschnittlich auf den neuen regulierenden, bessern Boden B angewandt wird, gilt jetzt als normal [...] (III, 718).

Mit den ›wandernden‹, dynamischen Durchschnitten ›wandert‹ also auch die Marxsche Normalität. Dabei zeigt gerade das Beispiel der Grundrente, daß diese ›Wanderung‹ bei Marx aber keineswegs rein stochastisch im Sinne einer dezidiert ›positiv-statistisch‹ orientierten Ökonometrie und Ökonomie zu lesen ist. Marx gibt sich ja gerade nicht mit der »Oberfläche« einer *black box* zufrieden, sondern sucht den generativen Prozeß der Herausbildung der »Oberfläche« aus einer »Tiefe« theoretisch zu rekonstruieren. Daraus entsteht die charakteristischerweise ›dualistische‹ Struktur seines Diskurses, die immer wieder gegen ihn eingewendet wurde: Auf der »Oberfläche« stimmt Marx mit den »bürgerlichen« Modellen von stochastischer Konkurrenz der Einzelkapitale und entsprechenden Durchschnittsbildungen überein, möchte dieses stochastische Modell aber gleichzeitig an einen theoretisch modellierten Apparat generativer »Tiefen«-Instanzen anbinden. So kommt das umstrittene Nebeneinander von »Profit« und »Mehrwert«, »Preis« und »Wert« usw. zustande. Dem entspricht eine ebenfalls doppelte Auffassung des »Normalen«: An der »Oberfläche« geht es um die normalistische (stochastische) Bildung von Durchschnitten in Normalfeldern – diese »Oberfläche« sei aber, so die weitere These, strikt auf die Wirkung modellierbarer generativer Instanzen (insbesondere der industriellen Struktur und der »gesellschaftlich notwendigen Arbeitszeit«) zurückzuführen. Dem entspricht eine doppelte Auffassung der Gaußkurve: An der »Oberfläche« kann ihre Gestalt stark fluktuieren, insbesondere kann ihr jeweiliger Scheitelpunkt (z.B. bei Preisen, Profiten und Profitraten, beim Zins usw.) in der Zeit stark schwanken; in der »Tiefe« wird aber eine nach Art von Industrienormen ›enge‹ und relativ stabile Normalität vorausgesetzt, die »tendenziell« der »gesellschaftlich notwendigen« proportionalen Allokation von Kapital in den arbeitsteiligen Sektoren entspreche. Im zweiten Sinne ist Normalität mit der »Dominante« der je spezifisch historischen ökonomischen Struktur (im Sinne der althusserschen strukturalen Marxlektüre) synonym. So spricht Marx für die Übergangsphase vor dem eigentlichen Durchbruch des industriellen Kapitalismus am Ende des 18. Jahrhunderts von der

Grundrente als der normalen und herrschenden Form des Mehrwerts (III, 806, 812) – Damit verwandelt sich auch die Natur der Rente, nicht nur tatsächlich und zufällig [...], sondern normal, in ihrer anerkannten und herrschenden Form (III, 808).

Man beachte, wie hier zum einen die Normalität als Dominante in binärer Opposition zum Zufall steht (so als wäre Dominanz gleich Durchschnitt!), und wie der Dominanz die »Anerkennung«, d.h. eine rein subjektiv-soziale Kategorie, sozusagen subversiv an die Seite gestellt wird. In diesem Sinne heißt es im gleichen Kontext: »Die Rente ist hier die normale, alles absorbierende, sozusagen legitime Form des Mehrwerts« (III, 801).

Wenn man an das weitere Schicksal der Kategorie der »Legitimität« bei Max Weber denkt, also ihre Verwendung als subjektiv-sinnhafte Kategorie, die gleichwohl objektive Sozialität konstituiert, dann ist ihr ›Auftauchen‹ bei Marx im Schatten der Normalität um so auffälliger. Daraus ergeben sich dann aber zwei höchst wichtige Befunde: Es ist die (nicht reflektierte und nicht definierte) Kategorie des Normalen, die im Marxschen Diskurs de facto die »Vermittlung« zwischen Strukturdominante und Durchschnitt, allgemeiner noch zwischen Strukturalität und Stochastik bzw. Empirie ›trägt‹ – und es ist die gleiche Kategorie der Normalität, an die sozusagen ›heimlich‹ die subjektiven As-sociativkräfte geknüpft sind, die notorischerweise in der Marxschen *Basis* fehlen und lediglich verschoben als »Fetisch« wieder auftauchen (dazu s. im folgenden).

Marx erwähnt dabei nicht die allgemeine normalistische Funktion des Durchschnitts, die darin besteht, den Subjekten imaginäre Orientierungskarten mit imaginären Gaußschen Normalverteilungen von Zonen größter »Sicherheit« und erhöhten Risikos zu liefern bzw. zu implementieren. Die subjektiven, »psychologischen« Faktoren der modernen kapitalistischen Wirtschaft wie »Sicherheit« und »Vertrauen«, die nicht zufällig sämtlich zum normalistischen Komplex der Archäologie des Vorsorgestaats (Ewald) zählen, tauchen bei Marx symptomatisch selten auf, genauso symptomatisch selten wie der Staat als die zentrale Instanz systematischer Normalisierung. Sicherlich konnte Marx den keynesianistischen Interventionsstaat noch nicht kennen. Aber bereits der damalige »liberale« Staat war in sehr viel höherem Grade Normalisierungsstaat, als es etwa die These des Repressionsstaats in dem »Brumaire«-Essay wahr haben will. So wird z.B. die Staatsanleihe einfach als »fiktiv« und »illusionär«, als »nicht real« gekennzeichnet, nicht als kapitalisierte, vom Staat konstituierte und garantierte Normalität.

Dann stellt sich ferner die Frage, ob das idealtypische Normale der »Tiefenstruktur« bei Marx zu denjenigen vom Kapital in Bewegung gesetzten Kategorien zu zählen wäre, die seiner Meinung nach den Kapitalismus überdauern würden, weil sie die künftige Vergesellschaftung (Assoziation) antizipieren. In diesem Falle würde Marx dem Normalen also Funktionen beimessen, die man verschieden wertend »utopisch« nennen mag und die (ohne die Unterstellung der ›Nicht-Realisierbarkeit‹) in der vorliegenden Untersuchung als »eurhythmisch« (bzw. spezifischer »polyeurhythmisch«) bezeichnet werden. Für eine solche Deutung der Marxschen Auffassung

spricht entschieden das große Gewicht des homöostatischen Modells, das mit der positiv konnotierten Kollektivsymbolik der *Maschine* verknüpft ist. So wie bei Quételet eines der leitenden Modelle der Normalität die bei astronomischen oder technischen Messungen entstehende Gaußkurve (»Fehlerkurve«) darstellt, die technisch und symbolisch eng mit der Industrienorm verknüpft ist, so betrachtet auch Marx homöostatische Maschinen (einschließlich von Sozial-›Maschinen‹) als Generatoren einer eurhythmischen, den Kapitalismus überdauernden Normalität. Dafür spricht ebenfalls die Kategorie des »Normalarbeitstages«, die bei Marx *die* große Errungenschaft der Arbeiterklasse während ihrer bisherigen Existenz darstellt. Man kann mit Sicherheit davon ausgehen, daß diese Errungenschaft als direkter Vorläufer eines entsprechenden (wie immer eurhythmisch konkretisierten) »Normalarbeitstages« der klassenlosen Gesellschaft aufzufassen ist. Dann wäre auch die Normalität bei Marx »dialektisch« aufzufassen: soweit vom bloßen »Durchschnitt« beherrscht, wäre sie lediglich dysrhythmischer Ausgleichsprozeß des kapitalistischen Chaos – soweit sie aber zugleich homöostatisch gedacht ist, wäre sie möglicher Garant eurhythmischer Auswege aus eben diesem Chaos. Mehr noch: Wie einige interessante Kontexte anzunehmen nahelegen, scheint Marx schon in der chaotischen ›Fieberkurve‹ der permanenten kapitalistischen Durchschnittsbildung so etwas wie den Langdauer-Kern einer den Kapitalismus überdauernden, eurhythmisch-homöostatischen Normalität vorauszusetzen. So heißt es im Kapitel über die Grundrente:

> Aller normale, d.h. nicht durch zufällige Verkaufsgeschäfte oder durch Schwankungen des Marktpreises hervorgebrachte Surplusprofit ist bestimmt durch die Differenz zwischen dem individuellen Produktionspreis dieses besondren Kapitals und dem allgemeinen Produktionspreis [...] (III, 656).

Normalität steht hier im Gegensatz zu »Zufall« und »Schwankungen« des Marktes. Wie stets, so rekurriert Marx also auch hier auf das theoretische Modell einer generativen »Tiefen«-Ebene. So heißt es über die Banken:

> Die Depositen [...] befinden sich in ständiger Fluktuation. Aber, wenn von den einen entzogen, werden sie von den andern ersetzt, so daß der allgemeine Durchschnittsbetrag in Zeiten normalen Geschäftsverlaufs wenig schwankt (III, 487).

Diese »normalen Zeiten« stehen gerade beim Finanzkapital im Gegensatz zu den chaotischen Zeiten der konjunkturellen *Überhitzung*, der Spekulation, der *Krachs* und der Krisen. Normalität erscheint hier also definiert als geringe Schwankung eines Durchschnitts (im Gegensatz zu Anormalität als großer Schwankung). Nach Marx wechseln im Kapitalismus demnach zyklisch »normale Zeiten« mit anormalen – und offenbar erwartete er von der assoziierten Reproduktion mit Gemeineigentum eine durchgehende und

fundamentale Normalisierung im Sinne kontinuierlich geringer Durchschnitts-Schwankungen.

Kaum jemand dürfte vor Marx so deutlich den Zusammenhang zwischen der *exponentiellen* Wachstumskurve in der Langdauer der Moderne und der Prekarität ihrer Normalität gesehen und beschrieben haben. Sein Universalschlüssel zur Moderne heißt ja – *exponentielle* – »Akkumulation« des Kapitals. (Soweit Marx selbst die symbolische Wachstumskurve evoziert, spricht er im Anschluß an Malthus von »geometrischer Progression«, was symbolisch vollständig äquivalent mit *exponentiell* ist.) Jede Normalität ist bei Marx also von vornherein radikal dynamisch gedacht. Protonormalistische »Natürlichkeits«-Utopien konnten ihm nur als höchst naiv erscheinen. Das zeigt sich exemplarisch in seinem Spott über das englische Bankgesetz von 1844, das den Geldumlauf nach den jeweiligen Währungsreserven normierte und das schon bald kläglich scheiterte. Der gleiche ›realistische‹ Spott traf bekanntlich alle utopisch-sozialistischen Projekte, die – ähnlich wie Comtes Positivismus – auf der Annahme beruhten, daß das »natürliche Gleichgewicht« der Ökonomie durch irgendeinen Trick aus dem Chaos der Moderne herausgezaubert werden könne. Implizit ist die Marxsche Normalität also bereits (und das dürfte der historisch früheste Fall sein) ganz von der »Natur« (als der Vorstellung eines Ensembles von außerhistorisch-vorgegebenen, schlechthin gültigen wie schlechthin verläßlichen Normen) gelöst. Luzide betrachtete er die durch die Großindustrie geschaffene ›Zweite Natur‹ als irreversibel und als der ersten gegenüber strukturell dominant, so daß eine ›Normalisierung‹ des »Stoffwechsels« zwischen beiden nur von der zweiten, nicht von der ersten her vorstellbar sei. Ob man seine Voraussetzung dafür, die Ver-Öffentlichung und Ver-Gemeinschaftung der Großindustrie, ebenfalls als einen (negativ) »utopischen Trick« betrachten muß, bleibt weiterhin zu erforschen. Demgegenüber prognostizierte Marx dem Kapital jedenfalls implizit eine tendenziell wachsende Denormalisierung bis zum Punkt der absoluten Unfähigkeit, noch eine neue Normalität zu restaurieren. Diese Prognose bleibt implizit, weil eben eine explizite Theorie der Normalität fehlt. Implizit ergibt sich aus dem Marxschen Diskurs sehr deutlich, daß der Langdauerprozeß der Akkumulation auf Normalität verwiesen ist. Da das Kapitalvolumen mit jedem Zyklus weiter bis zu kaum vorstellbaren Größen wächst, müßte bei ungeregelten Ausschlägen der Kurven das Risiko des Kollapses tatsächlich von Krise zu Krise mitwachsen. Also müssen die Kurvenausschläge ›normalisiert‹ werden, um das notwendige »Vertrauen« zu erhalten. Aber auch die Arbeiter brauchen außerhalb akuter revolutionärer Perioden ein Minimum an Normalität, um in der ›Zweiten Natur‹ der Moderne existieren und sich »zur Klasse bilden« zu können. Die Marxsche Krisentheorie impliziert also als eine Art deutlich sichtbaren ›Schatten‹ eine Theorie zyklischer Normalisierung und Denormalisierung:

der Grad an Normalität steigt und sinkt mit dem kapitalistischen Zyklus, wobei prognostiziert wird, daß die Denormalisierung in der Langdauer über die Normalisierungs-Kapazität die Überhand gewinnen werde. Diese Prognose beruht bekanntlich auf dem »Gesetz« vom tendenziellen Fall der Profitrate. Danach steigt die Akkumulation des Kapitals (d.h. aber auch: die Akkumulation der Produktivkraft der Arbeit, des technologischen Knowhow und des gesellschaftlichen Reichtums) kontinuierlich weiter mit *exponentieller* Tendenz, während aber die Profitrate (und als Folge auch der Zins) langfristig sinken müsse. Da immer gigantischere Massen an sächlichen und technologischen Investitionen erforderlich seien, um relativ immer geringere Mengen von Arbeitskraft (aus der nach Marx die substanzielle Basis von Wertzuwachs ausschließlich stammt) mit relativem Höchstprofit beschäftigen zu können, müsse die durchschnittliche Rate des Profits langfristig sinken.

Alle später entwickelten Thesen, denen zufolge die marxschen Prognosen falsifiziert seien, beruhen letztlich auf dem Argument, er habe die Normalisierungs-Kapazität moderner Gesellschaften nicht bloß graduell, sondern prinzipiell und vollständig verkannt. Dazu gehört sowohl die fordistische »Konsumgesellschaft« wie die keynesianistische Normalisierung durch den Staat wie die These von der »postindustriellen Dienstleistungsgesellschaft«. Für die von Marx suggerierten Zeiträume sind seine Prognosen ganz sicher falsifiziert. Ob sie sich in größeren Zeiträumen schließlich doch noch zumindest partiell bestätigen können, muß hier offen bleiben (die Prognose andauernder zyklischer Krisen ist nicht falsifiziert). Im Kontext dieser Untersuchung lautet die Frage eher, wieweit die bei Marx (implizit) mitgedachte Normalität vollständig ökonomistisch reduzierbar gedacht ist.

Implizit geht der Marxsche Diskurs noch viel weiter: Implizit ›sagt‹ er, daß sowohl Kapitalisten wie Arbeiter auf Normalität angewiesen sind, daß also zu den notwendig zu reproduzierenden Grundlagen des kapitalistischen Akkumulationsprozesses Normalität gehört.

Wenn sich also aus dem Marxschen Text durchaus ableiten läßt, daß der Akkumulationsprozeß des Kapitals nicht nur die Basis einer ersten »Natur«, sondern je länger je mehr die zusätzliche einer »zweiten«, historisch-kulturell konstituierten »Natur« voraussetzt, und daß diese »zweite Natur« eben die Normalität ist, so ergibt sich daraus weiter, daß die entsprechende explizite Theorie einer solchen »zweiten Natur« allerdings an einer ›anderen Stelle‹, ›verschoben‹ auftaucht: als Theorie des »Fetisch«[30]. Bekanntlich

30 Der »Fetischismus«-Begriff bei Marx ist keineswegs identisch mit dem der »Ideologie«, wie es fälschlich oft behauptet wird (vgl. dazu J.L., Wie »ideologisch« war der Ideologie-Begriff von Marx? Zur verkannten Materialität der Diskurse und Subjektivitäten im Marxschen Materia-

versucht Marx, die für ihn nicht substantiell reduzierbaren »Oberflächen«-Prozesse des Kapitals, wie allgemein die ›Verselbständigung‹ der Ware und des Kapitals und konkret z.B. die Prozesse des Finanzkapitals oder der Staatsschuld mit dem Begriff des »Fetisch« (bzw. »Fetischismus«) zu beschreiben. Dabei ist der Akzent auf das »Imaginäre«, »Fiktive« und »Illusionäre« gelegt. Für Marx besitzt der Fetisch der archaischen Religionen nach gut aufgeklärter Weise keine »Realität«, ist bloße (wenn auch historisch »notwendige«) »Illusion«[31]. Konsequenterweise müßte Marx also auch die Normalität, soweit sie nicht eine substantielle, homöostatisch-maschinelle Basis besäße, als Normalitäts-Fetisch auffassen. Als Fetisch müßte er demnach vor allem die soziale Basis-Normalität, die Normalität als »zweite Natur«, begreifen. Hier zeigt sich die bei Marx immer wieder begegnende, durch das vertikale kollektivsymbolische »Basis-Überbau«-Phantasma induzierte Vorstellung, daß die ›obersten‹ Prozesse ›weniger materiell‹ und ›weniger real‹ seien als die ›untersten‹. Selbstverständlich ist bei Marx anerkannt, daß z.B. der materielle »Stoffwechsel« mit der Natur, mit der Erde und ihren Elementen, mit den Naturkräften usw., die Voraussetzung für jede denkbare Gesellschaftsformation bildet und niemals »aufgehoben« werden kann. Daß diesem »Stoffwechsel« eine genauso basale und genauso wenig aufhebbare, kollektiv-psychologische, as-soziative Komponente entspricht, d.h. die fundamentale Generierung eines ›Ur-Vertrauens‹ darin, daß unser jeweiliger Sozius uns ›trägt‹ wie die Natur ihre Flora und Fauna ›trägt‹, und daß diese Generierung, selbst bei extremer »Störung« wie in der Moderne, niemals vom Typ der »Illusion« ist, das stellt allerdings einen der blinden Flecke des Marxschen Denkens dar. Je gründlicher nun die exponentiellen Trends der Moderne (nach der zutreffenden Analyse von Marx) den Sozius von seiner (»ersten«) Naturbasis losgerissen haben, um so stärker »glauben« die Individuen an die »zweite Natur«, die Normalität. Der aufgeklärte Spott des Karl Marx über die »religiöse« Komponente des Normalismus (die bei Marx viel zu einseitig und ökonomistisch-reduktiv dem Kapitalismus zugeschlagen wird) hat dieses Phänomen zutreffend im Blick:

> Das Monetarsystem ist wesentlich katholisch, das Kreditsystem wesentlich protestantisch. [...] Als Papier hat das Gelddasein der Waren ein nur gesellschaftliches Dasein. Es ist der Glaube, der selig macht. Der Glaube in den Geldwert als immanenten Geist der Waren, der Glaube in die Produktionsweise und ihre prädestinierte Ordnung, der Glaube in die einzelnen Agenten der Produktion als bloße Personifikationen des sich selbst verwertenden Kapitals (III, 606).

---

lismus, in: Rüdiger Scholz, Klaus-Michael Bogdal (Hgg.), *Materialistische Literaturwissenschaft heute?* Festschrift für Hans Peter Herrmann, Opladen, vorauss. 1996.

31 Vgl. dazu inbes. das Kapitel 24 des 3. Bds. über das zinstragende Kapital, das als reine »Fetischgestalt des Kapitals«, als reiner »Kapitalfetisch« bezeichnet wird (III, 405).

Diese Ironie unterstellt, daß da an bloße Fetische geglaubt werde, die es sämtlich ›gar nicht gebe‹. Sie übersieht, daß dieser »Glaube« mit effizienten Diskursen Hand in Hand geht, die die fehlende Realität implementieren. Dabei kann der Normalismus von den anthropologisch gegebenen (im weitesten Sinne kollektiv-erotischen) As-sociativkräften profitieren, die durchaus materiell und gleichursprünglich mit der Arbeitsteilung und dem Kapital vorzustellen sind. Es ist wohl so, daß Marx den realexistierenden Normalismus als effektiven Generator eines ›Ur-Vertrauens‹ in eine ›zweite Natur‹ nicht wahrhaben wollte. Er konnte ihn wohl nicht wahrhaben wollen, weil er sich persönlich (als atheistischer Nachfahre deutscher Juden wie als armer deutscher Privatgelehrter im Exil, zugewanderter Intellektueller in der englischen Arbeiterbewegung) auf eine gänzlich andere, gänzlich neue As-Sociation verwiesen sah, die erträumte internationale Arbeiter-Assoziation. Sein »Wille« postulierte, daß alle As-sociativkräfte (als »Klassenbewußtsein«) »tendenziell« mehr und mehr ausschließlich der Arbeiterassoziation zufließen würden. Das ist falsifiziert – entscheidend dadurch, daß vielmehr umgekehrt die Gewerkschaften, insbesondere im Flexibilitäts-Normalismus des 20. Jahrhunderts, dazu tendieren, sich in Versicherungen, also in typisch normalistische Institutionen, zu verwandeln.

Louis Althusser ist die Einsicht zu verdanken, daß Marx genauso wenig wie irgendein anderer »Autor« zentripetal-hermeneutisch, also auf einen widerspruchsfreien ›Tiefen-Sinn‹ hin gelesen werden sollte, sondern umgekehrt zentrifugal-»dekonstruierend« (Jacques Derrida). Althusser selbst radikalisierte in seiner Marx-Lektüre die ›Spaltung‹ zwischen »wissenschaftlichen« und »ideologischen« Diskurskomponenten bei Marx. Wie ich zu zeigen versucht habe, ließe sich die Kategorie des »Normalen« weder der einen noch der anderen Alternative zuordnen, was aber nicht für eine rezentrierende, sondern für eine gesteigert dezentrierende Lektüre spricht. Das gilt exemplarisch für jenes berühmte »Zitat« aus der »Einleitung« zu den *Grundrissen* von 1857, auf das u.a. von späteren »Marxismen« das absurde Konstrukt einer »marxistischen Literaturtheorie« getürmt wurde:

> Das unegale Verhältnis der Entwicklung der materiellen Produktion z.B. zur künstlerischen. [...] Nehmen wir z.B. das Verhältnis der griechischen Kunst und dann Shakespeares zur Gegenwart. Bekannt, daß die griechische Mythologie nicht nur das Arsenal der griechischen Kunst, sondern ihr Boden. Ist die Anschauung der Natur und der gesellschaftlichen Verhältnisse, die der griechischen Phantasie und daher der griechischen (Mythologie) zugrunde liegt, möglich mit self-actors und Eisenbahnen und Lokomotiven und elektrischen Telegraphen? (*G*, 29f.[32])

32 Karl Marx, *Grundrisse der Kritik der politischen Ökonomie* (= *G*), Berlin (DDR) 1974.

Wie ich andernorts gezeigt habe[33], statuiert Marx hier zunächst ganz ›konsequent materialistisch‹ die spezifisch-historische Kollektivsymbolik einer Kultur als den notwendigen »Boden« ihrer Literatur. Daraus ergibt sich die korrekte Prognose, daß das Techno-Vehikel (die *Eisenbahn*) der »Boden« einer normalistischen Literatur sein und daß die *(nicht) normalen Fahrten* dieses Vehikels ihre »Volksphantasie« (*G*, 31) bilden werden (vgl. dazu insbesondere das folgende Kapitel über Zolas *La Bête humaine*). Es ist für die anschließende *Entgleisung* (!) zwar bereits symptomatisch, aber noch nicht entscheidend, daß Marx die moderne »Volksphantasie« nicht mehr als »Mythologie« bezeichnet wissen möchte. Die *Entgleisung* verläuft dann wörtlich so:

> Aber die Schwierigkeit liegt nicht darin zu verstehn, daß griechische Kunst und Epos an gewisse gesellschaftliche Entwicklungsformen geknüpft sind. Die Schwierigkeit ist, daß sie uns noch Kunstgenuß gewähren und in gewisser Beziehung als Norm und unerreichbare Muster gelten. Ein Mann kann nicht wieder zum Kind werden, oder er wird kindisch. Aber freut ihn die Naivetät des Kindes nicht, und muß er nicht selbst wieder auf einer höhern Stufe streben seine Wahrheit zu reproduzieren? Lebt in der Kindernatur nicht in jeder Epoche ihr eigner Charakter in Naturwahrheit auf? Warum sollte die geschichtliche Kindheit der Menschheit, wo sie am schönsten entfaltet, als eine nie wiederkehrende Stufe nicht ewigen Reiz ausüben? Es gibt ungezogne Kinder und altkluge Kinder. Viele der alten Völker gehörten in diese Kategorie. Normale Kinder waren die Griechen. (*G*, 31)

Wer nicht ›hört‹, daß hier ein radikal anderer Diskurs (ein rousseauistischer und familialistischer) aus Marx spricht als noch wenige Sätze zuvor, dem ist nicht zu helfen. Ebenso wenig wie dem, der nicht zusätzlich ›hört‹, wie mit den »normalen Kindern« wiederum eine neuerlich ›andere Stimme‹ in den rousseauistisch-familialistischen Diskurs hineinredet. Diese Formulierung ist meines Wissens die am meisten ahistorische und am meisten anachronistische Verwendung des Begriffs des Normalen bei Marx. Man hört sozusagen Francis Galton (er war nicht weit) von »normal children« reden. Wenn es Marx mit der Verwendung der Kategorie des Normalen im *Kapital* implizit gelungen ist, diese Kategorie als spezifisch modern zu statuieren, so ist es ihm in dieser *Entgleisung* ungewollt gelungen, explizit zu widerlegen, daß es sich beim Normalen auch nur im mindesten um eine anthropologische, ahistorische Kategorie handeln könnte: die Griechen als »normale Kinder« – das ist der schlüssig geführte Beweis e contrario. (Dazu paßt es, daß das banale »Reifungs«-Schema »eines Manns« zusätzlich mit dem Diskurs Auguste Comtes ineins fällt.)

---

33 J.L., »Was heißt elementare und was institutionalisierte Literatur, und wie ist ihr Verhältnis zu denken?«, in: *Elementare Literatur und generative Diskursanalyse*, München 1983, 25–38, hier 34ff.

Insert: Normalismus und Kapitalismus

An dieser Stelle scheint der Ort für die Behandlung der Frage gegeben, ob der Normalismus nicht als bloßes Epiphänomen des Kapitalismus begriffen werden könnte oder müßte. Diese Frage würde eine eigene Studie erfordern, so daß hier lediglich einige argumentative Hauptrichtungen zu ihrer Beantwortung skizziert werden können. Zweifellos stellt die stochastische Bildung von Durchschnittspreisen auf Konkurrenzmärkten einen der frühesten Musterfälle eines Normalfeldes dar. Ebenso bildet die wirtschaftliche Konkurrenz einen entsprechenden Musterfall von Konkurrenzen überhaupt. Dagegen stehen die u.a. von Foucault analysierten frühen »Disziplinen« (zuerst der Klöster, anschließend vor allem der Schulen und Armeen), die ebenfalls moderne Konkurrenzen und gekoppelt damit Normalfelder vorbereiten und ausbilden und die auf Kapitalismus zu reduzieren sehr wenig plausibel erscheinen will. Ähnliches gilt für die Ausbildung von Wahrscheinlichkeitsrechnung und demographischen Statistiken. Dementsprechend betrachtet die vorliegende Studie den Normalismus als einen dem Kapitalismus gegenüber irreduktibel selbständigen ›Archipel‹ von diskursiven Komplexen und Dispositiven, der sich allerdings bereits sehr früh punktuell mit dem Kapitalismus gekoppelt hat, und zwar typischerweise in kompensatorischer Funktion (Musterfall Versicherungen). Durch eine Reihe jeweils konjunkturell-kontingenter, nicht aus der Ökonomie »ableitbar«-determinierter weiterer Kopplungs-Ereignisse (wie Staatsanleihe, staatliche Zwangsversicherungen und *soziale Netze*, staatliche Konjunktur- und Wachstumspolitik, umfassende Verdatung, Vertestung, Psi-Betreuung und normalisierende Steuerung der Massen von Produzenten, Konsumenten und Wählern) stabilisierte sich die Symbiose von Kapitalismus und Normalismus mittels Etatismus bis zum heutigen Grad einer epochalen, ›unauflöslich‹ erscheinenden ›Ehe‹.

Nicht weniger gültig erscheint das umgekehrte Argument: Wenn man auch den (von Rudolf Bahro so genannten) »Protosozialismus« Lenins und des frühen Stalin mit noch so starken »staatskapitalistischen« Einschränkungen relativieren mag, so dürfte kaum zu leugnen sein, daß die so enorm starken, ja dominanten (proto-) normalistischen Komponenten dieser Formation strukturell und funktional gerade dem eurhythmischen, sozialistischen »Willen« und nicht dem staatskapitalistischen »Übergangskompromiß« geschuldet sind. Wie sich erwies, konnte der Leninismus sich bei dieser Kopplung von Normalismus mit Sozialismus durchaus als Vollstrecker von bereits bei Marx impliziten »Tendenzen« begreifen. Damit erweist sich aber ebenfalls die strukturelle Selbständigkeit normalistischer Dispositive gegenüber kapitalistischen.

Denormalisierung als »Vergiftung«: »Entartung« und »Ansteckung«

Solange die protonormalistische Strategie mit ihrer Suche nach dem »natürlich« Normalen dominiert, so lange bleiben die biologischen und insbesondere die humanbiologischen (medizinischen und medizinisch-psychiatrischen) Diskurse paradigmatisch. Was »normal« ist, sucht daher auch die zweite Hälfte des 19. Jahrhunderts weiter vor allem dem Bios abzulesen. Dabei rückt neben die eine große *black box*, das Gehirn, mehr und mehr eine zweite: der Erbgang. In einer Reihe von Artikeln hat Ulla Link-Heer »Entartungs«-Konzepte (»dégénérescence«) in der französischen Medizin und Psychiatrie in diskursanalytischer Perspektive untersucht[34]. Ausgehend von Bénédict-Augustin Morel, dessen Normalitätsbegriff noch stark idealtypisch-pränormalistisch (»naturhistorisch«, einschließlich teratologischer Elemente) geprägt ist, entwickelt sich die Vorstellung einer irreversiblen Regression des Erbguts durch »Vergiftung« (zunächst durch Alkohol und andere Drogen, Miasmen und schlechte Nahrung, seit Pasteur auch durch »Bazillen«, z.B. der Syphilis). Schon Morel definierte die »Entartungen« als »krankhafte Abweichungen (déviations) vom Normaltyp der Menschheit«[35]. Damit war die Vorstellung einer Regressionskurve gegeben, die sich von der *growth*-Kurve der Evolution abzweigt und mehr oder weniger katastrophisch umgekehrt *exponentiell* abstürzt. Dabei richtete sich die Denormalisierungsangst insbesondere auf den *Punkt der ursprünglichen Abweichung von der Normalität*, des *ersten Haarrisses der ersten Vergiftung bzw. Ansteckung*, von dem aus die fatale Proliferation ihren Gang nimmt. Ist die erste *Abweichung* passiert, so proliferiert von dort aus ein ganzer *Baum* zusätzlicher weiterer, stets schlimmerer *Entartungen*. In solchen *Bäumen* schlossen die Morel, Moreau de Tours, Lucas, Magnan, Féré, Déjerine u.a. mehr[36] nach Ulla Link-Heer die sich verzweigenden Regressionskurven mit den Stammbäumen »entarteter« Familien kurz. Dabei lösten sich jüngere Autoren wie Magnan und Déjerine zunehmend vom Substanzialismus

34 S. Ulla Link-Heer, »›Le mal a marché trop vite‹. Fortschritts- und Dekadenzbewußtsein im Spiegel des Nervositätssyndroms«, in: Wolfgang Drost (Hg.), *Fortschrittsglaube und Dekadenzbewußtsein im Europa des 19. Jahrhunderts*, Heidelberg 1986, 45–67; »›La fêlure‹: Heredität, Degenereszenz und Kollektivsymbolik bei Zola«, in: Achim Busch/Peter Hejl (Hgg.), *Menschenbilder. Zur Pluralisierung der Vorstellung von der menschlichen Natur (1850–1914)*, Frankfurt/Main 2000, 320–334.

35 Bénédict-Augustin Morel, *Traité des dégénérescences physiques, intellectuelles et morales de l'espèce humaine et des causes qui produisent ces variétés maladives*, Paris 1857, 15 und öfter.

36 Ulla Link-Heer, »Über den Anteil der Fiktionalität an der Psychopathologie des 19. Jahrhunderts«, *LiLi* 51–52 (1983), 280–302 (ausführlich zu Déjerine).

des Gifts: Bei Magnan schließt der Begriff des »déséquilibré« (= *aus dem Gleichgewicht geraten*) an das Konzept der organisch-funktionalen Normalität des Gehirns an, wie Broussais und Comte es entwickelt hatten (eine Art ›Gehirn-Streßschädigung‹ kann also nun ›vererbt‹ werden) – bei Déjerine kann die »Neurasthenie« auch mehr oder weniger kontingent erworben werden (was beim Amerikaner Beard zur *Entgleisung* durch ›modernes Tempo‹ führen wird.)

Schon die Vorstellung der *Vergiftung* (etwa durch Alkohol) mußte allerdings symbolisch pränormalistische *Fremdkörper*-Vorstellungen gegenüber dem Broussaisschen Modell des *Durchdrehens* stärken (außer wenn der Alkohol als Begleiterscheinung modernen Tempos aufgefaßt wurde). In die gleiche Richtung mußten noch stärker die Entdeckungen Kochs und Pasteurs wirken[37]: Durch die Symbolik der *Bazillen* nahm ein Teil des Protonormalismus eine entschieden substanzialistische und dualistische Wendung, die streng genommen den Normalismus verläßt und zur Vorstellung eines Krieges zwischen dem gesunden Körper und fremden feindlichen Besatzern zurückkehrt. Inzwischen war der Normalismus jedoch insgesamt bereits stark genug konsolidiert, um kulturell hegemonial zu bleiben. Allerdings koppelte sich nun die Denormalisierungsangst vor einem unmerklichen Hinübergleiten in die Anormalität mit der Angst vor *Ansteckung*, d.h. vor der Proliferation eines ersten Bazillus. Hier lag diskurshistorisch der Ursprung der hitlerschen Vorstellung von der *Vergiftung des arischen Blutes durch den jüdischen Bazillus*[38].

37 Vgl. Bruno Latour, *Pasteur: guerre et paix des microbes*, Paris 2001.

38 Es ist diese eher ›extremistische Seitenlinie‹, die Canguilhem und Henning Ritter zu ihrer These von der Reaktion gegen das Broussaissche Prinzip in der zweiten Hälfte des 19. Jahrhunderts veranlaßt haben. Das große, insbesondere interdiskursive und populäre, Gewicht dieser Seitenlinie an der Grenze des Normalismus ist unbestritten. Allerdings ist es m.E. ganz irrig, Claude Bernard zu diesem neuen Substanzialismus des »Anormalen« zu zählen. So informativ das Bernard-Kapitel bei Canguilhem ist, so ließe sich m.E. zeigen – wofür hier leider der Raum fehlt –, daß Bernard das Broussaissche Prinzip gerade nicht in Frage stellt. Außerdem steht seine experimentelle Methode nicht schlechthin im Gegensatz zur Statistik, sondern nur zu einer rein normalistisch verwendeten Statistik. Bernard gehört (wie auf anderem Sektor Marx) zu den Forschern, die die *black box* der generativen Mechanismen transparent machen möchten und deren Erkenntnisinteresse daher bei der Aufdeckung der durch Statistik signalisierten »latenten Kausalitäten« statt bei der Festschreibung möglichst vieler Normalfelder mit einer ›Vielzahl sich neutralisierender kleinster Ursachen‹ liegt.

Die Komplettierung des Normalismus, die Entdeckung einer beängstigenden Aporie und die Erfindung des Normalisierungs-Siebes durch Francis Galton

Von Francis Galton, dem Vetter Darwins, ist in letzter Zeit öfter wieder im Zusammenhang mit der Archäologie der polizeilichen Identifizierungstechniken (Fingerabdrücke und Fotos) die Rede gewesen. Galton ist für die Archäologie des Normalismus mindestens ebenso wichtig, weil seine »biometrische« Meßwut sich ebenso wie seine zukunftsträchtigen Forschungen zur Vererbbarkeit von Genialität wie schließlich seine horrenden »eugenischen« Hirngespinste zur Hochzüchtung der Rasse sämtlich um ein entscheidendes diskursives Ereignis konstellieren: um die systematische Kopplung zwischen der Gaußverteilung, der dynamischen Leistungskonkurrenz-Kurve (umgekehrte gesteilte S-Kurve oder »Ogive«) und der *Entropiekurve.*

Wie Auguste Comte erlebte auch Francis Galton den Stress der intellektuellen Hochleistungskonkurrenz (im Trinity College von Cambridge), das ›Überdrehen‹ der Gehirnakrobatik und den Kollaps mit der Gefahr, die Grenze zum Wahnsinn zu überschreiten. Er schildert die Episode in seiner Autobiographie *Memories of My Life* (London 1908) wie folgt:

> Während meines dritten Jahrs in Cambridge erlitt ich einen totalen gesundheitlichen Zusammenbruch [broke down], mußte das Examen aufgeben und nach Hause zurückkehren. Ich litt unter unregelmäßigem Pulsschlag und einer Reihe von Gehirnsymptomen von alarmierender Art. Eine Fabrik [mill] schien in meinem Kopf zu hämmern [working]; ich konnte fixe Ideen [obsessing ideas] nicht mehr loswerden; zeitweilig konnte ich kaum noch ein Buch lesen, und der Anblick einer gedruckten Seite tat mir weh. [...] Es war, als ob ich versucht hätte, eine Dampflok [steam engine] zu höheren Leistungen zu zwingen, als für die sie gebaut war, indem ich am Sicherheitsventil herumgedreht und den Mechanismus dadurch überspannt [straining] hätte (79).

Das Kollektivsymbol des Techno-Vehikels dient hier wie überall im Normalismus dazu, die panische Denormalisierungs-Angst, die insbesondere die Angst ist, daß das Hochleistungs-Gehirn *durchdrehen* möchte, zu artikulieren. Galtons ›fanatische‹ Theorien über die Züchtung von Übermenschen, Herrenrassen und Genies müssen in diesem Zusammenhang gesehen werden. Die Quintessenz dieser Ideen besteht nämlich darin, daß der versichernde ›dicke Bauch‹ der Gaußverteilung die Spitzenleistungen ›einholen‹ soll, so daß ›morgen‹ die Ausnahmen zur Regel werden. Im Kontext dieser Hochzüchtung ist zwar von der tragischen Exponiertheit der Genies und der stets drohenden »Regression« zum Mittelmaß durch ihre Nachkommen die Rede, explizit aber selten vom Risiko des *Durchdrehens* in Anormalität (Wahnsinn). Daß diese Angst aber auch bei Galton stets präsent war, zeigt

ihre ›verschobene‹ Artikulierung in der Autobiographie. Der junge Galton sollte nach dem Wunsch seiner vielgeliebten Mutter Mediziner werden und mußte zu diesem Zweck mit sechzehn Jahren ein Praktikum am Birmingham General Hospital absolvieren, wo er in eine der Höllen des Industrialismus geriet und die vielfältig von den Maschinen zerquetschten ebenso wie die bei Demonstrationen zerschlagenen Arbeiterkörper schreien und sterben sah. In den Frauensälen umheulten ihn die »Hysterikerinnen« in »Schauspielen reiner Panik« (37). In diesem Kontext riskiert Galton die folgende Artikulierung seiner sicherlich höchst persönlichen Denormalisierungs-Angst:

Arme Menschheit! [Poor humanity!] Ich habe oft das Gefühl, daß das feste Plateau der Vernunft [the tableland of sanity], auf dem die meisten von uns wohnen, von enger Ausdehnung und von steilen Abgründen ohne Geländer auf allen Seiten umgeben ist, wo wir an jeder Stelle herabstürzen können (38).

Die ambivalente Attraktion der Normalitätsgrenze mit ihrer Mischung aus *thrill* und Panik verführte Galton zu höchst anormalen Experimenten:

Die folgenden Experimente über die Reichweite menschlicher Fähigkeit [experiments on Human Faculty] sind es wert, erwähnt zu werden; sie werden hier erstmals publiziert. In den Tagen meiner Jugend fühlte ich irgendwann eine leidenschaftliche Begierde, meinen Körper dem Geist zu unterwerfen, und beschloß unter anderen asketischen Übungen [disciplines], daß mein Wille dadurch den Automatismus ersetzen sollte, daß er automatische Akte beschleunigen oder verlangsamen würde. Jeder Atemzug wurde diesem Prozeß unterworfen mit dem Ergebnis, daß die normale Atmung [the normal power of breathing] gefährlich gestört wurde. Es schien, als würde ich ersticken, wenn mein Wille aussetzen würde. Ich durchlebte eine fürchterliche halbe Stunde, bevor schließlich schrittweise, langsam und unregelmäßig die verlorene Kraft zurückkehrte. (276)

Ein späteres Experiment bestand darin, einen Eindruck [some idea] von den allgemeineren Gefühlen des Wahnsinns zu erhalten. Die ausprobierte Methode bestand darin, alles, was mir begegnete, sei es Mensch, Tier oder leblos, mit den imaginären Eigenschaften eines Spions zu versehen [invest]. Nachdem ich den Plan entworfen hatte, startete ich zu meinem Morgenspaziergang von Rutland Gate und mußte erleben, daß das Experiment nur allzu gut funktionierte. Als ich eineinhalb Meilen gegangen war und die Droschkenstation in Piccadilly am Ostende des Green Park erreicht hatte, schienen sämtliche Pferde mich zu beobachten, teils mit gespitzen Ohren, teils unter Tarnung ihrer Spionage. Stunden vergingen, bevor diese unheimliche Empfindung nachließ, und ich habe das Gefühl, daß ich sie nur allzu leicht wieder in Kraft setzen könnte. (276)

Wenn Auguste Comte schrieb, daß er in seinem Wahnsinn zum Fetischismus regrediert sei, so ergänzte auch Francis Galton sein Wahnsinnsexperiment durch ein Fetischismus-Experiment, indem er eine Karikatur aus dem *Punch* für sich erfolgreich in ein Götterbild verwandelte (277).

Das Erkenntnisinteresse der Diskursanalyse besteht darin zu zeigen, wie ganz verschiedene Individuen, ›Temperamente‹ und ›Charaktere‹ sozusagen von den gleichen Diskursen und Dispositiven ›verladen und gefahren‹ werden. Es geht also nicht um ›Würdigungen einer Persönlichkeit‹, etwa der von Auguste Comte oder der von Francis Galton, noch weniger um die individualpsychologische Frage, ob der eine etwa ›ernsthafter gefährdet‹ als der andere war. Faszinierend ist es vielmehr zu sehen, wie weitgehend die protonormalistische Lage in verschiedenen Ländern bei verschiedenen Individuen analoge Konstellationen provozierte. Im Kern dieser Konstellationen – so die These – wirkte die vom normalistischen Diskurs-Komplex und den normalistischen (vor allem homöostatischen) Dispositiven gespeiste Angst vor der Denormalisierung, vor allem des Gehirn-Apparats. Die später durch Lombroso, Lange-Eichbaum, Weininger, Gottfried Benn und viele andere breitgetretene Problematik von »Genie und Wahnsinn« kann sehr genau als Folgelast protonormalistischer Annahmen rekonstruiert werden. Es ist das Broussaissche Prinzip von der Kontinuität normaler und anormaler Erregungen im Gehirn, das das Risiko des ›Überdrehens‹ gerade bei ›Höchstleistungen‹ an der ›Grenze‹ als maximal erscheinen lassen muß. Diese Vorstellung ist allgegenwärtig in normalistischen Diskurs-Komplexen konnotiert, ›lag‹ also ›in der Luft‹. Verschiedenste Individuen glaubten sie ›selber zu erleben‹ – so wie die Schriftsteller (Zola) aus ihr einen Mythos der Moderne komponierten.

Wie sich bei Auguste Comte zeigte, besaß auch das Syndrom der Langeweile als ›Krankheit des 19. Jahrhunderts‹ teilweise normalistische Implikationen, nämlich die Angst vor der energetischen *Entropie* und dem Sinken der Intensitäten in der Normalität. Francis Galton stieß in einem ganz anderen Kontext auf die Langeweile, aber er stieß genauso sicher auf sie. Bekanntlich gehörte es zu seinen wichtigsten Forschungsfragen, die Grenzen der Leistungsfähigkeit »des Menschen« möglichst exakt (quantitativ) zu bestimmen. Sozusagen e contrario veranlaßte ihn offensichtlich dieser Impetus zur Messung der Langeweile:

> Viele geistige (mental) Prozesse lassen sich auf grobe Weise messen. Z.B. der Grad, in dem Menschen sich langweilen, durch Zählung der Häufigkeit ihrer zappelnden Bewegungen [fidgets]. Ich wendete diese Methode häufig bei Sitzungen der Royal Geographic Society an [...] (278).

Um diese Bemerkung einordnen zu können, ist von Galtons Fanatismus der Leistungssteigerung auszugehen: Offenbar schwebte ihm implizit vor, Redner nach einer Skala von Spannung-Langweiligkeit zu messen und in Leistungskonkurrenz zu versetzen[39]. Dafür spricht der Kontext, in dem es um

39 So wie er bereits als junger Mediziner die – allerdings weit verbreitete – Idee hatte, durch eine Statistik der Therapieerfolge die Ärzte in skalierte Konkurrenz zu versetzen (»competing

Messung von Schülerleistungen und die Berechnung entsprechender Durchschnitte, also um die Archäologie des IQ, geht (279). In diesem harmlosen Kontext scheint sich die Entropie-Angst in Gestalt eines eher humorvollen Einfalls artikuliert haben zu können.

Wie zu Beginn des Kapitels vorweggenommen, ist mit dem Namen Galtons ein fundamentales diskursives Ereignis in der Geschichte des Normalis–mus verbunden: die systematische Kopplung dreier normalistischer symbo–lischer Fundamental-Kurven: der Gaußkurve, der dynamischen Leistungs–konkurrenz-Kurve in Form des umgekehrten gesteilten S (»Ogive«) und der Regressionskurve (*Entropie*). Da durch die Leistungskonkurrenz-Kurve das gesamte Bündel symbolischer Fortschrittskurven exemplarisch repräsentiert ist, bedeutet das diskursive Ereignis »Galton« also die Begründung eines systematischen symbolischen Verbunds zwischen der Gaußkurve (d.h. den normalisierenden statistischen Dispositiven), den *Fortschritts*kurven (d.h. den Dispositiven und Ideologien des »Wachstums«) und der *Entropie*-Angst mit ihrer Stimulation von kompensierenden Normalitäts-Dispositiven. Dieser normalistische diskursive Verbund ist ›breiter‹ als der Auguste Comtes, weil er nicht bloß die statistischen (mit dem Namen Quételet verbundenen), sondern auch die Dispositive der Konkurrenz bündig integriert. Wie zu zeigen war, steht diese Galtonsche Integrationsleistung in nicht weniger enger Korrelation mit seiner Lebenslage als die Comtesche – keineswegs aber nach Art einer Widerspiegelungs- und einer anderen Abbildungs-Relation, sondern in Form eines verschränkten Netzes diskursiver Rückkopplungen und Transfers: zwischen normalistischen Formatoren der galtonschen Subjektivität (Konkurrenz, Vererbung, Familialismus, Rassismus, Denormalisierungsangst, Entropieangst) und normalistischen Theoremen des intellektuellen Milieus (Statistik, Gaußkurve) – zwischen beruflichen Formatoren (medizinische Normalitätsdispositive und medizinische Statistik) und solchen der sozialen Mentalität (Angst vor *Entartung* der »Rasse«).

Der systematische diskursive Verbund eines umfassenden Normalismus wird in *Natural Inheritance* (*NI*) von 1889 am ausführlichsten entwickelt. Alle jene Kurven, die Galton später in der *Herbert Spencer Lecture* von 1907 zum Pflichtstoff eines eugenischen Propädeutikums für die gesamte Bevölkerung machen wollte (s. Abb.), sind hier einzeln und im Zusammenhang begründet. Im Anschluß an Quételet, auf den er sich explizit beruft, war Galton zunächst von selbst erhobenen »biometrischen« Daten aus-

treatments«, a.a.O., 44). Er berichtet über die Episode, weil einer der englischen Broussais, der Cholera-Spezialist George Johnson, der ihm zufolge mit der »eliminative method« den Rekord von 11000 Toten aufgestellt haben sollte, am King's College – sein Konkurrent war: »He beat me in physiology, in which I came out second« (42).

gegangen. Sein »biometrisches Labor« hatte er zunächst vorübergehend auf der Londoner Weltausstellung, später an der Universität London auf Dauer betreiben können. Dort erhob er Daten wie Körpergröße, Gewicht, Stärke. Diese Daten wurden per Korrespondenz durch Familiendaten ergänzt. Daraus wurde zunächst die Leistungskonkurrenz-Kurve gewonnen (*NI*, 33). Zu diesem Zweck konstruierte Galton jeweils homogene, kontinuierliche und eindimensionale Skalen (z.B. Größe gemessen in inches usw.), deren Gesamtbereich er in hundert »centiles« einteilte, so daß Prozentanteile markierbar waren. Galton war zweifellos ehrlich davon überzeugt, daß die gewonnene Kurve der Leistungs-Varianten (bei ihm noch in der alten Form »variates«) ohne nennenswerte Manipulation einer regelmäßigen »Ogive« angenähert werden könnte (Fig. 4 in der Abbildung), die bezüglich ihres Mittelwerts (Median, »M«) und ihrer »Abweichungen« (»Deviations«, »D«) perfekt symmetrisch wäre. Seiner Ansicht nach verteilen sich die Leistungen in einem Konkurrenzfeld »normalerweise« also derart um die mittlere Leistung, daß die Abweichungen von »M« nach oben und unten zunächst in gleichmäßigen und kleinen Schritten und dann – an den Auslaufenden – in zunehmend größeren und wachsenden Schritten verlaufen. Symbolisch läßt sich diese Kurve an ihren beiden auslaufenden Ästen also mühelos an positive und negative *Exponential*kurven anschließen: Deutlich konnotiert der aufsteigende Ast die Krümmung des *Take-off* einer Wachstumskurve. Dieser Zusammenhang war Galton vollständig bewußt: Darauf beruht seine Erfindung der »Eugenik« (eugenics) und sein Rassismus. Zu seinem Leidwesen mußte er aller-

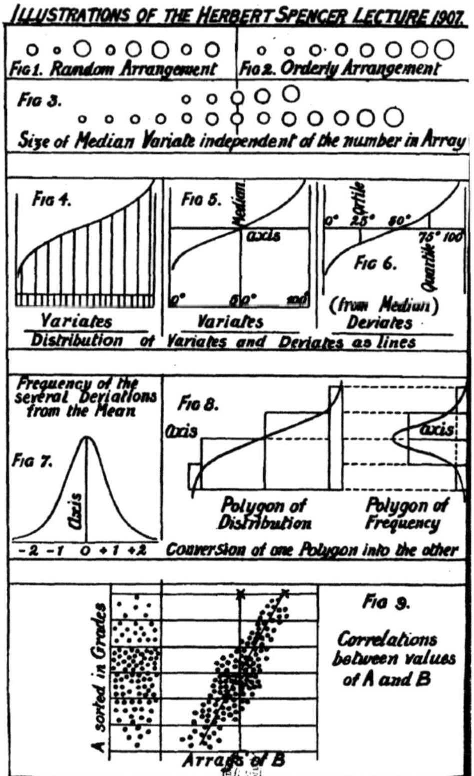

dings das statistische »Gesetz der Regression« entdecken, demzufolge bei der Vererbung die extrem abweichenden positiven Merkmale (»sports«) dazu tendierten, wieder im Ozean des Mittelmäßigen zu verschwinden, so daß sie dazu verdammt zu sein schienen, stets nur als wenige Ausnahmen aufzutauchen. Gegen dieses Fatum sollte die »Eugenik« Mittel und Dispositive bereitstellen. Die »sports« von heute sollten durch Manipulation des Erbweges zu stabilisierten Mittelwerten von morgen hochgezüchtet werden. Die umgekehrte S-Kurve sollte also dynamisiert werden zu einer Wachstumskurve.
Wie ist nun die Kombination von »Ogive« und Gaußkurve zu denken? Das illustrieren Galtons Figuren 7 und 8 in der Abbildung. Seiner Ansicht nach lassen sich die Frequenzen der Abweichung vom Mittelwert (Durchschnittswert der absoluten Leistungen) zu einer exakten Gaußschen Normalkurve – man muß wohl pleonastisch sagen: ›normalisieren‹. Diese Kurve heißt inzwischen bereits offiziell »Gaußkurve« und »Normalkurve« (s. das Kapitel »Normal Curve of Distribution«, *NI*, 54ff.). Es soll also gelten, daß bei Größe, Gewicht usw. ebenso wie bei Muskelstärke, Gedächtnisstärke, Kunsttalent usw. die größte Anzahl der Individuen im Normalfeld durchschnittliche Leistungen erbringt und dann symmetrisch ein steiler Abfall längs der Abweichungen bis zu den Extremwerten erfolgt. Man beachte die Steilheit der Galtonschen Gaußkurve: Sie ist nach der Meßfehlerkurve von Gauß, Laplace und Quételet konzipiert und schließt daher eine protonormalistische Konnotation möglichst ›enger‹ industrieller Normung ein. Figur 8 zeigt sehr anschaulich die enge Kopplung von Leistungskonkurrenz-Kurve und Gaußkurve. Die zu diesem Zweck um 90 Grad gedrehte Gaußkurve hat dabei gleichzeitig bereits nebenbei (und avant la lettre) die soziologische *Zwiebel* hervorgebracht! So eng sind alle normalistischen Dispositive miteinander verflochten!

Die Gültigkeit der Thesen über die Gaußverteilung biometrischer und a fortiori intelligenzbezogener Daten ist seither oft genug schlüssig widerlegt worden, etwa von Michel Tort und den von ihm ausgewerteten Autoren[40]. Galton und viele andere haben dennoch daran geglaubt und glauben weiter daran. In der Tat handelt es sich nicht weniger um einen Glauben im emphatischen, religiösen Sinne als bei Comte:

Ich kenne kaum etwas, das so sehr die Vorstellung [imagination] zu beeindrucken geeignet ist wie die wunderbare Gestalt kosmischer Ordnung, wie sie durch das ›Gesetz der Fehlerhäufigkeit‹ [die Gaußkurve, J.L.] zum Ausdruck kommt. Dieses Gesetz wäre von den Griechen personifiziert und zur Gottheit erhoben worden, hätten sie es ge-

40 Michel Tort, *Le quotient intellectuel*, Paris 1974; vgl. auch Stephen Jay Gould, *Der falsch vermessene Mensch*, dt. Basel u.a. 1983 (1981).

kannt. Es herrscht in Heiterkeit [serenity] und vollständiger Selbstverhüllung inmitten des wildesten Durcheinander. Je größer der Pöbel [the mob] und je gründlicher die scheinbare Anarchie, um so durchgreifender seine Macht [sway]. Es ist das oberste Gesetz des Nichtvernünftigen [It is the supreme law of Unreason]. Wo immer eine große Zahl chaotischer Elemente ins Auge gefaßt und nach ihrer Größenordnung aufgereiht werden, erweist eine unerwartete und wunderschöne [most beautiful] Form von Regelmäßigkeit ihre ständige latente Präsenz. Die Enden der so geordneten Reihe bilden eine fließende Kurve von unwandelbaren Proportionen, und jedes Element findet, so wie es an seinen Platz verteilt wird, eine prädestinierte Nische [preordained niche!], präzise vorbereitet es aufzunehmen [to fit it]. (*NI*, 66).

Die Institutionalisierung dieser normalistischen Religion besteht in der Gründung und Propagierung der »Eugenik«. In der *Herbert Spencer Lecture* über *Probability, the Foundation of Eugenics* von 1907 sprach Galton diesen Zusammenhang unmißverständlich aus:

Das Wort Eugenik wurde von mir in meinem Buch *Human Faculty* von 1883 geprägt und verwendet [...]. Ich betonte darin die wesenhafte Bruderschaft [brotherhood] der Menschheit, wobei Vererbung für mich eine sehr reale Sache [a very real thing] war – ebenso wie der Glaube, daß wir geboren sind, um zu handeln und nicht abzuwarten wie arbeitstaugliche Faulpelze, die um Almosen jammern. Individuen sind in meiner Sicht endliche Bestandteile eines unendlichen Meeres von Sein, denen ausführende Gewalt auf Zeit übertragen wurde. [...] Das unmittelbare ›Wohin?‹ liegt keineswegs vollständig im Dunklen, da wir durchaus ein bißchen Information über die Richtung gewinnen können, in die die Natur sich jetzt bewegt. (7)

Wie bei Auguste Comte ist die Funktion auch dieser normalistischen Religion primär ver-sichernd. Im Unterschied zu Comte spielt die Statistik in Galtons Kombinat eine größere, ja absolut dominante Rolle; Galton wagte sich eher an empirische Datenmengen heran, die er mit der ausgefuchsten mathematischen Technik seines Freundes Karl Pearson meisterte. Von den Signalen seiner Kurven schloß er auf »Tiefen«-Trends, die wiederum seine Denormalisierungsangst erhöhten, so daß er zu drastischen eugenischen Maßnahmen, ja zu einem »Jihad« für die Verbesserung der Rasse aufrief:

Wir hören als Nation auf, Intelligenz zu züchten [breed intelligence], wie wir es vor hundert bis fünfzig Jahren taten. Das geistig bessere Erbgut [mentally better stock] in der Nation reproduziert sich nicht mehr mit derselben Rate wie früher; die weniger Fähigen und weniger Energischen sind fruchtbarer als das bessere Erbgut. Kein Schema breiterer und besserer Erziehung kann auf der Intelligenzskala schwaches Erbgut auf das Niveau von starkem Erbgut bringen. Das einzige Heilmittel besteht darin [...], die relative Fruchtbarkeit des guten und schlechten Erbguts in der Gemeinschaft [community] zu modifizieren. (9)

Dazu müßten allerdings die moralischen Vorurteile überwunden werden wie früher die gegen Blitzableiter. Das könne durch Kurse in Normalismus

und Eugenik für das Volk erreicht werden (und Galton skizziert in diesem Vortrag das Programm dafür).

Wenn dann die gewünschte Vollständigkeit der Information erreicht sein wird, dann und erst dann wird der richtige Moment gekommen sein, jenen ›Jihad‹ [Jehad] oder Heiligen Krieg gegen die Sitten und Vorurteile zu proklamieren, die die physischen und psychischen [moral] Qualitäten unserer Rasse verschlechtern. (30).

Der so sprach, litt zweifellos sein Leben lang unter akuter Denormalisierungsangst, die gerade auch seine Geschlechtlichkeit betraf. Nach langer Einsamkeit heiratete er mit 31 Jahren eine der Familie nahestehende Pastorentochter, ohne daß seine psychosomatischen Leiden abgenommen hätten:

Ich litt häufig unter Schwindel- und anderen Schwächezuständen, die geistiger Anstrengung abträglich waren. (154f.)

Ein »verstauchtes Gehirn« (sprained brain), meinte er, könne schlimmer als ein verstauchtes Gelenk sein (ebd.). Der den Jihad für die Fruchtbarkeit des guten Erbguts eröffnen wollte, zeugte selbst kein einziges Kind.

Galton hat nicht bloß fast alle wichtigen normalistischen Diskurskomplexe und Dispositive erstmals miteinander kombiniert, er hat nicht nur jene beängstigende Aporie der Regression positiver Abweichungen (»sports«) konstatiert, deren symbolische *Entropie*kurve hinfort ein ständiger Auslöser von Denormalisierungsangst sein würde – er hat als ein unermüdlicher Bastler auch eine Fülle normalistischer Kuriositäten erfunden, die sämtlich höchst bedeutsame repräsentative Symbole des Normalismus wie gleichzeitig auch operative Modelle darstellen. Das m.E. symptomatischste ist das »Galton-Brett«, das ich als »Normalisierungs-Sieb« zu generalisieren vorschlage und auf das ich im Anschluß genauer eingehe. Die Erfindung der »Komposit-Fotos« ist neuerdings in der Medienanalyse wieder auf Interesse gestoßen[41]. Durch das Verfahren überblendeter Fotos vieler Individuen wollte Galton statistische Durchschnitte (also Normalitäten) sozusagen konkret sichtbar machen (simulieren). Die Erfindung des Fingerabdrucks revolutionierte zwar die polizeiliche Identifizierungstechnik, die Hypothese normalverteilter Rassentypen der Lineamente ließ sich jedoch nicht einmal ansatzweise plausibel machen. Galton war ferner der Erfinder der Zwillingsforschung und des meteorologischen Grundbegriffs »anticyclone«, der »Grenzpfeife« für extrem hohe Töne, des »Heliographen« und einer »Wellenmaschine«. Er beteiligte sich an der Entwicklung der Korrelationsanaly-

41 S. z.B. Gunnar Schmidt, »Nahblicke – Feinblicke. Francis Galtons Suche nach Spuren und Gesichtern«, in: Heidrun Kaupen-Haas/Christiane Rothmaler (Hgg.), *Naturwissenschaften und Eugenik*, Frankfurt/Main 1994, 57–81, bes. 67ff.

se[42], des Fragebogens wie auch der freien Assoziation und fertigte Statistiken nicht bloß über die von Rednern verbreitete Langeweile, sondern auch über Erfolg bzw. Mißerfolg von Gebeten sowie über Grade weiblicher Schönheit u.v.a. an (Lewis Terman behauptete später, Galtons IQ habe »200« betragen).

Das »Galton-Brett« (Abb.) erlaubt mit Hilfe eines schräg stehenden, durch eine Glasplatte auf eine Fläche reduzierten Bretts, dessen Basislinie in »Prozentile« (percentiles) eingeteilt ist, über denen in symmetrischer Weise binäre Bifurkationskeile derart arrangiert sind, daß die durch einen mittleren Trichter eingeführten Kügelchen mit jeweils gleicher Chance nach rechts oder links geleitet werden, im resultierenden Haufen die Normalverteilung (die Gaußkurve) zu simulieren. In dieser durchaus ›genialen‹ Idee steckt viel mehr, als es den Anschein hat. Zunächst können beliebige rechts- oder linksgesteilte Verteilungskurven durch entsprechend asymmetrische Disposition der Keile ebenfalls simuliert werden. Damit erweist sich das Modell als ›Kern‹ beliebig komplizierbarer Simulatoren von Verteilungskurven, die jedoch stets vergleichend auf die Normalverteilung als ihren »Maßstab« bezogen bleiben. In Galtons Idee steckt also die Antizipation aller späteren Dispositive von Um-Verteilung nach Maßgabe der Gaußkurve, d.h. die Antizipation aller späteren Normalisierungs-Dispositive per Um-Verteilung. Im »Brett« steckt also wie in nuce das Modell eines allgemeinen Simulators von Verteilungen von Kugelhaufen, deren Abweichungen von Normalverteilungen betont sind, so daß ebenfalls immer Simulationen entsprechender Um-Verteilungen mit stimuliert sind. Galtons Idee historisch in ihrer Tendenz sozusagen ›verlängernd‹ und ihm die Ehre der Priorität zuerkennend, schlage ich daher vor, die Ge-

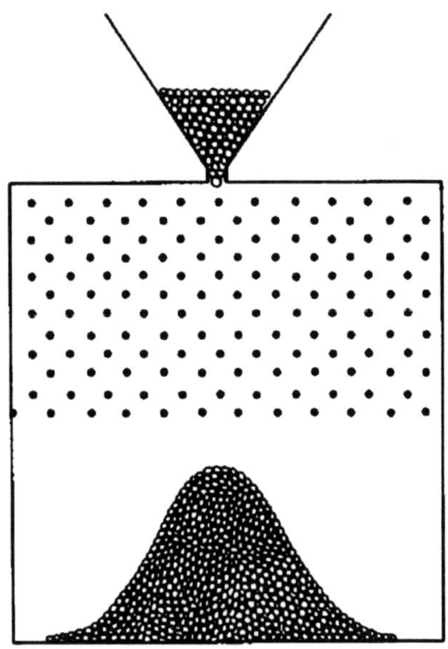

42 Vgl. C.D.Darlington, »Introduction«, in: *HG*, 15–21, hier 16.

samtheit solcher möglichen Simulationsapparate (heute längst elektronisch implementiert) als »Galtons Normalisierungs-Sieb«[43] zu bezeichnen, weil solche Apparate nach Art übereinandergeschalteter Siebe Einheiten derart selegieren und ordnen, daß eben zumindest symbolisch annähernde Normalverteilungen produziert werden. Dieses von mir über Galton hinaus extrapolierte ***»Galtonsieb«*** kann mir dann für die vorliegende Studie als Konzentrat des durch das diskursive Ereignis »Galton« erfolgten Kurven-Kombinats und damit als Quintessenz aller normalistischen Interventionsdispositive durch symbolisch gaußoide Um-Verteilung dienen. Insofern läßt sich das zum »Galtonsieb« erweiterte Galton-Brett als Urbild aller *sozialen Netze* (d.h. von *Sieben*, die in Richtung der *soziologischen Zwiebel* korrigierend intervenieren), aller Taktiken des *mainstreaming* (etwa des *gender mainstreaming*), aller politischen Wahlgesetze, die darauf zielen, die *Extreme auszudünnen* (z.B. durch eine 5–Prozent-Klausel) und die *Mitte zu stärken*, und vor allem aller Test- und Fragebögen, die strukturell ähnlich binomial angelegt sind, auffassen. Das Galtonsieb erlaubt, Dispositive zur Produktion von *Marginalisierung*, negativer und positiver Selektion, Elitebildung (*Hochzüchtung*) wie ›Sieg der Minderwertigen (*Entartung*)‹, oder auch Massierung der Durchschnittlichen usw. zu simulieren.

Dieses Galton ein wenig ›forcierende‹ Modell des »Galtonsiebs« erlaubt es demnach, das gesamte Galtonsche Kurven-Kombinat und die Gesamtheit aller galtonschen operativen Dispositive in einer anschaulichen Synthese zu vereinen und so dessen kaum zu überschätzende Bedeutung für den Normalismus noch entschiedener zu verdeutlichen. Während Galton selbst überall perfekte Gaußkurven auffinden zu müssen und zu können meinte, geht es bei der Realisierung des Galtonsiebes in der Praxis normalistischer Psycho- und Soziotechniken lediglich um symbolisch akzeptable Kurvenverläufe, wie sie mittels der Kollektivsymbolik für die normalistischen Subjekte ›übersetzt‹ werden (z.B. müssen *Schieflagen* vermieden und *soziale Symmetrien* gewahrt werden usw.). Dieser Zusammenhang zwischen dem Modell des Galtonsiebs und dem Ensemble der normalistischen Kollektivsymbolik wird in Teil VII ausführlich dargestellt.

Zu den wichtigen symbolisch-modellartigen Eigenschaften des Galtonbretts gehört unbedingt die Simulation der Einheiten als *Kügelchen*. Galton nahm auf allen Ebenen der ›Natur‹ solche *Kugelhaufen* an – gerade auch auf allen generativen Ebenen aller »Kollektiv-Gegenstände« und insbesondere bei den generativen Mechanismen im engen Sinne (Vererbung). Wie Darwin glaubte er, den Erbgang mittels *Kügelchen* (»gemmules«) simulie-

---

43 »Sieb«, weil der entsprechende Komplex im System der normalistischen Kollektivsymbolik dominant in dieser Bildlichkeit kodiert wird: als *Filter* der Selektion, als *Heraussieben* der Marginalen (*drop-outs*), als *Hindurchfallen durchs soziale Netz* usw.

ren zu können, deren jedes bestimmte *traits* übertrage. Mit der Entdeckung der Gene scheint dieses Modell im groben bestätigt.

Galton neigte persönlich, wie dargestellt, sicherlich mehr zum Protonormalismus: Seine Denormalisierungsangst fürchtete vor allem die aus seiner Sicht ›tragisch‹ negative Kopplung zwischen der Spitze der Ogive-Kurve, d.h. den »sports« und »Genies«, und dem Durchschnitts-›Bauch‹ der Gaußverteilung. Er meinte, dem »Gesetz der Regression« durch »Eugenik« entgegenarbeiten zu müssen. Dabei übersah er jedoch einen anderen Aspekt dieses Zusammenhangs, der in der weiteren Geschichte des Normalismus zunehmend deutlich begriffen und genutzt wurde, und zwar die *versichernde Funktion* des ›Bauches‹ für die ›einsamen Spitzenleistungen‹. Strukturell wirkt der ›Bauch‹als *soziales Netz* für positive Extremwerte (Eliten). Sehr deutlich wird sich das in der Sozialpolitik des Wohlfahrtsstaats erweisen: Nur ein genügend ›dicker mittlerer Bauch‹ kann die zahlenmäßig kleinen Eliten ver-sichern. Galtons dynamische Sicht seines Kurven-Kombinats muß also nicht zwangsläufig zur »Eugenik« führen und muß auch nicht an eine protonormalistische Strategie gekoppelt bleiben. Im Gegenteil legt das Galtonsieb als solches sogar eher flexibel-normalistische Taktiken nahe: So läßt sich etwa die aktuelle Aufgabe, die gesamte *soziale Zwiebel* des gesamten Wohlfahrtsstaats *ohne Schieflage und sozial symmetrisch herunterzufahren*, ausgezeichnet mittels des Galtonsiebs symbolisch vermitteln. Etwa dadurch, daß die *Gürtel von oben bis unten überall gleichmäßig enger geschnallt* werden (Roman Herzog).

Insert: Gustav Theodor Fechner – ein ›halber‹ deutscher Galton

Nach den diskurshistorischen Annahmen ist es einer besonderen Konjunktur kontingenter Umstände zu verdanken, wenn sich eine ganze Reihe wichtiger interdiskursiver Kopplungsereignisse in den Arbeiten eines einzelnen Individuums (wie Galtons) konstelliert. Der diskurstheoretischen Hypothese zufolge hätten sich diese Kopplungsereignisse auch auf verschiedene Individuen aufteilen können. Genau das war in anderen Ländern, etwa in Frankreich und Deutschland, der Fall. So hat auch Gustav Theodor Fechner einige der normalistischen Kopplungsereignisse parallel zu Galton produziert. Fechner wird heute meistens aufgrund der *Elemente der Psychophysik*[44] unter dem Rubrum »psychophysischer Parallelismus« im Kontext einer tendenziell monistischen Psychologie diskutiert, die er allerdings ähnlich wie Comte mit einer bizarren Religion überbaute. Darüber ist seine postum pu-

---

44 Gustav Theodor Fechner, *Elemente der Psychophysik*, 2 Bde. (= *EP*), Repr. Amsterdam 1964 (Leipzig 1860).

blizierte, rein normalistische *Kollektivmaßlehre*[45] vergessen worden. In den *Elementen* hatte Fechner die Anthropometrie Quételets auf psychische »Fähigkeiten« (Leistungen) ausgedehnt. Nach dem Axiom des psychophysischen Parallelismus wurden »Empfindungen« und »Gefühle« mittels körperlicher Symptome gemessen. Dabei wurden die verschiedenen Sinnesempfindungen wie einzelne Homöostaten aufgefaßt, die insgesamt zu einer »organischen Maschine« (*EP* Bd. 1, 38) gekoppelt wären und zwischen denen die allgemeine »Energie« je nach Beanspruchung hin und herfließe. Die »Schwellen« und »Grenzen« jedes einzelnen Homöostaten sollten bestimmt werden. Gemessen wurde u.a. nach der »Methode der mittleren Fehler« (*EP* Bd. 1, 72ff.), also nach dem Korrektiv der Gaußkurve. All das wurde mit dem Begriff des »Normalen« diskursiviert: Da gab es »Normalfall« (*EP* Bd. 2, 98), »Normalverhältnis« (*EP* Bd. 1, 124), »Normalgewicht« (*EP* Bd. 1, 72), »Normaldistanz« (*EP* Bd. 2, 311), »Normalgrenzen« (*EP* Bd. 2, 429), »Normalkraft« (*EP* Bd. 1, 284) usw., womit hauptsächlich die Standardbedingungen der Versuche benannt waren. Hier handelte es sich also um eine Kopplung an die Industrienorm, wie es auch im Modell der *Dampfmaschine* (*EP* Bd. 1, 42) für den gesamten kybernetischen Verbund des Körpers evident ist. Gleichzeitig koppelt sich das »Normale« durch den Anschluß an Gauß und Quételet, d.h. an die Mittelwerte, auch an die Statistik. Der interdiskursive Gesamteffekt schlägt sich in den häufigen Floskeln »normalerweise« (z.B. *EP* Bd. 1, 165; Bd. 2, 324, 482, 520) und »unter normalen Verhältnissen« (z.B. *EP* Bd. 2, 294, 299) nieder, durch die Fechners Spezialdiskurs zum Interdiskurs der Konversation hin offen ist. In der Kollektivmaßlehre wird dieser normalistische Verbund systematisiert. Wir haben es mit einem frühen Kompendium angewandter mathematischer Statistik (von der Art Bortz in Teil VI.6) zu tun. Anhand der eigenen, psychologischen Anwendungen werden die mathematischen Normalisierungsverfahren (im Sinne der Angleichung an Gaußkurven) dargestellt, wobei der Normalisierungs-»Wille« exemplarisch formuliert ist:

> [...] es ist aber ein wichtiger Gegenstand der Untersuchung, ob sich nicht ein Hauptwert finden läßt, bezüglich dessen sich die Verteilung um so mehr der symmetrischen nähert, je mehr man das m [Anzahl der Exemplare, J.L.] des K.-G. [Kollektiv-Gegenstand, J.L.] vergrößert, in der Art, dass man bei unendlichem m eine wirklich symmetrische Verteilung als erreicht voraussetzen könnte, in welchem Falle man [...] doch von einer *symmetrischen Wahrscheinlichkeit* der Abweichungen sprechen kann. (*KML*, 10)

Je kurioser Fechners »Kollektiv-Gegenstände« (also Normalfelder), um so enttäuschungsresistenter die Zuversicht, sie müßten gaußoid verteilt sein.

---

45 Gustav Theodor Fechner, *Kollektivmaßlehre* (hg. v. G. F. Lipps; = *KML*), Leipzig 1897.

Bei Fechner sind also psychologische Leistungskonkurrenz, statistisches Dispositiv und Industrienorm gekoppelt. Galtons »eugenischer« (und rassistischer) Um-Verteilungs-Wille scheint zu fehlen. Diese Kopplung spielte sich in Deutschland gleichzeitig mit Fechner bei anderen Autoren ein: etwa bei Bölsche (s.u.) oder bei Engels' und Nietzsches Bête noire, dem Antisemiten Eugen Dühring, einem der radikalsten Protonormalisten, auf den nicht eingehen zu können ich bedaure[46].

(Nicht) normale Fahrten 7: Zolas »La Bête humaine« oder die normalistische Urangst vor Denormalisierung

Die Faszination der Zolaschen Schreibweise scheint, je länger sie – auch nach über hundert Jahren noch – anhält, um so schwieriger begreiflich. Liegt sie in der kühnen, ja dreisten Benutzung des Trivialen (*Sex and Crime*)? Dann könnte sie inzwischen allenfalls noch den Reiz des *Oldtimers* ausüben. Liegt sie in der Schaffung unüberholbarer Mythen der Modernität? Das will angesichts der Überholtheit nicht nur der Dampfloks und Degenerationstheorien, sondern vor allem des Fortschrittsmythos selber kaum einleuchtender erscheinen. Kaum eine andere Literaturideologie war bereits im Moment ihrer Entstehung so anachronistisch und museumsreif wie Zolas »Theorie« vom »experimentellen« und »wissenschaftlichen« Roman und überhaupt der ganze »Naturalismus«. Sicher kommt die Faszination nicht von der »Wissenschaft«, noch insbesondere von dem »Wissenschaftler« Claude Bernard. Man hat oft genug gestaunt über die Unwahrscheinlichkeit der Zolaschen Plots: In *La Bête humaine* (und nicht nur dort) wimmelt es unter harmlosen Eisenbahnleuten von Mördern. Der naive Einwand dagegen lautet: das ist nicht normal. Wenn es dafür so etwas wie eine »Logik« gibt, so ist sie nicht wissenschaftlich, sondern symbolisch, d.h. semsynthetisch: bei der »Menschen-Bestie« bzw. dem »Bestien-Menschen« handelt es sich um eine Polysemie. Im Phantasma des Vehihel-Körpers ist die Lokomotive gleich einem frühmenschlichen, tiermenschlichen Hochdruck-Organismus. Wie der Lokführer die Dampfkraft seiner Maschine mithilfe seines »Steuerrads« zu regulieren versucht, so das »zivilisierte« Gehirn die Hochdruck-Vitaltriebe seines Unterleibs (entrailles, viscères). Wo immer diese Regulierung versagt, kommt es in beiden Fällen zum Unfall, zum Ausbruch von »Gewalt«/»Vergewaltigung« (violence/viol), zum Mord. Es geht bei

46 Vgl. Eugen Dühring, *Cursus der National- und Socialökonomie nebst einer Anleitung zum Studium und zur Beurtheilung von Volkswirthschaftslehre und Socialismus*, 3. Aufl. Leipzig 1892 (1. Aufl. 1873); ders., *Der Werth des Lebens*. Eine Denkerbetrachtung im Sinne heroischer Lebensauffassung, 8. Aufl. Leipzig 1922 (1. Aufl. 1865; mit vielen »normal«-Belegen).

Zola also gerade nicht darum, unwahrscheinlich viele »Mörder« aufzubieten. Diese Individuen sind gar keine »Mörder«, wie sich in der Justizsatire drastisch erweist, es handelt sich vielmehr um lauter symbolische Lokführer ihrer jeweiligen Unterleibslok, die ihnen bei technischen Pannen ›durchgeht‹. Auch statistisch läßt sich das ›Ansteckungsrisiko‹ technischer Pannen belegen – und um eine solche *Proliferation technischer Pannen* handelt es sich bei Zola.

Die ›Ansteckungs‹-Serie technischer Pannen ist eines der möglichen Szenarien von Denormalisierung, und um irreversible Denormalisierung bis zur Katastrophe geht es bei Zola: am Schluß rast die führerlose Eisenbahn mit Spitzengeschwindigkeit in die Katastrophe des Krieges, in ihren Waggons grölt die Orgie einer betrunkenen Soldateska, der Zug des Fortschritts wird in einem entsetzlichen Aufprall-Schock enden und entgleisen.

Die Unwahrscheinlichkeit des Plots ist in der Figur des Protagonisten Jacques Lantier auf die Spitze getrieben: Der technisch perfekte Lokführer ist ein hochintelligenter, tadelloser, moralischer, zärtlichkeitsfähiger junger Mann, der in sich das genetische Programm zum Lustmörder fühlt, der in bestimmten Situationen die Aktivierung dieses Programms in sich spürt, dessen regulierendes Ich sich diesen Situationen aber immer wieder entziehen kann – bis zu der fatalen Situation, wo seine Geliebte ihm selber diesen Ausweg definitiv verstellt und sich damit auf absurde Weise selbst ›ans Messer liefert‹, an die vom regulierenden Ich nicht länger beherrschte, sich selbständig machende »Hand mit dem Messer«. Das Bizarre dieser Figur besteht natürlich in ihrer hohen reflektierenden Bewußtheit, die gleichzeitig aber nicht im mindesten ›teuflische‹ Bewußtheit ist. Ein Vergleich mit Musils Lustmörderfigur Moosbrugger kann die Eigenart der Zolaschen Lustmörderfigur zusätzlich verdeutlichen: Moosbruggers Denken ist gerade dadurch gekennzeichnet, daß es keinerlei Kopplungsstellen zu reflektierendem oder gar intellektuellem Denken zuläßt. Diese völlige Inkompatibilität wird in der Satire von Clarisses Annäherungsversuchen auf die Spitze getrieben. Moosbruggers Denken ist in eben diesem Sinne ›dumpf‹, und er gleicht in dieser Hinsicht dem »Wilden« (sauvage) Cabuche bei Zola, auf den zu Unrecht der Verdacht des Lustmordes fällt. Jacques Lantiers Denken ist dagegen so reflektiert, daß der Autor in dessen »personal« (also aus Figurenperspektive) erzählte innere Monologe »auktoriales« Wissen einschmuggeln kann: Atavismus-Theorien über frühmenschliche Bestialität. Nur durch diese ›unmögliche‹ Konstruktion konnte Jacques Lantier einer der großen mythischen Helden der Moderne werden, genauer des Normalismus: zum Helden, dessen ganze Passion (im mehrfachen Sinne von Leiden und Leidenschaft) ineins fällt mit der normalistischen Urangst, nicht normal zu sein. Moosbrugger kennt diese Angst nicht im entferntesten und ist gerade dadurch sicherlich die viel plausibler (›naturalistischer‹) sugge-

rierte Figur eines extrem Anormalen im Sinne der Psychiatrie. Jacques Lantiers Anormalität hingegen ist identisch mit der Angst, anormal zu sein:

Worin eigentlich bestand seine Verschiedenheit, wenn er sich mit den anderen verglich? Schon unten im Süden, in Plassans, in seiner Jugend, hatte er sich immer wieder diese Frage gestellt. Seine Mutter Gervaise, das war richtig, hatte ihn sehr jung bekommen, mit fünfzehn einhalb Jahren; aber er war immerhin der zweite, sie begann kaum ihr vierzehntes Jahr, als sie schon mit dem ersten, Claude, niederkam; und keiner von seinen beiden Brüdern, weder Claude, noch Étienne, der später nachkam, schien wegen einer derart kindlichen Mutter krank zu sein [souffrir], auch nicht wegen des ebenso kindlichen Vaters, des schönen Lantier, dessen böses Herz Gervaise so viele Tränen kosten sollte. Vielleicht hatten aber seine Brüder beide die gleiche Krankheit [mal], die sie nur nicht offen zugaben [avouaient = »gestanden«], besonders der Ältere, der sich damit verzehrte, Maler sein zu wollen, und das mit einer solchen Wut, daß man ihn für halb verrückt vor lauter Genie erklärte. Die Familie war demnach kaum in Ordnung [d'aplomb], viele hatten einen Sprung [fêlure]. Er selbst fühlte ihn in bestimmten Stunden deutlich, diesen erblichen Sprung; nicht daß er von schwacher Gesundheit gewesen wäre: denn abgemagert war er früher nur wegen der Angst [appréhension] und Scham gegenüber seinen Krisen; aber es gab in seinem Wesen plötzliche Verluste von Gleichgewicht, wie Brüche, wie Löcher, durch die sein Ich ihm entwich [échappait], mitten in einer Art Rauchschwall, der alles verzerrte. Er gehörte sich dann nicht mehr, er mußte dann seinen Muskeln gehorchen, der wilden Bestie (63).[47]

Die Angst, nicht normal zu sein, nährt sich zum einen von den fieberhaften »Vergleichen« des Individuums mit den anderen Individuen im homogenen Normalfeld. Dieses grübelnde Vergleichenmüssen kulminiert in den Vergleichen mit den Verwandten und besonders Geschwistern: Denn dieser gebildete Lokführer weiß, daß die Anormalität den Erbgang geht, und muß deshalb fürchten, daß seine Geschwister genauso wie er selbst die ›Macke‹ (fêlure) verbergen. Diese Überlegung ist ein deutliches Symptom des zweiten Aspekts seiner Angst: daß nämlich seine Anormalität entdeckt werden, daß er ›auffallen‹ könnte (in dem Sinne, wie der Normalismus davon spricht, daß ein Kind »auffällig geworden ist«). Die Denormalisierungs-Angst nimmt bei Jacques Lantier aber schließlich drittens eine technische Wendung: Er phantasiert als Lokführer den »Sprung« als eine Art Haarriß auf Grund von Materialermüdung, wie in einer Maschine, durch den das Ich ihm wie Dampf aus einem Kessel entweichen könnte. Genau das ist der Kern seiner Angst: diese Angst kulminiert auf dem Höhepunkt seiner »Krisen« in dem »frisson«, was ein »Schauder« wie von einer Gänsehaut ist und gleichzeitig ein beginnender Schwindel. Ängstliches Vergleichen, Angst vor dem ›Auffallen‹, Angst vor technischem Versagen: das ist die Trinität

47 Meine Übersetzung, Seitenangaben nach der Ausgabe Livre de Poche, Paris 1966.

der Denormalisierungs-Angst, die als lebender circulus vitiosus Denormalisierung induziert. Kurz vor der Zwangshandlung des Mordes an der Geliebten, die ihn mit allen weiblichen Mitteln zum Mord an ihrem Ehemann anzustiften sucht, heißt es über Jacques:

Schon fragte er sich wieder voller Unruhe, wie einer von jenen Männern [mâles], die eine nervöse Störung [accident] in ihrer Männlichkeit behindert: ob er auch können würde? (386).

Das bezieht sich konkret auf den geplanten Mord am Ehemann, den die Geliebte als äußersten Liebes- und Männlichkeitsbeweis von ihm fordert und den zu ›leisten‹ er schon einmal ›versagt‹ hatte. Der Vergleich mit nervöser (neurotischer) Impotenz schließt die Figur des Zolaschen Lustmörders aber direkt an das Kontinuum der Normalität bzw. an dessen breite und fließende Übergangszone zur Anormalität an. Die »psychische Impotenz« ist ja einer der typischen Fälle jenes normalistischen circulus vitiosus, in dem die Angst, nicht normal zu sein, die Anormalität hervorruft. Der Zolasche Mythos von der »Menschen-Bestie« und vom »Bestien-Menschen« meint mit »Bestie« insbesondere auch die Technostruktur (die Lokomotive). Über die Polysemie »Bestie« als gleichzeitig vitaler wie technischer »Organismus« wird die Normalität als homöostatische Normalität und die Versagens-Angst als Angst auch technischen Versagens konstituiert. Dieses Versagen resultiert konkret aus der Unfähigkeit des »Organismus«, die Antriebsenergien normal zu verarbeiten. Unter dem »Überdruck« des Dampfes bzw. der atavistischen Vitaltriebe versagen die »Regulatoren« (»régulateurs«). Die reflektierende Bewußtheit des normalistischen Beobachters registriert die ständige Friktion von Antriebsenergien und dem normalen Spiel der Homöostase und erzeugt auf diese Weise die Angst vor der Denormalisierung. Diese Angst selbst ist aber bereits ein denormalisierender Tatbestand.

Für den anormalen Lokführer ist seine Symbiose mit der Lok also sensu stricto eine symbolische wie reale ›Ausdehnung‹ seines Körpers: Schon sein Körper ist eine binäre Kombination von Energie-Maschine (Unterleib) und überwachend-regulierendem Gehirn. Wie sein Gehirn zu seinem übrigen Körper, so verhält sich der Lokführer zur Lok. In der technisch erweiterten Binärstruktur liegt sogar eine partielle »Heilung«:

Ruhig, glücklich, weltvergessen lebte er nur auf seiner Maschine. Wenn sie ihn mitriß im Zittern ihrer Räder, bei hoher Geschwindigkeit, wenn er die Hand auf dem Steuerrad der Beschleunigungsregelung hielt und gänzlich in der Überwachung [surveillance] der Strecke aufging, während er nach den Signalen spähte, dann dachte er nicht mehr und atmete tief die reine Luft, die ihn als unablässiger Sturm umwehte. (65)

»Denken« meint hier emphatisch das Grübeln der Denormalisierungsangst: das Gehirn funktioniert ja in der Überwachung genauso wie die Maschine

›auf Hochtouren‹. Aber es scheint in diesem Funktionieren ganz in die homöostatische Maschine integriert (anachronistisch gesagt: wie ein Computer). Das ist die Utopie des gänzlich im technischen Sinne normalisierten Bewußtseins, das keine Angst haben kann. Es ist eine Utopie – müßte doch selbst einem perfekten Überwachungs- und Regulierungscomputer ein funktionales Äquivalent von »Angst« einprogrammiert werden, auf daß er bei Gefahren irreversibler Denormalisierung äußerste Normalisierungsenergien mobilisieren könnte. Auch die »Liebe« zur Lok ist demnach auf ihre Art nicht frei von Denormalisierungsangst: auch die »geliebte« Lison hat einen »Sprung« – in der Situation des Schneesturms stößt auch die perfekte homöostatische Normalität der Maschine an ihre Grenze, d.h. die Blockierung (den Stau).

Jacques Lantier und seine Geliebte Séverine unterscheiden sich dadurch, daß ihm der Akt des Geständnisses radikal versperrt ist. Nur er kann sich nicht aussprechen. Für Séverine, die nicht unter der Angst leidet, nicht normal zu sein, ist das freiwillige Geständnis ihrer Vergangenheit gegenüber dem Geliebten ein Bedürfnis und ein Mittel, die Intensität der Liebe zu steigern. Für Jacques würde ein solches Geständnis alle Liebe unmöglich machen, weil er sich dadurch selbst aus dem Normalitätsfeld ausschließen, sich entweder in ein Monster oder in einen Wahnsinnigen oder in beide verwandeln würde. Er verlöre dann auch sozial den Status eines normalen Subjekts. So muß er versuchen, seine Anormalität zu vertuschen und sich insgeheim womöglich selber zu »heilen«. Neue sexuelle Beziehungen geht er lediglich als »Experiment« ein:

> Und dabei hatte er nicht eine Minute sinnlicher Neugier empfunden, er folgte in erster Linie der Begierde, ein Experiment zu machen: War er definitiv geheilt, jetzt wo er sein entsetzliches Bedürfnis erfüllt hatte? Könnte er diese Frau da besitzen, ohne ihr ein Messer in die Brust zu stoßen? Zweimal schon hatte er sie gehabt, und ohne den geringsten Anflug, ohne den geringsten Schauder. Seine große Freude, sein zufriedenes und strahlendes Aussehen mußten, selbst ohne sein Wissen, von dem Glück stammen, einfach nur ein Mann, einfach nur ein Mensch [homme] wie die anderen zu sein (398).

Aber dieser Schein von Normalität trügt wie jeder frühere: durch solche »Experimente« ist keine »Heilung« möglich. Die Blockierung des Geständnisses ist Symptom einer ausweglosen ›Konstruktion‹ (im mehrfachen Sinne) der Lantier-Figur: Wenn seine Angst, nicht normal zu sein, also sein zwanghaftes Grübeln, symbolisch gleich einem ›Überdruck im Gehirn-Kessel‹ ist, dann handelt es sich dabei gleichzeitig um einen ›Kessel ohne Ventil‹. Diese Art semantischer ›Konstruktion‹ heißt bei Zola »experimenteller Roman«. Dabei wird nichts »naturalistisch« abgebildet – vielmehr dient das semantische, semsynthetische Konstrukt als Vor-Bild für subjektive Applikationen, »Identifizierungen«. Der ›unmögliche‹ intellektuelle

Lokführer Jacques Lantier ist in diesem Sinne Applikations-Vorlage für all jene hyperbewußten normalistischen Intellektuellen, die unter extremer Denormalisierungsangst leiden und deren Luzidität über sich selbst ihnen das ›Ventil‹ der Geständnistherapie (seit Freud: der Psychoanalyse) versperrt. Das Leiden Jacques Lantiers wird auf schrecklichste Weise von manchem Homosexuellen und von manchem unter angeblichem »jüdischem Selbsthaß« leidenden normalistischen Intellektuellen nachgelitten werden (man denke an Weininger). Dabei verstärkt der protonormalistische Biologismus (Degenerations- und Atavismustheorien) die Ausweglosigkeit, indem er die Normalitätsgrenze absolut setzt und die Angst durch ›Einsicht in die Fatalität‹ potenziert.

Zolas Diskurs zieht demnach seine mythische Kraft aus dem kühnen narrativen Arrangement der normalistischen Diskurs-Konstellation. Die Eisenbahn als »Milieu« wird konkret als Normal-Verkehr verwendet. Es geht (außer in der Katastrophe des Schlusses) nicht um abenteuerliche, entgrenzende, »unendliche« Fahrten, sondern um fahrplanmäßigen Pendelverkehr zwischen der Pariser Gare Saint-Lazare und Le Havre (via Rouen). Nicht nur Jacques stellt im Roman diesen Pendelverkehr gleichzeitig in den Dienst einer normalen Organisiation seiner Sexualität. Die normale (durchschnittliche) Sexualität ist bei Zola die beschränkte Polygamie: ihr ideales technisches ›Vehikel‹ (im mehrfachen Sinne) ist der Pendelverkehr.

Der Normal-»Verkehr« mit seiner ständigen Gefahr der »Entgleisung« dient demnach als repräsentatives Symbol für die verschiedenen diskursiven Bereiche des Protonormalismus. »Menschen-Bestie« und »Bestien-Mensch« konnotieren sowohl die medizinisch-psychiatrische Normalität wie die technisch-industrialistische. Literatur als Interdiskurs bündelt diese sektoriellen Normalitäten, ›subjektiviert‹ sie, indem sie Applikations-Vorlagen für Subjekte daraus simuliert, und schafft dadurch erst Normalität als solche, Normalität als Konstituens kultureller Hegemonie. Das scheinbare Paradox des Zolaschen Mythos, nämlich die Dominanz des Anormalen und der Denormalisierung über die Normalität, erklärt sich aus der Subjektivierungs-Funktion: Die größte subjektive Normalisierungs-Energie scheint die Denormalisierungsangst zu sein. Wenn die Normalitätsgrenze nicht eine heimliche Attraktion zu ihrer Überschreitung ausstrahlte, würde die *Entropie* drohen – würde sie aber überschritten, drohte die nicht mehr kontrollierbare Proliferation. Diese Ambivalenz ist vor allem technisch vorgestellt: Leben ist *Druck von Trieb-Energie* (im doppelten Sinne von *Trieb*) auf Material, das unter diesem Druck ›ermüden‹ muß. Vom ungewissen Punkte des *Haarrisses* (der *fêlure*) aus droht die Proliferation technischer Pannen. Da das Gehirn selbst ebenfalls ein Apparat mit *Triebdruck auf Material* ist, droht als gefährlichste Denormalisierung der *Haarriß* der Materialermüdung in der Kontrollzentrale, d.h. in der »Intelligenz« selbst. Materialermü-

dung heißt auf englisch *stress*, und schon Zolas Mythos kündigt die Karriere dieses Konzepts im Normalismus an. Dem entspricht eine weitere Ambivalenz: die zwischen Protonormalismus und flexiblem Normalismus. Die technische Auffassung der *fêlure* steht bereits im Gegensatz zur substanzialistischen *Gift*-Phantasie der »Entartung«: Schon bei Zola geht es wie später bei Taylor und Ford (nicht nur beim Sex) um maximales Ausschöpfen der Potentiale und damit um *Herauffahren* der Normalitätsgrenzen.

Die Verwendung des Begriffs »normal« im Text entspricht allerdings noch ganz den durch die dominanten protonormalistischen Diskurse vorgegebenen Konnotationen: »Normal« sind z.B. nicht-»perverse« Sexualpraktiken (medizinisch-psychiatrischer Diskurs, insbesondere über die Sexualität): »Vollständige normale Beziehungen hätten ihn mit weniger quälenden Vorstellungen gepeinigt« (28), heißt es über Séverines Ehemann Roubaux, als er von dem sexuellen Mißbrauch (wohl Fellatio) erfährt, der mit seiner Frau in ihrer Kindheit getrieben wurde. – »Normal« ist anderseits das Funktionieren der maschinellen Homöostase (industrialistischer Ingenieurs-Diskurs):

> »An eins kann ich mich noch genau erinnern: Daß der Schnellzug mit der vorgesehenen [réglementaire] Geschwindigkeit und ohne Unterbrechung von Rouen nach Barentin gefahren ist, ohne daß mir irgendetwas Anormales [anormal] aufgefallen wäre.« (100).

»Normal« ist schließlich jener alltägliche Zustand, der sich als Resultat der interdiskursiven Kombinationen dieser verschiedenen sektoriellen Normalitäten ergibt, wobei die programmierte Zyklik des Ablaufs (also der Industrialismus) besonders betont ist:

> Bei ihnen, bei den Flurnachbarn, bei diesen kleinen Angestellten mit ihrer durch die regelmäßige Wiederkehr vorgeschriebener [réglementaires] Stunden uhrenartigen Existenz, ging das Leben wieder seinen monotonen Gang. Es schien, als ob nichts Blutiges oder Anormales vorgefallen wäre (181).

Hier konnotiert »Anormalität« vor allem Kriminalität und allgemein die Ausnahme im Verhalten.

Insert: Nietzsche mit Galton lesen oder über den Anteil der Denormalisierungsangst am Konzept des Übermenschen

Am 4. Juli 1888 schrieb Nietzsche aus Sils-Maria an Overbeck: »Man holt nicht nach *in physiologicis*, jeder schlechte Tag *zählt*: das habe ich von dem Engländer Galton gelernt« (*S* IV, 1301).[48] Daß Nietzsche wie Comte und wie Galton während seines gesamten wachen erwachsenen Lebens unter der

48 Zitiert nach der Hanser-Ausgabe, hg. v. Karl Schlechta, 6. Aufl. München 1969.

spezifischen Denormalisierungsangst litt, ›erblich belastet‹ zu sein und wie sein Vater wahnsinnig zu werden und früh zu sterben, kann als sicher gelten. In der kurzen »Vita«, die er am 10. April 1888 an Brandes geschickt hatte, spricht er von der entscheidenden »Krisis« seines Lebens: »mein Vater ist sehr jung gestorben, exakt in dem Lebensjahr, in dem ich selbst dem Tode am nächsten war« (*S* IV, 1287). Als er dieses kritische Jahr lebend überstanden hatte, machte er die Erfahrung der »großen Gesundheit« und konnte nun die bekannten Texte der achtziger Jahre über Christentum, Moral und Nihilismus, über den Willen zur Macht und den Übermenschen sowie über die ewige Wiederkunft des Gleichen schreiben. Für all diese Texte bildet der Normalismus nicht bloß eine wichtige historische Folie, sondern ein, wenn auch widersprüchlich und paradox verarbeitetes, fundamentales diskursives Konstituens. Beinahe ließe sich sagen, daß Nietzsche unter »Christentum« und »Sozialismus« zumindest teilweise ›eigentlich‹ so etwas wie Normalismus verstand.

In dem Brief an Overbeck vom 4.7.1888 gewinnt die Denormalisierungsangst, die wohl niemals auf längere Zeit wirklich vergessen war, wieder völlig die Oberhand:

> Ich habe Mühe, mich gegen die traurigsten Gedanken zu verteidigen. Oder vielmehr: ich denke sehr klar, aber nicht günstig über meine Gesamtlage. Es fehlt nicht nur an der Gesundheit, sondern an der Voraussetzung zum Gesundwerden. – Die Lebens-Kraft ist nicht mehr intakt.

Diese Selbstdiagnose will er u.a. von Galton gelernt haben, wozu sowohl die normalistische Vererbungstheorie wie die normalistische Streßtheorie avant la lettre gehört:

> Ich bin durchaus *nicht* kopfleidend, *nicht* magenleidend: aber unter dem Druck einer nervösen Erschöpfung (die zum Teil hereditär, – von meinem Vater, der auch nur an *Folge*erscheinungen des Gesamtmangels an Lebenskraft gestorben ist –, zum Teil erworben ist) erscheinen die Konsequenzen in allen Formen.

Zweifellos stammen eine ganze Reihe wichtiger Kategorien, Vorstellungen und Modelle Nietzsches aus dem Normalismus: Nicht bloß verfolgte er fanatisch die Kurvenverläufe meteorologischer Daten bezüglich ihrer jeweiligen »Normalität«, weil er das mit seiner »Nervenschwäche« optimal kompatible Klima suchte – er übernahm auch von Quételet den »mittleren Menschen«, ebenso wie die wetteranaloge Begründung des »Normalen« aus der statistischen Dominanz, wie sie sich z.B. in Formulierungen von der Art »Der Nihilismus als normales Phänomen« (*S* IV, 550) oder »Der Nihilismus ein normaler Zustand« (*S* IV, 557) findet. Das fundamentale Kontinuitätsprinzip von Broussais und Comte schöpfte Nietzsche wahrscheinlich sowohl direkt aus Comte, den er ausführlich studierte, wie indirekt aus Claude Bernard:

Nun haben wir inzwischen verlernt, zwischen gesund und krank von einem Gegensatze zu reden: es handelt sich um Grade – meine Behauptung in diesem Falle ist, daß, was heute »gesund« genannt wird, ein niedrigeres Niveau von dem darstellt, was unter günstigen Verhältnissen gesund *wäre* –, daß wir relativ krank sind... (*S* IV, 754)

Der Wert aller morbiden Zustände ist, daß sie in einem Vergrößerungsglas gewisse Zustände, die normal, aber als normal schlecht sichtbar sind, zeigen... / Gesundheit und Krankheit sind nichts wesentlich verschiedenes, wie es die alten Mediziner und heute noch einige Praktiker glauben. Man muß nicht distinkte Prinzipien oder Entitäten daraus machen, die sich um den lebenden Organismus streiten und aus ihm ihren Kampfplatz machen. Das ist albernes Zeug und Geschwätz, das zu nichts mehr taugt. Tatsächlich gibt es zwischen diesen beiden Arten des Daseins nur Gradunterschiede: die Übertreibung, die Disproportion, die Nicht-Harmonie der normalen Phänomene konstituieren den krankhaften Zustand (Claude Bernard). (*S* IV, 781)

Wie Martin Stingelin dargestellt hat[49], handelt es sich auch bei dem Kollektivsymbol des *Mikroskops* um ein wichtiges Modellsymbol des Normalismus: Das Kontinuum zwischen Normalität und Anormalität erweist sich nicht bloß im gleitenden Übergang, sondern auch in einer durchgängigen strukturellen Analogie. Da insbesondere im Protonormalismus mit seinem engen *normal range* und seinen breiten Zonen von Anormalität die innere Differenzierung der Normalität schlecht sichtbar ist, kann sie aus der Analogie erschlossen werden. Wie bei seinen Gewährsleuten dürfte gerade das Kontinuitätsprinzip auch bei Nietzsche die Denormalisierungsangst entsprechend vergrößert haben. Die »Regressions«-These dürfte er direkt bei Galton kennengelernt haben, den er seit spätestens 1883 studiert hatte[50]. Jedenfalls wendete er genau diese Regressionsthese gegen Galtons berühmten Vetter. In mehreren »Anti-Darwin« überschriebenen Aphorismen bestreitet er die Formel vom *survival of the fittest*, wobei er *fit* als »höhere Typen« deutet. Solche »höheren Typen« würden keineswegs vorrangig von der Natur selegiert und stabilisiert:

Gerade das Gegenteil greift sich mit Händen: das Durchstreichen der Glücksfälle, die Unnützlichkeit der höher geratenen Typen, das unvermeidliche Herr-werden der mittleren, selbst der *unter-mittleren* Typen. (*S* IV, 748)

---

49 Martin Stingelin, »›Widerspiel der Norm‹ oder ›letzte, untrügliche Probe der Norm‹? Sigmund Freud und Karl Kraus im Widerstreit um den Begriff der ›Perversion‹, in: Ute Gerhard u.a. (Hg.), (Nicht) normale Fahrten. Faszinationen eines modernen Narrationstyps, Heidelberg 2003, 195–205, hier 196ff.

50 S. Marie-Luise Haase, »Friedrich Nietzsche liest Francis Galton«, in: *Nietzsche-Studien*, Bd. 18 (1989), 633–658. Danach ist sicher, daß Nietzsche sich aus den *Inquiries into Human Faculty and its Development* (London 1907, zuerst 1883) übersetzen ließ, in denen u.a. z.B. die Gaußkurve und die Ogive (34f.) dargestellt werden (auch graphisch), und daß er sich besonders für die Kapitel über Vererbung und Verbrecher interessierte. Vgl. dazu auch Martin Stingelin, »Nietzsche und die Lehren vom Verbrecher«, in: *Jahresschrift der Förder- und Forschungsgemeinschaft Friedrich Nietzsche*, Bd. 3 (1992–1993), 102–114, bes. 107ff.

Ähnlich wie bei Comte, bei Galton und anderen Normalisten besteht auch bei Nietzsche eine weitgehende Analogie zwischen der Normalität des einzelnen und der Normalität der Gesellschaft bzw. Kultur, deren wichtigstes imaginäres Modell die vertikale, skalierte Gaußoidkurve ist. In diesem Sinne kann Nietzsche an Brandes schreiben:

In der Skala meiner Erlebnisse und Zustände ist das Übergewicht auf Seiten der selteneren, ferneren, dünneren Tonlagen gegen die normalen mittleren. (*S* IV, 1772)

Ganz offensichtlich imaginiert Nietzsche hier eine Kurve seiner Stimmungen bzw. seiner Seelen-*Temperatur* (»Tonlagen«), die genau umgekehrt wie die Gaußkurve verläuft: wenig »normale« (= »mittlere«) Stimmungen und viele vom Durchschnitt nach *oben* abweichende. Er konstituiert sich damit implizit als »anormal« und dehnt das vermutlich indirekt durchaus auf den *unteren* Bereich der »dekadenten« Stimmungen aus.

Sehr viel radikaler als Galton wendet Nietzsche dieses Modell einer positiven »Anormalität«, also einer *umgewerteten* Normalität, bekanntlich auf ganze Kulturen und Gesellschaften an. Deshalb richtet sich seine scharfe Polemik gegen Quételets »mittleren Menschen« und gegen die Normalität des *Bauches* der Gaußkurve, während die *Züchtung* des »Übermenschen« gerade von den beiden Anormalitätszonen (der oberen und unteren) ausgeht. Das Sicherheitsgefühl der Normalzone verhindere die Entwicklung »höherer Typen«, weil sie Gefahr, Risiko und »Schocks« vermeide, die als »Stimuli« unumgänglich seien. Diese stimulierende Wirksamkeit wird explizit auch der unteren Anormalitätszone, d.h. der »Décadence« und der »Krankheit«, zuerkannt:

Man muß sich darüber verstehen, daß gegen Leidenschaft eingewendet werden kann, was gegen Krankheit einzuwenden ist: trotzdem – wir dürften der Krankheit nicht entbehren, und noch weniger der Leidenschaften. Wir brauchen das Anormale, wir geben dem Leben einen ungeheuren Schock durch diese großen Krankheiten. (S IV, 724f.)

Schon die implizite Vorstellung der Gaußverteilung impliziert ein homogenes Feld und eine quantifizierende Skala – und tatsächlich argumentiert Nietzsche *einerseits* stets *im* normalistischen Diskurs und spricht von »Zahl«, »Messen« und »Skala«. Quételet, Comte, Bernard und Galton maßen spezielle körperliche und intellektuelle »Leistungen«, und was will Nietzsche messen? Er möchte eine allen einzelnen Fähigkeiten zugrunde liegende elementare natural-kulturelle »Energie« messen, die er »Kraft« und synonym damit »Wille zur Macht« nennt:

Unsre Erkenntnis ist in dem Maße wissenschaftlich geworden, als sie Zahl und Maß anwenden kann. Der Versuch wäre zu machen, ob nicht eine wissenschaftliche Ordnung der Werte einfach auf einer *Zahl- und Maß-Skala der Kraft* aufzubauen wäre...

[...] Das *Aufwärts* in dieser Skala bedeutet jedes *Wachsen an* Wert: das Abwärts in dieser Skala bedeutet *Verminderung des Wertes.* (*S* IV, 762)

Die Unklarheit im letzten Satz, was Subjekt und was Objekt von »bedeutet« ist, ist für die rein symbolische Tautologie symptomatisch. Alle entsprechenden »Schätzungen« sind deshalb natürlich rein imaginär und können lediglich am Phantasma vorgenommen werden. Dennoch bleibt die eine Seite der Konnotationen buchstäblich normalistisch, so wenn nach Galtons Vorbild das »Dynamometer« bemüht wird, wenn auch wiederum bloß metaphorisch:

Man hat das Gerücht verbreitet, als ob ich im Irrenhaus sei (und gar darin gestorben sei). Nichts ist irrtümlicher. Mein Geist wurde sogar in dieser fürchterlichen Zeit erst reif: Zeugnis die »Morgenröte«, die ich 1881, in einem Winter von unglaublichem Elend in Genua, abseits von Ärzten, Freunden und Verwandten, geschrieben habe. Das Buch ist eine Art »Dynamometer« für mich: ich habe es mit einem Minimum von Kraft und Gesundheit verfaßt. (An Brandes 10.4.1888, *S* IV, 1287)

Wenn die *Morgenröte* hier als Produkt des Kräfte-Minimums ausgegeben und dadurch angedeutet wird, zu welchen Leistungen erst das Kräfte-Maximum fähig wäre, so suggeriert die Analogie mit dem Dynamometer ein homogenes, eindimensionales und quantifizierbares Kontinuum. Gleichzeitig widersprechen literarische Werke als singuläre ›Qualitäten‹ völlig einer solchen Skalierung. Dieser Widerspruch ist für Nietzsches Umgang mit dem Normalismus charakteristisch: Stets bewegt er sich gleichzeitig innerhalb und außerhalb des normalistisches Diskurses: innerhalb wertet er dessen Wertungen um, außerhalb spricht er einen anderen, und zwar typologischen Diskurs der (inhomogenen, unvergleichbaren) Singularitäten, Diskontinuitäten und Heterogenitäten. Symptomatisch für diesen Widerspruch ist die Vorstellung, nach der die »höheren Typen« (einschließlich des erhofften »Übermenschen«) zugleich kontinuierlich-linear und diskontinuierlich-›quer‹ *über* der »Herde« der Normalmenschen vorgestellt sind. Hier ist der Vergleich mit Galtons »Eugenik« höchst aufschlußreich: Auch Galton möchte die von der Regression zur mittleren Normalität bedrohten »sports« und als ihre Träger die Eliten bewußt »hochzüchten« und denkt dabei vor allem an kalkulierte und manipulierte ›Kreuzungen‹ und an gesellschaftlich systematisch gefördertes Training spezieller ›Begabungen‹. Dabei hat er deutlich spezielle »sports« im Auge, die auf linearen, kontinuierlichen Kurven extrapoliert werden, also »Rekorde«. Nietzsches Konzept der »Züchtung« des »Übermenschen« ist dagegen ganz unspezialistisch und ganz diskontinuierlich gedacht. Zwar liebäugelte auch er mit der eugenischen Idee manipulierter Prokreation, stellte sich darunter aber vor allem die Vermeidung jeder Mischung von ›normalem‹ und ›anormalem Erbgut‹ vor, wobei er das ›normale‹ (durchschnittliche) als kontraproduktiv auffaßte! Nicht als Fluchtpunkt normalistischer Rekordlinien (*Fortschritte*) wäre der »Über-

mensch« zu erwarten, sondern als ›verqueres‹ Resultat eines sowohl genetischen wie biographischen Spiels mit Höchstrisiken, eines systematischen *vivere pericolosamente* der Anormalen unter Einbeziehung insbesondere auch der *unteren* anormalen Elemente, der »krankhaften«, »entarteten«, »kriminellen«. Diese Art »höheren Typus« charakterisierte Nietzsche konsequenterweise auch als »solitären Typus« (eine normalistische Undenkbarkeit), für den er den Begriff »Person« reservieren wollte:

Die »Person« ein relativ *isoliertes* Faktum; in Hinsicht auf die weit größere Wichtigkeit des Fortflusses und der Durchschnittlichkeit somit beinahe etwas *Widernatürliches.* Zur Entstehung der Person gehört eine zeitige Isolierung, ein Zwang zu einer Wehr- und Waffenexistenz, etwas wie Einmauerung, eine größere Kraft des Abschlusses; und, vor allem, eine viel *geringere Impressionabilität,* als sie der mittlere Mensch, dessen Menschlichkeit *kontagiös* ist, hat. [...] *Folgerung*: man soll den solitären Typus nicht abschätzen nach dem herdenhaften, und den herdenhaften nicht nach dem solitären. / Aus der Höhe betrachtet sind beide notwendig; insgleichen ist ihr Antagonismus notwendig, – und nichts ist mehr zu verbannen als jene »Wünschbarkeit«, es möchte sich etwas drittes aus beiden entwickeln (»Tugend« als Hermaphroditismus). Das ist so wenig »wünschbar« als die Annäherung und Aussöhnung der Geschlechter. Das Typische fortentwickeln, die Kluft immer tiefer aufreißen... (S IV, 611)

Hier hat Nietzsche eine grundlegende Eigenschaft der Normalverteilung in den Blick genommen: Tatsächlich wächst auf jedem Schnitt durch die Gaußkurve zur Mitte hin die Anzahl der ›gleichen‹ Individuen in große Quantitäten, während sie zu den Rändern hin stark abnimmt: Also sind die Anormalen in einem ganz technischen Sinne sehr viel stärker individualisiert als die Normalen. Das beweist sich nicht zuletzt in der ästhetischen Vorliebe von Literatur und Film für anormale Helden. Idealiter bestehen also die mit dem »Übermenschen« schwangeren verdünnten, »anormalen« Auslaufzonen der Gaußkurve aus lauter Individuen-Typen (»Personen«), während die gesamte Masse der »Normalen« nur einen einzigen weiteren Typus bildet, den der »Herde«, der ausschließlich zur Erhaltung der Gattung überhaupt sowie als Sklavenheer (und ggf. als Kanonenfutter) »notwendig« ist. Die Aporien dieser Vorstellung liegen auf der Hand: Wie sollen lauter Solitäre zum Gesamttypus des »Übermenschen« kommen, und wie soll sich die biologische und kulturelle Inzucht von Risikoindividuen »stabilisieren« – wie sollen solche Solitäre ihre Herrschaft über die riesige Majorität etablieren und konservieren? Zwischen solchen Aporien und der Denormalisierungsangst ihres Autors dürfte ein ursächlicher Zusammenhang bestehen: Wer mit derartig voluntaristischem und dezisionistischem Pathos »Klüfte aufreißen« will, fürchtet offenbar die bedrohliche Kontinuität des Prinzips von Broussais und Comte mit ihrer Gefahr des ›Hinüberrutschens‹. Charakteristischerweise wird die ›Richtung‹ der Angst bei Nietzsche allerdings umgekehrt: Der »Anormale« gibt vor, das ›Hinüberrutschen‹ in die

Normalität zu fürchten und sich vor diesem Risiko schützen zu müssen – Denormalisierungsangst, die sich als Normalisierungsangst artikuliert!

Daß hier (trotz der teils angeberisch-›verruchten‹, teils spießerhaft-reaktionären Töne einschließlich der – theoretisch völlig inkonsequenten – Denormalisierungsangst vor dem »Anarchismus«) kein ›Vorläufer Hitlers‹ spricht, braucht heute nicht eigens mehr betont zu werden: Wenn man Hitlers Theorie und Praxis als ›durchgedrehten radikalen Protonormalismus‹ kennzeichnen könnte, so handelt es sich bei Nietzsche um einen nicht minder radikalen Antinormalismus, der seinen Gegner auf dessen eigenem diskursiven Felde bekämpfen und schlagen möchte. Ebenso wenig geht Nietzsches Philosophie des »Übermenschen« einfach in einer Ideologie ästhetischer Avantgarden auf: Natürlich haben diese Avantgarden sich in ihrem antinormalistischen Gestus immer wieder zu Recht auf Nietzsche berufen – soweit sie sich bei ihren »Normbrüchen« aber hauptsächlich negierend an der jeweils direkt vorhergehenden Avantgarde orientierten, schrieben sie sich gleichwohl in eine kontinuierliche *Fortschrittslinie* ein, was Nietzsches »Züchtung des solitären Typus« widerspricht. Nietzsches Konzept will vielmehr, wie Deleuze und Foucault gezeigt haben, als ein allgemeines ›psychotechnisches‹ (subjektformierendes) Dispositiv zur Stimulation größtmöglicher Pluralisierung, Heterogenisierung, Diskontinuierung aller Kulturen und jeder einzelnen Kultur, also als ein »multikulturelles« Dispositiv sensu stricto begriffen werden. Normalismusanalytisch gesagt, handelt es sich um ein Ensemble von Taktiken zur Destruktion von homogenen Normalfeldern, das sich jedoch in den Selbstwiderspruch verfängt, nur die ›Ränder‹, nicht aber die normale *Mitte* solcher Felder (die »Herde«) dieser Destruktion aussetzen zu wollen. Das gegen die Denormalisierungsangst trotzig auftrumpfende Bekenntnis zur eigenen Anormalität schien trotz allem einer Ver-Sicherung zu bedürfen: daß die überwältigende Mehrheit, die Normalen, stets normal bleiben wird – oder aber dazu gezwungen werden muß, es gefälligst zu bleiben. Die denormalisierende Proliferation in der *Mitte* – das wäre der gefährlichste »Anarchismus«.

Émile Durkheim oder Die zwei Normalitäten

Obwohl der Diskurskomplex des »Normalen« nicht bloß in Durkheims Fallstudien omnipräsent ist, sondern darüber hinaus im Kapitel III der *Regeln*[51] eigens als Grundbegriff der Soziologie konstituiert wird, spielt Durkheim im Mainstream der französischen Normalitätsforschung seit Canguil-

51 Zitiert nach der dt. Ausgabe Neuwied u. Berlin 1961, hg. v. René König (= *R*).

hem und Foucault so gut wie keine Rolle. Das dürfte daran liegen, daß die erste der entsprechenden Regeln bloß die »homöostatische Normalität« Quételets und Comtes (einschließlich der statistischen Fassung Quételets) fortzuschreiben scheint:

> Ein soziales Phänomen ist für einen bestimmten sozialen Typus in einer bestimmten Phase seiner Entwicklung normal, wenn es im Durchschnitt der Gesellschaften dieser Art in der entsprechenden Phase iher Evolution auftritt. (*R* 155)

Wie bei den Vorgängern wird diese synchronisch verstandene (gaußoide) Normalität auch bei Durkheim in biologischer und medizinischer (»Gesundheit«) Symbolik formuliert und entsprechend »naturalisiert«. Wie bei Comte entspricht der Synchronie ferner eine »normale« Diachronie im Sinne einer »evolutionären Normalität«:

> Ein soziologischer Tatbestand kann somit für eine bestimmte soziale Gattung nur mit Rücksicht auf eine ebenfalls bestimmte Phase ihrer Entwicklung als normal bezeichnet werden. (*R* 149)

Wenn die Fassung des Normalitätskonzepts bei Durkheim also zunächst gar nicht innovativ erscheint, so mußten seine daraus abgeleiteten scheinbar höchst widersprüchlichen Thesen und geradezu schockierenden Resultate (wie vor allem die Behauptung von der »Normalität« der Kriminalität) um so mehr verwirren. In der Tat wimmelt es im Normalitäts-Kapitel und darüber hinaus von terminologischen Unklarheiten (wie verhält sich genau das »Anormale« zur »Anomalie« und zur »Anomie«?[52]) und von manifesten Widersprüchen: So definiert Durkheim das Normale und das Anormale einleitend als »zwei Gruppen von Tatsachen, die in gewissen Punkten sehr unähnlich sind: diejenigen, die durchaus so sind, wie sie sein sollen und diejenigen, welche anders sein sollten, als sie sind« (*R* 141), nachdem er zuvor bei der Definition »sozialer Fakten« das Kriterium des »was etwas sein soll« (»doit être«) als »ideologisch« mit Hohn übergossen hat (*R* 124). Durkheims Normalitätskonzept konnte demnach teils unoriginell, teils widersprüchlich und unklar erscheinen und wurde vermutlich deshalb weder bei Canguilhem und Foucault noch in der Soziologie (einschließlich der soziologischen Systemtheorien bis hin zu Luhmann) so ins Zentrum der Aufmerksamkeit gerückt, wie es es verdient hätte. Wenn die systemtheoreti-

---

52 Vgl. dazu das reiche begriffsgeschichtliche und wortfeldanalytische Material bei Philippe Besnard, *L'anomie, ses usages et ses fonctions dans la discussion sociologique depuis Durkheim*, Paris 1987: Besnard stellt klar, daß Durkheim den Begriff negativ umwertend von Jean-Marie Guyau übernahm, der darunter eine positive, tendenziell anarchistische Moralfreiheit verstand. Besnards Material, das er anders deutet als ich, belegt m.E. meine These, daß die »Anomie« einen Sonderfall des Nicht-Normalen meint, und zwar konkret den Fall der Denormalisierung aufgrund *exponentieller* moderner Progreßdynamik (s. bes. 47ff., 73ff., 101ff.)

schen Soziologien auch Durkheims Konzept der »Arbeitsteilung« (d.h. der funktionalen Ausdifferenzierung) und damit seiner Vorstellung von organisch-funktionaler Normalität aufs tiefste verpflichtet sind, so scheinen sie seine Kombination von Systemdifferenzierung und Normalitätskomplex wohl für altmodisch gehalten zu haben. Der Begriff der »Anomie«, dem als einzigem aus dem Diskurskomplex der Normalität eine große Karriere in der Soziologie der USA beschieden war, wurde jedenfalls bei Merton u.a. keineswegs normalismustheoretisch weitergeführt[53]. So betritt die folgende Relektüre also Neuland: Sie möchte zeigen, daß sich in Durkheims scheinbaren Widersprüchen und Paradoxien ein gänzlich neues Normalitätskonzept von historisch geradezu ›strategischer‹ Bedeutung abzeichnet. Durkheims historische Situation in der Belle Époque war bereits mit dem ersten Vorstoß flexibel-normalistischer Taktiken konfrontiert, ja man kann seinen Kairos geradezu als die erste Zuspitzung der aporetischen siamesischen Bifurkation zwischen Protonormalismus und Flexibilitäts-Normalismus begreifen. Parsons, Merton u.a. haben richtig Durkheims tiefe Beunruhigung durch das, was er die »moderne Anomie« nannte, beobachtet. Wie zu zeigen sein wird, muß als wichtigste Konnotation des unklaren Begriffs der »Anomie« wohl die spezifisch temporal-dynamische Anormalität der Moderne, die Denormalisierung, gesehen werden, wie sie typischerweise durch *exponentiell ausscherende growth*-Kurven ausgelöst wird. Immer wieder beschäftigt sich Durkheim mit der »Anomie« der Klassenkonflikte (dahinter stehen Tendenzen zur Flexibilisierung des »Sozialen«), der Sexualverhältnisse (dahinter stehen die Erleichterung der Scheidung, die sinkende Geburtenrate, das Wachstum der Psi-Diskurse) und der sozialen Integration ganz allgemein (»moderne Nervosität«, steigende Selbstmordrate). Nur oberflächlich gesehen reagiert Durkheim darauf mit einem bloß konservativen Angstreflex – bei genauerem Hinsehen kombiniert er protonormalistische mit flexibel-normalistischen Taktiken, woraus sich viele der scheinbaren Widersprüche erklären. Trotz der biologisch-medizinischen Analogien entfaltet sich bei Durkheim erstmals ansatzweise eine differenzierte Problematik von Normalität als spezifisch soziokultureller und insbesondere auch historisch-spezifischer, d.h. moderner, Gegebenheit. Erst Durkheim werden die Aporien der Normalitätsgrenze voll bewußt, wenn er sie auch keineswegs lösen kann – erst bei ihm werden (soziale) Normalität und Anormalität als wesentlich dynamische Kategorien gedacht, wenn auch mit einer charakteristischen protonormalistischen Zurückbiegung ins Statische.

Bekanntlich hat Durkheim die Zeitgenossen mit der These schockiert, daß die Kriminalität nicht eine soziale »Krankheit« und insofern nicht

53 S. dazu ausf. Besnard, 156ff.; s. auch Robert King Merton, *Social Theory and Social Structure*, Enlarged Edition New York/London 1968, 185ff.

»anormal« sei, sondern wegen ihrer statistischen Ubiquität »normal«. Zunächst führt er die im 19. Jahrhundert steigende Kriminalitätsrate sogar als zusätzliches Argument für solche »Normalität« an:

Seit Beginn des vergangenen [19ten, J.L.] Jahrhunderts besitzen wir in der Statistik das Mittel, die Entwicklung der Kriminalität zu verfolgen; überall ist sie im Wachsen begriffen. In Frankreich beträgt der Zuwachs nahezu 300 %; Es gibt also keine Erscheinung, die unwiderleglicher alle Symptome der Normalität aufweist [...]. (*R* 156)

Die normalismustheoretisch orientierte Diskursanalyse der vorliegenden Studie erlaubt an dieser Stelle einen unmißverständlichen Befund: Solche Aussagen Durkheims sind diskursiv bereits vom gleichen Typ wie die Kinseys: hohe statistische Raten konstituieren, unter Hintanstellung aller möglichen Gegenargumente substantieller und insbesondere normativer Art, eine rein faktische und zudem flexible Normalität. Im Unterschied zu Kinsey biegt Durkheims Diskurs jedoch direkt danach schon wieder in eine (protonormalistisch orientierte) Gegenrichtung ein:

Allerdings kann auch das Verbrechen abnormale Formen annehmen; das kommt beispielsweise vor, wenn es in erhöhter Menge auftritt. Dann ist in der Tat nicht zu bezweifeln, daß dieses Übermaß krankhaft ist. Normal ist einfach die Tatsache, daß eine Kriminalität besteht, vorausgesetzt, daß sie sich im Rahmen des gegebenen Typs hält, dessen Höhe im Sinne der vorhergehenden Regeln festgestellt werden kann, und ihn nicht recht überschreitet. (*R* 157f.)

In normalismustheoretischer Sicht dürfte deutlich sein, daß Durkheim hier bereits von dynamischen und flexiblen Normalitätsgrenzen handelt, so daß es nicht im geringsten erstaunen kann, daß er dabei auf erhebliche Schwierigkeiten stoßen muß. Bevor diese Problematik dynamischer Normalität weiter verfolgt werden kann, empfiehlt es sich an dieser Stelle zunächst, das von Durkheim durch die These von der Normalität der Kriminalität implizit statuierte neue Normalitätskonzept explizit auszuformulieren.

Durkheims Schwierigkeiten (und damit teils auch seine scheinbaren Widersprüche und Paradoxe) lassen sich großenteils auflösen, wenn begriffen wird, daß Durkheim gegenüber früheren Theoretikern des Normalismus (etwa Quételet und Comte) einen neuen »Normalitäts«-Begriff verwendet, den er aber nicht definitorisch abhebt, vielmehr mit dem vorherigen ›engführt‹. Beide »Normalitäts«-Begriffe lassen sich anhand eines doppelten Status der Normalitätsgrenze differenzieren. Wenn Quételet die Gaußkurve der Körpergröße konstruierte, dann suggerierte er irgendwo an ihren Extremen den Beginn zweier symmetrischer »anormaler« Zonen: der »Riesen« und der »Zwerge«. Hier umfaßt die Normalität also einen (wenn auch noch so großen) *Teilsektor* der Kurve, der durch die Normalitätsgrenzen von den »anormalen« Sektoren der Kurve getrennt ist. Wir können also von »Partialnormalität« (oder »Normalität 1«) sprechen. Demgegenüber hat

Durkheim als erster begriffen, daß die Normalität der Gaußkurve ja ›eigentlich‹ in ihrem *gesamten* Verlauf, d.h. in der Form ihrer Krümmung, besteht, und daß z.B. eine Sinuidalkurve mit 5 Tälern, die in eine steile Gerade übergeht, nicht »normal« wäre. Durkheim redet also (stellenweise) von der »Gesamtnormalität« (oder »Normalität 2«). Unter dem Aspekt der »Gesamtnormalität« gehören aber auch die Zonen der »Anormalität« paradoxerweise zur »Normalität« (s. Abb.). Unter diesem Aspekt ist es »normal«, daß es Normalitätsgrenzen gibt und daß sie »normalerweise« symmetrisch an den Extremen liegen (lägen sie anders, so lägen sie »anormal«). Mehr noch: Zu dieser »Gesamtnormalität« gehört also konsequenterweise auch die Existenz von »Anormalität«, soweit sie gaußoid situierbar ist. Damit ist »normale Anormalität« konstituiert, ohne paradox zu sein: »normale« bezieht sich in dieser Formel auf die »Gesamtnormalität«, »Anormalität« auf die »Partialnormalität«. In dieser Lesart (die natürlich nur normalismustheoretisch gewonnen werden konnte) lösen sich viele der scheinbaren Widersprüche Durkheims auf.

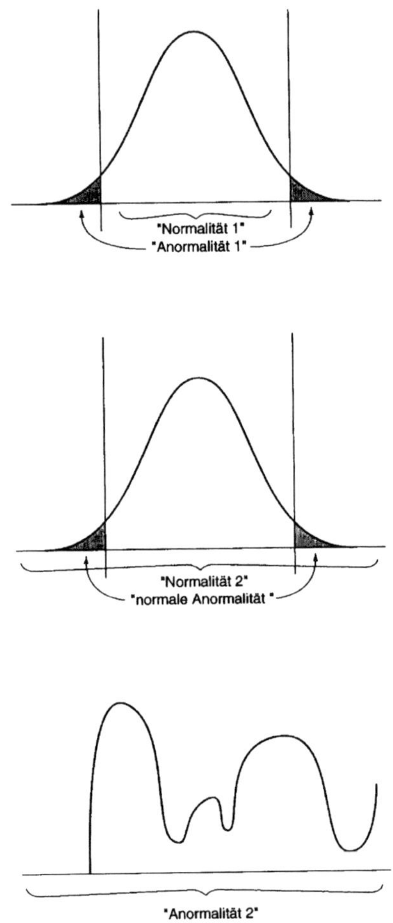

Durch die Verdopplung der Normalität in Partial- und Gesamtnormalität wird Durkheims Instrumentarium so komplex wie kein anderes zuvor. Dabei konvergieren alle sich daraus ergebenden Schwierigkeiten im Status der Normalitätsgrenze: Bei Durkheim gibt es sowohl protonormalistische symbolische Stigmagrenzen wie rein statistisch konstituierte statisch-fixe Grenzen wie drittens bereits statistisch gefaßte dynamisch-flexible Grenzen (s.u.). Dabei setzt auch Durkheim bei dem Prinzip von Broussais-Comte über die Kontinuität von Normalem und Anormalen an:

Die Krankheit widerspricht der Gesundheit nicht; beide sind Abarten derselben Gattung und erklären sich gegenseitig. Das ist eine in der Biologie wie in der Psychologie schon längst anerkannte und gehandhabte Regel, und die Soziologie ist sie zu achten nicht minder verbunden. (*R* 135f.)

Bei Comte hatte dieses Kontinuitätsprinzip die protonormalistische Reaktion des *Festklopfens* der Normalitätsgrenze mittels symbolischer Stigmata (»gesund«, »natürlich« usw.) ausgelöst. Obwohl auch Durkheim immer wieder in diesem Diskurs ›mitschwimmt‹, geht es ihm hauptsächlich gerade um Entsubstantialisierung. An die Stelle von »Krankheit« tritt bei ihm daher tendenziell die statistische Seltenheit, die »Ausnahme« (»exception«). An dieser Stelle des Gedankengangs ist Durkheim allerdings in ein Quidproquo geraten: Sowohl die normale Abweichung (Beispiel normale Kriminalität) wie die Anormalität (Beispiel Krankheit bzw. anormale Kriminalität) sind statistisch durch erheblich geringere Streuung als der Durchschnitt einer Population gekennzeichnet, beide sind insofern »Ausnahmen«.

Jede soziologische Erscheinung ist wie übrigens jede biologische Erscheinung imstande, je nach Umständen verschiedene Formen anzunehmen, wobei sie doch im Wesen dieselbe bleibt. Unter diesen Formen gibt es nun zwei Arten. Die einen treten im ganzen Bereiche der Gattung allgemein auf; sie finden sich vielleicht nicht gerade bei sämtlichen Individuen, aber doch bei der Mehrzahl von ihnen. Selbst wenn sie sich nicht überall, wo man sie beobachtet, in identischer Weise wiederholen, sondern sich von Individuum zu Individuum ändern, so halten sich ihre Variationen in sehr engen Grenzen. Im Gegensatz dazu gibt es andere Erscheinungen, die nur ausnahmsweise vorkommen. Sie finden sich auch nicht nur bei einer Minorität, sondern selbst da, wo sie vorkommen, geschieht es zumeist, daß sie nicht das ganze Leben des Individuums hindurch andauern. Sie sind eine Ausnahme in der Zeit wie im Raum. (R 147f.)

Statistisch lassen sich Teilklassen einer ansonsten homogenen Population in der Tat ausschließlich durch besondere Differenzen in der Streuung begründen. Durkheim schlägt also statt der »Krankheits«-Metapher die Kategorie »Ausnahme« (exception) als Definiens der Anormalität vor. Wie sich zeigen wird, schließen sich an diese Kategorie bei ihm die Kategorien des »Unfalls/Störfalls« (accident) und der »Störung« (perturbation) an. Genauer müßte man noch ergänzen, daß Diskontinuitäten innerhalb eines kontinuierlichen statistischen Feldes vor allem durch eine besonders steil abfallende Streuungskurve zu begründen wären.

Wenn also ein besonders starker Abfall in der Häufigkeit eine Normalitätsgrenze begründen kann, so ist damit allerdings der Unterschied zwischen Durkheims Anormalität und Durkheims normaler Abweichung nicht erklärbar. Beide sind, statistisch gesehen, von der Mehrheit der Population durch einen steilen Kurvenabfall, also eine potentielle Normalitätsgrenze, getrennt.

Die Aporie der ›normalen Anormalität‹ bei Durkheim scheint sich eventuell zu lösen, wenn das Problem dynamisiert gedacht wird. In der Tat

bleibt Durkheim nicht bei statischen Streuungskurven stehen, sondern erblickt den eigentlich springenden Punkt der sozialen Normalität in der evolutionären Perspektive. Hatte er in statisch-synchronischer Fragestellung gerade noch die Normalität von Kriminalität und Selbstmord postuliert, so führt er kurz danach in historisch-dynamischer Blickrichtung anormale Kriminalität und anormale Selbstmordraten ein.

Aus der in diesem Kapitel entwickelten Theorie hat man zuweilen gefolgert, daß, nach unserer Auffassung, die ansteigende Bewegung der Kriminalität im Laufe des 19. Jahrhunderts ein normales Phänomen sei. Nichts liegt unserem Denken ferner. Einige Tatsachen, die wir in bezug auf den Selbstmord [...] vorgebracht haben, lassen uns im Gegenteil der Ansicht zuneigen, daß diese Entwicklung im allgemeinen krankhaft ist. (*R* 164)

Tatsächlich war Durkheim in seiner Studie über den Selbstmord[54] auf zwei statistische Fakten gestoßen, die gegenüber dem Befund der ›normalen Anormalität‹ des Phänomens eine Abweichung darstellen: Erstens gibt es so etwas wie »Selbstmord-Epidemien«, also vorübergehende auffällige Steigerungen – und zweitens ist seit etwa der Mitte des 19. Jahrhunderts eine langfristig stetige erhebliche Steigerung in den am meisten »zivilisierten« Ländern zu beobachten. Durkheim sieht sich gezwungen, für diese Erscheinungen einen eigenen Selbstmord-Typ zu postulieren, den er den »anomischen Selbstmord« nennt (273ff.). Bekanntlich interessiert sich Durkheim für den Selbstmord, weil er in ihm eine empirische Größe sieht, die es erlaubt, den durchschnittlichen Intensitätsgrad der »Solidarität« einer Gesellschaft, d.h. den Grad ihrer »Integration«, objektiv und positiv zu messen. Die Durchschnitte der ersten Hälfte des 19. Jahrhunderts setzt er als »normal« an. Die »Epidemien« in Zeiten von Krisen und »Störungen des Gleichgewichts« der sozialen Kohäsion sind insofern anormal. »Störungen« lassen sich natürlich nur bezüglich eines als normal angenommenen Durchschnitts (konkret: erste Hälfte des 19. Jahrhunderts) postulieren. Nun muß Durkheim aber konstatieren, daß solche »Störungen« und solche »Anomien« in der 2. Hälfte des Jahrhunderts »chronisch« geworden sind:

Wenn sich ein solcher Zustand der Anomie, wie wir ihn in diesen Fällen aufgezeigt haben, nur gelegentlich und als Krisenhöhepunkt ereignet, könnte er zwar sehr wohl von Zeit zu Zeit auf die soziale Selbstmordrate Einfluß haben, würde aber dabei keine regelmäßige und konstante Rolle spielen. Es gibt aber eine Sphäre des gesellschaftlichen Lebens, wo er tatsächlich eine Art Dauerzustand ist, nämlich in der Welt des Handels und der Industrie. (290) – Daher die fieberhafte Betriebsamkeit in diesem Sektor der Gesellschaft, die sich auf alle übrigen ausgedehnt hat. Daher ist Krise und Anomie zum Dauerzustand und sozusagen normal geworden. (292)

---

54 Durkheim, Emile, *Der Selbstmord*, Frankfurt/Main 1983 (stw 431).

Niemand weiß besser als Durkheim, daß der Industrialismus allerdings gerade der dominante Sektor der modernen Gesellschaften ist: eigentlich befinden sich also die modernen Gesellschaften als solche im Status »chronischer Anomie«. Im weiteren Verlauf seiner Untersuchung läßt Durkheim nicht einmal Zweifel darüber bestehen, daß »chronische Anomie« synonym für (aus Dynamik entspringende) »chronische Denormalisierung« und insofern »chronische Anormalität« zu lesen ist:

Das anormale Anwachsen der Selbstmordzahlen und das allgemeine Elend in unseren derzeitigen Gesellschaften haben die gleiche Ursachen. Die außerordentlich hohe Zahl derjenigen, die freiwillig aus dem Leben scheiden, zeugt von der tiefen Verwirrung, an der die zivilisierten Gesellschaften leiden, und sie bestätigt den Ernst der Situation. Man kann sogar sagen, daß sie einen Maßstab dafür darstellt. (466)

Damit ist er allerdings zu einem Ergebnis gelangt, das seinen ganzen Ansatz ad absurdum zu führen scheint: »chronische« Daten sind ja die Definition von Normalität! Wenn man noch kurze »anormale Zeiten« (229) akzeptieren kann, so schwerlich langdauernde ›anormale Epochen‹, die ja ›anormale Normaltypen‹ von Gesellschaftlichkeit implizieren würden. Und doch scheint Durkheim seine (sie ist noch unsere) Gegenwart als solche zu begreifen. Nichts ist symptomatischer für seinen historischen Ort an der Gabelung zum flexiblen Normalismus. Durkheim diagnostiziert sie, bekommt dabei Angst vor der eigenen Courage und sucht bei protonormalistischen Fixitäten Zuflucht. Zunächst die Diagnose:

Was heute normal ist, ist es morgen nicht mehr, und umgekehrt. Die voluminösen Eingeweide des Primitiven sind für seine Umwelt normal, aber sie wären es heute nicht mehr. Was für den Einzelnen krankhaft ist, kann für die Gesellschaft normal sein. Vom Standpunkt der Individualpsychologie ist Neurasthenie eine Krankheit, was aber wäre eine Gesellschaft ohne Neurastheniker? Sie spielen wirklich eine soziale Rolle. Wenn man von einem Zustand sagt, er sei normal oder anormal, muß man hinzufügen, in bezug auf was er so bezeichnet wird. Ohne das gibt es Mißverständnisse. (432)

Dann die panikartige Zuflucht zum Protonormalismus:

Wenn ein sozialer Typus sich einmal etabliert hat, ist er nicht mehr unbeschränkt formbar; es ist da schnell eine Grenze erreicht, über die hinaus es nicht weitergeht. Die Veränderungen, auf die die Zahlen der Selbstmordstatistiken unserer Zeit schließen lassen, können also nicht normal sein. Selbst ohne zu wissen, worin sie nun im einzelnen bestehen, kann man von vornherein sagen, daß sie nicht von einer gesetzmäßigen Entwicklung herrühren, sondern von einer krankheitsähnlichen Erschütterung [...]. (436)

In dynamischer Perspektive denkt Durkheim also normale und anormale Wachstumsraten. Die negative Wachstumsrate der Religion im 19. Jahrhundert ist seines Erachtens ein Beispiel für eine normale Wachstumsrate,

was er mit ihrer Funktionalität für das Aufsteigen des hoch arbeitsteiligen, individualistischen modernen Gesellschaftstyps begründet (*R* 153). Das Normalitätskriterium liegt hier in einer geschichtsphilosophisch unterbauten Kulturtypologie, die auf substantielle (eurhythmische) Annahmen rekurrieren muß: Was parallel zum Trend gesteigerter Arbeitsteilung und zum wachsenden Individualismus läuft, ist normal. Durkheim bewegt sich hier in Widersprüchen, die symptomatisch für den Indifferenzpunkt von Protonormalismus und Flexibilitäts-Normalismus sind, von dem aus er denkt. So erklärt er, wie eben erwähnt, an anderer Stelle die stark steigende Selbstmordrate für anormal, obwohl er ihre Parallelität zum modernen Gesellschaftstyp überzeugend begründet hatte. Imgrunde stößt Durkheim hier bereits auf die Aporien des flexiblen Normalismus, dessen Grundverfahren darin besteht, eine mittelfristig annähernd stabile durchschnittliche Wachstumsrate zunächst einmal als normal zu akzeptieren. Wie die »Grenzen des Wachstums« aber exemplarisch gezeigt haben, gibt es ökologische Rahmenbedingungen im weitesten Sinne, die so etwas wie »eurhythmische Fundamentalschwellen« bedeuten. So kann die Selbstmordrate nicht unbegrenzt ansteigen, ohne die Reproduktion der Gesellschaft zu gefährden, was unmittelbar einleuchtet. Kann aber die Religion bis gegen Null absterben? Durkheim ist davon überzeugt. Seine willkürlich erscheinenden Einordnungen verschiedener Wachstumstrends als entweder normal oder anormal entspringen in Wahrheit einer aktiv intervenierenden Normalisierungstaktik. Es gibt für ihn Trends, die gefahrlos unbegrenzt wachsen (Arbeitsteilung, Wissenschaft) oder gegen Null sinken (Religion) können; es gibt andere, die in Form einer logistischen Kurve stabilisiert werden müssen (Selbstmord, Kriminalität).

> Man darf in der Tat nicht vergessen, daß es hauptsächlich der Erleuchtung der Praxis dient, wenn ein Interesse an der Unterscheidung des Normalen vom Anormalen vorhanden ist. [...] Es gibt sogar Umstände, unter denen diese Verifikation unumgänglich erforderlich ist [...]. Das gilt für Perioden des Überganges, wenn die Gattung im ganzen in Entwicklung begriffen ist, ohne noch endgültig in einer neuen Form festgelegt zu sein. In diesem Fall ist der einzige, schon fertige und tatsächlich gegebene Normaltypus der der Vergangenheit, und demnach stimmt er mit den neuen Lebensbedingungen nicht mehr überein. [...] Es zeigt dann nur mehr den Schein des Normalcharakters [...]. Diese Schwierigkeit ist übrigens eine Besonderheit der Soziologie. Für den Biologen besteht sie nicht. (*R* 151f.)

Mit dem letzten Satz sprengt Durkheim imgrunde die gesamte Relevanz des biologischen Modells und gesteht ein, daß soziale »Adaptation« in ihrem Wesen zur Regulation auf der Basis extrapolierter statistischer Kurven tendiert.

Bekanntlich sah der spätere Durkheim eine Art Allheilmittel für alle sozialen Anormalitäten (wir können also sagen: ein umfassendes Normalisie-

rungsinstrument) in der Wiedererrichtung von »Korporationen« (s. vor allem das ausführliche zweite Vorwort zum Buch über die Arbeitsteilung). Der faschistische Korporatismus hat dieses Konzept definitiv diskreditiert, möglicherweise aber auch in ein falsches Licht gerückt. Um es paradox zu sagen: womöglich verstand Durkheim unter »Korporationen« ähnliche Institutionen wie eine Mischung aus deutschen DGB-Gewerkschaften und lateinamerikanischen Basisgemeinden. Sie sollten zum einen auf der Basis wissenschaftlichen Wissens, d.h. sicher vor allem auf der Basis statistischer Kurven und ihrer Auswertung, funktionieren. Sie sollten zum anderen aber gleichzeitig eine permanente soziale ›Wärme‹ ermöglichen. Das wäre also eine Mischung aus flexibel-normalistischem Funktionalismus und eurhythmischer Utopie gewesen. Diese Mischung schien ihm die einzig mögliche Basis für eine wirklich moderne »Konsens«-Bildung. Die eurhythmisch-utopischen Komponenten konnte Durkheim aber nicht anders als regressiv-statisch und autoritär-fixistisch denken, anders gesagt: er konnte sie nicht anders als protonormalistisch denken. Diese regressive Wendung wird den Flexibilitäts-Normalismus ständig begleiten, sie folgt aus der aporetischen Struktur der Normalitätsgrenze. Auf der symbolischen Ebene des Diskurses ist die medizinische Metaphorik von »Gesundheit« und »Krankheit« der deutlichste Indikator dieser Regression:

> Das Ziel der Humanität verfließt also ins Unendliche, entmutigt die einen durch seine Entfernung und stachelt dagegen die andern an, die die Gangart beschleunigen und sich in Revolutionen stürzen, um sich ihm ein wenig zu nähern. Diesem praktischen Dilemma entgeht man, wenn das Erstrebenswerte die Gesundheit ist, und wenn die Gesundheit etwas Umgrenztes und in den Tatsachen Gegebenes ist [...]. Es handelt sich nicht mehr darum, verzweifelt einem Ziele nachzugehen, das in dem Maße, als man sich ihm nähert, entflieht, sondern mit regelmäßiger Beharrlichkeit daran zu arbeiten, den Normalzustand zu erhalten, ihn wieder herzustellen, falls er gestört ist, und seine Bedingungen von neuem zu schaffen, wenn sie sich geändert haben. (R 163)

Wie man mit geregelter Routine ganz bestimmte und einmalige neue Bedingungen finden kann, bleibt dabei Durkheims Geheimnis. Auf der anderen Seite arbeitet die kybernetische Metaphorik von *Störung* und *Gleichgewicht* der Systemtheorie vor.

Indem Durkheim also substantiell aufgefaßte »Anormalitäten« (wie Kriminalität und Selbstmord) partiell, d.h. innerhalb von quantitativen Grenzen, für »normal« erklärt, die gleichen Substantialitäten aber jenseits einer solchen Grenze für »anormal«, führt er einen rein quantitativen, rein relativen Normalitäts-Begriff ein. Von den zeitgenössischen Selbstmorden ist ein gewisses Quantum normal, ein anderes Quantum anormal, wobei keine substantielle Unterscheidung der beiden Quanta (nach markierbaren Individuen) möglich ist. Damit hat Durkheim gleichzeitig eine rein relative Konstitution der Normalitätsgrenze eingeführt: Sie verläuft nicht zwischen sub-

stantiell differenten und entsprechend semiotisch markierbaren Unterklassen von Populationen, sondern innerhalb und quer durch solche. Das Kriterium wird aus der langfristigen dynamischen Tendenz gewonnen, allerdings nicht rein empirisch-technisch (wie im flexiblen Normalismus), sondern in Kombination mit statisch-fixen (letztlich moralischen) Grundannahmen über Eurhythmien, die schlicht oktroyiert werden. Damit kehrt Durkheim auf der diachronisch-dynamischen Ebene wieder zum Substantialismus zurück, den er zunächst auf der synchronischen Ebene bekämpft hatte. Es handelt sich aber um einen komplexen Substantialismus zweiten Grades: in biologisch-medizinischer Metaphorik werden lediglich bestimmte Grade von Abweichung als eine Art *Immunsystem* avant la lettre (vgl. Luhmann) in die Normalität integriert. Diese Rückversicherung bei dezisionistischen Grenzwerten steht in flagrantem Widerspruch zu Durkheims hauptsächlichem (statistischem) Denkansatz: Ein enormes Anwachsen der Kriminalität könnte ja z.B. auch durch Liberalisierung des Rechts normalisiert werden. Die gesamte Entfaltung der Problematik der Normalität bei Durkheim nimmt die Grundeinsichten, Grundorientierungen und Schwierigkeiten (bis hin zu Aporien) des Flexibilitäts-Normalismus als historischer Formation vorweg. Wenn eine vergangene Rate nicht als sichere Basis für dynamische Normalitätsgrenzen dienen kann, weil Gesellschaften sich unprognostizierbar ändern, wenn aber gleichzeitig Intuitionen über eurhythmische Rahmenbedingungen es als nahezu evident erscheinen lassen, daß nicht jede Rate akzeptabel sein wird – wie sollen dann nicht-substantialistische, aber technisch verläßliche (»positive«) Kriterien für Normalitätsgrenzen denkbar sein? Diese gleiche Aporie wird auch künftig im flexiblen Normalismus immer wieder den Wunsch nach einer letzten sicheren Normalitätsgrenze, also nach einer absoluten Konstante provozieren und produzieren.

Insert: Die Normalität mit der (protonormalistischen) Naturalisierung und mit der Normativität ausschütten (Norbert Pinkus)?

Im Jahre 1906, mitten in der Phase, als sich nach der These der vorliegenden Studie der erste starke Schub flexibel-normalistischer Tendenzen an den Widerständen des Protonormalismus rieb, erschien in Leipzig eine wirtschaftswissenschaftliche Arbeit, die unter mehreren Aspekten für die vorliegende Untersuchung relevant ist. Es handelt sich um die Publikation *Das Problem des Normalen in der Nationalökonomie*[55] von Norbert Pinkus. Pinkus kritisiert radikal die Verwendung der Kategorie »Normalität« in der

55 Norbert Pinkus, *Das Problem des Normalen in der Nationalökonomie.* Beitrag zur Erforschung der Störungen im Wirtschaftsleben, Leipzig 1906.

Wirtschaftswissenschaft, weil er sie für die Quintessenz organologischer, also biologischer bzw. ganz allgemein natürlicher (einschließlich physikalischer) »Analogien« hält. Das von Pinkus genommene Ärgernis zeigt nun zunächst, daß der diskursive Komplex des »Normalen« um 1900 (zumindest im ökonomischen Spezialdiskurs, aber sicher nicht nur dort) ein derartiges Gewicht gewonnen hatte, daß er schlechthin nicht mehr zu übersehen war und eine systematische Reflexion sozusagen provozierte. Dabei fiel bereits Pinkus auf, was noch heute genauso zu konstatieren ist: daß die Normalität einer Art von Reflexionsscheu zu begegnen schien (und scheint):

> Es gibt wohl in jeder Wissenschaft Begriffe, die von den meisten Forschern als allgemein bekannt vorausgesetzt und gebraucht werden, und deren Erörterung als banal oder gar geschmacklos unterlassen zu werden pflegt. Viele von diesen Begriffen werden sehr bald Allgemeingut und Grundlage von einander widersprechenden Theorien, ohne daß die Frage ihrer Existenzberechtigung aufgeworfen wird. [...] Man wüßte da kaum ein Gebiet zu nennen, das von den scheinbar harmlosen und plausibeln Vorstellungen [...] des wirtschaftlich *Normalen* und *Abnormen* gänzlich frei wäre. (XI)

Pinkus, von der Wissenschaftstheorie des Neukantianismus beeinflußt, möchte mit seiner Kritik »objektiv«-szientifische von »subjektiven«, mit »teleologischen Werturteilen« durchsetzte Diskurse säuberlich trennen. Im Komplex der Normalität sieht er zu Recht eine besonders tückische »Vermischung« zwischen beiden. Er beginnt seine Kritik mit einer ausführlichen historischen Analyse, die umfangreiches Material für die Verwendung des Diskurs-Komplexes der Normalität im ökonomischen Spezialdiskurs präsentiert, auf das die vorliegende Untersuchung ergänzend verweisen kann. Dabei ist einschränkend bloß zu präzisieren, daß Pinkus allerdings nicht an einer präzisen Begriffsgeschichte von »normal/Normalität/Normalisierung« im ökonomischen Diskurs interessiert ist, sondern (avant la lettre) von vornherein die Einheit eines umfassenden diskursiven Komplexes im Auge hat, der außer diesem semantischen Kern vor allem auch die ›umgebende‹ Kollektivsymbolik umfaßt (Pinkus spricht von »Analogien«, »Bildern«, »Metaphern«, »Vergleichen«). Für die Zwecke der vorliegenden Untersuchung hat dieses globale semantische Verfahren allerdings auch Vorteile. Es erlaubt eine Übersicht über die interdiskursiven Transfers und Konstellationen, in denen die ökonomische »Normalität« situiert werden muß. Nach Pinkus sind es die »Vorstellungen der Gesundheit und Krankheit, Harmonie und Disharmonie, des Gleichgewichts und der Gleichgewichtsstörung, des Natürlichen und Unnatürlichen, des Proportionierten und Unverhältnismäßigen« (XI), die die Ökonomen dem »Normalen und Abnormen« unterlegen. Aus diesem Resümee wie aus den reichhaltigen Belegen ergibt sich eindeutig, daß es sich in erster Linie um Importe aus dem medizinischen und aus technologischen (besonders hydraulischen) Spezialdiskursen han-

delt[56]. Das bestätigt die These der vorliegenden Untersuchung, derzufolge der interdiskursive (kollektivsymbolische) Komplex der »homöostatischen Normalität« (als Kombination aus medizinischer und industrieller Normalität) den Normalismus des 19. Jahrhunderts dominiert. Pinkus erkennt in diesem Komplex eine Mischung aus Naturalisierung (insbesondere durch die medizinischen und physikalischen Diskursimporte induziert) und eingeschmuggelter Normativität, wobei er diese beiden Aspekte nicht zu sondern vermag. Naturalisierung als solche muß ja nicht »Teleologie« und »Werturteile« implizieren, sie könnte sich auch auf eine deterministische Rahmenideologie beschränken. Es ist der technologische (industrialistische) Aspekt der homöostatischen Kollektivsymbolik, der zur Vermischung von Natur-Ideologie und Normativität führt: Wenn die Wirtschaft nach Naturgesetzen abläuft, lassen sich para-technologische Taktiken vorstellen, die zur planerischen (»teleologischen«) Setzung von Normen führen können. Diese Verknüpfung ist charakteristisch für den Protonormalismus: Er naturalisiert die Normalität durch medizinische und biologische Modelle, und er koppelt gleichzeitig die so gefaßte Normalität an Normativität, indem er normalistische soziale Normen als »Natur«-komplementär, also als therapeutisch bzw. sozialtechnologisch ausgibt. Gerade diese protonormalistische Verknüpfung hat im Laufe des 19. Jahrhunderts zur zunehmenden Differenzierung zwischen Normalität und Normativität beigetragen. Pinkus möchte imgrunde, wie sich zeigen wird, die Normativität von der Normalität abtrennen, wobei er den gesamten semantischen Komplex verwirft. Objektiv arbeitet er dabei, indem er Naturalisierung und Normativität als Kriterien von Normalität verwirft, dem flexiblen Normalismus vor.

Pinkus möchte die gesamte Kollektivsymbolik und damit die gesamte Interdiskursivität aus dem Spezialdiskurs austreiben, weil er in ihnen nach szientistischer Manier Konzentrate von »Werturteilen« erblickt. Er hat dabei nicht nur übersehen, daß selbst der operationalste Spezialdiskurs nicht ohne jede interdiskursive Verankerung funktionieren kann – er hat vor allem die symptomatische und interessante Sonderstellung der Normalität zwischen dem »Subjektiven« und dem »Objektiven« (für die man fast versucht wäre, die kalauerhafte Wortspielprägung eines »Sobjektiven« vorzuschlagen) zwar reflektiert, aber nicht genügend. So ist vor allem seine Kri-

56 Ohne jeden Beleg und ohne Begründung behauptet Pinkus an einer Stelle, der Begriff der Normalität »dürfte [...] ursprünglich im sozialwissenschaftlichen Sprachgebrauch entstanden sein« und erst später die andere in die Naturwissenschaften übertragene Bedeutung angenommen haben. »Wir« seien demnach »einmal in der Lage, die Rolle von Darlehnsgebern den Naturwissenschaften gegenüber zu spielen [...]«. (248) Diese ominöse Behauptung erklärt sich entweder durch einen stillschweigenden Rückgriff auf die Etymologie von »norma« oder durch Unkenntnis der naturgeschichtlichen und medizinischen Herkunft, was allerdings bei der Belesenheit von Pinkus erstaunlich wäre.

tik an Durkheim in dem abschließenden theoretischen Resümee nicht auf der Höhe ihres Objekts (249ff.). Pinkus ordnet Durkheim den »objektiven« Normalitäts-Theorien zu, wobei er ihn zwar prinzipiell zu Recht, ohne aber auf die komplexen Differenzierungen Durkheims einzugehen, zu den statistisch fundierten Ansätzen zählt. Für Durkheim sei Normalität mit statistischen Durchschnitten identisch, was zu der – von Pinkus von vornherein als absurd betrachteten – Folgerung führe, daß Kriminalität als »normal« betrachtet werden müsse. Dabei ist Durkheims Argumentation vollständig verkürzt und verfälscht wiedergegeben: Pinkus geht weder auf die Differenzierungen ein, die sich aus der statistischen Dynamik ergeben, noch auf die Differenz zwischen ›normaler Anormalität‹ und ›anormaler Anormalität‹ (»Anomie«). Ironischerweise schlägt er zu guter Letzt noch ein eigenes Modell vor, dessen impliziter theoretischer Rahmen genau der bei Durkheim kritisierte ist (bloß ›naiver‹, und zudem inkorrekt gehandhabt): Um eine strikt »objektive« Krisentheorie zu entwickeln, müsse man sich bloß auf statistische Daten stützen. Krisen (= »Störungsjahre«, 283 passim) seien nicht »anormal«, sondern bloß »anders« (285, 291) als der »Durchschnitt«, der zirkelschlüssig lediglich auf Basis der »zwischen den Störungsjahren liegenden Zeiträume« (283f.) errechnet wird. (Die Daten der Krisenjahre selbst gehen also nicht in die Berechnung des Durchschnitts ein!) Pinkus möchte so ein Maß gewinnen, um den »Grad der Erfüllung oder Nichterfüllung der jeweiligen Erwartungen« (283) der kalkulierenden Wirtschaftssubjekte messen zu können. Er geht davon aus, daß die »störungsfreien« (um »normal« zu vermeiden!) Jahre durch annähernde Erfüllung der »Chancenberechnungen der Wirtschaftssubjekte« (275) und die »Störungsjahre« (um »anormal« zu vermeiden!) durch »Fehlschlagen der Kalkulation ganzer Gruppen von Wirtschaftssubjekten« (275) zu kennzeichnen seien. Er bildet sich ein, durch diese Trennung das Zeit- und Geschichtskontinuum auf »objektive« Weise in zwei diskontinuierliche Segmente verschiedener Qualität (»anders«) aufteilen zu können und verbietet sich aus Gründen der »Objektivität« weitere Fragen, weil dann wieder »Werturteile« drohten. Wir haben es mit einer diskursiven Komödie zu tun: Pinkus stellt gegen die Normalität gerade jenes statistische Dispositiv, das der Normalismus im Laufe des 19. Jahrhunderts entwickelt hat – er verbindet es genau wie der Normalismus mit einem homöostatischen Modell (»Erfüllung/Nichterfüllung der Erwartungen« = »Störungsfreiheit/Störung«) – er weigert sich aber, die homöorhetische Problematik auf dieser Basis weiterzudenken. Als ob die Wirtschaftssubjekte nicht von der Kontinuität zwischen »störungsfreien« und »gestörten« Jahren überzeugt wären und die Konjunkturschwankungen demnach Teil ihrer »Erwartungen« (und mithin Kalkulationen) wären! Insofern ist auch die Arbeit von Pinkus (auf komische, wie die von Durkheim auf seriöse Weise) symptomatisch für die Verzweigungs-Phase zwischen

Protonormalismus und Flexibilitäts-Normalismus: Sie kapituliert vor den Schwierigkeiten einer auch theoretischen Dynamisierung und Flexibilisierung des Normalismus und klammert sich an einfache, invariante Homöostase (indem sie die »störungsfreien« Jahre einzelner Konjunkturzyklen als unüberschreitbare Einheiten behandelt) bzw. regrediert in qualitative Denkmuster (»anders«), also vor den Normalismus. Diese Quidproquos haben verhindert, daß Pinkus sein mehr implizites Ziel deutlich genug, um wirken zu können, hätte formulieren können: Den Normalismus von protonormalistischer Vermischung mit Naturalisierung und Normativität zu entlasten und seine operativen, statistischen und homöostatischen Dispositive für unbeschränkte Dynamisierung und Flexibilisierung freizusetzen. »Normalität« und »normal« seien, heißt es bei ihm, »nur ›Worte‹« (260), womit er sagen will, es entspreche ihnen nichts Objektiv-Wissenschaftliches.

Zur Diskursgeschichte der industriellen Normung vor Taylor (einschließlich Konfektion)

Das heute übliche System von Industrienormen ›kristallisierte‹ sich in den führenden Industrieländern erst im Laufe des Ersten Weltkriegs unter dem Druck einer ersten extremen »Rationalisierung«. So wurde in Deutschland 1917 im Anschluß an den »Normalienausschuß für den allgemeinen Maschinenbau« des VDI der »Normenausschuß der deutschen Industrie« (seit 1926 »Deutscher Normen-Ausschuß« = DNA, seit 1975 »Deutsches Institut für Normung« = DIN) gegründet[57]. Sowohl der militärische[58] wie der ingenieurwissenschaftliche Kontext der Industrienormen ging, wie sich bereits zeigte, bis ins 18. Jahrhundert zurück. Auch das terminologische Schwanken zwischen »Normalien«/«Normalen« und »Normen« kennzeichnet die gesamte Belle Époque (darauf beruht auch die Dublette »Normung«/»Normalisierung«, die das frz. »normalisation« erklärt).

Nachdem mit den Gewinde-Normen von Whitworth bereits 1841 die Tendenz zur Normung der Maße und Gewichte (Eichung) auf die Maschinen übergegriffen hatte, erreichte in Deutschland vor allem der VDI (und später der VDE) seit den sechziger Jahren des 19. Jahrhunderts die schrittweise Einführung nationaler Normen, die darüber hinaus auch damals schon teilweise international verhandelt wurden (als Vorstufen zu den heutigen ISO-Normen). Noch heute haben die (zu Beginn der achtziger Jahre

57 Vgl. dazu ausführlich Thomas Wölker, *Entstehung und Entwicklung des Deutschen Normenausschusses*, Diss. Berlin Eigendruck 1991 (mit ausführlichen weiteren Literaturangaben).

58 S. dazu manche einschlägige Informationen in der klassischen Darstellung von Werner Sombart, *Krieg und Kapitalismus*, München/Leipzig 1913.

des 20. Jahrhunderts etwa 20.000) DIN-Normen allerdings, soweit sie nicht per Gesetz oder Verordnung übernommen sind, offiziell bloß Empfehlungscharakter. Darin zeigt sich der paradoxe Charakter der Industrienorm als einer normalistisch ›eingependelten‹, prinzipiell verschiebbaren und dennoch imperativen Größe (s. u. Abschnitt VI.4.).

Die Katalysatorfunktion des Militärs erweist sich auch auf dem scheinbar von den Maschinen (und Waffen) sehr fernen, aber für moderne Alltage zentralen Sektor der Kleidung: Standardisierte Uniformgrößen gehörten zu den Voraussetzungen der Konfektionskleidung, die mehr noch als andere Industrieprodukte den Körper im Wortsinne ›investiert‹ und daher entscheidend an der Bildung subjektiver Identität beteiligt ist. Bevor während des 19. Jahrhunderts parallel zueinander »Normalgrößen« und »Systeme« diskontinuierlich gestreuter Konfektionsgrößen entwickelt wurden, hatte sich das massenhafte Körpermessen im Schneiderhandwerk bereits als ein Schlüsselsektor normalistischer Verdatung etabliert[59]. Verblüffend analog etwa zu Quételets Anthropometrie legten sich Tausende von Schneiderbetrieben insbesondere seit Erfindung des Maßbandes 1815 Sammlungen von Körperdaten als Basis für Standardschnittmuster an. Daraus entstanden, wie Kerstin Kraft dargestellt hat, drei dominante Typen von Schnittmusterspektren: das »Proportional- und Normalsystem«, die »Corporismetrie« sowie eine Kombination aus beiden (76–83). Dabei war das Normalsystem, das sich an Durchschnittswerten orientierte, gegenüber der je individuellen Corporismetrie zeitsparend. Der Begriff von »Normalien« meinte im 19. Jahrhundert häufig Industrienormen (z.B. geeichte Bierkrüge). Die Konfektionsgrößen aber, die sich auf massenhafte Verdatung und Vergleich vieler Individuen sowie auf Bestimmung von Durchschnitten und Orientierungstypen (»Normalgrößen«) gründeten, bildeten bereits ein genuin normalistisches Dispositiv. Sehr viel später im 20. Jahrhundert erst machte sich dieser Trend zum ›Pluralismus‹ (d.h. zur Streubreite) von Industrieprodukten auch bei anderen Artikeln wie Autos bemerkbar: Parallel damit rückte die definitive Integration der Industrienorm in den Normalismus näher[60].

---

59 S. zum folgenden Kerstin Kraft, »kleider. schnitte«, in: Gabriele Mentges/Heide Nixdorff (Hg.), *zeit. schnitte*. Kulturelle Konstruktionen von Kleidung und Mode, Berlin 2001, 16–138; Friedrich-Wilhelm Döring, *Vom Konfektionsgewerbe zur Bekleidungsindustrie*. Zur Geschichte von Technisierung und Organisierung der Massenproduktion von Bekleidung, Frankfurt/Main u.a. 1992.

60 Vgl. ausführlicher J.L., »Textil genormte oder textil differentiell gestylte Körper? Uniformität zwischen Normativität und Normalität«, in: Gabriele Mentges/Birgit Richard (Hg.), *Schönheit der Uniformität*. Körper, Kleidung, Medien, Frankfurt/Main/New York 2005, 43–56.

Hygiene und Sozialhygiene als protonormalistische Leitdiskurse

Normalistische Medizin für die »Normalen« hieß im 19. Jahrhundert und weit darüber hinaus (solange die protonormalistische Strategie dominierte) »Hygiene«: Es handelte sich dabei um ein dominant präventives Dispositiv, das die Normalitätsgrenzen betonte und mittels der entsprechenden Stigmata abschreckte. Dabei betrachtete die Spielart der »Sozialhygiene« das Proletariat als eine Sonderzone voller Risiken von Proliferationen und Denormalisierungen (Epidemien, Alkoholismus, »Entartung«, »Minderwertigkeit«). Die Gegenmaßnahmen zielten zum einen symbolisch auf *Trockenlegung des Sumpfes*, z.B. durch Verbesserung der Wohnungssituation und Einführung der Normalfamilie statt der »promisken« Sexualität (s. dazu exemplarisch die an Foucault orientierte Studie von Murard und Zylbermann[61]), zum anderen auf eugenische Extirpation des nicht integrierbaren Restes (dazu exemplarisch die Studie von Greta Jones[62]).

Statt einer ausführlichen Darstellung sei hier bloß ein kurios anmutendes, aber exemplarisches interdiskursives Ereignis erwähnt, und zwar die durchaus kulturprägende Proliferation der Jaegerschen »Normalkleidung« in Deutschland und insbesondere in England[63]. Gustav Jaeger, Mediziner, Biologe, Darwinist, Sexualtheoretiker, Antisemit, Sportler und »Lebensreformer«, steht an Universalität des Interesses und der Aktivitäten anderen großen Normalisten des 19. Jahrhunderts, wie etwa Francis Galton, kaum nach. Wie Galton ist er ein unermüdlicher Aktivist im Messen, statistischen Berechnen, Kurvenzeichnen, Sammeln, Experimentieren, Erfinden und Basteln. Zu seinen Erfindungen zählen u.a. das erste kontinentale große Seeaquarium in Wien, das »Normalbett« mit »Normalmatratze«, der Zehenstrumpf, eine Art Laufställchen und eben eine Unmenge verschiedenster »Normal«-Kleidungsstücke: »Normalhemden«, »Normalröcke«, »Normalstrümpfe«, »Normal-Corsette« u.a. Als Professor für Hygiene am Stuttgarter Polytechnikum (seit 1869) interessierte sich Jäger insbesondere auch für Kleidungshygiene. Er sprach sich für enganliegende Schafswollkleidung aus, die angeblich gesundheitsschädliche »Stinkstoffe« am besten aus dem Körper locken und absorbieren sollte. Seine Kampagne im »Neuen Deut-

---

61 Lion Murard/Patrick Zylbermann, *Le petit travailleur infatigable ou le prolétaire régénéré.* Villes-usines, habitat et intimités au 19e siècle (= Recherches 25, nov. 1976), Fontenay-sous-Bois 1976; vgl. ferner Beate Witzler, *Großstadt und Hygiene.* Kommunale Gesundheitspolitik in der Epoche der Urbanisierung, Stuttgart 1995.

62 Greta Jones, *Social Hygiene in 20th Century Britain*, London u.a.1986.

63 Ich folge den höchst informativen Berichten von Alexander Gabriel, Ulrike Murmann und Peter Wörz in dem Sammelband von Christel Köhle-Hezinger, Gabriele Mentges u.a. (Hgg.), *Der neuen Welt ein neuer Rock.* Studien zu Kleidung, Körper und Mode an Beispielen aus Württemberg, Stuttgart 1993.

schen Familienblatt« ab 1872 kam den schwäbischen Fabrikanten Benger gerade recht. Sie boten ihm 1879 ihre unternehmerische Kooperation an, und es kam zu einem weitreichenden Deal, der einen bemerkenswerten Aufschwung der »Normalkleidung« zur Folge hatte.

Den Begriff der »Normalkleidung«, der sehr bald als Markenartikel monopolisiert wurde, prägte Gustav Jaeger selbst. Im Vertrag mit der Firma Benger hieß es unter dem 30.10.1879:

> § 1. Herr Prof. Dr. Gustav Jaeger überläßt der Firma Benger Soehne Strumpfwarenfabrik die ausschließliche Anfertigung und den alleinigen Verkauf sowohl für das Deutsche Reich als für das Ausland des von ihm angegebenen und von letzteren construirten Normalhemdes für Herren, Damen und Kinder in reinwollnem Tricotstoffe sowie Flanellstoffen.[64]

Sicher handelte es sich bei Jaegers »Normalhemd« um eine Analogiebildung, und zwar höchstwahrscheinlich in Form einer »Überdetermination«, d.h. der gleichzeitigen Kombination mehrerer Analogien. Da Jaeger (wie alle typischen Normalisten) ein interdiskursives Netz repräsentiert, liegt es nahe, von seinen eigenen Spezialdiskursen auszugehen: Erstens konnotiert das »Normalhemd« demnach den medizinischen – und insbesondere hygienischen – Diskurs. »Normalhemd« bedeutet nämlich fast: »Sanitätshemd«[65], es soll gegen Krankheitskeime aller Art (sogar Cholera), ebenso gegen Nervenschwäche, schützen. Zweitens ist auch der sportliche Normalkörper konnotiert. Jaegers Bruder betrieb eine Turnlehrerbildungsanstalt, in der Jaeger statistische Daten bei turnenden Schülern erhob[66]. Auch er selbst war eifriger Jogger und stellte 1897 fest: »Heute sind die eigentlichen Träger und Vertreter des Wollregimes die Sportsleute.«[67] Mit dem Sport hing drittens das Militär unmittelbar zusammen: Jaegers »Normalrock« für Herren war eingestandenermaßen durch den »Interimsrock« der preußischen Offiziere inspiriert, so daß das »Normale«, das vor einem Jahrhundert u.a. in der preußischen Armee begonnen hatte, sich an dieses Präzedenzereignis

---

64 Alexander Gabriel, »Der Prophet als Entrepreneur. Die symbiotische Beziehung zwischen Hygiene und Maschenwarenindustrie«, in: Köhle-Hezinger/Mentges u.a. (Hgg.), *Der neuen Welt ein neuer Rock*, 173–192, hier 174.

65 So gab es neben dem »Normalrock« einen »Sanitätsrock« (als gesteigerte Version): Ulrike Murmann, »›In Wolle lebt sich's gesünder‹. Normalstrumpf – Sanitätsbett – Nationaltracht u.a.: das Ausstattungsprogramm der Jaegerschen Reform«, in: Köhle-Hezinger/Mentges u.a. (Hgg.), *Der neuen Welt ein neuer Rock*, 142–156; hier 143.

66 Alexander Gabriel, »›Variatio delectat et roborat. Abwechslung erfreut und kräftigt.‹ Das Wollregime Gustav Jaegers«, in: Köhle-Hezinger/Mentges u.a. (Hgg.), *Der neuen Welt ein neuer Rock*, 157–172; hier 157.

67 Peter Wörz, »›Der neuen Welt gehört ein neuer Rock‹. Gustav Eberhard Jaeger: Biologe, Kleiderreformer, Naturmediziner«, in: Köhle-Hezinger/Mentges u.a. (Hgg.), *Der neuen Welt ein neuer Rock*, 131–141; hier 137.

wieder anschloß. Jaeger entwarf sogar »Normal-Soldatenhelme«. Das Militärische verwies viertens direkt auf die industrielle Normung, die in Gestalt der Rundwirkmaschine, der Marken-Serie und des Vertriebs in großen Warenhäusern wie Tietz dem Unternehmen »Normalkleidung« allererst die technische und ökonomische ›Basis‹ verlieh. Als der Boom der »Normalkleidung« in Württemberg zu einer Art speziellem Gründerfieber geführt hatte, schlossen sich die entsprechenden Firmen 1882 zum »Normalring« zusammen[68].

Normalistisch im engsten Sinne war schließlich (fünftens) Jaegers »Neuralanalyse«: Dabei maß er die Reaktionsgeschwindigkeit von Probanden (Geschwindigkeit eines Tastendrucks) nach positiven oder negativen »Reizen« (»Normalkleidung« und ›richtige‹ Nahrung vs. ›falsche‹ Kleidung und Nahrung). Er verglich die Werte untereinander und mit Leistungen in »Normal- und Ruhezeit« (d.h. Durchschnitt). Dann zeichnete er Kurven dazu und freute sich über die Leistungen der Probanden in »Normalkleidung«[69].

Die Jaegersche »Normalität« war also dominant eine hygienisch-medizinische Normalität im Rahmen von Ideologemen wie »Gesundheit« und »Natur«[70]. Aus diesem Rahmen erklären sich zwanglos Jaegers spätere Eskapaden in Richtung Homöopathie und sogar Magnetismus. Diese Normalität erstrebte also definitive, hinfort invariable »Natur«-Formen. Sie jagte gleichen Utopien nach wie Comte: Ende der turbulenten Geschichte der Moderne, endgültige Fest-Stellung, Rückkehr zu einer, nun technisch ermöglichten, einfachen (d.h. identischen) Reproduktion. Dazu paßt Jaegers religiös-sektiererische Seite: seine Predigtreisen und die Gründung von »Jaegerianer«-Vereinen, deren Mitglieder verpflichtet waren, Normalkleidung (auch Oberbekleidung) ostentativ in der Öffentlichkeit zu tragen. (Das war eine der direkten Inspirationsquellen der Anthroposophie.) Die religiöse Pflicht war ein deutliches Symptom der Tatsache, daß die engen Normalhosen und Normalröcke selbst von Anhängern der Normal-Unterwäsche freiwillig nicht gewagt wurden. Sie waren zu lächerlich. Jaeger unterlag in seinem donquijotesken Krieg gegen die verhaßte »Mode«. Die »Normalhosen« und »Normalröcke« wirkten also »anormal«. Dieses Paradox war für die Belle Époque charakteristisch: Überall, wo der Protonormalismus (wie bei Jaeger) definitiv fixe Normen (»die sachlichen Normen des Lebens«[71]) suchte, wo er die modern-historische Dynamik radikal austreiben wollte,

68 Alexander Gabriel, »Der Prophet als Entrepreneur«, 177.

69 Alexander Gabriel, »›Variatio delectat et roborat [...]'«, 163.

70 Eine Reihe paralleler Erscheinungen behandelt Wolfgang Fritz Haug in seiner Untersuchung *Die Faschisierung des bürgerlichen Subjekts.* Die Ideologie der gesunden Normalität und die Ausrottungspolitiken im deutschen Faschismus, Berlin 1986. Verwiesen sei vor allem auf die Fallstudie zu Reinhard Gerling, dem Autor eines populären Sexualerziehungsbuchs (108ff.).

71 Jaeger bei Ulrike Murmann, »›In Wolle lebt sich's gesünder‹[...]«, 148.

geriet er in eklatanten Widerspruch zur tatsächlichen Normalität, d.h. zur ›spontanen‹ Durchschnittlichkeit. Diese realexistierende Normalität begegnete Jaeger in Gestalt der Mode – und obwohl seine Mentalität extrem protonormalistisch war, mußte sogar er immer wieder Kompromisse mit der Mode, d.h. mit dem Flexibilitäts-Normalismus in potentia, schließen. Bei der Frauenmode kam es zu einer perfekten Symbiose: Jaeger akzeptierte Korsett und Wespentaille, weil sie seinem Ideal der eng den Körper panzernden Formen (er nannte die enge »Normalhose« auch »Ritterhose«!) zu entsprechen schienen: Er empfahl »Normal-Corsette« (vgl. Murrmann: »›In Wolle [...]‹«, 144), bestand dabei lediglich auf Schafwolle.

Insert: Bölsches sozialhyygienisch-normalistisches Hirnmodell als innerer Bildschirm

In den achtziger Jahren des 19. Jahrhunderts beherrscht der komplett vernetzte normalistische ›Archipel‹ (als Kombinat aus medizinisch-psychiatrischer, industrialistischer, sozialhygienischer und »alltäglicher« Normalität) erstmals nicht bloß Sektoren, sondern zentrale *Drehscheiben* des Interdiskurses. Dazu zählt symptomatischerweise, wie es ein kurzer und exemplarischer Hinweis auf Wilhelm Bölsche belegen mag, der literarische Diskurs bzw. die literarische Essayistisik. Bölsches Essay *Die naturwissenschaftlichen Grundlagen der Poesie* von 1887[72] gilt als Programmschrift des Naturalismus – was sie »im Innersten zusammenhält«, ist Normalismus. Explizit und pathetisch wie bei Comte wird eine Religion des »Normalen« als Ersatz für Metaphysik empfohlen – und die »Dichtung« soll sie verbreiten:

> Ihre Tendenz ist die Richtung auf das Normale, das Natürliche, das bewusst Gesetzmässige. Die Poesie hat mit wenigen, allerdings sehr hoch stehenden Ausnahmen bisher zu allen Sorten abnormer Liebe erzogen. Sie muss in Zukunft versuchen, dem Leser gerade das Normale als das im eminenten Sinne Ideale, Anzustrebende auszumalen. (46)

Die Rückversicherung bei der »Natur« und »Gesundheit«, bis hin zur Gleichsetzung des »Normalmenschen« mit dem »Spiessbürger« (46), weist Bölsches Konzept einer Tendenzliteratur für Sozialhygiene als extrem protonormalistisch aus. Dazu paßt die Warnung vor allem »Abnormem« als deutliches Symptom ›zwangsneurotischer‹ Denormalisierungsangst. Literarisch ist das uninteressant und ein deutlicher ›Rückfall‹ hinter Zola – interessant ist es daher lediglich als typisches Exempel eines »spießbürgerli-

72 Wilhelm Bölsche, *Die naturwissenschaftlichen Grundlagen der Poesie (1887)*. Prolegomena einer realistischen Ästhetik, neu hg. v. J.J. Braakenburg, Tübingen 1976.

chen«, um das »Normale« kristallisierten Interdiskurses. Die etwa bei Galton und Fechner, den er sehr schätzte, zu beobachtenden normalistischen Diskurskombinationen malt Bölsche naiv und populär aus. Im Zentrum dieser Malerei steht dabei eine Vorstellung, die ich als »Hirnplatte« bezeichnen möchte und die sich als interdiskursives Integral aller Normalfelder erweist; in diese »Hirnplatte« graben sich »Geleise« ein:

> Das Wort Geleise dürfen wir unbedenklich anwenden, da ja ein stofflicher Vorgang stets mit unterläuft. Geschaffen hat die Geleise, wie sich Jeder schon zur einfachsten Erläuterung dazu sagt: die Gewohnheit. [...] Je ausgefahrener die Geleise nach und nach werden, desto rascher und damit dem Bewusstsein desto undeutlicher saust der Gedanke hindurch [...]. (14)

Bölsches »Hirnplatte« ist analog einem je individuellen Galtonbrett aus Wachs vorzustellen, durch das hindurch »Gedanken«-*Kügelchen* rollen und in das sich mit der Zeit individuelle Präferenzkurven einzeichnen. Bölsches Beispiele sind die typisch normalistischen, Kriminalität und Sexualität: Bei »normalen« Spießbürgern entwickeln sich mittlere Verlaufsformen der »Geleise«, bei »Gewohnheitsdieben« und »Don Juans« deviante. Unter »Geleisen« stellt sich Bölsche dabei zunächst Kutschengleise vor, die sich in Lehm eindrücken – am Ende werden daraus dann sozusagen fixe Eisenbahngleise:

> Wenn es auf Grund eines ungeheuren Fortschrittes mikroskopischer Forschung möglich wäre, ein vollkommenes Bild eines beliebigen menschlichen Gehirns, das zu seinen Lebzeiten Gedanken gehegt hat, zu entwerfen, so würde man [...] stets auf das schematische Bild einer Ebene kommen, die von Linien ungleicher Dicke durchkreuzt wird [...]. (15)

> Ich will jetzt versuchen, an einem consequent durchgeführten Beispiele [Spießbürger in der Situation Don Juans, J.L.] genau den normalen Fall von sich widersprechenden Gedankenlinien aufzudecken. [...] (21) – Die Moral verbietet, was die geschlechtliche Neigung verlangt. [...] So lange beide Gedankenketten vollkommen gleich stark sind, heben sie sich gegenseitig im Puncte des Willens auf wie Plus und Minus. Rollt der eine Gedankenzug glatt durch sein Geleise bis zur Willensstation, so ist inzwischen der andere ebenso glatt angekommen und die Beiden verschliessen sich gegenseitig den Ausgang. (23)

Bölsche ist so realistisch, bei solchen Weichenstellungsproblemen den »Zufall« entscheiden zu lassen. Mir geht es darum klarzustellen, daß auf seiner »Hirnplatte« *(nicht) normale Fahrten* in Form von Pendelverkehr (wie bei Zola) als »Linien« eines *Kügelchens* im Galtonsieb simuliert werden. So simuliert diese wie ein Verkehrssystem mit Kurven beschriebene Platte ferner den normalistischen *inneren Bildschirm* mit der normalistischen Kurvenlandschaft, wie er heute als TV- oder Computerterminal technisch realisiert ist.

Tatsächlich empfiehlt Bölsche »Zufalls«-Narrationen (59ff.), also *(nicht) normale Fahrten* eines Typs, wie sie erst seit Dos Passos, Döblin und Céline ansatzweise realisiert wurden.

Betrachtet man Bölsches Platte mit ihren Kurven, so fällt sofort auf, daß auf ihr keine deutlichen Normalitätsgrenzen existieren. Es fehlen die raffiniert disponierten Nägel des Galtonbretts, die eine *Landung* der allermeisten *Kügelchen* in der *Mitte* garantieren. Bölsche kann sich bloß auf die »Erziehung« verlassen, der er aber mit normalistischer Tendenzliteratur unter die Arme greifen zu müssen glaubt. Diese Situation ist typisch für die Belle Époque: Auf den durch das Prinzip von Broussais und Comte kontinuierten Normalfeldern sind die Grenzen der Normalität nicht strukturell markiert – um so größer ist die Denormalisierungsangst und um so massiver setzt die protonormalistische Strategie semantisch-symbolische Stigmata ein. Wenn Galton aber Recht hat und die Natur selber als Galtonsieb funktioniert – warum dann eigentlich die Panik? Warum die *Kügelchen* dann nicht spontan laufen lassen? Warum die Normalitätsgrenzen nicht erweitern? Mehr noch: Warum nicht darauf vertrauen, daß die explizite *Vorstellung* ihrer Hirnplatten den Subjekten dabei helfen wird, *Entgleisungen* zu vermeiden? Anders gesagt: Bölsches Hirnplatte kann auch einer flexibelnormalistischen Strategie als Basis dienen.

4. Zum Aufkommen flexibel-normalistischer Taktiken

Bei der Frage nach der ›Entstehung‹ des Flexibilitäts-Normalismus ist es besonders wichtig zu betonen, daß unter »Strategie« in der vorliegenden Untersuchung kein monosubjektiv-teleologischer Handlungsblock verstanden wird, sondern lediglich ein Ensemble verschiedener Konzepte, deren objektiver Konvergenzpunkt darin liegt, systematisch auf die Sackgassen und das spontane ›Umkippen‹ diskursiver Tendenzen (des Protonormalismus) zu reagieren. Aus gänzlich verschiedenen Gründen und in völlig verschiedenen Sektoren häuften sich in der »Belle Époque« vor dem ersten Weltkrieg erstmals Taktiken, Praktiken und dann auch Theorien (Durkheim), die das Broussais-Comtesche Prinzip der Homogenität und Kontinuität von Normalität und Anormalität nicht automatisch als alternativlose Prämisse einer fixistischen Normalisierungsstrategie, sondern umgekehrt als Ausgangspunkt und Basis offensiver Dynamisierungsprozesse verwendeten. Die entsprechenden praktischen und theoretischen Initiativen entwickelten sich in so verschiedenen Bereichen wie dem staatlichen Versicherungswesen (Aufbau sozialer Netze zur systematischen Kompensation von Folgelasten des Kapitalismus), der Sexualität (Liberalisierung tabuierter

Diskurse, Emanzipation sexueller Minderheiten, »naturwissenschaftliche«, nicht-normative Psychiatrie, schließlich Psychoanalyse), der Bevölkerungspolitik (Reaktion auf das Kippen der demographischen Wachstumskurve, Enttabuisierung des birth control für alle) und schließlich dem mit dem Namen Taylors verbundenen neuen Schub industrieller Normung und sozialer Normierung (mit dem Behaviorismus als Seitentrieb). Obwohl ihnen allen irgendeine Form des direkten Bezugs auf normalistische Diskurskomplexe bzw. normalistische Dispositive gemeinsam ist, sind diese Bezüge aber sämtlich selektiv, ›transversal‹ und gegenseitig irreduktibel. Es scheint zunächst um nicht mehr zu gehen als eine zusammenhanglose, wechselseitig übereinander unwissende diskursive Proliferation, die mehr oder weniger zufällig im Normalismus einen gemeinsamen, aber in jedem einzelnen Falle eher subdominanten Bezugsrahmen besaß. Dabei zeigt sich, daß Protonormalismus und Flexibilitäts-Normalismus sich keineswegs mit klaren Fronten entgegenstehen. Vielmehr können gerade auch Richtungen, deren Zugehörigkeit zur protonormalistischen Strategie auf den ersten Blick evident zu sein scheint (wie Sozialdarwinismus, Galtonsche Eugenik, Taylorismus), zu Orten strategischer Umorientierung werden, und zwar vor allem dann, wenn sie die Wachstumsdynamik propagieren, ohne sie plausibel mit fixen Parametern (etwa fixen Wachstumsraten oder fixen Normalitätsgrenzen) koppeln zu können.

Wesentliche Aspekte der Archäologie *sozialer Netze* sind von François Ewald (s.o.) am Beispiel der staatlichen (gesetzlichen) Versicherungen dargestellt worden, so daß sie hier vorausgesetzt werden können. Normalismustheoretisch und interdiskursiv betrachtet, sollen die *sozialen Netze* dazu dienen, einen *zu tiefen Fall* der Hauptmasse proletarischer und plebejischer Schichten aufzufangen. Sie dienen also dazu, das soziale Profil der Gesamtgesellschaft einer gaußoiden Gestalt (*Zwiebel*[73]) zumindest symbolisch anzunähern.

Sie antworten damit auf jene Denormalisierungsangst, die die *soziale Pyramide* mit der Gaußoidkurve vergleicht und die *steile* Basis der Pyramide dann als *Ausscheren* des unteren Extrems, als *Hochkochen der Minderwertigen* usw. liest (wie typischerweise Galton und die eugenische Bewegung). Die radikal protonormalistische Taktik der *Ausdünnung des unteren Ex-*

73 Zum kollektivsymbolischen (gaußoiden) Modell der *Zwiebel* in der Soziologie vgl. exemplarisch etwa Karl Martin Bolte, Art. »Schichtung«, in: René König (Hg.), *Fischer Lexikon Soziologie*, Neubearbeitung Hamburg 1967, 266–277, hier 274f.: »Insgesamt betrachtet scheint der Statusaufbau unserer Gesellschaft etwa die Gestalt einer auf dem Kopf stehenden Zwiebel oder eines Rhombus zu haben, dessen Mittellinie etwas nach unten verschoben ist. In den obersten und untersten Statuslagen gibt es einen engeren Grad von Statuskristallisation als in der Mitte, und zwischen in ihren Grenzen unscharfen Schichten an diesen Enden steht eine breite ›*gesellschaftliche Mitte*‹.« (usw.).

trems der Zwiebel war die Sterilisierung der »Minderwertigen«[74] – dagegen sollten sich die *sozialen Netze* auf die Dauer als Hauptform flexibelnormalistischer sozialer »Regulierung« erweisen. So bezeichnet die »Regulations«-Schule um Michel Aglietta die Gesamtheit entsprechender Taktiken der *Kompensation ökonomischer Schwäche* explizit als »Normalisierung«[75]. Dazu bildeten die ersten *sozialen Netze* der Belle Époque selbstverständlich zunächst nicht mehr als die Eröffnung der Möglichkeit, weil sie die Pyramide noch nicht ernsthaft in Richtung *Zwiebel* umzuformen imstande waren. Dennoch war ihre symbolische Wirkung stark, wie sich etwa in der Herausbildung einer ersten großen »revisionistischen«, zur Klassenkollaboration tendierenden Tendenz in der Arbeiterbewegung erwies. Umgekehrt mußte eine radikal protonormalistische Mentalität die Tendenz zur galtonschen »Regression« ins Mittelmaß durch *soziale Netze* beängstigend verstärkt sehen.

Diese panische Angst vor dem *Proliferieren und Hochkochen* des Anormalen dürfte allerdings noch stärker angesichts flexibler Tendenzen bei der Subjektivierung *proliferiert* haben. Die von Foucault konstatierte ›Explosion‹ von Diskursen um die Sexualität im 19. Jahrhundert hatte längst traditionale Gleichungen wie die von Sexualität und Prokreation ad absurdum geführt und außerdem einen breiten Fächer von rein pathologisch, d.h. nicht länger moralisch gesehenen Anormalitäten (»Perversitäten«) konstituiert, bei denen es intern von ›fließenden Übergängen‹ wimmelte. Wenn aber zwischen den einzelnen Unterarten die Übergänge fließend waren, warum dann nicht auch die ›äußere‹ Normalitätsgrenze selbst? In der Tat entwikkelte sich unter dem Einfluß normalistischen Denkens z.B. auch in der Schulpsychiatrie der Zeit durchaus ein ›molekulares‹ Spektrum einzelner (lediglich nicht systematisierter) Denkfiguren der breiten und fließenden Normalitätsgrenze. So spricht z.B. Arthur Hübner von der »Breite des Normalen« und (im Anschluß an Finzi) von den »normalen Schwankungen«[76]. Bei der Behandlung der Hysterie häufen sich graduelle und gleitende Formulierungen wie »eine stärkere Labilität des Gefühlslebens [...] als bei normalen Menschen«[77].

Auch Initiativen wie die von Magnus Hirschfeld für die Emanzipation der Homosexualität argumentierten gänzlich innerhalb des diskursiven Feldes des Normalismus und mit dessen eigenen diskursiven Mitteln, d.h. mit

---

74 S. dazu exemplarisch Greta Jones, Social Hygiene in 20th Century Britain, London u.a. 1986.

75 S. exemplarisch Michel Aglietta/Anton Brender, *Les métamorphoses de la société salariale*, Paris 1984; 71ff.: »Pratiques de normalisation« (bei Aglietta nähert sich auch der frz. Begriff »normalisation« dem deutschen Sinn von ›Normal-Machen‹ an; interessant auch die grundsätzlich positive Verwendung der Kategorie).

76 Arthur Hübner, *Lehrbuch der forensischen Psychiatrie*, Bonn 1914, 11.

77 Hübner, 644.

statistischen Daten. In einer exemplarischen Kontroverse zwischen dem Galtonianer (und späteren »Judenerfasser« für die *Endlösung*) Ernst Rüdin und dem Sexualreformer Benedict Friedländer im *Archiv für Rassen- und Gesellschaftsbiologie* versuchte Friedländer sogar, den Gegner auf eigenem Felde zu schlagen, indem er sich ›darwinistischer‹ Argumente wie des Vergleichs zwischen Homosexuellen und Arbeitsbienen bediente. Das war aber vermutlich eher ein ironisch-sarkastischer Hieb. Wesentlich war die Liquidierung der fixen Normalitätsgrenze durch das Argument mit dem statistisch erheblichen Gewicht der »Bisexuellen«[78].

Die Polemik zwischen Friedländer und Rüdin ist charakteristisch für diskursive Eskalationen zwischen Proto- und Flexibilitäts-Normalismus vor 1914. Überall, wo der entstehende Flexibilitäts-Normalismus in die Offensive ging, vergrößerte er die Denormalisierungsangst und löste dadurch eine entschiedene protonormalistische Reaktion aus. Jutta Kolkenbrock-Netz hat den expliziten Kampf um die Normalität und ihre Grenze angesichts der Kampagne gegen »Schmutz und Schund« und gegen das »Obszöne« vor 1914 analysiert[79]. Bei der Auseinandersetzung um die »Lex Heinze« (1900) ging es um Prostitution und »Pornographie«, wobei auch Kunst und Literatur belangbar gemacht werden sollten (das Gesetz konnte verhindert werden, wenn auch die Kampagne gegen »Schmutz und Schund« seit der Gründung des *Volkswart* 1908 und im Vorfeld von 1914 immer einflußreicher wurde). Wie die Darstellung von Jutta Kolkenbrock-Netz zeigt, ging es letztlich um die Normalitätsgrenze im Viereck von traditionaler Normalfamilie, außerehelichen Beziehungen, Prostitution und »freier Liebe«. Sexualreformerinnen wie Helene Stöcker und Anita Augspurg, unterstützt von vielen Literaten, erklärten die »freie Liebe« für legitim. Darin erblickten die Gegner des »Obszönen« eine gefährliche Flexibilisierung der absoluten Diskontinuität zwischen Familie und ausserfamilialer Sexualität, die sie einfach pauschal mit »Prostitution« gleichsetzten. In dieser Situation erwies sich ihre Reaktion als typisch protonormalistisch, indem sie (exemplarisch in der Lex Heinze) die »gröbliche Verletzung des Schamgefühls« eines »Normalmenschen« zum Kriterium der Grenze machte, das auch juristisch durchschlagen sollte. Jutta Kolkenbrock-Netz zitiert den Juristen Johannes Lazarus:

---

78 Benedict Friedlaender, »Bemerkungen zu dem Artikel des Herrn Dr. Rüdin über die Rolle der Homosexuellen im Lebensprozeß der Rasse«, in: *Archiv für Rassen- und Gesellschafts-Biologie einschließlich Rassen- und Gesellschafts-Hygiene*, hg. von Alfred Ploetz u.a., (1) 1904, Heft 2, 219ff. – (Ich danke Ute Gerhard für den Hinweis auf diese Kontroverse.)

79 Jutta Kolkenbrock-Netz, »Der Mann als Statthalter des Normalen. Kriterien literarischer Zensur von der Jahrhundertwende bis zum Ersten Weltkrieg«, in: *kultuRRevolution* 9/1985, 15–21.

Das Normale ist, daß gerade der gegen die Verlockungen des Unzüchtigen feste Mensch sein Schamgefühl durch geschlechtlich anstößige Dinge verletzt fühlt. (bei K.-N., 16)

Das »gesunde Volksempfinden«, wie es auch damals schon hieß, des »normalen Mannes« sollte in der fließenden Gemengelage von Familie, außerehelichen Beziehungen vielfältiger Art, »freier Liebe« und schließlich den diversen Graden der Prostitution eine stets klare Normalitätsgrenze ziehen können. Jutta Kolkenbrock-Netz betont zu Recht die paradoxe Modernität dieser »Lösung«, die – um eine *ins Fließen* geratene Normalitätsgrenze wieder *festklopfen* zu können – ihren Objektbereich als Normalfeld konstituieren und dabei wohl oder übel als kontinuierlich vorstellen muß. Das sich selbst überlassene »normale Schamgefühl« müßte eigentlich (nach dem Modell eines verstellbaren Homöostaten) gerade flexibel vorgestellt werden: Da es aber fix sein soll, kann es sich nur auf *extremen* Positionen einpendeln, wie z.B. den *Körperpanzern* der soldatischen Männer von 1914.

Eng mit der Sexualität verknüpft ist das demographische Feld, das um 1900 vor allem unter dem Eindruck ›kippender‹ Wachstumsraten und der angeblich bedrohlichen Konsequenzen steht, die daraus für die imperialistische Schlagkraft der Großmächte hergeleitet wurden. Wiederum handelt es sich um ein ›molekulares‹ Feld disparater Diskurskomplexe, auf dem sowohl protonormalistische wie flexible Taktiken intervenieren und sich dabei konfrontieren. Ute Gerhard hat auf ein Organ wie das *Archiv für Rassen- und Gesellschafts-Biologie* (gegründet 1904) aufmerksam gemacht, in dem hauptsächlich von einem eugenischen, an Galton orientierten Standpunkt aus, der auch als »Rassen- und Gesellschafts-Hygiene« verdeutscht wurde, das vorgebliche demographische Damoklesschwert erörtert wurde. Galtons Überlegungen waren bekanntlich in Richtung einer gezielten *Drükkung* der Prokreationsrate von »Minderwertigen« und einer umgekehrten Stimulation derjenigen von »Hochwertigen« gegangen. Das ist nicht einfach das gleiche wie eine umstandslose absolute Vermehrung. Theoretisch wäre mit diesem Konzept ein qualitatives Wachstum bei quantitativer Stagnation oder sogar bei quantitativem Rückgang vereinbar. Bei Galtons deutschen Adepten herrscht allerdings die Propagierung globalen quantitativen Wachstums (bei gleichzeitiger *Bremsung* der »Minderwertigen«) vor. Insgesamt bot aber die differenzierte Betrachtung des Gegenstands auch für andere, zur Flexibilität tendierende Taktiken Möglichkeiten. Galtons Idee von der manipulierten Senkung »minderwertiger« Prokreation lief auf Sterilisierung durch Staatsapparate hinaus, wie sie dann in einzelnen Staaten der USA sporadisch und en masse in Nazideutschland praktiziert werden sollte. Dem stand um 1900 als Gegenteil die massenhafte Praxis selbstbestimmter und selbstregulierter Verhütung (*birth control*) gegenüber, wie sie sich als

»Zwei-Kinder-System« mit einem Jahrhundert Vorsprung zuerst in Frankreich durchgesetzt hatte, von wo sie während der Belle Époque auszustrahlen begann. Überwiegend wurde diese Tendenz protonormalistisch als Symptom von »Dekadenz« und »Entartung« eingeordnet. Tragischerweise schien es so zu sein, daß wenige Kinder als Symptom für »Hochwertigkeit« (Intelligenz) und viele Kinder als solches für »Minderwertigkeit« (Dummheit) gelesen werden wollten. Verkehrte Welt, die es dann durch massive Interventionen zu *richten* galt. Es gab aber auch andere Stimmen. So setzte sich Eduard Fueter in einem Artikel über »Normale Schwankungen der Natalität« (1912 im ursprünglich kathedersozialistischen *Archiv für Sozialwissenschaft und Sozialpolitik*) für eine Interpretation des Kurvenknicks als »normal« ein. Er ordnete dabei die starken Steigerungsraten seit dem 18. Jahrhundert historisch als moderne Besonderheit und tendenziell als anormal ein, gab in diesem Punkte also Malthus recht. Im Grunde plädierte er bereits für die Normalisierung einer *exponentiellen* Wachstumskurve durch Zurechtbiegung zur logistischen. Er sprach sich für das Zwei-Kinder-System als humane Alternative zur früheren Dezimierung durch Kriege aus (wobei er zwei Jahre vor 1914 allerdings eine tragische prognostische Blindheit bewies). Vor allem aber erklärte er die Verbindung von freiwilliger Geburtenbeschränkung und annähernd gaußoid verteiltem Lebensstandard für »normal«:

> Wir konstatieren bei den vorhin genannten Völkern als gemeinsame Eigenschaft eine *allgemein hohe Kultur, die beruht auf einer relativ gleichmäßigen Wohlhabenheit oder der Verteilung mittlerer* (d.h. gerade noch für einen »anständigen Lebensunterhalt« ausreichenden) *Vermögen und der relativen Seltenheit des eigentlichen Pauperismus.* (181, Hervorhebung im Original)

Es handelt sich bei Fueters Artikel insofern um ein kleines diskursives Ereignis, als hier flexibel-normalistische Tendenzen aus mehreren Sektoren (Demographie, Sexualität, Ökonomie) gekoppelt erscheinen. Fueter sprach sich sogar gegen die Dominanz des militärischen Kriteriums aus und schien damit anzudeuten, daß der Militarismus ein Symptom von Dummheit (also »Minderwertigkeit«) sein könnte. Demgegenüber sollten sich allerdings die entgegengesetzten, protonormalistischen *Fasci*sierungen (Bündelungen) von *harten* Normalitätsgrenzen auf möglichst vielen Sektoren zunächst als historisch stärker erweisen. Die 1914 siegreiche Militarisierung der Gesamtgesellschaft artikulierte sich dominant protonormalistisch. Die protonormalistische Normalitätsgrenze war – im Widerspruch mit dem Prinzip von Broussais und Comte – als scharfe Diskontinuität vorgestellt. An dieser Grenze kämpfte die Normalität gegen die Anormalität, als sei es eine *Front*. So konnte 1914 das *Bündel* (fascio) aller Normalitätsgrenzen symbolisch und ›verschoben‹ im *Fronterlebnis* auch körperlich *verteidigt* werden. Sym-

bolisch und ›verschoben‹, weil die Grenzen der Nationalstaaten ja keine Normalitätsgrenzen waren und direkt gar nicht zu den normalistischen Dispositiven gehörten. Aber im Fronterlebnis projizierten die soldatischen protonormalistischen Männer nun auch Normalitätsgrenzen auf die *Front*: Nicht bloß der verhängnisvollste Gefreite von 1914 phantasierte sich an der *Front* zwischen einer *weißen* und einer *völlig vernegerten und dekadenten*, sozusagen *grauen Rasse von Minderwertigen mit vergiftetem Blut*. Von allen Seiten aus wurden nun diverseste Anormalitäten auf die jeweiligen ›Feindnationen‹ projiziert (zu geringe oder zu große Bevölkerungsdichte, zu geringe oder zu große Fertilität, Entartung, Rassenmischung, Vergiftung mit Syphilis, Alkohol usw.), so daß der Gesamttitel des *Fronterlebnisses* schließlich auch hätte lauten können: ›Verteidigung der Normalität‹.

Das Normale gerät in Anführungszeichen oder Freuds Beitrag zum flexiblen Normalismus

Innerhalb des disparaten Gewimmels flexibel-normalistischer Tendenzen vor 1914 spielt die Psychoanalyse sicherlich eine besondere und besonders wichtige Rolle. Freud verwendet den Begriff des »Normalen« (Opposition »pathologisch«, »abnorm«) hauptsächlich im Sinne der Medizin des 19. Jahrhunderts, d.h. als Inbegriff homöostatischer Normalität. Es ist bekannt, wie stark gerade bei ihm (zumindest interdiskursiv) die industrialistischen, technologischen Komponenten seines Homöostase-Modells waren. Gegen die im engeren Sinne psychiatrische Version von »Normalität« (Opposition »pervers«) opponiert Freud deutlich. Er gehört zu den Autoren, die »normal« (wie seine Oppositionen) sehr häufig durch Anführungszeichen in eine kritische bzw. ironische Distanz rücken. Wenn er die Wendung »wir Normalen« benutzt, ist vermutlich ein selbstironischer Unterton mitzuhören. Begriffe wie »pervers« hat er sogar in einer offensiven Diskurstaktik »umzuwerten« versucht (im Sinne des bewunderten Nietzsche), ohne daß ihm das gelungen wäre. Der Coup war zu radikal: Ausgerechnet die »reinen« Kleinen des Familialismus sollten »polymorph-pervers« sein!

Es widerspräche allen Prämissen einer diskurstheoretischen Rekonstruktion wie der vorliegenden, eine ›persönliche Auffassung Freuds von der Normalität‹ herausfiltern zu wollen. Es ist deutlich genug geworden, daß Freud wie alle anderen »Autoren« allenfalls als bewußter Mitspieler und Stratege im Prozeß diskursiver Verwerfungen aufgefaßt werden kann. Es gibt kein persönlich-identisches ›Freudsches Sagen-Wollen‹ über Normalität. Was sich aber aus diskurshistorischer Perspektive skizzieren läßt, ist Freuds Schlüsselstellung in dem epochalen Umschwung der normalistischen Strategie-Typen.

Wiederholt hat Freud das Prinzip von Broussais und Comte bezüglich der psychischen Gesundheit emphatisch formuliert. In der 23. Vorlesung zur Einführung in die Psychoanalyse (gehalten während des Ersten Weltkriegs 1916/17) heißt es:

Diese beiden Kosten können bei ausgiebiger Symptombildung eine außerordentliche Verarmung der Person an verfügbarer seelischer Energie und somit eine Lähmung derselben für alle wichtigen Lebensaufgaben zur Folge haben. Da es für diesen Erfolg hauptsächlich auf die Quantität der so in Anspruch genommenen Energie ankommt, so erkennen Sie leicht, daß ›Kranksein‹ ein im Wesen praktischer Begriff ist. Stellen Sie sich aber auf einen theoretischen Standpunkt und sehen von diesen Quantitäten ab, so können Sie leicht sagen, daß wir alle krank, d.i. neurotisch sind, denn die Bedingungen für die Symptombildung sind auch bei den Normalen nachzuweisen. (SA Bd. 1, 350[80])

Diese kurze These impliziert eine ganze Reihe von Prämissen, die gemeinsam wie eine Art Synthese des früheren Normalismus wirken: Das Energie-Modell modelliert die Psyche als Homöostaten, für den sogar eine Normal-Einstellungs-Skala (»Quantitäten«) imaginiert wird. Da ein direkter Zugriff auf diese Skala aber bis auf weiteres unmöglich schien, arbeitete Freud bekanntlich ›provisorisch‹ mit sprachlichen Parametern, denen er eine ›Signal‹-Funktion gegenüber den noch in der *black box* verborgenen energetischen zuschrieb. Freuds globales Denkmodell ist also eher generativ: er sieht das gehirnphysiologisch-neurologisch-psychische Feld als einen komplexen Gesamt-Homöostaten aus mehreren komplexen Einzel-Homöostaten, die gemeinsam Normalität bzw. Anormalität produzieren. Dabei sind all diese Homöostaten durchaus historisch gedacht: Wie bei Comte, Marx, Galton und Durkheim ist Normalität de facto eine Funktion von Modernität – die psychischen Homöostaten sind durchaus plastisch vorzustellen, wenn sie auch Gefahr laufen, völlig überlastet zu werden und dann die »moderne Nervosität« zu produzieren (ganz wie bei Durkheim die »moderne Anomie«). Die amerikanischen Personality Theorists kritisieren Freud also völlig zu Unrecht wegen einer angeblich fixen und unplastischen Homöostase-Vorstellung. Sie bewegen sich mit ihren Leistungskonkurrenz-Euphorien im völlig gleichen diskursiven Feld wie Freud und sogar in der gleichen (flexibel-normalistischen) Strategie – nur daß sie »optimistischere« Kurven hochrechnen. Sie verhalten sich in dieser Hinsicht zu Freud einfach wie Börsen-Bullen zu einem eingefleischten Bären.

Der gereizte Ton der Freud-Polemik der Allport, Maslow und Rogers dürfte sich letztlich allerdings aus Denormalisierungsangst erklären. Es ist die These, daß »wir alle krank, d.i. neurotisch sind« (s.o.), die den eigentlichen Stein des Anstoßes bildet. Die darin implizierte These, daß die moder-

80 Sigmund Freud, *Studienausgabe* (= *SA*) Bd. 1, Frankfurt/Main 1969, 350.

ne Normalität (im Sinne von Durchschnitt) in ihrer ganzen Bandbreite eigentlich krankhaft sei, stellt selbstverständlich eine fundamentale Kritik der modernen Kultur dar. Strategisch handelt es sich um eine Radikalisierung des Prinzips von Broussais und Comte, die die Normalitätsgrenze nicht bloß verschiebt, sondern tendenziell aufhebt. Normalität ist tendenziell[81] nicht mehr identisch mit Gesundheit, ein besonderer Parameter »Normalität« wird vom Parameter Gesundheit gelöst und wird dadurch zu einem rein historisch-kulturellen, und zwar rein kompensatorischen Parameter. Dieser besondere symbolische Normalitäts-Homöostat ist nun generativ gedacht, als frühkindlicher Selektions- oder auch Siebungs-Prozeß aus einem chaotischen (»polymorph-perversen«) Feld spontaner Potenzen, in Richtung der genitalen Dominanz. Die frühkindliche Entwicklung zur Normalität ist demnach ein strategisches und taktisches Dispositiv, das bloß als ›Naturvorgang‹ erscheint. Dabei sind die totalen »Fixierungen«, die die Reihe der »Perversitäten« (von Freud häufig in distanzierende Anführungsstriche gesetzt) generieren, bloß Extremfälle einer prinzipiell sehr großen kombinatorischen Vielfalt. Auch wer »normal« durch die Schleuse des »Ödipus« gegangen ist, kann viele »archaische« Kleinigkeiten mit hindurchgeschmuggelt haben. Zu solchen Mitbringseln gehört sogar eigentlich der Kuß (*SA* Bd. 1, 317), woraus die Folgerung nur lauten kann:

> Es hat gar keinen Sinn, Personen mit einzelnen solchen Zügen aus der Reihe der Normalen auszuscheiden und zu den Perversen zu stellen [...] (*SA* Bd. 1, 318).

Am Ende hat der generative Apparat also eine große Streubreite von Variationen produziert, die sich allerdings tunlichst nach einer symbolischen Gaußoid-Kurve um den »Durchschnitt« anordnen sollten, der wiederum für die Fortpflanzung funktional bleiben muß.

Strukturell hat Freud damit auch radikaleren Spielarten der flexibel-normalistischen Strategie, d.h. der »sexuellen Revolution«, den Weg geöffnet. Der charakteristische, so stark an Schopenhauer erinnernde, ›melancholisch-pessimistische‹ Unterton bei Freud scheint (wie bei Schopenhauer) in den ›geopferten‹ Bandbreiten sexueller Spontaneität zu wurzeln, vor denen wiederum die Denormalisierungsangst zurückgescheut war. Eine Denormalisierungsangst allerdings, die sich (im Unterschied zu der der ›naiven‹ *growth*-Manager der USA) in hohem Maße selbst durchschaut und reflektiert hatte.

---

81 Tendenziell, d.h. bei konsequenter Verfolgung der eingeschlagenen strategischen Richtung. Im Gegensatz zu dieser Richtung verwendet Freud häufig weiterhin »normal« auch völlig synonym mit »gesund«: »Die Träume der Neurotiker sind aber in keinem wesentlichen Punkte von denen der Normalen verschieden; ja sie sind von ihnen vielleicht überhaupt nicht unterscheidbar. Es wäre unsinnig, von den Träumen Nervöser auf eine Weise Rechenschaft zu geben, die nicht auch für die Träume Normaler Geltung hätte. Wir müssen also sagen, der Unterschied zwischen Neurose und Gesundheit gilt nur für den Tag, er setzt sich nicht ins Traumleben fort« (SA Bd. 1, 438f.)

Das Rätsel »1914« und die katastrophische Denormalisierungsphase 1914–1945, Musils experimentelle Simulation eines historischen »GAU«

Robert Musil hat in seinem großangelegten Roman, der allerdings zum erheblichen Teil Projekt bleiben mußte, das Rätsel von 1914 nicht zuletzt auch unter normalismusbezogenen Aspekten zu umkreisen und vielleicht sogar zu lösen versucht. Weder Musil noch sonst jemand hat das Rätsel allerdings lösen können: Warum dieser bisher größte historische *GAU*? (Ich setze einmal voraus, daß die anschließenden Katastrophen bis hin zu Auschwitz nicht Folgelasten eines aus der Hölle heraufgefallenen ›bolschewistischen Vernichtungsprojekts‹ waren, wie Ernst Nolte groteskerweise will, sondern – einschließlich dieses ›Projekts‹ selbst – direkte Folgelasten der 1914 in Gang gesetzten Vernichtungsmaschinerie, die es also zuerst zu erklären gälte.) Warum dieser *GAU* mitten in der Welt einer scheinbar bestens funktionierenden Normalität? Warum dieser offenbar massenhaft virulente ›Wille zum Selbstmord-Weltkrieg‹ (Anlässe dazu hätte es längst vorher gegeben) in einer Zeit, als sich erstmals flexibel-normalistische Dispositive entwickelten und ausbreiteten?

Musil hat die Lösung des Rätsels auf der Seite der Subjektivierung, ihrer Normalitäten, Blockaden und Fluchtlinien gesucht. Seine Romanerfindung (im mehrfachen Sinne) bietet m.E. ein ernstzunehmendes Modell zur Erforschung des *GAUs* von 1914. In der Tat ließe sich dieses historische *Durchdrehen und Ausrutschen* bis hin zum großen *Betriebsunfall* in heuristischer Absicht plausibel als mehrsträngiger Prozeß modellieren, bei dem sektorielle Normalitäts-Dispositive der Subjektivierung, in denen gleichzeitig Flexibilisierung erprobt wird und brüske protonormalistische *Bremsungen* und *Blockierungen* erfolgen, zunächst sektoriell *durchdrehen* und Denormalisierungsschübe auslösen, bevor sich mehrere solcher Schübe *aufschaukeln* und dadurch kurzfristig die Katastrophe auslösen. Musil versucht in seinem gegenüber Zola neuartigen Typ von »experimentellem Roman«, den Prozeß eines solchen *Aufschaukelns* mehrerer Prozesse des *Durchdrehens* in einem innovativen, nichtlinearen Typ von Narration zu simulieren. Dabei werden sehr viele molekulare Ereignisse (nichtdiskursive und diskursive) synchronisch so arrangiert, daß ihre *Verhakung* und ihr *Aufschaukeln* das große Ereignis der gemeinsamen »Flucht in den Selbstmord-Weltkrieg« als plausibel begreiflich machen sollen.

Als Grundtyp der experimentell arrangierten molekularen Ereignisse dient das stochastische Ereignis, wie es bereits im ersten Kapitel als Verkehrsunfall wegen »zu langen Bremswegs« programmatisch inszeniert und

mit einer (apokryphen) Autounfallstatistik der USA diskursiviert wird. Die entsprechende stochastische und probabilistische Diskurskomponente ist auch metasprachlich genügend betont – ihre spezifisch normalistischen Implikationen wurden dagegen weder von Musil selbst noch von der bisherigen Forschung synthetisch reflektiert. Tatsächlich korrespondieren aber fast alle Ereignisse des Romans mit einer jeweiligen Galtonschen oder sonstigen normalistischen Relevanzachse des Fin de siècle. Zum expliziten probabilistischen Programm gehört die Modellierung der meisten Figuren als Galtonscher *Kügelchen*: Sie sind als Bündel von »Eigenschaften« (*traits*) prinzipiell austauschbar (so wie Arnheim und Diotima im ersten Kapitel) und reagieren in analogen stochastischen Situationen analog. Ein »Mann ohne Eigenschaften« wäre, in Galtons Sprache übersetzt, ein *man without traits* bzw. *without faculties*, d.h. ein paradoxes *Kügelchen*, das sich weigern würde, als Normal-Monade zu existieren. Ulrich wird zu dieser Weigerung veranlaßt, als es ihm in drei bzw. vier Normalfeldern (Militär, Industrialismus, Wissenschaft – außerdem Sport) mißlungen ist, Galtonsche *sports* zu erreichen. Nur weil er zuvor also (ganz nach Galtonscher Logik) bestimmte *traits* bzw. *human faculties* zu Rekorden (*genius*) steigern wollte, kann er von der Medienmeldung über das »geniale Rennpferd« derartig ›umgeworfen‹ werden. Als »Mann ohne Eigenschaften« versucht er hinfort, sich allen Normalfeldern (die stets auch Konkurrenzfelder sind) zu entziehen, weil er dort lediglich noch *thrill*-Intensitäten erwartet, die ihn nicht mehr interessieren. Statt dessen interessiert er sich nun für Denormalisierungen jeder Art, weil er in ihnen mögliche Wege zu transnormalistischen Intensitäten (»anderer Zustand«) vermutet. Ich benutze den Begriff der Denormalisierung dabei keineswegs bloß analytisch und metasprachlich, es geht bei Musil vielmehr direkt um die bekanntesten normalistischen Paradigmen (Sexualität, Kriminalität, Wahnsinn, Selbstmord), und der Text selbst verwendet dabei ausgiebig die Kategorie des »Normalen« und der »Normalität«. Insbesondere bekennt sich Clarisses Bruder Siegmund, der Arzt, explizit zum Kontinuitätsprinzip von Broussais-Comte (und implizit zur flexibel-normalistischen Strategie):

»Sie [Clarisse, J.L.] ist ohne Zweifel anomal«, erwiderte er. »Aber ist Meingast normal? Oder selbst Walter? Ist Klavierspielen normal? Es ist ein ungewöhnlicher Erregungszustand, verbunden mit einem Tremor in den Hand- und Fußgelenken. Für einen Arzt gibt es nichts Normales.« (*MOE*, 839)[82]

Was Musil nun lediglich faktisch-historisch zitiert und mit geistesgeschichtlichen Erklärungsmustern eher verunklärt statt es auf normalismusadäquate Begriffe oder auch bloß Symbole und Modelle zu bringen, ist die Situation

82 Robert Musil, *Der Mann ohne Eigenschaften*, hg. v. Adolf Frisé, Hamburg 1952 (= *MOE*).

eines *Tauziehens* zwischen protonormalistischer und flexibel-normalistischer Strategie in der ersten Vorkriegszeit. Das sei exemplarisch in aller Kürze am Beispiel des Sexualitätsfeldes und insbesondere der Flexibilisierung der Geschlechtergrenze erläutert. Die großen Exploratoren der Denormalisierung im Roman lassen sich unter diesem Aspekt danach unterscheiden, ob sie die Normalität sozusagen in ihrer eigenen *Dimension* durch extreme Steigerung fliehen (wie die misogynen Extrem-Männer Moosbrugger, Meingast und Hans Sepp) oder ob sie die separierten Normalfelder der Männer und der Frauen wie auch ihre eigenen Subjektivitäten androgyn zu ›mischen‹ und zu integrieren suchen (Ulrich, Agathe, Clarisse). Die erste Tendenz zur Denormalisierung wird explizit mit dem zum Krieg treibenden Prozeß identifiziert, die zweite öffnet möglicherweise (sicher ist das keineswegs) Fluchtlinien zum »anderen Zustand«. Beide Tendenzen konnotieren deutlich flexibel-normalistische Taktiken der Zeit um 1900, wie sie sich zum einen etwa in der industrialistischen Temposteigerung, aber auch der Annahme gleitender Übergänge zu Kriminalität und Wahnsinn, zum anderen in der Psychologie der »sexuellen Zwischenstufen« oder der Psychoanalyse manifestierten. All diese flexiblen Subjektivierungstaktiken wurden aus protonormalistischer Sicht unter dem Begriff »Dekadenz« zusammengefaßt, den auch Musil benutzt (als »Morbidität«: *MOE*, 1592). Symptomatischerweise ist die »reine Männlichkeit« bei Männerbündlern wie Meingast und Hans Sepp *Reaktion* auf flexiblen Normalismus, ist bloßer »Dezisionismus« (»Wille« zu einem »festen Punkt« *MOE* 837), damit aber Symptom der aporetischen siamesischen Bifurkation.

Musils (nicht ausgeführtes) Projekt bestand nun darin, den *Ausbruch* des Ersten Selbstmord-Weltkriegs als enthusiastische »gemeinsame Flucht« aller Beteiligten darzustellen. Dabei erscheint als gemeinsame *Richtung* dieser »Flucht« die erste Tendenz der Denormalisierung: äußerste männliche Tempo- und Leistungssteigerung mit radikaler Überschreitung der Normalitätsgrenzen zu Kriminalität (Mordlust) und Wahnsinn. In den Krieg zieht ein ›kollektiver Moosbrugger‹, der gleichzeitig ein ›kollektiver Hans Sepp‹ ist. Diesem *durchgedrehten* Kollektiv entspricht das Kollektivsymbol des rasenden »Zugs der Zeit« (dynamisches Techno-Vehikel[83]). Die zweite

83 »Die Sache hat uns in der Hand. Man fährt Tag und Nacht in ihr und tut auch noch alles andere darin; man rasiert sich, man ißt, man liebt, man liest Bücher, man übt seinen Beruf aus, als ob die vier Wände stillstünden, und das Unheimliche ist bloß, daß die Wände fahren, ohne daß man es merkt, und ihre Schienen vorauswerfen, wie lange, tastend gekrümmte Fäden, ohne daß man weiß wohin. Und überdies will man ja womöglich selbst noch zu den Kräften gehören, die den Zug der Zeit bestimmen. [...] Und eines Tages ist das stürmische Bedürfnis da: Aussteigen! Abspringen!« (*MOE*, 32) Diese *Eisenbahn*, die surrealistisch mit einer »überamerikanischen Stadt« identifiziert wird, ist unschwer als der High-Tech-Vehikel-Körper der *(nicht) normalen Fahrt* wiederzuerkennen.

Tendenz der Denormalisierung (die zum Androgynen) ist in diesem *Ausbruch an die Front* radikal negiert. Dieses Musilsche Modell (das nicht bloß fragmentarisch, sondern auch vielfach manifest widersprüchlich blieb) ließe sich demnach normalismushistorisch wie normalismustheoretisch in Form einer Hypothese etwa folgendermaßen situieren: In mehreren wichtigen Normalfeldern, insbesondere solchen der Subjektivierung, z.B. der Sexualität, ließ sich vor 1914 eine Art *Patt* der beiden normalistischen Strategien, eine Zuspitzung ihrer aporetischen siamesischen Bifurkation konstatieren. Diese Spannung hätte sich also mit der allgemein normalistischen »Langeweile« (*Entropie* der Intensitäten), die sich durch langen Frieden und langen ›Wohlstand‹ akkumuliert hatte, zu einer Art ›historischer Platzangst‹ gekoppelt. Indem der Krieg *schlagartig* von allen Denormalisierungsängsten nicht nur des Androgynen, sondern alles Flexiblen überhaupt zu ›erlösen‹ schien, konnte diese ›Option‹ immense subjektive Energien auf sich ziehen. Und sie konnte gleichzeitig sogar die geheime Denormalisierungslust auf sich ziehen, indem sie *vorn*, an der *Front*, eine extreme, alle Normalitätsgrenzen *sprengende*, aber ›rein männliche‹ Leistungssteigerung zwecks *blitzartigen Durchbruchs* verhieß.

Der letzte und womöglich noch wichtigere Faktor wäre schließlich in der ›Lösung‹ des As-Sociations-Problems durch den Krieg zu sehen: Normalistische As-Sociation findet lediglich äußerst prekär als stochastische Massierung der *Kügelchen* statt. Solange der Flexibilitäts-Normalismus die antagonistischen Klassen nicht auflösen und locker in einer soziologischen *Zwiebel* zur »Solidargemeinschaft« integrieren kann (die Tendenzen dazu blieben in Europa vor 1914 schwach), so lange muß der Protonormalismus die Normalmonaden per Manipulation zu »Gemeinschaften« (»Nationen« und »Rassen«) dressieren (wozu vor- und nichtnormalistische Ideologien und As-Sociations-Dispositive unverzichtbar sind). Diese Art der As-Sociation ist stets prekär – sie wird aber noch prekärer, falls die Normalmonaden subjektiv (etwa sexuell) flexibilisiert werden. Wie soll sich z.B. aus verschieden zwischen »Männlichkeit« und »Weiblichkeit« gemischten Individuen ein Socius bilden, in dem sie sich wohlfühlen können und den sie schließlich wie die Atemluft benötigen? Indem der Krieg den soldatischen As-Sociationstyp erzwingt, ›löst‹ er scheinbar auch dieses Problem der Kopplung von individueller und kollektiver Subjektivierung (von normaler ›Identitäts‹-Bildung und normaler As-Sociation).

Carl Schmitt oder die dezisionistische Souveränität über die Normalitätsgrenze

Bekanntlich ist Carl Schmitts berühmte Definition des Begriffs der Souveränität (»Souverän ist, wer über den Ausnahmezustand entscheidet«: *PT*, 11[84]) oppositiv aufs engste mit der Kategorie der »Normalität« verknüpft:

> Dem entspricht es, daß seine [des Begriffs, J.L.] Definition nicht anknüpfen kann an den Normalfall, sondern an einen Grenzfall (*PT*, 11).

Nun ist es allerdings keineswegs einfach, Schmitts Begriff der »Normalität« präzise zu erschließen. Schmitts interdiskursive Montage aus juristischem, theologischem, philosophischem und soziologischem Diskurs kennt (juristische) »Normen«, »Normensystem«, »normative Regelungen« (*PT*, 19, 42), »Normativismus« und »Normativisten«. Damit ist der semantische Komplex der ›Normativität‹ (exemplarischer Repräsentant Kelsen) als Gegner bestimmt. Die ›Normalität‹ scheint auf den ersten Blick mit dieser ›Normativität‹ eng verknüpft zu sein:

> Denn eine generelle Norm, wie sie der normal geltende Rechtsstaat darstellt, kann eine absolute Ausnahme niemals erfassen [...] (*PT*, 11).

Hier kann aber gerade die Unterscheidung zwischen einer protonormalistischen und einer flexibel-normalistischen Strategie zusätzliche semantische Trennschärfe liefern: Der »normal geltende Rechtsstaat« ist eben nicht einfach synonym mit der juristischen »Norm« (d.h. ›Normativität‹), sondern meint den ›störungsfrei funktionierenden‹ Rechtsstaat – den Rechtsstaat, sofern er sich nicht im Notstand befindet. Auch bei Schmitt sind also die Kategorien ›Normalität‹ und ›Normativität‹ nicht identisch; ihre scheinbare ›Nähe‹ erklärt sich vielmehr aus Schmitts eindeutig protonormalistischer Mentalität: Das Funktionieren wird einseitig als staatliche »Ordnungs«-Leistung begriffen, so etwas wie zivilgesellschaftliche Spontaneität wird gar nicht erst ins Auge gefaßt. Deshalb schlägt sich die staatlich gesicherte ›Normalität‹ umstandslos (auch) in juristischen »Normen« nieder – so wie diese juristische ›Normativität‹ umgekehrt zur ›normalen Ordnung‹ beiträgt. Dieser protonormalistischen ›Engführung‹ von ›Normalität‹ und ›Normativität‹ entspricht nun exakt die theoretische Ableitung des »Normalfalls« aus dem Ausnahmefall. Für Schmitt ist es eben letztlich die staatliche Souveränität, die ›Normalität‹ (als störungsfreies Funktionieren) allererst »schafft«

---

84 Carl Schmitt, *Politische Theologie*. Vier Kapitel zur Lehre von der Souveränität, 2. Aufl. München/Leipzig 1934 (= *PT*; 1. Aufl. 1922)

(wie Gott die Welt: Schmitt statuiert explizit diese Analogie) – es sind nicht die Funktionssysteme in ihrer Autopoiesis wie bei Luhmann:

So wie im Normalfall das selbständige Moment der Entscheidung [d.h. die Souveränität, J.L.] auf ein Minimum zurückgedrängt werden kann, wird im Ausnahmefall die Norm vernichtet (*PT*, 19).

Das ist zu lesen: Im Zustand der Anormalität, jenseits der Normalitätsgrenze, kann auch keine Norm gelten, weil Normen letztlich Emanate von Normalität sind – umgekehrt also können Normen nur gelten, falls sie sich auf Normalität stützen können.

Der normalismustheoretisch interessante Aspekt bei Carl Schmitt liegt also darin, daß er sowohl ›Normalität‹ wie ›Normativität‹ von der Normalitäts*grenze* aus denkt. Bei ihm begründet die Normalitätsgrenze (der »Ausnahmefall«) theoretisch erst die Normalität:

In seiner absoluten Gestalt ist der Ausnahmefall dann eingetreten, wenn erst die Situation geschaffen werden muß, in der Rechtssätze gelten können. Jede generelle Norm verlangt eine normale Geltung der Lebensverhältnisse, auf welche sie tatbestandsmäßig Anwendung finden soll und die sie ihrer normativen Regelung unterwirft. Die Norm braucht ein homogenes Medium. Diese faktische Normalität ist nicht bloß eine ›äußere Voraussetzung‹, die der Jurist ignorieren kann; sie gehört vielmehr zu ihrer immanenten Geltung. Es gibt keine Norm, die auf ein Chaos anwendbar wäre. Die Ordnung muß hergestellt sein, damit die Rechtsordnung einen Sinn hat. Es muß eine normale Situation geschaffen werden, und souverän ist derjenige, der definitiv darüber entscheidet, ob dieser normale Zustand wirklich herrscht. (*PT*, 19f.)

Der »Normalität« entspricht bei Schmitt also die (staatlich-souveräne) »Ordnung«, so wie der ›Normativität‹ die »Rechtsordnung« entspricht, wobei die erste die zweite dominiert. Normalismustheoretisch gesprochen, gehört es demnach zum Schmittschen Konzept, daß voll souverän nur derjenige ist, der darüber entscheidet, wo die Normalitätsgrenze liegt und wie weit sich das Normalitätsspektrum erstreckt. Damit wird der Durchschnittskalkül und das spontane Einpendeln von Normalitätsgrenzen und Toleranzen radikal aus dem Begriff einer »Normalität« entfernt, deren Differenz zur ›Normativität‹ dennoch festgehalten wird. Das ist paradox und aporetisch, da jede absolut diktatorische (»dezisionistische«) Festlegung von Normalität eben diese Normalität als Normalität aufhebt. Schmitt reflektiert also nicht bloß auf den politischen Putsch, der immer auch militärischer Putsch ist, sondern exekutiert dabei selbst nicht mehr und nicht weniger als einen theoretischen Putsch im Felde der Normalität (niemand hat das besser durchschaut als Walter Benjamin).

Dieser Putsch im Felde der Normalität entspricht historisch nun aufs plausibelste einer Epoche, in der paradoxerweise die Denormalisierung das ›Normale‹ zu sein schien, d.h. der durch das Ereignis »1914« eröffneten

Epoche. Oberhalb eines bestimmten Grads an analytischer Intelligenz und historischer Sensibilität war es damals nur schwer möglich, auf autopoietische Normalität zu setzen. Denjenigen, die das nicht vermochten, blieben grob gesagt zwei Wahlen: Engagement für eurhythmische Projekte des *Ausstiegs* wie die Sozialismen oder Engagement für den Notstandsputsch als ›coup d'État pour le coup d'État‹ (Fall Carl Schmitt) – bei der ersten Alternative schien eine irreversible Desillusionierung dann nur mehr die Verzweiflung übrig zu lassen (Fall Walter Benjamin).

Die ›säkularisiert-theologische‹ Überbauung seines theoretischen Putsches ist bei Schmitt Symptom des Kraftakts. Was aber ist das ›ernste‹ Signifikat der »Gottes«-Analogie (vgl. z.B. *PT*, 60, 63)? Leider auch nichts anderes als die »vitale Intensität«:

> Gerade eine Philosophie des konkreten Lebens darf sich vor der Ausnahme und vor dem extremen Falle nicht zurückziehen, sondern muß sich im höchsten Maße für ihn interessieren. Ihr kann die Ausnahme wichtiger sein als die Regel, nicht aus einer romantischen Ironie für das Paradoxe, sondern mit dem ganzen Ernst einer Einsicht, die tiefer geht als die klaren Generalisationen des durchschnittlich sich Wiederholenden. Die Ausnahme ist interessanter als der Normalfall. Das Normale beweist nichts, die Ausnahme beweist alles; sie bestätigt nicht nur die Regel, die Regel lebt überhaupt nur von der Ausnahme. In der Ausnahme durchbricht die Kraft des wirklichen Lebens die Kruste einer in Wiederholung erstarrten Mechanik.

Und dann kommt die »vitale Intensität« (*PT*, 22) – bevor der Führer nachkam.

Carl Schmitts Auffassung der Normalität ist also gerade als ›Extremfall‹ aufschlußreich für die Situation des Normalismus nach 1914: Sein eigenes Verfahren, das Normale vom Extrem her zu denken, läßt sich womöglich auf ihn selbst anwenden. Dann ließe sich aus dem ›Extrem‹ Schmitt folgern, daß die fundamentale Denormalisierung nicht bloß empirisch den Notstandsschlag (den Ausnahmezustand und die Ausnahmeregime) auf die *Tagesordnung* setzt, sondern auch dazu tendiert, die protonormalistische Strategie in einer äußersten Spielart zu favorisieren, in der sie aus jedem Normalismus *ausschert* und aktiv dazu beiträgt, Normalität zu liquidieren. Dieser Umschlag ist aber in der Tat aufschlußreich für die Struktur des Normalismus, weil dabei auf symptomatische Weise Denormalisierung und Normalitätsgrenze in Symbiose mit dem Phänomen der militärischen Gewalt erscheinen. Hat es Sinn, von »normaler« militärischer Gewaltanwendung zu sprechen? Für den flexiblen Normalismus sicherlich allenfalls in unteren Normalitätsklassen, nicht im eigenen Lande. Selbst im Rahmen einer protonormalistischen Strategie würde sporadische und ›spontane‹ militärische Gewalt (wie nach 1914) als Symptom von Denormalisierung gelesen werden müssen. Dagegen ist nach Carl Schmitt der ›göttlich-ordnungsschaf-

fende‹ Notstandsschlag zu setzen, der die tabula rasa für eine neue (dann von vornherein extrem protonormalistisch gedachte) Normalität bereiten soll – wobei die Lektion der Geschichte für Schmitt in dem Nachweis lag, daß auf solcher tabula rasa nicht nur kein Gras, sondern zuweilen auch gar keine Normalität mehr wächst.

(Nicht) normale Fahrten 8: Heideggers »Geworfenheit« in Flugzeug-U-Boot-Panzer

In § 63 von *Sein und Zeit*[85] räumt Heidegger ohne weiteres ein:

> Die existenziale Analyse hat daher für die Ansprüche bzw. die Genügsamkeit und beruhigte Selbstverständlichkeit der alltäglichen Auslegung ständig den Charakter der *Gewaltsamkeit* (311, Hervorhebung von Heidegger).

Dieses Zugeständnis ist nicht ohne eine gewisse Bauernschläue. Es bezieht sich ja auf die putschistische Dichotomie, mit der Heidegger gerade alles wissenschaftliche (also nicht alltägliche!) Wissen als »ontisch« vom Tisch fegt, um dagegen das »(existenzial-)ontologische« als einzig »fundamental« zu reklamieren. Die »Gewaltsamkeit« des existenzial-ontologischen Diskurses liegt also gar nicht so sehr in der Opposition zum alltäglichen, sondern zum wissenschaftlichen, auch philosophischen, Spezialdiskurs. Mehr noch: Diese »Gewaltsamkeit« erweist sich konkret in der Destruktion spezialdiskursiver (insbesondere lateinischer) Kategorien und ihrer Ersetzung durch ›alltäglich-deutsche‹, die allerdings in spezifischer Weise verfremdet werden. »Zeug« statt »gesellschaftliche Produkte« oder »Artefakte« oder »Instrumente«, »Geworfenheit« statt »Kontingenz«, »Ent-fernung« statt »Appropriation« oder »Assimilation« oder »Konsumtion« usw. Wie also funktioniert dieser »zeug«-sagende Diskurs, der jederzeit sofort als der ›typisch heideggerische‹ erkennbar ist, genau? Er verfährt *entdifferenzierend* gegenüber dem Spezialwissen, einschließlich des (problematischen) »Spezialwissens« der Philosophie. Er verwendet vorspezielle, »einfache« und »alltagssprachliche« Signifikanten, allerdings verfremdend. Die Verfremdung ist, was von Beginn an evident war, »literarischen« oder sogar »poetischen« Typs (so unpoetisch Heideggers Diskurs insgesamt, und insbesondere seine Syntax, immer sein mag): sie ist polysemisch und symbolisch. »Zeug« konnotiert polysemisch sowohl das umgangssprachliche »erbärmliche Zeug« wie die Serie der Komposita vom Typ »Schuh-, Bett-, Näh-Zeug usw.« (s. Heideggers etwas abweichende Serie: 68). »Zeug« konnotiert darüber hinaus im Kontext des »geworfenen Daseins« symbolisch einen Kom-

85 Martin Heidegger, *Sein und Zeit*, 16. Aufl. Tübingen 1986.

plex wie »Fahr-Zeug« (68), worauf zurückzukommen sein wird. Die »Gewaltsamkeit« des Heideggerschen Diskurses liegt also genau darin, daß er an Stelle spezialdiskursiver Kategorien, die stets zur reinen Denotation und damit zur Ausschaltung der Konnotation tendieren, *interdiskursive* (diskursiv ›mehrstimmige‹) Kategorien verwendet, die konnotativ hoch gesättigt sind, diese ihre Sättigung aber hinter der scheinbaren »Einfachheit« (»Fundamentalität«) alltäglicher Signifikanten verbergen. Dieses Spiel von Verbergen-Entbergen zeitigt den Effekt »existenzial-ontologischen« Denkens.

Der entscheidende Effekt der Reihe der Existenziale und ihrer mäandrischen Bewegung entspringt also aus dem jeweils ›mitgehenden Schatten‹ der polysemischen und symbolischen Konnotationen. Auf den ersten Blick scheinen diese Konnotationen dominant einer traditionalen, vormodernen »Alltäglichkeit« anzugehören: »Tisch, Lampe, Möbel« (68), »Hammer, Hobel, Nadel« (70). Das ist Heideggers »Blubo«-Seite, die beim besten Willen nicht wegzuleugnen ist. Jeder »Blubo« des 19. und 20. Jahrhunderts konnotiert aber eo ipso als seinen konstitutiven semantischen Schatten die High-Tech-Modernität, die Heidegger als »Ge-stell« später auch explizit ins Zentrum rückte. Auch in *Sein und Zeit* ist allerdings das »Ge-stell« an vielen Stellen bereits präsent, z.B. als Auto:

Als Exemplar für Zeichen wählen wir ein solches, das in einer späteren Analyse in anderer Hinsicht exemplarisch fungieren soll. An den Kraftwagen ist neuerdings ein roter, drehbarer Pfeil angebracht, dessen Stellung jeweils, zum Beispiel an einer Wegkreuzung, zeigt, welchen Weg der Wagen nehmen wird. Die Pfeilstellung wird durch den Wagenführer geregelt. Dieses Zeichen ist ein Zeug, das nicht nur im Besorgen (Lenken) des Wagenführers zuhanden ist. Auch die nicht Mitfahrenden – und gerade sie – machen von diesem Zeug Gebrauch und zwar in der Weise des Ausweichens nach der entsprechenden Seite oder des Stehenbleibens. Dieses Zeichen ist innerweltlich zuhanden im Ganzen des Zeugzusammenhangs von Verkehrsmitteln und Verkehrsregelungen. (78)

Ist es Zufall, daß das »Zeigzeug« mittels eines modernen »Fahrzeugs«, genauer »Kraftfahrzeugs«, eingeführt wird? Selbstverständlich genauso wenig wie die Bestimmung des (modernen) »Lenkens«, besonders »Fahrzeuglenkens«, als »Besorgen«, also als fundamentales Existenzial der »Sorge«. Man kann also heuristisch annehmen, daß Heideggers Existenziale typischerweise konnotativ auf zwei Bereiche gleichzeitig verweisen, wobei deren Beziehung nicht explizit gemacht wird: auf den Familialismus und die Welt der Mutter (»Nähzeug«), wie auf den »un-heimlichen« Bereich der modernen Technik (»Fahrzeug«).

Die »Sorge« selbst wird zum einen explizit poetisch-symbolisch (Goethe und Fausts »Sorge«), zum anderen alltagssprachlich polysemisch eingeführt. Dabei erweist sich »Fürsorge« als strategischer Signifikant, der poly-

semisch sowohl die Isotopie des Familialismus (die »fürsorgliche Mutter«) wie die des modernen *sozialen Netzes* und des »Vorsorgestaats« konnotiert: »der Fürsorge zur Last fallen« bzw. »lieber alles andere als in ein Fürsorgeheim kommen«. Über die »Fürsorge« erweist sich Heideggers Basis-Existenzial aufs engste mit dem Normalismus verbunden, wenn der Normalismus auch gerade durchgängig ›im Schatten‹ bleibt.

Im Gegensatz zu seinem Lehrer Husserl vermeidet Heidegger peinlich die Signifikanten »normal« und »Normalität«, wenn sich auch die Kategorie als solche – in Gestalt der »Durchschnittlichkeit« – als absolut konstitutiv für den Diskurs von Sein und Zeit erweist. Das »alltägliche Dasein« (und damit auch »das Man«) wird nämlich als »durchschnittliches« definiert (5ff., 16, 21, 43f., 66, 71, 106f., 114, 121, 127, 129 u.v.a.). Obwohl also die existenziale Analyse des Daseins beim »durchschnittlichen Dasein« (114) ansetzt, bleibt die »Durchschnittlichkeit« bei Heidegger eine vollständig blinde Kategorie, die nicht einmal per Polysemie/Symbolik interdiskursiv exploriert wird. Hier muß sich Heideggers Diskurs also blind auf den Normalismus stützen und ihn in dieser Blindheit gleichzeitig verbergen. Trotz ihres Anspruchs auf »Geschichtlichkeit« erweist sich die Fundamentalontologie an diesem (durchaus ›strategischen‹) Punkt also als lediglich objektiv geschichtlich verankert, in ihrem eigenen Diskurs jedoch als ungeschichtlich denkend. In der Tat gab es vormodern gar keine »Durchschnittlichkeit«, weshalb das Dasein keineswegs von jeher »zunächst und zumeist« durchschnittlich sein konnte.

Nicht anders steht es mit der »Geworfenheit«: Sie konnotiert polysemisch vor allem das Werfen von Kugeln oder ähnlichen Gegenständen (Zuwerfen, Hinwerfen, Wegwerfen) und symbolisch vor allem den Würfelwurf der Kontingenz (wie bei Nietzsche und Mallarmé, zuvor aber bereits im gesamten Normalismus seit dem Pränormalismus Pascals[86]). Wenn sich das Dasein »durchschnittlich« *miteinander* im »Man« *geworfen* findet, dann liegt dem zweifellos die Vorstellung eines »atomaren« Haufens von *Kügelchen* zugrunde[87], so daß sich als das historisch relevante Modell der »Geworfenheit« das Galtonsieb und als das der »Sorge« der »Vorsorgestaat« erweist (allerdings qua defizienter, »verfallener« Modus des Daseins).

Solange das Galtonsche Kügelchen in seiner *Geworfenheit ins Sieb* im »Besorgen« aufgeht und also bloß *Raus- und Runterfallen* sowie *Kollidie-*

86 Vgl. dazu die Variante der USamerikanischen Therapie-Kultur: Luke Reinhart, *The Dice Man*, dt. *Der Würfler*, 2. Aufl. München u.a. 1994 (1971).

87 Daß Heidegger diese Vorstellung sehr gut kennt, beweist folgende Formulierung: »Allein die These: ›Das Dasein ist geschichtlich‹ meint nicht nur das ontische Faktum, daß der Mensch ein mehr oder minder wichtiges ›Atom‹ im Getriebe der Weltgeschichte darstellt und der Spielball der Umstände und Ereignisse bleibt [...]« (382).

ren zu vermeiden sucht, so lange ist es nach Heidegger bloß »Man-selbst« und »verfallen«. Wenn es sich aber »eigentlich« der Grundbefindlichkeit der Angst aussetzt, kann ein Transformationsprozeß einsetzen, den Heidegger im polysemischen und symbolischen Schatten seines Diskurses konnotativ als eine Art ›Roman‹, und zwar als eine *(nicht) normale Fahrt* erzählt.

Das »Man« in seiner Zirkularität, in seinem »Kursieren« (383) konnotiert nicht zuletzt den *normalen Verkehr*:

In der Benutzung öffentlicher Verkehrsmittel, in der Verwendung des Nachrichtenwesens (Zeitung) ist jeder Andere wie der Andere. (126)

Das symbolische Aussteigen aus der Eisenbahn oder der Tram des »Man« beschreibt Heidegger als »Vorlaufen in die unüberholbare Möglichkeit des Todes«. Diese eigenartige, »ekstatisch-horizontale« (369) Bewegung wird als »Vorlaufen«, also nicht als Fahren, gekennzeichnet. Es geht ihr aber darum, sich selbst dadurch »einzuholen«, daß sie – als »Sich-vorweg« – an der »unüberholbaren« Möglichkeit des Todes »zerschellt«. Sicher konnotierten die Signifikanten des »Ein- und Überholens« in den zwanziger Jahren des 20. Jahrhunderts auch noch die traditionale Bewegung von Fußgängern (bzw. Läufern) – das Neue war aber gerade das Überholen mit ganz neuen »Zeugen«, nämlich »Kraftfahrzeugen«:

Nur Seiendes, das wesenhaft in seinem Sein zukünftig *ist, so daß es frei für seinen Tod an ihm zerschellend auf sein faktisches Dasein sich zurückwerfen lassen kann [...], kann, sich selbst die ererbte Möglichkeit überliefernd, die eigene Geworfenheit übernehmen und* augenblicklich *sein für »seine Zeit«.* (385)

Können Fußgänger »zerschellen«? Die ›dunkle, nächtliche Farbe‹ von Heideggers im Schatten seines Diskurses konnotiertem Roman der »Eigentlichkeit« ist völlig unübersehbar:

Die Entschlossenheit wurde bestimmt als das verschwiegene, angstbereite Sichentwerfen auf das eigene Schuldigsein. Ihre Eigentlichkeit gewinnt sie als *vorlaufende* Entschlossenheit. In ihr versteht sich das Dasein hinsichtlich seines Seinkönnens dergestalt, daß es *dem Tod unter die Augen geht*, um so das Seiende, das es selbst ist, in seiner Geworfenheit ganz zu übernehmen. (382, Hervorhebung von mir, J.L.)

Es fällt schwer, als die den Zeitgenossen des Dezenniums nach 1918 »durchschnittlich« sich aufdrängende konkrete Anschaulichkeit solcher Formulierungen nicht das »Fronterlebnis« von 1914 zu begreifen. Dort hatte dieses »Vorlaufen« tatsächlich millionenfach stattgefunden, und dort war das Dasein in einsamen Vehikeln buchstäblich »zerschellt«. Selbstverständlich meint das »Vorlaufen« ein »Existenzial« – aber als solches funktioniert es nur durch ›schattenhaft‹ konnotierte Polysemien und Symbole. Die gemeinschaftliche Anschaulichkeit von »Geworfenheit«, »Sich werfen«, »Entfernung«, »Vorlaufen«, »unüberholbar«, »Zerschellen«, »Unheimlichkeit«

(i.S. von Un-Heim-lichkeit) usw. ist ein *projektilartiges Vehikel*, mit Heidegger gesprochen ein *projektilartiges »Zeug«* – ein »Flug-Zeug«:

Die aufgezeigten Phänomene der Versuchung, Beruhigung, der Entfremdung und des Sichverfangens (das Verfängnis) charakterisieren die spezifische Seinsart des Verfallens. Wir nennen diese »Bewegtheit« des Daseins den *Absturz*. (178)

Das am intensivsten beredete »Zeug« des »Fronterlebnisses« wie auch der zwanziger Jahre war das Flugzeug, und Heidegger konnte auf dieses geheime Einverständnis mit seinen »Mitseienden« gerade dann bauen, wenn er jede Explizitheit vermied. Indem er das »Verfängnis« ins »Man« explizit als »Absturz« definiert, verkehrt er zudem absichtlich die beiden Seiten der (nicht) normalen Fahrt: Sehr konkret gesagt, wird Trambahnfahren als Absturz gekennzeichnet, während das Zerschellen des einsamen Fliegers in seiner »Geworfenheit« und seinem »Vorlaufen« dieser Explizitheit entbehrt. Gerade so aber gelingt es dem Heideggerschen Diskurs, ein »fundamentales« projektilartiges Vehikel zu imaginieren, das präzise weder Flugzeug noch U-Boot noch Auto bzw. Panzer suggeriert, sondern lediglich das »fundamentale«, semantisch querschnittartige Feeling all dieser *(nicht) normalen Fahrten*. Der als konnotierte ›Begleitstimme‹ von *Sein und Zeit* mitlaufende ›Roman‹ erweist sich als der Mythos von der *(nicht) normalen* Fahrt an die Front, wie sie etwa von Céline in Reise ans Ende der Nacht, und noch umrißschärfer, weil »trivialer«, von Joseph Kessel in L'Équipage erzählt worden ist: Diese Fahrt beginnt z.B. nach Ende eines Fronturlaubs im normalen Eisenbahnzug, bis die normalen Fahrgäste vor Erreichen der Frontzone alle aussteigen und nun das einsame Dasein im Dunkel der Angst an die Front »vorläuft«, bevor es einsam das Flugzeug besteigt, mit dem es zerschellen wird. Daß Heidegger tatsächlich genau diese Situation konnotativ ›mitklingen‹ läßt, beweist eindeutig seine Anspielung auf die »Drückebergerei«:

Die ergriffene Endlichkeit der Existenz reißt aus der endlosen Mannigfaltigkeit der sich anbietenden nächsten Möglichkeiten des Behagens, Leichtnehmens, Sichdrükkens zurück und bringt das Dasein in die Einfachheit seines *Schicksals*. (384)

Diese seinerzeit triviale Situation erweist die von Heidegger emphatisch konnotierte Angst als Denormalisierungsangst: »Drückebergerei« ist nichts anderes als die Angst vor der unmerklichen Verwandlung des normal zirkulierenden Vehikels in ein todbringendes und tödliches Projektil. Mit diesem Symbol illustriert Heidegger jenes Vorlaufen an die Front des Todes und Zurückprallen auf das Da der Geworfenheit, wodurch das Dasein seine »Eigentlichkeit« treffen kann. Wie bei Nietzsche und Céline zielt diese akzeptierte und sogar gewünschte Denormalisierung also auf die Auflösung der Homogenität und Eindimensionalität von Normalfeldern, auf den Ausstieg aus jeder Vergleichbarkeit, auf jene absolute Unvergleichbarkeit, die dann

»eigentliche Existenz« genannt wird. Sartre hat den bei Heidegger konnotierten ›Roman‹ nur explizit gemacht, wenn er in La nausée (was im Kontext nicht »Ekel«, sondern »Einem-schlecht-und-schwindlich-Werden« heißt und womit präzise die Heideggersche »Angst« als Denormalisierungsangst, die in Denormalisierungswille umschlägt, ins Französische übersetzt ist) seinen Helden Roquentin in einer Trambahn vom »Wirbel« (178) überwältigt werden läßt.

So erweisen sich die Existenziale in präzisem Sinn als »historische Aprioris«: Nicht beliebiges Dasein erweist sich als besorgend ins Man geworfen, von wo aus es sich durch Vorlaufen in die unüberholbare Möglichkeit des Todes vereigentlichen kann usw., sondern bloß modern-normalistisches Dasein. Heidegger würde diese Lektüre mit dem Vorwurf des Rückfalls ins Ontische abzuwehren suchen – vergeblich: weil sie ja bloß den Diskurs der existenzialontologischen Analyse genau liest. Das ›nicht dem Ontischen verfallene Denken‹ ist aber ein Denken mit Hilfe interdiskursiver Montagen und mit Hilfe des Kollektivsymbolsystems, konkret des normalistischen, wie es hier in Teil VII beschrieben wird. Die »fundamentalen«, »existenzialen« Orientierungsschemata, die Heidegger für die »Wurzel« der ontischen, etwa naturwissenschaftlichen oder kantischen, hält, sind eben nichts anderes als semantische ›Querschnitte‹ durch kollektivsymbolische Topiken und entsprechende symbolische Vehikel.

Modell USA: Vom Taylorismus zum psychotherapeutischen Wohlfahrtsstaat

Aus den in der Belle Époque aufkommenden flexibel-normalistischen Taktiken (s.o.) hatte sich auch in den USA bereits vor dem 1. Weltkrieg ein lockerer ›Archipel‹ gebildet. Wie sich aus diesen vollständig subdominanten Elementen in den folgenden Jahrzehnten ein schließlich (definitiv erst in den fünfziger Jahren) gesellschaftlich hegemoniales Netz bilden konnte, würde zu seiner Darstellung eine eigene mehrbändige Studie erfordern. So sind die folgenden wenigen Andeutungen – wie diese gesamte historische Skizze – lediglich programmatisch zu verstehen. Der eigentliche Focus der Fragestellung liegt dabei in dem Problem, wie es in den USA zu einer engen Kopplung ökonomischer, demographischer, politischer, kultureller und vor allem subjektformierender Reproduktionszyklen kam, deren wesentlicher interdiskursiver *Kitt* eben in normalistischen Dispositiven bestand, deren Handhabung mehr und mehr zur flexiblen Strategie tendierte. Worin liegt die interdiskursive ›Logik‹ der schließlich entstandenen Symbiose einer vollständig verdateten, tendenziell vollständig ver-sicherten, allseitig konkurrierenden und dabei vollständig *motorisierten* wie *motivierten* und

therapierten Gesellschaft? Ein eigenes Kapitel wäre der *Verlötung* von Kapitalismus und Normalismus zu widmen (Stichworte »Taylorismus«, »Fordismus«, New Deal und Keynesianismus). Hier ließe sich etwa an die diversen »Regulations«-Schulen anknüpfen[88], wobei der Normalismus (auf der Basis des Ansatzes von Marc Guillaume, s.o.) als eines der wichtigsten »Regulations«-Dispositive zu begreifen wäre.

Für eine normalismustheoretische Analyse des Taylorismus kann ich bereits auf die Bochumer Dissertation von Hans Wupper-Tewes verweisen, die diesen Komplex und die daran anknüpfende ›Rationalisierungs-Debatte‹ im Deutschland der zwanziger Jahre (einschließlich ihrer praktischen Konsequenzen in der betrieblichen Praxis) aus diskurs- und interdiskurstheoretischer Sicht rekonstruiert hat[89]. Was zunächst den komplexen und schillernden Begriff des ›Taylorismus‹ betrifft, so betont Wupper-Tewes vor allem zwei dominante Strukturkomponenten, die gerade auch unter normalismustheoretischen Gesichtspunkten zu betonen sind: Erstens habe Taylor einen Maschine und Mensch integrierenden »Arbeits«-Begriff begründet, der ganz auf dem Kriterium (meßbar) ›optimalen Funktionierens‹ beruhte. Zweitens habe Taylor als entscheidendes, häufig einziges Kriterium solchen Funktionierens die Geschwindigkeit betrachtet. Im Kontext der vorliegenden Studie läßt sich erstens von einer »homöostatischen« Auffassung des Maschine-Mensch-Komplexes bei Taylor sprechen. Zweitens ordnet sich der ›Taylorismus‹ durch seine Bemühung um gesteigertes Tempo mit anschließender Tempo-Normierung in die allgemeine moderne Tendenz zur Akzeleration und ihrer notwendigen Normalisierung ein. Denn es ging Taylor gleichermaßen um zwei Dinge: um Beschleunigung des industriellen Prozesses (konkret des Produktionsprozesses) und um die Einmündung dieser Beschleunigung in ein konstantes Normaltempo. Wie Wupper-Tewes im einzelnen darstellt, folgte Taylor dabei einer szientistischen Utopie: Er glaubte (im emphatischen Sinne) daran, durch »wissenschaftliche« Analyse der »Elemente« von »Bewegungen« und der Kombinatorik solcher »Elemente« den »one best way« eines Produktionsprozesses feststellen zu können. So wie sich die optimale Geschwindigkeit von maschinellen Drehbewegungen errechnen ließ (Tempo mit Produktqualität und Langlebigkeit der Maschine kombiniert), so sollte das gleichermaßen für menschliche Arbeitsbewegungen möglich sein. Das optimale Tempo auf der Basis eines optimalen, standardisierten Bewegungsablaufs bei bestem Resultat und

88 S. exemplarisch etwa Michel Aglietta, *A Theory of Capitalist Regulation*. The U.S. Experience, engl. London/New York 1987 (frz. 1976). Agliettas Kategorie der »sozialen Konsumtions-Norm« ist ausdrücklich als »Normalität« verstanden.

89 Hans Wupper-Tewes, *Rationalisierung als Normalisierung*. Betriebswissenschaft und betriebliche Leistungspolitik in der Weimarer Republik, Münster 1995.

längster Gesundheit des Arbeiters sollte errechnet werden können. Die praktische Implementierung des optimalen Ablaufs und Tempos suchte Taylor durch Konkurrenzen zu stimulieren, deren *Motor* wiederum in erster Linie Prämien und Lohnerhöhungen waren. Obwohl dieser Ansatz eine ›nach oben offene‹ Dynamik auf der Basis endloser Leistungskonkurrenz in Gang zu setzen schien (wie sie tatsächlich auch im Industrialismus des 20. Jahrhunderts einsetzte), ging es Taylor aber gerade nicht um unbegrenzte Dynamik. Vielmehr sollte die Phase der Dynamik (ganz ähnlich wie bei Prozessen industrieller Normung) in einen statischen, eurhythmischen Zustand einmünden. Es kann demnach keinen Zweifel am geradezu modellartig protonormalistischen Charakter der taylorschen Strategie geben. Es ist, als ob Taylor radikale, aber auch simple Konsequenzen aus Galtons Dilemma hätte ziehen wollen: Wie Galton fürchtete auch Taylor das Absakken aller spontanen Spitzenleistungen in den faulen Sumpf des regressiven Durchschnitts, der regressiven ›Normalität‹. Anders als Galton glaubte er aber, den gesamten Sumpf mittels einer optimalen *Motivation* aus Zuckerbrot und Peitsche auf ein Spitzenniveau (eine ›optimale Normalität‹) heben zu können – unter der resignierenden Bedingung, daß darüber hinaus allerdings dann keine weitere Steigerung möglich wäre.

Tatsächlich bestand das taylorsche Dispositiv aber aus lauter grundsätzlich dynamischen und flexiblen Faktoren: Wenn es auch eventuell so etwas wie eine Optimierung von Maschinendrehtempo gab, so konnte es sich selbstverständlich nur auf einen bestimmten Maschinentyp beziehen. Alle modernen Maschinen befinden sich aber in ständiger, stürmischer Evolution, und es werden ständig neue Werkstoffe entwickelt, für die die Normen der alten nicht mehr gelten. Nicht weniger dynamisch ist die menschliche Arbeitskraft, und es war Taylor selbst, der zwecks Leistungssteigerung auf die ›Ausbeutung‹ jenes Faktors verwiesen wurde, der in der Betriebspsychologie bald *Motivation* (= »Leistungswille«) heißen würde. Dieser Faktor erwies sich schon bald als geradezu grenzenlos dehnbar: So stellte Ford den Arbeitern in Form einer wahrhaft genialen ›positiven Rückkopplungs-Schleife‹ *Autos* als Stimuli für die *Motivation* in Aussicht, schloß also *Motorisierung* und *Motivation* kurz. Die Arbeiter beschleunigten ihre Arbeit an Motoren, um diese Motoren selbst beschleunigen zu können. Sie würden sie später noch mehr beschleunigen, um noch stärkere Motoren beschleunigen zu können usw. Diese Spirale ist sicher nicht grenzenlos, aber so bald ist die Grenze nun doch nicht schon absehbar (aktuell wird das Rasen auf Autobahnen durch das auf Datenautobahnen verlängert). Damit waren die Arbeitsnormen aber ebenfalls prinzipiell als unabsehbar dynamisch und flexibel konstituiert. Die Normen wurden also mit flexibler Normalität gekoppelt. Mit dem Einzug der Psychologen und Soziologen in die Fabriken der USA hatte im Prinzip die flexibel-normalistische Strategie auch in diesem

›Basis-Sektor‹ der Gesellschaft Fuß gefaßt. Von den Tests ging die Tendenz zum *Counseling*, d.h. zur Einbeziehung der Fabriken in die flächendeckende Ausweitung der ›Therapie für Normale‹ auf nahezu die gesamte Gesellschaft (s.u. Teil VIII.5).

Die interdiskursive Ausstrahlungskraft normalistischer Dispositive stellte also schon in den USA der Zwischenkriegszeit jene Kopplungen zwischen Arbeits-, Konsum- und Lebenswelt parat, die sich in der zweiten Nachkriegszeit als hegemoniale Kultur des flexiblen Normalismus durchsetzen sollten. Als exemplarischer Theoretiker wie Praktiker solcher Kopplungen und als wichtiger Denker des Normalismus kann auch der Physiologe Walter Cannon gelten, der über das Modell der *Homöostase* das »normale« Funktionieren von Körper, Maschine und Sozius als analog begriff[90]. Cannon beschrieb die Homöostase als Fluktuation von Werten in einem *normal range* zwischen oberen und unteren Grenzwerten, bei deren Überschreitung (Denormalisierung) normalisierende Maßnahmen zu treffen sind (wie im Körper der Adrenalinschub, die »Cannon-Reaktion«, eine Voraussetzung für Hans Selyes Streß-Theorie: s.u. VIII.4).

Mit der *Motivation* (dem »Leistungswillen«) ist jene Kategorie erreicht, wo sich die flexibel-normalistischen Tendenzen in Ökonomie, Soziologie und Psychologie aufs engste koppeln ließen. *Motivation* ist (wie Leistung, Sicherheit qua Ver-Sicherung, Intelligenz) einer jener für das 20. Jahrhundert fundamentalen sozialen Gegenstände, die allererst durch normalistische Dispositive kreiert wurden (weshalb nichtnormalistische Kulturen der »3. Welt« zum Leidwesen aller Normalisten unter chronischem Motivationsmangel leiden). Als *Motivation* ließ sich nicht bloß der »Leistungswille« der Arbeiter (der sehr bald im flexiblen Team noch stärker stieg als am Fließband), sondern auch der Grad von *self-assertiveness* ganz allgemein, nicht zuletzt beim Sex, begreifen. Per *Motivation* beschaffte die mehr und mehr flächendeckende ›Therapie-Kultur‹ der USA (s.u. Teil VIII) den ›typisch amerikanischen‹ *Optimismus* in allen Sektoren des Lebens, der wiederum überall (flexibel-normal nach dem Modell der *endlos wachsenden Schlange*) einen grenzenlosen *growth* beschaffen soll. Die Funktion der vollständigen Verdatung besteht in diesem Dispositivnetz darin, die *Motivation* durch den Aufbau einer ubiquitären Konkurrenz-Landschaft (jeder kennt für alle Normalfelder genau das Profil der Gaußoidverteilung, kann

---

90 S. Walter Cannon, »Organization for Physiological Homeostasis«, in: *Physiological Reviews* IX,3 (1929), 399–431; ders., *The Wisdom of the Body*, New York 1932. Dazu ausf. J.L., »›Normativ‹ oder ›normal‹? Diskursgeschichtliches zur Sonderstellung der Industrienorm im Normalismus, mit einem Blick auf Walter Cannon«, in: Werner Sohn/Herbert Mehrtens (Hg.), *Normalität und Abweichung*. Studien zur Theorie und Geschichte der Normalisierungsgesellschaft, Opladen/Wiesbaden 1999, 30–44.

sich positionieren und für eine Steigerung motivieren) in die Basis der Existenz selbst hinein, d.h. in das *Leben als Wohnen in der Kurvenlandschaft*, zu integrieren. So erklärt sich umgekehrt wiederum der erstaunliche Enthusiasmus für das Liefern persönlicher Daten und für »Geständnisse« (s. Kinsey-Reports).

Die Herausbildung der ersten Gesellschaft mit (symbolischem) *Zwiebel*-Profil in den USA ist also nicht von der Kombination mehrerer interdiskursiv höchst wirksamer Basis-Normalfelder zu trennen: Es wurden »Galtonsiebe« auf den Gebieten des Erziehungswesens (»Intelligenz«, IQ, »Motivation«, »Leistung«), der Arbeitswelt (gleiche Basis-Normalfelder), des Marketings (Dispositiv der Konsummotivationsforschung), der Politik (Dispositiv der politischen Meinungsforschung[91]) und des privaten Befindens (»mental health«, »mental hygiene«, »Befriedigung«, mit mehr und mehr sexueller Emphase) entwickelt, die in Kombination untereinander und mit der staatlichen Sozialpolitik seit dem New Deal ein Gesamt-Galtonsieb ergaben. Als wichtigstes interdiskursives Dispositiv zur Integration der Teilsektoren und Teilfelder dienten die normalistischen Verfahren der statistischen Verdatung und der Tests mit den gaußoiden Verteilungen als Maßstäben und Zielen der Um-Verteilung. Diese Taktiken der Um-Verteilung sind äußerst vielfältig und werden je nach Konjunktur häufig bloß ad hoc eingesetzt: Die wichtigste Taktik liegt in der mit der Konkurrenz gegebenen, aber je-individuell hinsichtlich gaußoid brauchbarer Grade gezielt eingesetzten Motivation: ›catch up, be winner, don't be loser‹. Andere Taktiken sind vom Typ der Kompensation (soziale Netze; Wissen und/oder Sex statt Geld usw.) oder des Kompromisses (vor allem in den »industrial relations«).

Als besonders wichtiges Dispositiv muß dabei das des IQ gelten, das von Binet und Simon im Paris der Belle Époque zur Selektion »anormaler« Kinder aus den Schulklassen (zwecks Trennung der durch intensive Förderung in Sonderschulen noch ›rettbaren‹ von den völlig »minderwertigen« Kindern) entwickelt worden war[92] und das dann in den USA einen absolut fulminanten *growth* erlebte: Durch den ubiquitären Einsatz in pädagogischen, sozialhygienischen, »rassehygienischen«, juristischen, militärischen und industriellen Kontexten produzierte der IQ ein dominantes Basis-Normalfeld »Intelligenz«, das tendenziell mit der *at the roots of the black box* vorausgesetzten und quasi-religiös verehrten ›Spontaneität‹ und ›Kreativität‹ des ›Lebens‹ selbst identifiziert wurde. Alle übrigen Basis-Normal-

---

91 S. etwa Elisabeth Nölle(-Neumann), *Umfragen in der Massengesellschaft*. Einführung in die Demoskopie, Reinbek 1963.

92 Alfred Binet/Théophile Simon, *Les enfants anormaux*. Guide pour l'admission des enfants anormaux dans les classes de perfectionnement, Paris 1907. S. auch Alfred Binet, *Les idées modernes sur les enfants*, Paris 1909 (Resümee der Artikel in *L'année psychologique*).

felder (wie »mental health«, »Leistung«, »Motivation«, sogar »Solidarität«) konstellierten sich mehr und mehr um die »Intelligenz«[93]. Es war, als hätten sich Auguste Comtes und Francis Galtons ›fixe Ideen‹, bloß in flexibler Version, schließlich in die Mentalität einer ganzen Kultur, und zwar der die Welt beherrschenden, verwandelt.

Demographische Normalisierung auf der logistischen Kurve und die Entdeckung des normal sex (Raymond Pearl)

Wie oben dargestellt, versetzte das Kippen des stürmischen demographischen Wachstums um 1900 in Ländern wie Deutschland Militaristen und Protonormalisten allgemein in Panik. In Ländern wie England und den USA bezog sich diese Panik insbesondere auf die »differentielle« Geburtenrate, d.h. die schnellere Vermehrung der angeblich »minderwertigen« Unterschichten. Speziell in den USA waren das neben den Schwarzen die ›neuen‹ Einwanderer aus dem Mittelmeerraum und Osteuropa. Auch in den USA führte die Verunsicherung durch flexible Tendenzen und den Ersten Weltkrieg zur Parole back to normalcy (im protonormalistischen Sinne), mit der Warren G. Harding 1920 die Wahlen gewann. Einwanderungsrestriktionen und Prohibition waren die krassesten Fälle von protonormalistischer Restauration in den ansonsten roaring twenties. Diskurshistorisch sind die Untersuchungen und Thesen des Biologen, Mediziners und Demographen Raymond Pearl symptomatisch für die Stärke der flexibel-normalistischen Tendenzen. Zum einen untermauerte Pearl die These von der Universalität einer demographischen ›Normalisierung‹ (d.h. einer Rückkehr zum Nullwachtum und zur identischen Reproduktion) längs der logistischen (S-)Kurve durch vergleichende Studien. Er prognostizierte, daß sämtliche Länder phasenverschoben und abhängig vom Modernisierungsgrad der französischen Entwicklung folgen würden94. Diese Prognose war bei ihm beruhigend und optimistisch konnotiert. Langfristig war dieses Modell eines (erstmals statistisch-empirisch untermauerten) epochalen logistischen Kurventrends bedeutsam für spätere Denormalisierungsalarme wie etwa den ökologischen. Was Auguste Comte spekulativ geschichtsphilosophisch postuliert hatte, schien empirisch bestätigt. Wie im Schlußteil gezeigt werden soll, liegt dieses Modell der Erwar-

---

93 S. Gerhard Strube (Hg.), Binet und die Folgen. Testverfahren, Differenzpsychologie, Persönlichkeitsforschung (= Kindlers Enzyklopädie Die Psychologie des 20. Jhs., Bd. 5), Zürich 1977.

94 Raymond Pearl, *The Biology of Population Growth*, New York 1925. (S. ausführlicher J.L., «Die Entdeckung des ›normal sex‹ durch Reaymond Pearl im Jahre 1925«, in: Ulrich Bröckling u.a (Hg.), *Disziplinen des Lebens*. Zwischen Anthropologie, Literatur und Poilitik, Tübingen 2004, 223–234.

tung einer definitiven und nachhaltigen Normalität in Posthistorie bzw. Postmoderne zugrunde. Wenn man langfristig und global auf eine große logistische Kurve vertrauen darf, ist kurz- und mittelfristig sowie sektoriell und regional der Weg frei für flexibel-normalistische Dispositive.

Dazu gehört nicht zuletzt das Sexualitäts-Dispositiv. Pearl gelang es schon 1925, durch eine geschickte Befragungstaktik von prostataoperierten Männern erste Massendaten über Koitusfrequenzen zu erheben und auszuwerten (im Kapitel VIII der Studie: »Human behavior and the birth rate«). Diese Untersuchung stand im Kontext der demographischen Fragen, sollte sich aber als enorm faszinierend und zukunftsträchtig (Kinsey kannte Pearl) erweisen. Das von Pearl bereits als »normal sex« bezeichnete Verhalten seiner Probanden konstituierte dieses Verhalten als ein eigenes, relativ autonomes Normalfeld mit Streubreite, Minimal- und Maximalwerten sowie Durchschnitten. Implizit zeigte es die geringe Bedeutung von traditionellen Normativitäten und den Zusammenhang zwischen zivilisatorischem Entwicklungsgrad und sinkender Fertilität. Dieser Gewinn eines guten Gewissens durch die Kopplung zwischen *Fortschritt* und *birth control* auf normalistischer Basis sollte sich als wichtige Voraussetzung für den flexiblen Normalismus erweisen.

Kurzer Verweis auf ein fehlendes Haupt-Kapitel: Leninismus und Normalismus

Dieser Verweis läßt sich am besten an den Abschnitt über Taylor anschließen. Es ist bekannt (s.o. die Lenin-Stelle in der Taylor-Ballade aus Enzensbergers *Mausoleum*), wie sehr Lenin für Taylor schwärmte. Diese Bewunderung ging offensichtlich weiter als eine bloß »dialektische« Freude an der vom Kapitalismus für den Sozialismus ›vorbereitend‹ bewerkstelligten Produktivkraftsteigerung. Sie erstreckte sich ganz offensichtlich auch auf Taylors szientistische Utopie einer Einmündung des »wissenschaftlich« gesteigerten Arbeitstempos in stabile, eurhythmische Reproduktion. Stalins Musterarbeiter Stachanow reproduzierte weitgehend Taylors Musterarbeiter Smith (wenig spricht dafür, daß Lenin den Stachanowismus kritisch gesehen hätte) – beide sollten durch ihre Rekorde normale (durchschnittliche) Hochleistungen stimulieren. Selbst die *Motivationen* waren sehr ähnlich: So wie Stachanow außer sozialistischem Enthusiasmus und Ehre auch Rubel bekam, so Smith außer Dollars auch den Segen und die Ehre der Wissenschaft. Vor allem übernahmen Lenin und Stalin von Taylor aber auch, gestützt auf den »Glauben« an den »one best way«, dessen protonormalistische Strategie fixer Normen für Technik, Mensch und Tempo. Sicherlich setzte Stalin auf eine enorme industrielle Dynamik, aber gerade die auf Dy-

namik zielende Strategie Stalins war ebenfalls gänzlich protonormalistisch: Sie beruhte auf präexistenten, imperativen fixen Wachstumsraten, die überall, wo weder sozialistische *Motivation* noch materieller Anreiz zu beschaffen waren, durch Psychoterror und parajuristischen Terror, nicht zuletzt durch Zwangsarbeit, implementiert wurden.

Zwischen den Weltkriegen: Die Vertagung des Flexibilitäts-Normalismus in Europa und der Weg ins Durchdrehen des hochdynamischen Protonormalismus

Die Normalität blieb nach dem Ersten Weltkrieg auch in Europa ein ›Reizthema‹, bei dem industrialistische und soziologische Paradigmen dominierten. Wie schon in der Zeit vor 1914 läßt sich aus kritischen und polemischen Wendungen gegen die »Normalität« entnehmen, daß unter diesem Begriff vorwiegend und mehr denn je ein radikaler Protonormalismus verstanden wurde. Die sich in den USA sektoriell abzeichende flexible Normalität galt in Europa meistens noch als bedrohliche Anormalität. Die flexiblen Tendenzen in Europa selbst (wie die Psychoanalyse) wurden häufig als »jüdisch« konnotiert. Am Modell USA faszinierte vor allem der hochdynamische Industrialismus (»Fordismus«), dessen europäische Version man sich aber protonormalistisch »stabil« erträumte (z.B. durch imperative stabile Wachstumsraten, wie sie zuerst von Stalins Fünfjahrplänen radikal realisiert wurden, wie sie aber auch in den westlichen Sozialismen jeder Spielart, im Keynesianismus und natürlich in den Faschismen virulent waren).

Im Kontext der intellektuellen Hegemonie dieses hochdynamischen, mehr und mehr militärisch konnotierten und zum *Durchdrehen* tendierenden Protonormalismus wurden die flexiblen Tendenzen nicht bloß zurückgedrängt und entmächtigt, sondern großenteils ›integriert‹. Diese Tendenzen bildeten ja (abgesehen von relativ selbständig organisierten Bewegungen wie der Psychoanalyse) keine geschlossenen Räume, sondern koexistierten mit den protonormalistischen in gleichen akademischen, professionellen oder bürokratischen Einheiten. In einer Fallstudie hat Annegret Klevenow beispielsweise gezeigt, wie die Sexualreformbewegung um Magnus Hirschfeld auf ihren Kongressen der zwanziger Jahre ihre Forderungen nach sexueller Liberalität und selbstbestimmter Geburtenkontrolle, besonders auch für Arbeiter, diskursiv völlig mit der galtonschen Eugenik koppelte[95]. Diese nach 1933 verfemte Gruppierung, unter ihnen viele dann als

95 Annegret Klevenow, »Geburtenregelung und ›Menschenökonomie‹: Die Kongresse für Sexualreform 1921 bis 1930«, in: Heidrun Kaupen-Haas (Hg.), *Der Griff nach der Bevölkerung.* Aktualität und Kontinuität nazistischer Bevölkerungspolitik, Nördlingen 1986, 64–72.

Homosexuelle, Sozialisten und »Nichtarier« Verfolgte, gehörte mehrheitlich zu den entschiedenen Verfechtern der Sterilisierung »Minderwertiger«, und ausgerechnet Helene Stöcker forderte sogar, »die Untüchtigen und Schwachen auf dem leisesten, dem schmerzlosesten Weg auszuscheiden«[96].

Ich habe bereits bei der Exposition der Problematik in Teil II am Beispiel von Kurt Schneider und Paul Bresser die Tendenz der Psychiatrie zu taxonomischen, diskontinuierlichen Typologien dargestellt und kann hier darauf verweisen. Die Diskontinuität, Heterogenität und Pluralität der vielen »Typen« von »Geisteskrankheiten« widerspricht zunächst einmal den Prämissen des Normalismus. Wenn allerdings einzelne »Funktionen« des Gehirns wie bei Broussais und Comte wie Homöostaten gedacht werden, lassen sich die Krankheiten als Überschreitung von Normalitätsgrenzen auf einem Kontinuum vorstellen. Wird dadurch das Gesamtgleichgewicht irreversibel zerstört, entsteht chronische Anormalität. Auf der Basis einer solchen Vorstellung lassen sich flexible Taktiken am ehesten begründen, wenn die Pluralität der »Abnormitäten« generativ aus einer biographischen Linie mit »reaktiven« Verzweigungen abgeleitet wird wie in der Psychoanalyse. Umgekehrt läßt die Erblichkeitsthese dem Individuum gegenüber keinen Platz für flexible Interventionen: Interventionen sind lediglich jenseits des Individuums in den »Erbgang« möglich, z.B. durch eugenische Sterilisierung oder »Zuchtwahl«. Ähnlich wie die Praxis der Sexualreformer verteilt sich auch die psychiatrische Theorie der Zwischenkriegszeit eklektisch auf beide möglichen Strategien. Im allgemeinen läßt sich sagen: Je ›angeborener‹ die »Anormalität« gedacht ist, je fixer also auch die Normalitätsgrenze beim Individuum, desto protonormalistischer sind die Konsequenzen und umgekehrt (s. Kurt Schneider). Demgegenüber blieben die flexiblen Tendenzen in der Psychiatrie letztlich stets subdominant. Eugen Bleuler etwa, der die »gewaltige Leistung Freuds«[97], die sexuelle Ätiologie der Neurosen und die Notwendigkeit der Psychotherapie anerkannte, hielt daneben an der Vererbungsthese und an der eugenischen Extirpation des »schwerer belasteten Erbguts« fest[98]. Der Komparativ zeigt symptomatisch, wie sogar die Sterilisierung flexibel gedacht werden kann, indem man sich die *Belastung* normalistisch graduiert vorstellt. Ernst Kretschmer, der sich ebenfalls zuweilen positiv auf Freud bezieht, hat sich trotz seiner *verschrobenen* Dreischädeltypenlehre[99] flexibel-normalistischen Vorstellungen vielleicht am meisten

---

96 Zitat bei Klevenow, 69.

97 Eugen Bleuler, *Lehrbuch der Psychiatrie*, 5. Aufl. Berlin 1930 (1. Aufl. 1916), V (Vorwort zur 5. Aufl.).

98 Bleuler, 144.

99 Ernst Kretschmer, *Körperbau und Charakter*. Untersuchungen zum Konstitutionsproblem und zur Lehre von den Temperamenten (= *KC*), 11. u. 12. Aufl. Berlin 1936

angenähert (was seine Rezeption in den USA, etwa bei William H. Sheldon, erklärt). Die etwas schwierig zu begreifende Logik seiner Theorie beruht ganz wesentlich auf der konsequent homöostatischen Auffassung der menschlichen Körper-Seele-Einheit. Diese Einheit faßt er im Modell eines komplexen Apparats von *Schaltungen* verschiedener Teilhomöostaten, mit verschiedenen Tempi usw., wodurch sektorielle und globale Normalitäten als *Gleichgewichte* hergestellt werden[100]. Dysfunktionen führen entsprechend zu *Störungen* und Anormalitäten. Nun gibt es ihm zufolge aber drei verschiedene, relativ diskontinuierliche Grundtypen solcher Gesamthomöostaten, deren Differenz er äußerlich an den Schädel- und Körperformen ablesen zu können glaubt: den »leptosom-schizothymen«, den »athletisch-epileptoiden« und den »pyknisch-zyklothymen« Typus (*MP*, 146; *KC* ausführlich). Diese Typen verlaufen ›quer‹ zu den »Rassen«, was in manifestem Widerspruch zu den Überzeugungen der Nazis stand. Für jeden der drei Typen postuliert Kretschmer eine genuin normalistisch gedachte, kontinuierliche und gleitend graduierte Skala zwischen Normalität und Anormalität, die am Extrempunkt der Anormalität in die drei Hauptpsychosen Schizophrenie, Epilepsie und Manie-Depression mündet. Entsprechend der verschiedenen homöostatischen Struktur der drei Typen unterscheiden sie sich im »psychischen Rhythmus« und also kennen sie auch ein je spezifisches Bild der Denormalisierung, dessen Symptome Kretschmer in den typischen (verschiedenen) »Rhythmen«, »Tempi«, »Affektstauungen« und »Leitungsstörungen« der drei Psychosen erblickt (*MP*, 152ff.). Entschieden betont er dabei allerdings bei allen drei Typen immer wieder (entsprechend dem Prinzip von Broussais und Comte) die Breite und Kontinuierlichkeit der Normalitätsgrenze: »Denn die Psychologie der Neurosen ist die Psychologie des menschlichen Herzens überhaupt« (*MP*, 8; vgl. auch *KC*, 173ff. über die »zyklothymen und schizothymen Durchschnittsmenschen«). Von diesem Ansatz aus erklärt er die schizophrenen Schübe, im Grunde ganz wie Broussais und Comte, als Auf und Ab auf dem Kontinuum:

> Einer meiner Patienten, ein begabter junger Schizophrener, hat während eines leichten Schubs als *graduelles Zwischenstadium* zwischen dem nüchternen Normaldenken und den Höhepunkten erotisch-religiöser Verzückung und mystischer Ekstase [...] – zwischen diesen Polen hat er wochenlange *Zwischenstadien* [...]. (*MP*, 105, Hervorhebungen von mir, J.L.)

So wird auch etwa der »Negativismus« normalistisch als panische Extremschwankung eines aus dem Gleichgewicht geratenen Homöostaten vorgestellt, wobei wiederum ein Kontiuum zur Normalität besteht:

---

100 Ernst Kretschmer, *Medizinische Psychologie (= MP)*, 5. Aufl. Leipzig 1939, z.B. 20, 51ff., 59, 88, 100.

Der hypobulische Alternativwille zerfällt seinem Aufbau nach von selbst in die zwei Gruppen des blinden Widerstrebens: *negativistische Phänomene*, und des blinden Gehorchens: *Suggestivphänomene*. Das alternative Hin- und Herspringen des Willensausschlages zwischen Ja und Nein bezeichnet man bei Kindern, den Hysterischen und den Katatonischen als *Launenhaftigkeit*. (*MP*, 118)

Sowohl zum Nachweis seiner Typen wie zur graduellen Erfassung von Anormalität bediente Kretschmer sich ausgiebig statistischer Instrumente. Seine im Rückblick zunächst kurios anmutende Theorie läßt sich demnach als (sicherlich weitgehend spontan-unbewußter) Versuch erklären, das typologische Modell möglichst weitgehend mit dem Normalismus kompatibel zu machen. Dem entspricht gerade auch die geringe Zahl der Typen und die Anerkennung von Mischungen. Trotz alledem wirkte Kretschmer sicherlich hauptsächlich im protonormalistischen Sinne, etwa parallel mit Kurt Schneider, weil die Schädelmesserei und die Betonung der Vererbung entsprechende Assoziationen auslöste. Nach 1933 betonte er übrigens beflissen die angebliche Vereinbarkeit seiner Konstitutionstheorie mit der »Rassenlehre« (*KC*, IV).

Karl Jaspers, der die Rassenhygiene strikt ablehnte und gegenüber allen Vererbungstheoremen äußerst skeptisch war, versuchte bekanntlich, normalistische Homöostatenmodelle mit der »verstehenden Psychologie« möglichst zu integrieren. Die verstehende Psychologie schien ein einfaches Kriterium für die Normalitätsgrenze zu bieten: Normalität ist gleich Verstehbarkeit, Anormalität gleich prinzipielle Unverständlichkeit[101]. Auch dieser Ansatz mußte aber zu Graduierungen führen, so daß Jaspers schließlich die Grenze zwischen Neurosen und Psychosen mit der zwischen Verständlichkeit und »abgründiger« Fremdheit identifizierte. Aber auch in diesem Kontext wimmelt es von uneindeutigen und sogar manifest widersprüchlichen Formulierungen:

Neurosen heißen die seelischen Abweichungen, welche den Menschen selbst nicht ergreifen, Psychosen heißen solche, welche den Menschen im Ganzen befallen. [...] Psychosen dagegen sind der engere Bereich seelischer Störungen, die für das allgemeine Bewußtsein einen Abgrund zwischen krank und gesund aufreißen. [...] Sowohl Neurosen wie Psychosen sind *gegen das Gesunde scharf abgesetzt*. Die Neurosen aber scheinen eher Übergänge zum gesunden Allgemeinmenschlichen zu zeigen, einmal, weil die Persönlichkeit der Kranken nicht »verrückt« ist, dann, weil *einzelne* neurotische Phänomene auch *vorübergehend* bei sonst gesunden Menschen [...] vorkommen. Wenn auch weder neurotische noch psychotische Erscheinungen als einfache Steigerungen normaler Erlebnisse und Vollzüge begreiflich sind, so lassen sie sich doch durch Analogien näherbringen, so etwa das schizophrene Denken durch Er-

101 Karl Jaspers, *Allgemeine Psychopathologie*, 7. Aufl. Berlin u.a. 1959 (1. Aufl. 1913), 274.

lebnisse beim Einschlafen, so Zwangsneurosen durch gewisse Erlebnisse in gesunder Ermüdung, die man wohl auch zwanghaft nennt. (481f.)

Was bleibt angesichts der statuierten »Übergänge«, die schließlich sogar auf die Schizophrenie, also eine Psychose, ausgedehnt werden, eigentlich von der »scharfen Absetzung«? Der Text ist ein Musterbeispiel für normalistisches Denken, das ›spontan‹ zur flexiblen Strategie tendiert und dennoch an ›neuralgischen Punkten‹ protonormalistische Prinzipien (»scharfer« Einschnitt der Normalitätsgrenze) ohne Rücksicht auf die Stringenz der Gesamtargumentation ›einsetzt‹.

Für detailliertere normalismustheoretische Analysen der Weimarer Epoche kann ich inzwischen auf eine Reihe von Studien verweisen, die in nahem oder näherem Kontakt mit dem vorliegenden Projekt entstanden sind bzw. entstehen. Frank Beckers Dissertation *Amerikanismus in Weimar*[102] hat am Beispiel der Kollektivsymbolik des Sports jenes damals in Massenmedien und Literatur hegemoniale interdiskursive Netz aus Taylorismus, Technikbegeisterung, Konkurrenzschema, Sozial- und Massenpolitik rekonstruiert, zu dessen wichtigsten Integratoren der Normalismus (vgl. das Kapitel »Normalität als Maßstab«, 166ff.) gehörte und für das sich das Etikett »Neue Sachlichkeit« durchsetzte. In der Sport-Symbolik à l'américaine (in Opposition zum »deutschen« Turnen) und dem entsprechenden interdiskursiven »Alltag« lassen sich am ehesten flexibilistische Tendenzen (die insgesamt dennoch höchstens subdominant blieben) beobachten. Die Gegenrechnung hat vor allem Ute Gerhard in ihrer Studie über die Wanderungs- und Lagerproblematik nach dem Ersten Weltkrieg[103] anhand der demographischen (exemplarisch Friedrich Burgmüller), geopolitischen (Ratzel, Haushofer), urbanistischen und sozialhygienischen (eugenischen) Diskurse (exemplarisch das *Archiv für Rassen- und Gesellschafts-Biologie*) der Weimarer Zeit und deren interdiskursiver Effekte in Massenmedien und Literatur aufgemacht. Dabei ergibt sich insgesamt ein paralleler Befund zu dem hier Gesagten: Angesichts der dynamischen »amerikanischen« Tendenzen warnte etwa Burgmüller ganz explizit davor, auf »Selbstregulierung« zu setzen. Statt dessen forderte er, wie Ute Gerhard anhand einer Analyse seiner »thermodynamischen«, teils meteorologischen, teils hydraulischen Kollektivsymbolik, in der es von *Saugpumpen* wimmelt, konstatiert,

---

102 Frank Becker, *Amerikanismus in Weimar.* Sportsymbole und politische Kultur 1918–1933, Wiesbaden 1993.

103 Ute Gerhard, *Nomadische Bewegungen und die Symbolik der Krise. Flucht und Wanderung in der Weimarer Republik, Opladen/Wiesbaden 1998.* (Ich bin Ute Gerhard dankbar für viele Jahre bester Zusammenarbeit und insbesondere für zahlreiche Tips zum Normalismus.)

etatistische Regulierung[104]. Man kann diese Kollektivsymbolik durchaus auf das Modell des Galtonsiebs beziehen und die protonormalistische Fixierungswut (gegen die »jüdischen« nomadischen Fluktuationen wird die etatistische *Wieder-Verwurzelung* propagiert) als Ver-Sicherung gegen die Denormalisierungsangst in der Moderne begreifen. In all diesen Fällen ›wuchsen‹ die entsprechenden protonormalistischen Diskurse bruchlos in den Faschismus hinein, der ihnen dann die bekannten Realisierungsmöglichkeiten en masse bot.

(Nicht) normale Fahrten 9: Célines »Reise ans Ende der Nacht«

Célines großes Epos vom parallelen Niedergang zweier Männer, deren Biographien zufällig mehrfach kollidiert sind und sich dann sozusagen verheddert haben, gehört zu den großen strukturellen ›Prototypen‹ des Romans im 20. Jahrhundert: sowohl der ›existenzialistische‹ Roman von Camus und Sartre wie Kerouacs *On the road* mit der daran anknüpfenden ›Linie‹ wären ohne ihn so nicht geschrieben worden. Um diese Struktur im groben zu kennzeichnen, bietet sich wegen der großen thematischen Ähnlichkeit mit Döblins *Berlin Alexanderplatz* das folgende Gedankenexperiment an: Man stelle sich vor, Döblin hätte seinen Roman in der rückblickenden Ichperspektive eines mit autobiographischen Konnotionen versehenen Arztes erzählt, der Biberkopf (bzw. noch eher Reinhold) zufällig im Krieg bei einem gemeinsamen Desertionsversuch kennengelernt hätte und der dann nach dem Krieg phasenweise immer direkter in dessen Untergang verstrickt worden wäre.

So funktioniert der faszinierende epische Ton des »armen Arztes« und des Armenarztes Ferdinand Bardamu bei seinem Bericht über sein eigenes Leben und die zunächst sporadisch-zufälligen, später klebrig-engen Beziehungen zu dem kriminellen Halbproleten Léon Robinson. In diesem Erzählton ist der trocken-zynische, sarkastische, argotnahe Gestus des Pariser Alltags der unteren Klassen auf raffinierte Weise mit der epischen Distanz und an wenigen Stellen sogar mit existentiell-poetischem Pathos (wie sie in viel stärkerem Maße Döblins Er-Perspektive beherrschen) integriert, ohne daß die kontinuierliche Ich-Perspektive jemals verlassen würde. Wie in den großen »realistischen« und »naturalistischen« Romanen des 19. Jahrhunderts entspricht dem äußeren Niedergang ein Bewußtseinsprozeß der Desillusionierung: nun aber »bis ans Ende«. Anders als der Roman des 19. Jahr-

104 S. Ute Gerhard, »Fanatismus der Regulation: ›Völkische‹ Konzepte und die symbolische Formierung der nomadischen Bevölkerungsbewegung«, in: Margret u. Siegfried Jäger (Hgg.), *Baustellen.* Beiträge zur Diskursgeschichte deutscher Gegenwart, Duisburg 1996.

hunderts vermeidet Céline jedoch auf höchst kunstvolle Weise jeden Anschein von durchgängiger symbolischer Organisation des Gesamtverlaufs und von einer geschlossenen, komponierten Konstellation von Figuren. Wie in einer ›dokumentarischen‹ Autobiographie berühren die meisten Figuren nur kontingent und sporadisch die Lebenslinie des Erzählers, und auch Robinson, die zweite Hauptfigur, klebt erst in der zweiten Hälfte des Romans sozusagen an ihr fest. Zwar ist die *Reise-* und *Nacht*-Symbolik des Titels (wie die des *Niedergangs*) aufdringlich an vielen Stellen des Textes präsent: sie wird aber als ›rhetorisches‹ Mittel des Icherzählers präsentiert, mit dem der Handlungsverlauf nicht etwa (wie es bei Balzac und Zola zu erwarten wäre) koordiniert verläuft.

Die Struktur einer bewußt als Folge von Kontingenzen arrangierten Narration erlaubt die Herausprofilierung einer thematischen und diskursiven Konstellation, die sozusagen ›von der Realität selbst diktiert‹ erscheint, weil sie sich in einer Art Wiederholungszwang ›quer‹ zu den einzelnen Episoden und auch ›quer‹ zu den Teilstrukturen (Handlung, Figuren, Diskurse, Symbolik, Themen) ›aufdrängt‹. Das unregelmäßig verkettete und gestufte Netz dieser diskursiven Konstellation ist durchgängig normalistischer Herkunft. Es umfaßt strukturell so heterogene Elemente wie die verrückte Episode, in der der Icherzähler in der Quarantäne der New Yorker Einwanderungsbehörden ein kompliziertes System der statistischen Zählung und Klassifizierung der Flöhe nach Herkunftsnationen entwickeln und sogar in die Praxis umsetzen kann, oder wie seine Entdeckung, daß die Tbc-Kranken auf vielversprechende therapeutische Anstrengungen höchst ungnädig reagieren, weil sie lieber einen möglichst hohen Prozentsatz an Invalidität mit der entsprechenden Rente erstreben (331).

Es sind hauptsächlich vier semantische Paradigmen, deren asymmetrische und unvollständige Kopplung mit der Narration den normalistischen Diskurs-Archipel ins Spiel bringt: erstens der normalistische Diskursfächer Medizin-Psychiatrie, zweitens das Sexualitäts-Dispositiv, drittens das *Auf und Ab des Kügelchens* im Galtonsieb (mit dominierender Abwärtstendenz) einschließlich des Themas der kontingenten Kollisionen »egoistischer« Monaden und schließlich viertens die normalistischen symbolischen Vehikel (besonders das Auto in der faszinierenden Schlußepisode).

Der Icherzähler Ferdinand Bardamu ist selbst zunächst Medizinstudent, später Arzt, und zwar Armenarzt in der Pariser Banlieue. Bei Gelegenheit erzählt er klägliche Fälle (*abwärts* verlaufende Viten) aus seiner Praxis. Vor allem aber ist Bardamu zunächst (als ›Kriegsneurotiker‹) selber Patient und später Arzt in der Psychiatrie. Als Arzt dient er dem ›klassischen‹ Irrenarzt Baryton als Assistent, bevor er später die Klinik übernehmen muß. Baryton erscheint zunächst als der typische Protonormalist, der die flexiblen Tendenzen seit 1900 (»Das ging alles los so circa 1900... Das war tatsächlich

ein entscheidendes Datum!« 420)[105], konnotiert ist offenbar u.a. die Psychoanalyse, unerschütterlich abwehrt. Seine Ergüsse sind köstliche Diskursporträts. Obwohl er aus »hygiène mentale« über seine Fälle bei Tisch nicht redet und die Meinung vertritt: »Die Fälle gehören nicht in die Konversation von Normalmenschen!« (411), drängt es ihn schließlich zu großen Klarstellungen:

> Als ich damals meine Anstalt aufmachte, gestand er mir eines Tages nostalgisch, damals knapp vor der Weltausstellung, Ferdinand, der großen... Da waren wir noch, da bildeten wir, wir Irrenärzte Ferdinand, bloß eine sehr kleine Anzahl praktizierender Kliniker, und ganz erheblich weniger versessen auf Sensationen und Abartigkeiten als heutzutage, das können Sie mir glauben!... Wir hatten damals keine Ambitionen, verrückter zu sein als die Patienten.... Damals gab es noch nicht diese Mode den Verrückten zu spielen, um die Heilungschancen zu verbessern, eine ganz obszöne Mode, wenn Sie einmal nachdenken, wie fast alles, was vom Ausland stammt... / [...] Wo soll das enden? ... Das wird man doch noch fragen dürfen? ... Noch raffinierter und noch degenerierter und perverser sein zu wollen als die schlimmsten Paranoiker in unsern Häusern – noch stolz darauf zu sein, sich in allen möglichen Abartigkeiten zu suhlen, die diese Typen uns vorführen – wo soll das alles enden? Können Sie mir den Bestand von unserer Vernunft vielleicht noch garantieren Ferdinand? ... Oder bloß vom allereinfachsten gesunden Menschenverstand? Fehlanzeige! Ich seh es kommen: absolute Fehlanzeige! Ich sage es voraus... Hundertprozentig... / Erstens Ferdinand wird denn nicht alles gleichgemacht bei dieser modernen Auffassung? Kein Weiß mehr und kein Schwarz mehr! Alles franst und ribbelt aus!... Das ist die neue Methode! Das ist die neue Mode! Da soll man nicht selbst verrückt werden! (418)

Der gleiche Professor Baryton, dessen Denormalisierungsangst sich hier so klassisch ausdrückt, engagiert kurz danach den Erzähler für privaten Englischunterricht seines zehnjährigen Töchterchens. Da das Mädchen nicht zu motivieren ist, wirft der Vater selbst sich leidenschaftlich ins Englische, bis hin zur englischen Literatur. Dabei verliert er alles Interesse an seiner Klinik, wird nach seinen eigenen Kriterien manifest anormal und verkündet eines schönen Tages seinen Entschluß, die *Brocken hinzuschmeißen* und sich zu *verpissen* (foutre le camp). Seine Assistenten sollen den Laden an seiner Stelle schmeißen. Er geht auf Reisen nach England und Skandinavien, wo sich seine Spur verliert. Ein *Aussteiger* avant la lettre. Einmal jenseits der Normalitätsgrenze gelandet, hatte sich ihm die Wertung ver-rückt: die Normalität war der eigentliche Wahnsinn geworden. Der Ton des Erzählers stimmt dieser Einsicht nicht bloß zu, er hatte sie längst vorweggenommen.

Sich verpissen (foutre le camp): Das ist die wichtigste, leitmotivartig von den meisten Figuren stets erneut wiederholte Handlung des Romans – von

105 Céline, Louis-Ferdinand, *Voyage au bout de la nuit.* Livre de poche, 3. Aufl. Paris 1968 (eigene Übers.).

der Desertion im Krieg bis zum heimlichen Verlassen der Praxis und zum Sitzenlassen der Braut. Die Figuren *verpissen sich*, wenn sie in eine *abwärts führende Röhre* zu geraten fürchten, unter der das Ende (der Tod) wartet. Manchmal stoßen sie sich auch gegenseitig hinein.

Am Ende der Episode des kleinen Bébert, der an Typhus stirbt, sagt der Icherzähler auch dessen Tante, die die Stelle der Mutter vertreten hatte, den baldigen Tod voraus – wegen ihres schwachen Herzens:

> Es pumpte Blut so gut es ging das Herz in die Arterien, in den Venen kam es kaum noch wieder hoch. Sie würde auf den großen Friedhof wandern nebenan die Tante, wo die Toten eine Masse bilden, die schon wartet. Da war sie früher schon gewesen mit Bébert zum Spielen, vor der Krankheit von dem Kleinen, auf dem Friedhof. Hinterher, da würde es dann Feierabend sein. Man würde ihre Pförtnerloge überpinseln und man würde sagen, daß wir's wieder mal geschafft ham wie die Kugeln, die am Rand des Loches wackeln und noch ein paar Umstände machen vor dem Aus. / Sie starten anfangs auch mit ganz schön Wucht und Wut die Kugeln, und kommen schließlich nirgendwo besonders an. Genau wie wir, und dazu schließlich ist die ganze Erde gut, daß wir uns alle finden in dem Loch. Das Loch das war ganz nah jetzt für die Tante von Bébert, sie hatte praktisch keinen Schwung mehr. Sich vorher noch im Leben finden geht nicht. Das Leben ist zu bunt und lenkt zu ständig ab, es gibt zu viele Leute da, die ständig rumrennen. Sich finden heißt daß es zu spät ist, in der Totenstille. Was ich jetzt war, ich mußte auch hier schnellstens weg jetzt und woanders hin. (346f.)

Hier wird zunächst der Kreislauf als homöostatisches System mit *Auf und Ab* evoziert, bei dem schließlich das Ab über das Auf die Oberhand behalten muß. Das ist analog zu den Kugeln des Boulespiels, die mit Elan starten, mit Elan kollidieren, schließlich den Elan verlieren und im Loch enden. Dieses Bild evoziert im Kontext der übermächtigen Gravitation ein vertikales Kugel-Spiel, dessen Kugeln sich schließlich alle unten gehäuft beieinander finden, d.h. eine Art Galtonsieb. Diese Vorstellung wird von Bardamu mit seinem existentialistischen Leitmotiv des Todes verbunden: So erscheinen die Toten als der große Haufen, in dem alle Kugeln schließlich landen.

Von anderen *(nicht) normalen Fahrten* (wie etwa Zolas *Bête humaine*, Kerouacs *On the road*, Verspers *Reise*) unterscheidet sich Célines *Reise* durch die unsystematische, disparate und disperse Okkurrenz verschiedenster Vehikel. Ferdinand Bardamus *Reise*, ein wahrhaftiger *Trip* avant la lettre, beginnt im denkwürdigen August 1914, als schlagartig die epochale Denormalisierung ›ausbrach‹, und zwar damit, daß vor seinem Pariser Straßencafé ein Regiment vorbeimarschiert und er es sich einfach nicht verkneifen kann, mitzumarschieren. Dabei hatte er noch einen Augenblick zuvor große anarchistische Töne gespuckt:

Also unsereins sitzt doch ehrlich sämtlich auf einer großen Galeere, unsereins schuftet am Ruder, das kannst du doch nicht bestreiten! ... [...] Sie sagen uns, daß wir arbeiten würden. Dabei kotzt mich das noch am meisten an, denen ihre Arbeit. Unsereins hockt ganz unten im Boot und jappt und stinkt und schwitzt sich kaputt, und was passiert oben? Da sitzen sie oben auf Deck, in der frischen Luft, die Herrschaften, und machen sich's bequem, mit schönen rosigen und parfümierten Frauen auf dem Schoß. Auf einmal sollen wir antreten oben auf Deck. Da haben sie ihren Zylinder auf und brüllen unsereins an nach der Melodie: »Sauhaufen von Aassäcken, jetzt ist Krieg! sind sie am brüllen. Wir werden sie rammen, die Schweine da drüben auf dem Boot Vaterland Nummer 2, und ihnen die Kasse aufsprengen! Vorwärts marsch! Die haben alles an Bord, was wir brauchen. Und jetzt mal schön allemann im Takt! Wir wolln was hören, aber daß die Wände wackeln: ›Vaterland Nummer 1: es lebe hoch!‹ (15)

Der Icherzähler redet als »carabin« (Medizinstudent) zwar Pariser Slang, aber ist intellektuell genug, um das Kollektivsymbol der *Galeere* melodramatisch auszuspinnen. Wer würde es nun für möglich halten, daß seine *Reise* ihn als Rudersklaven auf eine wirkliche (spanische) Galeere bringen wird, die noch als eine Art Oldtimer zwischen Afrika und Amerika verkehrt? Wenn der Leser so weit ist – und er wird ganz ›realistisch‹, wenn auch sarkastisch und mit schwarzem Humor, soweit geführt – dann hat er die Schwadronage des Beginns längst vergessen. Außerdem wird die ›reale‹ Galeere im Gegensatz zur symbolischen keineswegs melodramatisiert – viel interessanter ist zuvor der alte Pott, alles andere als eine *Titanic*, mit dem der gerade von seinem Kriegswahnsinnsanfall halbwegs geheilte Erzähler, der sich in die Kolonien gemeldet hat, nach Afrika übersetzt. Auf diesem Dampfer wird er nämlich das Opfer einer kollektiven Paranoia: Man hält ihn aus nicht zu klärenden Gründen für ein *Schwein*, isoliert ihn zunächst und geht dann daran, ihn zu *liquidieren*. Dabei wird das bekannte Kollektivsymbol des Staatsschiffs und des Bootes, in dem wir alle sitzen, nicht etwa explizit formuliert, sondern ganz ›realistisch‹ narrativiert: sein Funktionieren wird durchgespielt.

Die disparate und diskontinuierliche Reihe eher nichtnormaler Vehikel (insbesondere in den afrikanischen Episoden) wechselt unsystematisch mit Fußmärschen und mit dem Pendeln der Pariser Trams und Seineboote, während die Reise symbolisch *weiter abwärts* führt. Nur im Rahmen dieser Struktur gewinnt die abschließende *Autofahrt zu viert* ihren Effekt einer wahrhaft ungemeinen Pointe. Die kontingent kollidierenden Viten der beiden Galtonschen Kügelchen Bardamu und Robinson erlebt der erste, der Erzähler, als exemplarisch für das, was er »Egoismus« nennt, und worunter er die den Existenzialismus und Absurdismus vorwegnehmende unüberwindliche Einsamkeit und Isolation der Monaden versteht. Gerade darin liegt sein ›anormal‹ wirkendes Interesse an Robinson, seine unbezähmbare »Neugier«, einen Blick ins Innere der anderen Monade werfen und sie

›knacken‹ zu wollen. So kommt die Idee einer Partie zu viert zustande, die ursprünglich auf ›Gruppensex‹ (»partouze«) zielt: Bardamu und seine Freundin plus Robinson und dessen eifersüchtige, bereits abgehalfterte, aber hartnäckige Braut Madelon sollen »Versöhnung feiern«, im Anschluß an einen gemeinsamen Kirmesbesuch. Bei der gemeinsamen Taxifahrt nach Hause kommt es zur Katastrophe. Der Erzähler führt in seinem Bericht die bis zu den Pistolenschüssen der »Hysterica« eskalierende Kollision der Monaden mit den diskursiven Normalia (Freundschaft, Familie, Drei- und Viereck, Eifersucht, Ehekrach) und mit der betonten Normalität der Autofahrt eng:

Das Taxi schlich ganz langsam hinter seiner Tram her, wegen der Baustelle... »Ratata ..., und wieder ratata...« war es zugange. Ein Abflußdeckel alle hundert Meter... (482)

Das Taxi schlich schon wieder ganz langsam wegen der Laster, die überall in langer Karawane vor uns fuhren. Was er war, so ging ihm das langsam auf den Sack das Küssen, und da hat er sie ziemlich brutal weggestoßen, muß man schon sagen. Sicher, das war nicht sonderlich nett, in puncto Rücksicht, zumal in Gegenwart von uns beiden. / Als wir am Ende der Avenue de Clichy angekommen waren, an der Porte de Clichy, war es Nacht geworden und die Lichter der Boutiquen gingen grade an. Unter der Eisenbahnbrücke, wo es immer so dröhnt, hörte ich sie trotzdem wieder fragen: »Willst du mich nicht küssen, Léon?« Sie gab nicht auf. Was er war, gab er weiter keine Antwort. (483)

Aber sie war so geladen, daß es ihr total egal war, ob wir das mitbekamen, eher im Gegenteil. Natürlich war das auch nicht grade sonderlich intelligent von mir, sie mit uns zusammen in diese Blechbüchse zu packen, das dröhnte und das machte ihr, wie sie gebaut war, Lust, uns den großen Auftritt zu liefern. Das war wieder mal eine schöne Initiative meinerseits, das Taxi. (484)

In normalismusanalytischer Perspektive klingt der letzte Satz doppeldeutig: In der Tat ist Célines Idee des Taxis in jeder Hinsicht die Pointe seines Romans. Die *Blechbüchse* (*boîte*) Auto ist normaliter für eine Normal-Monade oder eine Normal-Familie gedacht: sie explodiert am Versuch, ihre Normalitätsgrenzen zu überschreiten – insbesondere bildet das Durcheinander extrem protonormalistischer und flexibel-normalistischer Vorstellungen in diesem Auto ein explosives Gemisch:

Ich fragte mich sogar einen Moment lang, ob wir uns nicht gegenseitig anmachen würden und prügeln, aber erstens fehlte ja der Platz zum Draufhaun, zu viert wie wir waren in dem Taxi. Das beruhigte mich. Es war zu eng. (485)

Tragische Ironie: Weil das Auto zu eng zur Keilerei ist, kann es nur (in jedem Sinne des Wortes) ›knallen‹ (hier sind es »hysterische Ausbrüche« und Pistolenschüsse, normalerweise wäre es ein Unfall). Célines Kunst besteht darin, den Roman mit einer *ganz normalen »Szene«* enden zu lassen: Wer

hat solche Situationen im Auto noch nicht erlebt, und wer hat sich nicht schon oft gewundert, daß sie bisher nicht tödlich endeten? Während die Rahmensymbolik des Erzählers (die *Reise*) *abwärts* führte, ans *Ende der Nacht*, ging es mit den Vehikeln eher *aufwärts* bis zum Normalvehikel des 20. Jahrhunderts: Normalisierung des Fahrens wie der »Beziehungen«. In diesem Chiasmus der Richtungen liegt die Pointe: Der Krieg erweist sich am Ende als von gleichem Schlage wie der normale Frieden – die Kügelchen rollen einsam im Galtonsieb, kollidieren, schnellen zuweilen hoch und fallen meistens hinab durch Löcher, zu Beginn des Krieges saßen sie noch auf Pferden, jetzt rollen sie in Autos (in Amerika arbeitete Bardamu vorübergehend bei Ford).

Das Modell des Galtonsiebs dient der vorliegenden Analyse als metasprachliches Instrument, um die Verknüpfung des Textes mit dem normalistischen ›Archipel‹ genauer beschreiben zu können – im Text ist es nicht als geschlossenes Modell, sondern bloß in Form einzelner Elemente präsent. Wendet man dieses Modell nun abschließend auf das Resultat aller Siebungsverläufe an, so läßt sich die radikale Uneindeutigkeit des Textes dem Normalismus gegenüber ermessen. Der allgemeine *Output* des Siebs als Resultat aller Siebungsverläufe bei Galton ist klar: Es ist die Gaußverteilung mit dem mittleren *Bauch* der Normalität und den zwei anormalen Randzonen, einer positiven (*sports*) und einer gänzlich negativen. Dieser Eindeutigkeit gegenüber läßt sich in der *Reise ans Ende der Nacht* eine Pluralität inkompatibler Vorstellungen über die Form des allgemeinen *Outputs* konstatieren. Erstens ist auch die Galtonsche Verteilung, und zwar in Gestalt der protonormalistischen Psychiatrie, im Text präsent. Als Diskurs der Psychiater wird sie karikiert:

> Deshalb die Formel: »Der Kranke geht nicht in die Heilung, er stürzt sich in sie hinein!« So lautet die prächtig deskriptive Bezeichnung, nicht wahr, für jene Triumphe der Wiedergewinnung, wodurch ein anderer von unseren großen französischen Psychiatern des vergangenen Jahrhunderts, Philibert Margeton, das wahrhaft triumphale Wiedereinsetzen aller normalen Funktionen bei einem Rekonvaleszenten von der Angstkrankheit charakterisiert hat. (96)

Hier geht es um die angebliche Heilung von Kriegsneurosen, also von (negativen) Denormalisierungen als Folge von Streß. Der Ton ist radikal sarkastisch. Die Vorstellung des *dropping out*, der Marginalisierung, gehört dennoch zu den dominanten Anormalitätsvorstellungen des Romans: So *fällt* man in die Kriminalität bzw. in die »Armut«. Die »Armut« ist bei Céline keine Klasseneigenschaft, sondern in ihrem Wesen eben Marginalität und demnach Anormalität. Insofern sie aber die (statistische) Mehrheit bildet, ist sie gleichzeitig normal. Die zweite Figur ist also die umgekehrte Gaußverteilung und die chiastisch umgekehrte Struktur der Normalität: die Mehrheit

ist anormal, und die Normalität ist wahnsinnig. Insofern es keine klaren Normalitätsgrenzen gibt, haben wir es drittens also mit durchgängiger Uneindeutigkeit und Unentscheidbarkeit zwischen Normalität und Anormalität zu tun: Jeder kann in jedem Moment beides sein. Diese Struktur müßte extreme Denormalisierungsangst auslösen, und tatsächlich ist die »Angst« Leitmotiv des Romans. Die Antwort von 1914 war der radikale Protonormalismus. Statt dessen ist die Antwort der *Reise* (nicht die des späteren Céline) vom existenzialistischen Typ: Der Tod als Endposition jedes *Kügelchens* scheint jede Grenze und jedes Streuungsprofil des *Outputs* zu liquidieren. Genau hier führt der Erzähler nun aber eine neue *Grenze* ein (es ist auch die Heideggers): die zwischen dem zufälligen und dem bewußten Tod, mit Heidegger ließe sich sagen: zwischen dem »uneigentlichen« und »eigentlichen«. Der Tod des undurchsichtigen, bewußt »egoistischen«, Kriminellen und Mörders Robinson erscheint dem Icherzähler in diesem Sinne als ein »eigentlicher« Tod, als »eigentliches« *Ende der Nacht*: Robinsons Geheimnis, seine Attraktivität für Bardamu, lag in der *Richtung* auf diesen besonderen Tod. Damit ist, ähnlich wie bei Nietzsche, auf paradoxe Weise das Normalfeld ins »Qualitative« aufgelöst und der radikale Antinormalismus erklärt – dennoch gleichzeitig aber auch die positive Anormalität Galtons wieder da: Formell bilden die Individuen mit »eigentlichem« Tod eine aufgrund von *sports* selegierte Elite.

Bemerkung über den NS-Faschismus als durchgedrehten Protonormalismus

Die in aktuellen mediopolitischen Debatten zuweilen zu beobachtende paradoxe Redeweise von der »schrecklichen Normalität« des Hitlerismus wirft implizit das Problem von Grenzen der Normalisierbarkeit in einer ›Landschaft‹ von Notstand, Krieg, Terror und Massentod auf. Dazu erlaubt die bisherige Analyse zunächst folgende Klarstellung: Die Rede von der »Normalität« Eichmanns und anderer Massenmörder zielt auf das Phänomen des Fortbestehens *sektorieller* Normalitäten in einem Kontext *durchgedrehter* Notstandsschläge (vgl. dazu Carl Schmitts Theorie). So koexistierte Auschwitz scheinbar mit »Normal-Familien« der Henker und mit »normal« funktionierendem Eisenbahnverkehr. Dabei geht es also um das Verhältnis zwischen sektorieller und genereller, interdiskursiver Normalität. Gesellschaftlich und kulturell dominant war selbstverständlich die Gesamtstruktur des permanenten und entfesselten Ausnahmezustands. Auf den Zusammenhang zwischen dieser Struktur und dem Normalismus käme es also an. Folgende Äußerung Hitlers zeigt sowohl Anschlüsse an protonormalistische, insbesondere »eugenische« Diskurse vom Typ Galtons wie auch de-

ren *Durchdrehen* in Richtung eines keineswegs mehr normalistischen, frenetischen Notstandsregimes:

Wohl gelang der Revolution mit einem einzigen gewaltigen Anhieb die Zerschmetterung des alten Staatsgebäudes, allein im tiefsten Grunde doch nur, weil das normale Gleichgewicht innerhalb der Struktur unseres Volkes durch den Krieg schon beseitigt worden war. / Jeder Volkskörper kann in drei große Klassen gegliedert werden: in ein Extrem des besten Menschentums auf der einen Seite, [...], andererseits ein Extrem des schlechtesten Menschenauswurfs [...]. Zwischen beiden Extremen liegt als dritte Klasse die große, breite mittlere Schicht [...]. / *Zeiten des Emporstiegs eines Volkskörpers zeichnen sich aus, ja existieren nur durch die absolute Führung des extrembesten Teils. / Zeiten einer normalen, gleichmäßigen Entwicklung oder eines stabilen Zustandes zeichnen sich aus und bestehen durch das ersichtliche Dominieren der Elemente der Mitte, [...]. / Zeiten des Zusammenbruchs eines Volkskörpers werden bestimmt durch das vorherrschende Wirken der schlechten Elemente.* (*MK*, 580f.)

Der (Erste) Weltkrieg habe zur »fast vollständigen Ausblutung des Extrems des besten Menschentums« geführt (581) und dadurch den Sieg des *unteren Extrems*, d.h. der Revolution, ermöglicht. Elite und (»jüdische«) Antielite kämpfen also um die Herrschaft über den Bauch des Gaußoids, »das Heer der normalen Spießer« (411), wie es eindeutig pejorativ heißt. Dieser Text erlaubt einen abgründigen Einblick in die ›Logik‹ von Hitlers bekannter Drohung vom 30. Januar 1939, daß ein Zweiter Weltkrieg »die Vernichtung der jüdischen Rasse in Europa« bedeuten werde: Weltkriege dezimieren notwendig das *obere Extrem*, zerstören damit das *Gleichgewicht* und bringen die *Mitte* tendenziell unter die Herrschaft des *unteren Extrems* (Revolution) – also muß die Dezimierung des *oberen Extrems* absolut notwendig durch die (nach Möglichkeit präventive) Extermination des *unteren Extrems* ›ausgeglichen‹ werden. Dieses Projekt der kompletten Extermination der *unteren* Anormalitätszone (aller »Minderwertigen« jeder protonormalistischen Spielart und als deren symbolischer Quintessenz aller »Juden«), ihre *Radikalamputation*, war aber keineswegs bloßes Mittel zum Sieg, sondern umgekehrt das eigentliche Ziel des Krieges: Hitlers »eurhythmisches« Ideal bestand in der Ersetzung des Gaußoids durch eine binär und diskontinuierlich strukturierte Pyramide aus einer Elite an der Spitze, die über den »normalen kleinen Mann« (622) eine permanente Diktatur ausübt. Die *Ausmerzung* des unteren Extrems folgte aus einer extremen Denormalisierungsangst, in der die »jüdische« Antielite als *Blutvergiftung* phantasiert war, die sozusagen durch das Eindringen eines einzigen *Tropfens* in unaufhaltsamer Proliferation das ganze »Heer der normalen Spießer« *anstecken* würde. Dieses Projekt der *Ausmerzung* von Anormalität (und damit der definitiven ›Erlösung‹ vom Normalismus) forderte zu seiner Realisierung in Form von »Sonderbehandlungen« den extremen Ausnahmezustand in Permanenz (und also paradoxerweise die politische Anormalität im Sinne Carl

Schmitts). Diese »Sonderbehandlungen« erforderten einen völligen Bruch mit normalistischen Raum- wie Zeitstrukturen. Im Raum mußten Zonen der »Sonderbehandlung« diskontinuierlich ausgegrenzt und jeder öffentlichen Verdatung entzogen werden. Zeitlich mußte sich dieses Projekt auf eine gänzlich unver-sicherte und *ungebremste* Eskalation mit symbolisch *exponentieller* Tendenz einlassen (vgl. die »springenden Zahlen« in Hitlers »Bombenreden«). Während für jeden Normalismus der Notstandsschlag als riskante *Notbremse* in extremis fungiert, die möglichst schnell wieder gelockert werden muß (»Normalisierung«), folgt das radikal faschistische Programm einer Logik der aktiven Denormalisierung à outrance (»totaler Krieg« und totaler Bürgerkrieg bis zum »Endsieg«). In diesem Kontext ist eine andere programmatische Äußerung Hitlers aus *Mein Kampf* symptomatisch, in der selbst ein bereits höchst vabanqueartiges, kaum mehr normalistisches Risikodenken noch als ›jammerläppisch‹ perhorresziert wird:

> Dieser Mangel an Wille ist es, und nicht der Mangel an Waffen, der uns heute zu jedem ernstlichen Widerstand unfähig macht. Er sitzt in unserem ganzen Volk drinnen, verhindert jeden Entschluß, mit dem ein Risiko verbunden ist, als ob die Größe einer Tat nicht gerade im Wagnis bestünde. Ohne es zu ahnen, hat ein deutscher General es fertiggebracht, für diese jammervolle Willenslosigkeit die klassische Formel zu finden: »Ich handle nur, wenn ich mit 51 Prozent Wahrscheinlichkeit des Erfolges zu rechnen vermag.« In diesen »51 Prozent« liegt die Tragik des deutschen Zusammenbruchs begründet: wer vom Schicksal erst die Bürgschaft für den Erfolg fordert, verzichtet damit von selbst auf die Bedingung einer heroischen Tat. Denn diese liegt darin, daß man in der Überzeugung von der Todesgefährlichkeit eines Zustandes den Schritt unternimmt, der vielleicht zum Erfolg führen kann. Ein Krebskranker, dessen Tod andernfalls gewiß ist, braucht nicht erst 51 Prozent auszurechnen, um eine Operation zu wagen. Und wenn diese auch nur mit einem halben Prozent Wahrscheinlichkeit Heilung verspricht, wird ein mutiger Mann sie wagen [...]. (463)

Man hat oft gesagt, daß in *Mein Kampf* alles dringestanden habe: mit Recht. Hier steht, daß u.U. mit 0,5 Prozent Siegeswahrscheinlichkeit ein Krieg »heroisch gewagt« werden muß.

Durch diese aktive Denormalisierungsstrategie aus Denormalisierungsangst waren alle partiellen und sektoriellen Normalitäten der »tausend Jahre« überdeterminiert. Eine normalismustheoretische Analyse dieses Extremfalls führt zur Einsicht, daß es (wegen des niemals normalisierbaren Eskalationsrisikos) keinen normalen Krieg noch Bürgerkrieg geben kann. Wenn die normalistische Statistik den Tod und selbst noch den Autounfalltod (durch Errechnung durchschnittlicher, normaler Mortalität) zu normalisieren vermag, so bestimmt sie eben dadurch den kriegerischen Massentod als anormal: siehe die *tiefen Einschnitte in der Bevölkerungspyramide*.

Diese kurzen Bemerkungen zu Hitler (der sich bloß durch seine Macht, nicht durch seine Mentalität von dem »Heer« der anderen Radikalfaschisten

unterschied, die aktiv an der Durchführung seiner »Sonderbehandlungen« mitarbeiteten bzw. sie moralisch mittrugen) erlauben im Kontext des Denkmodells der aporetischen Bifurkation zweier normalistischer Strategien die These, daß »Faschisierung des Subjekts« als ein einmaliges, in vieler Hinsicht kontingentes Ereignis und nicht als ›gesetzmäßige‹ Zuspitzung einer »bürgerlichen« Tendenz aufgefaßt werden muß. Das wäre kritisch zu Wolfgang Fritz Haugs ansonsten instruktivem Buch über »Die Ideologie der gesunden Normalität und die Ausrottungspolitiken im deutschen Faschismus«[106] anzumerken. Haugs Material (z.B. über Sexualerziehungsbücher zwischen Jahrhundertwende und Faschismus) ist, wie er selbst konstatiert, nicht spezifisch faschistisch (man denke bloß an den katholischen Bereich!). Haug spricht, orientiert an Foucault und Castel, bei den ›militanten‹ Taktiken gegen Masturbation usw. von »Normalisierung« der Subjekte durch sich selbst. Auch das ist nicht spezifisch faschistisch – mit dem faschistischen Projekt verknüpften sich solche Selbstdressuren erst im Moment der panischen Denormalisierungsangst von 1914: Es waren die ›lockernden‹, flexibel-normalistischen Taktiken, die die extreme protonormalistische Reaktion auslösten, die ihrerseits wiederum vornormalistische Vorstellungen von »gesunder Natur« aufriefen. Krieg und Bürgerkrieg bedeuten aber immer auch ›Entfesselung der Instinkte‹ (gerade auch der sexuellen): Das militärisch-militante Subjekt war also von entgegengesetzten Tendenzen und Taktiken buchstäblich *zerrissen*. Diese *Spannung* ging als *Energie* in die Flucht nach vorn der notständischen Eskalation à outrance ein.

Nach 1945: Der flexible Normalismus made in USA auf dem Weg zur Dominanz

Wesentliche Konturen einer dominant flexiblen normalistischen Strategie, wie sie sich seit 1945 zunächst in den USA und dann auch in der gesamten westlichen Welt ausbreitete, sind in der vorliegenden Studie in den Teilen I bis IV sowie VII bis X dargestellt, so daß eine Verdopplung an dieser Stelle unnötige Längen zeitigen würde. Gegen Mißverständnisse ist zu betonen, daß diese Strategie, wie sie sich vor allem in der flexiblen sozialen »Regulierung« zwecks Normalisierung der »Konsumgesellschaft« und ihrer Freizeitrituale sowie in der Etablierung einer flächendeckenden »Therapiekultur für die Normalen« zwecks Einübung in die Selbstnormalisierung manifestiert, auch in den USA selbst niemals unumstritten und alternativlos geherrscht hat. Gerade in den USA war der Aufstieg dieser Strategie stets von

106 Wolfgang Fritz Haug, *Die Faschisierung des bürgerlichen Subjekts.* Die Ideologie der gesunden Normalität und die Ausrottungspolitiken im deutschen Faschismus, Berlin 1986.

Protest und Verweigerung »fundamentalistischer« religiöser und anderer konservativer Strömungen begleitet. Es war aber nicht zuletzt der Antagonismus zu Hitlers *durchgedrehtem* Protonormalismus (und parallel dazu zum ebenfalls protonormalistisch getönten permanenten Notstandsregime der Sowjetunion), der zur Hegemonie flexibler Taktiken in den USA entscheidend beitrug. Dieser Antagonismus stärkte jenen ›Willen‹ breiter Bevölkerungskreise zum flexiblem Normalismus, wie er sich im Enthusiasmus für Befragungen und Verdatungen, für »offene Geständnisse« und lebensbegleitende Therapien, für *sanfte* Taktiken der Erziehung und Lebensführung äußert (s. dazu ausführlich die Teile VII bis IX), über die USA hinaus im gesamten okzidentalen Bereich und nicht zuletzt in (zunächst West-) Deutschland. Im Schlußkapitel wird die Frage erörtert, ob die kulturelle Hegemonie des Flexibilitäts-Normalismus in jüngster Zeit (seit 1989) als ernsthaft bedroht gelten muß.

Teil VI

Umrisse einer struktural-funktionalen Theorie des Normalismus

1. Normalismus als Antwort auf moderne ›exponentielle‹ Dynamiken

Entscheidend in der hier vorgeschlagenen Sicht ist die historische Spezifizität des modernen Normalismus. Wie es die sechs Ungleichungen der Einleitung im Vorgriff auf die historische Analyse postulierten, ist Normalität demnach nicht einfach gleich Routine, Alltag bzw. Veralltäglichung (Max Weber), Habitualisierung (Pierre Bourdieu), Banalisierung oder Automatisierung (Viktor Šklovskij[1]), Institutionalisierung oder Kristallisierung (Arnold Gehlen) ganz allgemein und in einem überhistorischen Sinne[2]. Unter Verwendung des Toynbeeschen Schemas von *challenge* und *response* ist Normalismus historisch-spezifische und gänzlich neue *response* auf einen historisch-spezifischen *challenge*: auf die ›exponentielle‹ Dynamik des spezifisch modernen ›Wachstums‹ bzw. ›Fortschritts‹. Das deutlichste Symptom dieser unlöslichen Kopplung der Normalität an die moderne Progreßdynamik ist die Symbiose aller normalistischen Dispositive mit der *Kurvenlandschaft*. Normalität ist demnach wesentlich *Resultat von Normalisierung*, und Normalisierung meint also einen historisch-spezifischen Typ routinemäßiger, dabei aber selbst dynamischer »Regulierung«/»Stabilisierung« des konstitutiven ›produktiven Chaos‹ der Moderne. Der dynamische Historizismus, dessen »Zeitbeschleunigung« (Koselleck) bzw. *Motorisierung* aus der unilinearen teleologischen Orientierung aller Reproduktionszyklen auf *growth* entspringt, braucht ständige Normalisierungen schon allein deshalb,

---

1 Šklovskij verwendet den Begriff der »Automatisierung« panchronisch für ästhetische Wiederholung und Gewöhnung. Ihm zufolge gab es also auch in vormodernen Kulturen »Automatisierung« der Wahrnehmung. Etymologisch gesehen, ist der Begriff natürlich an die Moderne gebunden und konnotativ mit der industriellen Automatisierung solidarisch.

2 Vgl. zur Situierung von Normalität im Feld soziologischer Kategorien wie Norm, Routine, (Alltags-)Ritual, Habitus, Rahmen, (Deutungs-)Muster und Institution die in der Dortmunder DFG-Forschungsgruppe Normalismus erfolgte systematische Diskussion: Jürgen Link/Thomas Loer/Hartmut Neuendorff (Hg.), ›Normalität‹ im Diskursnetz soziologischer Begriffe, Heidelberg 2003.

um die sektoriellen Dynamiken »auf Linie« zu bringen bzw. zu halten. Die »Anschließbarkeit« (Luhmann) der sozialen Gegenständlichkeiten innerhalb der sozialen »Teilsysteme« setzt homogenisierte Felder voraus – und Normalfelder erfüllen das Desiderat der Homogenität am effektivsten. Innerhalb einzelner Normalfelder beschreiben die Prozesse (positive oder negative) Wachstumskurven, deren Steigungswinkel schwankt. Als erster hat Thomas Malthus 1798 mit europäischem Echo aus der Prognose von Wachstumskurven und der daraus folgenden Denormalisierungsangst einen Imperativ globaler Normalisierung hergeleitet: Da die Bevölkerung einer *geometrischen* Wachstumskurve folge (symbolisch äquivalent mit *exponentiell*), die Nahrungsmittelproduktion aber lediglich einer »arithmetischen«, müsse diese *Schere* durch drastische Normalisierungsmaßnahmen (*birth control* per sexueller Repression) reduziert werden. In diesem Kombinat aus Wachstumskurven und Normalisierungsstrategie ist die Symbiose von Moderne und Normalismus exemplarisch hergestellt. Wie zu zeigen war, folgen Theorien wie die von Comte, Galton und Durkheim und strategische Dispositive wie die keynesianischen, ökologischen, streßtherapeutischen usw. sämtlich diesem Modell. Insbesondere folgt der Denormalisierungsalarm *Limits to growth* des Club of Rome vollständig der Struktur des malthusianischen Kombinats aus Kurven*schere* und Dispositiv zur *Herabbiegung* der *Exponentialkurve*.

Konkret beruht ein solches Normalisierungs-Dispositiv auf der empirischen Bestimmung von Wachstumskurven mittels Verdatung in einem homogenen Feld und der Bestimmung des Trends mittels Berechnung der durchschnittlichen Wachstumsrate. Daran läßt sich die Normalisierungsstrategie anschließen: Nach Bestimmung einer mittel- bzw. langfristig »normalen« Wachstumsrate (auf der Basis des empirischen bzw. korrigierten Durchschnitts) wird eine normale Toleranzzone zwischen oberen und unteren Grenzwerten festgelegt, die dann bei Überschreitung normalisierende Interventionen auslöst. So könnte die durchschnittliche Wachstumsrate des BSP z.B. als 4% gelten, mit 0% und 8% als unterem und oberem Grenzwert bzw. Interventionspunkt.

Die tendenziell ›exponentiellen‹ Wachstumsraten der Moderne können positiv oder negativ sein, häufig sind sie je nach Perspektive beides gleichzeitig: Abnahme der Beschäftigung gleich Zunahme der Arbeitslosigkeit, Abnahme ökologischer Normalität gleich Zunahme von Vergiftung usw. Dementsprechend zielen Normalisierungsmaßnahmen ebenfalls auf negative oder positive Korrektur eines Kurventrends bzw. auf beides gleichzeitig bei doppelter Perspektive.

2. Konkurrenzinduzierte Dynamik als Energie der ›exponentiellen‹ Trends (»Leistungsprinzip«)

Für die Analyse des Normalismus ist es ferner wichtig, die spezifisch modernen »Konkurrenzen« als *Motor* bzw. *Energiequelle* der *exponentiellen* Trends zu begreifen. Wiederum gilt es dabei, moderne Konkurrenzen nicht mit panchronischen bzw. universalen (anthropologischen) »Rivalitäten« zu verwechseln. »Rivalitäten« sind jeweils in einem (nicht-homogenen, also heterogenen) synchronen Feld angesiedelt, wie etwa die Rivalitäten der homerischen Helden im Feld der Belagerung von Troja. Rivalitäten können zwischen inhomogenen (heterogenen), inkommensurablen Qualitäten wie Schönheit, Stärke und List ausgetragen werden. Moderne Konkurrenzen funktionieren ganz anders: In der (stets arbeitsteilig sektorialisierten) Konkurrenz wird die synchronische Rivalität durch eine diachronische Dynamik allererst konstituiert. Den Musterfall par excellence bildet die Rekordkonkurrenz im modernen Sport: Jede Sportkonkurrenz ist nicht nur sektoriell auf eine jeweils enge ›Linie‹ gebracht (100 Meter Herren, 200 Meter Damen usw.), vielmehr ist auch die jeweils synchronische Konkurrenz (der einzelne Wettlauf) vor allem bezüglich der zugrunde liegenden diachronischen Konkurrenz interessant (wird der bestehende Rekord erreicht oder überschritten). Dieses Modell konstituiert also jeweils Wachstumskurven. Wie wiederum der Sport exemplarisch verdeutlicht, dient zudem häufig eine symbolisch besonders hervorgehobene und isolierte Konkurrenz (die der Spitzensportler, der *Cracks*) als indirektes Stimulans, um auch in der ›darunter‹ situierten Massen-Konkurrenz (die nach dem System hierarchisch gestufter, insgesamt aber kontinuierlich anschließender »Ligen«, d.h. ›Normalitätsklassen‹, gegliedert sein kann) den Durchschnitt zu heben. Moderne Konkurrenzen sind demnach stets »Leistungskonkurrenzen«, und der Begriff des »Leistungsprinzips« ist nichts anderes als die kulturelle Selbstbezeichnung für das Dispositiv solcher Konkurrenzen. Nach dem gleichen Modell dienen die Spitzenleistungen (Rekorde) tayloristischer Musterarbeiter dazu, die durchschnittlichen Arbeitsnormen weiter und weiter zu steigern. Ein berühmtes Beispiel war der sogenannte »sozialistische Wettbewerb« in Gestalt des Stachanowismus. Weitere Beispiele aus verschiedenen Bereichen wären: die Ranking-Konkurrenz nordamerikanischer Universitäten, die auch das durchschnittliche Tempo des Wissenserwerbs, des Anschlusses an das jeweilige Spitzenwissen und der Wissensinnovation steigern soll, wie überhaupt alle Wissenskonkurrenzen nach Punktsystemen und Tests in Schule und anderweit – aber z.B. auch die geheime bzw. offe-

ne Konkurrenz um Sex-Performances, wie sie von den Kinsey-Reports global stimuliert wurde.

Wie bereits bei Fairplay festzustellen war, ist die Geschichte der Statistik selbst von Beginn an aufs engste mit Konkurrenzen zwischen den okzidentalen Nationen um *Spitzenpositionen* im *Wettlauf um den Fortschritt* verknüpft. Heute stellen die internationalen Statistiken der UNO-Organisationen für eine große Zahl von Parametern regelmäßig Ranking-Listen der nahezu 200 Nationalstaaten parat, aufgrund deren diese Konkurrenten in die fünf fundamentalen Normalitätsklassen eingeteilt werden (s.u. Kap. IX.2.).

Zu unterscheiden sind sektorielle und u.U. hoch operationalisierte Konkurrenzen von eher unspezifischen, interdiskursiven Konzepten, von denen das wichtigste das des sog. »Sozialdarwinismus« darstellt, dem zufolge die Fortschrittsenergie des Lebens allgemein wie die der Gesellschaften und einzelnen gesellschaftlichen Sektoren im *Kampf ums Dasein* der jeweiligen Konkurrenz-Subjekte zu suchen wäre.

Die zweifellos wichtigste Applikation der *motorisierten* Konkurrenz-Linie stellen die »Entwicklungsmodelle« als »Modernisierungstheorien« (z.B. das bekannte ›Take-off-Modell‹ von Walt Rostow) dar: In diesen Modellen durchlaufen sämtliche Länder der Erde ein gleiches, *eindimensional motorisiertes* »Entwicklungsschema« (»vormodern« – »Übergang« – »Takeoff« – »Reifung« – »stabile Modernität«). Dabei sind einige Länder *voraus*, andere versuchen, *einzuholen und zu überholen*. Ohne plausible Gründe dafür angeben zu können, setzt dieses Modell ein Ende der Konkurrenz und des Wettlaufs in einer mutmaßlichen Phase »stabiler Modernität« (häufig auch »Postmoderne« oder »Postindustrialismus« genannt) voraus. Alle operativen Zahlen sprechen aber bisher gegen ein solches Ende der Konkurrenz (grob gesagt: das *Spitzenfeld* bewegt sich mindestens genauso *schnell* oder gar *schneller* als die *Aufholenden*). Vor allem spricht aber dieses kulturelle Modell von seiner eigenen Logik selber her gegen eine ›Konvergenz im Ziel‹, die ja die *Energie* des *Motors* ›entropisch‹ *abwürgen* würde.

Die theoretische Basis der Vorstellungen über konvergierende Modernisierung wird durch die Generalisierung der demographischen Kurve »hochentwickelter Länder« geliefert: Im Durchschnitt gleicht diese (»logistische«) Kurve einem einzigen großen gelängten S (von einer fast identischen bzw. langsam wachsenden Reproduktion auf niedrigem Niveau steigt sie im *Take-off* zunächst *exponentiell* an, bevor sie sich durch Selbstadjustierung ihres generativen Verhaltens durch die Subjekte zu einer neuen annähernd identischen Reproduktion ›zurechtbiegt‹). Es ist aber wenig plausibel, daß dieses einmalige gelängte S wirklich den Grundtyp der heutigen Wachstumskurven darstellt, wie etwa Herman Kahn annimmt. Viel plausibler erscheint die Annahme, daß eine prinzipiell unabgeschlossene Kette von

treppenartig aufeinander folgenden S-Phasen (die *endlos wachsende Schlange* wie bei ökonomischen Konjunkturen) den Grundtyp darstellt. Eine zusätzliche symbolische Evidenz bezieht diese Vorstellung allerdings sicher aus der Analogie mit (biologischen) Reifungskurven und typisierten Verläufen von »Normalbiographien«. Dabei zeigt sich die stets gegebene kulturelle ›Solidarität‹ aller analogen normalistischen Diskurskomplexe.

Bei der theoretischen Modellierung moderner Konkurrenzen ist die Gefahr einer ökonomistischen Reduktion besonders groß: Die kapitalistische Konkurrenz scheint der dominierende Fall einer synchronischen Konkurrenz im Dienste eines diachronischen Wachstums-Wettlaufs zu sein. Darüber hinaus scheint der kapitalistische Markt mit dem Verfahren der Monetarisierung zusätzlich auch den dominierenden Fall von Homogenisierung, Kontinuierung und Quantifizierung eines Feldes darzustellen. Gegen eine solche ökonomistische Reduktion spricht nun aber bereits die Tatsache, daß gerade die Marktkonkurrenz mit ihrer unübersichtlichen Massenhaftigkeit und ihrer langfristig wenig gerichteten Fluktuation (etwa bei vielen Preisen) keineswegs ein anschauliches Bild des linearen Wettlaufs liefert (diesem Bild entsprechen erst wieder abgeleitete ökonomische Konkurrenzen wie Größenkonkurrenzen zwischen Firmen, Nationen usw.). Umgekehrt wären normalisierte Sektoren (wie etwa die von Canguilhem und Foucault behandelten Sektoren Medizin, Militär, Wissensproduktion und Wissensreproduktion, Sexualität usw.) anzuführen, die primär nicht-ökonomisch, dafür aber z.B. qua Subjektivierung konstituiert sind. Ich gebe ein Beispiel: Als durch die Kinsey-Reports u.a. repräsentative Daten über das dem ersten Geschlechtsverkehr entsprechende Durchschnittsalter publik wurden, stellte sich im normalistischen kulturellen Kontext ein bedeutend höheres Alter automatisch als ›anormale Abweichung‹ dar. Empirisch scheint daraufhin so etwas wie ein ›Run zur möglichst frühen Initiation‹ eingesetzt zu haben. Das Beispiel zeigt, daß eine Erklärung dieses Verhaltens als ›Widerspiegelung der Markt-Konkurrenz‹ offenbar absurd wäre. Die kapitalistische Konkurrenz wäre also nicht einfach identisch mit der modernen Konkurrenz schlechthin, sondern einer (sicher ein besonders wirkmächtiger) ihrer Fälle neben anderen. Hypothetisch könnte man sich die Tendenz zur Herausbildung moderner Konkurrenzen aus der *Kombination von Spezialisierung und ›Wille zum Wachstum‹* zu erklären suchen: Dabei würde Spezialisierung ›schmale‹ und annähernd homogene Felder schaffen (je mehr Spezialitäten, um so homogener jede einzelne) – während der ›Wille zum Wachstum‹ (als historisch-kulturelles Apriori, als operatives ›Erkenntnisinteresse‹ im Sinne Nietzsches und Foucaults gefaßt) diese bereits ›schmalen‹ Felder zusätzlich in *Richtung* der *Spitzenwerte* dynamisch *motorisieren* würde. Sicherlich ist Konkurrenz nicht die einzig mögliche *Energie* moderner *Motorisierung*, sie hat sich aber empirisch als die wich-

tigste durchgesetzt. Man kann versuchen (ohne irgendwie Kausalitätsannahmen einzuschmuggeln), das als plausibel zu begreifen: Konkurrenz zwischen äquifunktionalen Einheiten in einem quasihomogenen Feld dient erstens zur weiteren Homogenisierung des Feldes (durch Eindimensionalisierung, d.h. parallele *Aus-Richtung* der Konkurrenz-Subjekte in *Richtung* der *Spitzenwerte*) und zweitens eben zur *Motorisierung* in der *Fortschritts-Richtung*, indem sie den kulturellen ›Willen zum Wachstum‹ in jedem einzelnen Konkurrenz-Subjekt verankert und *en masse* entsprechend akkumuliert. Dabei ist erneut zu betonen wichtig, daß es weder kausale noch logische noch semantische (etwa »dialektische« oder andere semsynthetische) Zwänge gibt, nach denen Spezialisierungs- und Akkumulationsprozesse Konkurrenzen implizieren *müßten* oder umgekehrt. Das gleiche gilt für die zusätzlich hinzukommende (und die vorliegende Untersuchung vor allem interessierende) Kombination zwischen Spezialisierung, Akkumulation, Konkurrenz und Normalismus: Sicherlich setzt Konkurrenz Regulierung voraus (im Sinne von *Spielregeln* und einem *Schiedsrichter*), weil sie sonst nicht reproduktionssicher wäre – aber Regulierung muß nicht in Form von Normalisierung erfolgen. Wiederum kann man die historisch kontingent erfolgte Kombination aber als plausibel zu begreifen suchen: Die Tendenz von Spezialisierung und Konkurrenz zur Homogenisierung ›kommt‹ dem Normalismus ›entgegen‹, der seinerseits diese Homogenisierung weiter verstärkt; die Etablierung von Konkurrenz-Subjekten als Einheiten liefert dem Normalismus die Normaleinheiten des entsprechenden Feldes; an die *Richtung* der Eindimensionalität eines Wachstumsprozesses unter Konkurrenz können normalistische Skalen angeschlossen werden. Umgekehrt dient die Kopplung mit Normalitäts-Dispositiven der Regulierung und Stabilisierung sowohl des Spezialisierungs- wie des Akkumulationsprozesses: Die statistische Homogenisierung und Eindimensionalisierung eines Spezialfeldes zum Normalfeld isoliert dieses Feld zusätzlich gegen andere Spezialfelder (das gilt insbesondere bei mathematisch-statistischer Normalisierung); der normalistische ›Wille zur Normalisierung‹ ver-sichert gegen die Tendenz, daß ein Konkurrenzfeld durch *Vorpreschen der Spitzengruppe* und/oder durch *Abgehängtwerden der Masse* antagonistisch diskontinuiert und zerrissen wird.

Ferner arbeitet die Konkurrenz optimal dem normalistischen Desiderat nach *Atomisierung* der Normalfelder in *durchschüttelbare* Massen aus Normalmonaden vor, die sie gleichzeitig durch die Ausrichtung auf Spitzenwerte stets schon wieder *auf Linie* bringt. – Für die Analyse der Kopplung normalistischer Dispositive an Konkurrenz-Dispositive ist schließlich zu betonen wichtig, daß – genauso wie Wachstumskurven – auch Konkurrenzen sowohl positiv wie negativ ausgerichtet sein können. Bei einfacher monetärer Messung z.B. ist außer der Konkurrenz um größte Gewinne um-

gekehrt auch eine Konkurrenz um größte *Opfer* möglich. Traditionale Verelendungs- und Klassenkampftheorien haben diese Ambivalenz ganz übersehen: Es ließen sich, bewußt übertreibend, sogar ›Verelendungs-Konkurrenzen‹ vorstellen, bei denen ein Teil der Betroffenen noch auf seine ›größeren Opfer‹ und ›größeren Sparbeiträge‹ stolz sein könnte. (Allerdings dürfte so etwas erstens nicht lange und zweitens in der Nähe des »normalen« Existenzminimums gar nicht mehr funktionieren.) Das Paradox solcher Ambivalenzen verweist auf den engen Zusammenhang zwischen Konkurrenz und moderner As-Sociation: Jede Konkurrenz strahlt eine associierende Solidarität aus, die in der gemeinsamen *Richtung der Motorisierung* und in der *Geschlossenheit des Feldes* liegt und die Affekte durch *fun* bzw. *thrill* stimuliert und *high* macht. In diesem *thrill* liegt demnach die as-sociierende Wirkung des »Leistungsprinzips«. Wiederum zeigt der moderne Sport am deutlichsten diesen Habitus bzw. diese Mentalität: ›Lieber der Letzte als gar nicht mitgelaufen‹. Vermutlich wird man in den Konkurrenzen (neben den Ver-Sicherungen) sogar einen von zwei Grundtypen rein normalistischer As-Sociation sehen müssen.

3. »Atomisierung« und Ver-Massung im normalistischen Blick

Konkurrenzen stellen eine Form plausibler Ordnung innerhalb moderner »Massen« dar. Seit Industrialisierung und Demokratisierung sind die Klagen über den *Aufstand der Massen* stereotyp: In Fabriken, Wahlkämpfen (Tocqueville), Freizeitparks usw. tauchen »atomisierte« *Gewimmel aus Kügelchen* auf. Mit dem Modell seiner *Kugelhaufen* in »Krügen« (und später dann dem Galtonsieb) gelingt es dem normalistischen Dispositiv aus Probabilismus und Statistik, mitten im angsterregenden Chaos eine scheinbar spontane »wunderbare Ordnung« zu erblicken. Vor dem normalistischen Blick ordnen sich die »atomisierten« Massen zu gesetzmäßig, u.U. normalverteilten »Populationen«. Die ver-sichernde Kraft dieses Blicks erscheint fast unbegrenzt: Seit Durkheim vermag sie sogar »normale Kriminalität«, »normale Homosexualität« usw. zu erblicken. Mehr noch: Die Kraft dieses Blicks drängt überall dort auf zusätzliche »Atomisierung«, wo traditionale »Qualitäten« (wie Geschlecht, Generationsrolle, »Rasse« usw.) oder Bindungen (wie Familie, Religion usw.) Teile von »Populationen« *noch nicht* in einen Haufen homogener *Kügelchen* aufgelöst haben. Erst das *Durchschütteln* einer Population aus ungebundenen, äquifunktionalen Einheiten (*Kügelchen*) ermöglicht die Begründung eines Normalfeldes. Der normalistische Blick zeigt sich insofern spontan solidarisch mit Tendenzen der Moderne wie Urbanisierung, Landflucht, massenhaften Migrationen, Eman-

zipation, allgemeiner Ausschüttung von Wissen, allgemeinem Stimmrecht usw.: All das liefert Material für Normalismus. Insbesondere erweist er sich, wie im vorigen Abschnitt beschrieben wurde, mit den modernen Konkurrenzen solidarisch, die ihm quer durch die »Populationen« die »Dimension« einer *gerichteten Linie* von Vergleichbarkeit der Kügelchen vorzeichnen. Nochmals: es handelt sich bei solchen Netzen von »Solidaritäten« um historisch je und je in einer Serie diskursiver Ereignisse allererst hergestellte, aktive *Kopplungen* – und nicht um GeistesTypologische Prädestination nach semsynthetischen Vorstellungen.

Betrachtet man nun noch einmal das Kombinat aus Massen-Populationen und Konkurrenzen im Zusammenhang, so erweist sich der stets mehr oder weniger *symbolische Status* der massenmedial ausgestrahlten Konkurrenzen. Am deutlichsten zeigt das wiederum der Sport: Der reale Wettlauf einer Millionenpopulation ist unmöglich (obwohl die Leistungen z.B. aller Millionen von Schülern der Welt meßbar sind und großenteils bereits gemessen werden). Die spannende Konkurrenz der *Cracks* (mit dem *thrill* des *Aufholens und Überholens*) ist aber prinzipiell in jedem Teilsegment der Massenpopulation wiederholbar (in jeder Kreisliga, ja in jeder Schule und in jedem Verein). Prinzipiell lassen sich also rein statistische Massen in symbolisch prägnante, lineare und individualisierte Ranking-Reihen auflösen und umgekehrt. Dieser Zusammenhang von gaußoid ver-sicherter Masse und symbolischen Konkurrenzen ist eigentlich gemeint, wenn von »Leistungsprinzip« die Rede ist.

4. Zur Sonderrolle der Industrienorm im Normalismus

Zu der Vermengung von Normalität und Normativität hat nicht zuletzt die Bedeutung der Industrienormen für den Normalismus beigetragen. Bei oberflächlicher Betrachtung scheinen Industrienormen ja ähnlich wie juristische ex ante, intentional, imperativ und fix festgelegt zu werden. Einen solchen Eindruck erwecken z.B. einige im Alltag sehr bekannte DIN-Normen wie die Papiergrößen. Tatsächlich gilt es jedoch, den gesamten ›Kontinent‹ der Industrienormen im Zusammenhang und in seiner historischen Dynamik zu berücksichtigen. Die Industrienorm (engl. standard) und die industrielle Normung (engl. standardization, frz. verwechslungsträchtig normalisation: vgl. das oben zu Canguilhem und Foucault Gesagte) zweigen von Beginn an in einem wichtigen Aspekt von der juristischen Norm ab und tendieren auf die Seite des Normalismus: Wie dieser beziehen sich Industrienormen konstitutiv auf (durch Massenproduktion konstituierte) Massenobjekte und können im massenhaften Vergleich gemessen und graduali-

siert werden. Demgegenüber funktioniert die juristische Normativität wesentlich einzelfallbezogen und hermeneutisch, was eine kontinuierliche und massenbezogene Gradualisierung ausschließt. Wie das Beispiel der textilen »Normalgrößen« in der Konfektionskleidung exemplarisch zeigte, tendieren die Industrienormen in den jeweiligen speziellen Bereichen zu einer zwar diskontinuierlichen und teilweise dezisionistisch bestimmten, aber dennoch analog von symbolisch gaußoiden Verteilungen »gemittelten« Gradualisierung: Typischerweise liegen Spitzenquantitäten mit mittleren Größen, Qualitäten und Preisen zwischen zwei symmetrischen oberen und unteren Bereichen geringerer Quantitäten (vgl. etwa symbolisch dominante Konsumgüter wie Autos).

Ferner fügt sich dieser ›Kontinent‹ nicht bloß integral in die Konkurrenzdynamik der modernen Fortschrittskurve ein, sondern bildet umgekehrt eines ihrer wichtigsten und leitenden Paradigmen. Wie exemplarisch anläßlich des Taylorismus zu konstatieren war, steigern die Maschinen dynamisch ihre Leistungen (und stimulieren dabei gleichzeitig die Leistungen der Arbeiter). Mit solcher Leistungssteigerung wachsen die entsprechenden Leistungsnormen. Diese Normen ›streuen‹ also ganz wie bei anderen normalistischen Dispositiven gaußoid (mit Toleranzen) um Durchschnitte, und zwar sowohl bei den Leistungen der gleichen Maschine wie bei der vergleichenden Betrachtung aller für die gleiche Funktion konkurrierenden Modelle. Es gilt, die fixen Normgrößen in diesem Kontext zu begreifen: Es handelt sich um statistisch dominierende Größen in nationalen und internationalen Vergleichsfeldern, die bloß scheinbar gänzlich arbiträr fixiert, in Wahrheit vielmehr *eingependelt* werden. So erscheinen die Industrienormen sowohl kontingent wie motiviert: In ihnen scheint sich das Wunder der *Aufhebung von Kontingenz* zu ereignen.

Die strukturell und funktional engste Verbindung zwischen Industrienorm und Normalität liegt in dem Umstand, daß die erste eine conditio sine qua non normalistischer Verdatung darstellt: Ohne genormte Zeitmessung (Uhren) und ohne genormte Raum-, Gewichtsmaße usw. (mit dem diskursiven Mega-Ereignis der revolutionären Einheitsmaße von 1795) wären Massen-*Kügelchen* nicht meßbar und damit ihre Verteilung wie auch ihre konkurrenzbasierte *Fortschritts*-Dynamik nicht verdatbar.

Strukturell entscheidend ist, daß die Industrienormen (im Gegensatz zu juristischen) stets Markierungen auf einem Kontinuum darstellen, auf dem sie prinzipiell verschiebbar bleiben. Dennoch wirken diese fixierten Größennormen symbolisch innerhalb des gesamten Normalismus im Sinne der protonormalistischen Vorstellung von einer chaotisch fluktuierenden ›Übergangsphase‹, auf die dann eine stabile und fixe Normalität folgen werde. Mehr noch: Im protonormalistischen Denken besteht die Tendenz, von diesem ›Übergang‹ her auch die »normensetzende Kraft der Natur« zu

reinterpretieren – wie die Normenausschüsse habe auch die »Natur« zunächst ›herumprobiert‹, bevor sie langdauerstabile »Normen« fixiert habe. In diesem Sinne sprach auch Canguilhem von »normativer«, d.h. normensetzender Kraft sowohl der Industrie wie der »Natur«. Es leuchtet ein, daß es sich dabei um eine ›ideologische‹ Ausstattung der »Natur« mit industrialistischen und insbesondere normalistischen Dispositiven handelt. Auf solche ›ideologische‹ Reinterpretation folgt dann als nächste Phase die effektive und operationale Industrialisierung der Natur, etwa in Gestalt der Gentechnologie. Dabei wird eine »Zweite Natur« ganz real durch die Industrie aufgebaut. Diese »Zweite Natur« ist normalistisch strukturiert, d.h. aber eben dominant dynamisch und um Durchschnitte streuend, mit lediglich kurzzeitstabilen Normen. Die langzeitstabilen Industrienormen bilden dabei (wie die der »Natur«) die strukturell untypischen Ausnahmen. Im gleichen Maße, in dem der Industrialismus sich zusätzlich in jeder Hinsicht »flexibilisiert«, tritt die Betonung der Fixität von industriellen Größennormen und deren Kombination mit biologischen »Normen« als lediglich charakteristisch für *proto*normalistische Auffassungen hervor. Mehr und mehr wird die *computer-aided-production* künftig künstlich breit gestreute Produkt-*Paletten* ermöglichen, bis hin zu regelrecht gaußoiden Verteilungen, wie sie beim europäischen Projekt »E-Tailor« für Textilien bereits erreicht sind.

5. Konstitution von homogenen Normalfeldern mittels der Herstellung von Vergleichbarkeit und mittels Verdatung

Bereits bei der Kennzeichnung der modernen dynamischen Konkurrenzen war zu konstatieren, daß solche Konkurrenzen die Etablierung spezieller und homogener Sektoren bzw. »Felder« voraussetzen. Homogene Felder machen Konkurrenzen möglich, wie umgekehrt Konkurrenzen die Felder zusätzlich festigen und homogenisieren. Die gemeinsame Voraussetzung beider Komponenten liegt in der Vergleichbarkeit zwischen Normaleinheiten (*Atomen, Kügelchen*): Jede Menge vergleichbarer Normaleinheiten bildet ein Feld, nur die Vergleichbarkeit solcher *Atome* strukturiert Konkurrenzen. Aus der Vergleichbarkeit entspringen die Kategorien der Kommensurabilität/Inkommensurabilität, der Konvertibilität/Inkonvertibilität, der Kompatibilität/Inkompatibilität sowie schließlich der Äquivalenz.

Voraussetzung der Vergleichbarkeit von Normaleinheiten ist Verdatung (Datenerhebung). Mit Datenerhebung in einem Feld beginnt daher jedes einzelne Normalitäts-Dispositiv (s.o. als Musterbeispiel Taylors Verfahren eines »scientific management«, das konkret zunächst alle Arbeitsverfahren in einem Sektor zwecks Vergleich datenmäßig erfaßt und dann durch ge-

dankliche Zerlegung in Handlungs-*Atome* homogenisiert, bevor durch Zeitmessung der *one best way* und die industrielle Norm konstituiert wird). Die Vergleichbarkeit bezieht sich auf »Merkmale« (*traits*) von Gegenständen; je weniger Merkmale (im Extremfall eines), um so homogener, aber gleichzeitig um so ›schmaler‹, erscheint das Feld. Je mehr Merkmale, um so prekärer ist die Homogenität des Feldes. Jedem durch vergleichbare Merkmale homogenisierten Normalfeld entspricht ein »Kollektiv-Gegenstand« (Fechner), d.h. ein normalistischer sozialer Gegenstand, als Menge (bzw. Masse) von homogen gesetzten Normaleinheiten (z.B. menschlichen Individuen). Dabei bleibt das Verhältnis zwischen dem Normalfeld und dem sozialen Gegenstand in seiner Gesamtheit theoretisch opak, wie es das Kollektivsymbol der *black box* signalisiert. Während das homogene Normalfeld eine plane ›Oberfläche‹ darstellt, die dem Blick wie ein *Bildschirm* offensteht, läßt sich über die »Kräfte« in der ›Tiefe‹ (d.h. die generativen Prozesse) nichts Genaues sagen. Dieser ›Dualismus‹ von Normalfeld und *black box* zeitigt eine normalistische ***Strategie des operationalen Feedback,*** und zwar derart, daß die Abgrenzung eines Feldes durch Selektion und Kombination (mittels Korrelationsanalysen) von Merkmalen tentativ so lange ›verschoben‹ (expandiert oder kontrahiert, gruppiert und umgruppiert) werden kann, bis die Verteilung der *Atome* im Feld normalisierbar, d.h. an gaußoide Verteilungen mindestens anschließbar erscheint. Mit dieser Verschiebung und Umgruppierung der Normalfelder ändern sich per Feedback in der ›Tiefe‹ der *black box* auch die sozialen Gegenstände, bis sie auf der ›Oberfläche‹ des Normalfeldes als normalisierbar signalisiert werden. Während des Prozesses der Verschiebung und Umgruppierung werden ständig Merkmale bzw. Strukturkomponenten *ausgelagert, ausgeklammert, ausgeblendet bzw. neu kombiniert.* Diese Ausklammerung und Kombination wird im Prinzip als provisorisch aufgefaßt – tatsächlich wird sie definitiv, sobald die auftauchenden Verteilungen als gaußoid interpretierbar sind. Mehr oder weniger große Anteile der Struktur werden dann ein für allemal ›vergessen‹.

Die empirisch sichtbaren *traits* bzw. ihre *cluster* gelten dabei als »Indikatoren« für die unsichtbaren sozialen »Kollektiv-Gegenstände«. Je nach der Spezifizität bzw. Generalität der »Indikatoren« werden spezifischere oder generellere Normalfelder konstituiert. Wesentlich für die soziale Funktion des Normalismus sind eine Reihe ausgesprochen genereller Normalfelder, die ***»Basis-Normalfelder«*** heißen sollen. Ein extremes Beispiel wäre Nietzsches »Wille zur Macht«, der die allgemeinste Vitalenergie überhaupt meint. Die wichtigsten tatsächlich institutionalisierten Basis-Normalfelder sind »Bevölkerung«, »Leistung«, »Intelligenz«, »Motivation« (incl. »Optimismus/Pessimismus«), »Sicherheit«, »Gesundheit« bzw. »Streß« (incl. »mental health«), »Lebensstandard«, »soziale Schichtung«, »soziale Kohä-

sion/Solidarität« (nach Durkheim durch den Indikator Selbstmordrate meßbar), »soziale Adaptation/Inadaptation« (incl. »Dissozialität«), »soziales Prestige«, »sexuelle Befriedigung« (Kinsey). Für all diese Felder wurden und werden Indikatoren entwickelt und ständig um-entwickelt. So dienen die Testfragen nach Binet/Simon und viele andere »Batterien« als Indikatoren der »Intelligenz« (IQ). Der IQ kann exemplarisch zeigen, wie ein Basis-Normalfeld als eine Art Rück-Projektion von Indikatoren-Ausklammerungen und -Kombinationen in die *black box* hinein konstituiert wird. Michel Tort hat beschrieben[3], wie diese Art Konstitutionsprozeß im Falle des IQ in den USA u.a. das bis heute ungelöste Problem angeblicher »Minderwertigkeit« der Afroamerikaner aufwarf: Die überwältigende Mehrheit der Afroamerikaner fand sich in der unteren »Intelligenz«-Zone wieder, woraus die Rassisten das Argument gewannen, daß hier offenbar ein besonderer, »rassentypischer« kausaler Faktor vorläge und die Blacks demnach in ein eigenes, hierarchisch besonderes (»minderwertiges«) Normalfeld ausgegliedert werden müßten[4]. Gegen diese Konsequenz versuchten integrationistische IQ-Normalisten, das Ensemble der Merkmale durch Änderung und Erweiterung der Indikatoren »rassenneutral« zu gestalten (Tort, 27ff.). Dabei zeigt sich nach Tort exemplarisch die Aporie der gesamten normalistischen Feedbackstrategie: Der jeweilige »Kollektivgegenstand« (hier die »Intelligenz«) ist eben nicht einmal grob unabhängig vom Normalfeld definierbar, er ist und bleibt ein pures Manipulat eben dieses Feldes und seiner strategischen Ausklammerungen bzw. *trait*-Kombinationen. Das Suchen nach einem »klassenneutralen« IQ ist typisch für ein »Erkenntnisinteresse« (›Willen‹) an einem auch kausal homogenen, nur von vielen kleinen, sich annulierenden Ursachen bestimmten Feld. Die Unwahrscheinlichkeit eines solchen Basis-Normalfeldes »Intelligenz« liegt auf der Hand – insofern verweisen die Rassisten vermutlich mit Recht auf massive ›latente Kausalität‹, die aber nach Tort nicht in der »Rasse«, sondern in der Klassenstruktur liege: durchschnittliche proletarische Kinder könnten auf Grund ihrer Klassenlage niemals die gleiche »Motivation« für hohe IQ-Leistungen mobilisieren wie karriereorientierte *middle-class*-Kinder.

Eine solche Analyse impliziert nicht, daß die entsprechenden Basis-Normalfelder bloße »Illusionen« wären: Wenn der IQ auch sicherlich nicht eine präexistent gegebene »natürliche menschliche Intelligenz« mißt, so ist er dennoch durchaus operational. Er *schafft* effektiv eine spezifisch normalistische »IQ-Intelligenz«, die ihrerseits vermutlich wiederum zur Stärkung

---

3 Michel Tort, *Le quotient intellectuel*, Paris 1974.

4 Neuerdings noch einmal mit größtem Medienecho wiederholte These von Richard J. Herrnstein/Charles Murray, *The Bell Curve*. Intelligence and Class Structure in American Life, New York u.a. 1994. Herrnstein/Murray plädieren wegen des ›riesigen‹ IQ-Defizits der Blacks für Desintegration der Verteilungskurven (279), also für einen protonormalistischen »Ethnopluralismus«.

einer effektiven normalistischen Karriere-»Motivation« beitragen kann. Durch die Entstehung normalistischer Basisfelder haben Kultur und Gesellschaft sich höchst real geändert. Alle Basis-Normalfelder sind interdiskursive Konzentrate: In ihnen sind spezialdiskursive Techniken mit kollektivsymbolischen Vorstellungen gekoppelt.

6. Kontinuierung der Diskontinuitäten – Normalisierung semantischer und symbolischer Differenzen – Eindimensionalisierung, Skalierung und Quantifizierung

Stellen wir uns in einem Gedankenexperiment gemischt-geschlechtliche (*cross gender*) sportliche Konkurrenzen vor. Augenblicklich sprechen zwei Reihen von Gründen dagegen: die als ›natürlich‹ empfundene fundamentale Diskontinuität qualitativer Art (Heterogenität) zwischen den Geschlechtern und die erhebliche quantitative Diskontinuität in der meßbaren durchschnittlichen Leistung. Diese quantitative Diskontinuität nimmt allerdings tendenziell ab. Wenn die Frauen irgendwann in der Zukunft *aufgeholt und überholt* haben, wird wahrscheinlich eine »Integration« der jeweiligen heute noch geschlechtsspezifischen Felder erfolgen. (Beim Reiten und Autorennen ist das schon heute teilweise der Fall.) Das wäre ein Beispiel für Kontinuierung einer fundamentalen Diskontinuität (ein anderes wäre die oben diskutierte Problematik angeblich »qualitativ« verschiedener IQ-»Intelligenz« zwischen »Rassen«).

Die Integration oder Separierung von Geschlechtern oder »Rassen« umfaßt zwei Aspekte: einen ›horizontalen‹ und einen ›vertikalen‹. ›Horizontal‹ lassen sich für Geschlechter und »Rassen« entweder mehrere separate Normalfelder ›nebeneinander‹ oder ein einziges integrales konstruieren. Gleichzeitig besitzt dieses Spiel von Differenzierung/Integration auch einen ›vertikalen‹ Aspekt: So befinden sich etwa Frauen beim Sport oder Afroamerikaner bei der IQ-»Intelligenz« durchschnittlich *niedriger*. In beiden Dimensionen lassen sich demnach Diskontinuitäten kontinuieren oder umgekehrt. Ein wichtiges historisches Beispiel für ›vertikale‹ Kontinuierung ist das von Canguilhem untersuchte »Prinzip von Broussais-Comte« in Medizin und Soziologie des 19. Jahrhunderts, also die These, es gebe keine fundamentale Diskontinuität zwischen Gesundheit und Krankheit bzw. zwischen normalem und abweichendem Verhalten. An diesem Beispiel läßt sich exemplarisch zeigen, wie solche Kontinuierung von Diskontinuitäten möglich ist: Zwischen bisher als qualitativ verschieden betrachteten Gegenständlichkeiten (wie Gesundheit und Krankheit) muß zwecks Kontinuierung zunächst eine gemeinsame Achse von Vergleichbarkeit entdeckt werden

(Homogenisierung). Das war im Falle der Medizin zunächst die Lehre von der »Reizung« und »Erregung«. Wenn sowohl gesunde wie kranke Zustände auf »Reizungen«/»Erregungen« beruhten, dann wurden sie vergleichbar und homogenisierbar. Wenn sie aber einem homogenen Vergleichsfeld zugeordnet werden konnten, dann mußte auch die qualitative Grenze der Diskontinuität zweifelhaft erscheinen.

In diesem Kontext besonders relevant ist das Feld des »Sozialen«. Stände waren bekanntlich genealogisch-semiotisch-juristisch definiert, mithin absolut diskontinuierlich und daher prinzipiell nicht in ein gemeinsames Feld integrierbar. Die Beseitigung dieser Diskontinuitäten durch die modernen Revolutionen schuf Individuen, die sich zwar ebenfalls (z.B. durch Fähigkeiten, Wissen, Besitz, Religion usw.) erheblich, großenteils auch qualitativ unterschieden, die aber in bestimmter Hinsicht (wie ›Rechtsgleichheit‹, ›Chancengleichheit‹) als ›gleiche‹ Normaleinheiten (*Massenatome, Sandkörner, Kügelchen*) konstituierbar wurden. Auf diese Gleichheit qua *Atom* ließen sich dann Kontinuierungs-Strategien gründen (z.B. die flächendekkende soziologische Konstituierung der Individuen als ›Bezieher von Einkommen‹, u.U. von ›0 Einkommen‹). Auf der Basis dieser Kontinuierung konnten dann z.B. die soziologischen *Zwiebeln* als sowohl ›horizontal‹ (z.B. Geschlechter) wie ›vertikal‹ dimensionierte Kontinua konstruiert werden.

Die von den normalistischen Verfahren kontinuierlichgemachten Diskontinuitäten (z.B. Antagonismen) sind stets schon als solche semantisch und insbesondere symbolisch (in der Regel durch Binäroppositionen) markiert: *männlich* vs. *weiblich*, *gesund* vs. *krank*, *vernünftig* vs. *wahnsinnig*, *reich* vs. *arm*, *mächtig* vs. *ohnmächtig*, *Herr* vs. *Knecht*, *Kapital* vs. *Arbeit*, *Inländer* vs. *Ausländer*, *weiß* vs. *gelb* vs. *rot* vs. *schwarz* usw. Solche sprachlichen, in der Regel symbolisch verstärkten, Differenzzeichen suggerieren deutlich getrennte semantische Komplexe, »Qualitäten« genannt, zwischen denen eine symbolische *Kluft* liegt. Die normalistische Kontinuierung ›unterlegt‹ solchen diskontinuierlichen semantischen und symbolischen Komplexen sozusagen eine kontinuierliche Fläche, auf der die »Qualitäten« dann wie *Teppiche mit Zwischenräumen* zu ›liegen‹ kommen. Die Vorstellung des ›unterlegten‹ Kontinuums erlaubt dann eine intuitive Schätzung von *Abständen* zwischen den Gliedern der semantischen Oppositionen, sie erlaubt in dynamischer Betrachtung symbolische Aussagen über *Annäherung* oder *Entfernung* usw. Durch das *unterlegte* Kontinuum entstehen ferner *Zwischenzonen* zwischen zwei diskontinuierlichen ›Qualitäten‹, deren semantisches Äquivalent als *Mix* aus beiden ›Qualitäten‹ suggeriert wird. Damit ist auch bereits die Unterlegung einer kontinuierlichen skalierbaren *Linie* vorbereitet. Hier ist zunächst festzuhalten, daß die *Unterlegung* strukturell die symbolische ›Parallelisierung‹ zwischen zwei Bereichen impliziert: ›Neben‹ den Bereich der semantischen »Qualitäten« wird das nor-

malistische Kontinuum gelegt, und zwar so, daß symbolische Quasi-›Abbildungsrelationen‹ zwischen Elementen beider Bereiche suggeriert werden. Die semantischen ›Qualitäten‹ erhalten dadurch ›Positionswerte‹ und (symbolische) ›Punkte‹ auf dem Kontinuum zugewiesen und umgekehrt.

Hand in Hand mit der Kontinuierung geht eine kontinuierliche Graduierung bzw. Gradualisierung: Es geht darum, daß jede Position nach Möglichkeit zwischen zwei direkte ›Nachbarpositionen‹ zu liegen kommt, in die sie unter dynamischem Aspekt ›übergehen‹ kann. Diese aus der Kontinuierung folgende dichte Gradualisierung bildet wiederum die Bedingung für eine quantitative Skalierung. Sie unterscheidet die normalistischen Dispositive wesentlich von den einzelfallbezogenen, diskontinuierlichen normativen.

Je nachdem die eine oder die andere der beiden Ebenen (›qualitative‹ Semantik/Symbolik oder normalistisches Kontinuum) in ihrer Kopplung dominiert, ergeben sich zwei entgegengesetzte Tendenzen: bei Dominanz der Semantik eine Tendenz zur Diskontinuierung des normalistischen Kontinuums durch *harte Grenzen* (*Stigmata*) – bei Dominanz des Kontinuums eine Tendenz zur ›Entqualifizierung‹ und Normalisierung von Semantik und Symbolik. Die erste Tendenz fügt sich der protonormalistischen, die zweite der flexibel-normalistischen Strategie. Für die erste Tendenz sind Kombinationen zwischen (Proto-)Normalismus und typologischen Modellen symptomatisch, wie sie am Beispiel der geistestypologischen Psychiatrie (Kurt Schneider und Bresser) zu beobachten waren. Die zweite Tendenz eröffnet die ungemein interessante Möglichkeit einer kontinuierlich-graduierten, paraquantitativen Semantik und Symbolik, wie sie in den Teilen VII, VIII und IX am Beispiel des politischen Normalitäts-Dispositivs *rechts/Mitte/links/Extreme*, der Selbst-Normalisierung der Subjekte und der normalistischen Kollektivsymbolik ausführlich behandelt wird.

Die typische Darstellungsweise der partiell diskontiuierlichen Auffassung stellt eine bestimmte Nutzung und Lesart des Blockdiagramms dar. So betrachtete Kinsey etwa die religiösen Konfessionen als partiell diskontinuierliche Populationen bei »sexueller Befriedigung«. Im Unterschied zu transnormalistischen Differenzqualitäten gilt es aber festzuhalten, daß die Blöcke normalistischer Blockdiagramme nur partiell diskontinuierlich sind, weil ihnen stets eine fundamentale Kontinuität zugrunde liegt: Sie bleiben stets auf der Basis kontinuierlicher Merkmale vergleichbar und deshalb prinzipiell auch stets integrierbar. Diese fundamentale Kontinuität, die auch partielle Diskontinuitäten im Normalismus stets grundiert, konstituiert eine spezifische, normalistische Spielart von »Pluralismus«.

Der Kontinuierung von Antagonismen in einem gleichzeitigen (synchronischen) Strukturzusammenhang entspricht in der (diachronischen) Evolutionsperspektive die Vermeidung von radikalen *Brüchen* der Entwicklung,

also von fundamentalen temporalen Diskontinuitäten. Nichts widerspricht symbolisch dem Eindruck von »Normalität« so sehr wie eine radikale Unterbrechung des evolutiven Kontinuums. Da Evolution in strukturaler Sicht nichts anderes als die *Ent-Faltung* der Struktur im Sinne ihrer zyklischen (Variationen gleichwohl einschließenden) Reproduktion ist, wäre ein *Bruch* im Kontinuum der Zeit (also eine *Revolution* o.ä.) nichts anderes als ein ›Signal‹ für eine nicht integrierbare Diskontinuität (›Antagonismus‹) im entsprechenden Normalfeld. Synchronische und diachronische Diskontinuität sind also lediglich zwei Aspekte der gleichen strukturellen Lage. Konkret bezüglich des Normalismus heißt das, daß *normale Prognostik* der entscheidende Garant für normale Kontinuität der zeitlichen Evolution ist. Diskontinuitäten und *Brüche* auf der temporalen Ebene der Evolution funktionieren daher im Normalismus als ›Alarm-Signale‹ erster Ordnung. Verschiebungen und Spannungen innerhalb der synchronischen Kontinuität der Normalfelder lassen sich in der Regel überhaupt nur durch symptomatische *Abweichungen* realer Kurvenverläufe (in denen sich Evolutionsverläufe auf der ›Signalebene‹ abbilden) von erwarteten (prognostizierten) Normalverläufen erkennen. Solche Kurven-*Abweichungen* funktionieren als *Frühwarnsysteme* (*early warning systems*) auf den äußeren und inneren *Bildschirmen* der normalistischen ›Signalebene‹. Je stärker solche Abweichungen, um so größer die ›Signalisierung‹ eines drohenden *Bruchs*, einer drohenden Diskontinuität im (synchronischen) Normalfeld. Daraus folgt, daß nicht bloß *Revolutionen*, sondern auch *Notstandsschläge* (*crackdowns*) im Normalismus als ›Signale‹ fundamentaler Denormalisierung wirken müssen, weil sie die Kontinuität der Evolution zerreißen. Insbesondere würde jede Unterbrechung oder Aussetzung der kontinuierlichen Fortschreibung der Normalkurven an den Bildschirmen (TV und andere Medien) symbolisch als schärfste Diskontinuität und Denormalisierung wirken und Panik auslösen können[5]. Solche Brüche würden symbolisch als *Brüche* und *Risse* in der ›Signalebene‹ selbst, d.h. in der entscheidenden Materialisierung des Normalismus insgesamt, wirken: durch den *Bildschirm* selbst liefe ein *Riß*.

Im Marcuse-Kapitel wurde bereits die These exponiert, daß *Eindimensionalität* mehr sei als eine bloß kollektivsymbolische (metaphorische) und polemische Formel, daß dieser Begriff vielmehr wichtige Eigenschaften normalistischer Modelle in einem ganz operationalen Sinn kennzeichne. Wie in den vorhergehenden Abschnitten dieses Kapitels ausgeführt, folgt aus der normalistischen Homogenisierung und Kontinuierung spezieller

5 Darin liegt – nebenbei bemerkt – eine risikoträchtige Ambivalenz der an Wall Street nach dem Crash vom 17.10.1987 ergriffenen Normalisierungsmaßnahmen, insbesondere der automatischen Unterbrechung des Handels bei *plunges* von mehr als 100 Punkten Dow Jones Index: Solche Unterbrechungen sollen ›beruhigen‹ (ver-sichern), ›signalisieren‹ symbolisch aber immer auch *Risse* in der evolutiven Kontinuität des *growth*-Prozesses, können also ggf. Panik auslösen.

Sektoren die Etablierung einer ›Parallelebene‹ zur Ebene der jeweiligen Phänomen-Gesamtheit des Sektors. Während die Ebene der Phänomene heterogen, ›qualitativ‹, diskontinuierlich und (symbolisch) ›mehrdimensional‹ ist, zeichnet sich die normalistische Parallelebene durch Homogenität und Kontinuierlichkeit aus. Während die Ebene der Phänomene wie eine *Galaxis* vorzustellen wäre, gleicht die normalistische Parallelebene einer ebenen, also mathematisch *zweidimensionalen Projektionsfläche*. Diese *Flachheit* des normalistischen Kontinuums ist die direkte Vorbedingung für die Etablierung einer *eindimensionalen*, *bipolar* gespannten Orientierungsgeraden im Wortsinne.

Wie eine eindimensionale Orientierungsgerade konkret durch ein Normalfeld gelegt wird, ist immer die Konsequenz einer taktischen Operation und einer taktischen Entscheidung. Als Voraussetzungen benötigt diese taktische Operation eine binäre Polarisierung des Feldes in seiner ›vertikalen‹ Dimension, idealiter zwei virtuell ›unendliche Pole‹ in der Richtung eines »Kraft«- bzw. »Wert«-Maximums und eines entsprechenden Minimums mit einer ›Mittel‹-Zone nach Möglichkeit dichtester Streuung von Normaleinheiten ›dazwischen‹. Bestimmte diskontinuierliche semantische »Qualitäten« können in einen solchen ›Unendlichkeitspol‹ *ausgelagert* werden: z.B. »Genialität« in den positiv auslaufenden Ast der IQ-Kurve oder »Terror« in die beiden (*linken* und *rechten*) auslaufenden Äste des politischen Kontinuums. Die Gerade, die die beiden Pole verbindet, stellt die (›vertikale‹) Grunddimension des Normalfeldes her, das dadurch im mehrfachen (auch im wörtlichen) Sinne als *eindimensional* konstituiert ist. Bei psychologischen und soziologischen Messungen per Tests werden zwar stets viele *traits* gemessen, die allerdings in der »Faktorenanalyse«[6] mittels der Verkettung durch Korrelationen tendenziell auf möglichst wenige, idealiter eine »Dimension« (»Hauptkomponente«) reduziert werden. Ein Musterbeispiel liefert wieder der IQ, bei dem die verschiedenen *traits* auf die eine Dimension der sog. »general intelligence« (»Faktor g«) nach Spearman (s. Gould, 279) konzentriert werden. Wie meistens ist die Konstruktion des eindimensionalen Dispositivs zirkelschlüssig: *traits* mit hohen Korrelationen werden bevorzugt, solche mit niedrigen *ausgeklammert*.

Diese Grunddimension des Normalfeldes gibt dem Feld eine (ebenfalls eindimensionale) Orientierung und Richtung, die sich insbesondere in der

---

6 Eine sehr konzentrierte, sowohl systematische wie historische Darstellung der Faktorenanalyse und ihrer normalistischen Funktionen findet sich im Kapitel über Cyril Burt von Stephen J. Gould, *Der falsch vermessene Mensch*, dt. Basel u.a. 1983 (1981), 270ff. Die Abb. eines Korrelationen-Fächers von Vektoren um eine Hauptkomponente (273, 279) zeigt sehr suggestiv die Eindimensionalisierung in einer Fläche. S. auch das Beispiel einer lehrbuchartigen, exemplarischen Darstellung der Korrelationsmethode bei Jürgen Bortz, *Statistik für Sozialwissenschaftler*, 4. Aufl. Berlin, New York u.a. 1993 (1977), 187–217, sowie 223ff. (Varianzanalyse). Auf Bortz beziehe ich mich auch im folgenden als auf ein repräsentatives Lehrbuch.

temporalen Entwicklungsdynamik zeigt: Wachstum (*growth*) erfolgt gezielt *eindimensional* in Richtung des positiven Unendlichkeitspols. Auch die Konkurrenzen im Normalfeld werden (wie magnetisierte Eisenspäne) längs der Grunddimension ausgerichtet und wirken so als *Motor* und *Motivation* der permanenten dynamischen Normalisierung. Umgekehrt zieht jede etablierte Konkurrenz eine symbolisch deutliche *gerade Linie* (»Dimension«) zwischen minimalen und maximalen »Leistungen« durch ein Normalfeld. (IQs gibt es nur, weil es zuvor bereits die Vorstellung einer Leistungskonkurrenz in einem imaginären Feld der »Intelligenz« gab: s. Galton.)

Längs der Grunddimension des homogenisierten Normalfeldes aus vergleichbaren Normaleinheiten kann eine graduierte Skala und dann eine Maßeinheit (zunächst symbolische »Punkte«) errichtet werden. Damit ist die Stufe der »Quantifizierung« und des *Greifens* der mathematischen Statistik erreicht. Mit dem Dispositiv der Indikatoren und Tests kann die Quantifizierung auch auf völlig »qualitative« Gegenstände (wie »Intelligenz«, »Motivation«, »soziale Kohäsion« usw.) ausgedehnt werden. Auf jeder Stufe der Normalisierung sozialer Gegenstände (Homogenisierung, Kontinuierung, Eindimensionalisierung, Quantifizierung) müssen weite Bereiche *ausgeklammert* werden, so daß die Relation zwischen dem Normalfeld der ›Oberfläche‹ und dem Gegenstand der ›Tiefe‹ im Prinzip völlig unkontrollierbar wird. Dagegen ver-sichert der normalistische »Glaube« (Comte), demzufolge das Auftauchen gaußoider Kurven auf der ›Oberfläche‹ eben *signalisiere*, daß mittels der operationalen Feedbackstrategie ein sozialer Gegenstand in der ›Tiefe‹ der *black box* adäquat konstituiert worden sei[7]. Alle Kurven aller Normalfelder bilden dann insgesamt eine *Signalebene*, von der der Normalismus »glaubt«, daß sie zugleich auch effektive *Kontrollebene* sei.

7. Das Bündel normalistischer Kurven, die Gaußoidkurven und das Basis-Normalitäts-Dispositiv

Man könnte den Grundtyp von Normalitäts-Dispositiven seit geraumer Zeit mit der mathematisch-statistischen Erfassung eines sozialen Sektors und insbesondere mit der Etablierung eines mathematisch-statistischen Verteilungs-Modells für diesen Sektor (einschließlich Zeitdimension und Prognostik) identifizieren. Eine solche Identifikation wäre aber zu generell. Keineswegs muß mathematische Statistik als solche normalistisch sein. Sie wird erst dadurch normalistisch, daß sie sich (bewußt oder unbewußt) in

7 Exemplarisch für die Annäherung einer »Test-Batterie« an die Gaußkurve durch Ausscheidung unpassender Aufgaben das Modell von Brown/Stephenson 1933, dargestellt bei Gould, 335.

den Dienst eines spezifischen kulturellen ›Willens zur Normalität‹ (bzw. eines ›Willens zur Normalisierung‹) stellt. Das deutlichste Symptom dafür ist die absolute Dominanz der Gaußverteilung (der mathematischen »Normalverteilung«) bzw. ihrer binomialen Annäherungen in einem statistischen Modell (Dispositiv), das auf »qualitative« soziokulturelle Gegenstände angewandt wird. Eine rein deskriptive Statistik wäre in den meisten derartigen Fällen kaum normalismusträchtig. Auch der Vergleich einer empirischen Verteilung mit der Gaußverteilung muß als solcher noch nicht im Dienst normalistischer Um-Verteilungstaktiken stehen. Soweit ein solcher Vergleich erlaubt, ›verborgene Kausalität‹ in einem Objektbereich aufzudekken, kann man von einem ›objektiven‹ Verfahren bester naturwissenschaftlicher Provenienz sprechen. Nichts liegt den Überlegungen dieser Studie also ferner, als die von Mathematikern und Physikern zu Recht betonte außergewöhnlich große operative Potenz des Probabilismus und insbesondere der Gaußkurve zu bezweifeln. Ebenso wenig zu bezweifeln ist allerdings, daß es einen zweiten Typ von Vergleich empirisch generierter Verteilungen mit der Gaußverteilung gibt, welcher symptomatisch einen ›Willen‹ zur Intervention, d.h. zur Um-Verteilung verrät, der mit reiner Deskription und Kausalitätserforschung sehr viel weniger zu tun hat. Das gilt um so mehr für alle Überlegungen, die darauf zielen, ein Verdatungsmodell »qualitativer« soziokultureller Objekte gerade so zu konstruieren, daß es möglichst annähernde Gaußkurven (Gaußoidkurven) liefert. Michel Tort hat plausibel gezeigt, daß z.B. in den Konstruktionsphasen der IQ-Tests gezielt gerade solche Fragen ausgesiebt werden, die das Resultat von gaußoiden Verteilungen stark entfernen, und umgekehrt (117ff.; vgl. auch Gould, 193f., 335f.).

Ein anderes Beispiel wäre die von Benoît Mandelbrot kritisierte von vornherein an der Gaußkurve orientierte Entwicklung mathematischer Modelle für Preis- und Aktienpreisbewegungen. Hier führe das Verfahren der Eliminierung von sog. statistischen »Außreißern« zu einer fundamentalen Fehldeutung des Datenmaterials. Statt der Normalverteilung sei dieses Material viel eher durch eine Cauchy-Verteilung zu nähern.[8] (Die Cauchy-Verteilung mit ihrer ›engen‹ Mittelzone und ihren ›breiten‹ seitlichen Ausläufern scheint übrigens auch auf protonormalistische Vorstellungen von ›enger‹ Normalität und ›breiter‹ Anormalität besser zu passen als selbst steile Gaußoid-Kurven.)

Dabei geht es also um *normalistische Taktiken* innerhalb der mathematischen Statistik. Diese Taktiken sind stets interdiskursiv »überdeterminiert«, z.B. *verlötet* mit symbolischen Vorstellungen über Normalität, etwa im

8 Benoît Mandelbrot/Richard Hudson, *The (Mis)Behavior of Markets,* New York 2004, bes. 33ff, 37ff.

Sinne sozialen Konsenses, sozialer Integration usw., und symbolischen Kurven-Konnotaten. Zu den ›starken‹ Effekten dieser Taktiken gehört gerade die (in diesem Kontext rein symbolische!) Konnotation von wissenschaftlicher Objektivität, die interdiskursiv mit mathematischer Formulierung als solcher verbunden ist. Wohlgemerkt ist meine Absicht auch bei diesen Feststellungen eine deskriptive: Normalisierung ist zunächst einmal weder eine schlechtere noch allerdings auch von vornherein ein bessere Strategie und Taktik als andere. Es handelt sich bei ihr aber um eine allgemein soziokulturelle (interdiskursive) Taktik mit u.a. mathematischen (daneben auch ganz anderen!) Hilfsdispositiven – und nicht um »mathematisierte soziale Physik« (Quételet).

Das in heutigen Statistik-Lehrbüchern für angewandte Sozialwissenschaften wie Psychologie und Soziologie kanonische Dispositiv ist ein Kombinat aus Wahrscheinlichkeitstheorie, Massenverdatung und ›orientierenden‹ (›signalisierenden‹, ›kontrollierenden‹) Ver-Sicherungsverfahren, an die wiederum aktiv intervenierende Normalisierungsverfahren angeschlossen werden. Die zu Beginn des 19. Jahrhunderts erfolgte *Verlötung* von mathematischer Wahrscheinlichkeitstheorie und Massenverdatung muß als diskursives Ereignis erster Ordnung[9] und conditio sine qua non nicht bloß für die Ermöglichung normalistischer Strategien, sondern für die von modernen wissenschaftlichen Strategien überhaupt begriffen werden. Einer ihrer wichtigsten Effekte besteht darin, das relative Gewicht von ›Kausalität‹ bei Massenprodukten mit generativ nicht bekannter Verursachung meßbar zu machen. Dadurch daß die Wahrscheinlichkeitstheorie Zufallsverteilungen exakt bestimmen kann, erlaubt die Abweichung einer empirischen Verteilung von Massenprodukten gegenüber ihrer rein zufällig zu erwartenden Verteilung Rückschlüsse auf ›latente Kausalität‹.

Die Differenz zwischen erwartbaren Zufallsverteilungen und empirisch festgestellten Verteilungen von Massenprodukten ermöglicht zwei grundsätzlich verschiedene strategische ›Richtungen‹ praktischer ›Orientierung‹: Zum einen könnte das Erkenntnisinteresse durchaus ›positiv‹ auf die empirischen Verteilungen in ihrer jeweiligen Eigenart und Kausalität gerichtet sein. Dabei wäre die dominante Funktion der Statistik heuristischen Typs. Abweichungen von der Gaußverteilung würden dabei als Symptome ›latenter Kausalität‹ gelesen, um daran die Erforschung generativer Mechanismen (z.B. mit experimentellen Methoden) anzuschließen (wie in Physik, Chemie, Biologie, Physiologie). Zum anderen kann sich ein Erkenntnisinteresse umgekehrt auf die Differenz zwischen Empirie und Normalverteilung im

9 Exemplarisch die zusammenfassende Darstellung von Quételets mathematischem Lehrer Pierre-Simon Laplace: *Théorie analytique des probabilités, Œuvres complètes* Bd. 7, Paris 1886 (zuerst 1812).

Sinne eines »Defizits« der Empirie gegenüber der Normalität richten – mit dem Hintergedanken »korrigierender« (normalisierender) Intervention. Dieses eigentliche normalistische Erkenntnisinteresse zielt gerade auf die weitestgehende *Ausklammerung* bzw. *Auslagerung* deutlich profilierter struktureller Kausalitäten – sein Ideal ist ein auch kausal homogenes Feld, in dem nur ›winzige Ursachen‹ wirken, die sich gegenseitig annulieren, da nur in einem solchen Feld die Verteilungen »normal« sind. Soweit die empirischen Kurven gegen die Gaußkurve als symbolisches Maximum von »Normalität« gelesen werden, wird das zu Grunde liegende Feld dadurch in ein Normalfeld nach der Art eines *Homöostaten* verwandelt: Die empirischen Verteilungskurven sind nun symbolisch als *Abweichungen* von der (als »Sollwert« konstituierten) »Normalverteilung« konnotiert und damit zugleich als veränderbar, dynamisch, annäherbar an die Gaußkurve. Symbolisch gelten sie nun als ›Signale‹ eines vom *Gleichgewichtszustand* der Homöostase mehr oder weniger *entfernten* Zustands (eines unbefriedigenden »Istzustandes«) – mit der impliziten Handlungsanweisung, diesen empirischen Zustand mittels einer *Um-Verteilung* bzw. eines seriellen Prozesses von Um-Verteilungen dem »Sollwert« des »normalen« (*Gleichgewicht*) anzunähern. Das gilt ebenfalls für Homöorhesen, also vor allem *Wachstums*-Prozesse. Hier gelten asymmetrisch in Richtung eines ›Fortschritts‹ *gesteilte* Kurven symbolisch als ›Sollwerte‹.

Bei der folgenden Analyse desjenigen ›Kerns‹ der mathematischen Statistik, der dem Normalismus sein operationales Basis-Dispositiv geliefert hat (Gaußkurve und mit der Gaußkurve verbundenes Kurven-Kombinat, wie es historisch bei Galton weitestgehend *kristallisiert* erscheint), handelt es sich um Diskurs- bzw. Interdiskursanalyse. Unter »mathematischer Statistik« verstehe ich dabei keine rein theoretische Gegebenheit, sondern gerade auch deren ›Anwendung‹ in Human- und Sozialwissenschaften, also die nicht bloß operationale, sondern stets gleichzeitig auch interdiskursive, subjekteffektive (symbolische) Mathematisierung normalistischer Dispositive.

Für den Normalismus liefert die mathematische Statistik zweierlei konstitutive Beiträge: die Mathematisierung der internen Struktur des Normalfeldes und die Mathematisierung der Evolutionsdynamik des normalistischen Kurven-Dispositivs.

Die Mathematisierung der internen Struktur des Normalfeldes geschieht mittels der für alle einschlägigen ›Hilfswissenschaften‹ und entsprechenden Lehrbücher kanonischen »statistischen Kennwerte« (z.B. Bortz[10], 36ff.), die

10 Eine andere exemplarische Darstellung findet sich in mehreren Beiträgen, darunter des Hg.s, bei Gerhard Strube (Hg.), *Binet und die Folgen.* Testverfahren – Differentielle Psychologie – Persönlichkeitsforschung (*Kindlers Psychologie des 20. Jhs.*, Bd. 5), Zürich 1977.

sich wiederum in die zwei Teilbereiche der »Maße der zentralen Tendenz« (Bortz, 36ff.) und der »Dispersionsmaße« (Bortz, 40ff.; Maße für Strukturen von Streuungen) untergliedern. Diese Kategorien setzen ein bipolarisiertes Normalfeld mit »zentraler Tendenz«, also maximalen Häufigkeiten ›zwischen zwei entgegengesetzten Polen niedriger Häufigkeit‹ stets schon voraus. Die drei wichtigsten »Maße der zentralen Tendenz« sind Modalwert (Maximum der Häufigkeit), Medianwert (Mitte der Streuung) und Arithmetisches Mittel (Durchschnitt im Sinne des Quotienten zwischen Werte-Summe und Werte-Anzahl). Stimmen diese drei ›Mittelwerte‹ überein, so ist die Verteilungskurve symmetrisch (z.B. Gaußkurve), weichen sie voneinander ab, so ist sie »rechtssteil« oder »linkssteil« (Abb. Bortz, 39). Die Kurven in der Abb. haben nur einen Modalwert, d.h. nur einen *Gipfel* oder *Buckel.* In der Praxis gibt es häufig zwei- oder mehrgipflige Verteilungen, die aber, falls sich die mehreren Modalwerte nur suggestiv in einer einzigen übergreifenden »zentralen Tendenz« zwischen zwei polar annähernd monoton fallenden Kurvenästen plazieren lassen, prinzipiell normalismus-kompatibel sind. (Ich spreche deshalb in der vorliegenden Untersuchung von »symbolischen Gaußoid«-Kurven.) Durch rein mathematische »Ausgleichungs«-Verfahren (Abb. nach Bortz, 32) lassen sich »Gaußoide« schrittweise transformieren und einer Normalverteilung mehr oder weniger annähern. Darüber entscheidet letztlich einzig und allein ein entsprechender ›Normalisierungswille‹. Folgende Abb. (Bortz, 39) suggeriert deutlich die stets vorwaltende dynamische, transformationsbereite, interventionswillige ›Perspektive‹ aller mathematischen Statistik: Das pure Nebeneinander von symmetrischen, links- oder rechtssteilen Verteilungskurven suggeriert bereits einen kleinen ›Film‹ (computersimulierbar), in dem eine extrem rechtssteile Kurve sich kontinuierlich (›wie ein Geist‹) nach links neigt. Solche suggestiven ›Filme‹ wären ja nur die Illustration entsprechender ›Durchläufe‹ von Werten durch die zugrunde liegenden mathematischen Funktionen. Die mathematische Statistik liefert also das operationale Instrumentarium für normalistische eindimensionale Ein-Stellungs- und Um-Verteilungs-Taktiken aller Art. Es ist wahrhaftig kein Zufall, daß der theore-

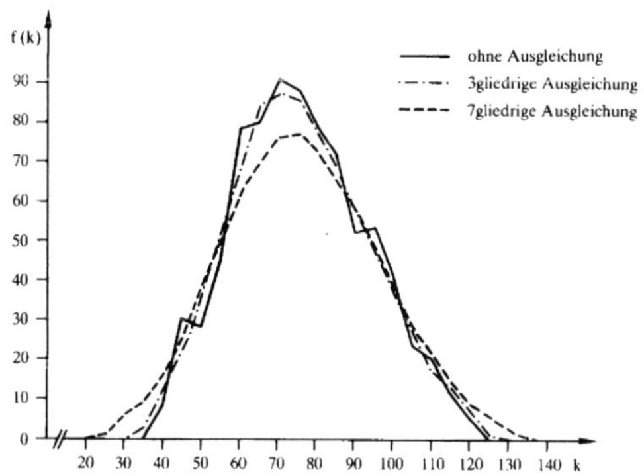

tische Vater des ökonomischen und sozialen Um-Verteilungs-Staats, John Maynard Keynes, von der mathematischen Statistik ausging und sozusagen als einer der ›Söhne Galtons‹ betrachtet werden muß.

Noch deutlicher erweist sich dieser Zusammenhang bei einer (Inter-)Diskursanalyse der Dispersionsmaße. Die wichtigsten Dispersionsmaße (Bortz, 40ff.) sind »Variationsbreite« (»range«, d.h. die Erstreckung zwischen den zwei extremen Werten des polarisierten Feldes), »Avarage-Deviation-Streuung« (d.h. der Durchschnitt der »Abweichungen« aller Werte vom Arithmetischen Mittel), »Varianz« (Durchschnitt der quadrierten Abweichungen vom Arithmetischen Mittel) und »Standardabweichung« (oder »Streuung«; d.h. Wurzel aus der Varianz). Wenn Galton die Gaußkurve als den »Gott« der Modernität (bzw. eher wohl des Normalismus) proklamierte, so hätte er eigentlich die Standardabweichung als den Heiligen Geist in diesem Gott identifizieren müssen. Diese Qualität der Standardabweichung liegt darin, daß sie ein rein mathematisches Verfahren für die Etablierung von Normalitätsgrenzen zu liefern scheint. Wie sich in der vorliegenden Abhandlung bisher gezeigt hat, kann es per definitionem keine ›qualitativen‹ Kriterien für Normalitätsgrenzen geben, die vielmehr stets ›dezisionistisch‹ auf einem Kontinuum allererst zu etablieren sind. Solche Normalitätsgrenzen brauchen also (über ein reines Abstimmungsverfahren subjektiver Schätzungen hinaus) stets semantische (insbesondere symbolische) ›Stützen‹. Nun vermag aber ein mathematisches Verfahren eben jenes symbolische Kriterium zu liefern, das gleichzeitig symbolisch als ›rein objektiv‹, also höchst paradoxerweise symbolisch als ›nicht-symbolisch‹ institutionalisiert ist.

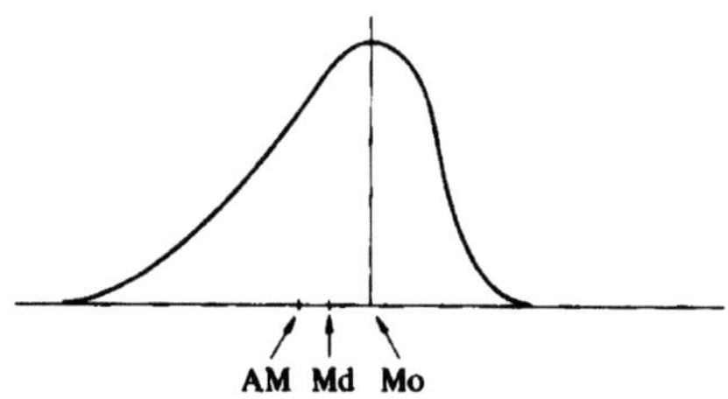

a rechtssteile Verteilung

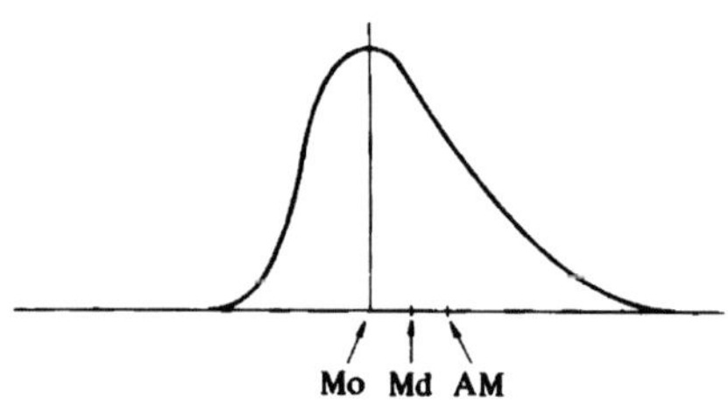

b linkssteile Verteilung

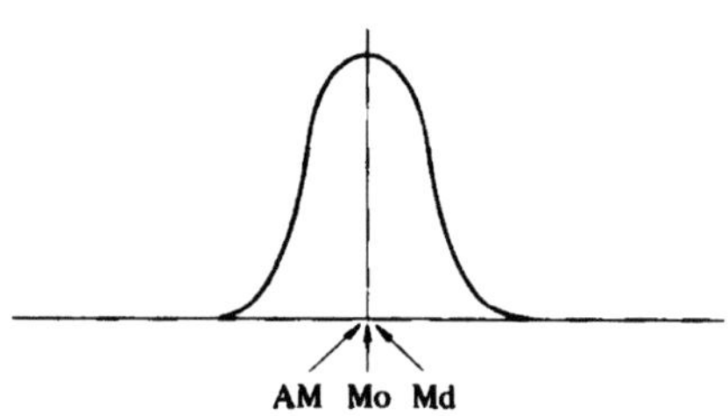

c symmetrische Verteilung

Für Normalverteilungen gilt, daß zwischen den Werten x + s und x – s ca. 2/3 aller Fälle (genau 68,26%) liegen. Erweitern wir den Bereich auf x ± 2s, befinden sich in diesem Bereich ca. 95% (genau 95,44%) aller Fälle. (Bortz, 42).

Bortz illustriert diese Sätze sofort anschließend mit einem konkreten IQ-Beispiel. In diesem Kontext fällt bei ihm nicht die Kategorie des Anormalen: sie ist aber automatisch konnotativ präsent. Und zwar konnotiert diese definitorische Äußerung symbolisch, daß die ›volle Normalität‹ an den Punkten x ± s erstmals deutlich abnimmt und also bei je einem Sechstel einer Population *rechts* und *links* irgendwie gemindert sein könnte – und daß sie an den Punkten x ± 2s tendenziell endet, daß also die je ›extremen‹ 2,5% einer Population als ›anormal‹ gelten müssen. Die letzte Voraussetzung wird zusätzlich durch die enorm wichtige symbolische Eigenschaft ›gestützt‹, daß die Glockenkurve an den Punkten x ± 2s ihre *Talsohlen* besitzt (man denke an die symbolische Bedeutung aller *Wenden* und *Talsohlen*: die *Wenden* selbst liegen bei x ± s, weshalb Protonormalisten dazu tendieren, die Normalität bereits hier enden zu lassen). (»Rein mathematisch« hat die *Wendung* der Kurve mit Normalität selbstverständlich absolut nichts zu tun; dennoch ist es kein Zufall, daß IQ-Modelle, soweit sie irgendwelche »Minderwertigkeiten«, etwa von »Rassen«, statuieren, stets mit der Distanz von einer oder zwei Standardabweichungen argumentieren, was sich aus der interdiskursiv-symbolischen »Grenz«-Konnotation von s ergibt: so jüngst noch wieder Herrnstein/Murray in *The Bell Curve*.)

Wie alle anderen normalistischen Dispositive kann auch das ›Kern‹-Dispositiv der mathematischen Statistik mehr im Sinne einer protonormalistischen oder mehr im Sinne einer flexibel-normalistischen Strategie gehandhabt werden. Protonormalistisch ist der »Wille« zur maximalen »Ausgleichung« aller Gaußoidkurven zu Gaußkurven und gleichzeitig zur maximalen Implementierung von Gaußoid- und Gaußkurven, und sei es nur als Kontrollkurven für andere Kurven, ferner dann zur maximalen Annäherung solcher Gaußkurven an *schmalgipflige* Verläufe. (U.U. wäre hier nach Mandelbrot sogar eher eine Cauchy-Verteilung mit ihrem spitzen Gipfel und ihrer breiten unteren Basis als geheimes Modell des Protonormalismus zu vermuten.)

Überall, wo in einem homogenisierten Feld eine Population von Massen-Atomen ›wimmelt‹, kann der normalistische Blick eine Zone größter Massierung und eine Hauptachse der Verteilung suchen. Auch wo diese Streuung zunächst weder als Resultat eines stochastischen Prozesses aufzufassen noch tatsächlich der gaußschen Normalverteilung ähnlich ist, können Normalisierungsstrategien auf die entsprechende Streuung angesetzt werden: Die Zone größter Massierung wird dadurch als ›Mittelzone‹ diskursiviert, und eine Hauptachse wird durch diese Mittelzone in Richtung zweier ent-

gegengesetzter Zonen geringerer Dichte gelegt. Längs dieser Achse wird dadurch Vergleichbarkeit konstituiert, so daß z.B. auch Konkurrenzen greifen können. Dadurch wiederum wird die Achse zur ›Linie‹ konsolidiert. Handelt es sich typischerweise um ein dynamisches Feld, so stellt sich die ›Mittelzone‹ als Zone ›durchschnittlichen Wachstums‹ innerhalb einer Konkurrenz dar, die nun als ›durchschnittliche Leistung‹ wirkt.

Das Galtonsieb ist also keineswegs bloß eine didaktische Veranschaulichung: Es impliziert bzw. konnotiert ein strategisches Simulationsmodell für Interventionsrichtungen, ja die Materialisierung eines bestimmten Interventions-›Willens‹, der mit Fug und Recht der »normalistische« Interventions-›Wille‹ genannt werden kann.

Obwohl prinzipiell jede Herstellung eines Normalfeldes das Ergebnis eines ›subjektiven‹ Interventions-›Willens‹ darstellt, lassen sich deutlich verschiedene Anteile solcher ›Subjektivität‹ erkennen: Zweifellos sind Populationen wie Körpergrößen, Ernteerträge, Gewinne oder natürlich physiologische bzw. biologische Parameter in ganz anderer Weise ›objektiv‹ als etwa die ›psychische‹ Verteilung *männlich/weiblich* in einem Individuum, Grade politischer Einstellung nach *links/rechts* oder IQs. Der Unterschied liegt nicht nur in direkter oder indirekter Meßbarkeit, sondern darin, daß bei den zuletzt genannten Normalfeldern sowohl der Gegenstand selbst wie seine (indirekte) Messung »am Phantasma« zu situieren ist. Bei der Konstituierung solcher Normalfelder greift der Normalismus also auf interdiskursive Analogien zurück, um sie zu plausibilisieren. Über solche interdiskursive Analogien ›leihen‹ sich prekäre psychologische und soziologische Normalitätsmodelle die Effektivität physikalischer und biologischer Modelle ›aus‹: ver-sichernde Subjekteffekte erscheinen als ›Objektivitäten‹ und schaffen diese dadurch allererst in Gestalt je neuer Inkarnationen der allgemeinen Normalität.

Die gerade auch subjektive Wirkungsstärke normalisierter Felder mit annähernder Gaußverteilung ergibt sich nicht zuletzt aus der Anschließbarkeit an alle traditionalen Vorstellungen von »Maß und Mitte« (Kung Fu-tse), »Mesótes« (Aristoteles), »Gleichgewicht« und »Richter«. Daß die ›Mitte zwischen zwei Extremen Recht hat‹, scheint unmittelbar evident. Dem entspricht die Disposition eines Gerichts (Richter zwischen den zwei Parteien), was eine Anschließbarkeit selbst des juristischen Diskurses an normalistische Dispositive (vgl. Ewald) imaginär vorbereitet.

Wie bereits angedeutet, dient die Normalverteilung vor allem als Kontrollinstrument: primär und direkt gegenüber einer empirischen Verteilung, sekundär und indirekt gegenüber anderen primären Verlaufskurven wie etwa *growth*-Kurven.

8. Normalisierendes Floating

Den Begriff »Floating« als interdiskursive Kategorie hat Jean Baudrillard eingeführt. Die Basis der Vorstellung stammt aus der Währungspolitik, wo das System fester Wechselkurse zwischen den großen internationalen Währungen durch mehr oder weniger frei auf dem Markt bestimmte Relationen ersetzt wurde. Noch typischer war vielleicht seinerzeit das System der sogenannten *Europäischen Währungs-Schlange*, d.h. ein Verfahren nicht völlig, sondern beschränkt freien Spiels zwischen einem *Plafond* oben und einem *Plancher* unten. Die *Währungsschlange* steht für flexibel-normalistische Dispositive, die die Adjustierung relativ ›spontan‹ evoluierender Kurven erlauben sollen. Zu diesem Dispositiv gehören nicht nur die regulierenden Notenbankinterventionen im Markt, sondern ggf. sogar die Möglichkeit, die *Bandbreite* zu erweitern oder zu verringern. So wurden am 1.8.1993 die *Bandbreiten* von 5% auf 30% enorm erweitert. Diese radikal neue Ein-Stellung wurde von manchen Beobachtern für äquivalent mit der Abschaffung des ganzen Systems gehalten. In Wirklichkeit dürfte es sich tatsächlich um ein legitimes Mittel flexibler Normalisierung handeln: Faßt man die Werte in gleichen Zeitabständen (etwa an jedem Tag) als Normaleinheiten eines zeitlich evoluierenden Prozesses auf, so läßt sich daraus für einen größeren Zeitraum eine Verteilungskurve als Kontrollkurve gewinnen. Normal wäre eine Verteilung, bei der der Wert einer Währung in der überwiegenden Mehrheit der Zeitpunkte in der Mittelzone und in einer Minderheit von Zeitpunkten am ›oberen‹ oder ›unteren‹ *Rand* des *Tunnels* läge. Aus einer solchen Gaußoidverteilung ließe sich schließen, daß der *Tunnel* ›richtig läge‹. Ergibt die Verteilung dagegen das Resultat, daß der Wert in der Mehrzahl der Zeitpunkte am *unteren Rand* liegt, so muß das nicht schon auf ernste Denormalisierung hindeuten, sondern kann einfach heißen, daß der *Tunnel* ›zu hoch‹ angesetzt ist. Die radikale Erweiterung dieses *Tunnels* erlaubt es dann, eine bessere *Mitte* zu erkennen, so daß später u.U. der *Tunnel* wieder verengt werden kann. (Ähnliche Normalisierungsprobleme ergaben sich nach dem Jahre 2000 mit dem im Maastrichter Vertrag festgelegten Grenzwert von höchstens 3% des BSP für die Staatsverschuldung. Auch hier wurden flexibilisierende Modifikationen beschlossen.)

Generell geht es also bei solchen Verfahren, für die Baudrillard symbolische Begriffe wie *Floating* und »Simulation« verwendet, um flexibel-normalistische Dispositive, die auf der Basis einer dynamisch eingesetzten mathematischen Statistik das Management dynamischer Kurven ermögli-

chen sollen. Die technischen Möglichkeiten dieses Dispositivs sind durch die Computer-Simulation außerordentlich gesteigert worden.

Die konkrete Struktur eines Floating-Prozesses ist durch die Größe der Amplitude, die Anzahl von Ausschlägen in entgegengesetzter Richtung und das Zeit-*Window* einer Schwankung gekennzeichnet: Je größer die Amplitude und je kürzer das *Window*, um so weniger »normal« erscheint eine Schwankung. Es leuchtet ein, daß der Steigungswinkel einer Kurve eine direkte Funktion der Zeit ist: Durch Verkürzung der Zeit steigt der Winkel einer Kurve zwischen zwei Werten, durch Verlängerung sinkt er. Häufig ist daher die normalistisch entscheidende Frage, wieviel Zeit für eine gewünschte Kurvenbiegung zur Verfügung steht. Interdiskursiv werden solche Biegungen (Normalisierungen) als *Umsteuern* bzw. *Wenden* beredet. *Sanfte Wenden* ersetzen im Normalismus brüske traditionale »Bekehrungen« und »Verwandlungen«, aber auch moderne Revolutionen. Ein brüsker und starker Kurvenausschlag in einer Richtung ist daher zunächst uneindeutig: Es kann sich immer auch um einen Bruch, also um eine Denormalisierung handeln. Typisch wären die extremen Kurvenausschläge in den ehemaligen Ostblockländern nach den dortigen *Wenden*. Um diese Ausschläge als Beginn von normalisierenden Floatingprozessen lesbar zu machen, müßten auf extreme negative Ausschläge extreme positive folgen, mit Übergang zu Schwankungen mit geringerer Amplitude und zunehmenden Zeitphasen. In jedem Fall stellt die Inkaufnahme derartig großer Ausschläge bereits einen Grenzfall normalistischen Floatings dar, der symbolisch zunächst durch die Formel vom »Systemwechsel« und der »Erblast sozialistischer Mißwirtschaft« aufgefangen werden konnte – allerdings wohl nur auf begrenzte Zeit. Sollte sich in absehbarer Zeit keine typische Floating-Kurve ergeben, würde die symbolische Lektüre des Kurvenverlaufs auf Denormalisierung umschlagen. Man kann das verallgemeinern: Eine Langzeitkurve verläuft normal, wenn die Anzahl größerer Ausschläge gegenüber den kleineren nach einem gaußoiden Verhältnis abnimmt.

9. Normalismus und Prognostik

Bereits im fünften Abschnitt dieses Kapitels (über die Kontinuierung der Diskontinuitäten) wurde die nun zu entwickelnde These gestreift, nach der die Prognostik der wichtigste Garant der zeitlichen, evolutiven Kontinuität des Normalismus sei. Insofern die evolutive (diachronische) Kontinuität von Normalitäten bloß die *Ent-Faltung* der (synchronischen) Kontinuität eines integralen Normalfeldes ist, insoweit entspricht dem Management der integralen *Eindimensionalität* des Feldes ein paralleles Management der

ununterbrochenen, kontinuierlich *unilinearen*, normalen Evolution. Diese normale evolutive Kontinuität setzt vor allem eine Kontinuierung der Brüche zwischen den Ekstasen der Zeit (Vergangenheit, Gegenwart, Zukunft) voraus, wobei der eigentlich problematische Bruch zwischen Gegenwart und Zukunft liegt. Die von diesem Bruch implizierte Gefahr von Diskontinuität wird im Normalismus mittels der Prognostik kontinuiert. In den prognostischen Kurven auf unseren äußeren und inneren Bildschirmen können wir uns von der Kontinuität normaler Evolution auch in der Zukunft überzeugen: die *Linie* wird nicht unterbrochen, sie *wächst* kontinuierlich in die kommenden Jahre hinein, und ihr empirisches Ende im Einzelfall ist stets nur technisch zu verstehen, niemals als Bruch und Diskontinuität.

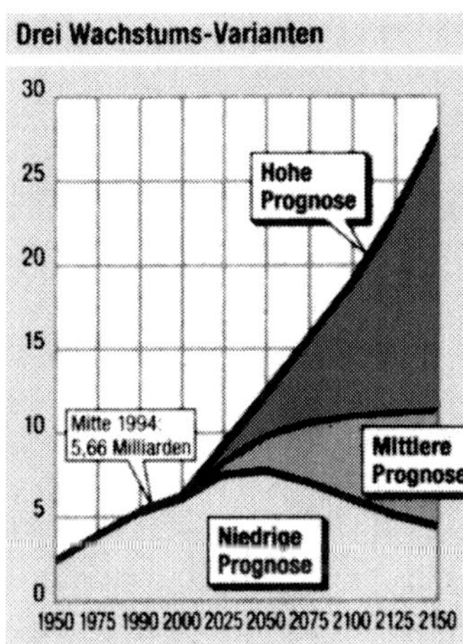

Konkret entwirft die normalistische Prognostik nicht eine einzige *Linie*, sondern macht sich das Gaußsche Dispositiv zunutze, indem sie stets mehrere Prognosen organisiert, die idealiter im ›Querschnitt‹ gaußverteilt sind: Zwei *extreme* prognostische *Linien* (prognostische *Grenzwerte*) markieren die wahrscheinlich ›äußersten‹ noch denkbaren (*oberen* und *unteren*) Verläufe (mit geringster Wahrscheinlichkeit), während *dazwischen* eine *Linie mittlerer Erwartung*, die der größten Wahrscheinlichkeit entsprechen soll, etabliert wird. Idealiter entspricht diese *mittlere Erwartung* genau der *Erwartung der Mehrheit* (u.U. der Mehrheit der Experten). So werden vor allem ökonomische (besonders auch spekulative für die Börse) und ökologische Prognosen fabriziert (Abb.). Symbolisch funktionieren die normalistischen Prognosen wie *Korridore* (eine vielbenutzte Metapher) oder noch besser wie in ihrer Längsdimension kurvenartige, im Durchschnitt mehr oder weniger weiträumige *Schläuche*, die sich zu den tatsächlichen Kurvenverläufen wie *Mäntel* verhalten sollen. Dieses Verhältnis konnotiert symbolisch vor allem Ver-Sicherung des Zukunftsrisikos. Dabei ist mit dem *Durchmesser des prognostischen Schlauches* offensichtlich ein wichtiger Parameter für den Grad solcher Ver-Sicherung gegeben: Je größer der Durchmesser, um so unschärfer die Prognose – je kleiner, um so unwahrscheinlicher ihre annähernde Korrektheit. Auch hier geht es also wieder um den Kalkül der wahrscheinlichen *Mitte*. In der Praxis gibt es Phasen, in de-

nen die Expertenprognosen eher konvergieren (wodurch der Durchmesser der *Schläuche* abnimmt), und andere, in denen sie stärker divergieren (was zu breiteren *Korridoren* führt).

Wenn Normalismus die strukturelle Antwort auf moderne *exponentielle* Dynamiken darstellt und seine Operationalität eben in der periodisch wiederholten ›Zurückbiegung‹ der Exponentialkurven zu gelängten S-Kurven liegt, dann gehört eine möglichst präzise Prognostik zu seinen fundamentalen Prämissen. Einen exemplarischen Fall liefert die Konjunkturprognostik: Zum einen handelt es sich um die Voraussage langfristiger Änderungen von durchschnittlichen Wachstumsraten (Steigen oder Sinken), zum anderen um die möglichst präzise Prognose der typischen Phasen von Makrozyklen (exponentieller Aufschwung, ›Mittelphase‹ durchschnittlichen Wachstums, Phase der *Abflachung* bzw. Stagnation). Von diesen Prognosen hängen die Möglichkeiten normalisierender Intervention zum großen Teil ab (d.h. z.B. die ›antizyklische Politik‹ nach Keynes).

Die prognostischen Kurven bilden einen eminent wichtigen Bestandteil jener fundamentalen Struktur, die ich als normalistische ›Signalebene‹ (= ›Orientierungs- und Kontrollebene‹) zu bezeichnen vorgeschlagen habe. Wegen der unverzichtbaren Kontinuierung der Transition Gegenwart/Zukunft gehören zu vielen normalistischen Kurven prognostische Sektoren. Die *Abweichungen* zwischen den prognostizierten Sektoren der *Linien* und ihrem schrittweise sich ›abzeichnenden‹ realen Verlauf werden auf diese Weise zu den womöglich absolut dominanten »Signalen« des Normalismus. Eben auf diese Ausschnitte aus der ›Signalebene‹ konzentrieren die modernsten Medien mehr und mehr den Focus der Aufmerksamkeit.

10. Selbst-Normalisierung der Subjekte, normalistische Subjektivität

Eine »offene Gesellschaft«, die auf prinzipiell unbegrenzter (offener) Dynamik gründet, steht vor dem anthropologischen Problem, ihren Subjekten genügend ›innere Ruhe‹ zu liefern, um sie vor proliferierenden Panikreaktionen zu bewahren. Daher das alles überwältigende Bedürfnis nach »Sicherheit« und »Ver-Sicherung« in diesem Gesellschaftstyp. Arnold Gehlen hat diese Lage in die Epoche der Humangenese zurückprojiziert und direkt mit der Lockerung der Instinkte identifiziert: Das sprachbegabte Hirnsäugetier habe sich ohne Instinkte in einer chronischen Panik-Situation befunden und daher notgedrungen Riten und Institutionen zwecks Rück-Versicherung ›erfinden müssen‹. Durch diese spekulative Rückprojektion verschwindet der qualitative Unterschied zwischen archaischen und vormodernen Kulturen auf der einen und der Moderne auf der anderen Seite. Die archaischen

und in vieler Hinsicht noch die meisten vormodernen Subjekte ›glauben‹ mit Selbstverständlichkeit an die Rituale und Institutionen, weil sie sich sprachlich der Isomorphie zwischen deren Strukturen und denen manifester Naturzyklen vergewissern können. Das ist gegenüber der modernen Dynamik prinzipiell nicht mehr möglich. Der Normalismus muß also gänzlich artifiziell eine allumfassende, ›flächendeckende‹ Ersatz-»Natur« konstituieren, um normalistischen ›Riten, Mythen und Institutionen‹ überhaupt eine Basis für ›semantische Anschlüsse‹ zu schaffen.

Wenn also basale anthropologische Lebensrhythmen unter modernen Verhältnissen auf Normalität verwiesen sind, dann kann die Grund-Angst der Moderne keine andere als die sein, nicht normal zu sein (bzw. zu werden). Diese Angst prozessiert sich konkret in Form von entsprechenden imaginären Territorialisierungen am Phantasma: Bei den verschiedensten Vorgängen, Interaktionen, Ereignissen und Prozessen in den verschiedensten kulturellen Sektoren entwerfen die beteiligten Subjekte imaginäre Normalitätsachsen bzw. Normalitätsflächen mit Mittellinien, Toleranzzonen, Normalitätsgrenzen und Zonen der Anormalität, kurz normalistische symbolische *Landschaften*. Sie situieren sich selbst und andere Subjekte ständig in solchen *Landschaften*, vergleichen die eigene Position imaginär mit der anderer Subjekte und bestimmen *Distanzen*. Deshalb ist das eigentliche »Thema Nummer eins« aller Alltagsgespräche im Normalismus die Frage, ob das, was X und Y gemacht haben bzw. machen, noch normal ist, ggf. gefolgt von impliziten oder expliziten *Distanzierungen*. Die aus der Politik bekannten rituellen Erklärungen vom Typ »ich (wir) distanziere(n) uns aufs schärfste von X, Y« sind nur besonders drastische Beispiele für ein ununterbrochenes Distanzierungsspiel im Alltag: Die beiläufige Bemerkung »ich könnte nicht wie X mit einem Schwarzen schlafen« weist X eine ›anormale‹ Position zu, distanziert sich von ihr in Richtung einer imaginären *Mitte* und mobilisiert durch diese Distanzierung gleichzeitig eine ›kinetische Energie‹ in Richtung *Mitte* und Normalität.

Aus dieser Orientierung an der *Mitte* folgt eine für den Normalismus konstitutive Aporie bezüglich der As-Sociation: Da die normalistische *Mitte* statistisch bestimmt ist, bleibt die Normalmonade, das Individuum als soziales *Atom*, in seinem Subjektkern stochastischen und fluktuierenden Massenzuständen verpflichtet. Wie soll der *Fahrer* seiner *(nicht) normalen Fahrt* sein Subjekt-Vehikel *steuern*, damit individuelle und soziale Homöostase (gaußoide Verteilung) gleichzeitig zustande kommen bzw. gewahrt bleiben? (Vgl. Teil VIII.)

Protonormalistisch ist dabei die ›zwangsneurotische‹ Orientierung an starren und fixen Normen. Solche Fixierung läßt sich in vielen Fällen nicht durchhalten und wird dann zur »Fassaden-Normalität«, d.h. zum »Doppelleben«. Demgegenüber ›checkt‹ das flexibel-normalistische Subjekt gerade

auch Grenzzonen von Normalität ›durch‹, um herauszubekommen, wo ggf. Normalitätsgrenzen in Bewegung sind und dadurch größere ›Freiräume‹ eröffnen. Es »gesteht« solche Explorationen zudem »offen« (*Coming-out* und *Outing*). So ist nach dem Zweiten Weltkrieg die Normalität sexueller Variation (Auswahl der Partner und Praktiken) auch für *mittlere* Populationen erweitert worden. Es ergibt sich allerdings zwingend aus der Logik von Normalisierung, daß solche Ausweitungen, da sie von ihrem Wesen her homogen, datengebunden und tendenziell quantitativ imaginiert und praktiziert werden, stets vor der Frage stehen, »wo die Grenze ist« bzw. ob »die Ausweitung nicht inzwischen zu weit gegangen ist und das Pendel nun auf eine neue Mitte zurückschwingen muß«.

Aus diesen Strukturen folgt für die Subjektivierung zunächst, daß an die Stelle qualitativer »Charaktere« eindimensionale »Charakter«-Kontinua nach Graden der jeweiligen Selbstzumutung von Risiko treten: Die Normal-»Charaktere« sind zwischen den Selbstzumutungs-Polen von Risiko Null und von maximalem Risiko gestreut. Diese Streuung ist zusätzlich noch mit Alters-Schwellen gekoppelt: In der Jugend ist eine höhere Risikobereitschaft normal; eine Risikobereitschaft Null könnte bei einem Jugendlichen bereits zur Anormalität tendieren. In den Altersklassen über dreißig schränkt sich die Normalität von hoher Risikobereitschaft auf Minderheiten in bestimmten Situationen (Manager, Playboys, Spezialpolizisten, Politiker, Künstler) ein. Die typischen »Charaktere« der normalistischen Massenkultur sind entweder solche Minderheiten mit hoher funktional erhöhter Risikobereitschaft oder aber eben Anormale (Kriminelle, Neurotiker). Dabei ist der Übergang nach dem Prinzip von Broussais-Comte gleitend: Kriminelle sind z.B. *durchgedrehte* Manager usw. Die Massenkultur zieht dementsprechend einen imaginären magischen Kreis aus ambivalenten »Rand-Charakteren« um die Subjekte (d.h. die Normalitäts-Zone), in den diese Subjekte auf diese Weise gebannt werden. Man darf sich eine solche ›Bannung‹ allerdings nicht dominant nach dem Modell von »Repression« und »Manipulation«, etwa durch Dressur und Konditionierung mittels ständiger Wiederholung (»Gehirnwäsche«) vorstellen. Die »Rand-Charaktere« mit ihrer ambivalenten Kontinuität diesseits und jenseits der Normalitätsgrenze locken und warnen gleichzeitig. Es geht im flexiblen Normalismus gar nicht um die Konditionierung der Subjekte auf fix programmierte, reflexartige Reaktionen, sondern um die Installation eines flexiblen Dispositivs im Subjekt, das ihm imaginäre Datenvergleiche, Kurvenentwürfe und Durchschnittskalküle erlaubt. Es geht also sozusagen um die Installation eines ›inneren Cockpit-Dispositivs‹. Der ›Wille‹ zu *growth* und Tempo wird durch die Attraktion der Normalitätsgrenze mobilisiert. Dabei gilt es allerdings, ein *Durchdrehen* dieses Tempos in unkontrollierbare Proliferation (*Kettenreaktion*) zu vermeiden. So bindet die normalistische Kontinuierung

und Eindimensionalisierung der »Charaktere« die im Schatten der Denormalisierungsangst heimlich gedeihende Denormalisierungssehnsucht stets an normalistische Aporien: Die Überdehnung des Risikos führt eben nicht in Polyeurhythmie, sondern in Sucht, Kriminalität, Geisteskrankheit, Selbstmord und andere Anormalitäten.

Ferner ergibt sich aus dem Gesagten, daß alle Normal-Subjekte fundamental durch die ›Gravitation‹ des Durchschnitts bestimmt sind. Die Angst, unter Umständen in eine Zone von Anormalität geraten, anormal werden zu können, stößt von der Normalitätsgrenze nach innen hin ab, macht den Mittelwert also maximal attraktiv, weil in der Mitte die Distanz zu beiden Extremen maximal ist. Daraus folgt weiter, daß Flexibilität normalistischer Subjekte nicht in der dauernden ›Ansiedlung‹ des Subjekts am *Rande* bestehen wird (das schlösse ein zu hohes Risiko zur Anormalität ein), sondern in einer relativ großen ›Schwingungsbreite‹, die aber eben um den Durchschnitt schwingt und ihm dadurch verhaftet bleibt (z.B. sexuelle Variabilität als sporadische ›Ausritte‹ im Umkreis einer ›festen Beziehung‹ oder als ›serielle Monogamie‹ mit verschiedener ›Phaseneinstellung‹ usw.).

Wie im Schlußteil näher auszuführen ist, zeichnet sich die flexibel-normalistische Subjektivität insbesondere durch eine relativ hohe Bewegungs-Amplitude innerhalb des *normal range* einschließlich der Zonen der Normalitätsgrenzen aus. Die obere Normalitätsgrenze wirkt nun ambivalent: Sie lockt mit intensiven, nicht langweiligen Erfahrungen, schreckt aber dennoch auch wieder durch das Risiko der Sucht. Neben die Denormalisierungsangst tritt hier also eine Art Denormalisierungslust. Dabei muß aber die Ver-Sicherung in der Mittelzone gewahrt bleiben. Das kann z.B. durch eine Spaltung des Lebens in eine riskante Praxisart (z.B. Drogen oder SM-Sex) neben einer Mehrzahl normaler Praktiken (z.B. Beruf, Bildung) erfolgen. Dazu ist die relativ ›freie‹, auch kurzfristige und wiederholte, Bewegung zwischen Grenze und Durchschnitten Voraussetzung.

Auf den dynamischen Orientierungs-Rahmen der flexibel-normalistischen Subjektivität bezogen, stellt sich daher insgesamt das Subjektivierungsproblem als Innervation eines komplexen dynamischen Phantasmas von der Art des kybernetischen Systems eines High-Tech-Vehikels dar. Es geht darum, *Vehikel zu werden* und ›in der richtigen Richtung, mit dem richtigen Tempo‹ usw. zu leben. Die regulierende Angst vor Anormalität ist also imaginär die Angst vor einer ›Abweichung vom richtigen Kurs‹, vor Deviation (deviance) bzw. vor zu langsamem oder zu schnellem Tempo – vor zu langsamem, weil das Leben schlicht verfehlt zu werden droht (»Wer zu spät kommt, den bestraft das Leben«) – vor zu schnellem wegen der Unfallgefahr.

11. Das Paradox der Normalitätsgrenze

Der Streit über die Frage, ob es eine objektive »Belastungsgrenze« (bzw. »Toleranzschwelle«) für Einwanderung gibt bzw. darüber, bei wieviel Prozent sie ggf. anzusetzen sei, ist ein Musterfall für die paradoxe Wirklichkeit von Normalitätsgrenzen. Während ihre Realität zum einen gänzlich vom Diskurs gesetzt und damit virtuell ganz ›flüssig‹ zu sein scheint, besitzt sie auf der anderen Seite eine womöglich bis zur gewaltsamen Kollision gehende ›Härte‹. Normalitätsgrenzen sind dort wirklich, wo sie de facto »gelten« – und sie »gelten« dort, wo sie von der Mehrheit einer Population ›gesehen‹ werden. Dieses mehrheitliche ›Sehen‹ der Normalitätsgrenze (politologisch »Konsens« genannt) wird nicht zuletzt durch die normalistische Mentalität ermöglicht, die nach Durchschnitt und »Mitte« fragt und die an den Durchschnitt automatisch imaginär die Gaußsche Glocke mit ihren zwei ›Extremen‹ anschließt. Dabei setzt die normalistische Mentalität also zwei ›Grenzwerte‹ und einen gewissen ›Bereich normaler Abweichung‹ voraus.

Das große Paradox liegt dabei allerdings im Zusammenspiel von Kontinuitätspostulat und Toleranzgrenzenpostulat: Nach dem Kontinuitätspostulat gibt es keine qualitative Grenze – wo immer ein Grenzwert angesetzt ist, da markiert er lediglich einen prinzipiell verschiebbaren Punkt in einem Kontinuum. Mathematisch gibt es keine Grenze auf der Gaußkurve; mathematisch gilt lediglich, daß die Streuung von Einheiten spätestens im Unendlichen gleich null wird. Nach dem Toleranzgrenzenpostulat ist es aber ›evident‹, daß die jeweilige Normalität irgendwo ›enden‹ und die komplementäre Anormalität ›beginnen‹ *muß*, weil Normalität ohne komplementäre Anormalität schlechthin undenkbar wäre. Grenzen können also nur durch semantisch-symbolische Zusatz-Marken (Stigmata) zur Gaußkurve etabliert werden, die mit Mathematik schlechthin nichts zu tun haben. Evident ist das bei symbolischen Zahlen, die überhaupt nur im Dezimalsystem als solche funktionieren, wie etwa bei *Schmerzgrenzen* von ausgerechnet 10.000 Drogentoten, 100.000 Flüchtlingen, 10% Einwanderern usw. Prinzipiell funktioniert allerdings auch die Standardabweichung genauso symbolisch.

Wenn Normalisten also etwa bei ein oder zwei Standardabweichungen IQ »anormale Kinder« beginnen lassen, so stützt sich diese »Evidenz« rein zirkelschlüssig darauf, daß unter Bedingungen soziokultureller Hegemonie von Normalismus in der Tat die ›inneren‹ Zweidrittel oder Vierfünftel o.ä. eine solche Normalitätsgrenze als »evident« akzeptieren werden (weil sie selber dadurch als »normal« konstituiert sind). Es handelt sich also um ein

taktisch effizientes *divide et impera* (wobei als *imperator* kein Subjekt, sondern ein interdiskursives Dispositiv fungiert).

Dabei etabliert der Protonormalismus seine symbolischen *Stigmata*, so daß dem Kontinuum der Kurve stets zugleich ein Diskontinuum von Blökken, Typen, »Ethnien« usw. entspricht. Idealiter würden solche *Stigmata* durch eindeutige Korrelation zwischen ›Anormalitäten‹ und substantiellen *traits* geliefert: wenn z.B. alle entsprechend einem IQ-Test »anormalen« Kinder auch noch schwarz wären. Solche Grenzen sind zudem über die Biographie und die Heredität fix. Im Flexibilitäts-Normalismus ist die Normalitätsgrenze dagegen durch keine *harte* semantische und insbesondere symbolische Markierung als *Stigma*-Grenze fixiert. Sein Ideal ist die *frei durchgeschüttelte* Verteilung. Dieser Umstand darf aber gerade nicht mit Grenzenlosigkeit, nicht einmal mit wirklich »frei« flottierender Grenze verwechselt werden. Wiederum geht es um eine strategische *Richtung* und ein taktisches Operieren: Absolut kategorisch – dabei besteht kein Unterschied zum Protonormalismus – ist zunächst der Imperativ, daß es eine Grenze geben *muß*. Daraus folgt, daß auch der Flexibilitäts-Normalismus lieber irgendeine als gar keine Grenze festsetzen wird. Im Unterschied zum Protonormalismus ist die flexible Grenze aber prinzipiell niemals definitiv, sondern wesenhaft provisorisch, für eine begrenzte (in der Regel mittelfristige) Zeitdauer gültig, wobei auch die implizite oder explizite Festlegung dieser Zeitdauer mit zur Bestimmung der Grenze gehört. Die ›anormalen‹ Individuen sind dabei idealiter nicht mit substantiellen *traits* korreliert: sie sind sozusagen bloß stochastisch in eine Position am Rande geraten, die sie isoliert und damit »auffällig« macht. Die strategische *Richtung* der flexiblen Grenzbestimmung richtet sich (umgekehrt wie bei der protonormalistischen Strategie) nach *außen* (vom durchschnittlichen Normalwert aus gesehen). Es geht also um größtmögliche *Expansion* des Normalitäts-Spektrums, um die Bestimmung des Punkts seines *Grenznutzens*. Dementsprechend unterliegt die flexibel-normalistische Expansionstaktik einem Imperativ der *Rückbindung* (Ver-Sicherung), und zwar an die Kontinuität des Normalfeldes und seiner die Expansion leitenden Dimension. Es ist wie bei der Spannung eines Gummibands, das nicht *reißen* darf: Die flexibel-normalistische Normalitätsgrenze wäre idealiter genau dort zu etablieren, wo sie *am weitesten außen* (vom Durchschnitt) *bei gleichzeitiger Wahrung der Kontinuität des Feldes* (also ohne *Reißen*) markiert werden könnte. Ein solches *Reißen* ist das unvermeidliche Risiko der flexibel-normalistischen Taktiken; es ist nicht immer zu vermeiden, und manchmal löst bereits das *Poröswerden* eines Normalfeldes im Grenzbereich den gleichen Panikeffekt (die Denormalisierungsangst) aus. Dann tendiert die aporetische siamesische Bifurkation der normalistischen Hauptstrategien zum Umschlag in den Protonormalismus: *Einziehen* (wie eine Schnecke ihre Fühler einzieht), *Festklopfen*, *Ver-*

dicken der Normalitätsgrenze zu einer neuerlichen *Stigma*-Grenze. Diese Tendenz zum Umkippen der Bifurkation muß also stets als integraler Bestandteil der flexiblen Grenzziehung mitbedacht werden: Sie stellt, bildlich vorgestellt, das stets mitgeführte *Sicherheitsseil* dar.

Diese Unauflöslichkeit der Bifurkation erweist sich vor allem auch darin, daß der Flexibilitäts-Normalismus am Punkte der ›absoluten Normalitätsgrenze‹ mit dem Protonormalismus wieder ineinsfällt. Gerade weil die flexible Strategie die Gaußkurve von stigmatisierenden Symbolen möglichst zu entlasten sucht, kann sie auf ein absolutes Stigmasymbol nicht verzichten: Wo die politischen *Ränder* sich *ausfransen*, beginnt irgendwo der *Terrorismus*. Da aber nach symbolischer Logik die *Distanz* zwischen der Normalität und dem gegen unendlich plazierten Signifikanten der absoluten Anormalität ebenfalls unendlich sein muß, rückt die Normalitätsgrenze am Ende wieder entsprechend nah zur *Mitte*.

12. Normalismus: Konturen eines Konzepts

Eine diskursive Strategie, und zumal eine den diskursiven und interdiskursiven Formationen strukturell inhärente und den Subjekten damit ›vorgegebene‹, läßt sich nicht im strikten Sinne ›definieren‹. Foucault liebt bekanntlich in solchen Fällen die eingrenzende Bestimmung durch explizite Negation irriger Auffassungen des Konzepts. Dementsprechend gälte es zunächst (entsprechend den sechs Ungleichungen der Einleitung) zu resümieren, was Normalismus *nicht* ist: kein biologisches, sondern ein rein soziokulturelles Phänomen; keine panchronisch-ahistorische Gegebenheit wie etwa »Alltäglichkeit«, sondern eine spezifisch moderne Erscheinung, die verdatete Gesellschaften als ihr »historisches Apriori« (Foucault) voraussetzt; auch kein langweiliges Regime ästhetischer Banalität im weitesten Sinne – allerdings auch kein ›flächendeckendes‹ Konkurrenz-Konzept zu »Moderne«, keine »Formation« von der Art »Industrialismus«, »Kapitalismus«, »Bürokratismus«, sondern ein spezifisches, partielles Diskurs- und Dispositiv-Netz (ein ›Archipel‹); kein anderer Name für technokratisch-kybernetische Regulierung mittels statistischer Dispositive (also kein anderer Name für Sozialtechnik) ganz allgemein, sondern eine selektiv-strategische Benutzung von Statistik zwecks Ver-Sicherung und Um-Verteilung des *Fortschritts*; im Gegensatz zu scheinbaren etymologischen Evidenzen ist Normalität schließlich und vor allem nicht gleich Normativität, von der sie sich seit dem 18. Jahrhundert abgezweigt hat. »Normalistische Normen« sind kein tautologischer Ausdruck, sondern meinen einen historisch neuartigen Typ von transethischen und auch »transnormativen« Normen, wie sie sich in

Gestalt der dynamischen Industrienormen am prägnantesten entwickelten und gleichzeitig auch andere soziale Gegenstände konstituierten.

Normalismus ist demnach ein ›unorganisches‹ Kombinat aus heterogenen Diskurskomplexen und Dispositiven, das ›spinnenartig‹ um eine Kern-Funktion und ein Kern-Dispositiv herum montiert ist. Die normalistische Kern-Funktion besteht in der ver-sichernden Regulierung der modernen *exponentiellen* (positiven und negativen) Wachstumstrends. Hier besteht also eine strukturelle Kopplung zwischen Normalismus und allgemeiner moderner Dynamik. Das Kern-Dispositiv ist die in den vorhergehenden Abschnitten dieses Kapitels erläuterte homöostatische Vorstellung auf der Basis von Homogenisierung, Kontinuierung und Eindimensionalisierung. Sozusagen im Kern des Kerns liegt die mathematisch-statistische Taktik der Normalisierung mittels des Modells der gaußschen (bzw. gaußoiden) Normalverteilung. Dabei handelt es sich (so weit es um spezifisch normalistischen Einsatz dieses Instruments geht) um einen ›Willen‹, um intervenierende Taktik und nicht etwa um objektive, rein deskriptive Wissenschaft. Das Galtonsche Sieb ist das Realsymbol dieses ›Willens‹ zur Normalisierung: Es modelliert scheinbar bloß die rein stochastische Generierung einer Gaußkurve mittels einer sanduhrartigen, ›fairen‹ Prozessierung homogener Massen-*Körner* – tatsächlich liefert es implizit ein durchaus aktivistisches Interventionsmodell für normalisierende Um-Verteilungen – von anthropometrischen Profilen und IQs über die Verfertigung schulischer Leistungsprofile und Streuungen von *mental health* bis hin zu *sozialen Netzen*. Die Verdatung und ihre statistische Aufbereitung gehört in entsprechenden Kontexten viel eher zu dieser Art intervenierender Taktik als zum mathematischen ›Kern‹. Sie ist u.a. eng an die modernen Konkurrenzen gekoppelt, auf deren homogenisierende und *atomisierende* ›Vorarbeit‹ sie angewiesen ist. Gaußkurve und Galtonsches Sieb sind interdiskursive Dispositive, die sich, wie es der normalistischen Mentalität erscheint, im Prinzip in beliebigen speziellen Sektoren implementieren lassen. Dabei setzt Homogenität in der Regel Spezialität (Arbeitsteilung, funktionale Ausdifferenzierung) voraus: je spezieller ein Feld, um so homogener kann es sein. Hier liegt also die strukturelle Kopplung zwischen Normalismus und moderner Spezialisierung.

Die ›Symbiose‹ des Normalismus mit Spezialisierung (Arbeitsteilung, funktionaler Ausdifferenzierung), moderner Dynamik (Wachstum, Akkumulation, »Zeitbeschleunigung«) und Konkurrenz ist konstitutiv, aber so, daß jede semsynthetische (hermeneutische) Formulierung des Zusammenhangs unsinnig wäre. Es handelt sich um eine historisch-kontingente Kopplung zwischen heterogenen Elementen, die sich als stabil reproduzierbar erwiesen hat. Dabei ›leihen‹ sich die Elemente sozusagen gegenseitig reproduktionsversichernde Funktionen aus: Spezialisierung und Konkurrenz dienen der Akkumulation und dem Normalismus als *Energie* und *Motor*,

der Normalismus dient der Akkumulation als *Bremse*. Das Techno-Vehikel erlaubt eine suggestive symbolische Vorstellung des gesamten Funktions-Kombinats, was seine Rolle als dominantes Kollektivsymbol und Subjektmodell entsprechend gestärkt hat: subjektive Prozesse aller Art und Biographien erscheinen im Normalismus daher als *(nicht) normale Fahrten*.

Aus der konstitutiven Kopplung des Normalismus an die modernen *Fortschritts*-Prozesse folgt seine grundsätzlich *dynamische* Struktur: »Normal« ist nicht eine beliebige, zeitübergreifend vorgestellte und mehr oder weniger jederzeit spontan verfügbare »Alltäglichkeit«, sondern nur das jeweilige Resultat spezifischer Prozesse von *Normalisierung*, typischerweise der Zustand einer ›zurückgebogenen‹ *Exponential*kurve mit gaußoidem Querschnitt. Nur wo spezifisch moderne *growth*-Tendenzen das Risiko des *Ausscherens* und soziokulturell ›selbstfabrizierter‹ Katastrophen einschließen, erweist sich der provisorische Zustand der Ver-Sicherung gegen diese Art Risiko und das entsprechende ›Vertrauen‹ als »normal«. Die Dynamik von *growth*, Risiko des *Ausscherens* (das normalistisch als Risiko von Denormalisierung konstituiert ist und die entsprechende Denormalisierungsangst auslöst) und Normalisierung erscheint im Prinzip als unbegrenzt. Zwar koexistiert der Normalismus zunächst, typischerweise etwa bei Comte, aber häufig auch später noch, mit der Utopie eines definitiven *Auswegs* aus der dynamischen »Übergangsepoche« und eines definitiven *Einmündens* in stabile Eurhythmie, aber ›erwachsen‹ wird er erst dann, wenn er dieses Fernziel definitiv ›ausklammert‹ und ›hintanstellt‹ und sich so als ›definitives Provisorium‹, als ›Provisorium in Permanenz‹ konstituiert. Mit dieser definitiven *Ausblendung* scheint der Normalismus eine autarke Formation permanenter historischer Homöorhese zu begründen, ohne damit aber in Wirklichkeit seine bloß ›parasitäre‹ Struktur kompensatorischer Ver-Sicherung gegenüber den ausgeblendeten und gleichwohl konstitutiven *Quellen des growth* abzulegen. Als ›Provisorium in Permanenz‹ instituiert der Normalismus einen eigenen Typ historischer Zeit: Zeit wird nicht bloß generell bezüglich *growth*-Prozessen dynamisierbar (»Zeitbeschleunigung«), sondern Zeit wird nun noch spezifischer als Ressource für Normalisierung (*time windows*) konstituiert. Die Frage wird nun, ob in einem bestimmten Moment genügend Zeit zur Normalisierung einer konkreten Denormalisierungstendenz bleibt bzw. wie die notwendige Zeit dafür ›beschafft‹ werden kann. Diese Frage verzweigt sich dann insbesondere weiter nach den Alternativen der strategischen Bifurkation zwischen Protonormalismus und Flexibilitäts-Normalismus.

Zu den fundamentalen Leistungen des Normalismus gehört ferner die Etablierung eines neuen und sehr originellen Typs von sozialen *Grenzen*, den Normalitätsgrenzen. Diese Grenzen sind entsprechend dem homöostatischen Modell prinzipiell *ein- und verstellbar* auf einem eindimensionalen

Kontinuum. Die Verstellbarkeit suggeriert einen mehr oder weniger breiten Grenzbereich als symbolische Übergangs- bzw. Indifferenz-Zone zwischen Normalität und Anormalität. Anormalität bezeichnet dabei lediglich eine Zone des homogenen Feldes, und zwar die Zone eines stark überwiegenden Denormalisierungs-Risikos. Aus der mehr oder weniger breiten Amplitude der Grenzschwankung wie auch aus der mehr oder weniger steilen Wölbung der Gaußkurve ergibt sich die strukturelle Alternative zweier Strategien, der protonormalistischen und der flexibel-normalistischen.

Die Gesamtheit der normalistischen Diskurskomplexe und Dispositive konstituiert innerhalb der gesellschaftlichen Wirklichkeit eine eigene operationale, symbolisch *eindimensionale* Ebene, die als ***›Signal-, Orientierungs- und Kontrollebene***‹ gegenüber anderen, bereits bestehenden Ebenen aufzufassen ist. Ein gutes Beispiel ist das Verhältnis der Normalität zur Normativität: Das juristische Teilsystem (im Sinne Luhmanns) teilt das Verhalten binär nach der Unterscheidung »Recht/Unrecht« und legt entsprechende Verfahren und Sanktionen fest. Die Normalität etabliert ›parallel‹ dazu eine zweite, *eindimensionale* und graduierte Ebene, die das entsprechende Verhalten rein statistisch erfaßt und nach seiner Verteilung zwischen Extrempolen und Durchschnitten anordnet. Die normalistische Ebene stellt gegenüber der normativen eine Ebene der *Zweitkodierung*, des *Vergleichs*, der *Kontrolle* und der *Signalisierung* dar. Sie erlaubt, Distanzen (*Abweichungen*) zwischen dem expliziten und dem »spontanen« ›Willen‹ der Gesellschaft zu ›signalisieren‹. Sie ›signalisiert‹ z.B. das Risiko von Denormalisierungen. Dabei erlaubt es die *eindimensionale* und homöostatische Form der Normalität, die anderen Ebenen (wie z.B. das Recht) in *Sollwerte* umzudefinieren, von denen die ›faktischen‹ Werte *abweichen*, und dadurch zu dynamisieren. Der Normalismus suggeriert dadurch gleichzeitig immer schon Möglichkeiten *homöostatischer Adjustierung*. Darin erweist sich die strukturelle Dominanz der neuen, *parallel* neben die alte gelegten Ebene: Die neue Ebene *überdeterminiert* die alte, indem sie ihr Eindimensionalität, Homogenität, Kontinuität *unterlegt* und damit ihre Normalisierung vorbereitet. Während die Normalität also zuerst als parallele, *parasitäre* Zusatzebene etabliert wird, kehrt sich das Verhältnis dadurch um: Nun erscheinen die anderen Ebenen als noch nicht normalisiert und daher als normalisierungsbedürftig.

Die Ebene der Normalität ist also nicht autark: Sie gewinnt ihre Effektivität erst in der Normalisierung von präexistenten Ebenen und Dispositiven, die immer auch transnormale Eigenschaften besitzen und sich also mehr oder weniger gegen die Normalisierung ›sperren‹. Deshalb schließt Normalisierung stets das Verfahren der *provisorischen Hintanstellung* bzw. *Ausblendung* ein: Um eine ›sperrige‹, heterogene Region in ein eindimensionales Normalfeld mit gaußoider Verteilung verwandeln zu können, sind stets

›Ausklammerungen‹, ›Ausgliederungen‹, ›Auslagerungen‹, kurz ›Ausgrenzungen‹, unvermeidlich. Um z.B. das soziale Feld als gaußoide *Zwiebel* zu normalisieren, muß so etwas wie ein »Klassenantagonismus in der Verfügung über Produktionsmittel« ›fürs erste ausgelagert‹ werden, damit *atomare* und *eindimensionale* Normaleinheiten von »Einkommensbeziehern« konstituiert werden können. Selbstverständlich ›manipuliert‹ dieses Verfahren die Realität: aber nicht etwa bloß auf einer Erkenntnisebene (sog. »ideologische Widerspiegelung«), sondern operational; diese Art Manipulation muß als effektiver *Rückstoß (feed-back)* von der Signalebene aus in die Realität hinein begriffen werden, wodurch eben diese Realität *transformiert* wird. Dennoch bleibt die gleiche Manipulation aber stets auch friktiv und schafft eine andauernde Spannung – Normalfelder sind insofern stets *Prokrustesbetten.*

Das entscheidende Strukturelement des Normalismus muß demnach in der Etablierung einer Signal- und Kontrollebene auf der ›Oberfläche der Realität‹ gesehen werden. Soweit die vertikale Symbolik von *Oberfläche* und *Tiefe* nicht explizit oder implizit auf einen metaphysischen Dualismus zielt, kann sie nur zur metaphorischen Veranschaulichung von generativen Prozessen (Produktionsprozessen) benutzt werden (wie exemplarisch etwa in Noam Chomskys generativer Grammatik mit ihren »Tiefen- und Oberflächenstrukturen«). Dabei konzentriert die normalistische Mentalität alle Intensität von ›Konkretheit‹ und ›Realität‹ auf die Ebene der ›effektiven Resultate‹ und ›faktischen Produkte‹, also der *Outputs*, deren *Verteilungen* und *Streuungen* sie als ›Signale‹ des Stabilitätsgrades der Entwicklung in der ›Tiefe‹ liest. Der Produktionsprozeß erscheint dabei ganz oder teilweise als *black box*, die zu analysieren sich der normalistische ›Wille‹ sträubt, der hier also als ›Wille zum Nicht-Wissen‹ erscheint. Die Streuung der fertigen Produkte wird theoretisch, methodisch und praktisch über die Produktivität gestellt – aber nicht etwa weil Produktivität und Generativität nicht hoch geschätzt würden, sondern im Gegenteil rein strategisch und taktisch aus einem ›Sicherheitsinstinkt‹ heraus, der die generative *Energie*, »Spontaneität« genannt, gerade nicht *stören* möchte. Die normalistische Situation ist – um auch einmal das Autosymbol zu bemühen – mit der eines Autofahrers zu vergleichen, der seinen *stress* durch ständigen Vergleich seiner eigenen Geschwindigkeit mit der der anderen Fahrer anhand der Werte seines Armaturenbrettes regelt (zuweilen durch *Aufdrehen* auf *Spitzengeschwindigkeiten*, dann wieder bei zu sehr steigendem *stress* durch *Bremsen* auf weniger riskante Durchschnitte hin), der dabei aber nicht auf die ›Quelle seiner spontanen Impulse‹, etwa seiner Tendenz zu *überholen* oder *sich überholen zu lassen*, reflektiert. Vielmehr regelt er nur seinen jeweils angemessenen ›Sitz‹ und seine ›Haltung‹ (behavior) nach dem *stress*-Grad, ohne sich um die vagen Gefühle der Rückwirkung solcher ›Haltungsänderungen‹ in der

black box seiner Affektivität weiter zu kümmern. Ohne Hilfe symbolischer Suggestion gesagt, regelt das normalistische Subjekt sein Verhalten nach der ›Signal‹-Qualität von ›Fakten‹, was einen geschlossenen Regelkreis impliziert: Die ›Fakten‹ sind ihrerseits subjektives Verhalten, und das regulierte Verhalten setzt seinerseits wieder ›Fakten‹. In ständigem Kreislauf werden also Verhaltensweisen zu ›Fakten‹, ›Fakten‹ zu ›Signalen‹, ›Signale‹ zu Verhaltensweisen usw. Die Transformation von Verhaltensweisen in ›Fakten‹ und ›Signale‹ tendiert zur Funktionalisierung aller mit den Verhaltensweisen womöglich verbundenen Intensitäten auf den ›Signal‹-Charakter hin. Das normalistische Subjekt projiziert sein Leben ganz im Wortsinne auf einen eindimensionalen Bildschirm, wo dieses Leben als Kurve erscheint, nach der das Subjekt eben dieses Leben »orientiert«. Normalistisches »Leben« wird identisch mit einem Leben in den *Kurvenlandschaften* der ›Signal-, Orientierungs- und Kontrollebene‹. Dadurch soll die Denormalisierungsangst endgültig bewältigt werden, was nicht zuletzt deshalb utopisch bleibt, weil im Schatten der ver-sicherten Denormalisierungsangst um so mehr jene heimliche Denormalisierungssehnsucht anwächst, die von der *entropischen* Tendenz der Intensitäten gespeist wird und deren Ambivalenz ihrerseits die Denormalisierungsangst speist: Circulus vitiosus normalis.

Teil VII

Normalistische Kollektivsymbolik und der High-Tech-Vehikel-Körper

In den beiden letzten Kapiteln wurden sowohl historisch wie systematisch die wichtigsten Elemente jener normalistischen *Kurvenlandschaften* entwickelt, die als ›Signalebene‹ den *inneren Bildschirm* normalistischer Subjekte bilden, mit dessen Hilfe sie sich orientieren und selbständig adjustieren (normalisieren) können. Diese ›Landschaften‹ treten als ›zweite Natur‹ an die Stelle der in der Moderne verlorengegangenen ersten. Das Subjekt, das sich in eine Karte Afrikas vertieft, auf der der jeweilige Grad an AIDS-*Durchseuchung* der verschiedenen Länder und Regionen mittels verschieden intensiver Farben wiedergegeben ist, wird bestimmte Regionen u.U. wohlweislich vermeiden bzw. wird (etwa als Politiker) Flüchtinge aus solchen Regionen besonders *wasserdicht* aussperren. Die noch kinderlose Frau gegen 40, die auf vergleichenden statistischen Kurven sinnfällig entdeckt, daß die Zahl der erstgebärenden Frauen über 35 und über 40 ständig anwächst, wird sich möglicherweise nicht zuletzt deshalb noch für eine Schwangerschaft entscheiden. Solche Einzelbeispiele mögen suggestiv genug wirken – sie beantworten aber nicht die Frage, wie es möglich wird, daß Subjekte sich als *Fahrer* ihrer *(nicht) normalen Lebensfahrten* konstituiert finden und daß sie ihr Leben mittels normalistischer Kurven *steuern* (wie im Falle des späten Kindeswunsches).

Wenn (flexibler) Normalismus zum einen als komplexes Regulierungsverfahren auf der Basis von Durchschnittskalkülen und prognostischen Hochrechnungen zur Expertokratie zu tendieren scheint und dennoch aber gleichzeitig in erster Linie auf ›freiwillige‹ und ›spontane‹ Selbstadjustierung der Subjekte setzt, dann scheint ein glatter und kontinuierlicher Transfer zwischen diesen beiden Instanzen zunächst nur schwer denkbar zu sein. Wie kann die Unverständlichkeit und Abstraktheit des Expertenwissens effektiv mit der Affektivität und Subjektivität großer *schweigender Mehrheiten* kurzgeschlossen werden? Wie können numerische Kurven statt Jungscher Archetypen die libidinöse Szene individueller und kollektiver Psychen besetzen? Denkbar ist das offenbar einzig durch eine geregelte Über-

setzung zwischen Kurven und Symbolen, wie sie durch das Kollektivsymbolsystem moderner Mediendiskurse tatsächlich ununterbrochen erfolgt.

Es ist nicht möglich, an dieser Stelle eine systematische Synthese der andernorts entwickelten Theorie moderner Kollektivsymbolik zu präsentieren[1]. Statt dessen soll versucht werden, die wichtigsten Achsen des Systems mittels eines exemplarischen Falls mehr suggestiv darzustellen. Eine Reklame-Serie der Nova-Versiche rungen (Abb.) zeigt jeweils eine konkrete Spielart des Vehikel-Körpers in einer riskanten ›Landschaft‹ bzw. Situation.

Semantisch sind alle Glieder der Serie annähernd äquivalent: ein Subjekt-Komplex (repräsentiert durch Körper und/ oder Vehikel) steht in Opposition zu einem subjektlosen »Risiko«-Komplex (Natur bzw. Verkehr) und einem gesellschaftlichen »Sicherungs«-Komplex (»soziales Netz«, »feste Burg«, »sichere Stütze«). Die Substituierbarkeit der konkreten Füllungen aller drei Komplexe verweist auf den synchronen System-Charakter der entsprechenden Kollektivsymbolik. Alle expliziten Subscriptiones enden mit der Pointe: »Wir sichern Ihre persönlichen Ansprüche ge-

1 S. dazu insbes. J.L., *Die Struktur des Symbols in der Sprache des Journalismus.* Zum Verhältnis literarischer und pragmatischer Symbole, München 1978; *Elementare Literatur und generative Diskursanalyse*, München 1983; (mit Axel Drews u. Ute Gerhard) »Moderne Kollektivsymbolik. Eine diskurstheoretisch orientierte Einführung mit Auswahlbibliographie«, in: *IASL*, 1. Sonderheft Forschungsreferate 1985, 256–375; (mit Frank Becker und Ute Gerhard) »Moderne Kollektivsymbolik. Forschungsbericht Teil II«, in: *IASL* 1996; (mit Siegfried Reinecke) »›Autofahren ist wie das Leben‹. Metamorphosen des Autosymbols in der deutschen Literatur«, in: Harro Segeberg (Hg.), *Technik in der Literatur*, Frankfurt/Main 1987, 436–482; sowie zahlreiche Beiträge in der Zeitschrift *kultuRRevolution.*

gen die stärksten Risikofälle des Lebens – Krankheit, Unfall und Altersversorgung«. Dabei kann der Komplex »Risiken« auch symbolisch substituiert sein: »gegen die größten Untiefen im Leben«, »gegen alle Stürme des Lebens«.

Die Nova-Serie ist exemplarisch für die kollektivsymbolische Regulierung der dominanten Subjekt-Funktion im Normalismus, die Ver-Sicherung: Mittels der Kollektivsymbolik wird die Karte der durchschnittlichen Zonen von Chancen und Risiken in eine *Landschaft* übersetzt. Dabei fordern besonders riskante Zonen besonders starke (ggf. zusätzliche) Ver-Sicherungen. Die Serie suggeriert also *exponentiell* steigende Risiko-Kurven, denen nur eine statische (»Gesetzliche«) Ver-Sicherung entspricht – sie suggeriert also eine typische *Schere*, die durch die private Zusatzversicherung geschlossen werden soll.

Um erklären zu können, auf welche Weise die Bewegung des Subjekt-Vehikels in riskanten Landschaften durch das Kollektivsymbolsystem kodiert wird, betrachte man das obige Schema, dessen einfacher Prototyp von Willi Benning vorgeschlagen wurde und das ich für die Zwecke komplexerer Analysen mehrfach ergänzt und differenziert habe. Es stellt den Applikationsmodus der gesamten Kollektivsymbolik in vereinfachter Form dar. Dabei repräsentiert der (äußerste) Kreis die Grenze des »Systems« des applizierenden Subjekts und seiner Ingroup. Er umschließt also den ›eigenen‹ Bereich dieses Subjekts, während *draußen* der Bereich des Anderen, Fremden liegt. Dieser Außenbereich kann entweder als anderes (freundliches oder feindliches) Subjekt (System 2) oder als subjektloser Bereich (*Chaos*) symbolisiert werden. Sowohl Innen- wie Außenbereich sind Topoi (›Orte‹), die jeweils durch ganze Serien konkreter Symbole ›gefüllt‹ werden können. So füllen die Nova-Annoncen das *Innen* mit der Serie der symbolischen Vehikel-Körper (*Boot, Eisenbahn, Auto, Flugzeug*) und das *Außen* mit der entsprechenden symbolischen *Chaos*-Serie (»Wasser«, »Wirbel«, »Untiefen«, »Fall« usw.). Mittels dieser in dem Schema dargestellten Topik wird also das Kollektivsymbolsystem in der massenhaften Applikation als Spiel von Äquivalenzen und Oppositionen reproduziert. Man wird das Schema in dieser Allgemeinheit als vermutlich nahezu anthropologisch konstant betrachten können. Die weiteren Details in der Skizze versuchen, dieses allgemeine Schema für moderne okzidentale Kulturen und insbesondere für die normalistische Kultur der Bundesrepublik Deutschland nach dem Zweiten Weltkrieg zu spezifizieren. Das geschieht zunächst durch die drei symbolischen Hauptachsen (Vertikale = Hierarchien; Horizontale = Gleichgewichtszustände; Diagonale = Dynamik), die im folgenden noch genauer analysiert werden. Der Schnittpunkt der Achsen markiert das symbolische Zentrum (die *Mitte*) des Ingroup-Systems, das Gitter mehrerer Grenzen die schrittweise zunehmende Abweichung von dieser *Mitte* im *Grenzbereich*.

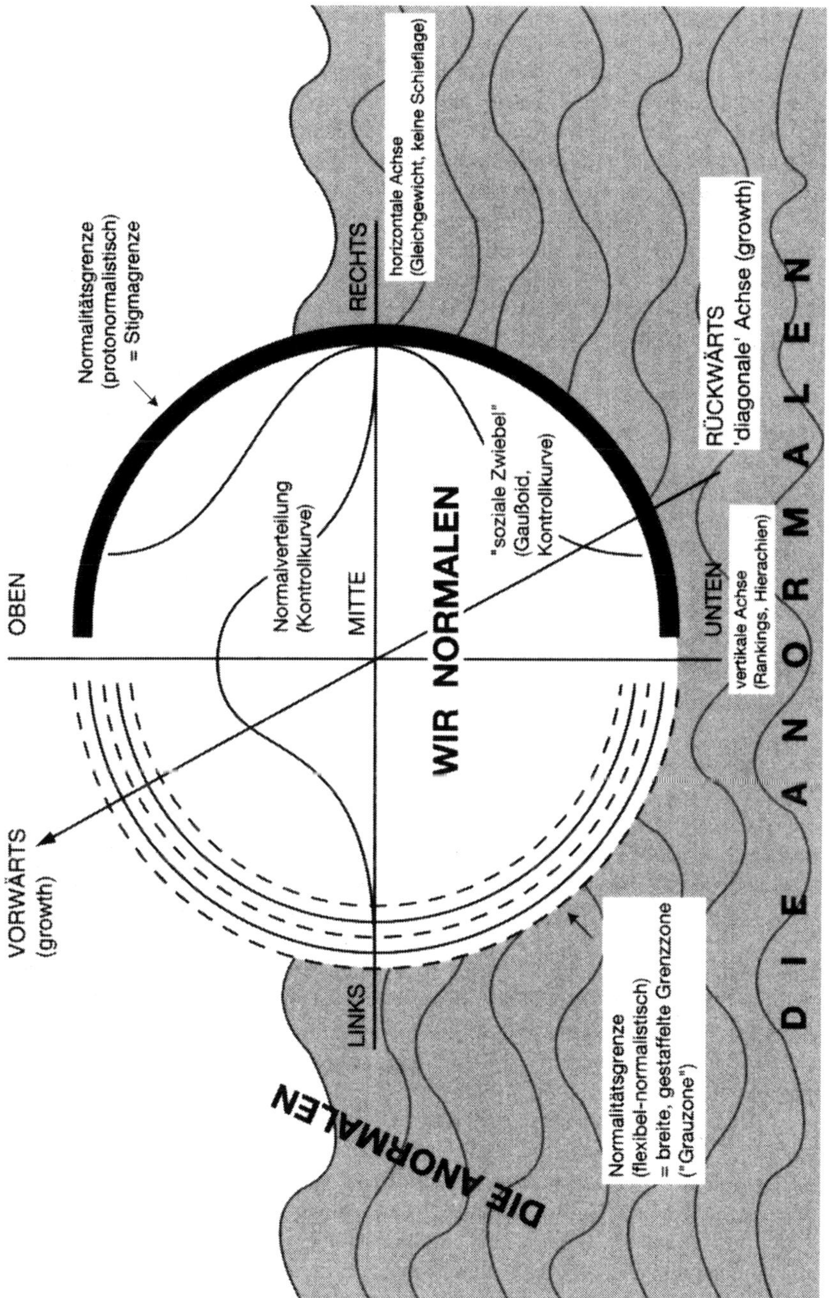
Normalitätsgrenze
(protonormalistisch)
= Stigmagrenze
OBEN
VORWÄRTS
(growth)
Normalverteilung
(Kontrollkurve)
MITTE
RECHTS
horizontale Achse
(Gleichgewicht, keine Schieflage)
WIR NORMALEN
"soziale Zwiebel"
(Gaußoid,
Kontrollkurve)
LINKS
DIE ANORMALEN
Normalitätsgrenze
(flexibel-normalistisch)
= breite, gestaffelte Grenzzone
("Grauzone")
UNTEN
vertikale Achse
(Rankings, Hierachien)
RÜCKWÄRTS
'diagonale' Achse (growth)
DIE ANORMALEN

Zwei Typen symbolischer Enklaven sind denkbar: Enklaven des Systems im außersystemischen *Chaos* und umgekehrt Infiltrationen des *Chaos* im System.

Die Abbildung versucht, insbesondere das Kollektivsymbolsystem der Bundesrepublik mit seiner stark dominierenden symbolischen Horizontalachse (Gleichgewichtungs-Achse) als Querschnitt durch ein U-Boot zu veranschaulichen, das hier alle High-Tech-Vehikel-Körper repräsentiert. Das U-Boot ist exemplarisch für ein solide gegen das Chaos gesichertes System mit homöostatischen Apparaten für vielfältige Regulierungen (Normalisierungen).

Die spezifisch normalistische Applikation der Topik nutzt alle drei Hauptachsen zur Symbolisierung von Abweichungen, Grenzwerten und homöostatischen Verfahren (s.u.). Das U-Boot konnotiert dabei durch die Vielfalt seiner Manöver und durch seine Waage-Struktur Flexibilität, durch seine fest abgeschotteten Wände suggeriert es eher protonormalistische Fixierungen. Um nun genauer zu zeigen, wie die erweiterte Topik als subjektives Basis-Dispositiv des Normalismus zu fungieren vermag, ist die Verknüpfung seiner einzelnen symbolischen Achsen mit normalistischen Instrumenten, insbesondere mit den normalistischen Kurven im einzelnen darzustellen.

Die vertikale Achse

Die vertikale Achse symbolisiert sämtliche Hierarchien, sie dient im Normalismus also vor allem der Symbolisierung aller Skalen, besonders aller Leistungs-Skalen und Rankings. Dementprechend lassen sich mit ihrer Hilfe z.B. innersystemische Leistungskonkurrenzen (etwa in Form aufrecht stehender Maß-Stäbe, Blöcke und Kolonnen) abbilden. Auch Kurven von vertikalen Schwankungen (wie Börsenkurse, Stimmungsbarometer usw.) können die Vertikalachse als Ordinate benutzen. Im soziologischen Gebrauch symbolisiert die Vertikale seit Menschengedenken die Stratifikation, in der Moderne vor allem durch Einkommensskalen dargestellt. Daran schließt sich direkt die Kurve der soziologischen *Zwiebel*, d.h. der aufrecht stehenden Gaußoid-Kurve, an.

Die diagonale Achse

Die »diagonale« Achse symbolisert jede Form symbolischer »Dynamik« (zwischen einem symbolischen *Vorwärts* und einem symbolischen *Rückwärts*). Im Normalismus symbolisiert sie also vor allem sämtliche *Fortschritts*-Kurven, besonders die *exponentiellen.* Sie symbolisiert ferner die symbolischen *Geschwindigkeiten* und *Beschleunigungen* der Vehikel.

Die horizontale Achse

Besonders an die horizontale Achse schließt sich im Normalismus die Symbolik der homöostatischen Normalität. So symbolisiert der Neigungs-

winkel der horizontalen Achse den Grad des *Gleichgewichts* des Systems (vs. *Schieflage*). Die Windrose auf der Basis der horizontalen Achse (mit einem Winkel von 90 Grad in Richtung der Basis-Richtung der diagonalen Achse, also des *Fortschritts*) erlaubt, die jeweilige *Richtung* des symbolischen Vehikels zu bestimmen. Dabei symbolisiert der Winkel von 90 Grad die Normal-Richtung (den normalen Richtwert). Andere Winkel stehen für den Grad der *Abweichung* von der Normalität. Eine symbolische Abweichung impliziert einen entsprechenden Normalisierungsbedarf (»Handlungsbedarf«), der durch Adjustierung der Richtung erfüllt werden kann (*Umsteuern*). Die Abweichung läßt sich ferner (innersystemisch) durch die Distanz nach *rechts* bzw. *links* von der *Mitte* symbolisieren. Dabei dient die Horizontalachse typischerweise der Kodierung politischer Abweichungsgrade von der Normalität (bis zur »Extremismus-Grenze« usw.) – sie kann aber ebenso an die Symbolisierung psychischer Abweichungen (etwa Grade von Normalität/Anormalität des »Verhaltens« bis zur »Geisteskrankheit«) angeschlossen werden.

An die horizontale Achse schließen sich auch die symbolischen Gaußoidkurven an. Der Scheitel ihres Glockenbauches entspricht der *Mitte* der Achse, ihre flachen Ausläufer entsprechen symbolisch den *Extremen*. Die Normalitäts-Grenzen sind durch den Außenkreis des Schemas symbolisiert. Im Falle des Protonormalismus ist dieser Außenkreis einheitlich und fix, im Falle des Flexibilitäts-Normalismus handelt es sich um einen flexiblen und relativ breiten Fächer, in dem verschiedene symbolische Grenzen nach dem *Floating*-Verfahren ›aus- und eingefahren‹ werden können.

Dieses symbolische Modell funktioniert also insgesamt wie eine homöostatische Maschine, hauptsächlich wie ein *Körper* oder wie ein *High-Tech-Vehikel*. Es kann der symbolischen *Steuerung* sowohl eines individuellen wie eines kollektiven Subjekts dienen. Sowohl eine individuelle »Seele« wie eine »Nation« kann ihr *Gleichgewicht* mittels dieser symbolischen Topik managen.

Die Topik mit ihren Grenzen und ihren drei Achsen bringt in der Applikation entweder direkt oder indirekt über die konnotierten Kurven das gesamte Kollektivsymbolsystem der Kultur ins Spiel. Sie dient dem fluktuierenden Prozeß der einzelnen konkreten Symbolisierungen als eine Art Universal-Kodierungsapparat, der es den Subjekten erlaubt, die Vielzahl und Heterogenität konkreter Normalisierungen in verschiedensten (z.B. ›privaten‹, ökonomischen oder politischen) Bereichen subjektiv zu kompatibilisieren und zu ›bündeln‹. So können etwa erotische, karriererelevante oder politische Richtungsentscheidungen symbolisch gleichermaßen als Verschlankungen des Körpers oder als Bremsungen des Autos ›um etwa 10%‹ erlebt werden.

In der Serie all dieser Kollektivsymbole spielen nun die ›technischen Vehikel‹ (*Schiff, Eisenbahn, Auto, Flugzeug, Raum-Schiff*) und die ›medizi-

nischen Körper‹ sowohl quantitativ wie vor allem qualitativ eine überragende Rolle. Wenn es naheliegt, mit der Psychoanalyse anzunehmen, daß stets der eigene (männliche oder weibliche) Menschenkörper das wichtigste Phantasma, die wichtigste Applikations-Vorlage für konkrete menschliche Subjektivität sein dürfte, so gilt es allerdings umgehend auch, dieses Phantasma radikal zu historisieren. Der (›klinisch‹-) ›medizinische Körper‹ ist ein historisch spezifisches, relativ neues Kollektivsymbol, das mit anderen Versionen des symbolischen Körpers wenig gemein hat. Das Symbol des ›medizinischen Körpers‹ kann als imaginäre Reduktionsform, als Konzentrat des klinischen medizinischen Diskurses gekennzeichnet werden, wie er sich seit dem 19. Jahrhundert als sog. ›Schulmedizin‹ entwickelt hat. Dieses Symbol phantasiert den Menschenkörper demnach als einen komplexen paratechnologischen Gegenstand, der aus der Einheit vieler Funktionskomponenten besteht, deren jeweiliges Funktionieren normalistisch vorgestellt ist. Jede Funktionskomponente wird also als quantitativ kontrollierbar und ggf. (bei Dysfunktionen) normalisierbar imaginiert. Symbolisch besonders wichtig sind dabei die Funktionen von Herz und Kreislauf wie die des Gehirns und der Nerven. Ich möchte das am Beispiel der Karikatur »Schmerzgrenzentest« von Haitzinger erläutern (Abb.).

„Noch'n kleinen Dreh weiter, bißchen zurück wieder. . . " NRZ-Zeichnung: Haitzinger

Die Karikatur stellt die Überlegungen der Regierung Kohl-Möllemann im Sommer 1992 zur Frage dar, wie das im Zuge der Wiedervereinigung *exponentiell* aufgelaufene Budgetdefizit normalisiert werden könnte. Die tote Metapher der *Sanierung* verweist in den Bereich des ›medizinischen Körpers‹, der sich dem Karikaturisten als nächstliegende Verbildlichung des Problems angeboten hat: *Michel* befindet sich also in einer High-Tech-Klinik, angeschlossen an viele Kabel, die medizinisch verschiedene Funktionskomponenten seines Körpers und politisch verschiedene Sparmöglichkeiten symbolisieren. Die drehbaren Knöpfe und der Zeiger der Schalttafel sind nichts anderes als der dominante Kernkomplex des Normalismus, das *Floating*-Dispositiv: »Noch'n kleinen Dreh weiter, bißchen zurück wie-

der...« – »Schmerzgrenze« ist exakt der normalistische Grenzwert, symbolisch kodiert per ›medizinischem Körper‹. Gerade dreht der Klinikchef am Knopf »Karenztage«, als *Michel* laut aufschreit. Ob die schweigende Mehrheit tatsächlich gerade bei den Karenztagen die *Schmerzgrenze* überschritten fühlt, ist vielleicht nicht gewiß: darüber läßt sich trefflich streiten. Entscheidend ist, daß dieser Streit durch das Kollektivsymbol des ›medizinischen Körpers‹ an die Affektivität und Subjektivität aller Beteiligten gekoppelt wird. Die bogenförmige Skala im oberen Teil der Schalttafel repräsentiert einen kleinen *Bildschirm*. Es ist dieser *Bildschirm*, der durch den Transfer zwischen normalistischem Kurvenwissen und Symbolik dem Publikum sozusagen als ›innerer Bildschirm‹ eingesetzt wird. So ›sehe‹ ich, so ›sehen‹ wir nun synchron auf unseren ›inneren Bildschirmen‹, daß unsere »Schmerzgrenze« überschritten wird und »Handlungsbedarf« besteht.

Es geht also bei dem medieninduzierten Transfer zwischen normalistischen Kurven und kollektiven Symbolen um alles andere als um ›rhetorische Ornamentierung‹. Wenn es zutrifft, daß die jeweilige ›Position‹ der Durchschnitte, normalen Toleranzen und Grenzwerte die normalistische Wirklichkeit in ihrem Kern konstituiert, dann konstituiert eben das hier analysierte Spiel unsere Wirklichkeit. Die grundsätzlich beweglichen Grenzen einer konkreten, stets sektoriellen Normalität werden jeweils dort fixiert, wo der dicke Bauch der Gaußschen Normalverteilung, d.h. die sich um einen Durchschnitt scharende Mehrheit einer Population, diese Grenze »sieht«. Diese Art von durchschnittlichem »Sehen« heißt politologisch auch »Konsens«. »Normalerweise« funktioniert diese konsensuelle Grenzziehung der Normalität reibungslos. Allerdings wäre es von unfaßbarer Naivität, solche reibungslose Konsensbildung auf den ›Austausch von Argumenten und Geltungsansprüchen im Dialog autonomer Subjekte‹ zurückzuführen: Der Konsens ist vielmehr das Resultat synchronisierter Applikationen von symbolisch kodierten Normalkurven mit dem Effekt synchronisierter Subjektivierung.

Das Modell des ›inneren Bildschirms‹ sowie das zyklische Modell einer geschlossenen Rückkopplungs-Kette von ›äußeren‹ und ›inneren‹ Bildschirmen kann durchaus empirisch plausibilisiert werden. Als Beispiel dafür soll an dieser Stelle das deutlich wachsende Gewicht der durch Kollektivsymbolik subjektivierten Kurven in den Massenmedien erwähnt werden[2]. Seit geraumer Zeit wächst die Rolle symbolisch bebilderter Kurven auch im Fernsehen. Sendungen wie »Polit-Barometer« bestehen ganz und gar daraus: Sie entwerfen regelmäßig die *Kurvenlandschaft* steigenden und fallen-

2 Diesem Komplex war Heft 23/1990 der Zeitschrift *kultuRRevolution* gewidmet (Schwerpunkt »Zahlen Kurven Symbole«); s. das dortige umfangreiche zusätzliche Material.

den ›Prestiges‹ von Parteien und Politikern, steigenden und fallenden *impacts* von »Themen«. Aber auch andere Sendungen (wie etwa »Bonn/Berlin direkt«) bis hin zu den Nachrichtensendungen selbst sind in wachsendem Maße durchsetzt mit bebilderten Trendkurven. (Auf »pro 7« wird sogar der Wetterbericht mit täglichen Trendkurven für die folgenden Tage garniert.) Durch die Kombination der bebilderten Kurven mit den Bildern väterlich-besorgt redender Männer (Moderatoren und interviewte Experten bzw. Politiker) entsteht ein symbolischer ›Röntgen‹-Effekt: Wir blikken sozusagen auf die *Bildschirme* ›im Inneren‹ der väterlich redenden Männer. Wo früher die Transparenz des Blicks in das zerfleischte Herz Jesu oder Marias penetrieren konnte, da können wir jetzt in völliger Transparenz die Kurven auf den ›inneren Bildschirmen‹ der Experten sehen – eben jene Kurven, die die Ursachen ihrer besorgten Mienen sind. (Oder wir sehen die *exponentiellen* Wachstumskurven, die die Mischung von *thrill* und Panik auf ihren Gesichtern erklären.) Mehr noch: Genau in dieser Situation haben wir das vage Gefühl, daß die sich normalerweise in der Zwischenzeit auch beim Zuschauer entwickelnde eigene Unruhe darauf beruht, daß die Bildschirme dort vorn bloße Projektionen von Bildschirmen sind, die wir schon längst im eigenen ›Inneren‹ fühlten und wußten.

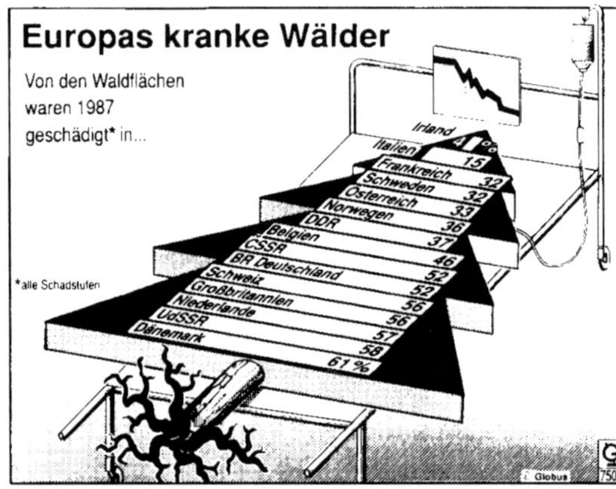

Schon viel länger erfüllen die Schaubilder der Agentur *Globus Kartendienst* die gleiche Funktion für die (zuerst west-)deutschen Printmedien. Diese Bilder (denen analoge in anderen Ländern, z.B. in der Zeitung *USA Today*, entsprechen) sind exemplarisch für das institutionelle, alltägliche Funktionieren symbolischer Zahlen und Kurven in seit langem etablierten normalistischen Kulturen. Sie schlagen wie die erwähnten TV-Bilder ›Brücken‹ zwischen ganz professionellen, ganz expertenhaften (also spezialdiskursiven) statistischen Angaben und Symbolen mit subjektiven, subjektivierenden Affektbesetzungen vom Typ des *thrills* oder der Panik, der Hoffnung oder der Besorgnis, allgemein gesagt: des »Optimismus« oder des »Pessimismus«. Dabei werden die Zahlen in einem ersten Schritt in ein-

fache Konkurrenzen (Blockvergleiche) bzw. einfache Kurven übertragen. Diese wiederum werden dann in einem zweiten Schritt zusätzlich symbolisch ›aufgeladen‹ durch Denotation oder Konnotation von Kollektivsymbolen.

Wie groß die dabei erreichte symbolische Komplexität bei aller Simplizität sein kann, sei exemplarisch an der Graphik »Europas kranke Wälder« (Abb. S. 371) gezeigt: Die taxonomische Konkurrenz der Länder (in Blockform) ist in eine schematische *Tanne* eingetragen, die wiederum (symbolisches Konnotat ›kranker Körper‹) auf einem Krankenbett *am Tropf* hängt. Am Kopfende des Betts ist eine (rein symbolische) negative Wachstumskurve befestigt, deren konkretes Symbolisat einfach lautet: ›es geht bergab‹. Damit ist die entsprechende Statistik mehrfach im synchronen System der Kollektivsymbolik ›verankert‹, wodurch wiederum eine Reihe von Subjekteffekten ausgelöst werden: mindestens der Appell ›dringender Handlungs- d.h. Normalisierungsbedarf‹.

Kurvenlandschaft und innerer Bildschirm

Symbolische Exponentialkurve

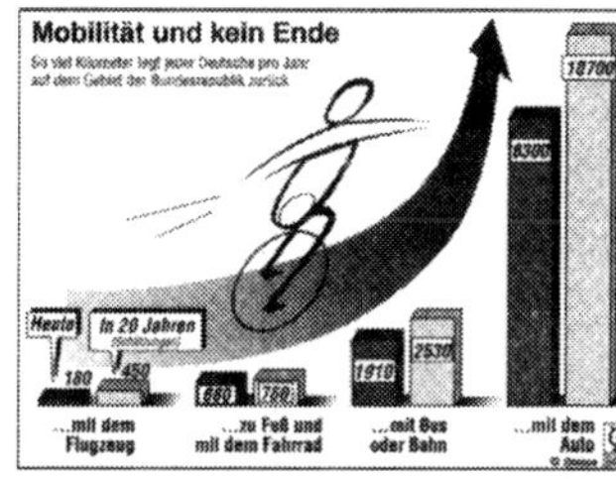

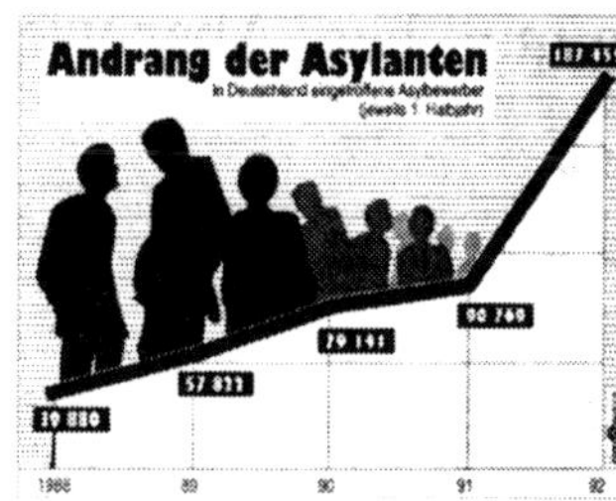

Im Unterschied etwa zu Karikaturen und symbolischen Fotos bzw. Spots werden die *Globus*-Diagramme als ›Vermittlung von hartem Expertenwissen‹ wahrgenommen. Deshalb sind sie so charakteristisch für die fundamentale Funktion des Transfers zwischen expertokratischer Normalisierungstechnik und symbolischer Subjektbildung: Als Input dienen ja Resultate professioneller statistischer Forschung, die allerdings zunächst durch die Agentur und dann noch einmal durch die effektive Verwendung in den Medien nach impliziten Kriterien hegemonialer Relevanz stark selegiert werden. Schon diese Selektion auf ›Themen mit dringendem Handlungsbe-

Kurvenlandschaft und
innerer Bildschirm

Symbolische growth-Konkurrenzen

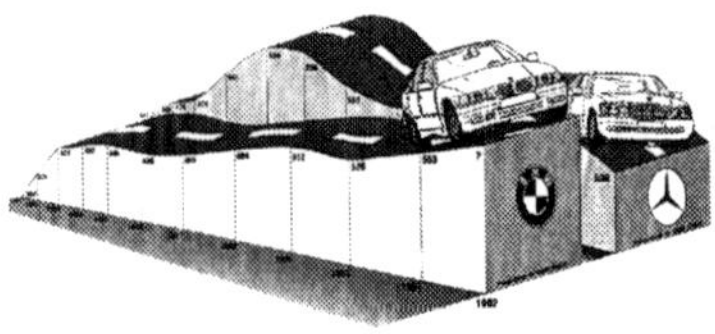

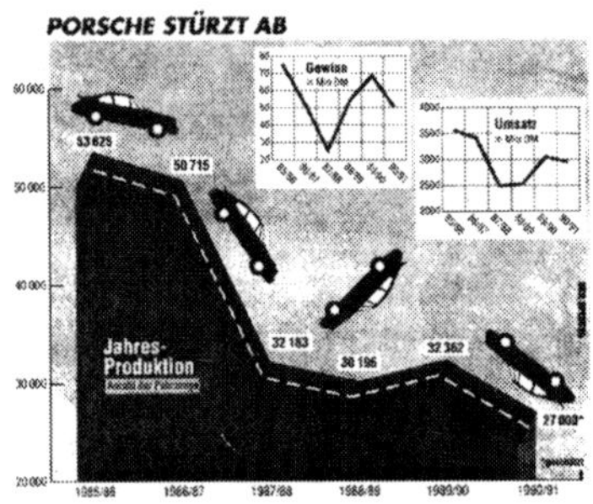

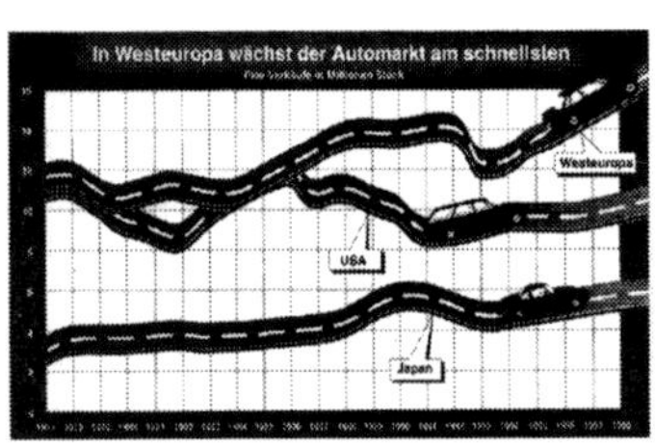

Blicke auf den inneren Bildschirm

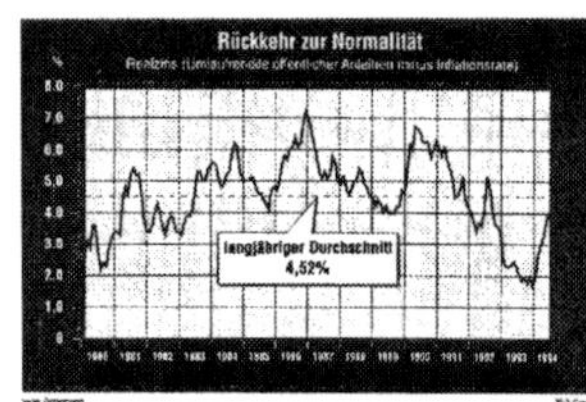

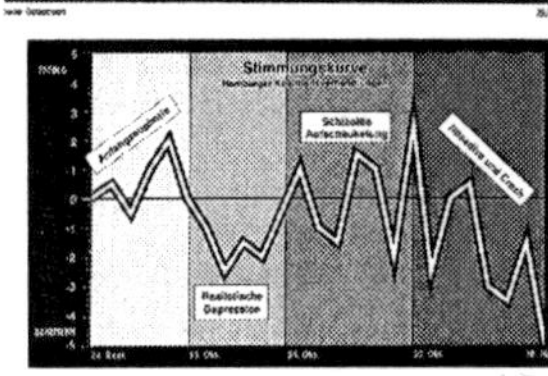

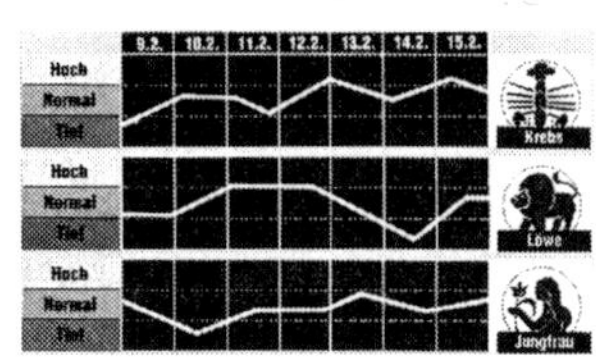

darf‹ hin stärkt die subjektiven Investitionen gegenüber den objektiven Daten, die stets erst durch Symbolisierung »aussagekräftig« werden.

Es dürfte einleuchten, daß Diagramme wie die von *Globus* in der massenhaften Rezeption eng an die ›reine‹ Kollektivsymbolik angeschlossen werden: Relevant ist lediglich die grobe *Richtung* einer Kurve, und insbesondere ihre ggf. *exponentielle* Krümmung. Dieser Zusammenhang ist wichtig für die Konstitution des ›inneren Bildschirms‹: Er ist letztlich identisch mit der hochkomplexen Gesamtheit des Kollektivsymbolsystems, wie es von einem jeweiligen Individuum selektiv und individuell ›geladen‹ aufgebaut wurde. Diese jeweilige individuelle Struktur der ›Aufladung‹ variiert selbstverständlich. Könnte man den Grad der individuellen Partizipation an dem medial durchschnittlichen Symbolschema messen, wäre gesamtgesell-

schaftliche Normalität subjektiv dann ausreichend implementiert, wenn der Scheitel einer Gaußoidkurve der Bevökerung das durchschnittliche Schema berühren würde.

Der Versuch eines noch systematischeren Resümees müßte also in folgende Richtung gehen: Wenn die as-sociative Funktion einer Kultur (einschließlich der Integration zwischen individueller und kollektiver Subjektivierung) stets in erster Linie durch ihre Interdiskurse gewährleistet wird und wenn die jeweilige Kollektivsymbolik so etwas wie das ›interdiskursive Konzentrat‹ darstellt, dann erweist sich der normalistische Charakter unseres Kulturtyps vor allem in der Funktionsweise seiner Kollektivsymbolik. Tatsächlich läßt sich zeigen, daß jede einzelne Verwendung eines konkreten Kollektivsymbols ganze Sektoren und Achsen des synchronen Gesamtsystems der Kollektivsymbolik ›aufruft‹ (konnotiert) und daß ferner das fluktuierende und intermittierende Spiel dieser Sektoren und Achsen sich um das Benningsche Schema und den Set der normalistischen Kurven herum konstelliert. Wenn also eine Schlagzeile lautet: »Die CDU plant den ›schlankeren Staat‹« (*WAZ* 26.6.1993), dann ist damit der medizinische Körper mit den Konnotaten Fitness, Gesundheit, Sportlichkeit und Sexappeal (insgesamt Normalität) ›aufgerufen‹. Der Komparativ konnotiert ferner den ›Knick‹ (die *Wende, Weiche, Umsteuern* usw.) einer Wachstumskurve: vom *Fetteren* zum *Schlankeren. Dickerwerden* steht für eine riskante Wachstumskurve mit Denormalisierungsgefahr, *Schlankerwerden* demnach also für Normalisierung. Dabei bringt gerade der medizinische Körper die zweihundertjährige Tradition medizinischer Normalität und ihres Kurzschlusses mit sozialer Normalität ein.

Ebenso ließen sich in beliebigen anderen Fällen jeweils die konnotierten Achsen des Benningschemas sowie die konnotierten normalistischen Kurven aufzeigen. Die *Globus*-Bilder und ähnliches Material verdeutlichen die strukturelle Symbiose von Kurven und Symbolen, insbesondere medizinischen Körpern und High-Tech-Vehikeln, durchgängig explizit: *Autos* fahren Kurven entlang, stürzen ab, überholen und überschlagen sich (siehe die Abbildungen der *Kurvenlandschaft*).

Die massenhafte Fluktuation einzelner Symbolisierungen stellt dabei selbst einen normalistischen Prozeß dar: sie führt zu durchschnittlichen Verteilungen und typischen Akkumulationen und Streuungen. Da dieser normalistische Prozeß durch die Subjekte selbst läuft, erleben diese Subjekte dabei ständig Normalität und Normalisierung. Sie erleben nicht mehr und nicht weniger als ein normalistisches Unbewußtes, eine normalistische Traumarbeit. Der zusätzlich ver-sichernde Effekt dieses ständigen Erlebens ist enorm hoch zu veranschlagen: Zwar können die Subjekte nicht mehr auf die regelmäßige Rekurrenz von Naturereignissen bauen – statt dessen rekurrieren aber in beliebigen Lebenskontexten Autosymbole usw. auf dem ›in-

neren Bildschirm im eigenen Kopf‹. Auf diesem ›inneren Bildschirm‹ kann das Subjekt seine eigene Lage im Fadenkreuz der Basis-Topik observieren: Es kann ›sehen‹, ob es sicher wie ein Embryo im Mutterschoß in der Mitte der diversen Glockenbäuche der diversen symbolischen Gaußoidkurven ruht oder aber in eine riskante Randlage zu geraten droht, aus der es sich durch ein Manöver der Selbstnormalisierung entfernen muß. Solche adjustierenden Manöver zu kalkulieren und zu vollziehen, ist das normalistische Subjekt am Steuer seines Autos tagtäglich gewohnt: das gleiche Adjustierungs-Management vollzieht es analog im politischen Verhalten, im Karriere- und Konkurrenzstreß oder in seiner »Beziehungsarbeit«. Auf diese Weise vermag es, sich in den Kurven-Bäuchen der von den normalistischen Dispositiven produzierten ›Zweiten Natur‹ schließlich fast genauso sicher zu fühlen wie im weiblichen Bauch der ›Ersten Natur‹. Dieses eigentlich entscheidende *soziale Netz* ist aus normalistischen symbolischen Kurven gewirkt und kann die Subjekte sogar noch dann (zumindest eine gewisse Zeitlang) in Sicherheit wiegen, wenn das finanzielle bereits gerissen ist.

Das oben erörterte Beispiel von Haitzinger zeigte demnach ferner in exemplarischer Weise auch die symbolische Äquivalenz zwischen dem ›medizinischen Körper‹ und den ›Techno-Vehikeln‹ – bei der Option ›Erhöhung von Autosteuern‹ könnte statt des *Michel* ein anthropomorphes *Auto* auf dem Operationstisch liegen. Entscheidend ist für meinen Gedankengang nicht die Hermeneutik von Einzelbeispielen (einzelnen Karikaturen, »Sprachbildern«, Fotos, Texten, Filmen usw.), sondern der ständige Wiederholungseffekt großer Massen von Applikationsvorlagen und punktuellen subjektiven Applikationsvorgängen. Aus diesem ständigen massenhaften Recycling der Symbole (das in der frühesten Kindheit beginnt und erst mit dem Tode endet) resultiert in den Gehirnen der normalistischen Subjekte so etwas wie eine große Katachrese aus ›medizinischem Körper‹ und den ›High-Tech-Vehikeln‹ als Folie sowohl des »Ich« wie des »Wir«: Während am TV Fotos von Flüchtlingsschlangen oder Kurven von AIDS-Infektionen oder bloß hektisch treppensteigende Minister mit Mappen unterm Arm gezeigt werden, setzt diese Katachrese uns entsprechende ›innere Bildschirme‹ ein und kommentiert sie durch einen unhörbaren, ununterbrochenen, ins Halbbewußte hineingesprochenen Begleittext: ›MEINE Sexualität ist durch eine *exponentiell* wachsende Kurve von AIDS-Infektionen akut denormalisiert. Hier besteht dringender Handlungsbedarf, ICH muß das dringend adjustieren. Außerdem macht MIR auch die Wachstumsrate von Flüchtlingen große Sorgen, und jetzt MEIN steil steigendes Staatsdefizit‹ usw. Die Subjekte, in denen diese Stimme des Socius spricht, wissen, daß UNSER ›Raum-Schiff-Körper‹ wirklich sehr komplex ist und viele Sensoren besitzt, die ständig alles mögliche messen, damit die Computer all das adjustieren können. Sie wissen ebenfalls, daß die Alarmlichter der Früh-

warnsysteme sich in aller Regel nur melden, wenn wirklich etwas *schmort.* Sie wissen also nicht nur, nein sie »spüren«, daß ich wirklich das in mir sprechende ICH bin, daß wir wirklich das in uns sprechende ICH sind. Sie werden also nun vorsichtiger beim Sex sein, zu 10% eine »Protestwahlstimme« abgeben und zu 80% ›Verständnis dafür haben, daß 10% eine Protestwahlstimme abgegeben haben‹ – und eben ›schärfer sparen‹.

Wenn man bedenkt, daß die Individuen in konkurrenzliberalen Gesellschaften prinzipiell als Singles konstituiert werden und daher so etwas wie As-Sociation (im Sinne von Socius-Bildung) erst sekundär hergestellt werden muß, leuchtet sofort die enorme Bedeutung der Applikations-Vorlage des phantasierten Industrie-Körpers wie auch die Nahezu-Allmacht der hegemonialen Medien ein. Wenn jeder Single die gleichen zu applizierenden Symbole in der gleichen Lesart (d.h. »diskursiven Position«) appliziert, dann ist dadurch die »schweigende Mehrheit« als ›gleich fühlender‹ Socius formiert. Diese Applikation findet nun aber nicht etwa ein für allemal in irgendwie allgemeiner Form statt, sondern täglich erneut durch täglich neu mittels des Kollektivsymbolsystems kodierte Ereignisse, die täglich neu subjektiv appliziert werden. Dabei werden die konkreten Symbolisierungen der Ereignisse durch die Medien vorgenommen.

Die zuerst von Walter Benjamin klar begriffene Frage nach der Historizität des kollektiven Unbewußten läßt sich diskurstheoretisch beantworten: Indem die Wahrnehmung der geschichtlichen Ereignisse stets über affektbeschwerte kollektivsymbolische Kodierungen erfolgt, erfolgt in dieser symbolischen Wahrnehmung selbst und zwar per Applikation gleichzeitig die individuelle wie die kollektive Subjektbildung. In dieser Wahrnehmung von Geschichte konstituieren sich die normalistischen Individuen zugleich als historische Subjekte, die – sich as-sociierend und handelnd – zum Beispiel eine historisch ganz konkrete *Turbulenz* von ihrem *Flugzeug* abzuwehren suchen.

Die erlebte Geschichte der normalistischen Individuen hat also exakt die gleichzeitig diskontinuierlich-punktuelle wie kontinuierlich-mythische Struktur einer TV-Serie von der Art *Star Trek*: Weil die *Belastungen* der Wiedervereinigung dann und dann die *Schmerzgrenze überschreiten*, muß *umgesteuert* werden, damit nicht der *in den Startlöchern steckenbleibende Aufschwung Ost den Aufschwung West zur Bruchlandung bringt* usw. Das Vehikel des Normalismus ist wie die Raumschiffe der Serien: Es fährt nur selten eine klare Fortschrittslinie, oder genauer: die Hauptlinie scheint mit dem jeweils aktuellsten Ereignis zu wechseln. Während des *Kalten Krieges* war es intermittierend am häufigsten der *Krieg der Sterne* gegen das galaktische *Imperium* – seither geht es zuweilen gegen ›Ming den Unbarmherzigen‹ = Saddam Hussein oder demnächst vielleicht (mit deutscher Beteiligung!) einen anderen ›Irren‹.

Im nächsten Kapitel werden konkrete Beispiele subjektiver Normalisierung, u.a. in Frauenzeitschriften, diskutiert. Zwei aktuelle Entwicklungen würden jeweils besondere monographische Studien erfordern: Erstens die *explosionsartig* expandierenden ›Kurven-Zeitschriften‹ zur expliziten normalistischen Orientierung, darunter gerade auch die Gesundheitsmagazine und Frauenblätter mit ihrer Ausrichtung auf die *fitteste Linie*. Zu diesen Zeitschriften gehören außer einer breiten ›Trend-Landschaft‹ typischerweise auch Selbsttests, Expertenratschläge und Horoskope in Kurvenform. Zweitens sind die elektronischen Spiele zu nennen, in denen *(nicht) normale Fahrten* und ihre subjektiven Applikationen in einem zuvor unvorstellbaren Maße rein technisch implementiert sind: Die Applikationen ICH BIN EIN AUTO, RAUMSCHIFF usw. funktionieren dort buchstäblich. In völliger Transparenz läßt sich an solchen Spielen die Symbiose von Leistungskonkurrenz (»gepunktete« Parameter), Normalisierung (durchschnittliche Erfolge und Mißerfolge, »Unfälle« usw.) und dem *fun-und-thrill*-Band von *(nicht) normalen Fahrten* mit dem High-Tech-Vehikel-Körper als Normal-Subjekt simulieren. Buchstäblich steuere ICH mich als *Kügelchen* durch *Labyrinth-Strecken* und gewinne oder verliere dabei »Punkte«. Vielleicht noch symptomatischer ist die Tatsache, daß zu den populärsten Spielen von Anfang an (»Eliza«) die »psychotherapeutischen« gehörten. Ein Marsmensch könnte über die Konstellation von Raumschiffjagden und »Psychotherapie« in den Regalen der Supermärkte erstaunt sein, ein Leser der vorliegenden Studie wohl kaum: Das zweite spricht nur die Wahrheit des ersten im Klartext aus, das Selbstnormalisierungstraining der Subjekte. Insofern erweist sich die Kollektivsymbolik des Vehikel-Subjekts tatsächlich als interdiskursiver Knoten der vielfältigen »Therapie-Kultur«, die zuerst in den USA aufkam und ohne die der Flexibilitäts-Normalismus nicht denkbar wäre (s. dazu das nächste Kapitel).

(Nicht) normale Fahrten generell

Wenn die hier dargestellten Zusammenhänge im großen und ganzen korrekt sind, dann wäre hypothetisch davon auszugehen, daß der institutionalisierte Interdiskurs von Kunst und Literatur (natürlich insbesondere einschließlich des Films) unter normalistischen Bedingungen sich am Phantasma des High-Tech-Vehikel-Körpers abarbeiten müßte. Tatsächlich sollte die Serie der in die vorliegende Darstellung einmontierten *(nicht) normalen Fahrten* schrittweise verdeutlichen, daß und warum ein bestimmter Geschichtentyp im Normalismus mit struktureller Insistenz wiederkehrt, so daß man von einem »Faszinationstyp« sprechen kann: Es handelt sich um Geschichten, die die subjektiven Normalitätsgrenzen markieren, indem sie aus einer im Inne-

ren der Normalität situierten Perspektive Spiele mit der Transgression inszenieren. Dabei erscheint die normalistische Subjektivität als Techno-Vehikel-Körper im zirkulären Verkehr unter einer Art Zentrifugalkraft, die sie in den Bereich der *Grenze* treibt. Thematisch entspricht dieser Konstellation das Spiel mit der Grenze normaler Subjektivität, normaler erotischer Beziehungen und normaler As-Sociation.

Der Geschichtentyp ruht erstens auf einer nahezu allgegenwärtigen elementar-literarischen Basis. Alle normalen Verläufe erscheinen im Interdiskurs als Fahrten von Subjekten in Techno-Vehikeln. Das beginnt in den normalistischen Spezialdiskursen selbst. Auch viele der in der vorliegenden Studie zitierten neueren Autoren sind unbewußt in ein Netz entsprechender Kollektivsymbolik verstrickt:

> Delays in a dynamic system have serious effects only if the system itself is undergoing rapid changes. Perhaps a simple exemple will clarify that statement. When you drive a car there is a very short, unavoidable delay between your perception of the road in front of you and your reaction to it. There is a larger delay between your action on the accelerator or brakes and the car's response to that actions. (usw.[3])

> Wie bei einem Stau auf der Autobahn bilden sich beim Übergang von einer Phase zur anderen Fluktuationen (in diesem Fall Schockwellen), in denen der glatt rollende Verkehr in Stop-and-Go-Wellen übergeht – bis die Autofahrer ihre Wunschgeschwindigkeit der Verkehrsdichte oder den örtlichen Straßenverhältnissen angepaßt haben [...]. (usw.[4])

Aber auch *harte* logische Diskurse kommen nicht ohne Autosymbolik aus: Wenn Howard Raiffa den Ablauf von Entscheidungs- und Zufallsoptionen entlang eines Szenario-Netzes anschaulich darstellen will, greift er zum Autosymbol: (An bestimmten Gabelungen des Szenario-Netzes gilt:) »Der Zufall sitzt im Fahrersitz«, (und an anderen:) »An dieser Stelle kontrollieren Sie wieder selber das Lenkrad«[5]. (Die Geschichtsphilosophie gedankenexperimentiert sogar schon mit einem »Auto, das weder Kupplung noch Automatik hat«[6].)

Der Geschichtentyp ruht zweitens auf einer breiten populären Basis: auf dem Krimi, dem erotischen Psycho-Thriller und der SF-Story.

Die *(nicht) normale Fahrt* gehört zu jenen »Faszinationstypen«, die jenseits von Genregrenzen und Stiltypen einen jener schwer faßbaren Indifferenzpunkte zwischen Themen und Strukturen bildet, um die sich ein ›diskursiver Kern‹ konstelliert. Wie schon in Teil I.4 dargestellt, gibt es »realistische« wie »surrealistische«, ambitionierte wie triviale, tragische wie ko-

3 Donella and Dennis Meadows et al., *The Limits to Growth*, New York 1972, 144.

4 Walter Bühl, *Sozialer Wandel im Ungleichgewicht*, Stuttgart 1990, 128.

5 Howard Raiffa, *Decision Analysis*, 10.

6 Alexander Kluge/Oskar Negt, *Geschichte und Eigensinn*, Frankfurt/Main 1981, 81.

mische, klassizistisch-formstrenge wie modernistisch-experimentelle *(nicht) normale Fahrten*. In den Montagen sind entsprechend dem Gang der Untersuchung einige wenige, das Spektrum bei weitem nicht erschöpfende Spielarten dargestellt worden. Wiederum in nur selektiv, aber exemplarisch ergänzender Absicht sei hier noch kurz Martin Walsers *Kristlein*-Trilogie erwähnt, die zu den »realistischen« und dabei gleichzeitig halb trivialen, halb modernistisch-experimentellen Beispielen zählt. Man kann die Makrostruktur der Walserschen Narration als eine Art *Surfing* durch ›realistische Themen‹ beschreiben, die mittels trivialer Handlungselemente (normale Ehe und normales Fremdgehen) assoziativ in einer jargonartigen Ich-Perspektive entfaltet werden. Als Leitmotiv des *Surfing* dient dabei das Autofahren des Protagonisten (Beruf Vertreter im weitesten Sinne), z.B.:

Als ich über den Keplerplatz preschte und nicht in die Trabacher Straße einbog, sondern mich einfach am Steuer festhielt und dem Wagen seine Richtung ließ, immer geradeaus, weg über den Platz und hinein in die Bebelstraße, da wußte ich, daß ich so schnell nicht heimfinden würde. Mein M 12, so grau und alt er war, begann zu glühen. Du allein bist das Gefährt, in dem die Gerechtigkeit noch Platz hat, in dem sie sogar noch am Steuer sitzt und den Kurs bestimmt, murmelte ich und fügte mich, ließ mich von der Bebelstraße rechtzeitig in den Hardenbergweg hineintragen und kurvte den Stormweg hinauf [...]. (310)[7]

Das Auto ist das Vehikel, das abwechselnd von der Familie weg und wieder zu ihr zurückführt. Es organisiert das Sichabstrampeln in der aporetischen siamesischen Bifurkation zwischen Protonormalismus (Normalfamilie alten Typs) und Flexibilitäts-Normalismus (›sexuelle Freiheit‹) und endet demnach konsequent mit dem *Sturz* (einige Zeit später hätte Walser, wie ich annehme, prägnanter *Absturz* gesagt) eines *Autos*, das an ein *Boot* gekoppelt ist und mit ihm gemeinsam *wie ein Flugzeug von der Straße abhebt* – in einen ambivalenten Tod mit utopischer Wiederauferstehung der Normalfamilie hinein. Man hat in dieser Trilogie eine der ›gültigen‹ literarischen Formulierungen der ›alten Bundesrepublik‹ gesehen – zu Recht, insofern es sich um die mythische Narration des Normalismus, seiner Bifurkation und seines Vehikels handelt:

Gaby verlangte also Treue von mir, obwohl sie doch gleichzeitig Untreue Alissa gegenüber verlangte. Es tat mir gut, sie nun auch in diese vielbödigen Moralen verstrickt zu sehen. [...] Natürlich war sie dadurch erst auf meinen normalen Lebenspegel herabgekommen, und ich hatte kein Recht, sie zu verachten. Aber da ich mich an mich selbst schon gewöhnt hatte, ihr Sturz aber ganz neu war, sah ich nun doch ein bißchen auf sie hinab. [...] Das war alles ganz normal, ich erlebte das wirklich nicht zum ersten Mal, aber Gaby gestattete ich es nicht, normal zu sein [...]. (108)

---

7 Martin Walser, *Halbzeit*, Frankfurt/Main 1973 (stb).

Außer diesem ›Normalpegel‹ des Fremdgehens berührt das Themen-*Surfing* des Zyklus auch alle anderen Normalitäten und Denormalisierungsängste der Bundesrepublik, und es gehört zu den kleinen Meistertricks von Walser, seinen Helden zu einer Schulung in flexiblem Normalismus nach New York zu schicken, wo er mit »Florian Znaniecki, Ernst Kris, Hans Speier, Gordon Allport, Lloyd Warner, Pierre Martineau, Louis Cheskin, Burleigh Gardner, James Vicary, Vance Packard, George Katona, Herta Herzog, Dorothy Jones, David Riesman, [...] Harold D. Laswell, George A. Lundberg, William J. Thomas, Robert E. Park, Paul F. Lazarsfeld, Robert K. Merton, Melvin T. Copeland, George H. Smith und William H. Whyte« (711) konfrontiert wird. Etwa zu diesem Zeitpunkt darf er seinen alten M 12 gegen einen neuen Mercedes 180 eintauschen. Die gesamte Trilogie gleicht demnach einem einzigen großen, aus der Kollektivsymbolik des Normalismus herausgesponnenen Katachresen-Mäander, der dem entsprechenden Katachresen-Mäander der Kultur selbst lediglich die eigene Melodie vorsingt. Wie weit er sie damit zum Tanzen bringt, sei dahingestellt.

(Nicht) normale Fahrten 10: Die deutsche Wiedervereinigung

Im Zuge der Wiedervereinigung war in den Medien viel von »Symbolik« die Rede, aber man meinte damit jene traditionelle normal- und radikalnationalistische Heraldik des *Brandenburger Tors*, der *Adler* und Fahnen, in die die »schweigende«, d.h. normale Mehrheit der Bevölkerung glücklicherweise nur noch geringe Mengen an Affektivität investieren konnte. Es wäre aber sicher völlig verfehlt, daraus zu schließen, daß diese Mehrheit den ›atemberaubenden‹ Prozeß der Wiedervereinigung nicht auf intensive Weise subjektiv-symbolisch »erlebt« hätte. Nur kodierte sie ihn subjektiv nicht in traditionaler, sondern in moderner Kollektivsymbolik – und zwar, wie eigentlich nicht anders zu erwarten war, als eine normal beginnende und (mindestens vorübergehend) ins Anormale ›abhebende‹ Fahrt.

Die Fahrt startete als eine Folge von gleichzeitig normalen wie anormalen Bewegungen in einem *Haus*, in dem berühmten, von Gorbatschow selbst lancierten symbolischen *Europäischen Haus*. Es begann genau mit einem außerordentlichen diskursiven und symbolischen Ereignis, das darin bestand, daß ein protonormalistischer Chefideologe sich in riskanter Weise auf dem Felde der flexibel-normalistischen Kollektivsymbolik zu tummeln versuchte. Dieser Normalisierungsversuch schlug ins Gegenteil um: Nicht nur der übliche Diskurs des Chefideologen, sondern sein ganzer Staat (die DDR) wurde dabei ins Schlaglicht des extrem Anormalen gerückt. Einige Monate vor Öffnung der Mauer hatte Kurt Hager im Namen der SED erklärt, »wenn der Nachbar seine Wohnung neu tapeziere, sei das kein Grund,

ebenfalls neu zu tapezieren«[8]. Damit sollte die Forderung nach Reformen im Sinne Gorbatschows in der DDR abgeblockt werden. Hager hatte offensichtlich nicht die Eigenlogik normalistischer Kollektivsymbolik bedacht: Mit »Nachbarn« hatte er die Sowjetunion und Polen gemeint, symbolisch mußte aber als nächster »Nachbar« Westdeutschland mit konnotiert werden. Mit »Tapezieren« hatte er einen normal-idyllisch-familialistischen Ton anschlagen wollen – gerade dadurch aber mußte die Frage provoziert werden: Ist eine Mauer mit Stacheldraht und Schießbefehl zwischen zwei nachbarlichen Häusern etwa normal? Mehr noch: Innerhalb des damals in den westlichen Massenmedien, die aber längst auch den öffentlichen Interdiskurs des Ostens bestimmten, verwendeten Symbolsystems dominierte zu diesem Zeitpunkt eben das *Europäische Haus* – die Frage stellte sich also noch viel radikaler: Ist eine Mauer mit Stacheldraht zwischen zwei nachbarlichen Wohnungen im gleichen Haus etwa normal? Durch Hagers Äußerung – darin bestand ihr großer Effekt – schien die DDR-Elite erstmals implizit selbst die extreme Anormalität der Mauer zuzugestehen. Die Mauer wurde dadurch symbolisch noch mehr als zuvor schon als anormale Ungeheuerlichkeit mitten in einem normalen Hause konstituiert.

Vom Westen aus gesehen kam die Symbolisierung der Mauer als Anormalität in einem normalen Haus wie gerufen. Sie erlaubte am Beginn der schließlich zur Wiedervereinigung und in die Neue Welt-Ordnung führenden reißenden Dynamik eine beruhigende symbolische Kodierung: Die beiden *nachbarlichen deutschen Wohnungen oder Zimmer mitten im Europäischen Haus* betonten *Mitte* und *Symmetrie*, also *Stabilität* und *Gleichgewicht*. Es ging lediglich darum, eine *Tür aufzuschließen*. Die symbolisch evozierten Bewegungen waren individuell, familial, also normal. Zwei Zwillings-Michel würden sich wie zwei Gartenzwerge in die Arme fallen.

Die tatsächliche Öffnung der Mauer am 9.11.1989 stellte sich dagegen als ganz und gar *nicht normale Autofahrt* von Ost nach West dar: als Fahrt im (für westliche Standards nicht normalen) »Trabi« zum einen, als massenhafte, keineswegs individuelle Fahrt, symbolisch gesehen als *Trabi-Flut*, zum anderen. Das Kollektivsymbolsystem reagierte auf diese *Überflutung* allerdings noch nicht durch Modulation der symbolischen Tonart von der Architektur (*Haus*) zur Hydraulik (*Flut*), sondern zunächst dadurch, daß es das *Europäische Haus* auf Schienen setzte und als *Europäischen Zug* in Bewegung brachte. Damit war allerdings die beginnende mythische Geschichte grundsätzlich als dynamische Geschichte konstituiert: *Es war losgegangen, wir waren in Fahrt.*

Mehrere Monate lang diskutierte die gesamte mediopolitische Klasse nun das Problem, ob und wie es möglich gemacht werden könnte, die zwei

8 S. *konkret* 9/1989, 56.

deutschen *Waggons* des *Europäischen Zuges* in voller Fahrt in dessen Mitte *aneinanderzukoppeln*, ohne eine *Entgleisung* oder auch nur eine Verlangsamung dieses symbolisch vermutlich nach Westen fahrenden Euro-City zu riskieren. Dabei ließ sich nun geradezu mustergültig das ineinandergreifende Spiel von Eigenlogik des Symbolsystems, symbolisch-interdiskursiven Ereignissen (die von anderen diskursiven, z.B. politischen, und teilweise nicht-diskursiven, z.B. ökonomischen Ereignissen provoziert wurden und ihrerseits solche provozierten) und diskursiven ›Charakter‹-Effekten (z.B. Willy Brandt vs. Oskar Lafontaine) studieren. Eine wichtige symbolische ›Weichenstellung‹ nahm Willy Brandt auf dem großen National-Parteitag der SPD in Berlin am 18.12.1989 vor, als er sagte, die *deutschen Waggons* dürften nicht auf einem *Abstellgleis* warten müssen, bis der *Europäische Zug* endlich angekommen sei. Dadurch war symbolisch ein eigener *Deutscher Zug mit Vorfahrt* gefordert. Brandt selbst malte dabei allerdings (vermutlich ungewollt) eher schlimme Aussichten an die Wand:

> Allerdings gebe ich gern zu, daß beide Züge, der gesamteuropäische und der deutsche, bei ihren Fahrten vernünftig zu koordinieren sind. Wer hätte etwas davon, wenn sie irgendwo auf der Strecke zusammenstießen? (nach *taz* 19.12.1989).

Offenbar sprach hier mehr die Eigenlogik der Kollektivsymbolik und der einmal begonnenen, kollektivsymbolisch generierten mythischen Geschichte als die Autorintention eines ›Charakters‹. Jedenfalls war das Problem auf diese Weise als Normalisierungsproblem innerhalb des (schienengebundenen) Normal-Verkehrs konstituiert. Dadurch wurden gleichzeitig die politischen Individuen konnotativ entweder als *Zugführer* eines *deutschen* oder eines *europäischen Zuges* ›angerufen‹. Bemerkenswert war, daß diese Alternative sich von Anfang an als gegenüber der symbolischen *Rechts-Links*-Alternative irreduktibel und nicht-isomorph erwies. So stimmte der Regierungssprecher Hans Klein (CSU) mit Willy Brandt in der Option eines *Deutschen Zuges* überein: Im *Spiegel* vom 11.12.1989 hieß es:

> Jeder wisse jetzt, pries auch Propaganda-Minister Hans Klein das Kohl-Papier, »wie die Schienen des Zugs zur deutschen Einheit laufen, wo die Bahnhöfe sind«. Nun schicken sich die Großen dieser Welt an, dem Fahrdienstleiter in der kleinen Hauptstadt am Rhein die Kelle aus der Hand zu nehmen.

Vergeblich versuchte der *Spiegel* mit dieser Darstellung, durch die konnotierte Harmlosigkeit eines deutschen Gartenzwerg-Häuschens die zunehmend gefährlichere Dynamik herunterzuspielen: In Wirklichkeit waren es die »Großen«, die ohnmächtig, hilflos und schließlich völlig vergeblich den *Deutschen Zug* zu stoppen versuchten. Aus »Vier plus Zwei« wurden bald schon »Zwei plus Vier«, die »kleine« Hauptstadt wurde durch die »große« abgelöst, die »deutsche Verantwortung« wuchs gerade auch im *Spiegel* besonders militärisch rasant in globale Dimensionen, und kaum zwei Jahre

später forderte der »kleine Fahrdienstleiter« bereits das Vetorecht im Weltsicherheitsrat für sich.

Obwohl der gleichen Partei wie Brandt angehörend und lange Zeit als »Willy Brandts Sohn« subjektiviert, entschied sich Oskar Lafontaine, der Mann am symbolisch halbfranzösischen Ort und mit dem französischen Namen, für die Vorfahrt des *Europäischen Zuges*. Im *Spiegel*-Interview vom 25.12.1989 wurde er aufgefordert, zu Brandts Rede vom *Deutschen Zug* Stellung zu nehmen. »Kann Brandts Bild nicht auch anders gedeutet werden?« fragte der *Spiegel*, »Wenn es zu lange dauert, bis der europäische Zug kommt, kann der deutsche Wagen von einer eigenen Lok vom Abstellgleis gezogen werden.« Dazu Lafontaine:

> Um noch mal zu dem Eisenbahnbild zurückzukehren: Es wird wohl keiner auf die Idee kommen, den Wagen der Bundesrepublik jetzt aus dem Zug wieder auszukoppeln, ihn zunächst irgendwo mit dem Wagen der DDR zu verkoppeln und dann irgendwann wieder an den Zug der westeuropäischen Einigung heranzuführen.

Genau auf diese Idee war allerdings schon damals die Mehrheit der westdeutschen Elite, und zwar sowohl in CDU wie SPD, gekommen.

Ganz abgesehen von den schwierigen Koordinierungsproblemen der Züge ist die Medienkarriere des *Europäischen* und *Deutschen Zuges* auch deshalb so interessant, weil die *Eisenbahn* eigentlich in der vorherrschenden westlichen Kollektivsymbolik eher für »Planung« (»Fahr-Plan«), »Kollektiv« und sogar »Sozialismus« (»Bindung an eine feste Schiene«) steht, außerdem ein wenig für »19. Jahrhundert«, während das »Vehikel der Freiheit« natürlich das symbolische *Auto* ist. Die vorübergehende Karriere des *Zuges* erklärt sich also teilweise aus dem Bedürfnis, das beunruhigende Tempo durch ein festes *Gleis*, durch *Bahnhöfe* und einen *Fahrplan* beherrschbar erscheinen zu lassen. Vielleicht spielte auch die Tatsache eine Rolle, daß der *Zug* konnotativ eher einen symbolisch gemeinsamen Nenner mit der »sozialistischen DDR« zu liefern schien. Aus all dem mußte sich die Prognose ergeben, daß sich bei weiterer *Steigerung des Tempos* das *Deutsche Auto* durchsetzen würde.

Zunächst machte sich das *Auto* auf geradezu subversive Weise als Katachrese innerhalb der *Eisenbahn* selbst bemerkbar. So entging das Neue Forum auf seiner nationalen Gründungskonferenz am 28.1.1990 nur durch folgende Kompromißformel der Spaltung: der »Deutsche Zug« müsse als »Motor des Europäischen Zuges« verstanden werden (*FAZ* 29.1.1990). Kollektivsymbolisch besitzen nur Autos und nicht Züge einen »Motor«. Es handelt sich um ein geradezu spektakuläres Beispiel dafür, daß Kollektivsymbolik und mythische Geschichte wahrhaftig etwas anderes sind als ›rhetorisch-didaktische Schmiermittel‹. Ohne sie ist normalistische Politik nicht möglich, da nur in ihnen individuelle und kollektive Subjektivierungen un-

mittelbar mit Entscheidungen für konkrete historische *Weichenstellungen* ineins fallen. Indem das Neue Forum eher kollektiv als individuell einen prächtigen kollektivsymbolischen Katachresenmänder generierte, konstituierte es sich nicht nur als kollektives Subjekt (und entging der Spaltung), sondern bewies auch seine »Politikfähigkeit« im Sinne des westlichen, flexiblen Normalismus. Denn die Fähigkeit zum kollektivsymbolischen Katachresenmänder (d.h. zum symbolischen »Kompromiß«) ist heute der Kern normalistischer Politikfähigkeit überhaupt.

Ein westliches Pendant zur *Eisenbahn-Auto*-Katachrese lieferte der IG-Metall-Vorsitzende Franz Steinkühler in einem seiner Leitartikel (*Metall* 1.6.1990):

> Der deutsch-deutsche Zug rast mit hoher Geschwindigkeit in Richtung staatliche Einheit. Die IG Metall hat gegen dieses Tempo immer Bedenken erhoben [...]. Mancher wird sich fragen, ob dies denn nicht ein Widerspruch ist, bei der staatlichen Vereinigung für ein langsameres Tempo zu plädieren und bei der Herstellung der gewerkschaftlichen Einheit selbst auf das Gaspedal zu drücken.

Der inzwischen rasende *Deutsche Zug* war also, wie das *Gaspedal* beweist, längst ein *Auto*. Insgeheim war er das schon seit der *Wende* selber gewesen, die kollektivsymbolisch entweder *Boot*-Wende oder *Auto*-Wende ist. Am 21.5.1990 brachte der *Spiegel* ein Cover, das einen entschlossenen Kohl und einen verängstigten de Maizière rasend in einem Auto zeigt. Das Auto rast frontal auf den Betrachter zu und sprengt sozusagen gefährlich seinen Rahmen. Durch einen schwarzrotgoldenen Kühler und die schwarzrotgoldenen Krawatten ist der offene Sportwagen als *Deutsches Auto* gekennzeichnet. Kohls Darstellung als *Raser* symbolisiert das *extreme Tempo der Wiedervereinigung* (Titel: »In Eile zur Einheit«), gleichzeitig steht es für einen gewissen Typ westdeutscher Eliten (Titel: »Machtrausch«). De Maizières Position im *Babysitz* symbolisiert zum einen die Ohnmacht der Noch-DDR, darüber hinaus aber konnotativ und verschoben die (ansonsten verdrängte) Panik der westdeutschen Bevölkerung angesichts der inzwischen weniger und weniger normalen Fahrt. Auch die *Richtung* dieser *Wende* ist inzwischen völlig unklar geworden: rast das *Deutsche Auto* eigentlich noch nach Westen oder längst nach Osten? Dieses rasende Auto durch *Vorfahrtsregelungen* (z.B. *FAZ* 12.10.1990) zu bremsen, mißlingt ebenfalls. Es ist also nicht verwunderlich, wenn das *Deutsche Auto* bei weiter gesteigertem Tempo *abhebt* und zum *Deutschen Flugzeug* bzw. zur *Deutsche Rakete* wird. Das ist um so weniger verwunderlich, als ja der Phantasie der *(nicht) normalen Fahrt* tiefenstrukturell eine Katachrese aus allen Techno-Vehikeln entspricht. Kein Wunder also, daß etwa vom Jahreswechsel 1990/91 an mit den *Turbulenzen* der Post-Wiedervereinigung und den *Warteschleifen*[9],

9 Vgl. das Stichwort »Warteschleife« im »Aktuellen Lexikon« der *SZ* vom 18.3.1991.

schließlich der Denormalisierungsangst vor dem *Absturz* (z.B. *FR* 20.3. 1991), das *Flugzeug* zum Leit-Vehikel wurde. (Nach dem erneuten *Abschwung* der gesamtdeutschen Konjunktur Ende 1995 wiederholten sich diese *Turbulenzen*: diesmal bloß noch dramatischer; am 17.6.1996 titelte der *Spiegel* mit *Absturz Ost*.)

Mit den *Turbulenzen* war aber nun erstmals auch die äußere Umwelt des Vehikels betont und damit das zu Beginn dieser *(nicht) normalen Fahrt* Verdrängte wiedergekehrt. Es stellt sich nämlich an diesem Punkt der Fahrt die Frage, warum das *Boot* in der Serie der Vehikel fehlt. Trotz der stabilen Symbolik des *Staats-Schiffs* und trotz des Topos »wir sitzen alle in einem Boot«, trotz der Vorliebe gerade des deutschen Normalismus für das *ausgewogene Boot* scheint das *Boot* in der mythischen Geschichte von der Wiedervereinigung zu fehlen – so wie der gesamte hydraulische symbolische Komplex (*Fluten*) zu fehlen scheint. Werfen wir noch einmal einen Blick zurück zum Anfang. Als das *Europäische Haus* noch stabil schien bzw. der *Europäische Zug* sich erst langsam in Bewegung setzte, ergoß sich zwar eine reale *Trabi-Flut* in den Westen, die aber vom *Deich* des westlichen Kollektivsymbolsystems abgewehrt wurde. Das einzige *Boot*, das vorübergehend auftaucht, ist das schiffbrüchige und versinkende Boot der DDR, ein alter Pott und nicht einmal eine *Titanic* (Abb.). Nur die scheiternde DDR setzt vorübergehend höchst ambivalente symbolische *Fluten* frei. Die wimmelnden Schiffbrüchigen, die sich schwimmend zu retten versuchen, sind ja symbolisch ein integraler Bestandteil der bedrohlichen subjektlosen *Fluten* selbst, die ›unser Boot‹ zum Kippen bringen können. Begreiflich, daß dieser hydraulische Komplex zunächst nicht ›zum Zuge‹ kam. Er ließ sich allerdings, wie sich zeigen sollte, nicht auf Dauer verdrängen. Mit der »Liquidierung« der DDR-Industrie tauchte das flüssige Element im wahrsten Sinne auf: Die Normalisierung der DDR wurde symbolisch nun als die Aufgabe kodiert, ein *Gefälle auszugleichen*:

Noch höhere Gewalt. NRZ-Zeichnung: Bernd Bruns

Wenn in einer Schleuse, die in ihren beiden Kammern unterschiedlich hohes Wasser führt, das Tor hochgerissen wird, kommt es zum abrupten, unkontrollierten Zusammenschießen der Wassermassen (*Die Zeit* 2.2.1990).

Relativ früh wurde hier die *Öffnung der Mauer* nicht als beruhigende Öffnung einer Tür zwischen zwei Zimmern, sondern als beunruhigendes *Hochreißen einer Schleusentür* symbolisiert. Was seinerzeit seltene Ausnahme war, wurde seit etwa Anfang 1991 dominant. Die Leitmetapher des *Gefälles* symbolisiert die ›qualitative‹ Differenz zwischen der Ersten und der Zweiten Normalitätsklasse. Sie realisierte sich zunächst auf überwältigende Weise in der *Trabi-Flut*, durch die symbolisch auf höchst paradoxe Weise das *östliche Gefälle sich in den Westen ergoß*. Parallel zu dieser *Flut* strömten mehr als eine Million Flüchtlinge aus der DDR in den Westen. Diese *Flut* hielt weiter an, obwohl seit der Wiedervereinigung die Statistik geheimgehalten wird, um keine zusätzliche Panik auszulösen. Das *Gefälle* sollte vor allem durch drei umgekehrte *Fluten* von West nach Ost ausgeglichen werden: eine Geld-*Flut* (Subventionen), eine Wissens-*Flut* (»Besserwessis«) und – symbolisch sicher am wichtigsten – eine *Flut* von West-Autos.

Dem *Gefälle* entspricht auf der Ebene der symbolischen Subjektivierung die Opposition zwischen dem westlichen normalisierenden Kontroll-Subjekt und den östlichen subjektlosen Massen. Die Souveränität des normalisierenden Subjekts ist symbolisch eben die des Fahrers bzw. Piloten eines Techno-Vehikels bzw. die eines hydraulischen Ingenieurs. Als *Pilot* eines Hochgeschwindigkeits-Vehikels unterliegt der westliche Normalisierer den von Virilio beschriebenen objektiven und subjektiven Mechanismen einer *kalten* Ambivalenz aus *thrill* und *stress*. Kollektivsymbolisch nähert sich Hochgeschwindigkeit einem Äquivalent von *Turbulenzen* und *Fluten* an. Parallel damit tendiert, wie unsere Analysen der *(nicht) normalen Fahrten* gezeigt haben, das souveräne Pilot-Subjekt bei höchster Geschwindigkeit zum Umschlag in *Wahnsinn* und damit zum Umschlag in subjektlose Masse. Dieser Umschlag verband sich in unserem Falle je länger je mehr mit einer Art »Dialektik« der ›zensierten‹ *Fluten*: Die in jedem Normalismus strukturell stets dominante Denormalisierungsangst mußte die *Öffnung der Mauer* von Anfang an auch als ungeheuerliche Denormalisierung wahrnehmen (als *Flut*) – dagegen sollte die mythische Vehikel-Fahrt versichern, indem sie den Prozeß als souveräne Normalisierung darstellte – bis die *verdrängten Fluten* plötzlich z.B. als neorassistische Pogrome *hochschäumten*.

Bekanntlich gibt es in der deutschen Geschichte einen Präzedenzfall für plötzliche enorme Steigerung der eigentlich eher mäßigen symbolischen deutschen Geschwindigkeit: Ich meine den ersten modernen Einigungsprozeß zur Zeit Bismarcks und den folgenden fulminanten Aufstieg des Zwei-

ten Reiches. Die Zeitgenossen begriffen den Widerspruch zwischen dem alten, ›mittleren und mäßigen‹ deutschen Nationalcharakter und der neuen Hochgeschwindigkeit als Herausforderung, aus den beiden Polen eine Synthese zu bilden. So entstand die symbolische Vorstellung einer aufs äußerste getriebenen Dynamik, die aber gleichzeitig vollständig beherrschbar wäre. Daraus wurde das Phantasma einer technisch produzierten *Blitzgeschwindigkeit* gesponnen, die aber dennoch in jedem Moment unter totaler Kontrolle wäre und dadurch zugleich eine Art Stabilitäts-Ersatz gewinnen könnte, bis hin zu einer *eingefrorenen Ultrageschwindigkeit*. Dieses wahrhaft hirnverbrannte Phantasma made in Germany sollte, sobald die Gelegenheit sich ergab, geschichtswirksam werden – bis zu seiner definitiven Realisierung in dem *tiefgefrorenen Blitzkrieg* von Stalingrad. Gegen eine voreilige historische Analogie ist gerade die vorliegende Untersuchung allerdings glücklicherweise besonders gefeit: Die damalige *(nicht) normale Fahrt* war *durchgedreht* protonormalistisch, die heutige ist flexibelnormalistisch, was sehr verschiedene Globalbedingungen impliziert, selbst wenn gewisse Tendenzen der mediopolitischen Klasse zum *Rückfall* in den Protonormalismus unübersehbar sind. Diese Tendenzen können als Antwort auf die Schwierigkeiten erklärt werden, die Diskursposition eines souveränen Kontroll-Subjekts durchzuhalten. Die durch immer neue und gefährlichere *Turbulenzen* rasenden *deutschen Piloten* werden nicht müde, gebetsmühlenartig die Normalität der Fahrt zu behaupten. Sie vergrößern durch die evidenterweise kontrafaktische Beruhigungsformel die unterschwellige Panik des Publikums, das das *Durchsacken und Beben des Flugzeugs* am eigenen Leibe erfährt und auch die wilden Ausschläge auf den Bordanzeigern mitbekommt. Die verrückteste Reaktion der *Piloten* läge sicher darin, mitten in diesen *Turbulenzen*, mitten im rasenden Flug in die Denormalisierung hinein, mit einem Male durch einfache Lautsprecherdurchsage die Umwandlung des Zivilflugzeugs in einen schweren Bomber zu verkünden und den Passagieren bei dieser Gelegenheit plötzlich mitzuteilen, der *Bomber Deutschland* befinde sich bereits im Kampfeinsatz-Anflug auf Bagdad oder ein anderes Kriegsziel. Eine Alternative zu diesem Schluß des Films läge vielleicht darin, zuerst einmal bekanntzumachen, daß die *Fahrt* seit geraumer Zeit aus dem Ruder der Normalität gelaufen sei und daß die *Piloten* selber nicht weiterwüßten, daß hiermit alle Fahrgäste zum gemeinsamen Brainstorming eingeladen seien. (Pointe 1995: Tatsächlich befinden wir uns nun bereits, wie wir gerade sehr kurz und bündig erfahren, im *Deutschen Tornado* und im *Ernstfall* des Kriegseinsatzes gegen »*die* Serben« über Ex-Jugoslawien.)

Teil VIII

Normalistische Subjektivierung und Selbst-Normalisierung/Selbst-Adjustierung

Der von Hacking seit dem Beginn des 19. Jahrhundert konstatierten »Lawine von Zahlen« entspricht eine nicht minder beeindruckende Datenflut über subjektive, ›innere‹ Ereignisse. Schon Pietismus und sogenannte »Empfindsamkeitskultur« hatten seit dem 17. Jahrhundert die Genres Brief, Tagebuch und Autobiographie zu Massenerscheinungen werden lassen. Aus juristischen, religiösen und literarischen »Geständnissen« wurde seit Ende des 18. Jahrhunderts das für die normalistischen Spezialdiskurse konstitutive Genre der »Fälle« (exemplarisch für den Übergang ist wohl das *Archiv für Erfahrungsseelenkunde* von Karl Philipp Moritz). Das 19. Jahrhundert bringt nicht nur eine weitere quantitative Steigerung solcher »Geständnis«-Literatur (Foucault), sondern vor allem eine Systematisierung mit homogenisierender Wirkung. Psychiater und Sexualreformer beginnen, Viten systematisch zu erfragen, zu sammeln und en masse zu publizieren, wodurch Vergleichsfelder als Vorstufen zu Normalfeldern entworfen werden. Exemplarisch dafür sind die Fälle- und Vitenkorpora zu den »sexuellen Perversitäten«, denen Klaus Müller eine materialreiche und theoretisch mit der vorliegenden Untersuchung weitgehend kompatible Studie gewidmet hat[1]. Diese Korpora (exemplarisch Krafft-Ebing; s. Müller, 125ff., 203ff.) beruhen zwar meistens noch auf strikt ausgrenzenden, essentialistischen Rahmenideologemen, bereiten aber faktisch (schon allein durch ihre Menge) die Ablösung einer autonomen »Sexualität« von der Fortpflanzungsfunktion sowie die Kontinuierung der Übergänge und die Gradualität eines *Fächers von Abweichungen* vor (so deutlich bei Krafft-Ebing; s. Müller, 125). Einen weiteren Schritt zur Homogenisierung als Voraussetzung für das *Greifen* normalisierender Taktiken bildet die aktive Massenverdatung der Subjektivität durch die Experten. Biographische Anamnesen und Tagebücher werden nicht länger der Spontaneität der Subjekte überlassen (die selbst bereits genügend stereotyp war) – sie werden mittels standardisierter Fragen ›auf

1 Klaus Müller, *Aber in meinem Herzen sprach eine Stimme so laut.* Homosexuelle Autobiographien und medizinische Pathographien im 19. Jahrhundert, Berlin 1991.

Linie gebracht‹ und gehen dann bereits im 19. Jahrhundert in systematische Tests (s. Müller, 103ff., 261f.), Fragebögen (303) und Statistik (114) über. Selbstverständlich sind ausführliche autobiographische »Geständnisse« und Verdatung per Fragebogen/Test nicht einfach identisch, wie es die Welle der »Betroffenheitsliteratur« um und nach 1968, die sich ja meistens polemisch zum statistischen Normalismus verhielt, noch einmal emphatisch betont hat. Dennoch kann und muß man, wenn man den Normalismus insgesamt ins Auge faßt, von einer Art Kofunktion zwischen beiden Spielarten sprechen: Die »subjektiven Geständnisse« wirken automatisch immer auch als Signale auf *Bildschirmen* (*Coming-out*-Effekt); es werden ihnen automatisch Positionen auf den statistischen Karten zugewiesen, die sie ihrerseits außerdem stets mit neuen Daten beliefern sowie vor allem ›vermenschlichen und individualisieren‹. So entstand aus dem Spiel beider Linien der *innere Bildschirm* mit seiner *Kurvenlandschaft* als *eindimensionales* Instrument subjektiver Orientierung und Adjustierung. Massenhafte ›kalte‹ (›quantitative‹, ›objektive‹) Verdatung und individuelle ›warme‹ (›qualitative‹, ›subjektive‹) Verdatung der *Coming-out*-Geständnisse sind zwei Seiten der einen normalistischen Medaille; das eine spiegelt das andere, und beides gemeinsam liefert die Basis sowohl für expertokratische Normalisierungen en gros wie für persönliche Selbstnormalisisierungen en detail.

1. Psychotherapie als Adjustierung abweichender »Lebenslinien« (Alfred Adler)

Die Adlersche »Individualpsychologie«[2] dreht sich bekanntlich um die These, daß Neurosen aus einem »Minderwertigkeitskomplex« (3 passim) und dem pathogenen unbewußten Versuch zu erklären seien, für die »Minderwertigkeit« eine rein »fiktive« »Kompensation« zu erstreben (4). Dabei akzeptiert Adler zunächst prinzipiell das Broussais-Comtesche Prinzip der Kontinuität von Normalem und Pathologischem, wenn er postuliert, »daß sich die hier zu besprechende Dynamik des Seelenlebens in gleicher Weise bei Gesunden und Kranken findet« (5). Für alle Individuen gilt demnach gleichermaßen, daß sie dem Programm eines unbewußten »Lebensplans« (4, 5) folgen müssen, den sich Adler wie den des Protagonisten eines Schillerschen Dramas vorstellt:

> Mit anderen Worten: das Seelenleben des Menschen richtet sich wie eine von einem guten dramatischen Dichter geschaffene Person nach ihrem Fünften Akt. (3)

---

2 Alfred Adler, *Praxis und Theorie der Individualpsychologie,* Repr. Darmstadt 1965 (1. Aufl. 1920).

Wenn sich in solcher Symbolik das Erbe des klassischen »Charakters« bei Adler erweist, so ist dieses Erbe dennoch nicht konstitutiv. Konstitutiv ist eine andere Art Symbolik, und zwar die Symbolik normalistischer Kurven. Der unbewußte »Lebensplan« läßt sich nämlich als eine der normalistischen Basiskurven vorstellen, als Wachstumskurve, als »Lebenslinie« (24) bzw. als »Leitlinie« (10), »Linie, die einer verfolgt« (2), als »Linien geradliniger Aggression« (9), »haarscharfe Richtungslinien« (25). Adler geht offenbar davon aus, daß jedes Individuum (vermutlich aufgrund seines genetischen Erbes, einer »familiären organischen Konstitution«, 12) sozusagen einen realistischen *Zielkorridor* für eine Lebenskurve besitzt. »Gesundheit« hängt davon ab, ob die unbewußt entworfene Kurve im ›Inneren‹, d.h. die Applikations-Vorlage für das reale Leben, mit den realen Gegebenheiten (Fähigkeiten, Möglichkeiten) kompatibel bleibt. Pathogen ist eine Schere zwischen unbewußt phantasierter Wachstumskurve und den realen Möglichkeiten. Dabei ist die Dynamik dieser *Schere* noch komplexer: Adler sieht ihren Ursprung in dem traumatischen Erlebnis einer (meistens realen, z.B. organischen) »Minderwertigkeit« während der frühen Kindheit. Das betreffende Individuum hätte also den Steigungswinkel einer normalen Wachstumskurve realistischerweise *nach unten* korrigieren müssen. Weil die Psyche das damit verbundene »Gefühl der Zurückgesetztheit« (13, 61) aber nicht bewußt verkraften konnte, flüchtete sich das Unbewußte in die pathogene »Kompensation« durch eine phantastische Kurve mit überzogenem Steigungswinkel. Die Aufgabe der Therapie besteht darin, die Struktur dieser *Schere* im konkreten Fall zu »entlarven« (d.h. bewußt zu machen: 31) und dadurch eine Adjustierung der Kurve, ggf. mit heilender Wirkung, zu ermöglichen. Die aufdringlichsten Konnotationen des entsprechenden Kurvenspiels bei Adler weisen in den Bereich der Börse: es gehe der Größenphantasie des Neurotikers um »Entwertung der anderen« (6, 88, 100), vor allem natürlich darum, »den Arzt zu entwerten« (31), »da sein eigener Kurs dabei steigt« (33, 50).

Die *Schere* zwischen der eingeschränkten Konkurrenzfähigkeit des unter »Minderwertigkeit« Leidenden und der Normalkurve einer-, der fiktiven »Allüberlegenheits«-Kurve (5) anderseits führe zur neurotischen »Distanz« (68ff.). Damit ist das Arrangement von Hindernissen und (pathologisch überzogenen) »Sicherungen« gegenüber den Situationen der normalen Erfüllung gemeint (z.B. Impotenz). Adler schlägt die gesamte Homosexualität der neurotischen »Distanz« zu: »einen zureichenden Grund zur Homosexualität gibt es überhaupt nicht« (124). Nicht nur an dieser Stelle erweisen sich Adlers noch stark protonormalistische Präferenzen.

Exemplarisch für die Adjustierungsarbeit an der Subjektivität ist auch die Funktion der Kollektivsymbolik bei Adler. Wie kaum anders zu erwarten, begegnen wir den Techno-Vehikeln als vorzüglichen Vehikeln der Subjek-

tivierung von Kurven. In der Fallbeschreibung eines sexuell gehemmten, masturbierenden Mannes, in der auch die Formel des »steigenden Kurses« begegnet (33), erweist sich dieser symptomatische »Drang nach oben« (33) nicht nur im Berufswunsch, »Luftschiffer zu werden«, sondern auch in Zwangshandlungen wie der, aufs »Dach« zu steigen (33). Ein unter ungewohnten nächtlichen Schlafstörungen leidender Arzt rekonstruiert selbst seinen Fall (119ff.): Er sei vom Untergang der *Titanic* tief erschüttert gewesen. Seine Schlafstörungen hätten danach begonnen, und er habe schließlich festgestellt, daß der Zeitpunkt seines pathologischen Erwachens (2 Uhr 30) eben der des Untergangs der *Titanic* gewesen sei. Er erklärt diese Kopplung mit seiner überzogenen Wunschkurve als Arzt, alle Menschen vor dem Tode retten zu wollen. Im Kontext der vorliegenden Diskursanalyse des Normalismus liegt es allerdings näher, die Ursache der allnächtlichen Panikreaktion des protonormalistischen Arztes in der unerwarteten Kollision des normalistischen High-Tech-Vehikels mit der »Natur« zu sehen – im plötzlichen tödlichen Abbrechen der schnurgeraden Normallinie des *Fortschritts*.

Die Adlersche Vorstellung einer *growth*-Kurve des Lebens mit einer entsprechenden *Fahrt* ist in einer Reihe späterer Therapiekonzepte in den USA aufgenommen, modifiziert und konkretisiert worden. Explizit knüpft Gordon Willard Allport an Adler an (s.u.), wobei er den *growth* ebenso explizit als Autofahrt vorstellt:

So kann das Erlernen einer Fertigkeit zuerst von einem deutlichen Gefühl der Beteiligung des Propriums begleitet sein. Wer kann die Ekstase der Kraft vergessen, die ihn bewegte, als er zum ersten Mal ein Automobil lenkte? (*WP*, 61)[3]

So entwarf auch Erik Erikson einen *growth-path* mit acht dominanten »Stationen«; unter kollektivsymbolischen Prämissen eigenartig erscheint dabei nur, daß seine *growth*-Diagonale *abwärts* statt *aufwärts* verläuft[4]. Wenn die *Stationen* auch nicht unmittelbar an eine Autofahrt denken lassen, so greift Erikson doch an wichtigen Stellen ebenfalls explizit zum Autosymbol, z.B.:

Daß wir unsere Kinder in einer persönlichen und toleranten Weise erziehen [...], ist schon etwas sehr Neues: es stellt die Eltern vor viele zusätzliche Unsicherheiten [...]. [...] Vielleicht dürfen wir dies als ein Zeichen dafür nehmen, daß wir durch ein Stadium des Lernens hindurch vorwärtsschreiten. Wenn jemand Autofahren lernt, muß er sich zuerst einmal bewußt machen, was alles passieren kann; er muß alle die Gefahrensignale an seinem *Armaturenbrett* [Hervorhebung von mir, J.L.] und auf der Straße hören, sehen und verstehen lernen. Aber er kann doch hoffen, daß er dieses Stadi-

3 Allport, Gordon Willard, *Werden der Persönlichkeit.* Gedanken zur Grundlegung einer Psychologie der Persönlichkeit (= *WP*), dt. Bern/Stuttgart 1958.

4 Erik H. Erikson, *Identität und Lebenszyklus.* Drei Aufsätze, dt. Frankfurt/Main 1966 (engl. 1959), 150f (vermutlich konnotiert die Abwärtsrichtung die Vorstellung von Desillusionierung und steigendem ›Realismus‹).

um des Lernens einmal überwunden hat und dann ganz bequem durch die Landschaft gleiten und die Aussicht genießen wird, im vollen Vertrauen darauf, daß er auf alle Anzeichen von Störung im Getriebe oder von Verkehrshindernissen automatisch und hinreichend rasch reagieren wird. (121)

2. Von der (protonormalistischen) »Normalbiographie« zum (flexiblen) »Normallebensentwurf«

Als sich in der zweiten Nachkriegszeit die Abweichungen von traditionalen Familienrollen und Gender-Viten (etwa vom Typ »Hausfrau und Mutter«) zu häufen begannen, entwickelte die Soziologie den Begriff der »Normalbiographie«.

Damit war – etwa bei René Levy – zunächst der traditionale status quo ante bezeichnet, von dem sich die neuen, »emanzipierten« und flexiblen Möglichkeiten abzweigten.

Als »Normalbiographie« z.B. der mittelständischen westlichen Frau galt demzufolge »Heiraten, Berufstätigkeit aufgeben, Kinder bekommen und großziehen, Nachkinderphase durchleben« (Levy, V).[5] »Normal« wurde dabei in doppeltem Sinne verstanden: als statistisch dominant (das sollte sich in der Folgezeit mehr oder weniger schnell ändern) und als »normgerecht« im Sinne eines traditionalen Rollenverständnisses. Normalität und Normativität wurden also dabei nicht bloß gekoppelt, sondern auch konzeptuell vermengt. Mochte diese Vermengung angesichts des Gegenstandes, der traditionalen klein- und mittelbürgerlichen Familie, auch durchaus naheliegen, so gilt es normalismustheoretisch dennoch, sie aufzulösen. Dieser Typ von »Normalbiographie« erweist sich dann als protonormalistisch. Ähnliches gilt für männliche »Normalbiographien«, die einem festen Phasenschema Schule – Berufsausbildung – ›fester Beruf‹ folgen (mit durchschnittlichem *Tempo* des Durchlaufs). All diese protonormalistischen »Normalbiographien« beschreiben eine (logistische) S-Kurve mit verschieden langer und verschieden steiler *Aufschwung*s-Phase und anschließender Einmündung in die teleologische Gerade (Heirat, Beruf).

Je mehr sich nun die *Abweichungen* von dieser »Normalbiographie« alten Typs häuften und je weniger »anormal« diese *Abweichungen* also wirkten, um so mehr mußte sich auch die Terminologie verschieben. Als exemplarisch für diese Verschiebung kann der von Karl Ulrich Mayer her-

5 René Levy, *Der Lebenslauf als Statusbiographie.* Die weibliche Normalbiographie in makrosoziologischer Perspektive, Stuttgart 1977.

ausgegebene Sammelband *Lebensverläufe und sozialer Wandel*[6] gelten. In allen Dimensionen (Bildungs-, Berufs-, Beziehungskarrieren, Prokreation) wird dort die »Auflösung der Normalbiographien« (Mayer, 14) und die Emergenz neuer, flexibler »Normalitäten« dargestellt[7]. Dabei erscheinen die flexiblen Normalitäten explizit als Dispositive von »Selbststeuerung durch Entwicklungsstreß«[8], die in Form typischer Kurven (etwa der »Sichelkurve«) darstellbar seien[9]. Auch für das normalistische Kofunktionieren von ›hart‹-statistischen und individualpsychologischen Ansätzen (einschließlich streßtheoretischen: so besonders der Beitrag von Elder, 22–57) ist der Mayersche Sammelband exemplarisch. Schließlich ist auch Arnold Schmieders Studie *Sucht: Normalität der Abwehr*[10] in diesem Zusammenhang interessant: Im Gegensatz zu dem dort favorisierten semsynthetischen Erklärungsmodell (das den Normalismus als pures Epiphänomen des »kernstrukturellen« Warenverhältnisses sehen möchte) legt das Material einen Zusammenhang zwischen der aporetischen normalistischen Bifurkation und der Sucht nahe. Die flexibel-normalistischen Dispositive freier »Lebensentwürfe« und »multipler Identitäten« (123) scheinen gerade protonormalistisch subjektivierte Individuen zur Kompensation heimlich begehrter Intensitäten durch »Drogen« im weitesten Sinne zu locken. Außerdem scheinen flexible Intensitäts-Erfahrungen selbst auch einen »Sog« (28) mit dem gleichen Ergebnis auszulösen: *(nicht) normale Fahrten* als *Ausscheren* unter dem Sog der Normalitätsgrenze.

3. Von der diskontinuierlichen Polarität der Geschlechter zum kontinuierlichen Gender-Mix

Keine polare und gleichzeitig asymmetrische Diskontinuität scheint so irreduktibel und unhintergehbar zu sein wie die Binarität der Geschlechter. Wenn es irgendwo letzte »Qualitäten«, absolute »Alterität« zu geben schien, dann hier. Dementsprechend sahen sich moderne Subjekttheorien

---

6 Karl Ulrich Mayer (Hg.), *Lebensverläufe und sozialer Wandel* (Sonderheft 31 der *Kölner Zs. f. Soziologie u. Sozialpsychologie*), 1990.

7 So, wenn Hanns-Georg Brose (*»Berufsbiographien im Umbruch.* Erwerbsverlauf und Lebensführung von Zeitarbeitnehmern«, in: Mayer, Hg., *Lebensverläufe,* 179–211) die »berufsbiographische Diskontinuität« als Trend sieht, der »zunehmend zur Normalität wird« (186).

8 So z.B. in dem Beitrag von Jochen Brandtstädter, *»Entwicklung im Lebensablauf.* Ansätze und Probleme der Lebensspannen-Entwicklungspsychologie«, in: Mayer (Hg.), *Lebensverläufe*, 322–350, bes. 329, 335, 337 (Modell »Testing the Limits«), 338, 341.

9 Brose, 201; zur »Sichelkurve« s. Andreas Diekmann/Peter Mitter: »Stand und Probleme der Ereignisanalyse«, in: Mayer, *Lebensverläufe*, 404–441, hier 415.

10 Arnold Schmieder, *Sucht: Normalität der Abwehr*, Freiburg/Br. 1992.

mit dem Paradox konfrontiert, selbst den Kern von Subjektivität geschlechtlich polar und diskontinuierlich denken zu müssen.

Dieses Paradox wurde von Otto Weininger in einem spekulativen Amoklauf sondergleichen in jeder Hinsicht radikal »zu Ende« gedacht[11]. Symptomatischerweise mußte sich aber diese reductio ad absurdum bereits an der normalistischen Gegentendenz zur Kontinuierung der Geschlechterpolarität abarbeiten. Zu Beginn des 20. Jahrhunderts, als Weininger *Geschlecht und Charakter* schrieb und publizierte, gab es längst breite Fächer »sexueller Zwischenstufen«, in denen sich die Wirksamkeit des Broussais-Comteschen Prinzips indirekt auch auf dem Gebiet der Geschlechterpolarität erwiesen hatte. Im ersten Teil seines Buches orientierte sich Weininger an den entsprechenden normalistischen empirischen Spezialdiskursen des 19. Jahrhunderts. Dabei trieb ihn die während der *Belle époque* bereits virulente flexibel-normalistische diskursive Strategie gegen seinen Willen zu einer Radikalisierung des Konzepts der »Zwischenstufen«, die den kontinuierlichen Gender-*Mix* der Kinsey-Reports vollständig vorwegnahm. Er proklamierte nämlich die generelle »Bisexualität« (8ff.) aller Menschen und formulierte auf dieser Basis das folgende »Gesetz«:

> Zur sexuellen Vereinigung trachten immer ein ganzer Mann (M) und ein ganzes Weib (W) zusammen zu kommen, wenn auch auf die zwei verschiedenen Individuen in jedem einzelnen Fall in verschiedenem Verhältnisse verteilt. (35)

Dabei können die Elemente M und W in den empirischen Individuen sämtliche Mischungsverhältnisse eingehen:

> denn wir operieren ja unter der Voraussetzung, daß jedes Individuum so viel Weibliches hat, als ihm Männliches gebricht. Ist es *ganz* männlich, so wird es ein *ganz* weibliches Gegenglied verlangen; ist es ganz weiblich, ein ganz männliches. Ist in ihm aber ein bestimmter größerer Bruchteil vom Manne *und* ein keineswegs zu vernachlässigender anderer Bruchteil vom Weibe, so wird es zur Ergänzung ein Individuum fordern das seinen Bruchteil an Männlichkeit zum ganzen, zur Einheit komplettiert; damit wird aber zugleich auch sein weiblicher Anteil in ebensolcher Weise vervollständigt. (35)

Er nennt dann als Beispiel den Fall eines Individuums mit »3/4 M, also 1/4 W«, und deduziert daraus nach Adam Riese als »sein bestes sexuelles Komplement« ein Individuum mit »1/4 M, also 3/4 W«. (35) Dieses »Gesetz« postuliert nicht bloß alle Möglichkeiten bisexueller *Mixe*, sondern gleichzeitig bei der Partnerwahl eine Kompensations-Tendenz, die die statistische Masse der Fälle aufs genaueste gegen jede *Abweichung* vom *Gleichgewicht* der Geschlechter ver-sichert. Ein postuliertes biologisches

---

11 Otto Weiniger, *Geschlecht und Charakter*. Eine prinzipielle Untersuchung, 16. Aufl. Wien u. Leipzig 1917.

Naturgesetz garantiert hier mit absoluter Sicherheit genau das, was nach meiner Hypothese über die »subjektive Rückkopplung symbolischer Gaußoidkurven« im Flexibilitäts-Normalismus (s.u.) mittels der in den Subjekten verankerten Fähigkeit der Selbst-Adjustierung höchstens annähernd und prekär genug erreicht werden könnte. Weininger formuliert darüber hinaus eine »Attraktionsformel«, nach der die sexuelle Attraktion A gleich dem Produkt einer Affinitätskonstante k mit der Reaktionszeit, geteilt durch die Differenz der Geschlechtsanteile der beiden Partner ist, bei exakter Übereinstimmung dieser Anteile also »unendlich« (44). Die objektive strategische Tendenz eines Denkens, das solche Formeln spinnt, ist wie gesagt flexibel-normalistisch. Es wäre schwierig, wenn nicht unmöglich, Normalitätsgrenzen etwa bei einer Mischung von 2/3 zu 1/3 oder 3/4 zu 1/4 anzusetzen und zu begründen. Tatsächlich bricht Weininger eine Lanze für die gesellschaftliche Anerkennung der Homosexualität (53ff.):

Die Konträrsexuellen (›beiderlei Geschlechts‹) sind im Sinne der hier vertretenen Anschauung als Individuen zu definieren, bei denen der Bruch Alpha um 0.5 herum schwankt [...]. (56) – [Und noch unmißverständlicher:] Das Neue in dieser Darstellung ist, daß für sie die Homosexualität nicht ein Rückschlag oder eine unvollendete Entwicklung [...] bedeutet [...], daß ihr die Homosexualität überhaupt keine Anomalie mehr ist, die nur vereinzelt dastünde und als Rest einer früheren Undifferenziertheit in die sonst völlig vollzogene Sonderung der Geschlechter hineinragte. *Sie reiht vielmehr die Homosexualität als die Geschlechtlichkeit der sexuellen Mittelstufen ein in den kontinuierlichen* [! J.L.] *Zusammenhang der sexuellen Zwischenformen* [...]. (57; Hervorhebung von Weininger)

Die hier versuchte Diskursgeschichte der Normalität erlaubt es zu konstatieren, daß der gerade zitierte Diskurs-Komplex bei Weininger strikt identisch ist mit entsprechenden Diskurs-Komplexen bei Kinsey. Sie erlaubt gleichzeitig, sich über diese Koinzidenz auf spezifische Weise zu wundern: Wissen wir doch, daß es sich bei Weininger um den größten Misogynen der bisherigen Geschichte handelt, dessen kulturelles Milieu zudem von dem der USA in der Mitte des 20. Jahrhunderts stark differierte! Dieser Weininger bzw. sein »erster« Diskurs (der Diskurs des ersten, ›naturwissenschaftlichen‹ Teils seiner Abhandlung) verwandeln also die Wesens-Grenze zwischen Mann und Frau zunächst in die reine Normalitätsgrenze eines homogenen Kontinuums (50%/50%) und heben diese Normalitätsgrenze dann noch praktisch auf! Dieser Diskurs mußte nach unseren Annahmen eine geradezu überwältigende Denormalisierungsangst auslösen.

Vor Weininger hatten allerdings gerade auch in den empirischen Spezialdiskursen die protonormalistischen Tendenzen insgesamt noch klar dominiert: Normale Männer standen in diskontinuierlicher Verteilung normalen Frauen gegenüber; allenfalls gab es Bemühungen, aus der Vielzahl der da-

bei ›abfallenden‹ sexuellen Anormalitäten ein normales »drittes Geschlecht« zu konstituieren. Es herrschte also im Feld des Geschlechts weiterhin protonormalistische typologische Normalität vor, die gegen Denormalisierungsängste genügend Ver-Sicherungen bot. Nach den in Teil VI zusammengefaßten wesentlichen Verfahren des Normalismus müßte sich nun aber selbst in diesem extrem ›qualitativen‹ Feld die grundlegende Tendenz zur Homogenisierung und Kontinuierung typologischer Pluralitäten bemerkbar gemacht haben. Paradoxerweise machte sie sich am stärksten gerade bei Weininger bemerkbar, d.h. ausgerechnet bei einem geradezu pathologisch auf »Charaktere« und insbesondere auf die absolute Alterität von Männlichkeit und Weiblichkeit in jeder Hinsicht »fixierten« Denker.

Wie Ulla Link-Heer dargestellt hat, erklärt sich die scharfe Zweiteilung des Weiningerschen Buches aus der paranoiden Angst des Autors vor dem (im ersten Teil zu Grunde gelegten) normalistischen Denkmodell vollständiger Kontinuierbarkeit und Integrierbarkeit des binären Geschlechtsgegensatzes. Dagegen werden im zweiten Teil alle Register des Kantischen Transzendentalismus und der idealistischen Subjekttheorien gezogen, um eine absolute Diskontinuität zu restaurieren:

> »Der Mann hat alles in sich [...]. [...] er kann zum Tiere, zur Pflanze, er kann auch zum Weibe werden, und darum gibt es weibliche, weibische Männer. Aber die Frau kann nie zum Manne werden.« (Weininger) – Mit dieser »wichtigsten Einschränkung«, dieser absoluten Grenzziehung aber wird das gesamte Feld der Bisexualität, das schon auf der Kippe stand, normal zu werden, im Extrem anormalisiert und pathologisiert [...] [12]

Das absurdeste Extrem eines ultragnostischen Dualismus, der die Frauen zu einer transindividuellen, rein »materiellen« Sex-Gallerte macht, der ausschließlich männliche Geist-Subjekte entgegengesetzt sind, die tragischerweise im Gefängnis von Körpern schmachten, muß von Weiningers »zweitem Diskurs« aufgeboten werden, um nicht nur die Normalitätsgrenze, sondern die Wesensgrenze wiederherzustellen, die von Weiningers »erstem Diskurs« verwischt worden war. Es war Weiningers tragischgroteske Situation, die Extremspannung zwischen der protonormalistischen und der flexibel-normalistischen Diskurs-Strategie, die vor dem Ersten Weltkrieg mehr und mehr angewachsen war, als seinen persönlichsten, ›genial-individuellen Tiefblick‹ zu verkennen und diese Extremspannung mit seinem persönlichen »intelligiblen Charakter« zu identifizieren. Bekanntlich spielte dabei seine von ihm in klassischer Identifikation mit dem Aggressor ›akzeptierte‹ Stigmatisierung als »Jude« im Sinne der antisemitischen Propaganda eine entscheidende Rolle. Denn nach der Logik der geistestypologischen »Cha-

12 Ulla Link-Heer, »Wird Androgynie normal? Zur Entfaltung imaginierter Geschlechtlichkeit zwischen zwei Fins de siècle«, in: *kultuRRevolution* 27/1992, 46–49, hier 49.

rakterologie« des »zweiten Diskurses« ähnelt »der Jude« in vieler Hinsicht »dem Weibe«; beide verwischen die Grenzen:

> Der echte Jude wie das echte Weib, sie leben beide nur in der Gattung, nicht als Individualitäten. – Kuppelei ist schließlich Grenzverwischung: und der Jude ist der Grenzverwischer kat' exochén. Er ist der Gegenpol des Aristokraten; das Prinzip alles Aristokratismus ist strengste *Wahrung* aller *Grenzen* zwischen den Menschen. (422, 424; Hervorhebungen von Weininger)

Was hier sowohl »dem Weibe« wie »dem Juden« zugeschrieben wird, ist nichts anderes als die Effektivität normalistischer Diskurse: Homogenisierung und Kontinuierung. Wenn man sich auf Martin Bormann verlassen kann, dann hat Hitler *Geschlecht und Charakter* gekannt und bekannt, der einzige »anständige Jude« sei Weininger gewesen: er habe sich selber durchschaut und daraufhin umgebracht[13].

Wie bereits angedeutet, wiederholt sich die weiningersche diskursive Konstellation etwa ein halbes Jahrhundert später in großem Maßstab und ohne die tragischgrotesken Verrenkungen. Wiederum werden dabei die sexuellen Typen einschließlich der Geschlechter nach dem Denkmodell allgemeiner und graduierbarer »Bisexualität« und beliebig verschiedener Gender-*Mixe* zu einem einzigen, homogenen und kontinuierlichen Normal-Feld der Sexualität integriert. Annette Runte und Ulla Link-Heer haben diese Tendenzen in den Feldern des Androgynen und des Transsexuellen verfolgt. In den Schriften Elisabeth Badinters zeige sich, so Ulla Link-Heer, exemplarisch die Tendenz zur Bildung einer aus allen biologischen und kulturellen Parametern integrierten ›generellen Geschlechtlichkeit‹ und zur freien Flexibilisierung entprechender *Mixe* »männlich/weiblich« (s. Titel Anm. 241). Annette Runtes Habilitationsschrift[14] entwickelt die Transsexualität als jenen Sondertyp im kontinuierlich graduierten *Fächer* flexibelnormalistischer Gender-*Mixe*, der eine Rettung in protonormalistisch eindeutiger (»normaler«) Geschlechtsidentität nicht durch Anpassung an das biologische Ausgangsgeschlecht oder durch Akzeptanz einer Interferenz, sondern durch vollständige körperliche Verwandlung ins andere Zielgeschlecht sucht. Dabei zeigt sich, daß die »Betroffenen« selbst meistens die weiningersche Panikreaktion einer Rück-Ver-Sicherung der Normalitäts- und der Geschlechtsgrenze wiederholen, ggf. am extremsten in Form der chirurgischen Geschlechtsumwandlung. Wie Weininger fühlen sie sich als »Seelen« in einem ›falschen Körper gefangen‹, den sie sich daher ›zurecht-

---

13 S. Jacques Le Rider, *Der Fall Otto Weininger*. Wurzeln des Antifeminismus und Antisemitismus, Wien u. München 1985, 216f. (Nach Bormann habe Hitler sich in diesem Sinne zustimmend auf Dietrich Eckart berufen; ob er selbst Weiniger gelesen haben könnte, bleibt dabei offen.)

14 Annette Runte, *Biographische Operationen*. München 1996.

schneiden‹ lassen. Anders muß die Funktion der Transsexualität für die flexibel-normalistische Diskursstrategie gewertet werden: Hier wird die Transsexualität als willkommener Grad in ein Kontinuum eingetragen, das von ihr aus über Transvestismus und Homosexualität zu »normaler«, heretosexueller Androgynie überleitet. Wie Annette Runtes Diskursanalyse zeigt, sehen die Autoren ihr Leben als *Reisen* aus der ›falschen‹ in die ›richtige‹ *Zone* einer Übereinstimmung zwischen ›Seele‹ und ›Körper‹.

In einer weiteren Analyse zum Transsexualismus, die aber darüber hinaus verschiedene Gender-Mix-Modelle und bereits normalismustheoretische Fragen einbezieht, gibt Annette Runte einen Überblick über die Flexibilisierung der »normalen« beiden Geschlechter[15]. Wenn Paul Kammerer 1918 noch eine zweigipflige Kurve vorschlug (274), bieten neuere amerikanische Publikationen Anleitungen zur Auswahl individueller Mixe (285ff).

Die Arbeiten des »Individualisierungs-Ansatzes« von Elisabeth Beck-Gernsheim[16] und Ulrich Beck handeln ausführlich von der Flexibilisierung der protonormalistischen »Normalfamilie« und dem neuen (flexibel-normalistischen) »ganz normalen Chaos der Liebe«[17]. Dabei geht es hauptsächlich um die Flexibilisierung der sozialen Gender-Rollen.

4. Das »Streß«-Konzept im Anschluß an Hans Selye als generelles (kybernetisches) Normalfeld psychosomatischer Homöostase

Seit Brown und Broussais hat, wie im historischen Teil schon erwähnt wurde, die normalistische Medizin die Vorstellung einer organischen Normalität aus koordinierten Homöostasen verfolgt, bei der der jeweilige Grad der Gesamt-Normalität an einer besonderen, repräsentativen Homöostase ablesbar wäre. In besonders generalisierenden Vorstellungen wurden dabei auch psychische Paramater in die Gesamt-Normalität integriert gedacht. Ich habe in diesen Zusammenhängen von ›Streß-Konzepten avant la lettre‹ gesprochen. Solche Vorstellungen erhielten seit 1936 ihre definitive Fassung, als Hans Selye sein »Streß«-Konzept (auch »General Adaptation Syndrome« = GAS, genannt) entdeckte und dann in den folgenden beiden Jahrzehnten insbesondere unter Rekurs auf die Kybernetik (Cannon und Wie-

15 Annette Runte, »Zwischenstufen, Häufungskurven, Drehpunkt- und Pfadwegmodelle. Über moderne Topographien geschlechtlicher Devianz und ihre ›trans-sexuelle‹ Normalisierung«, in: Ute Gerhard u.a. (Hg.), *Infografiken, Medien, Normalisierung*, 265–293.

16 Elisabeth Beck-Gernsheim, *Was kommt nach der Familie?* Einblicke in neue Lebensformen, München 1998.

17 Ulrich Beck/Elisabeth Beck-Gernsheim, *Das ganz normale Chaos der Liebe*, Frankfurt/Main 1990.

ner) entwickelte. Das GAS stellt das Gesamtgleichgewicht aller einzelnen Homöostasen (der LAS oder »Local Adaptation Syndromes«) dar; es operiert als eine spezifische Kopplung zwischen endokrinem und Nervensystem. Je nach Grad des Streß werden »Anpassungshormone« und Alarmreaktionen der Nerven mobilisiert (in den Interdiskurs ist der berühmte »Adrenalinstoß« eingegangen); bei Überschreitung einer bestimmten *Schwelle* kommt es zum *Kollaps* und zur totalen Erschöpfung. Natürlich bedient sich auch Selye bei seiner Darstellung des Autosymbols:

> Je mehr wir vom Mechanismus einer unbeseelten Maschine – sagen wir, eines Autos oder einer Schreibmaschine – verstehen, um so besser können wir sie handhaben und ihre Defekte reparieren, wenn sie versagt. Dies gilt für lebendige Maschinen, wie unseren eigenen Körper, gleicherweise. Um eine Maschine als Ganzes zu verstehen, muß man sie auseinandernehmen. (63)[18]

Entsprechend mündet sein Resümee in den Ratschlag, mit dem richtigen »Tempo« zu leben, um eine »Explosion« zu vermeiden (310).

Selye nennt das homöostatische Gesamt-Gleichgewicht, das vom Streß herausgefordert wird, das ihn üblicherweise durch Anpassungsreaktionen bewältigt und das ihm andernfalls erliegen kann, explizit und routinemäßig die »Normalität«. Die meisten der in Teil VI der vorliegenden Untersuchung zusammengefaßten Eigenschaften normalistischer Dispositive finden sich bei Selye exemplarisch wieder: So reflektiert er explizit über die Homogenisierung und Quantifizierung des qualitativ Verschiedenen (107) und über komplizierte Messungsmöglichkeiten des allgemeinen »Streßpegels«[19]. Der Prozeß einer konkreten Streßreaktion läßt sich ihm zufolge als Kurve darstellen, die mit einem »alarmierenden« Absinken des Gleichgewichts unter die »Ebene des normalen Widerstandes« beginnt und diese 0–Koordinate dann durch die endokrin-nervöse Reaktion des GAS nach oben hin überschreitet. Gelingt keine Wiederherstellung des Gleichgewichts, so sinkt die Kurve in der dritten Phase *exponentiell* unter 0 (*Kollaps*; *SBL*, 108).

Selyes populäre Darstellungen (s. Anm. 19) und sein Spaß am Medienecho haben dazu beigetragen, daß das Streß-Konzept seit den fünfziger Jahren zum wichtigsten interdiskursiven Komplex und zum wichtigsten allgemeinen Normalfeld im psychosomatischen Bereich avanciert ist, an das alle anderen ähnlichen Normalfelder am ehesten anschließbar sind. Das gilt sowohl für die Soziologie wie insbesondere für den Fächer mehr oder weniger eklektischer Psychotherapien der US-amerikanischen »Therapiekultur für

---

18 Hans Selye, *Stress beherrscht unser Leben,* dt. Düsseldorf 1957 = *SBL (The Stress of Life,* New York 1956).

19 Hans Selye, *Stress – Mein Leben.* Erinnerungen eines Forschers, München 1979, 133; vgl. auch: *Stress. Bewältigung und Lebensgewinn,* dt. München 1974.

die Normalen«, von der bereits in Teil V die Rede war und auf die nun anschließend noch einmal einzugehen sein wird. In den entsprechenden Therapiegesprächen (»Beziehungsstreß«) wie überall im Alltag wird die flexible Normalität und ihr Management durch die Subjekte selbst vor allem als *coping with stress* diskursiviert. Der Streß-Homöostat ist zur Basis aller flexiblen Normalfelder, zum Medium ihrer allgemeinen Konvertibilität geworden.

5. Die eklektizistische Massen-Therapie-Kultur (»Therapie der Normalen«) in den USA

Daß die höchst vielfältige und große Teile der Bevölkerung erfassende, also dominant in der Normalität selbst zu situierende, »Therapie-Kultur« der USA – genauso wie die zuerst in den USA ›erreichte‹ schrankenlose Verdatung – zu den symptomatischen Innovationen des 20. Jahrhunderts gezählt werden muß, dürfte kaum kontrovers sein. Daß der Fächer der entsprechenden Massen-»Therapien« ferner auf Stärkung der Fähigkeit zu individueller Selbst-Steuerung (*growth*) zielt, wird in den USA selbst seit langem konstatiert und kontrovers diskutiert.

So lassen sich etwa die kulturkritischen Essays von Christopher Lasch[20] als eine Kritik des Flexibilitäts-Normalismus lesen, die ihren Maßstab gleichwohl nicht dem Protonormalismus, sondern polyeurhythmischen Alternativen entleihen möchte (wobei dieser Unterschied zuweilen nur schwer zu erkennen ist). Unter »Narzißmus« faßt Lasch dabei verschiedenste flexibel-normalistische Massentherapien (»therapeutic mode of social control«, *MS*, 47) wie Douglas McGregors »Human-Relations«-Management (*CN*, 312ff.), die *coping-with-stress*-Therapien (*MS*, 64, 72, 95f.), die *growth*-Therapien mit Rollenspielen (*CN, 54; MS*, 211), die antiautoritäre Erziehung (*MS*, 185, 191), George und Nena O'Neills Konzept des »open marriage« (*CN*, 63, 69, 339) und Betty Friedans feministischen »Beta style« (*MS*, 56) zusammen. Was man als unfaire Subsumtion betrachten mag, ratifiziert allerdings bloß die tatsächliche funktionale Symbiose aller flexiblen Dispositive in der Praxis. (Unzutreffende Subsumtionen nimmt Lasch nur dort vor, wo er kontrafaktisch protonormalistische Dressuren, wie sie mehr und mehr in der *survival*-Mode wieder auftauchen, zu den flexiblen schlagen möchte.)

---

20 Christopher Lasch, *The Culture of Narcissism.* American Life in an Age of Diminishing Expectations, New York 1979 (= CN); *The Minimal Self.* Psychic Survival in Troubled Times, New York, 1984 (= MS); *The True and only Heaven.* Progress and its Critics, New York 1991 (= TH).

Robert und Françoise Castel haben zusammen mit Anne Lovell in einer meisterhaften Synthese die Entstehung einer Kultur der »Therapie für die Normalen« in den USA nachgezeichnet und gleichzeitig kritisch analysiert[21]. Ich habe auf die historische Darstellung bereits im diskurshistorischen Teil V zurückgegriffen. Seit der Jahrhundertwende um 1900 war unter den besonderen amerikanischen Bedingungen einer Dominanz der Zivilgesellschaft gegenüber den Staatsapparaten und der kulturellen Dominanz der Regionen über die Zentrale eine Polarisierung zwischen protonormalistischen Strategien und flexibel-normalistischen Ansätzen erfolgt, die insbesondere durch Freuds USA-Besuch von 1909 und dann noch einmal durch die vom Faschismus erzwungene Emigration der Psychoanalyse mächtig verstärkt wurden. Als weiteren fundamentalen, aber ambivalenten Faktor betrachtet die Studie den Taylorismus und den damit im Zusammenhang gesehenen Behaviorismus. So entstand in den USA eine ungemein breite Palette psychologischer Modelle und Dispositive, die zudem extrem polarisiert war. Castel/Castel/ Lovell verfolgen nun sowohl auf der zentralen Staatsebene, vor allem angestoßen durch die Psychiatrisierung der Armee im Ersten und nach dem Ersten Weltkrieg und durch die Sozialprobleme der Great Depression, wie parallel dazu auch auf der Ebene der Zivilgesellschaft durch die Bewegung für »mental hygiene« und »childe guidance« (49ff.), später etwa durch Selbsthilfeinitiativen für Alkoholiker und Drogenabhängige, einen säkularen Trend zur Aufweichung der protonormalistischen Grenze zwischen »normal« und »anormal« und eine schrittweise Expansion der Psi-Dispositive auf das gesamte Feld des »Sozialen«. Im Rahmen der vorliegenden Studie läßt sich dieser Trend als radikal »flexible« Ausfüllung der durch das Prinzip von Broussais und Comte eröffneten Kontinuitätsstruktur deuten: die Heilung von Krankheiten bildet nur mehr einen Sonderfall innerhalb eines flächendeckenden Systems von »Früherkennung« und lebensbegleitender Normalisierung (readaptation). Durch die Gründung von Community Mental Health Centers unter Kennedy erhielt dieser Trend zum flexiblen Normalismus auch einen eigenen institutionellen Kern, dem die tendenzielle Verwandlung der Grundschulen in de facto parallele Community Mental Health Centers (ununterbrochene Testung und Diagnose der Kinder) folgte. Als ein letzter entscheidender Faktor erweist sich die ›Vereinnahmung‹ von Achtundsechzig (das in den USA längst vorher begann). Die Kulturrevolution (counter-culture) riß radikal die Normalitätsgrenzen (z.B. gegenüber den sexuellen Minderheiten) nieder. Die offizielle Kultur ›übernahm‹ nun (bis zur juristischen Ebene) einen Teil dieser Grenzöffnungen. Betrachtet man die Studie der Castels und Anne Lovells

21 Robert Castel/Françoise Castel/Anne Lovell, *La société psychiatrique avancée*. Le modèle américain, Paris 1979.

im Zusammenhang, so will es scheinen, als ob in den USA eine maximale Annäherung aller Subjektivierungs-Dispositive an das Modell des Galtonsiebs erreicht worden wäre: Von der Kindheit an werden tendenziell alle Amerikaner kontinuierlich durch ›feine‹ und ›breite‹ Test- und Diagnose-Siebe gesiebt und dabei immer wieder *durchgeschüttelt* und nach kontinuierlichen gaußoiden Kurven verteilt: Diesen Verteilungen entsprechen ebenso kontinuierliche therapeutische Dispositive, die je nach dem Grad der *mittleren* oder *marginalen* Position des Individuums mehr oder weniger *weich* oder *hart* intervenieren – in der *Mitte* nur mittels freiwilliger encounter groups für *growth* bzw. mit *weichen* Psychotherapien, dann je nach Distanzgrad von der *Mitte* mit *härteren* Umprogrammierungstechniken, zunehmend kombiniert mit Medikamenten, bis hin zu zeitweiligen oder ständigen Internierungen *am Rande*. So ergab sich schließlich in der Normalisierungsphase nach Achtundsechzig die definitive Kristallisation einer »post-psychoanalytischen« flächendeckenden Therapie-Kultur per Counseling für die normale Bevölkerung:

> Die [therapeutische, J.L.] Beziehung, die der Kranke auf diese Weise ›auswählt‹, ist im allgemeinen mit einer ›normalen‹ oder quasi-normalen Existenz kompatibel. [...] Sein Bezug zur Therapie durchdringt demnach sein tägliches Leben, und umgekehrt. [...] (*SPA*, 291)

Fazit: Castel/Castel/Lovell haben mit souveräner analytischer Kraft einen Prototyp flexibel-normalistischer Subjektivierung geschildert. Sie unterscheiden ihn aber gerade dort, wo sie mit Foucault die Kategorie der »normalisation« verwenden, nur graduell vom Protonormalismus:

> Der Erfolg dieses perfekt selbstgesteuerten (autorégulé) Systems würde darauf hinauslaufen, daß jeder einzelne die Verantwortung für die Kontrolle interiorisiert oder andernfalls von seinesgleichen zur Ordnung gerufen würde. (*SPA*, 354)

Es handle sich um die »Prozesse zur Implementierung eines anderen Modells totalitären Menschen-Managements (gestion), wie es für ›liberale‹ Gesellschaften charakteristisch ist.« (*SPA*, 361). Mir scheint, daß dabei die verschiedene ›Richtung‹ protonormalistischer und flexibel-normalistischer Strategien nicht berücksichtigt ist. Der eigentliche Erfolg der Counseling-Kultur bestände vielmehr darin, daß die Individuen – unter Hilfe von Counseling wie etwa dem der »Client Centered Therapy« im Anschluß an Carl Rogers – in den Stand gesetzt würden, »eigene« (»propriate«: Gordon Allport) Taktiken z.B. zur Lösung einer Situation mit persönlichem Denormalisierungsrisiko (z.B. Scheidung, Drogen, Fettleibigkeit, Rauchen) zu entwickeln, bei denen gleichzeitig Kompensationen sozialer Friktionen mitkalkuliert würden. Sicher würde auch ein solches Verhalten im Erfolgsfalle zur Stabilisierung einer Gaußoid-Verteilung (und damit, wenn man will,

zum »Konformismus«) beitragen – aber dieses Resultat kann hier im Einzelfall z.B. sowohl durch Kompression wie durch Expansion der Toleranzen erzielt werden. Dieses Floating »totalitär« zu nennen, will nicht überzeugen. Überzeugend ist dagegen die Erinnerung an die Tatsache, daß auch der Flexibilitäts-Normalismus am effektiven Erfolg seiner Normalisierungs-Strategie gemessen wird. Das Floating muß ›spontan‹ zu einer neuen Normalitätsgrenze führen – schafft es das nicht, so kommt das einem *Punktgewinn* für den Protonormalismus gleich, der stets schon auf der Lauer liegt.

Castel hat die Homogenisierung »eigentlich« inkompatibler Theorien, Diskurskomplexe und Dispositive in der amerikanischen Massen-Therapie der Normalen zu Recht betont. Tatsächlich ist es frappierend zu lesen, wie in den einschlägigen Lehrbüchern für Studierende unglaubliche *Mixe* aus (z.B.) Freud, Adler, Jung, Eysenck, Rogers, Fromm, Kretschmer, Sullivan, Skinner, Horney, Erikson, Berne, Perls, Cattell, Allport u.v.a. produziert werden. Dieses Beispiel geht auf Barbara Englers verbreitetes Kompendium *Personality Theories*[22] zurück. Es ließen sich andere Beispiele hinzufügen[23]. Allport konnte es sich sogar leisten, den »Eklektizismus« explizit als seine Theorie anzuerkennen[24]. Statt die Nase über ›amerikanische Halbbildung‹ zu rümpfen, gilt es jedoch, in diesen *Mixen* eines der faszinierendsten flexibel-normalistischen Dispositive zu erkennen. Eine Sache ist es, in solchen *Mixen* Panoramen aller normalistischen Theoreme, Diskurskomplexe und Dispositive seit 1800 zu diagnostizieren – eine andere, die Prinzipien der Selektion, Kombination und Integration freizulegen, die aus dem unglaublichen Sammelsurium ein operationales, populäres und ungemein erfolgreiches Dispositiv gemacht haben. Mir scheint die operationale Einheit des Unvereinbaren (z.B. von Psychoanalyse und Behaviorismus, von hermeneutisch-humanistischen Emanzipationsdoktrinen und biologisch-genetischen Theorien usw.) durch die normalistischen Dispositive und insbesondere durch die normalistischen Kurven-Bündel garantiert zu werden. Diese Dispositive und diese Kurven fungieren sozusagen als gemeinsame Währung, in die das noch so Heterogene verrechnet werden kann. Diese gemeinsame, flexibel-normalistische Rechnungseinheit des Unternehmens »Therapie der Normalen« besteht wiederum aus einer Kombination *harter*, z.B. experimenteller und statistischer Verfahren und *weicher*, interdiskursiver, insbesondere kollektivsymbolischer Muster. Es handelt sich geradezu um einen exemplarischen Fall dieser Kombination: Die kollektivsymboli-

---

22 Barbara Engler, *Personality Theories*. An Introduction, Boston u.a. 1979.

23 Vgl. auch Duane Philip Schultz, *Growth Psychology*. Models of the Healthy Personality, New York u.a. 1977, wo ein *Mix* aus Allport, Rogers, Fromm, Maslow, Jung (in dieser Reihenfolge, J.L.), Frankl, Perls u.a. fabriziert wird.

24 Gordon Willard Allport, *Gestalt und Wachstum in der Persönlichkeit (= GW)*, Meisenheim/Glan 1970, IX.

sche Integration schafft zunächst ein symbolisch homogenes und kontinuierliches Normalfeld, auf dem dann *härtere* normalistische Dispositive *greifen* können. Dabei verhindert die kollektivsymbolische Basis gleichzeitig eine zu große operationale *Verhärtung*, indem sie immer auch den Anschluß an die subjektiven Geständnis-Rituale und die Diskurskomplexe der »Kreativität« vermittelt. Die kollektivsymbolische *Drehscheibe* des Ganzen heißt *growth*: Damit ist das Bündel normalistischer Kurven präzise benannt. Mit dem symbolischen *growth*-Komplex werden alle einzelnen Theorien und Praktiken kompatibel gemacht. Wie etwa stellt Barbara Engler das dar, was sie »Freudian Psychoanalysis« (a.a.O., 27ff.) nennt? Ich zitiere das Original:

> Freud (1905) outlined a *path* [alle Hervorhebungen von mir, J.L.] that children *travel* as they *progress* from autoerotic sexual activity to normal, mature, reproductive activity. In this *journey*, the libido or sexual drive cathects itself on various erogenic zones [...] (usw., 50) – All of the sexual activities that we consider divergent are at some time normal sexual activities for children. [...] Thus, sexual *diversions* may be accounted for in terms of *arrested development*. (56)

Es gibt dazu auch eine entsprechende Illustration in Form von Kurven (58). Die interdiskursive Resonanz mit ›Entwicklungstheorien‹ (sowohl des Lernens wie der Dritten Welt) fällt sofort ins Ohr. Es geht um *normale Fahrten*, die bei *Blockaden* des Entwicklungswegs in *nichtnormale* abweichen können. Es geht also um die Normal-Szenario-Fahrt, bei der es gilt, in einem Netz von Strecken mit Abzweigungen (wie in einer *Labyrinthstrecke* beim Computergame) die Hauptrichtung nicht zu verlieren. Dementsprechend wird das »Ich« in der triadischen Freudschen Topik zum *Fahrer*, dessen Aufgabe es ist »to travel the stages« (72). Dieses »Ich« ist homöostatischer Regulator, der sowohl das störrische Hineinreden des »Über-Ichs« wie die ggf. zu große Power des »Es« in einer ununterbrochenen Folge von »Kompromissen« (64) managen muß. Dementsprechend muß es »gestärkt« werden. Damit ist Freud als »Ich-Psychologe« gelesen, zum bekannten Ekel Lacans. Vor allem aber ist Freud flexibel-normalistisch gelesen, so daß kompensatorisches *Floating* nach Graden an »Behinderung« damit kompatibilisierbar wird:

> There are no clearly defined boundaries between illness and health. The primary question is not »Am I normal or neurotic?« but rather »To what degree is my neurosis debilitating?« (72).

Es gehörte zu den Zielen der vorliegenden Untersuchung, solchen wahrhaft »normalen« Sätzen historische Resonanz zu verleihen: Bis zum Prinzip von Broussais und Comte zurück, aber auch bis zu den Formeln der Denormalisierungsangst. Diese Angst ist hier angeblich nicht mehr akut; die Normali-

tätsgrenze wird durch Hereinlassen der Anormalität scheinbar extrem vorgeschoben, gleichzeitig taucht sie aber in anderer Form als »Behinderung/Hemmung« (debilitating) wieder auf – und mit ihr wohl auch die Denormalisierungsangst, ohne die ja ein wichtiges Motiv der Fahrt ausfiele.

Das homöostatische Ich wird bei der Behandlung von Karen Horney (128ff.), gegen die Adorno seinerzeit polemisierte, als quasi-operationales Instrument modelliert (133, Abb.). Zwei Kreise, die das »reale« und »idealisierte Selbst (self)« symbolisieren, können auf einer horizontalen Linie verschiedene Distanzen zueinander einnehmen. Eine maximale Distanz, bei der es keinerlei Schnittmenge mehr gibt, heißt »Irrsinn/Entfremdung« (»alienation«), nähern sich die Kreise an und schneiden sich bis zur weitgehenden Deckung, so entsteht »Normalität« – dazwischen liegt »Neurose« (132f.). Projiziert man dieses Schema in die Zeit, so entsteht daraus ein *Fahrtenschreiber der Lebensreise*, die sich als Kurve zwischen Normalität, Neurose und Irrsinn/Entfremdung darstellt. Die Subjekte werden durch solche Vorstellungen zu Managern ihres *growth* gemacht – sie können *Abweichungen* in Richtung Neurose als solche registrieren und adjustierende Maßnahmen (besonders Therapie) dagegen ergreifen.

Das ist vollständig kompatibel mit allen anderen »Personality Theories«. Es ist insbesondere direkt anschließbar an das behavioristische »Assertive Training« (z.B. von Joseph Wolpe, 194ff.; s.a. 199ff.), an Skinner (203ff.) und andere »I'm okay«-Suggestions-Trainings. Einsatzlagen sind vor allem Übergewicht, Rauchen, Alkohol u.ä. (217f.). Es ist gleichermaßen anschließbar an die *harten* psychometrischen und statistischen Schulen (Cattell, 249ff., Eysenck, 260ff.), deren teils sozialdarwinistischer bis rassistischer Kontext (auch Galton taucht als Gewährsmann auf, 263) nicht verschwiegen wird, wie an die IQ-Dispositive (263ff.) und Allports »humanistische« *trait*-Theorie (276ff.). Überall liegt die Vorstellung einer Normal-Lebenskurve zugrunde, deren Richtung, Tempo und Energie zu managen sind.

Um zu illustrieren, wie im einzelnen ›eklektische‹ Dispositive aus den normalen *growth*-Kurven, aus statistischen Instrumenten und aus interdiskursiven, kollektivsymbolischen Diskurskomplexen gebastelt werden, die bei aller bunten Verschiedenheit sämtlich im Sinne einer flexibelnormalistischen Strategie untereinander kompatibel bleiben, muß ich mich auf zwei Beispiele beschränken. Zunächst möchte ich am Beispiel Gordon Willard Allports sozusagen einen Beweis e contrario führen: Bekanntlich eröffnete Allport, orientiert an ›europäischen‹ Modellen wie an Adler, an der Gestaltpsychologie und der Charaktertypologie, den inneramerikanischen Generalangriff auf den Behaviorismus. Eine flüchtige Lektüre könnte meinen, hier kämpfe ein typischer Protonormalist in der Tradition Auguste

Comtes[25] gegen die Statistik (WP, 28ff.[26], GW, 28, 30) und für die (protonormalistischen) fixen Normen. Tatsächlich werden typische protonormalistische Theoreme wie die qualitativ-wesenhafte Grenze zwischen Normalität und Anormalität reproduziert. Eine sorgfältige Lektüre zeigt aber sehr bald, daß selbst Allport auf Schritt und Tritt der flexibel-normalistischen Strategie nachgeben muß bzw. durchaus ›will‹. Seine Hauptthese, derzufolge jedes Individuum kraft eines einmaligen »Proprium« von jedem anderen diskontinuierlich geschieden wäre, erweist sich de facto als durchaus kompatibel mit kontinuierlich gestreuten *growth*-Kurven und damit mit kontinuierlichen Normalfeldern. Von Adler übernimmt Allport die Vorstellung einer steigenden (*growth*) teleologischen Lebens-Kurve. Sein symbolischer Fall ist Amundsen, der seit dem Alter von 15 Jahren bis zu seinem Tode das Ziel der Erforschung beider Pole konsequent verfolgt habe[27]. Ein solches »Eigenstreben« (propriate) sei aber »jeder Persönlichkeit« eigen (WP, 51). Allport weiß nicht, wieviel er damit sagt. Der Amundsen-Mythos des Wettlaufs zum Pol ist einer der konstitutiven Mythen von Leistungskonkurrenz im 20. Jahrhundert (wie tief im 19. Jahrhundert er verwurzelt ist, zeigt meine Lektüre von Chamissos *Schlemihl* in Teil V). Er repräsentiert nicht nur die Konkurrenz zweier hoch symbolischer Vehikel-Körper (Amundsen den auf *Natur* gegründeten Hundeschlitten, Scott den maschinellen Motorschlitten, der tragisch unterliegt, weil er nicht *ausgereift* ist) – er hat auch buchstäblich die Konkurrenz zweier konvergierender Lebenslinien in den Schnee der Antarktis eingeschrieben. Nichts kann schöner als die flache Schneefläche des Sechsten Kontinents ein homogenes Normalfeld symbolisieren. Nichts zeigt deutlicher, daß Allports pathetisch beschworene »Propria« insgesamt einen homogenen Kurven-Fächer bilden. Das Individualitäts-Pathos erweist sich also als durchaus kompatibles und vor allem sehr brauchbares Ingrediens des Flexibilitäts-Normalismus: Es stärkt die Bewegungs-Energie der Lebens-Linien, ihre Kreativität, Spontaneität und ihre Bereitschaft, in Risikozonen auszuschwärmen und *borderline*-Zonen zu explorieren. Dafür gibt es kein schöneres Symbol als die Pole in ihrer Doppeldeutigkeit von Extremen und Konvergenzpunkten.

Dem entspricht Allports »eklektizistische« Taktik der Kombination hermeneutischer Charakter-Typen mit normalistischen *trait*-Modellen, wobei er nicht bloß statistische Instrumente fallweise durchaus in Maßen akzeptiert, sondern vor allem die Gaußkurve als Instrument der Ver-Sicherung von Normalität ernst nimmt. Barbara Engler hat diesen Kompromiß mit si-

25 Der durchaus lobend erwähnt wird, *WP*, 36.

26 Gordon Willard Allport, *Werden der Persönlichkeit*. Gedanken zur Grundlegung einer Psychologie der Persönlichkeit, dt. Bern/Stuttgart 1958 (= *WP*).

27 *WP*, 50f., 64; *GW*, 89.

cherem Blick erkannt und ihn als didaktischen Baustein in ihr Panorama übernommen.

Wenn die Ursache des unterschwelligen galtonschen Pessimismus in der Einsicht lag, daß die Spitzenleistungen der *sports* die mittlere Normalität zu ihrer Ver-Sicherung benötigen, von dieser Normalität aber tragischerweise regressiv *nach unten* gezogen werden, so scheint der Optimismus der Therapiekultur in den USA dieses Problem gelöst zu haben: Mit dem »I'm okay«-Training scheint es in den USA gelungen zu sein, den Massen der Normalen imaginär ein *Winner-Feeling* und eine Identität überragender Leistungen und *sports* zu verschaffen: We (all) are the Champions!

6. Hypothese über die subjektive Rückkopplung symbolischer Gaußoidkurven

Aus dem gesamten für die vorliegende Untersuchung analysierten bzw. berücksichtigten Material ergibt sich eine funktionale Regularitäts-Hypothese, die sich im Fall ihrer Bestätigung als eine Art ›entscheidendes Kettenglied‹ im Reproduktionskreislauf des (insbesondere flexiblen) Normalismus erweisen würde. Wenn die Reproduktion von Normalität unter der Voraussetzung *exponentieller* historischer Dynamik erstens von der verläßlichen Reproduktion (mindestens symbolisch) gaußoider Verteilungen sowohl in Spezialsektoren wie in übergreifenden Sektoren-Verbünden abhängt – wenn sie zweitens insbesondere auf eine verläßlich reproduktionsfähige Integration von ›objektiver‹ und ›subjektiver‹ Normalität verwiesen ist – dann scheint der ›springende Punkt‹ eines verläßlichen Gesamt-Reproduktionszyklus von Normalität in der Rückkopplung zwischen den in den Subjekten ›internalisierten‹ und den in den ›objektiven‹ Spezialsektoren zu reproduzierenden Gaußoiden zu liegen. Lange Zeit (während des dominierenden Protonormalismus) konnte nicht einmal die Frage in dieser Form aufgeworfen werden. Statt dessen schien der einzige die ›Objektivität‹ der sektoriellen Gaußoide mit der ›Subjektivität‹ verbindende Weg einseitig von der ersten zur zweiten, d.h. in ›äußerlicher Weise von außen nach innen‹ zu führen: per Repression (Marcuse), Dressur (Behaviorismus, Foucault) und Normativität (Durkheim). Subjektive Normativität als Inbegriff vorgeschriebener Normen wäre dann seinerzeit mit dem protonormalistischen Gewissen identisch gewesen, d.h. mit dem subjektiv internalisierten Diskurs der Autorität, ganz wie Freud es in seinem Begriff des »Über-Ich« gedacht hat. Dem entsprach eine Auffassung der Normal-Subjekte entweder als (sei es genetisch, sei es normativ) fix-normierter »Charaktere« oder als *black boxes*, die in großen Massen wie Lottokugeln geschüttelt würden. Wenn

Durkheim bei den Selbstmorden eine anormale (»anomische«) Ausbeulung der langjährigen Durchschnittskurve konstatierte, dann sah er keine anderen therapeutischen Optionen als Verstärkung institutionellen Drucks (Repression) und »moralische« Stimuli (normativen Psychoterror am Gewissen). Die Frage nach den Bedingungen der Möglichkeit ›objektiv-subjektiver‹ Rückkopplung mußte so lange unstellbar sein, wie der Plastizität von Kurven in der ›äußeren Objektivität‹ nicht nur keine analoge Plastizität von Kurven im ›Inneren des Subjekts‹ entsprach, wie dieses Subjekt vielmehr ganz im Gegenteil als Bündel stabiler, fixer »Charaktermerkmale« aufgefaßt wurde. Dem entsprachen protonormalistische Normalviten, die wenigen, gegeneinander diskontinuierlich und alternativ verlaufenden, stereotypen »Linien« folgten. Dennoch lag auch dieser diskontinuierlichen Streuung eine geheime gaußähnliche Ordnung zugrunde: Die meisten Karrieren z.B. folgten zunächst einer steigenden Geraden mit mäßigem Steigungswinkel, um dann in eine zur Basis-Horizontalen parallele Gerade einzumünden (*Reifung*; je nach Wertung ›ruhiger Genuß des Erreichten‹ oder ›Stagnation‹; eine etwas modifizierte Kurve wäre die »Sichelkurve«, bei der der *Aufstieg* steiler ist, nach einem Höhepunkt *zurückfällt* und dann in die Endgerade mündet). In binärer Opposition zu diesen *mittleren* Karrieren lassen sich die ›außerordentlichen Karrieren‹ (die selbstverständlich die Minderheit bilden) situieren: spektakuläre *Auf-* bzw. *Abstiege*. Diesen beiden Teilmengen von typischen Viten entsprechen je zwei entgegengesetzte axiologische ›Gravitationsfelder‹: Die Moral des »juste milieu« zog die Subjekte zur *Mitte* und zum Durchschnitt und stieß sie von den riskanten Extrem-Zonen ab. Gleichzeitig wirkte die *Mitte* aber umgekehrt als Zone der Langeweile (Banalität) und setzte eine umgekehrte Gravitation in Gang, die bestimmte Subjekte ›nach außen‹ zog. Die Romane und ganz allgemein die Literatur (incl. Film) entwarfen massenhaft normale und anormale Lebenskurven als (positive bzw. negative) Applikationsvorlagen für die empirischen Subjekte. Die autobiographischen Texte lesen sich oft wie Protokolle einer Schlangenlinie zwischen den beiden Gravitationen.

Völlig andere Voraussetzungen sind gegeben, sobald auch das ›Innere des Subjekts‹ als ein plastischer Raum für Kurven erscheint. Dazu haben sicher ganz wesentlich die Kontinuierungsversuche in den Sektoren der Geschlechtsidentität und der Sexualität beigetragen. Wenn z.B. »Männlichkeit« und »Weiblichkeit« nicht länger zwei diskontinuierliche, fixe »Charaktere« sind (mit ebenso diskontinuierlichen fixen »anormalen, perversen Charakteren« jenseits der Normalitätsgrenze), wenn vielmehr kontinuierliche Mischungen (*Mixe*) vorstellbar werden, dann taucht in den Subjekten ein ›innerer Bildschirm‹ mit einer ganzen Landschaft möglicher Kurven auf. Dann läßt sich ›zwischen‹ zwei Kurven stets eine weitere Kurve des ›Kompromisses‹ imaginieren. Als eine Basiskurve auf diesem ›inneren Bild-

schirm‹ taucht z.B. das oben auf S. 79 reproduzierte Kinsey-Schema auf, als zweite dazu die entsprechende Gaußkurve. Das Subjekt kann nun Segmente solcher Kurven als Applikationsvorlagen für Segmente seiner Vita phantasieren. Es kann als biologischer Mann von einem »Ausritt in die Zone 67% männlich, 33% weiblich« träumen, also von einer Bewegung der Vita entlang einer Normalkurve. Um ihre »kreativen Grenzen zu testen«, kann eine alleinstehende Frau auf Halbtagsarbeit *umschalten*, ihren Aufwand einschränken und in der gewonnenen freien Zeit Tanztherapie und Tanz erproben.

Wenn die Normalsubjekte diese ›innere Freiheit‹ der Selbst-Flexibilisierung und Selbst-Adjustierung besitzen – wie wäre dann die gleichzeitige Normalisierung auf der Ebene der Gesellschaft als ein ›freier‹ Prozeß zu denken? Offenbar bestände eine Art prästabilierter Normalitäts-Harmonie darin, daß die individuelle Orientierung aller Normalsubjekte an symbolischen Gaußoiden die Reproduktion von Gaußoiden auf gesamtgesellschaftlicher Ebene garantieren müßte. Jedes Subjekt könnte einer flexiblen Lebenslinie folgen, die sich insgesamt im Durchschnitt der sektoriellen Parameter (zeitlich) zu etwa zwei Dritteln in den »sicheren« Glockenbäuchen der Normalzonen und zu etwa einem Drittel in den Risiko- und Grenzzonen bewegen würde. Bei den *Ausritten* in diese Grenzzonen wäre ferner eine Kompensation der jeweiligen Richtung (*oben/unten, rechts/links, vorwärts/rückwärts*) zu berücksichtigen. Sie müßte nicht darin bestehen, daß jedes einzelne Subjekt seine *Ausschläge* im eigenen Leben kompensierte, es könnte auch das wahrscheinliche Verhalten der anderen ins Kalkül ziehen. Um es an einem Beispiel zu verdeutlichen: Der Liebhaber *weicher* Drogen (oder des Alkohols) könnte seinem Laster unter den folgenden Bedingungen frönen: daß die Dominanz der Normalität in seinem eigenen Leben gewahrt bliebe – und daß er wahrscheinlich nicht dazu beitrüge, den gesamtgesellschaftlichen Durchschnitt erheblich zu *belasten*.

Dieses Ziel kann auch durch eine Taktik des *Splitting* verfolgt werden: Die einzelne Normal-Monade kann ihre Lebensweise aufteilen in Praxisarten (z.B. nach dem Rollen-Modell oder nach Teilsystemen). Sie kann dann in einem Segment (z.B. ›wilde‹ Wochenden mit Drogenkonsum) mit der Normalitätsgrenze ›flirten‹ und diese *Schieflage* durch normales Verhalten in allen anderen Segmenten (Beruf, Bildung, Sport, Garten, Nachbarschaft usw.) kompensieren.

Der ›flexibel-normalistische kategorische Imperativ‹ könnte also ungefähr lauten: ›Anything goes, außer Handlungen, die die symbolische Gaußoidverteilung deiner eigenen Lebenslinie wie die derjenigen deines Socius ernsthaft gefährden würden‹. Folgte nun die Mehrheit einer Population dieser Maxime, so müßte die Gesellschaft insgesamt tatsächlich normal bleiben. (Wiederum erinnere ich daran, daß mein Diskurs deskriptiv ist: So

könnte es in der normalistischen Vorstellung funktionieren. Daß die Realität nicht aus Normalfeldern besteht, und daß z.B. der Drogenkonsum nicht auf einem Kontinuum nach »Optionen« *herauf- und heruntergefahren* werden kann, steht auf einem anderen Blatt.)

7. Geständnisliteratur

Das am meisten symptomatische Textkorpus zum Beleg der hier diskutierten Tendenzen subjektiver Selbst-Normalisierung stellt der Kontinent der »Geständnisliteratur« dar. Dieses Textkorpus handelt nicht nur von Selbst-Normalisierung, es ist zugleich je schon Selbst-Normalisierung in actu. Ob es sich um massenhafte *Coming-out*-Geständnisse handelt, die durch die Tatsache ihrer Publikation eine Normalverteilungs-Kurve aktiv ändern, oder um Explorations-Protokolle, die massenhaft Streifzüge entlang von Normalitätsgrenzen erzählen – immer spielt Geständnisliteratur mit dem Set der Normalkurven, verstärkt oder modifiziert sie. Ich habe bereits mehrfach die kulturelle Schlüsselstellung der »Kurven-Magazine« und TV-»Kurven-Sendungen« erwähnt, durch die in einem Konzentrat des Normalismus ›objektive‹ Massendaten mit ›subjektiven‹ Geständnissen kurzgeschlossen werden. Diese Medienrituale sind sicherlich in hohem Maße ›erfolgreich‹, d.h. sie tragen dazu bei, das tatsächliche Massenverhalten in flexibler, *sanft-begleitender* Weise *umzusteuern*. Dazu folgende exemplarische Konkretisierung:

Annette Runte hat das Genre von autobiographisch inszenierten »Geständnissen« in Frauen-Illustrierten der siebziger Jahre (des 20. Jahrhunderts) analysiert.28 Es geht dort natürlich stereotyp um »Partnerschaftsprobleme« (in der Regel Eheprobleme), wobei die durch das Heraufkommen des Flexibilitäts-Normalismus verunsicherten protonormalistisch sozialisierten weiblichen Subjekte die Wahrheit über ihren Konkurrenzstreß um die Männer bekennen. Typischerweise werden diese »Krisen«, wie Annette Runte dargestellt hat, durch das Thema der »Emanzipation« (häufig im banalsten Sinne von Berufstätigkeit der verheirateten Frau) induziert[29]. (Etwa spannt eine nicht berufstätige Nachbarin einer berufstätigen Ehefrau den Mann aus usw.) »Emanzipation« stellt dabei eine Verschiebung für Flexibilitäts-Normalismus dar. Liest man die Texte, so ist deutlich, daß die Angst der beichtenden Subjekte sich eigentlich nicht auf Emanzipation, sondern

28 Runte, Annette, *Subjektkritische Diskurstheorie*. Narratologische Textanalysen von »Erlebnisgeschichten« in der neuen deutschen Frauenpresse am Beispiel von *Emma* und *Meine Geschichte*, Köln 1982.

29 Vgl. dazu als ›objektive‹ Seite der Medaille die weiter oben erwähnten soziologischen Studien zur »Auflösung der (insbesondere weiblichen) Normalbiographie« traditionellen Typs.

auf die flexibel-normalistisch erweiterte Streubreite sexueller Normalität bezieht. Für ein Magazin wie *Meine Geschichte*, das Annette Runte als Anschauungsmaterial dient, gelten in aporetischer Gleichzeitigkeit protonormalistische wie flexibel-normalistische Vorstellungen als »normal«. Zum einen ist weiter die exklusive Monogamie »normal«, zum anderen gleichzeitig aber auch die »Toleranz«, die »Aufgeschlossenheit« und »Offenheit«. Dabei ist aber wiederum die in Intellektuellen- und sog. »Schicki-micki«-Milieus normalisierte Alternative der »offenen Beziehung« denotativ tabuiert, wenn auch konnotativ bedrohlich präsent: genau auf sie richtet sich die Angst. Unter diesen Bedingungen stellt sich den beichtenden Subjekten ihr Normalitätsfeld als ein Raum dar, der zunächst entsprechend einer verbreiterten Gaußkurve durch »erweiterten Horizont« (s.u.) gekennzeichnet ist. Die Gesamt-Landschaft der Viten ist (symbolisch gesehen) horizontal »offen«, also das Gegenteil von »eng« (vgl. den Jargon »das darf man nicht so eng sehn«). Es ist also prinzipiell Raum da für horizontales »Ausschwenken« (die »Normalität« von »Homosexualität«, Drogenkonsum, politischem Engagement usw. wird punktuell statuiert). Gleichzeitig herrscht aber panische Angst vor einer »falschen Richtung« der Vita-Linie. So wehrt sich eine Hausfrau-Mutter gegen eine »emanzipierte« Lehrerin, die ihre Tochter nach ihrer Ansicht in eine (»falsche«) »Richtung drängen« möchte (586). Als Resultante der aporetisch gleichzeitig gültigen protonormalistischen und flexibel-normalistischen Normen entsteht ein Feld, in dem eine eigenartige ›Gravitation‹ der monadisch geschlossenen Normal-Subjekte herrscht. Entsprechend den protonormalistischen Normen kuppeln sich sexuell binär markierte (protonormalistische) Mono-Subjekte in der Scheitellinie der Gaußverteilung zu festen Paaren (»Ehen«). Diese Paarbildung erfolgt aufgrund einer räumlichen Logik von »Nähe« und »Ferne«, bei der eine eigenartige ›Gravitation‹ vorausgesetzt wird: Es genügt imgrunde eine minimale »Entfernung« zwischen zwei Partnern, um die beiden Monaden in den Zustand freier Bewegung zu versetzen, die aber umgehend zu neuen fixen Paarbildungen führt. Die flexibel-normalistischen Normen induzieren also zwar ein symbolisch horizontal ›verbreitertes‹ Feld, nicht aber die entsprechende »versicherte« Bewegung des Floating. »Schwebe«-Zustände sind tabuiert – »Lösungen« führen wegen der ›Gravitation‹ sofort zu blitzartigen Neu-Kupplungen durch blitzartiges Neu-»Einrasten«. Genau vor dieser fatalen Gravitationskraft haben die Subjekte Angst. »Emanzipation« gilt als eine verhängnisvolle Energie, die stabile Paare in jene Minimaldistanz versetzt, die zum »Bäumchen-Wechsel«-Effekt führt. Auf die Bedrohung durch »Emanzipation«, d.h. durch den flexiblen Normalismus, reagieren die weiblichen Subjekte mit Taktiken der »Kompatibilisierung« und »Renormalisierung« (Annette Runte). So adjustiert eine Beichtende z.B. ihren »Lebensplan« nach einem »Seitensprung« des Mannes durch den »Kom-

promiß« der »Halbtagsarbeit« (statt Ganztagsarbeit). Eine andere geht in Psychotherapie, um orgasmusfähig zu werden. Trotz des (diskursiv vorgegebenen) Festhaltens am protonormalistischen Modell der Exklusivehe geht es also (zumindest ›halb‹) um Taktiken des Streß-Management. Es wird dabei (gegen alle Evidenzen) unterstellt, daß die erotische »Gravitationskraft« auch nach langer Ehedauer weiter proportional zur physischen Nähe der Partner im Alltag wachse. In eklatantem Widerspruch dazu spielt das Motiv der »Langeweile« in Langdauer-Exklusiv-Monogamien eine konstitutive Rolle (z.B. 581, 583). Normalistische Lebens-Linien sollen als wichtigste affektive Intensität ja *thrill* stimulieren (in dem Textkorpus z.B. als »Spannung« im Schlafzimmer und »Laune« im Beieinander repräsentiert: 583, 584). Das semantische Feld der Viten ist also aporetisch konstituiert: sowohl protonomalistisch wie flexibel-normalistisch. An einem konkreten Fall zeigt Annette Runte, wie die kollektivsymbolische Formel der »Horizonterweiterung«, die in der entsprechenden Geständnis-Geschichte als betontes Leitmotiv siebenmal (plus als Zwischentitel) wiederholt wird, durch »Humor« eine Synthese von Protonormalismus und Flexibilitäts-Normalismus suggerieren soll. Es handelt sich also bei der in Annette Runtes Resümee hervorgehobenen »Reparatur« von Partnerschaft (238) bzw. »Organisation der Sexualbeziehungen« um ein aporetisches Streß-Management. Wie bereits mehrfach erwähnt, ist diese Aporie nicht so zu verstehen, daß eine ›klare Entscheidung zwischen Proto- und Flexibilitäts-Normalismus‹ den Ausweg böte. Beide Strategien funktionieren vielmehr im gleichen Feld. Die Kumulation von Taktiken des protonormalistischen Strategie-Typs führt notwendig entweder zur katastrophischen »Explosion« oder zur ›Öffnung‹ in Richtung Flexibilitäts-Normalismus – umgekehrt führt die Kumulation von Taktiken des flexibel-normalistischen Strategie-Typs unweigerlich entweder zur katastrophischen irreversiblen Denormalisierung (»dérive«) oder zur Re-orientierung an zumindest relativ fixen, also protonormalistischen Richt- und Grenzwerten. Die Geständnis-Diskurse setzen am Ort der Aporie den Begriff der »Liebe« ein (242) – »Liebe« steht für alle Wunder: für das Wunder der »wilden Partnerschaft«, die wie eine Monogamie funktioniert, wie für das Wunder der Monogamie, in der die Exklusivität gleichwohl für den *thrill* des *Floating* sorgt.

Wichtig für die hier entwickelte Hypothese ist nun ferner Annette Runtes Feststellung, daß die autobiographischen Geständnisse typischerweise mit »Begründungsdiskursen« (193) gekoppelt sind, d.h. mit redaktionellen Kommentaren, und daß solche »Begründungsdiskurse« wiederum typischerweise normalistische statistische Dispositive einbeziehen. So ist etwa eine Geständnis-Story (»Wir gaben nicht eher Ruhe, bis die beiden lesbischen Frauen endlich aus dem Haus waren!«, 588ff.) mit einem redaktionellen Artikel (»Warum Frauen lesbisch werden«, 593f.) gekoppelt, der wie-

derum in Form eines Kastens (594) das folgende statistische Dispositiv ins Spiel bringt:

> Nach einer ersten wissenschaftlichen Untersuchung des Instituts für Sexualforschung in Hamburg fanden es von 151 befragten Lesbierinnen 53 Prozent richtig, ihre Neigung offen zu bekennen, aber nur bei elf Prozent der Befragten wissen die Arbeitskollegen Bescheid, und nur bei 29 Prozent die Bekannten. Selbst die Hälfte der Väter und ein Drittel der Mütter wissen nicht, daß ihre Tochter lesbisch ist./ 29 Prozent rechnen mit Schwierigkeiten am Arbeitsplatz und ebenfalls 29 Prozent halten sie nicht für ausgeschlossen, 14 Prozent haben tatsächlich Nachteile gehabt: Entlassung, Versetzung, keine Beförderung. [...]/ Wenn sie frei entscheiden könnten, wären 46 Prozent am liebsten lesbisch, 34 Prozent wären lieber bisexuell und 20 Prozent heterosexuell. [...] (594).

Diese Daten beziehen sich auf zwei Normalitäts-Register: Einmal auf das *Coming-out* als Voraussetzung der Integration in die Gesamt-Population und als Bedingung normalistischer Homogenisierung und Kontinuierung des Sexualitäts-Feldes. Zweitens auf die Verteilung der Wunschsexualität der Lesbierinnen, in der der Wunsch nach reiner Homosexualität dominiert. Die beiden Minderheits-Mengen (Bisexualität und Heterosexualität) erlauben aber einen kontinuierlichen Anschluß an die Populationsmehrheit. Die Taktik des gesamten diskursiven Kombinats zielt also auf Normalisierung der Lesbierinnen im Sinne ihrer Kontinuierung mit der normalen heterosexuellen Mehrheit. Das geschieht durch symbolische Statuierung einer eigenen Normalität der Lesbierinnen wie ihrer Anschließbarkeit an das Gesamt-Kontinuum normaler Sexualität.

Als wesentliche Achse der Normal-Kontinuität fungiert dabei das ›offene Reden‹ (das Geständnis). Die Story kontinuiert zwei Geständnisse: ein Binnengeständnis der Lesbierinnen gegenüber den Heterosexuellen und das Geständnis der Heterosexuellen über ihre Intoleranz gegenüber der Öffentlichkeit. Damit ist ein kontinuierliches Feld ›offener‹ (transparenter) Sexualität gefordert. Es erscheint so, als mache Transparenz der Daten Normalität möglich; in Wahrheit wird operativ durchgespielt, wie Transparenz Normalität konstituiert.

Die Integration zwischen den normalistischen Dispositiven sensu stricto (Statistiken und Kurven) und den Geständnis-Diskursen läßt sich symptomatisch auch in der Binnenstruktur der Geschichten aufzeigen. So weigert sich in einem Ehebruchsgeständnis eine Nurhausfrau, ihren drei berufstätigen Nachbarinnen mitzuteilen, mit welchem der drei Ehemänner sie geschlafen hat. Das ist nichts als die Narrativierung und Subjektivierung des statistischen Diskurses, der etwa feststellt, daß einer von drei Ehemännern berufstätiger Frauen einmal in einem bestimmten Zeitraum außerehelichen Sex mit einer Nachbarin hat. Die Subjektivierung der Statistik dient also der risikokalkulierenden Selbst-Adjustierung.

In einzelnen Fällen sind die Geständnis-Geschichten sogar ganz und gar prototypisch mit symbolischen Normal-Homöostaten und symbolischen Normal-Einstellungs-Skalen gekoppelt. So erzählt ein weibliches Subjekt die Geschichte seiner Ehekrise entlang einer katastrophischen Abweichung seiner Gewichts-Kurve: »Mein Mann wollte nicht mehr mit mir schlafen, weil ich so dick und unansehnlich geworden war.«[30] Die dominanten Handlungselemente dieses Geständisses sind Kurven-Observationen:

Als wir heirateten, wog ich 110 Pfund. Aber jetzt schlug der Zeiger bis auf 180 Pfund aus [...]! (64) – Nach sechs Monaten härtester Anstrengung sank der Zeiger der Waage auf 150 Pfund. Nun hatte ich die Hälfte der Strecke hinter mir! (71)

Diese Normal-Einstellungs-Skala symbolisiert nicht nur den Körper-Homöostaten, sondern gleichzeitig den Grad der Harmonie in der Ehe, meßbar an der Distanz der Partner:

Und es war nur eine logische Folge, daß mit steigendem Gewicht die Harmonie unserer Ehe abnahm. Mit jedem Stück Torte, das ich in mich hineinstopfte, entfernte ich mich weiter von Martin. (65)

Wo ein derartiger normalistischer Musterfall vorliegt (eine konkrete Einstellungs-Skala symbolisiert einen individuellen Homöostaten, der seinerseits einen Gesamt-Homöostaten symbolisiert), da können klare Prognosen gegeben (und auch eingehalten) werden: »Wenn ich erst einmal mein normales Gewicht wiedererlangt hätte, würde ich mir Martin zurückholen.« (70) Normales Gewicht = normaler Körper = normale Ehe. Das banale Beispiel zeigt immerhin, daß die für normalistische weibliche Subjekte unumgängliche Problematik des Gewichts nicht zuletzt deshalb so dramatisch ist, weil in diesem Falle die normalistischen Kurven und Linien symbolisch mit Kurven und Linien des Körpers ineins fallen. Jede Abweichung von der Normalität der Körperkurve symbolisiert schwindende Normalität der Lebenskurve insgesamt.

(Nicht) normale Fahrten 11: Normale Unfälle flexibler Single-Subjekte (»Drachenblut« von Christoph Hein)

Wie jeder normale Mensch [sagt die Heldin von Christoph Heins Erzählung *Drachenblut*, J.L.], habe ich gelegentlich Angst, irgendwann einmal verrückt zu werden. Wenn man es ein-, zweimal in seinem Bekanntenkreis erlebt hat, weiß man, wie schnell es geht, und daß in diesem Punkte keiner sehr sicher sein kann. Und ich bin der festen Überzeugung, es ist der sicherste Weg, verrückt zu werden, wenn man erst

30 *meine geschichte* vom 7.4.1977, 64ff. (Ich danke Annette Runte für die Überlassung umfangreichen Materials).

einmal anfängt zu ergründen, wer man eigentlich ist, mit wem man da zusammen lebt. Die Psychiatrie hat in unserem Jahrhundert einige Heilerfolge vorzuweisen, allerdings hat sie sich auch mit Patienten in einem vorher ungekannten Maße eingedeckt. Ich habe keine besondere Abneigung gegen Psychiatrie oder Neuropsychologie. Ich habe allerdings auch keine Vorliebe dafür. Ich habe bemerkt, daß man bei allen alles finden kann, wenn man erst anfängt, danach zu suchen (148).[31]

Die spricht, ist Ärztin, und sie ist, was immer sie hier sagt, jedenfalls keine Freundin der Psychoanalyse, sie hält »Verdrängungen« für gesunde Schutzmechanismen (96). Diese Ich-Erzählerin berichtet in sachlich-kühlem Ton, etwa wie der »Fremde« in Camus‹ gleichnamigem Roman, von ihrem Liebesverhältnis mit Henry, der auf völlig absurde Weise von Halbstarken erschlagen wurde. Beide trafen sich als Nachbarn in einem anonymen Hochhaus und verbrachten die meiste gemeinsame Zeit außer im Bett im Auto. Er war noch verheiratet, lebte nur getrennt, weihte seine Frau nicht ein; sie war geschieden. Obwohl der Roman in der DDR spielt, könnte er genauso gut im Westen spielen. Das vom Roman entworfene Leben gehört ganz zum Typus des flexiblen Normalismus, nicht des wahrscheinlich in der realen DDR insgesamt dominanten Protonormalismus:

Die nächsten Monate vergingen, und das war eigentlich schon alles, was passierte. Ich machte meine Arbeit, und daheim war ich zu müde, um noch etwas anderes zu tun als zu lesen oder fernzusehen. Henry sah ich zwei-, dreimal in der Woche. Unser Verhältnis hatte sich sehr normalisiert (161).

Normalität wird an dieser Stelle mit »Gewohnheit« und »Alltäglichkeit« und wohl gleichzeitig auch mit »ästhetischer Automatisierung« gleichgesetzt.

Wenn der Regen fällt, werden wir naß, ich bin kein kleines Mädchen mehr, damit muß ich mich abgefunden haben. Es läuft alles in seiner gewohnten Ordnung, alles normal. Kein Anlaß für einen Schrei. Nur nicht hysterisch werden. Ich will bleiben, was ich bin, eine nette, sehr normale Frau. Es ist nichts geschehen (134).

Wie der Ton verrät, erfolgt diese Arbeit der Selbst-Adjustierung, der subjektiven Normalisierung, keineswegs ohne erhebliche Friktionen. Das ›nicht geschehene‹ Ereignis war im Auto erfolgt:

An der Autobahnauffahrt wären wir fast mit einem entgegenkommenden Wagen zusammengestoßen. Henry fuhr schnell, und der andere Wagen kam plötzlich aus der Kurve geschossen. Wir waren auf der Gegenspur. Die Scheinwerfer des anderen Wagens sah ich direkt auf mich zukommen. Ich schrie auf. Das andere Auto hupte laut und durchdringend. Ich griff ins Steuer, um den Wagen zur Seite zu lenken. Das andere Fahrzeug bremste und drehte sich. Henry schlug mir mit dem Handrücken ins Gesicht. Dann sauste unser Wagen an dem anderen vorbei (131).

---

31 Zitiert nach Christoph Hein, *Drachenblut oder Der fremde Freund*, Frankfurt/Main 1989 (Sammlung Luchterhand).

Die Erzählerin betont die Absichtlichkeit des Schlages, relativiert dann die Bedeutung, betont aber ihre Meinung, daß »in irgendeiner besonders komplizierten und nervösen Situation jeder Mann schlagen wird« (131f.). Es geht also um die Grenzsituationen der flexiblen Normal-Beziehung modernster Prägung zwischen den Geschlechtern. Wenn der PKW das normale Vehikel dieser Art von Beziehung ist, dann die unfallträchtige Situation deren typische Grenze. Statt des möglicherweise tödlichen Aufpralls prallt die Hand des Manns auf das Gesicht der Frau, die ihrerseits in dieser Situation spontan das Steuer an sich reißen möchte. Die Erzählerin will also, während sie konstatiert, daß nichts geschehen ist, in Wirklichkeit nicht wahrhaben, daß nichts geschehen ist. Sie will die Normalität in Wahrheit nicht akzeptieren, wenn sie auch das Gegenteil behauptet. An einer anderen Stelle ist die Rebellion sogar explizit; dort wird eine lediglich männliche Normalität behauptet und zurückgewiesen:

> Frauen, denke ich, nehmen den Sex leichter, unangestrengter. Natürlicher, weil ihr Geschlechtsteil auch Arbeitswerkzeug ist. Gebären ist Arbeit. Das verhindert verklärende Sichten wie ängstigende Vorstellungen. Ein gleichfalls Männer beunruhigendes Verhalten, weil es die Norm verrückt, ihre Norm, das Normale. Sie bekämpfen es daher, bestrafen es: Um das Ritual ihres Glaubens, ihrer sexuellen Vorstellungen ungefährdet zu erhalten und als einzig gültig zu behaupten, verdammen sie das andere, das nicht Fügsame, das sich ihnen und ihren Phantasien nicht unterwirft, als frigid (88).

Die Perspektive der Erzählerin ist also weder ›existenzialistisch‹ noch ›nihilistisch‹; sie scheint an dieser Stelle vielmehr gegen fixe protonormalistische Normen mehr Flexibilität einzufordern, vielleicht sogar mit einem kaum hörbaren utopischen Unterton des Wunsches nach Eurhythmisierung. Die mutmaßliche Perspektive des Textes, die ja mit der der Erzählerin keineswegs identisch ist, registriert die geheime Rebellion gegen die Normalität ihrerseits als normal. Die Sehnsucht nach Eurhythmie mündet direkt in den Durchschnitt – und die Sehnsucht Henrys nach Abenteuern, nach »gefährlichem Leben« (vivere pericolosamente), geht indirekt in ihn ein. »Wahrscheinlich«, sagt die Heldin, »habe ich noch dreißig Jahre zu leben, das sagt jedenfalls die Statistik« (147). Henry hat einen statistisch unwahrscheinlichen Tod gefunden, aber natürlich sind auch solche unwahrscheinlichen Todesarten in den Durchschnitt eingerechnet – genauso wie die bereits viel wahrscheinlicheren Todesfälle im Auto. Als die DDR sich acht Jahre nach dem Erscheinen von Heins Text der Bundesrepublik anschloß, stieg die Autounfallrate wegen der plötzlich völlig überlasteten Infrastruktur steil an. Auf diesem wie auf anderen Gebieten überschwemmte der Flexibilitäts-Normalismus des Westens sozusagen den Protonormalismus des Ostens. Heins Roman dagegen hatte die neue Situation bereits antizipiert.

Die Erzählerin und ihr Geliebter sind »Singles« und wohnen in einem Hochhaus für Singles. Wie es mehrfach bewußt paradox heißt: »Ich lebe mit mir zusammen« (147). Singles als flexible Normal-Charaktere sind in ihrer Subjektivität Ein-Mann-Autos. Sie haben eine metallene Panzerung (»Drachenblut«), die aber bei hoher Geschwindigkeit zerbrechlich wie Haut ist: »Meine undurchlässige Haut ist meine feste Burg. [...] Ich fürchte mich davor, einen Menschen mit dem Auto zu überfahren« (173). Da die für das Auto-Ich entscheidende Subjektfunktion die der Steuerung ist (symbolisch das Lenkrad), sind zwei Iche in einem Auto bereits ein Unfall: siehe die Griffe ins Lenkrad, die Schläge. Der oben erwähnte Beinaheunfall ist bereits der zweite, den die Erzählerin mit Henry erlebt; nach dem ersten übernahm sie tatsächlich das Steuer. So etwas wie Liebe ist für flexible Singles also per se aporetisch. Normal ist ihr Alleinfahren, allenfalls noch ihr Hintereinanderherfahren in zwei Autos (48, 78, 160) – und es zeugt von Infantilismus, aus solcher Normalität Intensität gewinnen zu wollen: »Auf der Autobahn versuchte Henry, mich mit seinem Auto zu jagen. Er überholte und ließ sich zurückfallen. Ich ging auf sein Spiel nicht ein« (160).

Ein ganzes Genre Literatur und Film, für das *Drachenblut* exemplarisch ist, protokolliert sozusagen die Subjekteffekte, die sich bei der Suche der Individuen nach Intensitäten im Flexibilitäts-Normalismus ergeben. Es ist gerade die Flexibilität der (professionellen, sexuellen) Dispositive, die die Friktionen dämpft und damit die erhofften Intensitäten gefährdet. Z.B. das riskante Spiel mit hohen Geschwindigkeiten:

> Während der Fahrt betrachtete ich ihn. Er hatte seinen Filzhut zurückgeschoben und fuhr sehr konzentriert. Das Steuer hielt er nur mit den Fingerspitzen. Er schaltete viel. Es waren gleitende, fast zärtliche Bewegungen. Es mußte ihm großen Spaß machen, einen Wagen zu fahren. [...] Ich sagte, ich hätte das Gefühl, das Auto bedeute ihm viel. Er bestätigte es. / Nach einer Pause sagte er: Wenn ich fahre, spüre ich, daß ich lebe. / Große Worte, sagte ich. / Ja, gab er zu. / Und sonst? fragte ich. Gibt es sonst nichts? / Nicht so intensiv, sagte er. [...] Dann fragte ich, ob er so etwas wie einen Traumberuf habe. Ohne nachzudenken antwortete er: Ja. Rennfahrer oder Stuntman. Stuntman für Verfolgungsjagden (31f.).

Entsprechend schauen sich die beiden »amerikanische Unterhaltungsfilme« an, »in denen vor allem Verfolgungsjagden zu sehen waren. Unentwegt stürzten Autos in Abgründe und explodierten« (93). Was die Erzählerin vergißt, explizit zu formulieren, konnotiert der Text in seinem Arrangement: Das Dilemma der Intensität im Normalismus liegt genau darin, daß der Unterschied zwischen dem *thrill* des Kinozuschauers, der die Autos rasen sieht, und dem *thrill* des Stuntmans, der die Bilder dafür liefert, nicht evident ist. Anders gesagt: Da alle normalistischen Intensitäten durch normale, allgemein zugängliche Applikations-Vorgaben (vor allem Filme) sti-

muliert werden, bilden die realen psychischen Intensitäten der Leute eine Gaußsche Normalverteilung, aus der natürlich auch die Stuntmen nicht ausscheren können. Das Spiel mit dem Tode bringt keine zusätzliche Steigerung; dazu paßt es, daß Henry die Situation unmittelbar vor seinem Tode »gelangweilt« wahrgenommen hat (167). »Nein«, hatte Henry über die sich auf einem Fest langweilenden Jugendlichen gesagt, »sie warten, daß irgend etwas passiert. Sie hoffen, daß etwas geschieht« (105). Da aber im flexiblen Normalismus das einzige mögliche Ereignis die irreversible Denormalisierung wäre, bleibt das letzte Wort: »Es ist nichts geschehen«. (Inzwischen kann man längst Stuntman im Computerspiel sein und ganz realistische Szenarios simulieren. Man hat dort »mehrere Leben« und verliert einzelne davon mit der gleichen Langeweile wie Henry bei Hein sein einziges.)

Teil IX

Auf dem Weg zum universalen Normalismus?

1. Ein politisches Normalitäts-Dispositiv (links/Mitte/rechts/Extreme)

Am 22.5.1989 veröffentlichte der *Spiegel* eine von EMNID in seinem Auftrag erhobene und verfertigte Skala, auf der den deutschen politischen Parteien Zahlenwerte zugewiesen waren (Abb.). Bei diesem auf den ersten Blick unscheinbaren diskursiven Ereignis handelte es sich in Wahrheit um

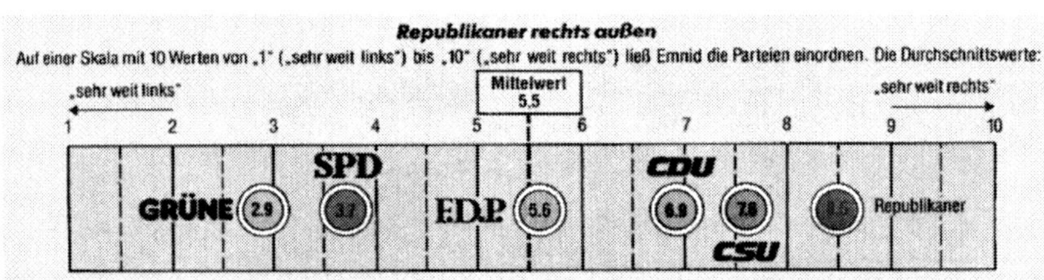

ein Symptom von geradezu epochaler Bedeutung. Die Skala war nämlich auf der Basis von quantitativen Graden der ›Linksheit‹ bzw. ›Rechtsheit‹ der Parteien bezüglich einer *Mitte* erstellt. So erhielt die FDP etwa einen Wert von 0,1 *rechts von der Mitte*. Das erscheint als ›normal‹ – aber in solcher Normalität liegt eben nicht die Antwort, sondern die Frage: Wie kann eine ursprünglich gänzlich qualitative und gänzlich symbolische Eigenschaft wie politische ›Linksheit/Rechtsheit‹ quantitativ funktionieren? An diesem Beispiel läßt sich exemplarisch studieren, auf welche Weise selbst rein symbolisch-subjektives (»metaphorisches«) Orientierungs-Wissen homogenisiert, verdatet, kontinuiert und quantifiziert, schließlich also in ein Normalitäts-Dispositiv sensu stricto verwandelt werden kann. Dieser Prozeß muß zunächst im Sinne Foucaults »archäologisch« rekonstruiert werden.

Wie Pierre Lantz prägnant struktural zusammengefaßt hat[1], entstand die moderne politische *Links-Rechts*-Topik im Zuge der Französischen Revolu-

---

1 Pierre Lantz, »Räumliche Orientierung und politische Ausrichtung«, dt. in: *kulturRRevolution* 26/1991, 14–18.

tion durch eine symbolische Transformation der britischen Parlaments-Topik. Bekanntlich sitzen sich im Unterhaus zwei Parteien auf zwei parallel konfrontierten Bänken face to face gegenüber. In der Mitte dazwischen sitzt am einen Ende der Speaker als symbolischer Vertreter des Königs. Diese Topik ist leicht als politische Version eines juristischen Raum-Dispositivs mit zwei Parteien und dem Richter in der Mitte zu erkennen. Da die jeweilige Regierungspartei rechts vom Speaker, also auf der traditional symbolischen ›Ehrenseite‹ sitzt, wechseln die Parteien je nach der Mehrheit bzw. Regierung die Plätze. Es gibt also keinerlei symbolische Beziehung zwischen der Opposition *links* vs. *rechts* und einer ›politischen Richtung/Orientierung‹. Ferner ist die absolute symbolische Diskontinuität zwischen den beiden Seiten direkt augenfällig. Mehr noch: Die scheinbar horizontale Seiten-Konfrontation tendiert symbolisch auch zur Vertikalität (Regierungsbank *oben*, Oppositionsbank *unten*).

Der Ursprung der modernen politischen *Links-Rechts*-Topik geht auf die Sitzung der verfassunggebenden Nationalversammlung am 28. August 1789 in Versailles zurück, als über das absolute Vetorecht des Königs abgestimmt wurde. Nach der Darstellung von Mirabeau wurden damals zum erstenmal aus zunächst technischen Gründen (größere Übersichtlichkeit bei der Auszählung der Stimmen) ein *rechter* und ein *linker Block* gebildet, die sich rechts bzw. links vom König formierten. Scheinbar bildete das Unterhaus dafür das Vorbild, in Wahrheit war auch das, wie Pierre Lantz erklärt, eine epochale Revolution. Denn nun wurden politische Gesinnungen (Orientierungen) konstitutiv für die *Rechts-Links*-Symbolik: Erstmals war eine *rechte*, d.h. ›royalistische‹, und eine *linke*, d.h. ›republikanische‹ Partei konstituiert. Dabei entstand auch eine andere Artikulation zwischen Diskontinuität und Kontinuität des Politischen: Eine Art rein formale Kontinuität des Gesamtsystems lag in der Möglichkeit des Seitenwechsels; einzelne Abgeordnete oder ganze Gruppen konnten von der *Rechten* zur *Linken* übergehen oder umgekehrt. Da in der neuen französischen Topik aber die Symbolik von *Links* und *Rechts* an politische Gesinnungen gekoppelt war und die Revolution in den Bürgerkrieg führte, dominierte von vornherein die Diskontinuität zwischen *Links* und *Rechts* in der *Mitte*, wurde der Seitenwechsel über die *Mitte* hinweg von vornherein symbolisch als ›Verrat‹ konstituiert. Außerdem privilegierte die Kopplung von Position und Gesinnung noch stärker als in England eine heimliche symbolische Vertikalisierung der Topik. Selbstverständlich sahen die Royalisten sich mit dem König zusammen *oben* und die republikanische Seite *unter* sich. Das gleiche galt aber umgekehrt auch für die Republikaner, die diese symbolische Vertikalität schließlich in der Guillotine auf drastische Weise realisierten. So wird die Topik des ›symbolischen Bürgerkriegs‹ bis in ihre gänzlich normalisierten parlamentarischen Formen hinein stets durch eine heimliche Vertikalität

und die damit zusammenhängende Diskontinuität in der *Mitte* (den ›Schnitt‹) charakterisiert bleiben. Diese Struktur der Topik bewies nach der Beseitigung des Königs und seiner Partei dadurch ihre formale Stabilität, daß nun ganz verschiedene, und zwar lauter republikanische politische Orientierungen in das vertikalisierte *Links-Rechts*-Schema einrücken konnten. Während des Konvents wurde die heimliche Vertikalität vorübergehend sogar sinnfällig: In der steilen Anordnung der Sitzreihen des Manègesaals setzten sich die Radikalen tendenziell nach links oben (*Montagne*, d.h. »Bergpartei«) und die Gemäßigten tendenziell nach rechts unten (*Plaine*, *Marais*, *Ventre* d.h. je nach Unterton *Ebene*, *Sumpf*, *Bauch*). Sehr bald guillotinierten die ersten die zweiten. Marcel Gauchet hat die oft überraschenden Turbulenzen der Topik während der Ersten Republik im einzelnen dargestellt: so etwa das vorübergehende Eindringen von Sansculotten an den Ort der guillotinierten *Rechten* und vor allem das *Links-Rechts-Verbot* während der Thermidor-Periode[2] (damals wurden die Plätze verlost, um keine Diskontinuität *links* vs. *rechts* zu ermöglichen).

Die in der Französischen Revolution aufgetauchte politische *Links-Rechts*-Topik bestand am Ende dieser Revolution also aus einem vorläufigen, uneindeutigen, widersprüchlichen und alles andere als »kristallisierten« (Gehlen) Dispositiv: Uneindeutig war die symbolische Grunddimension, die zwischen einer horizontalen und einer eher vertikalen konstitutiven Achse schwankte. Deutlich dominierte eine ›scharfe‹ (bis hin zur Symbolik der Guillotine) Diskontinuität in der *Mitte*, obwohl das reale Spiel des Überlaufens, Positionswechsels und vor allem des ständigen ›Neuausfüllens‹ der Seiten de facto auch eine symbolische Kontinuität der horizontal-vertikalen Achse suggerieren mußte. Aus diesem sozusagen noch knetbaren Material sollten sich im weiteren Verlauf eine große Vielfalt von Spielarten der *Links-Rechts*-Topik entwickeln, die sich aber sämtlich in einem strukturellen Feld zwischen zwei polaren Idealtypen streuen, die ich die Topik des »symbolischen Bürgerkriegs« und die der »Gleichgewichtungswaage« genannt habe[3]. (Eine ausführliche historische Darstellung der Entwicklung der Topik in Frankreich von der Ersten bis zur Fünften Republik hat Marcel Gauchet auf der Basis reichhaltigen und aufschlußreichen Quellenmaterials gegeben[4].)

---

2 Marcel Gauchet, »La Droite et la Gauche«, in: Pierre Nora (Hg.), *Les lieux de mémoire;* Bd. 3.1. (Les France. Conflits et partages) Paris 1992, 401.

3 J.L., »Links/Rechts, Mitte/Extreme - Metamorphosen einer politischen Landschaft«, in: *kulturRRevolution* 26/1991, 19–24; sowie: »Halbrechts, Rechtsaußen oder im Abseits? Die politische Kollektivsymbolik der Bundesrepublik und die ›Republikaner‹« in: Richard Faber (Hg.), *Konservatismus in Geschichte und Gegenwart,* Würzburg 1991, 57–81. (Die Zeitschrift *kulturRRevolution* hat der Diskursanalyse der *Links-Rechts*-Topik bisher zwei Hefte gewidmet: Heft 6/1984 und Heft 26/1991; dort findet sich weitere einschlägige Literatur.)

4 Gauchet, 394–467.

Die Topik des »symbolischen Bürgerkriegs zwischen Links und Rechts« (Abb.) ist zunächst dadurch gekennzeichnet, daß ihre horizontale Achse weiterhin insgeheim die Drehung in die Vertikale impliziert: Sowohl die Linke wie die Rechte ist in diesem Modell imgrunde nur provisorisch *links* und *rechts* – nach dem (allerdings immer utopischer und damit rein-symbolischer werdenden) »letzten Gefecht« wird man definitiv *oben* sein und *über* der Gegenseite. Diesem Idealtyp der Topik entspricht eine dominante Diskontinuität zwischen *Links* und *Rechts*.

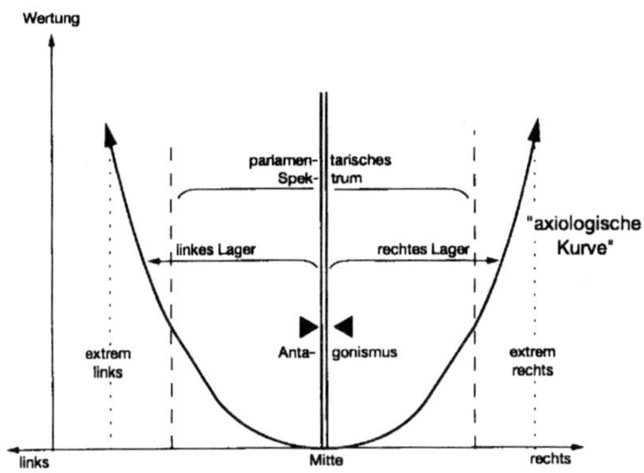

Symbolischer "Bürgerkrieg"

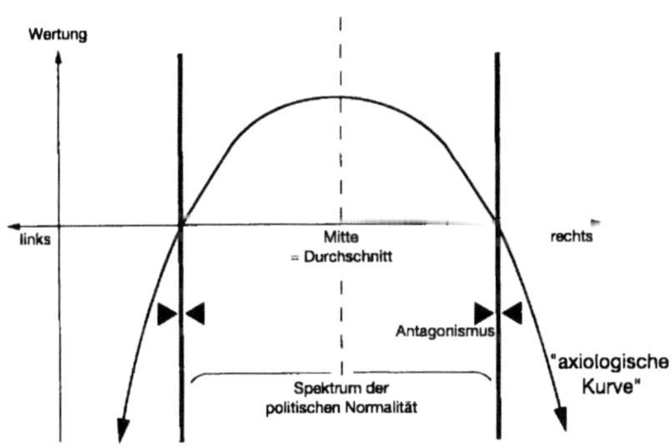

"Gleichgewichtungswaage"

Die *Mitte* ist also symbolisch als Diskontinuität (*Schnitt*) konstituiert. In der Abbildung ist die Verteilung der politischen Positionen als zweidimensionale Kurve, und zwar als »axiologische Kurve« (dazu s.u.) dargestellt. Die Abszisse steht für ›Grade von Linksheit bzw. Rechtsheit‹, die Ordinate für implizite Wertungen solcher Positionen durch die zu Grunde liegende Kultur. Wie man sieht, liegt im Idealtyp des »symbolischen Bürgerkriegs« das Minimum der Wertung (also das axiologische Minimum) genau in der *Mitte*, also am Punkt der absoluten Diskontinuität zwischen *Links* und *Rechts*. Passiert werden kann die *Mitte* nur diskontinuierlich, d.h. symbolisch gesehen in einem Akt des ›Verrats‹. Es gibt also einen empirischen Test, um festzustellen, ob eine empirische Topik (etwa die der Weimarer Republik) eher als »symbolischer Bürgerkrieg« oder eher als »Waage« funktioniert: Es ist die Wertung der politischen *Mitte*. Im »Bürgerkrieg«-Modell ist *Mitte* symbolisch mit

Sumpf, »lau«, »Opportunismus«, »Verrat« usw. konnotiert. Demgegenüber werden *extreme* Positionen als klare agonale Subjektpositionen hoch gewertet. Typisch ist die Wertungsregel: ›Für meinen Gegner am anderen Extrem habe ich mehr Achtung als für den Opportunisten in der Mitte‹. Die klassische historische Applikation dieses Modells ist in jener Version des marxistischen Klassenkampf-Theorems gegeben, in der der Block der Bourgeoisie als rechts und der Block des Proletariats als links kodiert wurde. Die marxsche Prognose einer Ausdünnung der (symbolisch vertikalen) sozialen Mitte galt in dieser Sicht zugleich als Imperativ, eine politische Mitte nach Möglichkeit zu minimieren. Am Ende sollte das Proletariat oben sein, würde die Horizontale also in die Vertikale gekippt. Eine genau spiegelverkehrte Auffassung vertraten die explizit konterrevolutionären rechten Orientierungen.

All das erscheint nun in dem zweiten, polar entgegengesetzten, idealtypischen Modell, der »symbolischen Gleichgewichtungswaage« (Abb.), genau auf den Kopf gestellt. Diese zweite Grundform der Topik bildet die symbolische Basis der *Spiegel*-Graphik. Hier ist die *Mitte* vom axiologischen Minimum zum axiologischen Maximum avanciert. *Links* und *Rechts* berühren sich also am Punkt des axiologischen Maximums, der positivsten Wertung. Damit wird der Übergangspunkt zwischen *Links* und *Rechts*, der Punkt ihrer Überbrückung, Versöhnung, ihres Kompromisses und ihrer Großen Koalition zum symbolischen Attraktor der Gesamttopik. Damit ist die symbolische Kontinuität zwischen *Links* und *Rechts* hergestellt. Durch diese Kontinuierung ist aber gleichzeitig die Horizontale definitiv symbolisch dominant geworden: Es gibt keinen geheimen utopischen oder apokalyptischen Vorbehalt mehr, nach dem eines Tages die *Linke* oder die *Rechte oben* sein werde – im Modell der »Gleichgewichtungswaage« ist immer die *Mitte* ›oben‹. Dementsprechend gibt es auch kein zeitliches Ende des Funktionierens der Topik: Auf unbegrenzte Zeit können alle vier Jahre o.ä. bei Wahlen die *Linke* und die *Rechte* ›gewogen‹ werden. Auf völlig einleuchtende Weise besetzt die *schwerer wiegende* Seite die *Mitte* und damit die Regierung. Insofern sind wechselnd *Linke* oder *Rechte* ›oben‹, aber eben stets nur provisorisch. Im unendlichen Schaukelspiel des Wiegens herrscht symbolisch die Horizontale. Wenn die *Mitte* das axiologische Maximum markiert, dann müssen die deutlich oder gar extrem *linken* bzw. *rechten* Positionen, die ja implizit für das Gegenmodell des »Bürgerkriegs« optieren, entsprechend negativ gewertet werden: die axiologische Kurve fällt *links und rechts außen* ins ›Unendliche‹.

Wie sich zeigen wird, kann auf der Basis dieser Topik der »Gleichgewichtungswaage« ein politisches Normalitäts-Dispositiv errichtet werden, indem die symbolische *Mitte* der Horizontalen als Normalwert, also Durchschnitt des Politischen konstituiert und das *Links-Rechts*-Kontinuum damit zur politischen Toleranzzone umdefiniert wird. Das setzt allerdings Norma-

litätsgrenzen (Toleranzgrenzen) zu beiden Seiten der *Mitte* voraus, die symbolisch eben als »Extremismus-Grenzen« funktionieren (zu den mit der symbolischen »Unendlichkeit« und dem *Terror*-Signifikanten verbundenen Paradoxen s.o. VI.11 über die Normalitätsgrenze).

Bei der archäologischen Rekonstruktion dieser symbolischen Basis eines politischen Normalitäts-Dispositivs, also der »Gleichgewichtungswaage«, stellt sich also vor allem die Frage nach der Konstitution einer durch die *Mitte* hindurch kontinuierlichen, homogenen horizontalen *Links-Rechts*-Achse. Wie bei der Behandlung der Französischen Revolution festzustellen war, fehlte eine solche symbolische Achse seinerzeit noch völlig: Im stillen dominierte die Vertikale des »Wir oder sie«, und dementsprechend diskontinuierlich war die *Mitte*.

Wenn der entscheidende Entwicklungsschritt in archäologischer Perspektive der von einer rein qualititiven, diskontinuierlich-dichotomischen Version der Horizontalachse zu einer quantitativen und kontinuierlichen war, dann erfolgte diese Transformation, so paradox das erscheinen mag, durch die Abbildung einer dritten, temporal-dynamischen *Fortschritts*-Achse auf die Horizontale. Auch die temporal-dynamische Achse des *Fortschritts* ist linear – sie kennt ein *Vorwärts* der Zukunft und ein *Rückwärts* der Vergangenheit, das symbolisch eher zur Kontinuität als zur Diskontinuität tendiert. Die symbolischen Vehikel des Fortschritts beschreiben eine kontinuierliche *Linie* (z.B. ein kontinuierliches *Gleis)* vom ›Anfang‹ zum ›Ziel‹. Gleiches gilt für die symbolische *Marschkolonne des Fortschritts*. Da dabei die einzelnen Individuen beliebig weit *vorn* oder *hinten* plaziert sein können, liegt so etwas wie eine Streuung individueller Positionen vor. Daraus wiederum ergibt sich bei der dynamischen *Fortschritts*-Achse zwanglos die für den Normalismus entscheidend wichtige Position des *Durchschnitts aller Marschierenden* und damit einer horizontalen stochastischen *Mitte*. Wie die Darstellung der bedeutenden (proto-) normalistischen Konzeptionen des 19. Jahrhunderts (z.B. Comte) gezeigt hat, benutzten sie sämtlich als kollektivsymbolischen Mantel den der kontinuierlichen Vorwärtsbewegung nach dem symbolischen Modell der *Eisenbahn* oder der militärischen *Kolonne*. Stellt man sich nun vor, daß sich die Vehikel bzw. *Marschkolonnen des Fortschritts* von *rechts* nach *links* bewegen, während auf einer Art mitfahrendem Bildschirm oder Bühne umgekehrt *rechts* ständig die letzten ›herausfallen‹ und gleichzeitig *links* ›frische Kräfte nachwachsen‹, so ist damit das Element der Kontinuität und Quantifizierbarkeit für die horizontale Achse gewonnen. Der permanente ›Output‹ der ›verbrauchtesten Reaktionäre auf der äußersten Rechten‹ und der permanente ›Input‹ neuer ›extremlinker Avantgarden‹ führt dazu, daß die jeweils vorherige *äußerste Linke* nun durch *Rechtsverschiebung* zur *gemäßigten Linken* wird, die zuvor *gemäßigte Linke* zur *linken Mitte* usw. Dieses *Rückstoß*-Modell des politi-

schen Vehikels ist (bei mittlerer Geschwindigkeit) das geheime Ideal jedes politischen Reformismus seit dem 19. Jahrhundert gewesen. Es entspricht symbolisch also der Kopplung zwischen einer kontinuierlichen Horizontal-Achse und einer kontinuierlichen dynamisch-temporalen Progreß-Achse.

Es ist also paradoxerweise die symbolische Achse des *Fortschritts*, deren Pathos oft genug den symbolischen *Bürgerkrieg* zu beschwören schien, die insgeheim gerade umgekehrt die Diskontinuität der Topik zu überbrücken und zu integrieren erlaubt hat. Konnotativ wurde durch die Abbildung der *Fortschritts*-Achse auf die *Links-Rechts*-Topik ein integriertes (nationales) Vehikel konstituiert, von dem *Linke* und *Rechte* nur mehr *Lokomotive* oder *Schlußlicht*, *Backbord* oder *Steuerbord* (s.u. den Abschnitt über den symbolischen *Links-Rechts*-Roman von Jules Verne) sind. Konnotativ erlaubt dieses Vehikel nun auch symbolische Zuweisungen des *Tempos* oder der *Richtung* auf das *Links-Mitte-Rechts-Spektrum*: Das Vehikel kann *Kurs nach links oder nach rechts* nehmen, seine *(nicht) normale Fahrt* kann *beschleunigt oder gebremst* werden.

Eine erste historische Vorform sowohl einer solchen ›Bühne des kontinuierlichen Fortschritts‹ wie sogar des politischen Normalitäts-Dispositivs der heutigen Bundesrepublik findet sich im politischen System der französischen Restauration[5]. Das Parlament Ludwigs XVIII. und Karls X. stellt m.W. den ersten Fall einer kontinuierlichen und gleichzeitig aufs äußerste differenzierten *Links-Rechts-Mitte-Extreme*-Topik dar, die sich von der *extremen Linken* (*extrémité de gauche*) über verschiedene Fraktionen der *Linken*, die *linke* und *rechte Mitte* (*centre gauche et droit*), verschiedene Fraktionen der *Rechten* bis zur *extremen Rechten* erstreckte, wobei die konkreten politisch-ideologischen ›Füllungen‹ interessanterweise bereits recht frei flottieren konnten. Ebenso symptomatisch ist es, daß es bereits wechselnde ›Große Koalitionen‹ zwischen der *linken und rechten Mitte* gab, die sich fallweise entweder weiter nach *links* oder weiter nach *rechts* erstrecken konnten. Diese Topik wurde allerdings simultan auf verschiedene Weise gelesen und gelebt. In der ersten möglichen Lektüre handelte es sich um ein politisches Normalitäts-Dispositiv avant la lettre (es sind die zwanziger Jahre des ersten ›Durchbruchs‹ des Normalismus im Interdiskurs!), allerdings unter äußerst starken Restriktionen, die eine stabile Reproduktion von vornherein als aussichtlos erscheinen ließen. Durch das extreme Zensus- und Klassenwahlrecht war dieses Normalitäts-Spektrum symbolisch nie mehr als eine kleine Insel in einer *Flut* drohender Denormalisierung. Symbolstrukturell betrachtet, lag die absolute Außengrenze des Spektrums nach der ersten möglichen Lektüre, lag die Grenze absoluter Diskontinuität sozusagen ›zu nah‹, d.h. zu nah an der *Mitte*. Symbolisch wurde in dieser ersten

5 S. dazu auch Gauchet, 402–408.

Lektüre die *Extremität* der Außengrenzen (und dazu noch asymmetrisch nur *links*) durch den absoluten Negativsignifikanten »Königsmörder« (»régicide«) konstituiert, mit dem frühere Revolutionäre belegt wurden, die für den Tod Ludwigs XVI. gestimmt hatten. Ab und an kam es zu entsprechenden ›hysterischen‹ Ausgrenzungs- und Distanzierungsritualen, die dem Spiel der bundesrepublikanischen Topik mit dem *Terror*-Signifikanten zu präludieren scheinen. Diese ›zu kurze Distanz‹ zwischen der *Mitte* und dem Punkt absoluter Diskontinuität trug im Laufe der Restauration zur Stärkung der zweiten Lektüremöglichkeit der Topik bei, in der die Diskontinuität wie schon in der Revolution nach innen an die Bruchstelle zwischen *Links* und *Rechts* verlegt wurde, während sich die Außengrenzen symbolisch öffneten. Diese zweite Lektüreweise präludierte jener Version der Topik, die sich dann in Frankreich bis heute durchsetzen sollte und die Pierre Lantz und Marcel Gauchet beschrieben haben: einer wechselnden Kombination von stets dominierendem ›symbolischem Bürgerkrieg‹ zwischen *Links* und *Rechts* mit Diskontinität in der *Mitte* auf der einen und wechselnden subdominanten Anteilen der ›Gleichgewichtungswaage‹ mit ihren Diskontinuitäts-Schnitten an den *Extremen* auf der anderen.

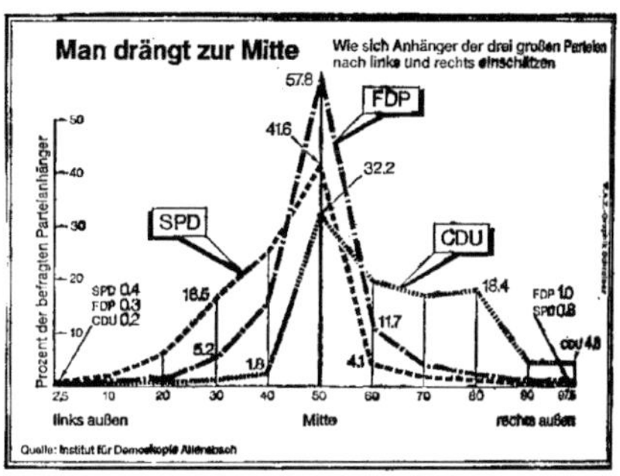

Die Herausbildung eines politischen Normalitäts-Dispositivs auf der Basis des *Waage*-Modells in der Bundesrepublik gehört zweifellos zu den spektakulärsten und symptomatischsten Fällen einer Normalisierung gänzlich qualitativ-heterogener und völlig symbolisch-subjektiver Prozesse. Es handelt sich um einen exemplarischen Fall von ›Quantifizierung am Phantasma‹. Ich hatte versucht, das »symbolische Paraboloid« als ein konkretes Dispositiv des *inneren Bildschirms* zu rekonstruieren, das die Funktion der Abhängigkeit politischer Sympathiegrade im mediopolitischen Diskurs vom Grade der *Distanz von der Mitte* simuliert, und mein Bruder Godehard Link hatte mich darauf aufmerksam gemacht, daß es sogar möglich erscheine, die entsprechende Funktion mathematisch kohärent als gestückelte Kurve aufzufassen.[6] Jedenfalls muß eine solche Kurve durchschnittlich in den Köpfen

6 Vgl. die Abb. in: J.L., »Links/Rechts, Mitte/Extreme - Metamorphosen einer politischen Landschaft«, gefolgt von: J.L./Godehard Link, »Briefwechsel über symbolische und mathematische Parabeln«, in: *kultuRRevolution* 26/1991, 19–29.

implementiert sein, weil bei entsprechenden Umfragen die Einordnung von Parteien, Parteiflügeln und einzelnen Politikern nach Graden von ›Zentralität‹, ›Linksheit‹ und ›Rechtsheit‹ hochgradig übereinstimmt und offenbar das Wahlverhalten steuert (Abb.). So ist in der Bundesrepublik eine komplexe Taktik entstanden, die man als Praxis des flexiblen Normalismus in politicis begreifen muß: Wer ›eigentlich‹ eine bestimmte Position innerhalb des ›linken Teilspektrums der SPD‹ anvisiert, kann dann die Grünen wählen, um eine Koalition zu fördern, die gerade ›seine Leute‹ an die Macht bringen wird – wer dagegen annimmt, daß die *Rechte* sowieso gewinnt, wird etwa die FDP wählen, um eher *links-zentrale Flügel* der CDU statt *rechter* zu stärken usw. Besonders interessant wären sicherlich Untersuchungen über die Kopplungen zwischen diesem und anderen Dispositiven subjektiver Selbstadjustierung: was bedeutet die subjektive ›Identifizierung‹ mit einer *linken*, einer *rechten* oder einer *mittleren* Position, was vor allem die ›Fixität‹ oder aber die Flexibilität einer solchen Identifizierung für die gesamte Subjektivität eines Individuums? Wie verhalten sich etwa politische »Distanzierungen« zu privaten?

(Nicht) normale Fahrten 12: Jules Vernes »L'île à hélice«

17 Jahre vor dem Untergang der *Titanic* und entsprechend länger vor der reichen *Titanic*-Literatur bis hin zu Enzensberger hatte der siebenundsechzigjährige Jules Verne in seinem Zukunftsroman *L'île à hélice* (zitiert nach der Ausgabe Paris 1978, Bibliothèque Aérienne) die Katastrophe eines *High-Tech*-Bootes nicht bloß antizipiert, sondern gleich überboten: Gegen Ende des 20. Jahrhunderts haben reiche Amerikaner eine riesige künstliche Insel mit ovalem Durchschnitt (7 km Länge und 5 km Breite jeweils in der Mitte) bauen lassen, wo sie in der Stadt *Milliard City* ein Luxusleben führen und sich entsprechend den jeweils günstigsten meteorologischen Bedingungen durch den Pazifik bewegen, so daß sie jederzeit ein Super-Hawaii und ein Super-Tahiti genießen können. Die auf Ölbasis mit elektrischen Superaggregaten von 10 Millionen PS angetriebene *High-Tech*-Insel (die nicht bloß elektrische Trams, »Wagen«, »cars« und rollende Trottoirs, sondern auch eine Art Radio, eine Art Kino, den »kinétographe«, eine Art TV, den »téléphote«, und schließlich eine Art Fax, den »télautographe« besitzt), trägt den Namen *Standard Island*, was sich ins Deutsche der Zeit durchaus mit ›Normal-Insel‹ hätte übersetzen lassen. Die auf *Standard Island* herrschende ›Normalität‹ ist also zunächst die der industriellen Normung: Die geometrische und vor allem auch symmetrische Disposition erscheint den französischen Gästen, aus deren Perspektive erzählt wird, als zwar großartig, aber ein wenig langweilig. Kombiniert ist die industrielle ›Normalität‹

mit meteorologischer, medizinischer und sozialer: Nicht bloß wählt *Standard Island* die jeweils günstigsten meteorologischen Bedingungen des Pazifiks für seine Lage, es schafft sich auch künstlich sein Wasser und einen Teil seines Klimas:

Warum sich soviel Mühe geben, wenn es so einfach ist, hygienisches Wasser ohne jede Unreinheit, und sogar nach Wahl kohlensäure- oder eisenhaltig zu fabrizieren... [...]. [...] wir liefern warmes oder kaltes Wasser in die Häuser, wie wir Licht, Ton, die Zeit, die Wärme, die Kälte, die Antriebskraft, die immunisierenden Wirkstoffe und die Elektrisierung per Selbstleitung (autoconduction) liefern... – Heißt das, daß Sie auch den Regen für Ihre Rasenflächen und Blumengärten selbst fabrizieren?... [...] Jawohl, meine lieben Freunde, einen Regen, den in unserem Unterbereich angebrachte Leitungen in regelmäßiger und geregelter (d'une façon régulière, réglementaire) sowie in jeweils sinnvoller und praktischer Weise auszuteilen erlauben. (54f.).

Das Wasser wird aus Meerwasser durch »Distillation und Elektrolyse« fabriziert (68) – dazu kommt »komprimierte« bzw. »gedehnte Luft« (66), d.h. »diese hygienische Atmosphäre, so reich an Ozon und an komprimiertem und elektrisiertem Sauerstoff mit aktiven Besonderheiten, die üblicher (ordinaire) Sauerstoff nicht besitzt« (83). Die Gesamt-›Normalität‹ von *Standard Island* wird also letztlich durch das Prinzip »Hygiene« bestimmt – diese ist der eigentliche Integrator zwischen Technik und Medizin. Der eigentliche Wert der *High-tech*-Insel für ihre Bewohner liegt nämlich darin, die durchschnittliche Lebensdauer enorm zu erhöhen. Witzigerweise gehört es zum »hygienischen« Regime, daß man auf traditionelle Ärzte (wie auf Juristen) verzichten kann:

Jeder Bewohner kennt genau seine Konstitution, d.h. seine mit dem Dynamometer gemessene Muskelkraft, seine mit dem Spirometer gemessene Lungenkapazität, die mit dem Sphygmometer gemessene Kontraktionskraft seines Herzens, den Grad seiner mit dem Magnetometer gemessenen Vitalstärke (force vitale). (66)

Dynamometer, Spirometer und Sphygmometer sind typische Instrumente des medizinischen Normalismus, deren sich auch Galton bediente. Soziologisch gesehen, handelt es sich bei *Milliard City* um die Antizipation einer ›Wohlfahrts- und Konsumgesellschaft‹ ohne jede Abstriche, wo jeder von seinem Kapital leben kann (offenbar sind die für die Antriebsaggregate und Elektrizitätszentralen notwendigen wenigen Arbeiter auch reich genug, um sich das teure Leben leisten zu können). Es handelt sich dabei gleichzeitig um die Antizipation einer rein weißen »Ersten Normalitätsklasse« (s.u.).

Die Funktionssysteme im Sinne Luhmanns werden gänzlich von den technischen Systemen (einschließlich der psycho-technischen, »therapeutischen«) dominiert. Das juristische System ist verkümmert, Kriminalität gibt es nicht (67); das Kunstsystem ist in das System der »Hygiene« integriert: Man hört Musik aus »therapeutischen« Motiven (»anämische Temperamen-

te« werden mit Wagner behandelt: 80). Diese entschieden prognosestarke Struktur von Funktionssystemen ist nichts anderes als eine narrative Extrapolation des normalistischen interdiskursiven Komplexes zur Zeit der Belle Époque: Es ist die Ausphantasierung der damaligen normalistischen Konstellation Industrienorm – medizinische Normalität – soziale Normalität.

Die Gesamtheit dieser ›Normalität‹ wird im Roman vor allem durch die absolut ebene Wasserlage (ligne de flottaison) der Insel symbolisiert: Eine *Schieflage* scheint unmöglich. Darauf bezieht sich auch eine der expliziten Verwendungen des Begriffs »normal«. So scheint die Wasserlage durch den Vulkanaschenregen vorübergehend gestört:

> Inzwischen haben sich die Bewohner von Milliard City ein wenig beruhigt und entschließen sich, in ihre Wohnungen mit der Hoffnung zurückzukehren, daß *Standard Island* sich am nächsten Tag wieder unter normalen Bedingungen (dans des conditions normales) befinden werde (211).

»Normal« ist ansonsten die »Temperatur« (223) – und wenn es am Ende des Romans heißt: »das normale Leben ist sozusagen unterbrochen (suspendue)«, dann bezieht sich das bereits auf die eigentliche Pointe:

Die Pointe des Romans aber liegt in der Ursache des Untergangs dieser Super-*Titanic*: Die ›Normal-Insel‹ scheitert nicht an einem Eisberg der Antarktis, und ein enormer Vulkanaschenregen kann ihr nichts anhaben, sie scheitert nicht an einer Invasion von Raubtieren, die die britische Flotte den Yankees aus Rachedurst in ihr Paradies geschmuggelt hat, und auch nicht an der Invasion von tückischen *Gelben* im Bündnis mit den letzten Kannibalen, also von ›unteren Rassen‹ – schon gar nicht scheitert sie an technischen Defekten, die es einfach nicht gibt: sie scheitert an der politischen *Links-Rechts*-Topik. Zur genormten Geometrie und Symmetrie der künstlichen Insel gehört nämlich vor allem auch ihre symmetrische Längsaufteilung durch die schnurgerade von vorn nach hinten durch die First Avenue verlaufende Mittellinie, die *Standard Island* in zwei gleiche Hälften, eine *linke* und eine *rechte*, teilt. *Links* von der First Avenue wohnen die protestantischen ›Backbordianer‹ aus den Nordstaaten, und *rechts* die katholischen ›Steuerbordianer‹ aus den Südstaaten, die (Vernes Pariser Publikum zuliebe) sogar wieder viel Französisch sprechen. Beide Seiten sind gleich stark und gleich reich, sie haben bloß verschiedene Mentalitäten (die Backbordianer wollen Großindustrie auf die Insel holen, die Steuerbordianer wollen in Ruhe Kunst genießen). Jede Seite besitzt in dem jeweils reichsten Milliardär eine Führerfigur. Das Elend von *Standard Island* liegt darin, daß es keine selbständige *Mitte* besitzt: Es gibt nur wenige »Neutrale«, zu denen der erste Gouverneur gehört, der aber keine eigene ›Hausmacht‹ besitzt, wie man heute sagen würde. Als er bei der Invasion der *Gelben Gefahr* ums Leben kommt, muß neu gewählt werden. Der Wahlkampf zwischen den Pro-

tagonisten der beiden Seiten zerstört sogar die geplante Heirat ihrer Kinder und läßt u.a. durch den Kampf zwischen der *linken* und der *rechten* Zeitung den ›symbolischen Bürgerkrieg zwischen Links und Rechts‹ grenzenlos eskalieren. In drei Wahlgängen des Stadtrats kommt es zu keiner Mehrheit: Danach erklären sich beide Kandidaten für Sieger. Jeder befiehlt den Technikern der jeweils eigenen Seite, die Maschinen mit höchster Kraft für einen entgegengesetzten *Kurs* in Marsch zu setzen, die Backbordianer nach Südwest, die Steuerbordianer nach Nordost. Das Resultat ist eine frenetische Drehbewegung von *Standard Island*, die schließlich zur »Explosion« eines Aggregats und dann zum *Kollaps* der Stadt und zum Auseinanderbrechen ihrer »Basis« führt. Die Explosion eines *High-Tech-Vulkans* ist durch die leitmotivische Verwendung des (natürlichen) Vulkans (als des Kollektivsymbols von Revolution und Bürgerkrieg) in den früheren Kapiteln des Romans exponiert. Die politische *Links-Rechts*-Topik als ›symbolischer Bürgerkrieg‹ erweist sich also als in den Normalismus eingebauter *Vulkan*:

Diese Explosion würde sich allerdings rein auf der Ebene der Mentalität abspielen (Il est vrai, cette explosion ne pourrait être que »toute morale«: 140).

Die Allegorie ist transparent und mit kühl-groteskem Humor montiert: Zu den ›Normalitäten‹ einer ›hochentwickelten Industrie- und Wohlfahrtsgesellschaft‹, wie sie sich in der Belle Époque erstmals abzuzeichnen schien, gehört in politicis der *Links-Rechts*-Binarismus. In ihm erblickt Verne die Achillesferse aller ›Normalität‹. Standard Island ist auf der Basis der bekannten Kollektivsymbolik des *Boots* von Staat und Gesellschaft erfunden: Dabei ist der ›kybernetische‹ Symbolkomplex (Wasserlage, Kursbestimmung, Antriebskraft, Geschwindigkeit usw.) explizit mit der *Links-Rechts*-Topik gekoppelt. Die Pointe in der Pointe liegt nun darin, daß zwar das Modell des ›symbolischen Bürgerkriegs‹ narrativ ad absurdum und ad destructionem geführt wird, daß seine soziale Basis im 19. Jahrhundert, der Klassenkonflikt, auf *Standard Island* aber längst entfallen ist. Es gibt dort zwar Grade des Reichtums, aber nur ›obere‹, es gibt also keine Armut. Es handelt sich um einen ›Wohlfahrtsstaat‹ ohne jede Einschränkung und Ironie. Die Spaltung in zwei Parteien und Blöcke operiert also auf einer wesentlich homogenen Population. Verne hat also Baudrillards Analyse des politischen Binarismus unter Bedingungen der »Simulation« bis ins einzelne antizipiert.

Vernes Roman steht historisch genau an der ersten großen Bifurkation zwischen Protonormalismus und Flexibilitäts-Normalismus. Er antizipiert sozusagen die Produktivkräfte des Flexibilitäts-Normalismus, einschließlich der psychotechnischen und ›kybernetischen‹ Produktivkräfte, spielt dabei aber ihr (katastrophenträchtiges) Funktionieren unter Prämissen protonormalistischer Mentalität experimentell durch. So ist z.B. der *Kurs* von *Stan-*

dard Island vollständig »programmierbar« (»conforme au programme«: 67) und folgt idealiter einer großen S-Kurve (245; ein schöner Beleg für die flexible S-Kurve des Fortschritts!) – nur verhindert eben das binäre *Rechts-Links*-System in der Politik flexible Programmierungen und führt mit seinem *Hauruck* zur Katastrophe. Als Moral von der Geschicht fordert *L'île à hélice* also indirekt nicht mehr und nicht weniger als eine flexible politische Topik mit dominierender *Mitte*.

2. Fünf Normalitätsklassen, Aporien der (normalistischen) neuen Welt-Ordnung

Normalismus, so lautet die These der vorliegenden Untersuchung, ist ein historisch-spezifischer ›Archipel‹ aus Diskurs-Komplexen und Dispositiven, der in der Moderne und nirgends anders zu situieren ist. Das heißt also gleichzeitig, daß Normalismus eine spezifisch okzidentale Kulturkomponente ist, in Westeuropa und Nordamerika entstanden, entwickelt und ›kristallisiert‹. Das gilt insbesondere für die flexibel-normalistische Strategie. Zwar hat auch Osteuropa und insbesondere der sowjetische Block während der Epoche seiner Existenz die »Normalität« proklamiert – es ist aber evident, daß es sich dabei um eine besonders starre Spielart von Protonormalismus handelte, der die Kombination von homöostatisch-industrieller und medizinisch-psychiatrischer Normalität aus dem westlichen 19. Jahrhundert Gesellschaften aufzuzwingen suchte, die dieser Art Normalität offenbar nur in geringem Maße spontan entgegenkamen. So konnte sich »Normalität« in der »Zweiten Welt« nur als Normativität, als (phasenweise und sektoriell terroristisch) kommandierte Norm-Geltung behaupten. Was im Westen irreführend ist, die semantische Identifikation von Normalität mit »Norm«, darauf lief die östliche »Normalität« tatsächlich hinaus. Die fixen Industrie- und Arbeitsnormen waren das offene oder geheime Modell aller gesellschaftlichen Sektoren. Die Dynamik sollte nach linear steigenden Wachstumskurven verlaufen. Eine solche »Normalität« konnte nur als mediopolitischer »Schein«[7], als Manipulation, aufrechterhalten werden. Die Realität wich von dieser proklamierten »Normalität« natürlich erheblich ab. Das sollte durch ein partielles Verdatungs-Verbot kaschiert werden: ›Fassaden-Normalität‹ als Staatsräson. Verdatungs-Defizite beeinträchtigen Normalismus aber aufs schwerste. So erhielten die Geheimdienste in allen Sektoren nicht vermeidbarer gesellschaftlicher Spontaneität das Verdatungs-

7 Vgl. die Betonung des Scheinhaften der östlichen »Normalität« bei Herta Müller, »Das Tikken der Norm«, in: *Die Zeit*, 14.1.1994.

Monopol, wodurch wiederum die spontane Bereitschaft der Bevölkerung zur transparenten Selbst-Verdatung vollständig abgewürgt wurde.

Was für Osteuropa und den ehemaligen sowjetischen Block gilt, das gilt a fortiori für den Rest der Welt, die sogenannte »Dritte Welt«: Soweit dorthin überhaupt Normalitäts-Dispositive importiert wurden, trafen sie auf gänzlich andere kulturelle Kontexte – und zwar nicht nur auf (vorwiegend ökonomische) »Entwicklungsdefizite«, sondern auf weitgehend mit Normalismus inkompatible As-Sociations-Typen. Normalismus ist am besten mit As-Sociation durch Konkurrenz zwischen individuellen und singularisierten Normal-Subjekten (als Singles oder Kleinfamilien) kompatibel. Dagegen dominieren in den nicht-okzidentalen Kulturen As-Sociations-Typen auf Basis mittelgroßer, ›massiver‹ Konglomerate. Diese As-Sociations-Typen entziehen sich, wie etwa die Arbeiten von Serge Latouche zeigen, gänzlich der Verdatung. Ein Phänomen wie die Ökonomie des »informellen Sektors« in afrikanischen und asiatischen Ländern beruht auf ökonomisch-kulturellen Integrationen oder »Entdifferenzierungen« (zutreffender wäre zu sagen: »Indifferenzen« im mehrfachen Sinne), die es dem Zugriff normalistischer Statistik, Erfassung und Regulierung weitestgehend entziehen. Große Teile der »Dritten Welt« funktionieren also nach für den okzidentalen Normalismus undurchschaubaren Eurhythmien einschließlich Polyeurhythmien. Sie bilden eine ›andere Welt‹, einen ›anderen Planeten‹[8]. Die Vorstellung einer normalen Welt ist daher stets eine einseitig okzidentale Vorstellung, auch wo sie von nicht-okzidentalen Eliten artikuliert wird.

Die nach 1989 eingetretene neue Welt-Situation hat, wie es zunächst scheint, das okzidentale Kulturmodell alternativlos gemacht. Eine der Begleitformeln dieser Situation ist der Topos vom Ende aller Ideologien und Utopien. Gemeint sind damit natürlich alle nicht westlich-hegemonialen Ideologien und Utopien, während Formeln wie »soziale Marktwirtschaft«, »offene Gesellschaft« oder einfach »Freie Welt« weder ideologisch noch utopisch seien. Der strukturalistische Grundsatz der Abhängigkeit semantischer Werte von ihren (in der Regel binären) Oppositionen scheint aber auch hier durchzuschlagen: Mit dem Wegfall des »Sozialismus« ist es auch um die »soziale Marktwirtschaft«, mit dem Ende des »Totalitarismus« auch um die »offene Gesellschaft«, mit dem Ende des »Kommunismus« auch um die »Freie Welt« merklich stiller geworden. Tatsächlich scheinen *alle*, auch die westlichen, Ideologien und Utopien geschwächt. Eines der deutlichsten Symptome dieser Lage dürfte gerade jene Karriere der »Normalität« als interdiskursiver, vor allem mediopolitischer und allgemein-kultureller Wert-

8 Vgl. dazu die Arbeiten von Serge Latouche: *Faut-il refuser le développement*? Essai sur l'anti-économique du tiers-monde, Paris 1986; *L'occidentalisation du monde*. Essai sur la signification, la portée et les limites de l'uniformisation planétaire, Paris 1989; *La planète des naufragés*. Essai sur l'après-développement, Paris 1991.

begriff sein, die in Teil I dieser Arbeit dargestellt worden ist. »Normalität« scheint geradezu an jene Stelle im Interdiskurs gerückt zu sein, die zuvor von Ideologien und Utopien eingenommen worden war. Die Tendenzen, den disparaten und ungleichmäßig verteilten ›Archipel‹ der Normalität erstmals als pars pro toto für das Ganze *unserer* Gesellschaften einzusetzen, diese Gesellschaften also implizit als ›normalistische‹ zu definieren, sind unübersehbar[9]. Wenn das zutrifft, dann stellt sich aber für den Normalismus die Frage seiner möglichen Globalität, seines möglichen weltweiten Funktionierens, erstmals ohne alle Einschränkungen. Normalismus, und insbesondere Flexibilitäts-Normalismus, funktioniert bisher (sektoriell, intermittierend und prekär genug) nur in der okzidentalen Moderne. Folgt aus der neuen Welt-Ordnung (bzw. Welt-Unordnung) eine Art globales »Recht auf Normalität«? Wenn das letzte Wort der okzidentalen Moderne Normalität ist, wird Normalität dann auch zum eigentlichen und letzten Ziel der »Entwicklung« und des »Wachstums«? Solche Fragen werden in den hegemonialen Diskursen nicht so explizit und so krude formuliert wie hier in einem nichthegemonialen – sie stellen sich aber allenthalben sozusagen implizit. Explizit werden sie auch von den Massen der früheren Zweiten Welt aufgeworfen, die bereits eine Normalität gekannt haben – wenn auch lediglich in Form eines Protonormalismus zweiter Klasse. Die enorme Stärkung der normalistischen Diskurs-Komplexe im hegemonialen Interdiskurs des Westens seit 1989 hat die Welt in ihrer Gesamtheit tendenziell als ein einziges Normalisierungs-Feld konstituiert. Konkret scheint damit die Problematik möglicher (wenigstens symbolischer) Homogenisierung, Kontinuierung, Eindimensionalisierung und Implementierung von Normalverteilungen nach symbolischen Gaußoidkurven definitiv eröffnet zu sein. Als Kontinuen für mögliche Normalisierungen scheinen sich vor allem die Ökonomie und die Bildung (das Wissen) anzubieten. Beide Felder sind bereits seit längerem annähernd global verdatet, und in der UNO bzw. ihren Spezialorganen existieren permanente Verdatungsinstanzen. Allerdings zeigt sich gerade an diesen relativ gut verdateten Feldern die Fragwürdigkeit globaler Verdatung: Nicht bloß ist die Aussagekraft von Alphabetisierungsraten höchst begrenzt, auch die diversen »Schattenwirtschaften«, die stets vor allem im Schatten der Verdatung stehen, sind in großen Teilen der Welt strukturell dominant. Dabei geht es nicht nur um mafiöse »Schattenwirtschaften«, sondern um den sog. »informellen Sektor«, über dessen strukturelle Bedeutung wegen fehlender Verdatung kaum realistische Schätzungen

9 Um ganz sicher zu gehen, erscheint es mir vertretbar, an dieser Stelle ein weiteres Mal zu betonen, daß eine solche, wahrhaft »ideologische«, Totalisierung des Normalismus-Konzepts zum Begriff eines Kultur- bzw. Zivilisationstyps (nach dem Muster von »Industrialismus«, »Kapitalismus« usw.) etwas völlig anderes ist als die hier versuchte analytische und kritische Eingrenzung des Komplexes, die gerade seine Partialität und Nicht-Totalität betont.

möglich sind. Darüber hinaus impliziert die Perspektive globaler Normalisierung aber vor allem auch die Implementierung weiterer Normalfelder, insbesondere im Umkreis des demographischen Problems der *Bevölkerungsexplosion*: also etwa Verschiebungen der Familienstrukturen in Richtung Kleinfamilie und Singularisierung der Individuen, Gleichstellung der Frau und sexuelle Normalisierung, Errichtung von Ver-Sicherungs-Strukturen und Aufbau von »eigenverantwortlichen«, d.h. individuell Chancen und Risiken planenden Subjekten. Gleichzeitig damit wären die entsprechenden sozialen Ebenen in Konkurrenz-Felder zu verwandeln. Gegen diese Tendenzen erweisen sich nun bekanntlich viele der nichtokzidentalen Kulturen als mehr oder weniger resistent. Die »Fundamentalismen« sind nur die krassesten Symptome dieser Resistenzen. Wenn also die vorliegende Untersuchung auch grundsätzlich bemüht ist, dem Normalismus zu geben, was des Normalismus ist, d.h. seine enormen Stärken und Potentiale nicht zu unterschätzen, so wird an dieser Stelle die Prognose doch sehr skeptisch, ja aller Wahrscheinlichkeit nach hauptsächlich negativ ausfallen müssen: Es ist augenblicklich schlechthin nicht abzusehen, wie die nichtokzidentalen Kulturen der »Dritten Welt« in ihrer Mehrheit normalisierbar werden könnten.

Das Resultat dieser Situation ist zunächst, daß die Welt aus Sicht des Normalismus in Zonen und Regionen qualitativ unterschiedlicher Normalitäts-Standards zerfällt. Das enorme statistische *Gefälle* zwischen (grob gesagt) Nord und Süd bei Parametern wie mittlerer Lebenserwartung, Pro-Kopf-Produkt, Pro-Kopf-Einkommen, Industrialisierungsgrad, Standard der Waffentechnik, Währungs-*Härte*, Kapitalstärke (bzw. Verschuldung), Börsen-Vertrauen (messbar per Zinsaufschlägen), Know-how-Stärke, Bildungsstandard, Frauenemanzipation, ökologischen Standards, (insbesondere epidemiologischer) durchschnittlicher Medizinierung, Fertilität, Durchsportlichung, Motorisierung, »Medienfreiheit«, faktischem Grad der »Sicherheit«, vor allem der Effektivität des staatlichen Gewaltmonopols[10] usw. kennt so große abrupte Brüche, daß der Versuch, Weltdurchschnitte zu bilden und zu normalistischen Normen zu erheben, manifest absurd wäre und daher selbst von den am meisten apologetischen Eliten der Neuen Welt-Ordnung nicht einmal versucht wird. Offenbar ist allein die Bildung regionaler Durchschnitte sinnvoll, wodurch gegeneinander relativ abgeschlossene Normalitätsklassen entstehen. Wohlgemerkt ist diese Art Betrachtung nach Maßgabe statistischer Verdatung eine vom okzidentalen Normalismus ausgehende

10 All diese Parameter ›lesen‹ sich sehr verschieden aus Sicht der *unteren* Länder und aus Sicht der Ersten Normalitätsklasse. Ein mangelhaft effektives staatliches Gewaltmonopol kann z.B. bedeuten, daß faktisch Bürgerkrieg herrscht, daß also innere Antagonismen *explodiert* sind. Für die Erste Klasse kann das z.B. heißen, daß das entsprechende Land als *High-Risk-Tourismus*-Land eingestuft wird, was ihm symbolisch *viele Minuspunkte* verpassen wird.

Betrachtung, die einer Reihe von Kulturen vollständig äußerlich übergestülpt wird, ohne daß ihr in diesen Kulturen irgendeine Tendenz spontan ›entgegenkäme‹. Statistische Daten wie die mittlere Lebenserwartung oder das mittlere Pro-Kopf-Produkt oder das mittlere Pro-Kopf-Einkommen sind für viele Kulturen vollständig funktionslose Erscheinungen, die an die dortigen Elementardiskurse, Diskurse und Interdiskurse einfach nicht anschließbar sind. Es gibt dort keinen »Willen«, *mehr Punkte zu machen*, um *aufzuholen* und *aufzusteigen*. Dennoch besitzt das übergestülpte Modell eine gewisse Operativität. Die Welt läßt sich auf diese Weise als »Terrassen-Pyramide« von Normalitätsklassen modellieren mit jeweils internen, statistisch begründeten »Normalitäts«-Standards. Die Aporie des Modells liegt allerdings in der Tatsache, daß die formal-statistische »Normalität« der unteren Normalitätsklassen vom annähernd funktionierenden Normalismus aus gesehen als reiner Not- und Ausnahmezustand, als reinste Anormalität erscheint. Die Fixierung permanenter Normalitätsklassen-Grenzen (Modell »Apartheit«) wäre demnach die Anerkennung von Antagonismen und damit auch die Kapitulation sozialer Normalität vor der Aufgabe ihrer Globalisierung. Läßt sich ein Ausweg für den Normalismus aus dieser Situation denken? Er könnte nur darin liegen, die aktuelle Existenz von Normalitätsklassen und die faktischen Distributionen in den unteren Normalitätsklassen zunächst als normalisierbare Ausnahmen aufzufassen. Dann müßte der Hierarchie aller Normalitätsklassen eine durchgängige Kontinuität und Homogenität unterlegt werden, die die Klassengrenzen paradoxerweise gleichzeitig als symbolische *Brücken* zu lesen erlauben würde. Dieses Paradox könnte durch Verzeitlichung symbolisch handhabbar gemacht werden: Wenn sich die gesamte Hierarchie in einem Prozeß von »Entwicklung« und »Wachstum« (*growth*) befindet und die unteren Klassen *aufholen*, dann bewegen sich die diskontinuierlichen Einheiten symbolisch wie *Vehikel* auf einem kontinuierlichen *Feld*. Daraus erklärt sich die enge Symbiose zwischen dem Modell eines globalen Normalismus und dem »Entwicklungs«-Modell.

Das im folgenden zu skizzierende Modell einer globalen Normal-Ordnung aus fünf kontinuierlich geschichteten Normalitätklassen versucht, diese Prämissen zuende zu denken. Es ist vermutlich dennoch in letzter Instanz aporetisch. Es ist aber das einzig denkbare und das einzige, daß prinzipiell in operative Strategien überführt werden zu können scheint. Dieses Modell existiert empirisch noch nicht in expliziter Ausformulierung; es wird hier aus diskursiven und vor allem interdiskursiven Fragmenten nach der darin konnotierten normalistischen Logik konstruiert und anschließend mit empirischen diskursiven Befunden verglichen. Dieses Modell entsteht, wenn man durchzudenken versucht, wie die soziologische *Zwiebel* (d.h. die soziale Gaußoidkurve) auf die Welt als Ganzes appliziert werden könnte.

Vereinfacht gesagt müßte es darum gehen, die Normalisierung des sozialen Antagonismus, die die okzidentalen Klassengesellschaften des 19. Jahrhunderts inzwischen halbwegs erfolgreich »integriert« zu haben scheint, auf die globale Schichtung von Normalitätsklassen anzuwenden. Dazu ist strukturell zunächst die symbolische Verwandlung dichotomischer, binärer Modelle (mit einer antagonistischen *Kluft* zwischen ›oben‹ und ›unten‹) in symmetrisch-ternäre mit dominanter *Mitte* erfordert (dominante *middle class* zwischen *oben* und *unten*). Die Existenz extrem privilegierter Schichten läßt sich legitimieren bzw. besser normalisieren, d.h. für die Mehrheit faktisch tolerabel und akzeptabel machen, wenn diese Schichten als dünne obere *Zwiebelspitze* symmetrisch einer ebenso dünnen unteren *Zwiebelspitze* von Armut entsprechen, getrennt durch einen *dicken Zwiebelbauch* von *Mittelschichten*. Analog dazu könnte also die Existenz einer minoritären extrem privilegierten »Ersten Welt« normalisierbar erscheinen, wenn sie symmetrisch durch eine ebenso minoritäre »Letzte Welt« ›balanciert‹ und mit dem ›dicken Bauch‹ einer »Mittleren Welt« ›ausgepolstert‹ würde. Dazu müßte die jetzige symbolische Struktur einer »Terrassenpyramide« mit dünner Spitze und breitester Basis offenbar durch eine *Zwiebel* ersetzt werden. So erklärt sich die Notwendigkeit, das dichotomisch-antagonistische Modell »Erste (plus Zweite) Welt« vs. »Dritte Welt« symbolisch zu destruieren (eines der Hauptthemen des okzidentalen Beredens der Globalisierung seit 1989). Es muß eine symbolische Welt-*Mitte* konstituiert werden, die tendenziell als *stärkste Wachstumszone* symbolisierbar wäre. Als eine solche *Mitte* kommt offenbar nur die »Oberschicht« der »Dritten Welt« infrage, d.h. die Normalitätsklasse der »Schwellenländer«. Wenn es symbolisch plausibel wäre, daß die Haupttendenz in der Welt auf Verwandlung von immer mehr Ländern der »Dritten Welt« in »Schwellenländer« hinausliefe, erschiene die Welt als normalisierbar. Daraus ergibt sich die strukturelle Notwendigkeit, die Welt symbolisch in mindestens drei (oder fünf, sieben usw.) Normalitätsklassen symmetrisch um eine *Mitte* in der *oberen* »Dritten Welt« herum aufzuteilen. Rein strukturell erscheinen genau fünf Normalitätsklassen aus folgenden Gründen als optimale Lösung: drei wären zu wenig, weil selbst die Übergänge von den Ländern des (eingeschränkt) funktionierenden Normalismus (Erste Klasse) zu den »Schwellenländern« und von diesen zum Rest der »Dritten Welt« zu scharf und brüsk wären, um Kontinuität symbolisieren zu können. Eine solche diskontinuierliche Dreiteilung wäre ständig vom spontanen Rückfall in die symbolische Dichotomie, d.h. in den symbolischen Antagonismus bedroht. Deshalb erscheint eine ›Übergangs-Klasse‹ zwischen »Erster Welt« und »Schwellenländern« in Gestalt einer »Zweiten Welt« als strukturell unverzichtbar. Selbst *Tiger* können symbolisch nicht von der *Schwelle* gleich in die »Erste Welt« springen, wohl aber in zwei *Sprüngen*. Aus zwei über der *Mitte* situierten Klas-

sen folgen dann (wegen der symbolischen Symmetrie) zwingend zwei unter ihr zu situierende, eine »Vierte« und eine »Fünfte Welt«. Die »Fünfte« ist in Gestalt der »am wenigsten entwickelten Länder« symbolisch leicht konstituierbar. Es käme im Laufe der Zeit darauf an, sie zu einem ›spitzen‹ Pendant der »Ersten Welt« auszudünnen. Damit wäre die »Vierte Welt« als *Durchschnitt* der (ehemaligen) »Dritten Welt« für die Regionen zwischen den »Schwellenländern« und den »am wenigsten entwickelten Ländern« reserviert.[11] In dieser vierten Normalitätsklasse liegt heute die große Mehrheit der Länder und der Bevölkerungen der Welt, und vor allem die Gigantenländer China, Indien, Indonesien und Brasilien. Der *Bauch* befindet sich also *zu tief*. Damit wäre aber auch das symbolische Normalisierungs-Szenario klar umrissen: Welt-Normalisierung hieße, die massenhaften Populationen der vierten Normalitätsklasse auf das Niveau der dritten (»Schwellenländer«) zu heben. Wenn etwa China und Indien »Schwellenländer« würden, wäre ein dicker *Zwiebelbauch* in der *Mitte* geschaffen. Ich habe den symbolischen Aspekt in dieser Ableitung ganz besonders betont, weil es hier mehr als irgendwo zu beachten gilt, daß nicht etwa »Realitäten« beschrieben werden. Das entwickelte Modell ergibt sich aus der Logik des Normalismus der »Ersten Welt«. Es ist möglicherweise (bzw.: wahrscheinlicherweise) völlig inkompatibel mit jenen kulturellen Gegebenheiten und Realitäten der *unteren* Normalitätsklassen, die in seiner Sicht als Objekte von Normalisierung konstituiert werden.

Mit diesem rein strukturell deduzierten Modell von fünf Normalitätsklassen konvergieren nun ganz offensichtlich entsprechende interdiskursive und vor allem kollektivsymbolische Komplexe. Eines der deutlichsten Symptome für diese Aufteilung der Welt in (tendenziell fünf) Normalitätsklassen ist zunächst die Bedeutungsverschiebung der Symbolik »dreier Welten« (dann auch von »vier Welten« und ansatzweise von fünf). Seit langem wird die Redeweise von den »drei Welten«, die ursprünglich rein politisch intendiert war (und insofern eigentlich auf der »horizontalen« symbolischen Achse *rechts/Mitte/links* zu kodieren gewesen wäre) im Sinne fundamental verschiedener Normalitäts-Standards gebraucht. In diesem Sinne überlappt sie sich mit Begriffen wie »Metropolen/Zentren« vs. »innere« vs. »äußere Peripherien« bzw. »am meisten entwickelte« vs. »mehr oder weniger entwickelte« vs. »am wenigsten entwickelte Länder« usw.

Schon längst wurde daher die »Zweite Welt« im Normalismus als eine (vertikale) ›Zwischenklasse‹ zwischen ›Reichen‹ und ›Armen‹ aufgefaßt.

11 Interessant wäre eine genaue Diskursgeschichte der ›Welten‹-Modelle. Von »Vierter Welt« ist u.a. bei Samir Amin die Rede (»Krise, Sozialismus und Nationalismus«, in: ders. u.a., *Dynamik der globalen Krise*, dt. Opladen 1986, 118–166, z.B. 136, 146). Von »Vierter« und »Fünfter« Welt spricht sogar schon Johan Galtung, allerdings in ironisch-sarkastischem Ton: *Self-Reliance*. Beiträge zu einer alternativen Entwicklungsstrategie, München 1983, z.B. 35, 49.

Der Kollaps des Breschnewismus hat die »Zweite Welt« im politischen Sinne ausgelöscht, im Sinne einer Normalitätsklasse aber erst recht definitiv konstituiert (wobei allerdings sofort *Abstiegsprobleme* entstanden, s.u.). Ein anderes Symptom dieser Umdeutung der »Welten«-Formel war die Erfindung einer »Vierten Welt« in den siebziger Jahren als erste Reaktion auf die innere Differenzierung der »Dritten Welt« und das Aufkommen von »Schwellenländern«, zunächst in Gestalt der »reichen Ölländer«. Unter »Vierter Welt« wurden vage die »ärmsten Gebiete der Welt« verstanden, womit aber konnotativ eigentlich schon fünf »Welten« konstituiert waren, weil ja nicht alle Länder, die nicht zu den »ärmsten« gehörten, dadurch auch schon »reiche Ölländer« waren. Die Formel von »vier Welten« konnte sich allerdings symbolisch vor allem auf die Analogie zur Hierarchie »dreier Stände« in Europa stützen (im Französischen ist die Analogie zwischen »Tiers-État« und »Tiers-Monde« sprachlich besonders suggestiv), die dann in beiden Fällen um eine vierte, »ärmste« Klasse (»Quart-État«, »Vierter Stand«, gleich Proletariat, wie »Quart-Monde«) erweitert wurde. Diese Erweiterung konnotierte symbolisch eine Art kontinuierliche Gradation von fließend ineinander übergehenden »Entwicklungsgraden«, also ein vages normalistisches Kontinuum.

Die Kollektivsymbolik ist hier einer offiziösen Klassifizierung und noch mehr einer theoretischen Modellierung vorausgeeilt: Sie hat die tatsächliche Struktur und das tatsächliche Funktionieren des Normalismus im Weltmaßstab längst auf griffige Formeln gebracht, die jeder versteht und zu seiner Orientierung verwenden und handhaben kann. An diesem Fall läßt sich exemplarisch entwickeln, wie kollektivsymbolische Formeln kraft ihres interdiskursiven Konnotationspotentials Klassifizierungsfragen sozusagen ›spontan‹ und ›im Vorgriff‹ für die praktische Handhabung bewältigen können, ohne daß explizite Rangordnungen quasi-juristischen (normativen) Typs existieren müssen. Das Beispiel der »drei« bzw. »vier Welten« belegt, wie die bloße Tatsache der Numerierung von Teilmengen dazu tendiert, symbolisch auf der vertikalen Achse (*oben/unten*) zu funktionieren. Kontingenzen wie die Gewohnheit, auf der Karte des Globus die hauptsächlich von Hellhäutigen bevölkerten nördlichen Gebiete, die sich weitgehend mit der Ersten und Zweiten Welt decken, *oben* und die von Dunkelhäutigen bevölkerte südlichen Gebiete *unten* darzustellen, verstärken diese Symbolik: Befinden sich doch in der Basistopik *unten* die *Kellerlage*, die *unterste Sohle vor Ort* usw. Allerdings betont diese Art hierarchischer Symbolik eher die Diskontinuität und die *Kluft* als ein kontinuierliches *Gefälle*, wie es der Normalismus braucht.

Die prägnanteste Formel wird durch das *Sportligen-Hierarchie*-Symbol geliefert, mit dessen Hilfe die Länder und Regionen der Welt symbolisch einer *ersten, zweiten usw. Liga* zugeordnet werden. Folgende Äußerung des

früheren baden-württembergischen Ministerpräsidenten Lothar Späth ist in ihrer Prägnanz exemplarisch:

Wir sind abgestiegen in die Zweite Liga. Das ist das Ergebnis der deutschen Einheit. Wir müssen jetzt einen neuen Mannschaftsgeist entwickeln. Statt dessen sitzen acht Wessis in der einen und drei Ossis in der anderen Ecke. Die Wessis zeigen mit Fingern auf die Ossis: Wegen denen sind wir abgestiegen – solange bis wir in der Amateurliga landen. (nach *Westdeutsche Allgemeine*, 13.4.1993)

Es geht hier nicht darum, die schlitzohrige Taktik eines *Trainers* zu entlarven, der seine Mannschaft durch Übertreibung eines *Formtiefs* wieder zum *Weltmeister* machen will – es geht um Struktur und Funktion der entsprechenden Kollektivsymbolik allgemein. Wieviele *Ligen* setzt Lothar Späth voraus? Wäre Deutschland wirklich bereits in die Zweite Liga *abgestiegen*, dann müßte es bis *hinunter* nach Somalia etwa zwanzig Ligen geben. Dem widerspricht aber nicht bloß das Wissen von Sportkennern, sondern auch Späths Hinweis auf die »Amateurliga«: Offenbar legt er damit ein System von (etwa zwei) Profi- und darunter überschaubar mehreren Amateurligen zugrunde. Damit ist aber auch bereits die symbolische Äquivalenz des Bereichs der »Dritten Welt« mit dem Bereich der »Amateurligen« deutlich suggeriert. Darüber gibt es zwei »Profiligen«[12], eben die Erste und die Zweite Welt (im rein hierarchischen Sinne) – darin ›unten‹ drei oder mehrere »Amateurligen«. Die *Sportligen-Hierarchie*-Symbolik schlägt tatsächlich zwei Fliegen mit einer Klappe: sie markiert symbolisch Diskontinuitäten, Normalitätsgrenzen zwischen Normalitätsklassen – und sie suggeriert gleichzeitig symbolisch eine durchgängige Kontinuität und Gradualität der gesamten Achse aufgrund der bekannten Möglichkeit des *Aufstiegs* und des *Abstiegs*. Deshalb sind die ostasiatischen *Tiger* (vor allem Südkorea) so enorm wichtig für diesen interdiskursiven Komplex: Es handelt sich bei ihnen um *Mannschaften* der dritten Normalitätsklasse, die die Chance zu besitzen scheinen, in die zweite *aufzusteigen*. Diese Art »Hoffnung auf Aufstieg« symbolisiert das den Normalitätsklassen unterliegende Kontinuum, durch diese »Hoffnung« ist noch das *Schlußlicht* symbolisch mit der *Lok* integriert. Die andere Seite dieser symbolischen Medaille ist die »Angst vor Abstieg«, die in den letzten Jahren sogar in Ländern der Ersten Welt grassiert (insbesondere in Italien gehört die Sorge vor dem *Abstieg in Serie B* seit geraumer Zeit zu den dominanten mediopolitischen Themen, der *Aufstieg* der Leghe verdankt sich großenteils dieser *Abstiegs*-Angst). »Abstiegs-Angst« ist stets, und besonders in der ersten Klasse, eine Form von

12 Wieviel flexibler klingt *Profi-Ligen* als der alte kolonialistische semantische Schlapphut der »zivilisierten Länder«, den Reaktionäre in der *FAZ* und anderswo revitalisieren möchten! Normalistisch gesehen, ist »zivilisierte Länder« absolut kontraproduktiv - oder haben wir es mit einer bewußten Diskurstaktik zu tun, die möglichst viele »Fundamentalisten« produzieren möchte?

Denormalisierungs-Angst schlechthin (weil die herrschenden Normalitäts-Standards eben Normalität schlechthin bedeuten). Das erklärt die Virulenz von »Abstiegs-Angst«, und man wird eine wesentliche Komponente der Kriege in Ost- und Südosteuropa nach 1989 übersehen, wenn man sie nicht u.a. auch als blutig ausgetragene symbolische *Abstiegskämpfe* aus der Zweiten Normalitätsklasse begreift. In diesen Kämpfen erweist sich, daß die Normalitätsklassengrenzen nicht mit den alten Staatsgrenzen übereinstimmten. In dieser Situation bemüht sich jede staatsgründende Elite um ein Territorium, das möglichst nicht zum *Abstieg* in die dritte, vierte oder gar fünfte Normalitätsklasse führen soll.[13] Dabei bilden also Nationalismus und Normalitätsklassenkämpfe ein teuflisches Gemisch.

Das *Sportligen-Hierarchie*-Symbol erlaubt also wie kein anderes die symbolische Kombination von normalistischem Kontinuum und Normalitäts-Grenzen zwischen Normalitätsklassen. Es stellt ein imaginäres Modell parat, an das die zahlreichen statistisch fundierten Ranking-Tabellen der Länder und Regionen der Welt (Pro-Kopf-Produkt, Pro-Kopf-Einkommen, Pro-Kopf-Energieverbrauch, Industrialisierungsgrad, Autodichte, Alphabetisierungsgrad, Fertilität usw.) jederzeit spontan anschließbar sind. Diese Ranking-Tabellen funktionieren ganz nach Art sportlicher und anderer medialer Ranking-Listen. Ranking-Tabellen, die alle Länder der Welt ohne Unterabteilungen umfassen, gleichen Tenniscrack-Tabellen oder Hit-Charts. Sie symbolisieren vor allem die Kontinuität des Gesamtfeldes. Noch aufschlußreicher sind allerdings untergliederte Tabellen bzw. entsprechend hierarchisierte Weltkarten. Das *Sportligen-Hierarchie*-Symbol wird durch andere, parallele Kollektivsymbole gestützt. Ich nenne die Symbolik mehrerer *Geschwindigkeiten* bzw. mehrerer *Gänge* (im Französischen sind »vitesses« doppeldeutig), die das entsprechende Normalfeld symbolisch als Autorennen konstituiert. Hierher gehört schließlich ganz und gar auch die »Standort-Debatte«, in der die Multiplikation von »Standorten« (vom »Industriestandort« über den »Sozialstandort«[14] bis zum »Lebensstandort«[15]) stets eigentlich »Standards« meint: Bewahrung der Standards von Normalitätsklasse Eins und Angst vor *Absturz* in Standards der Normalitätsklasse Zwei usw.

Es handelt sich bei dem hier skizzierten Modell natürlich um ein hypothetisches Konzentrat. In der Realität der Diskurse, vor allem des mediopo-

13 Gewisse Regionen der früheren »Zweiten Welt« erkennen ihren *Abstieg* aber auch gern an, da er für sie keine Verschlechterung bedeutet, sondern vielleicht sogar die Chance auf Verbesserung bietet. Ein Beispiel ist die offizielle »Anerkennung« zentralasiatischer Republiken der früheren Sowjetunion als »Entwicklungsländer« (Klasse drei oder darunter) durch die OECD (nach *FAZ* 20.10.1992).

14 So Ursula Engelen-Kiefer am 2.2.1994 im Rundfunk.

15 So Kanzlerkandidat Scharping nach *Frankfurter Rundschau* vom 25.11.1993.

litischen Diskurses, produziert und reproduziert sich die entsprechende Struktur durch tausende und abertausende von »Aussagen« (im Sinne Foucaults), in denen die kollektivsymbolischen Picturae (auch der fragmentierte ›Staub‹ solcher Picturae) stets erneut mit Subscriptiones (bzw. deren fragmentiertem ›Staub‹) kombiniert werden. Hier werden etwa »Spanien, Portugal und Griechenland« in einem Artikel über das »Europa der zwei Geschwindigkeiten« der »zweiten Geschwindigkeit« zugewiesen (und damit konnotativ der zweiten Normalitätsklasse) – dort wird in einem Artikel berichtet, daß es in Saudi-Arabien einen Fundamentalisten-Aufstand gegen das Autofahren von Frauen gibt (womit Saudi-Arabien trotz seines »Reichtums« symbolisch als inkompatibel mit der ersten und zweiten Normalitätsklasse erklärt, also der dritten zugewiesen wird) – beim Einsatz der Bundeswehr in Somalia ist von »Clanstrukturen« und »Blutrache« die Rede (was diese Region zusammen mit »Hunger« und schwarzer Bevölkerung der ›untersten‹, d.h. fünften Klasse zuweist) – für die »neuen Länder« wird die ›Notwendigkeit eines zweiten Arbeitsmarkts‹ diskutiert (Konnotation: Zweite Klasse). Diese symbolischen Kombinationen sind jeweils punktuell, sie können sich beim nächstenmal ändern. Im statistischen Durchschnitt aber und in the long run ›rasten‹ bestimmte Zuweisungen zu kulturellen Sterotypen ein. So kodieren (im aktiven Sinne) diskursive Normalisierungsprozesse (diskursive Normal-Verteilungen) die soziale Normalität, von der sie zwar auch mit Informationen gespeist werden, aber zirkelschlüssig nach ihrer eigenen Selektivität. In dem ›Geflimmer‹ der punktuellen symbolischen Zuweisungen lassen sich dominante Typen symbolischer Mechanismen isolieren, darunter vor allem die synekdochisch-repräsentative Symbolisierung (pars pro toto): So lautet ein Titel etwa: »Die Superliga des Finanzgeschäfts. Amerikas Banken sind wieder da« (FAZ 14.1.1994) – nach dem Mechanismus der repräsentativen Symbolik werden die Banken als ›Repräsentanten‹ für »Amerika« gelesen, dessen Spitzenposition in der Ersten *Liga*, d.h. Normalitätsklasse, auf diese Weise (wieder einmal) konnotativ bestätigt wird. Den explizit ›orientierenden‹ Rahmen zum ›Geflimmer‹ der konnotativen Zuschreibungen und repräsentativen Symbolisierungen bildet die oben beschriebene metaphorische Kollektivsymbolik: »Der Abstand schmilzt, aber die Atemlosigkeit wächst. Der Nachzügler Portugal bei der Aufholjagd zum EG-Durchschnitt« (*FAZ* 20.1.1992) – »Drohender Abstieg in die Liga B. Zur Lage Italiens« (*FAZ* 15.6.1992) – »Ungarn vor dem Aufstieg« (*FAZ* 18.9.1991).

Bevor das hypothetisch entworfene Modell der fünf Normalitätsklassen abschließend ansatzweise empirisch überprüft werden kann, ist eine kurze Erörterung des Unterschiedes zwischen Normalitäts- und sozialen Klassen notwendig. Soziale Klassen sind heute in ›reichen Ländern‹ (erste und tendenziell auch zweite Klasse) nicht nach großen, gegeneinander klar abge-

grenzten, geschlossenen Territorien alloziert. Die antagonistischen Konfliktlinien des Pariser Juniaufstands von 1848 oder der Commune, als das Territorium der Stadt nach einer sozialen Scheidelinie zweigeteilt war, sind längst strukturell untypisch geworden. Heute sind die sozialen Klassen in ›reichen Ländern‹ typischerweise gemischt »gestreut« und ineinander vernetzt bzw. verschachtelt. Einer der wichtigsten Effekte von Normalitätsklassen liegt gerade in der Bildung großer geschlossener und sozusagen symbolisch ›monochromer‹ Territorien, die nur durch relativ kleine und deutlich abgehobene »Ghettos« der »Randgruppen« (bzw. natürlich die Sonderzonen der Gefängnisse u.ä., deren Sichtbarkeit möglichst kaschiert wird) unterbrochen werden. Selbst in den sog. Zweidrittelgesellschaften funktioniert das nationale Territorium insgesamt zumindest symbolisch weiter als kontinuierliches Feld der Normalität. Allerdings bilden die Zweidrittelgesellschaften eine Übergangserscheinung zwischen der ersten und zweiten Normalitätsklasse. Es gibt Zweidrittelgesellschaften der ersten Normalitätsklasse, die wie England ›vom Abstieg bedroht‹ sind – und Zweidrittelgesellschaften der zweiten Normalitätsklasse, die wie Spanien durch die symbolische ›Hoffnung auf Aufstieg‹ definiert werden können. Mit der dritten Normalitätsklasse beginnt dagegen die Dritte Welt, gekennzeichnet durch den Umschlag des Verhältnisses zwischen dem (normalen) Mehrheitsterritorium und den (nicht-normalen) Not-Enklaven: Jetzt beginnen ›arme‹ Basisterritorien, aus denen sich ›reiche Inseln‹ symbolisch abheben.

Die Demarkationslinien (Grenzen) zwischen Normalitätsklassen sind durch ein Paradox von Einschließung und Ausschließung (Inklusion und Exklusion) gekennzeichnet: Ohne solche Grenzen könnten Normalitäts-Kontinua nicht gebildet werden. Die Einwanderung ist eines der auffälligsten Symptome dieser Struktur: Daraus erklärt sich die Angst der jeweils ›höheren‹ Normalitätsklassen vor »unkontrollierter« Einwanderung, wodurch die Normalitäts-Kontinua der ersten und zweiten Klasse in einer *Flut* von Leuten mit Normalitäts-Standards unterer Klassen zu versinken drohen. Die Randgruppen und die Rand-Bevölkerungen (»Peripherien«) der Welt (die allerdings deren große Mehrheit bilden) müssen ausgeschlossen werden, damit Normalitätszonen erster und zweiter Klasse gebildet werden können. Gleichzeitig muß aber die Welt als ganze auch (zumindest symbolisch) als globaler Normalitätsbereich konstituiert werden. Die Grenzen zwischen Normalitätsklassen müssen also stets gleichzeitig symbolisch auch als »offene Türen« funktionieren, mindestens als Türen der Hoffnung auf künftige Einschließung. Die alte innerdeutsche Grenze nach der Öffnung der Mauer bildet einen besonders interessanten und exemplarischen Fall für eine solche ambivalente Grenze, weil sie seither weder als staatli-

che noch als nationale, sondern als reine Normalitätsklassengrenze (zwischen Klasse eins und zwei) funktioniert.

Abschließend einige Daten zur empirischen Überprüfung des Modells der fünf Normalitätsklassen. Da die »Welten«-Formeln aus den erwähnten Gründen bei »vier Welten« stehen geblieben sind, sind Fünf-Welten-Modelle um so aussagekräftiger. Solche Modelle existieren tatsächlich im entwicklungsgeographischen Diskurs[16] (und von dort ausgehend auch im Interdiskurs von Schulbüchern). Die fünf Welten werden etwa als »höchstentwickelte Länder«, »Takeoff-Länder«, »Schwellenländer«, »Entwicklungsländer mit guten Voraussetzungen« und »unterentwickelte Länder« größtenteils symbolisch kodiert. Dieses Schema geht auf Walt Rostow zurück, der das Kollektivsymbol des *Flugzeugs* mittels des *Take-off* für diesen Diskurs kanonisiert hat. In der vierten Klasse (»mit guten Voraussetzungen«) bildet ganz entsprechend dem konstruierten Modell die »Hoffnung« das einzige Definitionskriterium.

Auch bestimmte ›molekulare‹ diskursive Ereignisse bestätigen die Hypothese. So unterschied der Monetarist und »Radikalreformer« für Osteuropa, Jeffrey Sachs, zwischen »aussichtsloser Armut« und »ganz normaler Armut«. »Ganz normale Armut« herrsche im Polen der »Radikalreformen« (1991), d.h. nach dem hier skizzierten Modell in einem Land der zweiten Normalitätsklasse, das vom *Abstieg* in die dritte bedroht ist, aber ›tapfer und mit Kampfgeist‹ um den *Klassenerhalt* kämpft. Polen sei »weit davon entfernt, ein reiches Land zu werden«, also weit entfernt vom Aufstieg in die erste Klasse. Auch Rußland könne, ebenso wie Polen (das waren Prognosen von 1991), »aussichtslose Armut« vermeiden (also den *Abstieg* in die dritte oder vierte Klasse), wenn es »Radikalreformen« durchführe (s. *taz* 17.7.1991).

Besonders interessante diskursive Ereignisse ergeben sich, wenn einzelne Betroffene eine Normalität in eine Normativität konvertieren möchten, wenn sie also eine Normalität juristisch einzuklagen versuchen:

Reise-Urteil: Was in den Tropen als ›normal‹ gilt. Manches, was sich in Reiseprospekten als ›Traumurlaub‹ darstellt, entpuppt sich als Alptraum. So erging es auch einem Ehepaar und einem Einzelreisenden, die das letzte Weihnachten und Neujahr auf Sri Lanka verbrachten. Völlig entnervt und nach dem Urlaub erst richtig urlaubsreif klagten sie vor dem Bonner Amtsgericht auf Erstattung des vollen Reisepreises von 2108 Mark und Schadenersatz für entgangene Urlaubsfreuden in Höhe von 850 Mark pro Person. / Das Gericht wies jetzt die Klage ab und setzte damit zugleich strengere Maßstäbe für die Behandlung von Urlaubsmängeln. Angesichts der Zunahme der Prozesse, in denen Urlauber auf deutschen Komfort auch in fernen Ländern pochen,

16 S. etwa von Bratzel/Müller, in: *Geographische Rundschau* Heft 4/1979. Auch der augenblicklich neueste Entwicklungsbericht der UNO teilt die Welt in fünf Klassen auf.

ist nach Ansicht des Bonner Gerichts festzustellen, daß die Verhältnisse am Urlaubsort zur Bewertung heranzuziehen sind: jeder müsse sich, insbesondere vor Fernreisen, über die Lage an seinem Urlaubsziel informieren. / Das ›gemütliche Strandhotel für legere Ferien‹ (Prospekt) erwies sich nach Ansicht der Bonner Kläger als ausgesprochen ungemütlich, weil das ganze Haus modrig roch. Die Handtücher und die Bettwäsche waren schmutzig und klamm, der Swimmingpool verdreckt. An das Hotel grenzte ein ›slumartiges‹ Wohnviertel, und am Strand lag ein totes Schwein in der Sonne. / Die offenbar fernreiseerfahrene Richterin Gisela Becker machte zunächst einmal klar, daß modriger Geruch und klamme Wäsche in tropischen Ländern eine durchaus normale Folge der hohen Luftfeuchtigkeit sein können. [...] Dann kam es von der Richterbank grundsätzlich: »Bei Reisen in eines der ärmsten Länder der Welt kann man nicht Zustände wie daheim erwarten.« Das gelte für das »slumartige« Wohnviertel neben dem Hotel, das nach den Verhältnissen armer Länder als normal gelten könne, genauso wie für die Kanalisation und die Strandreinigung. [...] (Aktenzeichen: a C 213/91). (*Welt am Sonntag* 15.9.1991)

Klarer kann man nicht sagen, daß Normalitäts-Standards nach Klassen differieren. Die Richterin hat Sri Lanka zudem korrekt unter die »ärmsten Länder« eingeordnet (unter 500 $ Bruttosozialprodukt pro Kopf), also in Normalitätsklasse fünf.

3. Aporien normalistischer As-Sociationstypen (Normal-Monade, Normal-Familie, Normal-Club, Normal-Nationalstaat)

Sowohl bei der Konsumgesellschaft wie beim *Links-Rechts-Mitte-Extreme*-Modell wie bei der Vision einer *globalen Zwiebel* erwies sich das Galtonsieb als das fundamentale Modell normalistischer Vergesellschaftung (As-Sociation). Indem es eine jeweilige Gesellschaft als Masse von ›freien‹ Individuen (*Kügelchen*) aufzufassen erlaubt, imaginiert es deren *Durchschüttelbarkeit* und deren mögliches Arrangement als Normalverteilung. Die leitende Vorstellung des Galtonsiebs verspricht also so etwas wie eine definitive und positive Antwort auf die Klage über die aus der grenzenlosen Konkurrenz resultierende *Atomisierung*, die die Moderne von Anfang an begleitet hat, auf deren eigenem Terrain und unter deren eigenen Voraussetzungen: In der normalverteilten *Kügelchen-Masse* müßte sich die überwältigende Mehrheit der Individuen genügend ver-sichert fühlen. Nun sind aber nicht bloß Zweifel an der weltweiten Implementierbarkeit dieses imaginären Modells angebracht – es ist darüber hinaus vor allem zu wiederholen, daß dieses Modell keine eigene universelle Effektivität besitzt: Der Normalismus kann nicht als eine flächendeckende »Formation« oder als ein die Gesamtgesellschaft durchherrschendes »System« mit eigener alles überwältigender Energie betrachtet werden (so wie man sich einmal den »Kapitalismus« bzw. den »Bürokratismus/Technokratismus« vorstellte oder noch

heute vielfach »die Moderne« als »funktional ausdifferenzierte Gesellschaft«). Der Normalismus erscheint in der Analyse vielmehr als ein diskontinuierliches Netz mit mehr oder weniger klaffenden Lücken, als ›Archipel‹, der zudem weniger oder mehr kompensierend-›parasitär‹ an vorgegebene, nicht-normalistische Strukturen lediglich ›angekoppelt‹ ist. Das symbolische Modell des Galtonsiebs überbrückt solche Lücken bloß imaginär. Die Sekundarität und mangelnde Autarkie des Normalismus erweist sich insbesondere bei den anthropologisch unverzichtbaren minimalen Formen der As-Sociation,[17] d.h. der notwendigen jeweiligen sozialen Konstitution des individuellen Subjekts, des Mikro-Socius als der Einheit der biologischen Reproduktion (Familie oder Äquivalent), des erlebbaren und ›tragenden‹ Mittel-Socius (Dorfgemeinschaft oder Äquivalent) und des Makro-Socius (Staat oder Äquivalent). Auf all diesen Ebenen der As-Sociation kann das normalistische Grundmodell des Galtonsiebs lediglich kompensierend an vorgegebene Strukturen angekoppelt werden.

Aporien der Normal-Monade

Das ökonomisch, sozial, politisch, kulturell und sexuell »autonome« individuelle Subjekt der Moderne kann als *soziales Atom* (*Kügelchen*) direkt auch als soziale Normal-Einheit (als Normal-Monade) fungieren. Hier herrscht nahezu völlige strukturelle Kompatibilität zwischen der vorgegebenen Struktur und den darauf operierenden normalistischen Dispositiven. Insbesondere das flexibel-normalistische Single-Subjekt als Manager seines *growth* und seines *stress* liefert statt des längst als illusorisch erwiesenen Typs des humanistischen autonomen Bürgers (des alten »innengelenkten« Typs im Sinne von Riesman) ein operatives Modell für moderne Subjektkonstitution. Wenn die Soziologie das Individuum der »funktional ausdifferenzierten Gesellschaft« als Bündel von (häufig konfliktträchtigen) Rollen beschreibt, so läßt sich der sich selbst normalisierende Single der Ich-Psychologie als hoch operationale *response* auf diesen *challenge* betrachten. Das gilt gerade auch für das von der Soziologie diskutierte Problem der »Dysfunktionen«: Der flexible Normalismus bietet für alle *Ungleichgewichts*-Probleme operationale Verfahren der Vermeidung (gegen *mental illness*, »Verhaltensauffälligkeiten« aller Art, »Süchte« aller Art, Kriminalität und »Extremismus«).[18]

---

17 Wegen Platzmangels müssen sich die folgenden Bemerkungen auf ganz grobe Problem-Situierung beschränken.

18 Vgl. dazu exemplarisch Alain Ehrenberg, *L'individu incertain*, Paris 1995.

Problematisch und möglicherweise aporetisch ist dabei allerdings, wie es Kritiker der Ich-Psychologie von Lacan über die Antipsychiatrie bis zu Deleuze/Guattari ausführlich begründet haben, die Vorstellung vom »starken Ich« der Normal-Monade, das (gegen Freuds Einsicht) als »Herr im eigenen Hause« auch seinen *inneren Bildschirm* einschließlich des Managements seiner »Triebe« beherrschen möchte. Es ist die »Spontaneität« der »Triebe«, die der Normalmonade die Energie ihres *growth* liefert: Was, wenn diese Energie in ihrem Wesen as-sociativ ist, wenn individuelle Spontaneität sich als unbewußte *Ladung* durch as-sociative *Drives* und Proliferationen erweist, die ganz anderen Gesetzen folgen als dem *Durchschütteln* und Umverteilen ›geschlossener‹ *Kügelchen*? Dann wäre gerade das ›spontan-kreative‹ Individuum gar keine Monade, sondern die ›schizoide‹ Fluktuation von Partial-Subjekten mit stets peripher-punktuellem Ich (Deleuze/Guattari). Dann würde die Normalmonade aber potentiell ihren *growth* blockieren und wäre potentiell krankheitsträchtig. Mehr noch: Die flexibel-normalistische Strategie des Subjekts würde in ihrem zuweilen riskanten Spiel mit der Normalitätsgrenze entweder die Versuchung übermäßig verstärken, den »Süchten« unkontrolliert nachzugeben, oder umgekehrt aus Denormalisierungsangst brüske Rückfälle in protonormalistisches Verhalten provozieren. Aus solchen brüsken Umschlägen erklären Deleuze und Guattari bekanntlich die Fixierung der unumgehbar latent »schizoiden« Struktur der Psyche zu manifester Paranoia.

Parallel hiermit wäre die Literatur eines hautpsächlich soziologisch bzw. ökonomisch intendierten »Individualisierungs-Ansatzes« zu lesen, die seit der 1. Auflage dieser Studie derartig angewachsen ist, daß der Hinweis genügen muß. In populären Extrembeispielen wird die radikale Isolation der flexiblen Normal-Monade krude ausgesprochen: »Es gibt ›ihn‹ und es gibt ›sie‹, aber ein ›Wir‹ gibt es nicht mehr«[19]. Das ist als befreiende Errungenschaft gemeint – ob 6 oder mehr Milliarden Singles ohne Wir auskommen werden?

Aporien der Normal-Familie

Noch immer bezeichnet, wie zu konstatieren war, ein Teil der Soziologie die monogame Klein- oder Kernfamilie als »Normalfamilie« und die entsprechenden Biographien als »Normalbiographien«. Darin spiegelt sich neben der (allerdings ständig schrumpfenden) statistischen Geradenoch-Dominanz vor allem das scheinbar völlige Fehlen solider Alternativen.

19 Jonas Ridderstale/Kjell Nordström, *Karaoke-Kapitalismus*. Fitness und Sexappeal für das Business von morgen, dt. Heidelberg 2005, 16.

Könnte der Normalismus solche Alternativen anbieten? Die augenblicklich vorherrschenden Trends in der Ersten Normalitätsklasse zu *lockeren* Verbindungen auf Zeit zwischen Singles (*das ganz normale Chaos der Liebe*) stellen den normalistischen Musterfall eines *Durchschüttelns der Kügelchen* dar: Kann sich daraus eine neue Normalverteilung ergeben? Radikal normalistisch wären die »Beziehungen« als Fluktuation freier, möglichst entkoppelter *Kontakte* verschiedenen Typs aufzufassen: sexueller, »freundschaftlicher«, karrierefunktionaler *Kontakte*. Läßt sich die biologische Reproduktion (»Kinderwunsch«) in dieses Modell fluktuierender *Kontakte* integrieren? Kinder aus geschiedenen Ehen müssen ihre Zeit üblicherweise in eine »stabile Beziehung« mit einem Elternteil und in *Kontakte* mit dem anderen bzw. ggf. mit Geschwistern aufteilen: die Einwände dagegen sind bekannt. Dennoch dürfte dieses Modell der Gruppierung fluktuierender *Kontakte* um eine zentrale »stabile Beziehung« auch für die Sexualität das am ehesten einleuchtende sein. Normalistisch ließe es sich als gaußoid-analoger »Kompromiß« zwischen fixer und flexibler Normalität deuten. In der Praxis erweist es sich häufig als nicht lebensfähig (z.B. als auf die Dauer nicht akzeptabel für einen der Partner der »stabilen Beziehung«).

Wie bereits bei der Normalmonade wird das Prekäre fluktuierender Normalbeziehungen bzw. Normalkontakte durch die flexible Strategie verstärkt: Wo liegt die Normalitätsgrenze von sexueller Fluktuation und Promiskuität oder von flottierender Primärsozialisation der Kinder? Hier ist der Igel des Theorems von der Notwendigkeit stabiler Bindungen und des »Wunsches nach Geborgenheit« immer schon da. Auch hier führt die Denormalisierungsangst zum Umschlag in die protonormalistische Strategie, die sich auf die vornormalistische, traditionale Kleinfamilie stützt. Auch hier droht ein denormalisierendes Stop and Go und eine gegenseitige Verunsicherung der konträren Life Styles. Eine Lösung zeichnet sich nicht ab.

Aporien des Normal-Clubs

Alain Ehrenberg hat den »Club Méditerranée« in einer beeindruckenden Studie als Prototyp und Modell fluktuierender Freizeit-»Dörfer« analysiert, in denen Normal-Monaden sich auf Zeit zu einem Mittel-Socius zusammenfinden können[20]. Dieser »Club« entstand aus einer *Lockerung* (*décontraction*) ›organischerer‹ Mittel-Socii wie sozialistischer Feriengruppen und traditioneller Sportvereine und ihrer höchst originellen und erstaunlichen Kopplung mit einem Extremfall von Gruppentherapie (gemeinsame Resozialisation französischer KZ-Überlebender) sowie mit rein kommerziellem

20 Alain Ehrenberg, *Le culte de la performance*, Paris 1991, 99–168.

Urlaubs-Service. Im »Club Méditerranée« entstand also eine strukturelle Symbiose zwischen *lockerem, nicht verbissenem* Sport, unverbindlich-spontaner Selbsttherapie in der Gruppe, einem Feld fluktuierender *Kontakte* aller Art, nicht zuletzt sexueller, und jeweils modischen »Freizeitbeschäftigungen« wie Musik, Tanz und »Kultur« jeder Art (seit den achtziger Jahren z.B. auch Computerspielerei). Ehrenberg konstatiert, daß dieser Typ von »Club« sich sehr bald als dominierender Trend jeder Art von »Freizeitorganisation« erweisen sollte. Dieser Trend läßt sich ceteris paribus auch in anderen Ländern der Ersten Normalitätsklasse verfolgen. Ich schlage also vor, den entsprechenden Organisationstyp als »Normal-Club« zu bezeichnen und in ihm den Prototyp flexibel-normalistischer As-Sociation mittlerer Größe (Mittel-Socius) zu erkennen. Im Flexibilitäts-Normalismus tritt dieser »Normal-Club« tendenziell an die Stelle des kirchlich, sportlich oder gewerkschaftlich-politisch geprägten »Normal-Vereins«, der im Protosozialismus dominierte und dessen Strukturen in ihrer ›Fixität‹ denen der alten Kleinfamilie gleichen. Diese Strukturen wären sensu strictu als dominant vor-normalistisch zu werten.

Wie die Normalmonade und die Normalfamilie führt auch der Normalclub viele Individuen an die Grenze einer tiefgehenden Verunsicherung, die durchaus anthropologisch fundiert sein mag. Der Sehnsucht nach Geborgenheit in einer stabilen Familie entspricht die nach einem ›warmen‹ und stabilen Socius. Auch hier verstärkt die flexible Strategie die Greifflächen für die umgekehrte, protonormalistische mit ihrer Favorisierung *geschlossener* traditionaler Verbände mittlerer Größe wie lokaler Vereine (in der Tradition kirchlicher Gemeinden) oder disziplinierter Parteien und Gewerkschaften, bis hin zum Extremtyp soldatischer Männerbünde (*fasci*).

Aporien des normalen Nationalstaats

Auf der Makro-Ebene bezieht sich der vermutlich anthropologisch fundierte »As-Sociations-Trieb« auf ›alle, die zu uns gehören‹ (›alle unsere Dörfer‹). Dieser Makro-Socius wird seit der Entstehung von Hochkulturen in der Regel formell und »repressiv« als Staat (oder Staatenbund) konstituiert. Seine innere Einheit bezieht er aus der Frontstellung gegen äußere potentielle oder akute »Feinde«. Ohne jeden Zusammenhang mit dem Normalismus bildete sich als Regelfall des modernen Staats der Nationalstaat heraus. Ich habe einleitend dargestellt, daß die Redeweise von der »Normalisierung der deutschen Nation« u.ä. eine theoretische Klärung des Zusammenhangs von Nationalstaat und Normalität einfordert, die noch fehlt. Einen Ansatz dazu hat Thomas Nipperdey im zweiten Band seiner *Deutschen Geschichte* ver-

sucht.[21] Er entwickelt dort bei Gelegenheit der Behandlung des Zweiten deutschen Reiches eine triadische Typologie des Nationalismus, die sich aber selbst auf eine Dichotomie reduziert. Ich beginne mit der Trichotomie: erstens »durchschnittlicher Nationalpatriotismus« (595ff.), zweitens »Normal-Nationalismus« (597ff.), drittens »Radikalnationalismus« (602ff.). Unter »Radikalnationalismus« versteht Nipperdey alldeutsche, rassistische und antisemitische Strömungen, die sich mit imperialistischen »Expansionisten«, »Konflikttreibern und -verschärfern«, »Anhängern maßloser Ziele und kompromißloser Wege«, »Verfechtern eines weltpolitischen Sozialdarwinismus« verbunden hätten (602). Vom »Radikalnationalismus« führt bei Nipperdey also der Weg zu Hitler. Dagegen führt zu Hitler weder ein Weg vom »Normal-Nationalismus« noch vom »durchschnittlichen Nationalpatriotismus«. Dabei ist der qualitative Unterschied zwischen diesen beiden Typen beim besten Willen nicht zu erkennen. Abgesehen davon, daß sich real existierende Normalität eben durch Durchschnitte konstituiert, werden beide Untertypen auch bei Nipperdey selbst fast gleich definiert:

Das Gefühl, ein Deutscher zu sein, in der Gemeinsamkeit der Herkunft und der Zusammengehörigkeit der Nation die eigene Identität zu finden und ein Stück Zukunftserwartung und -gewißheit, das eigentliche Wir-Gefühl jenseits der Face-to-face-Bezugsgruppen, der Stolz darauf, ein Deutscher zu sein, die Teilnahme an kollektiven Erfolgen und Mißerfolgen, Freuden und Leiden, das Gefühl, der Nation gegenüber verpflichtet und verantwortlich zu sein, zu Dank und Opfer auch – das macht diesen nationalen Patriotismus aus (595). – Den zweiten Haupttyp nenne ich den Normal-Nationalismus. Er ist wie alle Normalität in sich vielfältig. Dazu gehört vor allem der gouvernementale und offiziöse Nationalismus, auf Staat und Monarchie, Kaiser und Reich bezogen. Nationalismus von oben, der von den saturierten Erben der bürgerlichen Nationalbewegung mitgetragen ist, der Nationalismus der Gesang-, Turn- und Schützen- und dann neu der Kriegervereine (mit 1913 2,8 Millionen Mitgliedern), der protestantischen Pastoren und Kirchenleitungen, der Schullehrer, der Lehrpläne, der Abituraufsätze und Schulreden, der Offiziere und der Militärausbildung, der Professoren und Studenten (597).

Je länger diese Aufzählung fortgesetzt wird (und sie geht noch über Seiten), um so evidenter wird es, daß die Bevölkerungsgruppen, die zum einen den »durchschnittlichen Nationalpatriotismus« und zum anderen den »Normal-Nationalismus« tragen sollen, zumindest eine enorm große Schnittmenge besitzen müssen. Unter dem Label »Normal-Nationalismus« betont Nipperdey dabei mehr das staatliche und vor allem zivilgesellschaftliche Institutionengefüge, sozusagen die Laut- und Leisesprecheranlage des normalnationalistischen Diskurses – unter dem Label »durchschnittlicher Nationalpatriotismus« wird der Effekt dieses Diskurses als normale nationalisti-

21 Thomas Nipperdey, *Deutsche Geschichte 1866–1918. Zweiter Band. Machtstaat vor der Demokratie*, München 1992.

sche Subjektivität großer Teile der Bevölkerung behandelt. Beides sind also zwei Seiten der gleichen Medaille – womit die Trichotomie auf eine Dichotomie zurückgeführt wäre.

Die Pointe der Nipperdeyschen Typologie liegt in seiner Darstellung der Vorgeschichte und des ›Ausbruchs‹ des Ersten Weltkriegs: 1914 herrschten in der deutschen Führung noch keine Radikalnationalisten, lautet seine erste These – der Normal-Nationalismus mußte nicht mit hoher Wahrscheinlichkeit zum Krieg führen, lautet die zweite – der »Ausbruch« war also tatsächlich ein kontingenter Unglücksfall, dem Sinne nach ein *Verkehrsunfall des normal-nationalistischen Vehikels*.

Deutliche theoretische Konzepte muß man anderswo als bei Nipperdey suchen, der bewußt mit der ›einfachen historischen Narration‹ kokettiert – dennoch sind die entscheidenden theoretischen Fragestellungen zur Problematik staatlicher Normalität sämtlich bei Nipperdey konnotativ präsent. Zunächst die implizite These, daß staatliche Normalität nationalstaatliche Normalität sein müsse und nichts anderes sein könne. Für die Richtigkeit dieser These spricht natürlich das überwältigende Material der Fakten: Vom Pränormalismus angefangen hat sich der Normalismus stets in Symbiose mit Nationalstaaten entwickelt – die globale Expansion des Normalismus (in die »Dritte Welt«, d.h. in die dritte bis fünfte Normalitätsklasse hinein) war und ist von einer Gründungswelle neuer Nationalstaaten begleitet. Alle Ansätze zu supranationalen staatlichen Ordnungen konnten den Nationalstaat bisher nicht ernsthaft infrage stellen. Das muß damit zusammenhängen, daß die vielbeschworene »Identität« eines Makro-Socius (Nipperdeys »eigentliches Wir-Gefühl jenseits der Face-to-face-Bezugsgruppen«) maximal durch einen Nationalstaat und offenbar nur minimal durch eine »internationale Gemeinschaft« beschafft werden kann. Dabei spielt nun in der Tat die Symbiose zwischen Nationalstaat und normalistischen Dispositiven eine große Rolle.

Zunächst ist die Welt der Nationalstaaten als das Feld einer (agonalen, entweder sozialdarwinistischen oder sportlichen) globalen Leistungskonkurrenz konstituiert. Wie im Sport fungieren überall die Nationen als Subjekte dieser Konkurrenz, werden auf allen Gebieten statistische Tabellen ihres Ranking erstellt, wobei sich Spitzenpositionen, ver-sichernde Durchschnitte und *Schlußlichter* ergeben. Normalistisch kann Geschichte im Normal-Nationalismus also als *Wettlauf auf der Fortschritts-Linie* imaginiert werden. Zweitens ist der Nationalstaat noch immer die Hauptinstanz aller normalistischen Kompensationen, insbesondere der *sozialen Netze*. Umgekehrt werden normalistische Kompensationen allerdings, insbesondere in den unteren Normalitätsklassen, aber auch zunehmend in den oberen (vgl. die Mechanismen der EU), mehr und mehr internationalisiert. Selbstverständlich kann die normalistische Verdatung der großen Trends von

Wissens-, Technik- und Kapitalakkumulation nur im internationalen Vergleich betrieben werden. In vieler Hinsicht erweisen sich die nationalen Grenzen also schon heute als nichtnormale Grenzen. Da aber die *Fortschrittsenergie* auf den *Wettlauf* angewiesen zu sein scheint und die »Völkerfamilie« unter diesen Bedingungen keine as-sociative Kraft entwickeln kann, zeichnet sich eine aporetische Alternative zwischen Nationalstaat und Suprastaatenbund der Ersten Welt (»Neue Welt-Ordnung«) ab. 1914 *entgleiste* der deutsche Normal-Nationalismus bei seiner *forcierten Aufholjagd* und bei seinem *riskanten Überholmanöver* mit den bekannten katastrophalen Folgen (u.a. seiner Metamorphose in »Radikal-Nationalismus«). Heute sind es strukturell *Schwellenländer* (der 3. Normalitätsklasse), die in die Versuchung *unfairer Überholmanöver* mit tödlichen Risiken (d.h. unter Einsatz militärischer Mittel) geraten, und man scheint sie genügend unter Kontrolle zu haben (Golfkriege). Was aber bei *Abstürzen* von Mächten der ersten und zweiten Klasse? Und droht mit Rußland nicht bereits eine Großmacht der zweiten Klasse *abzustürzen*? Die normalismusanalytische Betrachtung der Belle Époque zeigt, daß gerade in solchen *schwachen Kettengliedern* die Aporien des Normalismus, die sich angesichts der Tendenzen zum flexiblen Normalismus zuspitzen, zum »Ausbruch« kommen können. Wenn man Nipperdeys Geschichte mit normalismustheoretisch geschärftem Blick liest, wirkt sie leider weder beruhigend noch auch bloß gänzlich inaktuell.

Teil X

Schluß: Flexibler Normalismus und Postmoderne

In den sechs »Ungleichungen« des Einleitungsteils wurde eine wesentliche These der vorliegenden Studie vorgreifend formuliert, die dann im Hauptteil sowohl systematisch wie historisch begründet wurde: Abweichend von vorwissenschaftlich, aber auch von manchen wissenschaftlich vertretenen Auffassungen handelt es sich bei der so präzisierten Normalität nicht um eine ahistorische, jederzeit spontan von der anthropologischen oder gar biologischen Natur generierte Entität, sondern um eine spezifische, historisch-kulturelle Emergenz der westlichen Moderne. Insbesondere ist Normalität nicht identisch mit beliebigen Alltagen, sondern nur mit historisch sehr spezifischen Alltagen – solchen nämlich, die durch Normalisierung der schwindelerregenden Dynamiken der Moderne allererst hergestellt werden müssen – um nochmals Enzensberger zu zitieren:

> Unerhörte Begebenheiten, einmalig
> in der Geschichte des Universums.
> [...]
> Unheimlich. Normal. Ein Jammer.
> Du merkst nicht, daß du nichts merkst.

Als historisches Apriori, also als Bedingung der Möglichkeit der so verstandenen Normalität in präzisem Sinne erwies sich ein Gesellschaftstyp mit flächendeckender und routinemäßiger Verdatung – man könnte auch sagen: eine Verdatungs-Kultur. Genau daraus aber erklärt sich auch der jederzeit prekäre Status moderner Normalitäten: Es handelt sich um Orientierungs-, Adjustierungs- und Kompensationsverfahren für gesellschaftliche Gegenstände (wie Körper, Produkte, Kapitalien usw., Subjekte und Objekte), auf die die normalistischen Instanzen größtenteils keinen generativen Zugriff besitzen, die sie lediglich ex post versuchen können zu korrigieren. So werden etwa Kapitalien mittels einer im wesentlichen opaken Spontaneität generiert, bevor die normalistischen Dispositive die Folgelasten dieser Spontaneität für die Gesellschaft (z.B. für die Verteilungskurve des Lebensstandards) mittels kompensierender Um-Verteilungen versuchen können zu normalisieren (d.h. einem symbolischen Gaußoid anzunähern). Analoges gilt für spontane Prozesse wie (positives oder negatives) demographisches

Wachstum, politische Präferenz, Wissenserwerb, »sexuelle Befriedigung« usw. Eine weitere Folge dieses nachträglich-korrigierenden und kompensatorischen Status des Normalismus ist seine lückenhafte Struktur: Normalfelder können nicht flächendeckend gebildet, wichtige Bereiche (z.B. die Bereiche der Normativität wie Recht und Religion) können nicht oder nur partiell normalisiert werden. Es handelt sich demnach beim Normalismus nicht um einen umfassenden Gesellschaftstyp, sondern um einen (historisch zudem stark variablen) »Archipel«.

In seiner Gesamtheit produziert dieser normalistische »Archipel« als wichtigste historische Neuerung eine ***datengestützte Signal-, Orientierungs- und Kontrollebene***, auf die sich wie auf einen *Bildschirm* der gesellschaftliche *Blick* richten kann. Diese Signal-, Orientierungs- und Kontrollebene ist materiell identisch mit der *Oberfläche* der gesellschaftlich produzierten Gegenstände als ›Fakten‹, genauer mit deren Streuung und Verteilung. Mit Hilfe dieser Signal-, Orientierungs- und Kontrollebene regeln moderne Gesellschaften ihre »Spontaneität« nach Art des Orpheus im Mythos: indem sie sich den Rückblick auf Eurydike (die spontane Kreativität, den *Élan vital*) untersagen und das Tempo ihrer Dynamik vielmehr ausschließlich durch *Blick nach vorn* auf die ›Signale‹ des *Bildschirms* adjustieren. Sie machen das Tempo des *growth*, die Spannung des *thrill* und damit indirekt den jeweils konkreten *drive* und die jeweils konkrete *Potenz* ihrer »Spontaneität« abhängig von den Kurvenkrümmungen auf der Signal-, Orientierungs- und Kontrollebene. Diese Kurvenkrümmungen bestimmen die Normalisierungen, d.h. *Beschleunigungen* oder *Bremsungen*, – sie bestimmen sie mittels der durch die Kurven rückgeregelten Ein-Stellungen der individuellen und kollektiven Subjekte. Ob diese Subjekte nach *rechts* oder nach *links* rücken, ob sie sich *locker* zurechtsetzen oder sich einen *Ruck* geben sollen, entnehmen sie den Kurvenkrümmungen auf den Bildschirmen vor sich. Jede Abweichung einer Kurve von den normalistischen Prototypen (Normalverteilung, logistische Kurve usw.) wirkt ebenso wie jede Annäherung daran als Signal, das eine subjektive Adjustierung ›empfiehlt‹.

Die Konstituierung eines Sachverhalts als »normal« durch die Signalebene verleiht diesem Sachverhalt die Eigenschaft der ***Akzeptanz***, d.h. dispensiert die Subjekte vom Druck, die Ein-Stellung zu ändern und adjustierend zu intervenieren. Mit der Produktion von Akzeptanz durch Normalität konstituiert der Normalismus gleichzeitig einen vom Kontinent der Normativität unabhängigen, ***transnormativen, transjuridischen und transethischen Typ von »Gewissen«.*** Dieser Typ von Gewissen ist massendaten- statt einzelfallbezogen und entscheidet nicht binär nach Ja und Nein, sondern graduell. Während also z.B. das normative Gewissen im Fall der Stammzellforschung fragt, ob bzw. ab wieviel Zellen menschliches Leben vorliegt (ja oder nein), geht das normalistische Gewissen ganz selbstver-

ständlich von graduellen und gleitenden Übergängen aus – während das normative Gewissen angesichts der Prä-Implantations-Diagnostik die Grundsatzfrage nach der Zulässigkeit von Selektion in jedem Einzelfall aufwirft, verweist das normalistische Gewissen auf die bereits längst hohen statistischen Werte der In-vitro-Fertilisierung, d.h. deren Normalität, und zieht daraus die Folgerung, daß die menschliche Generativität historisch unwiderruflich artifiziell und also normaliter gentechnisch geworden ist. Selbstverständlich schließt diese Koexistenz zweier Gewissensinstanzen Interferenzen und Kollisionen sowohl im individuellen wie im kollektiven Subjekt nicht nur nicht aus, sondern macht sie zur Regel, weil Normativität ja niemals in toto durch Normalität *ersetzt* werden kann. Vielmehr sind gerade die Koexistenz beider ›Kontinente‹ und damit Interferenz und Kollision charakteristisch für moderne Kulturen. Um diese Interferenz und Kollision jedoch analysieren zu können, ist die vorgängige Unterscheidung der Kategorien unabdingbar. Was die Kollisionen betrifft, so zwingt das historische Material der vorliegenden Studie zu der Einsicht, daß bei ›störender‹ Abweichung der Normativität von der Normalität die erste eher der zweiten angeglichen werden kann als umgekehrt.

Mit der Signal-, Orientierungs- und Kontrollebene sind also im Normalismus alle wichtigen subjektiven Funktionen verbunden; ihre *Kurvenlandschaften* bilden eine ›Zweite Natur‹, in der die Subjekte nun wie in der Ersten *wohnen* können (*wohnen* im Sinne Heideggers, wobei Heidegger gerade die Unbewohnbarkeit der Kurvenlandschaft – sie ist ein Subjektivierungs-*Ge-stell* par excellence! – behauptete). Der normalistische ›Archipel‹ in der Moderne konstituiert Geschichte (inclusive »Posthistorie«) also als einen permanenten *Go-and-stop*-Prozeß, bei dem die Gesellschaft (die Kultur) sich im Sinne Heideggers und Sartres in eine sich von den naturalen Zyklen *exponentiell* entfernende Zukunft hinein ent-*wirft* und dabei gleichzeitig ihre *Fahrt* mittels der Signal-, Orientierungs- und Kontrollebene kybernetisch reguliert, *bremst* und ver-sichert. Empirisch entspricht dem die Tendenz, daß diese Subjekte tatsächlich zunehmend große Teile ihrer Lebenszeit vor realen Bildschirmen (Computer, TV, Video) sitzen, begleitet vom Basso continuo sincopato des endlosen *fun-and-thrill*-Bandes. Tendenziell scheint damit aber das Leben mehr und mehr von der *eindimensionalen* normalistischen Signalebene eingesaugt, in sie integriert zu werden. Tendenziell gäbe es dann keine anderen Intensitäten des Lebens mehr als die thrills der Reaktion auf Kurven und die der dadurch ausgelösten Änderungen von Kurven (und umgekehrt). Das Leben würde damit ohne jede Metaphorik zum Videogame (wie es bei den day-traders bereits der Fall ist).

Da die im Normalismus dominante Signal-, Orientierungs- und Kontrollebene, also die Ebene der Verteilungskurven, symbolisch als transparente »Oberfläche« einer opaken generativen »Tiefe« erscheint, erklärt sich die

Vorliebe für »positivistische« philosophische ›Überbauten‹ (von Comte über Durkheim zum Behaviorismus). Wo der Normalismus, wie z.B. bei Quételet, in der IQ-Psychologie, bei Kinsey oder in der Meinungsforschung, sich gänzlich auf statistische Instrumente beschränkt, gehört er offensichtlich ganz zu jenen Humanwissenschaften, als deren epistemologisches Konstituens Michel Foucault die »empirisch-transzendentale Dublette« aufgewiesen hat: Auf der einen Seite die analog zu den Naturwissenschaften exakt beschreibbare »Oberfläche«, auf der anderen, in dualistischer, irreduktibler Entgegensetzung, die »Tiefe« (normalistisch: *black box*) mit ihrem transzendentalen, weltsetzenden Subjekt, mit ihrer ebenso transzendentalen »natürlichen Spontaneität«, mit ihrer kreativen *Energeia* (Wilhelm von Humboldt), mit den ›Potenzen‹ des »Lebens« und der »Arbeit«. Nichts zeigt eindeutiger Comtes »Glauben« an die teleologisch ›gute‹ »Spontaneität der Natur«, die *unter* den »Gesetzen« wirke, als seine abstruse Religion. Aber auch bei nüchternen Statistikern wie Quételet und Galton war der gleiche »Glaube« an eine wunderbare Ordnung der »Natur« in der Tiefe der undurchschaubaren *black box* zu konstatieren. Das Hohe Lied der »Oberfläche« ist demnach in Positivismus wie Normalismus identisch mit dem Pathos ›asketischer‹ Selbstbeschränkung der ›Tiefenanalyse‹ mit quasireligiöser Färbung: »Ignoramus – Ignorabimus« (Du Bois-Reymond) – es ist das Pathos der Schillerschen »Taucher«-Ballade: »Da unten aber ists fürchterlich,/ Und der Mensch versuche die Götter nicht«. Bei Galton ist die bewußte Abkehr des Blicks von den generativen *Roots* und seine Hinwendung zur *Oberfläche* mit ihren Verteilungskurven exemplarisch zu konstatieren: Auf *unteren*, generativen Ebenen werden nur solche Empirien vorausgesetzt und gesucht, die den Empirien der *Oberfläche* entsprechen und die sie zu »erklären« erlauben: Die große *black box* wird wie die russische Puppe nur soweit in kleinere *black boxes* aufgelöst, als in den geöffneten boxes stochastisch rekombinierte *Kugelhaufen* gesichtet werden – bis hin zur Ebene der Gene (»gemmules«), *unter* denen bloß noch der unerforschliche *Élan vital* samt dem Rätsel der *Potenz* und der *Motivation* liegt. (Durch die Entschlüsselung der DNS sind wesentliche Annahmen Galtons bestätigt worden, woraus sich die Renaissance seines Denkens insbesondere in den angelsächsischen Kulturen erklärt.) Es handelt sich also um einen ***fundamentalen, »strategischen Feedback«,*** durch den das Resultat, die an der Oberfläche sichtbar werdende Gaußoidkurve, nach *rückwärts* und *unten* hin generative Vorstellungen selegiert, bestimmt bzw. suggeriert. Diese normalistische Strategie läßt sich bildlich als eine Ein-Stellung kennzeichnen, bei der der Blick des Subjekts nach vorn auf die Signal-, Orientierungs- und Kontrollebene der »Oberfläche« gerichtet und der *black box* der generativen Spontaneität der ›Rücken zugekehrt‹ wird. Galtons Interesse an dem kombinatorischen Genpool richtet sich auf die Simulation der mit diesem Mo-

dell erklärbaren Streuungen und Verteilungen an der *Oberfläche* und vor allem auf die auf dieser *Oberfläche* womöglich auftauchenden Kurven. Das Modell ist das Galtonsieb, und der »Wille« zur Um-Verteilung zwecks Herstellung besserer Gauß- und logistischer Kurven ist überdeutlich, wobei dieser »Wille« selbst durch die *Blick-Wendung* gegen Analyse geschützt bleibt, ja wie im Orpheus-Mythos wesentlich in dieser Wendung der Blickrichtung nach *vorn* und *oben* besteht.

Das *noli tangere* und *ignorabimus* der normalistischen ›Generativismus-Sperre‹ soll die *Potenz* und die *Motivation* der ›kreativen Spontaneität‹, soll den *Élan vital* vor riskanter Analyse schützen. ***Im Kernbereich dieses ›Elans‹ liegt als empirisches Pendant des transzendentalen Subjekts mit seiner a priori konstitutiven Kraft die individuelle und kollektive Subjektbildung, insofern sie über die Formation sozialer Gegenständlichkeiten, also über die kulturelle Objektivität, ›entscheidet‹***. Diese Indifferenzzone des, kalauerhaft gesagt, ›Sobjektiven‹ ist nichts anderes als der »Wille« Schopenhauers, Nietzsches, Sorels und Gramscis. In dieser Indifferenzzone ereignet sich die Kopplung der kulturellen Reproduktionszyklen an die vorkulturellen (»natürlichen«), und zwar dadurch, daß sich ›gleichzeitig‹ ein As-Sociationstyp, d.h. eine Kopplung von individueller und kollektiver Subjektbildung, kristallisiert. Marx hat diesen Kopplungszusammenhang ganz generativ mit den Kategorien »Stoffwechsel«, »Produktivkärfte«, »Produktionsverhältnisse«, »Basis« und »Überbau« zu denken versucht, wobei die verfehlte Metapher von *Basis* und *Überbau* aber die Subjektbildung und As-Sociation an eine im generativen Prozeß ›spätere‹, ja ›letzte‹ Stelle verweist, während sie tatsächlich immer ›gleichursprünglich‹ mit den anderen generativen Hauptinstanzen an absolut ›erster Stelle‹ zu denken wäre (wie es in Nietzsches »Willen zur Macht«, wenn auch ganz ohne operative Modellierung, deutlich intendiert ist). In der Moderne ist dieser kulturkonstitutive »Wille« durch forcierte Spezialisierung, forciertes »Wachstum« (Akkumulation), Konkurrenz, »Fortschritt« und technische Neukonstitution der Welt gekennzeichnet. In das Ensemble dieser historischen Aprioris der Moderne fügen sich Verdatung und Normalismus längst symbiotisch als ver-sichernde und regulierende Dispositivnetze ein. Auch Verdatung und Normalismus zählen damit zu den historischen Aprioris der Moderne, sie bilden unverzichtbare Instanzen ihres generativen Prozesses: Aufgrund der vorliegenden Studie läßt sich demnach sicher sagen, daß eine Moderne ohne Normalismus auch künftig nicht vorstellbar ist.

Damit widerspricht diese Studie entschieden der im Einleitungsteil zitierten These der schwedischen Managementberater Ridderstrale und Nordström, denen zufolge der »Karaoke-Kapitalismus«, womit sie die weltweite Liberalisierung der Märkte (»Globalisierung«) und die damit einhergehende Tendenz zur *Liquidierung der sozialen Netze* meinen, das Zeitalter der

»Normalität« unwiderruflich beende. Aus der Sicht der vorliegenden Studie riskiert der »Karaoke-Kapitalismus« zwar tatsächlich eine tiefgehende Denormalisierung, ohne aber auf Normalismus verzichten zu können. Mit diesen widersprüchlichen Prognosen ist sowohl die kairologische, auf die aktuelle Lage zum Zeitpunkt »2001 plus x« bezogene, wie die makrohistorische Dimension des Normalismus angesprochen. Als idealtypische Modelle für die historische Dimension des Normalismus, d.h. für den »normalen Wandel«, konnte die Studie zwei leitende Vorstellungen beschreiben, eine stark geschichtsphilosophisch getönte, makrohistorische, und eine empirienähere, mikrohistorische Aspekte berücksichtigende. Die erste Vorstellung, zuerst in der Geschichtsphilosophie Auguste Comtes klar entwikkelt, betrachtet die Geschichte der Moderne als einen einzigen großen Prozeß des Übergangs in eine definitive und *nachhaltige*, wie man heute sagen würde, »Normalität«, d.h. als eine einzige große, zeitlich im Jahrhunderte-Bereich liegende, logistische Kurve. Empirisch scheint sich daran am ehesten, wie zuerst von Raymond Pearl behauptet, die globale demographische Tendenz anzunähern, stark wunschabhängig auch die ökologische Tendenz nach dem Club of Rome. Die zweite Vorstellung besteht in der *endlos wachsenden Schlange*, d.h. einer endlosen, ununterbrochenen Folge kleinerer logistischer Kurven mit zeitlichen Parametern im Jahrzehnte-Bereich. Empirische Korrelate dafür liefern etwa die ökonomischen Wachstumszyklen. Diese Vorstellung ›klammert‹ die makrohistorische Perspektive samt allen Fragen nach Nachhaltigkeit, Eurhythmie bzw. Polyeurythmie[1] oder »konkreten Utopien«, bis auf weiteres ›aus‹ und richtet sich im Normalismus als ***Provisorium auf unbegrenzte Dauer*** ein.

Seit der »Ölkrise« der 1970er Jahre und dem Vorrücken ökologischer Normalfelder in eine kulturell dominante Position scheint sich ein weitgehender Konsens für ***Nachhaltigkeit*** bzw. für ***nachhaltiges Wachstum*** herausgebildet zu haben. Diese zunächst sehr vagen Begriffe benötigen zu ihrer Konkretisierung nicht zuletzt eine Klärung ihrer normalistischen Komponenten. Nachhaltigkeit als solche kann (zumindest in einigen basalen Normalfeldern wie Demographie und Ökologie) Nullwachstum oder sogar negatives Wachstum implizieren: Normalismustheoretisch ist damit die geschichtsphilosophische Vorstellung der ›großen logistischen Kurve‹ verbunden. »Nachhaltiges Wachstum« dagegen versucht, normalismustheoretisch gesehen, so etwas wie eine Kombination zwischen großer logisti-

1 Das Risiko tiefgreifender Denormalisierungen zu Beginn des 21. Jahrhunderts fordert in Wirklichkeit gebieterisch Denkanstrengungen und Explorationen in alternative, polyeurhythmische Richtungen. Solche transnormalistischen Alternativen sind nicht Gegenstand der vorliegenden Studie, die sich auf die Analyse des Normalismus beschränkt. Vgl. jedoch die Überlegungen in der von mir mit herausgegebenen *zeitschrift für angewandte diskurstheorie (kultuRRevolution)* im Klartext-Verlag Essen (mit 50 Heften bis 2005).

scher Kurve und endlos wachsender Schlange (was vermutlich aporetisch ist). Exemplarisch ist ein Text wie Gerhard Schulzes im Einleitungsteil erwähnter programmatischer soziologischer Essay *Die beste aller Welten*, in dem »das Normale« als versöhnender Ausweg aus den Aporien des »Steigerungsspiels« gewiesen werden soll. Dabei betont Schulze immer wieder, daß es nicht um die Beendung, sondern lediglich um die nicht länger monopolartige Dominanz des »Steigerungsspiels« (also des *growth*-Komplexes, des Ensembles der Wachstums- und Fortschrittskurven) gehen solle. Schulzes Diskurs bleibt dabei postulatorisch und letztlich geschichtsphilosophisch – es käme statt dessen gerade darauf an, präzise zu diskutieren, welche Wachstumskurven in die *Zielgerade* des Nullwachstums münden, welche sogar *zurückgefahren* werden, welche mit welchem mittelfristig durchschnittlichen Steigerungswinkel die *endlos wachsende Schlange* fortsetzen sollen usw. Bevor ich in Kürze (ganz am Schluß) auf solche Fragen zurückkommen werde, ist zunächst die geschichtsphilosophische Problematik zu erweitern.

Wie bereits mehrfach, sowohl im Einleitungs- wie im Hauptteil angedeutet, kann die Normalismustheorie einen substantiellen Beitrag zu den Kategorien der ***»Posthistorie«***[2] ***und*** der ***»Postmoderne«*** leisten. Beide Kategorien stehen nicht bloß systematisch, sondern auch historisch im Kontext der normalistischen geschichtsphilosophischen Denkfigur einer ›großen logistischen Kurve‹ (eines Geschichtsverlaufs in Form eines großen gelängten S). Beiden Kategorien gemeinsam ist die These vom Ende der chaotischen Epoche der »Moderne« mit ihrer stürmischen Wachstumsdynamik und den daraus resultierenden Störungen sämtlicher Homöostasen. Die »Posthistorie« schließt direkt an den Normalismus Antoine Augustin Cournots[3], die »Postmoderne« direkt an Daniel Bells Kategorie des »Postindustrialismus« an. Die normalistische Situierung erlaubt die Feststellung, daß es sich bei »Posthistorie« und »Postmoderne« im wesentlichen um den gleichen geschichtsphilosophischen Komplex handelt. Insbesondere der Kollaps des Ostblocks hat, indem er auf einen Schlag sämtliche zum westlichen Modell alternativen »Utopien« liquidiert zu haben schien, den Begriffen »Postmoderne/Posthistorie« in der Geschichtsphase seit 1968 (oder spätestens seit 1989) ihr empirisches historisches Korrelat geliefert.

Obwohl sich die Begriffe »Postmoderne/Posthistorie« für die jüngste historische Phase also weitgehend durchgesetzt haben, bestehen bei der theoretischen Klärung dieser Phase große Defizite. Konsens besteht über das Kennzeichen eines radikalen »Pluralismus« der Kunst- und Lebensstile[4]

---

2 Ich verwende die deutsche statt der französischen Form.

3 Dazu Lutz Niethammer, *Posthistoire*. Ist die Geschichte zu Ende? Reinbek 1989.

4 Vgl. Wolfgang Welsch, *Unsere postmoderne Moderne*, 3. Aufl. Weinheim 1991.

einschließlich einer Äquidistanz zu sämtlichen Kulturen der Welt, wie sie zuerst in André Malrauxs Vorstellung eines »Musée imaginaire« vorgedacht worden war. Indem dieser Pluralismus darüber hinaus als eine Art globaler Supermarkt mit freier Auswahl modelliert wird, geht Pluralisierung in radikale »Individualisierung« über. Die Normalismustheorie erlaubt es, den systematischen Zusammenhang zwischen einer »indifferenten«[5] Pluralisierung (als Folge normalistischer Homogenisierung) und einer radikalen Individualisierung zu analysieren: Diese Art Individualisierung ist nichts anderes als der Effekt des Galton-Siebs. Zu den häufig postulierten Charakteristika von Postmoderne/Posthistorie zählt ferner die Negation geschichtsphilosophischer Tele (»utopischer«, idealer Ziele), als deren empirisches Korrelat leicht das normalistische Provisorium auf unbegrenzte Dauer zu erkennen ist. ***Als gemeinsame Basis der fundamentalen Eigenschaften von Postmoderne/Posthistorie wie »Ende der Geschichte«, Ateleologie, Anentelechie, Pluralismus, Indifferenz und Individualisierung erweist sich also der flexible Normalismus*** mit seiner *endlos wachsenden Schlange* und seinem endlosen *fun-and-thrill*-Band. Die »condition postmoderne«[6] mit der Tendenz eines Lebens nach Art von Computersimulationen und von Computerspielen erweist sich als Leben in den normalistischen Kurvenlandschaften mittels der Signal-, Orientierungs- und Kontrollebene.

(Nicht) normale Fahrten 13: Sibylle Bergs »Ein paar Leute suchen das Glück und lachen sich tot«

Dieser Roman liest sich wie ein computergeneriertes Modell des gerade Gesagten: Er besitzt 10 namentlich genannte Hauptfiguren, die mit ihrem Namen jeweils die einzelnen (kurzen) Kapitel generieren – nach dem Schema: »VERA trinkt Kaffee« – »NORA hat Hunger« usw. Eine quantitative Erfassung der Kapitel zeigt folgende Hierarchie (Anzahl der auf eine Figur perspektivierten Kapitel): Bettina: 21, Vera: 18, Nora: 16, Tom: 13, Helge: 8, Ruth: 7 (die restlichen vier Figuren beherrschen nur drei oder weniger Kapitel).

Von den 10 Hauptfiguren überlebt nur eine (die Sekretärin Vera): 4 werden ermordet, darunter einer mit Skalpierung und einer buchstäblich kannibalisch, 2 begehen Selbstmord, 2 kommen bei einem Autounfall um, einer verdurstet in der Wüste. 5 Figuren enden übrigens in Venedig, wovon einer wie Winckelmann von einem italienischen Strichjungen ermordet wird –

---

5 Vgl. dazu Peter Zima, *Moderne/Postmoderne*. Gesellschaft, Philosophie, Literatur, Tübingen/Basel 1997.

6 Jean-François Lyotard, *La condition postmoderne*, Paris 1979.

eine sogenannt »postmodern-intertextuelle« Blödel-Anspielung auf den Diskurskomplex *Tod in Venedig*. Anders gesagt, überschreiten alle Hauptfiguren die Normalitätsgrenze in Richtung Anormalität, während es nur einer von ihnen (Vera) gelingt, den Rückweg in die Normalität zu finden (Schlußkapitel).

Alle Figuren sind symbolisch isolierte *Kügelchen* bzw. *Atome*, die sich nach emphatisch intensivem, also supernormalem, Leben (»Glück«) und insbesondere nach emphatisch intensiver Kommunikation (»Liebe«) sehnen, ohne eigentlich an deren Möglichkeit zu glauben. Insbesondere die Journalistin Bettina wird explizit als »urbaner Single« (12, ähnlich 45) bezeichnet, sie träumt von ihrem »erfolgreich zugebrachten Singleleben« (113). Aber auch die anderen Figuren sind Singles, also Normal-Monaden.

Ganz experimentell werden sozusagen alle Kügelchen-Figuren in ein Galtonsieb geworfen, wo sie biographischen *trajectories* bzw. Kurven eines *dropping-out*-Prozesses unterworfen werden. Unterwegs kommt es zwischen ihnen kombinatorisch zu Kollisionen (vor allem sexuellen Rivalitäten) und Kopulationen. Als Beispiel sei die Kurve Noras angeführt: Sie ist die Tochter Helges und Veras und reißt mit 17 von zuhause aus, um sich am Mittelmeer in eine *freak*- bzw. *drop-out*-Zone zu begeben. Solche Zonen sind in modernen Gesellschaften (im Unterschied zum normalen Tourismus) Enklaven an der und um die Normalitätsgrenze herum (Drogen, Alkohol, Promiskuität, sexuelle Abweichungen, gewollte Abeitslosigkeit). In solchen Enklaven suchen die Kügelchen »Chancen« auf Supernormalität und setzen sich »Risiken« der Subnormalität aus. Nora leidet unter postpubertärer Anorexie, kombiniert mit Masochismus. Ihre Kurve nimmt also auch im wörtlichen Sinne tendenziell ab. Auf einem ersten Tiefpunkt in Barcelona wird sie aus suizidalem Koma gerettet und lernt im Krankenhaus Tom kennen und lieben, der dort mit Diphterie gelandet ist. Ihm zuliebe nimmt sie eine Zeitlang wieder etwas zu (»Ich eß jetzt fast normal. Aber Spaghettis eben nicht...«, 125), bevor sie in Venedig, diesmal aus Eifersucht und diesmal erfolgreich, Selbstmord begeht.

Die motivierende und motorische Energie der *dropping-out*-Fahrten entspringt aus der Repulsionskraft der Normalität. In dem Kapitel »Ein normaler Tag für BETTINA« (97f.) wird die Langeweile als Essenz der Normalität bestimmt:

Was machen die anderen Menschen? Speziell schwierig wird es bei Paaren. Manchmal war ich ein Paar und die Frage, was macht ein Paar dann so zusammen, finde ich noch schwieriger. Ein Paar kann zusammen essen gehen. Ins Kino gehen, Geschlechtsverkehr haben, Freunde besuchen, um mit denen auch was zu essen oder ins Kino gehen. Geschlechtsverkehr seltener. Irgendwann läuft es immer drauf raus, daß ein Paar zusammen im Bett liegt und fernsieht. Als Paar ist man noch ungnädiger der Langeweile gegenüber. Kann sich einreden, die Langeweile strömt vom Paarpartner

ab. Alleine täte man sich nie langweilen. Das sagen auch die meisten Halbgebildeten: Ich langweile mich nie, sagen sie, außer mit anderen Menschen. Die richtig Schlauen haben erkannt, daß Langeweile der Normalzustand des nicht schwer arbeitenden Menschen ist. (98)

Als Quintessenz der normalen Langeweile zuhause fungiert demnach das Fernsehen, also das subjektiv desinvestierte *fun-and-thrill*-Band. Diese Langeweile der Normalität veranlaßt alle Figuren, aus ihren normalen Wohnungen, Berufen, Ehen, Familien usw. in normalen deutschen Städten zu fliehen und anderswo – meistens in *drop-out*-Zonen am Mittelmeer, teils aber auch in Kalifornien oder sogar in der marokkanischen Wüste – etwas Nichtnormales zu suchen, von dem unterstellt wird, es werde nicht langweilig sein, also den *thrill* der Supernormalität. Das entspricht genau meiner Definition der »(nicht) normalen Fahrten«: Ausgangspunkt in der Normalität mit folgender schrittweiser De-viation, Denormalisierung. Die entsprechenden Kapitel lauten bei Sibylle Berg: »TOM geht weg« – »NORA ist weggefahren« – »BETTINA fährt Taxi« (und zwar zum Flughafen) – »NORA ist unterwegs« – »TOM fährt mal los« – »KARL geht los« – »HELGE fährt weg« – »TOM fährt nach Barcelona« – »PIT sieht Amerika« – »BETTINA und ihr Bekannter sind nach Marrakesch gefahren« – »PAUL (who's the fucking Paul?) fährt nach Marrakesch« – »PAUL und der Mann fahren in die Wüste«. Entsprechend meiner Definition sind es moderne Techno-Vehikel, Flugzeuge und Autos, vor allem Autos, die den Figuren als Vehikel ihrer Fluchten aus der Normalität dienen. Bei den trampenden Jugendlichen ohne Geld sind es in der Regel LKWs. So generiert das Auto als Binäropposition zum Fernsehen ebenfalls eine Reihe von Kapiteln: »BETTINA fährt Taxi« – »VERA fährt Auto« – »NORA fährt Auto« – »BETTINA fährt Auto«. Gleich im ersten Kapitel wird die Autofahrt auch ganz explizit als Modell des normalistischen Lebens identifiziert:

Das Leben ist wie Auto fahren, seit Veras 30. Geburtstag. Eine Fahrt, so eine Straße lang, am Ende eine Mauer zu sehen, auf die das Auto auftreffen wird. Und links und rechts nur bekannte Gebiete. Das Auto fährt immer schneller, seit Vera 30 wurde. Warum anhalten. Geht nicht. Aussteigen, um zu laufen, warum? (7)

Entsprechend diesem Programm kulminieren alle Autofahrten des Romans im vorletzten Kapitel »BETTINA und TOM sehen einen Laster«: Die Situation ist die, daß zwischen der anorektischen Nora und dem sympathischen Tom endlich eine richtige Liebe in Gang gekommen zu sein scheint, als Bettina dazwischen kommt und versucht, der Nora den Tom auszuspannen – mit keineswegs durchschlagendem, aber immerhin scheinbarem Anfangserfolg. Während sich Nora daraufhin bereits umgebracht hat, möchte Tom plötzlich zu ihr zurückkehren, und zwar mit Bettina, mit der er in einem Hotelbett aufgewacht ist:

Tom fuhr ganz schnell. Es war stockfinster, und Tom fuhr so schnell, daß Bettina ein bißchen Angst bekam. Endlich waren sie von dieser engen Serpentinenstraße weg auf der Autobahn. Tom fuhr noch schneller, aber die Autobahn war leer. Bettina dachte darüber nach, warum kein Mann sie wollte. Und ob sie vielleicht häßlich war. Und dann dachte sie wieder, daß es vielleicht besser wäre, nur noch Karriere zu machen. Tom fuhr schnell auf der leeren Autobahn. Ob er jetzt sein Glück gefunden hat, mit diesem kleinen, dünnen Mädchen, fragte sich Bettina [...].

Und Tom raste durch die Nacht. Er war aufgeregt und freute sich auf Nora [...]. Und dann bog er um so eine Kurve und sah einen riesigen Laster auf seiner Spur. Der fuhr langsam. Der fuhr gar nicht. Der lag da und brannte, als ob er noch nie etwas anderes gemacht hätte. Und das merkte Tom, aber er merkte es irgendwie echt zu spät. (178f.)

Das sind zwei von den 5 Toden in und bei Venedig und zwar die zwei, die dem Idealtyp der (nicht) normalen Fahrt am komplettesten entsprechen: Autounfall, modellsymbolisch gekoppelt mit dem dazu parallelen Auffahrunfall der normalen Beziehungs-»Kiste« (Auto gleich Kiste).

Wie bereits dieses kurze Resümee zeigt, hat Sibylle Berg Curricula miteinander kombiniert, von denen jedes zu dem Skript eines einzelnen Films oder eines TV-Serien-Glieds ausgearbeitet werden könnte. Denn in jedem geht es um die Engführung zwischen *dropping-out*-Fahrt und ambivalenter Annäherung an beide Normalitätsgrenzen (die obere des *thrill* und die untere des *Absturzes*). Sämtliche exemplarischen normalistischen Paradigmen wie Sex, Kriminalität, Wahnsinn, Suizid, Süchte und Behinderung spielen auch bei Sibylle Berg ihre Rolle: außer der bereits erwähnten Anorexie die Homosexualität, der Sadomasochismus, der Satanismus, die Droge und der Alkohol. Es handelt sich demnach um die Simulation von normalen Segmenten des *fun-and-thrill*-Bandes, wobei die Verfremdung in der Multiplikation auf engstem Raum besteht (die symptomatischerweise eine Verfilmung nahezu unmöglich macht). Dadurch gelingt es, die normalistische Massenhaftigkeit zu evozieren, was *fun* und *thrill* zerstört. Die Syntax folgt dem Prinzip der enklitischen Verkettung elliptischer Sätze, das in der Populärliteratur herrscht und das man als syntaktisches Äquivalent des Basso continuo sincopato auffassen kann. Insgesamt entsteht ein ›zynisch-makabrer‹ Ton, der jedoch weder verzweifelt-zynisch wie bei Céline noch aggressiv-ironisch ist.

Natürlich wäre es vollständig verfehlt, dieser Schreibweise vorzuwerfen, ihre »Charaktere« seien nicht genügend realistisch, insbesondere psychologisch und soziologisch profiliert: Diese Figuren sind keine »Charaktere«, sondern experimentelle Konstrukte von Normal-Monaden, eben *Kügelchen* im Galton-Sieb, bei denen nicht die einzelnen *Kügelchen* als Singularitäten, sondern ihre wahrscheinlichen oder unwahrscheinlichen *trajectories* und insbesondere glücklichen Zufälle oder unglücklichen Unfälle interessieren. Wie bei einem Computerspiel geht es darum, den höchst wahrscheinlichen

Unfalltod auf geschickte und spannende Weise herauszuzögern. Wir haben es demnach mit einer besonderen Spielart von »experimenteller Literatur« zu tun, bei der sich das Experiment nicht auf die Sprache als Laut- und Sinnmaterial, sondern auf die Mimesis kombinierter normalistischer Curricula bezieht.

***

Abschließend soll nun noch einmal die Frage nach der Situation des Normalismus im aktualhistorischen Kontext »2001 plus x« gestellt werden. Die differenzierende und konkretisierende Arbeit der Studie erlaubt es, vage geschichtsphilosophische Perspektiven zu verlassen und mittels der gewonnenen Kategorien von der Art »Protonormalismus«, »flexibler Normalismus«, »aporetische Bifurkation«, »Normalitätsklassen«, »Galtonsieb« die Situation einzugrenzen. Wie bereits oben ausgeführt, erscheint die Option einer weitgehenden Liquidierung des Normalismus für den ›postmodernen‹ Kultur- und Gesellschaftstyp völlig ausgeschlossen.

Die Alternative kann daher nur lauten ›große Denormalisierung‹ (analog zu der Phase 1914–1945) oder ›große Normalisierung‹ durch Gewinnung eines neuen Niveaus von Normalitäten. Sicherlich handelt es sich um eine ernsthafte Krise des Normalismus, in der sich mehrere Teilkrisen addieren: Die erste Teilkrise ist eine Kopplungskrise zwischen Normalismus und Kapitalismus. Sei es daß die durch sozialstaatliche Um-Verteilung gewonnene Gaußoidkurve des Lebensstandards in den westlichen Ländern der Ersten Normalitätsklasse nur als Ver-Sicherung gegen die Systemalternative konzediert war und dann logischerweise mit dem Kollaps des Ostblocks für den Kapitalismus dysfunktional geworden wäre – sei es daß das Wachstum des Kapitals langfristig sinkt und nur durch Um-Verteilung nach *oben* erhöht werden kann – sei es schließlich daß von einem durch solche Um-Verteilung nach oben *potenzgesteigerten* Kapitalismus durch spontanes *trickling-down* in Zukunft neue Gaußoidkurven zu erhoffen sind: In jedem Falle haben wir es zu Beginn des 21. Jahrhunderts mit dem Versuch einer großen *Normalisierung nach unten* zu tun, wodurch die soziologische *Zwiebel* mehr und mehr zum *Bocksbeutel* oder zur (zweigipfligen) *Vase mit Wespentaille* wird. Beide Verteilungen sind nur schwer mit Normalität vereinbar und nur unter der Bedingung, daß ein *Riß* im graduellen Kontinuum vermieden werden kann. Jedenfalls ist der Normalismus für den Kapitalismus nicht bloß als soziale Ver-Sicherung funktional, sondern ebenso sehr als notwendiges Kopplungs-Dispositiv zwischen Kapitalismus und Industrialismus, Kapitalismus und Szientismus, Kapitalismus und Bürokratismus, Kapitalismus und Militarismus.

Eine zweite Teilkrise folgt aus dem verstärkten *Heraufdrängen* der unteren Normalitätsklassen unter den Auspizien der Globalisierung, wodurch

sich die Aporie der Grenzen zwischen den Normalitätsklassen (exemplarisch die Dramen vom Typ Mexiko/USA oder Ceuta und Mellila) zuspitzt: Sie müssen gleichzeitig offen und geschlossen sein: offen, damit das normalistische Kontinuum nicht *reißt* – geschlossen, um das *Spielfeld* der Ersten Klasse mittels *Ausklammerungen* homogen zu halten. Die verstärkte Bildung von Enklaven unterer Normalitätsklassen auf dem Territorium der Ersten gefährdet diese Homogenität und damit eine fundamentale Voraussetzung von Normalität.

Die dritte Teilkrise besteht im postmodernen/posthistorischen Problem eines *nachhaltigen Wachstums*. Demographie und Ökologie konfrontieren den Normalismus definitiv mit der Perspektive eines absehbaren Endes der *endlos wachsenden Schlange*, zumindest auf einigen wichtigen Normalfeldern.

Schließlich kommt eine vierte Teilkrise hinzu, die nur normalismustheoretisch zu begreifen ist: eine Krise der normalistischen Bifurkation zwischen Protonormalismus und flexiblem Normalismus, eine sich verstärkende *Öffnung der Schere* zwischen diesen beiden Tendenzen. Die ersten drei Teilkrisen verknappen die Ressourcen für Um-Verteilungen und Homogenisierungen erheblich, so daß die Risiken von *Rissen* im normalistischen graduierten Kontinuum anwachsen. Solche Risse aber bieten dem Protonormalismus eine Greiffläche für die Forderung nach Errichtung *harter* Normalitätsgrenzen, die wiederum *Grenzschutz*-Subjektivitäten, also protonormalistische Subjektivitäten, stimulieren. Die Verhängung des Notstands (also die Proklamierung der Nicht-Normalität und der Diskontinuität) in Einwanderer-Enklaven ist exemplarisch für solche Tendenzen. Wie in dieser Studie begründet wurde, dürfte ein Subjektivitäten-*Mix* zwischen der protonormalistischen *Grenzschutz*-Subjektivität und flexiblen Taktiken scheitern: Wer die Einwanderung bekämpft, wird tendenziell z.B. auch die Abtreibung, die gewollte Geburtenvermeidung, die Integration von Behinderten und die offenen sexuellen Beziehungen ablehnen. Diese und andere Flexibilisierungen sind jedoch in der Ersten Normalitätsklasse längst selbstverständlich geworden, so daß daraus nicht bloß folgt, daß die Moderne nicht ohne Normalismus, sondern daß sie genauer nicht ohne flexiblen Normalismus reproduktionsfähig sein wird. Daraus folgt eine präzise Alternative zwischen zwei Szenarien: In einem ersten, optimistischen Szenario gelingt eine flexible Normalisierung *nach unten* derart, daß eine neue, vielleicht sogar eine *nachhaltige* Normalität erreicht wird – in der pessimistischen Alternative mündet die Krise in eine langandauernde, chronische Denormalisierung in struktureller Analogie zur Phase 1914–1945 (wenn auch natürlich mit ganz anderen, neuen Erscheinungsformen an der konkreten historischen *Oberfläche*). Beide Szenarien fordern gebieterisch eine systematische Normalismustheorie.

Literatur

Bibliographien, Lexikonartikel, Kritiken

Balke, Friedrich, »Die neue Unübersichtlichkeit ist ziemlich alt. Jürgen Links ›Versuch über den Normalismus‹, in: *Merkur*, Deutsche Zeitschrift für europäisches Denken, I/1998, 65–69.

Link, Jürgen, »Normalismus. Konturen eines Konzepts«, in: *kultuRRevolution. zeitschrift für angewandte diskurstheorie* 26/1991, 25–29.

Link, Jürgen / Parr, Rolf / Thiele, Matthias, *Was ist normal?* Eine Bibliographie der Dokumente und Forschungsliteratur seit 1945, Oberhausen 1999.

Link, Jürgen, »Normal/Normalität/Normalismus«, in: Karlheinz Barck u.a. (Hgg.), *Ästhetische Grundbegriffe*, Bd. 4 Stuttgart/Weimar 2002, 538–562.

Parr, Rolf / Thiele Matthias, *Link(s)*. Eine Bibliographie zu den Konzepten ›Interdiskurs‹, ›Kollektivsymbolik‹ und ›Normalismus‹ sowie einigen weiteren Fluchtlinien, Heidelberg 2005.

Ritter, Henning, »Normal/Normalität«, in: *Historisches Wörterbuch der Philosophie*, Bd. 6, Basel 1984.

Schildmann, Ulrike, »Normalisierung«, in: Bundschuh u.a. (Hgg.), *Wörterbuch der Heilpädagogik*, Bad Heilbrunn 1999, 214–216.

Waldschmidt, Anne, »Normalität – ein Grundbegriff in der Soziologie der Behinderung«, in: Rudolf Forster (Hg.), *Soziologie im Kontext von Behinderung: Theoriebildung, Theorieansätze und singuläre Phänomene*, Bad Heilbrunn 2004, 142–157.

—, »Normalität«, in: Bröckling, Ulrich / Krasmann, Susanne / Lemke, Thomas (Hgg.), Glossar der Gegenwart, Frankfurt/Main 2004, 190–196.

Winkler, Hartmut, »Normalisierung«, in: ders., *Diskursökonomie*. Versuch über die innere Ökonomie der Medien, Frankfurt/Main 2004, 183–197.

Zima, Peter V., «Ideologische Verdinglichung und ›Normalisierung‹ des Subjekts: Von Foucault und Althusser zum Normalismus«, in: ders., *Theorie des Subjekts*. Subjektivität und Identität zwischen Moderne und Postmoderne, Tübingen/Basel 2000, 237–254.

Normalismusforschung

Beyer, Christof, *Der Erfurter Amoklauf in der Presse*. Unerklärlichkeit und die Macht der Erklärung: Eine Diskursanalyse anhand zweier ausgewählter Beispiele, Hamburg 2004.

Bublitz, Hannelore, *In der Zerstreuung organisiert*. Paradoxien und Phantasmen der Massenkultur, Bielefeld 2005.

Gerhard, Ute / Link, Jürgen / Schulte-Holtey, Ernst (Hgg.), *Infografiken, Medien, Normalisierung*. Zur Kartografie politisch-sozialer Landschaften, Heidelberg 2001.

Gerhard, Ute / Grünzweig, Walter / Link, Jürgen / Parr, Rolf (Hgg.), *(Nicht) normale Fahrten*. Faszinationen eines modernen Narrationstyps, Heidelberg 2003.

Lingenauber, Sabine, *Integration, Normalität und Behinderung*. Eine normalismustheoretische Analyse der Werke (1970–2000) von Hans Eberwein und Georg Feuser, Opladen 2003.

Link, Jürgen / Loer, Thomas / Neuendorff, Hertmut (Hgg.), *›Normalität‹ im Diskursnetz soziologischer Begriffe*, Heidelberg 2003.

Link, Jürgen, »Von Karl Kraus zu Rainald Goetz: Zwei Stadien der Medienkritik – zwei Stadien des Normalismus?« in: Balke, Friedrich / Wagner, Benno (Hgg.), *Vom Nutzen und Nachteil historischer Vergleiche.* Der Fall Bonn-Weimar, Frankfurt/Main, New York 1997, 235–255.

—, »Von der ›Macht der Norm‹ zum ›flexiblen Normalismus‹: Überlegungen nach Foucault«, in: Joseph Jurt (Hg.), *Zeitgenössische französische Denker: Eine Bilanz*, Freiburg i.Br. 1998, 251–268.

—, »Wie das Kügelchen fällt und das Auto rollt. Zum Anteil des Normalismus an der Identitätsproblematik in der Moderne«, in: Willems, Herbert / Hahn, Alois (Hgg.), *Identität und Moderne*, Frankfurt/Main 1999, 164–179.

—, »Zum Anteil des Normalismus an Moderne und Postmoderne«, in: Borsò, Vittoria / Goldammer, Björn (Hgg.), *Moderne(n) der Jahrhundertwenden*, Baden-Baden 2000, 194–205.

—, »Das normalistische Subjekt und seine Kurven: Zur symbolischen Visualisierung orientierender Daten«, in: David Gugerli / Barbara Orland (Hgg.), *Ganz normale Bilder.* Historische Beiträge zur visuellen Herstellung von Selbstverständlichkeiten, Zürich 2002, 107–128.

—, »Nation, Nationalismus und Normalität: Aspekte eines aktuellen semantischen Spannungsfeldes aus interdiskursanalytischer Sicht«, in: Georg Bollenbeck / Werner Köster (Hgg.), *Kulturelle Enteignung – Die Moderne als Bedrohung.* Kulturelle Moderne und bildungsbürgerliche Semantik I, Wiesbaden 2003, 36–50.

—, »Normativität versus Normalität: Kulturelle Aspekte des guten Gewissens im Streit um die Gentechnik«, in: Martin Stingelin (Hg.), *Biopolitik und Rassismus*, Frankfurt/Main 2003, 184–205.

—, »›Irgendwo stößt die flexibelste Integration schleißlich an eine Grenze‹ – Behinderung zwischen Normativität und Normalität«, in: Sigrid Graumann u.a. (Hgg.), *Ethik und Behinderung.* Ein Perspektivenwechsel, Frankfurt/Main, New York 2004, 130–139.

—, »Banale Lebenskurven in banaler Sprache, am Rande des Absturzes: Zum Anteil des Normalismus an der Postmoderne«, in: Reinhard Kacianka / Peter V. Zima (Hgg.), *Krise und Kritik der Sprache.* Literatur zwischen Spätmoderne und Postmoderne, Tübingen/Basel 2004, 269–284.

—, »Denormalisierung als Grenzsituation. Oder über den Anteil des Normalismus am Existenzialismus«, in: Gustav Frank / Wolfgang Lukas (Hgg.), *Norm – Grenze – Abweichung.* Kultursemiotische Studien zu Literatur, Medien und Wirtschaft. Michael Titzmann zum 60. Geburtstag, Passau 2004, 265–282.

—, »›Normalisierungsgesellschaft‹? ›Kontrollgesellschaft‹? ›Flexibler Normalismus‹. Über einige aktuelle Gesellschaftskonzepte, mit einem Blick auf die ›Reformen‹«, in: *kultuRRevolution. zeitschrift für angewandte diskurstheorie*, Heft 49 (Juli 2005), 4–10.

—, »Basso continuo sincopato. Stau und Beschleunigung im normalistischen Fun-und-Thrill-Band", in: Primavesi, Patrick / Mahrenholz, Simone (Hgg.), *Geteilte Zeit.* Zur Kritik des Rhythmus in den Künsten, Schliengen 2005, 115–125.

Manske, Ariane, *Political Correctness und Normalität.* Die amerikanische PC-Kontroverse im kulturgeschichtlichen Kontext, Heidelberg 2002.

Nam, Un, *Normalismus und Postmoderne.* Diskursanalyse der Gesellschafts- und Geschichtsauffassung in den Gedichten Hans Magnus Enzensbergers, Frankfurt/Main 1995.

Nothardt, Benno, »Ally McBeal: Flexibler Normalismus verfilmt«, in: *kultuRRevolution. zeitschrift für angewandte diskurstheorie*, Heft 48 (2004), 59–64.

Parr, Rolf, »Krankenhausserien. Leben und Sterben in Kurvenlandschaften«, in: *Der Deutschunterricht*, LIII. Jg. H. 3, 2001, 42–54.

—, »Literatur als literarisches (Medien-)Leben. Biografisches Erzählen in der neuen deutschen ›Pop‹-Literatur«, in: Clemens Kammler / Thorsten Pflugmacher (Hgg.), *Deutschsprachige Gegenwartsliteratur seit 1989.* Zwischenbilanzen – Analysen – Vermittlungsperspektiven, Heidelberg 2004, 183–200.

Parr, Rolf / Thiele, Matthias (Hgg.), *Gottschalk, Kerner & Co.* Funktionen der Telefigur ›Spielleiter‹ zwischen Exzeptionalität und Normalität, Frankfurt/Main 2001.

Schilcher, Anita, *Geschlechtsrollen, Familie, Freundschaft und Liebe in der Kinderliteratur der 90er Jahre.* Studien zum Verhältnis von Normativität und Normalität im Kinderbuch und zur Methodik der Werteerziehung, Frankfurt/Main u.a. 2001.

Schildmann, Ulrike, *Normalität, Behinderung und Geschlecht.* Ansätze und Perspektiven der Forschung, Opladen 2001.

—, *Normalismusforschung über Behinderung und Geschlecht.* Eine empirische Untersuchung der Werke von Barbara Rohr und Annedore Prengel, Opladen 2004.

Sohn, Werner / Mehrtens, Herbert (Hgg.), *Normalität und Abweichung.* Studien zur Theorie und Geschichte der Normalisierungsgesellschaft, Opladen/Wiesbaden 1999.

Thiele, Matthias, *Flucht, Asyl und Einwanderung im Fernsehen*, Konstanz 2005.

—, »Ereignis und Normalität. Zur normalistischen Logik medialer und diskursiver Ereignisproduktion im Fernsehen«, in: Lorenz Engell / Oliver Fehle (Hgg.), *Die Philosophie des Fernsehens,* München 2005, 121–136.

Waldschmidt, Anne, »Flexible Normalisierung oder stabile Ausgrenzung: Veränderungen im Verhältnis Behinderung und Normalität«, in: *Soziale Probleme*, 9. Jgg., Heft 1 (1998), 3–25.

—, »Normalität, Genetik, Risiko: Pränataldiagnostik als ›government by security‹, in: Bergermann, Ulrike u.a. (Hgg.), *Techniken der Reproduktion.* Medien, Diskurse, Königstein 2002, 131–144.

—, »Ist Behindertsein normal? Behinderung als flexibel-normalistisches Dispositiv«, in: Günther Cloerkes (Hg.), *Wie man behindert wird.* Texte zur Konstruktion einer sozialen Rolle und zur Lebenssituation betroffener Menschen. Materialien zur Soziologie der Behinderten, Heidelberg 2003, 83–101.

—, »Normierung und Normalisierung: Behinderte Frauen, der Wille zum ›Normkind‹ und die Debatte um die Pränataldiagnostik«, in: Sigrid Graumann / Ingrid Schneider (Hgg.), *Verkörperte Technik – Entkörperte Frau.* Biopolitik und Geschlecht, Frankfurt/Main, New York 2003, 95–109.

—, »Risiken, Zahlen, Landschaften: Pränataldiagnostik in der flexiblen Normalisierungsgesellschaft«, in: Petra Lutz u.a. (Hgg.), *Der (im-)perfekte Mensch.* Metamorphosen von Normalität und Abweichung, Köln/Weimar 2003, 94–107.

—, »Behinderte Menschen zwischen Normierung und Normalisierung«, in: dies. (Hg.), *Kulturwissenschaftliche Perspektiven der Disability Studies.* Tagungsdokumentation, Kassel 2003, 129–137.

Weinmann, Ute, *Normalität und Behindertenpädag*ogik. Historisch und normalismustheoretisch rekonstruiert am Beispiel repräsentativer Werke von Jan Daniel Georgens, Heinrich Marianus Deinhardt, Heinrich Hanselmann, Linus Bopp und Karl Heinrichs, Opladen 2003.

Literatur zur Studie

Anz, Thomas, *Gesund oder krank?* Medizin, Moral und Ästhetik in der deutschen Gegenwartsliteratur, Stuttgart 1989.

—, »›Gesund‹ und ›krank‹. Kriterien der Kritik im Kampf gegen die literarische Moderne um 1900«, in: Walter Haug / Winfried Barner (Hgg.), *Ethische contra ästhetische Legitimation von Literatur – Traditionalismus und Modernismus: Kontroverse um den Avantgardismus*, Tübingen 1986.

Arntzen, Helmut, *Ursprung der Gegenwart.* Zur Bewußtseinsgeschichte der dreißiger Jahre in Deutschland, Weinheim 1995.

Ayaß, Wolfgang, *»Asoziale« im Nationalsozialismus,* Stuttgart 1995.

Balibar, Étienne u.a. (Hgg.), *Georges Canguilhem.* Philosophe, historien des sciences. Actes du colloque de déc. 1990, Paris 1993.

Balke, Friedrich, »Beschleuniger, Aufhalter, Normalisierer. Drei Figuren der politischen Theorie Carl Schmitts«, in: ders. / Eric Méchoulan / Benno Wagner (Hgg.), *Zeit des Ereignisses – Ende der Geschichte?* München 1992, 209–232.
—, *Der Staat nach seinem Ende.* Die Versuchung von Carl Schmitt, München 1996.
Balke, Friedrich / Wagner, Benno (Hgg.), *Weimar und Normalitätskultur*, Frankfurt/Main 1996.
Barnes, David S., *The Making of a Social Disease.* Tuberculosis in Nineteenth-Century France, Berkeley u.a. 1996.
Baudrillard, Jean, *L'échange symbolique et la mort*, Paris 1976.
—, *L'illusion de la fin ou La grève des événements*, Paris 1992.
—, *La transparence du mal.* Essai sur les phénomènes extrêmes, Paris 1990.
Beck, Iris u.a. (Hgg.), *Normalisierung.* Behindertenpädagogische und sozialpolitische Perspektiven eines Reformkonzeptes, Heidelberg 1996.
Beck, Ulrich, *Gegengifte.* Die organisierte Unverantwortlichkeit, Frankfurt/Main 1988.
—, *Risikogesellschaft.* Auf dem Weg in eine andere Moderne, Frankfurt/Main 1986.
Beck, Ulrich / Beck-Gernsheim, Elisabeth, *Das ganz normale Chaos der Liebe*, Frankfurt/Main 1990.
— (Hgg.), *Riskante Freiheiten.* Individualisierung in modernen Gesellschaften, Frankfurt/Main 1994.
Beck-Gernsheim, Elisabeth, *Was kommt nach der Familie?* Einblicke in neue Lebensformen, München 1998.
Becker, Frank, *Amerikanismus in Weimar.* Sportsymbole und politische Kultur 1918–1933, Wiesbaden 1993 (166ff.: »Normalität als Maßstab«).
Becker, Frank / Gerhard, Ute / Link, Jürgen, »Moderne Kollektivsymbolik. Forschungsbericht Teil II«, in: *IASL* 1996.
Becker, Howard S., *Außenseiter.* Zur Soziologie abweichenden Verhaltens, Frankfurt/Main 1973.
Bennholdt-Thomsen, Anke / Guzzoni, Alfredo, *Der »Asoziale« in der Literatur um 1800*, Königstein/Ts. 1979.
Besnard, Philippe, *L'anomie, ses usages et ses fonctions dans la discussion sociologique depuis Durkheim*, Paris 1987.
Besters, Hans / Gangler, Eduard (Hgg.), *Auflösung des Normalitätsverhältnisses?* Baden-Baden 1988.
Bidet, Jacques / Texier, Jacques (Hgg.), *Théorie de la régulation – Théorie des conventions* (= Actuel Marx 17), Paris 1995.
Blacker, C.P., *Eugenics.* Galton and after, London 1952.
Bouveresse, Jacques, *L'homme probable.* Robert Musil, le hasard, la moyenne et l'escargot de l'histoire, Combas 1993.
Brandtstädter, Jochen, »Entwicklung im Lebensablauf. Ansätze und Probleme der Lebensspannen-Entwicklungspsychologie«, in: Mayer, Karl U. (Hg.), *Lebensverläufe und sozialer Wandel* (= Sonderheft Kölner Zs. f. Soziologie u. Sozialpsychol.) 1990, 322–350 (Kategorien »Entwicklungsstreß« und »Testing the Limits«).
Bröckling, Ulrich, *Disziplin.* Soziologie und Geschichte militärischer Gehorsamsproduktion, München 1997.
Bröckling, Ulrich / Krasmann, Susanne / Lemke, Thomas (Hgg.), *Gouvernementalität der Gegenwart.* Studien zur Ökonomisierung des Sozialen, Frankfurt/Main 2000.
Bröckling, Ulrich u.a. (Hgg.), *Disziplinen des Lebens.* Zwischen Anthropologie, Literatur und Politik, Tübingen 2004.
Brose, Hanns-Georg, »Berufsbiographien im Umbruch. Erwerbsverlauf und Lebensführung von Zeitarbeitnehmern«, in: Mayer, Karl U. (Hg.), *Lebensverläufe und sozialer Wandel* (= Sonderheft 31 Kölner Zs. f. Soziologie u. Sozialpsych.) 1990, 179–211 (Kategorien »Normallebenslauf«, »Normalarbeitsverhältnis« usw.).
Bühl, Walter, *Sozialer Wandel im Ungleichgewicht.* Zyklen, Fluktuationen, Katastrophen, Stuttgart 1990.

Canguilhem, Georges »Le normal et le pathologique«, in: *La connaissance de la vie*, 2. Aufl. Paris 1992 (1985), 155–169.

—, *Études d'histoire et de philosophie des sciences*, 5. Aufl. Paris 1989.

—, *Idéologie et rationalité dans l'histoire des sciences de la vie*, 2. Aufl. Paris 1988.

—, *La connaissance de la vie*, 2. Aufl. Paris 1992.

—, *Le normal et le pathologique* (= *NP*), Paris 1966.

Cannon, Walter B., «Organization of Physiological Homeostasis", in: *Physiological Reviews* 9/1929, 399–431.

—, *The Wisdom of the Body*, New York 1939.

—, *Der Weg eines Forschers*. Erlebnisse und Erfahrungen eines Mediziners, München 1945.

Castel, Robert, *L'ordre psychiatrique*. L'âge d'or de l'aliénisme (= *OP*), Paris 1976.

—, *La gestion des risques*. De l'anti-psychiatrie à l'après-psychanalyse (= *GR*), Paris 1981.

—, *Le psychanalysme* (= *PS*), Paris 1973.

—, *Les métamorphoses de la question sociale*. Une chronique du salariat, Paris 1995 (u.a. zum Problem der wechselnden »Toleranzschwelle« gegenüber einer Population von »Überzähligen« und zu dem der »überzähligen Normalen«: 412ff.).

Castel, Robert / Castel, Françoise / Lovell, Anne, *La société psychiatrique avancée*. Le modèle américain (= *SPA)*, Paris 1979.

Chesser, Eustace, *Glück und Gefahr der Liebe*. Die Formen des sexuellen Verhaltens (engl. Sexual Behaviour, normal and abnormal), Stuttgart 1951.

Cierpka, M. / Nordmann, E. (Hgg.), *Wie normal ist die Normalfamilie?* Berlin u.a. 1988.

Colombel, Jeannette, *Michel Foucault*. La clarté de la mort, Paris 1994.

Cooper, David, *Die Sprache der Verrücktheit*. Erkundungen im Hinterland der Revolution, dt. Berlin 1978.

Dagognet, François, *Georges Canguilhem*. Philosophie de la vie, Le Plessis-Robinson, 1997.

Dahrendorf, Ralf, *Der moderne soziale Konflikt*, Stuttgart 1992.

Debru, Claude, »Georges Canguilhem et la normativité du pathologique«, in: Balibar u.a. (Hgg.), *Georges Canguilhem*. Philosophe, historien des sciences, Paris 1993, 110–120.

De Marinis, Pablo, *Überwachen und Ausschließen*. Machtinterventionen in urbanen Räumen der Kontrollgesellschaft, Pfaffenweiler 2000.

Devereux, Georges, *Normal und anormal*. Aufsätze zur allgemeinen Ethnopsychiatrie, Frankfurt/Main 1982 (frz. 1970).

Didi-Hubermann, Georges, *Invention de l'hystérie*. Charcot et l'Iconographie photographique de la Salpêtrière, Paris 1982.

Donzelot, Jacques, *La police des familles*, dt. Die Ordnung der Familie. Paris 1977.

Dörner, Klaus, *Bürger und Irre*. Zur Sozialgeschichte und Wissenschaftssoziologie der Psychiatrie, Frankfurt/Main 1969.

Drews, Axel / Gerhard, Ute / Link, Jürgen: »Moderne Kollektivsymbolik. Eine diskurstheoretisch orientierte Einführung mit Auswahlbibliographie«, in: *IASL*, 1. Sonderheft Forschungsreferate 1985, 256–375.

Dreyfus, Hubert L. / Rabinow, Paul, *Michel Foucault*. Jenseits von Strukturalismus und Hermeneutik, dt. 2. Aufl. Weinheim 1994.

Dupâquier, Jacques, *L'invention de la table de mortalité*, Paris 1996.

Ehrenberg, Alain, *L'individu incertain*, Paris 1995.

—, *Le culte de la performance*, Paris 1991.

—, *La Fatigue d'être soi. Dépression et société*, Paris 2000.

Enzensberger, Hans Magnus, *Aussichten auf den Bürgerkrieg*, Frankfurt/Main 1993.

—, *Die Große Wanderung*, Frankfurt/Main 1992.

—, *Mittelmaß und Wahn*, Frankfurt/Main 1988.

—, *Politische Brosamen (=PB)*, Frankfurt/Main 1982.

Eribon, Didier, *Michel Foucault*, Paris 1991.

Evers, Adalbert / Nowotny, Helga, *Über den Umgang mit Unsicherheit*. Die Entdeckung der Gestaltbarkeit von Gesellschaft, Frankfurt/Main 1987.

Ewald, François, *Der Vorsorgestaat*, dt. Frankfurt/Main 1993, frz. *L'État-providence*, Paris 1986.
Faye, Jean-Pierre, *Totalitäre Sprachen*. Kritik der narrativen Vernunft. Kritik der narrativen Ökonomie, dt. 2 Bde. Frankfurt/Main u.a. 1977 (Bd. 2, 511ff. zum »Parteienhufeisen«: Links-Rechts-Topik).
Foucault, Michel, *Die Ordnung der Dinge*. Eine Archäologie der Humanwissenschaften, Frankfurt/Main 1974, frz. *Les mots et les choses*, Paris 1966.
—, *Sexualität und Wahrheit*. Der Wille zum Wissen, dt. Frankfurt/Main 1977; frz. *La volonté de savoir*, Paris 1976.
—, *Überwachen und Strafen*. Die Geburt des Gefängnisses, dt. Frankfurt/Main 1976; frz. *Surveiller et punir*. Naissance de la prison, Paris 1975.
—, *Wahnsinn und Gesellschaft*. Eine Geschichte des Wahns im Zeitalter der Vernunft, Frankfurt/Main 1973, frz. *Histoire de la folie à l'âge classique*, 2. Aufl. Paris 1972 (1961).
—, *Les anormaux*. Cours au Collège de France. 1974–1975, Paris 1999.
—, *» Il faut défendre la société «*. Cours au Collège de France. 1976, Paris 1997.
—, (Beiträge zur Normalität in:) *Dits et écrits*, 4 Bde. Paris 1994: »En guise de conclusion«, Bd. 2, 416–419; »La vérité et les formes juridiques«, Bd. 2, 538–646; »Les anormaux«, Bd. 2, 822–828; »La politique de la santé au XVIIIe siècle«, Bd. 3, 13–27; »Crise de la médecine ou crise de l'antimédecine?« Bd. 3, 40–58; »Cours du 14 janvier 1976«, Bd. 3, 175–189 (»société de normalisation«); »La naissance de la médecine sociale«, Bd. 3, 207–228 (hygienische »Normalisierung«); »Le pouvoir, une bête magnifique«, Bd. 3, 368–382; »L'évolution de la notion d''individu dangereux' dans la psychiatrie légale du XIXe siècle«, Bd. 3, 443–464; »La folie et la société«, Bd. 3, 477–499; »La ›gouvernementalité‹«, Bd. 3, 635–657 (demographische Statistik); »La poussière et le nuage«, Bd. 4, 10–19; »Les mailles du pouvoir«, Bd. 4, 182–201 (Demographie, Hygiene); »Un système fini face à une demande infinie«, Bd. 4, 367–383 (»normale« Versicherungsleistungen).
Franke, Berthold, *Die Kleinbürger*. Begriff, Ideologie, Politik, Frankfurt/Main u. New York 1988 (darin: »Zur Kultur der Normalität«, 214ff.).
Fritsch, Philippe (Hg.), *L'activité sociale normative*. Esquisses sociologiques sur la production sociale des normes, Paris (CNRS) 1992.
Garrett, Henry E., *Great Experiments in Psychology*, 3. Aufl. London 1959.
Gauchet, Marcel, »La Droite et la Gauche«, in: Pierre Nora (Hg.), *Les lieux de mémoire*, Bd. 3.1. (Les France. Conflits et partages) Paris 1992, 394–467.
Gerhard, Ute, *Nomadische Bewegungen und die Symbolik der Krise*. Flucht und Wanderung in der Weimarer Republik, Opladen/Wiesbaden 1998.
Glunk, Fritz R., *Der gemittelte Deutsche*. Eine statistische Spurensuche. Mit Tabellen und zahlreichen Graphiken, München 1996.
Goffman, Erving, *Asyle*. Über die soziale Situation psychiatrischer Patienten und anderer Insassen, Frankfurt/Main 1973 (engl. 1961).
—, *Stigma*. Über Techniken der Bewältigung beschädigter Identität, dt. 4. Aufl. Frankfurt/Main 1980 (1967).
Gouhier, Henri, *La vie d'Auguste Comte*, 2. Aufl. Paris 1965.
Gould, Stephen J., *Der falsch vermessene Mensch*, dt. Basel u.a. 1983 (1981).
—, *Ever Since Darwin*. Reflections in Natural History, New York/London 1977.
—, *Ontogeny and Phylogeny*, Cambridge (Mass.)/London 1977.
Grathoff, Richard, »Über Typik und Normalität im alltäglichen Milieu«, in: ders. / Sprondel, Walter M. (Hgg.), *Alfred Schütz und die Idee des Alltags in den Sozialwissenschaften*, Stuttgart 1979, 89–107.
Gruen, Arno, *Der Wahnsinn der Normalität*. Realismus als Krankheit. Eine grundlegende Theorie zur menschlichen Destruktivität, München 1987.
Guillaume, Marc, *Éloge du désordre*, Paris 1978.
Hacking, Ian, »The Making and Molding of Child Abuse«, in: *Critical Inquiry*, Winter 1991, 253–288 (mit einem konzentrierten Schluß über »Normalcy«: 285ff.).
—, *The Emergence of Probability*, New York u.a. 1975.

—, *The Taming of Chance*, Cambridge u.a. 1990.

Haferkamp, Hans, *Kriminalität ist normal*. Zur gesellschaftlichen Produktion abweichenden Handelns, Stuttgart 1972.

Harrington, Anne, *Medecine, Mind, and the Double Brain*. A Study in 19th Century Thought, Princeton 1987.

Haug, Wolfgang Fritz, *Die Faschisierung des bürgerlichen Subjekts*. Die Ideologie der gesunden Normalität und die Ausrottungspolitiken im deutschen Faschismus: Materialanalysen, Berlin 1986.

Herlth, Alois u.a. (Hgg.), *Abschied von der Normalfamilie?* Partnerschaft kontra Elternschaft, Berlin 1991.

Herrnstein, Richard J. / Murray, Charles, *The Bell Curve*. Intelligence and Class Structure in American Life, New York u.a. 1994.

Hess, Volker, *Der wohltemperierte Mensch*. Wissenschaft und Alltag des Fiebermessens (1850–1900), Frankfurt/Main, New York 2000.

Hoffmann-Nowotny, Hans-Joachim, *Migration*. Ein Beitrag zu einer soziologischen Erklärung, Stuttgart 1970 (Kategorien »Anomie« und »Normalität«).

—, *Soziologie des Fremdarbeiterproblems*. Eine theoretische und empirische Analyse am Beispiel der Schweiz, Stuttgart 1973 (Kategorie »Anomie«).

Honegger, Claudia, *Die Ordnung der Geschlechter*. Die Wissenschaften vom Menschen und das Weib 1750–1850, Frankfurt/Main u. New York 1991.

Hovestadt, Gertrud, *Schade, daß so wenig Frauen da sind*. Normalitätskonstruktion der Geschlechter in männerdominierter Bildungsarbeit, Münster 1997.

Jansen, Sarah, *»Schädlinge«*. Geschichte eines wissenschaftlichen und politischen Konstrukts 1840–1920, Frankfurt/Main 2003

Jones, Greta, *Social Hygiene in 20th Century Britain*, London u.a. 1986.

Kalicki, Bernhard, *Lebensverläufe und Selbst*bilder. Die Normalbiographie als psychologisches Regulativ, Opladen 1996.

Kaufmann, Christine, *Normal müßte man sein*, München 1991.

Kehm, Barbara M., *Zwischen Abgrenzung und Integration*. Der gewerkschaftliche Diskurs in der Bundesrepublik Deutschland, Opladen 1991 (Diskursanalyse u.a. des kollektivsymbolischen Komplexes der »sozialen Symmetrie«).

Keupp, Heinrich, *Normalität und Abweichung*. Fortsetzung einer notwendigen Kontroverse, München u.a. 1979.

King, C. Daly, »The Meaning of Normal«, in: *Yale Journal of Biology and Medecine* Jg. 17 (1945), 493–501.

Klevenow, Annegret, »Geburtenregelung und ›Menschenökonomie‹: Die Kongresse für Sexualreform 1921 bis 1930«, in: Kaupen-Haas, Heidrun (Hg.), *Der Griff nach der Bevölkerung*. Aktualität und Kontinuität nazistischer Bevölkerungspolitik, Nördlingen 1986, 64–72.

Kohli, Martin, »Gesellschaftszeit und Lebenszeit. Der Lebenslauf im Strukturwandel der Moderne«, in: Johannes Berger (Hg.), *Die Moderne – Kontinuitäten und Zäsuren*, Göttingen 1986, 183–208 (»Normallebenslauf«).

Kolkenbrock-Netz, Jutta, »Der Mann als Statthalter des Normalen. Kriterien literarischer Zensur von der Jahrhundertwende bis zum Ersten Weltkrieg«, in: *kultuRRevolution* 9/1985, 15–21.

Kost, Franz, »Die ›Normalisierung‹ der Schule. Zur Schulhygienebewegung in der zweiten Hälfte des 19. Jahrhunderts, in: *Zeitschrift für Pädagogik* 5/1983, 769–782.

Krämer, Walter, *So lügt man mit Statistik*, Frankfurt/Main, New York 1991.

—, *Statistiken verstehen*. Eine Gebrauchsanweisung, Frankfurt/Main, New York 1992.

—, *So überzeugt man mit Statistik*, Frankfurt/Main, New York 1994.

Krohn, Wolfgang / Krücken, Georg, *Riskante Technologien: Reflexion und Regulation*. Einführung in die sozialwissenschaftliche Risikoforschung, Frankfurt/Main 1993.

Kühlewind, Georg, *Vom Normalen zum Gesunden*. Wege zur Befreiung des erkrankten Bewußtseins, Stuttgart 1983.

Kuhlmann, Carola, *Erbkrank oder erziehbar?* Jugendhilfe und Aussonderung in der Fürsorgeerziehung in Westfalen, Weinheim u. München 1989.
Kuhn, Thomas S., *Die Struktur wissenschaftlicher Revolutionen*, dt. Frankfurt/Main 1973.
Lamnek, Siegfried, *Theorien abweichenden Verhaltens*. Eine Einführung für Soziologen, Psychologen, Pädagogen, Juristen, Politologen, Kommunikationswissenschaftler und Sozialarbeiter, München 1996.
Lantz, Pierre, *L'investissement symbolique*, Paris 1996.
—, »Räumliche Orientierung und politische Ausrichtung«, dt. in: *kultuRRevolution* 26/1991, 14–18.
Lasch, Christopher, *The Culture of Narcissism*. American Life in An Age of Diminishing Expectations *(=CN)*, New York 1979.
—, *The Minimal Self*. Psychic Survival in Troubled Times *(=MS)*, New York, 1984.
—, *The True and only Heaven*. Progress and its Critics *(=TH)*, New York 1991.
Latouche, Serge, *Faut-il refuser le développement?* Essai sur l'anti-économique du tiers-monde, Paris 1986.
—, *L'occidentalisation du monde*. Essai sur la signification, la portée et les limites de l'uniformisation planétaire, Paris 1989.
—, *La planète des naufragés*. Essai sur l'après-développement, Paris 1991.
Lauru, Didier / Lévy, Robert (Hgg.), *La normalité comme symptôme*, Paris 1992.
Le Bras, Hervé, *Marianne et les lapins*. L'obsession démographique, Paris 1991.
Leibbrand, Werner / Wettley, Annemarie, *Der Wahnsinn*. Geschichte der abendländischen Psychopathologie, Freiburg i. Br./München 1961.
Lemke, Thomas, *Eine Kritik der politischen* Vernunft. Foucaults Analyse der modernen Gouvernementalität, Berlin/Hamburg 1997.
Le Rider, Jacques, *Der Fall Otto Weininger*. Wurzeln des Antifeminismus und Antisemitismus, Wien u. München 1985.
Lepenies, Wolf, »Normalität und Anormalität. Wechselwirkungen zwischen den Wissenschaften vom Leben und den Sozialwissenschaften im 19. Jahrhundert«, in: Ders.: *Das Ende der Naturgeschichte*, Frankfurt/Main 1978, 169–196.
—, *Das Ende der Naturgeschichte*. Wandel kultureller Selbstverständlichkeiten in den Wissenschaften des 18. und 19. Jahrhunderts, Frankfurt/Main 1978.
—, *Die drei Kulturen*. Soziologie zwischen Literatur und Wissenschaft, Reinbek 1988 (zuerst 1985).
Lethen, Helmut, *Verhaltenslehren der Kälte*. Lebensversuche zwischen den Kriegen, Frankfurt/Main 1994 (u.a. zum Verkehrsmotiv).
Levy, René, *Der Lebenslauf als Statusbiographie*. Die weibliche Normalbiographie in makrosoziologischer Perspektive, Stuttgart 1977.
Link, Godehard / Link, Jürgen, »Briefwechsel über symbolische und mathematische Parabeln«, in: *kultuRRevolution* 26/1991, 19–29.
Link, Jürgen, »*Die Struktur des Symbols in der Sprache des Journalismus*. Zum Verhältnis literarischer und pragmatischer Symbole, München 1978.
—, »Elementare narrative Schemata in der Boulevardpresse«, in: Rolf Kloepfer / Karl-Dietmar Möller (Hgg.), *Narrativität in den Medien*, Münster 1986, 209–230 (zu Mythen der »Normalität«).
—, »Halbrechts, Rechtsaußen oder im Abseits? Die politische Kollektivsymbolik der Bundesrepublik und die ›Republikaner‹«, in: Faber, Richard (Hg.), *Konservatismus in Geschichte und Gegenwart*, Würzburg 1991, 57–81.
—, »Links/Rechts, Mitte/Extreme – Metamorphosen einer politischen Landschaft«, in: *kultuRRevolution* 26/1991, 19–24.
—, »Literaturanalyse als Interdiskursanalyse. Am Beispiel des Ursprungs literarischer Symbolik in der Kollektivsymbolik«, in: Fohrmann, Jürgen / Müller, Harro (Hgg.), *Diskurstheorien und Literaturwissenschaft*, Frankfurt/Main 1988, 284–307.

—, »Literaturwissenschaft und Semiotik«, in: Koch, Walter A. (Hg.), *Semiotik in den Einzelwissenschaften*, Halbbd. 2 Bochum 1990, 521–564.
—, »Über ein Modell synchroner Systeme von Kollektivsymbolen sowie seine Rolle bei der Diskurs-Konstitution«, in: Link, Jürgen / Wülfing, Wulf (Hgg.), *Bewegung und Stillstand in Metaphern und Mythen*. Fallstudien zum Verhältnis von elementarem Wissen und Literatur im 19. Jahrhundert, Stuttgart 1984, 63–92.
—, »Von Karl Kraus zu Rainald Goetz: Zwei Stadien der Medienkritik – zwei Stadien des Normalismus?«, in: Balke, Friedrich / Wagner, Benno (Hgg.), Weimar und Normalitätskultur, Frankfurt 1996,
—, »Zahlen Kurven Symbole. Zum Anteil der Kollektivsymbolik an normalisierenden Zahlenspielen«, in: *kultuRRevolution* 23/1990, 3–9.
—, *Elementare Literatur und generative Diskursanalyse*, München 1983.
Link, Jürgen / Link-Heer, Ulla, »Kollektivsymbolik und Orientierungswissen. Das Beispiel des ›Technisch-Medizinischen Vehikel-Körpers‹, in: *Der Deutschunterricht*, 4/1994, 44–55.
Link, Jürgen / Parr, Rolf, »Das Kollektivsymbol ›Auto‹. Normalisierende ›Körper/Vehikel‹-Katachresen in Medien und Literatur«, in: UniReport. Berichte aus der Forschung der Universität Dortmund. Winter 1995/96, H. 22, 22–29.
Link, Jürgen / Reinecke, Siegfried »›Autofahren ist wie das Leben‹. Metamorphosen des Autosymbols in der deutschen Literatur«, in: Segeberg, Harro (Hg.), *Technik in der Literatur*, Frankfurt/Main 1987, 436–482.
Link-Heer, Ulla»›Le mal a marché trop vite‹. Fortschritts- und Dekadenzbewußtsein im Spiegel des Nervositätssyndroms«, in: Wolfgang Drost (Hg.), *Fortschrittsglaube und Dekadenzbewußtsein im Europa des 19. Jahrhunderts*, Heidelberg 1986, 45–67.
—, »Über den Anteil der Fiktionalität an der Psychopathologie des 19. Jahrhunderts«, *LiLi* 51–52 (1983), 280–302.
—, »Wird Androgynie normal? Zur Entfaltung imaginierter Geschlechtlichkeit zwischen zwei Fins de siècle«, in: *kultuRRevolution* 27/1992, 46–49.
Luhmann, Niklas, *Das Recht der Gesellschaft* (= *RG)*, Frankfurt/Main 1993.
—, *Gesellschaftsstruktur und Semantik*, 3 Bde. Frankfurt/Main 1980, 1981, 1989.
—, *Legitimation durch Verfahren*, 3. Aufl. Frankfurt/Main 1978 (= *LV*; 1. Aufl. 1969).
—, *Liebe als Passion*. Zur Codierung von Intimität (= *LP*), Frankfurt/Main 1982.
—, *Soziale Systeme*. Grundriß einer allgemeinen Theorie (= *SS*), Frankfurt/Main 1987.
—, *Soziologie des Risikos* (= *SR*), Berlin/New York 1991.
—, *Soziologische Aufklärung* (= *SA*), Bd. 1 Opladen 1970, Bd. 2 Opladen 1975, Bd. 3 Opladen 1981; Bd. 4 Opladen 1987; Bd. 5 Opladen 1990.
Lutz-Dettinger, Ursula / Lutz-Dettinger, Eugen, *Normale Entwicklung und Krankheiten bei Kindern und Jugendlichen*, Paderborn u.a. 1985.
Marcuse, Herbert, *Der eindimensionale Mensch*. Studien zur Ideologie der fortgeschrittenen Industriegesellschaft, Neuwied 1967.
Mayer, Lark U., »Lebensläufe und sozialer Wandel. Anmerkungen zu einem Forschungsprogramm«, in: ders. (Hg.), *Lebensverläufe und sozialer Wandel* (= Sonderheft 31 Kölner Zs. f. Soziologie u. Sozialpsych.) 1990, 7–21 (zur »Auflösung der Normalbiographien«).
McDougall, Joyce, *Plädoyer für eine gewisse Anormalität*, Frankfurt / Main 1989 (frz. 1978).
McKenzie, Donald, *Statistics in Britain 1865–1930*. The Social Construction of Scientific Knowledge, Edinburgh 1982.
Meadows, Donella / Meadows, Dennis et al., *The Limits to Growth*, New York 1972.
Merton, Robert King, *Social Theory and Social Structure*, Enlarged Edition, New York/London 1968 (darin Kapitel »Social Structure and Anomie«, 185ff.).
Meyer, Friederike, *Gefährliche Psyche*. Figurenpsychologie in der Erzählliteratur des Realismus, Frankfurt/Main u.a. 1992.
Mollenhauer, Klaus / Uhlendorff, Uwe, *Sozialpädagogische Diagnosen II*. Selbstdeutungen verhaltensschwieriger Jugendlicher als empirische Grundlage für Erziehungspläne, Weinheim u. München 1995.

Moser, Tilman, *Repressive Kriminalpsychiatrie*. Vom Elend einer Wissenschaft. Eine Streitschrift, Frankfurt/Main 1971.

Moulin, Anne Marie, *Le dernier langage de la Médicine*. Histoire de l'immunologie de Pasteur au Sida, Paris 1991.

Müller, Klaus, *Aber in meinem Herzen sprach eine Stimme so laut*. Homosexuelle Autobiographien und medizinische Pathographien im 19. Jahrhundert, Berlin 1991 (darin Kap. »Das Normale und das Pathologische«, 40ff.).

Müller-Hill, Benno, *Die Philosophen und das Lebendige*, Frankfurt/Main 1981.

Murard, Lion/Zylbermann, Patrick, *Le petit travailleur infatigable ou le prolétaire régénéré*. Villes-usines, habitat et intimités au 19e siècle (=*Recherches* 25, nov. 1976), Fontenay-sous-Bois 1976.

Nachtnebel, Johanna, *Normalwerte unseres Körpers*. Laborwerte richtig verstehen und interpretieren, Freiburg i. Brsg. 1992.

Niethammer, Lutz, *Posthistoire*. Ist die Geschichte zu Ende?, Reinbek 1989.

Ogien, Albert, *Sociologie de la déviance*, Paris 1995.

Parsons, Talcott, *The Social System*, London 1951 (bes. das Kapitel »Deviant Behavior and the Mechanisms of Social Control«).

Pauly, Philipp J., *Controlling Life*. Jacques Loeb and the Engeneering Ideal in Biology, Berkeley 1987.

Perrow, Charles, *Normale Katastrophen*. Die unvermeidbaren Risiken der Großtechnik, dt. Frankfurt/Main u. New York 1988 (engl. 1984).

Peukert, Detlev, *Grenzen der Sozialdisziplinierung*. Aufstieg und Krise der deutschen Jugendfürsorge von 1878 bis 1932, Köln 1986.

Pikulik, Lothar, *Romantik als Ungenügen an der Normalität*. Am Beispiel Tiecks, Hoffmanns, Eichendorffs, Frankfurt/Main 1979 (Habilitationsschrift Basel 1972).

Porter, Roy, *A Social History of Madness*. Stories of the Insane, London 1987.

Preuß, Ulrich K., »Die Aufrüstung der Normalität«, in: *Kursbuch* 56/1979, S. 15–37.

Raulf, Ulrich, *Das normale Leben*. Michel Foucaults Theorie der Normalisierungsmacht, Diss. Marburg 1977 (Eigendruck).

Reinecke, Siegfried, *Autosymbolik in Journalismus, Literatur und Film*. Struktural-funktionale Analysen vom Beginn der Motorisierung bis zur Gegenwart, Bochum 1992.

Ridderstrale, Jonas / Nordström, Kjell, *Karaoke-Kapitalismus*. Fitness und Sexappeal für das Business von morgen, dt. Heidelberg 2005.

Riedesser, Peter / Verderber, Axel, *›Maschinengewehre hinter der Front‹*. Zur Geschichte der deutschen Militärpsychiatrie, Frankfurt/Main 1996.

Riesman, David, *Die einsame Masse*. Eine Untersuchung der Wandlungen des amerikanischen Charakters, dt. Reinbek 1958 (engl. 1950).

Ronsin, Francis / Le Bras, Hervé / Zucker-Rouvillois, Elisabeth (Hgg.), *Démographie et politique*, Dijon 1997.

Rostow, Walter W., *Politics and the Stages of Growth*, Cambridge (UK) 1971.

Roudinesco, Élisabeth (Hg.), *Penser la folie*. Essais sur Michel Foucault, Paris 1992.

—, *Philosophes dans la tourmente*. Canguilhem, Sartre, Foucault, Althusser, Deleuze, Derrida, Paris 2005.

Runte, Annette, *Biographische Operationen*. München 1996.

—, *Subjektkritische Diskurstheorie*. Narratologische Textanalysen von »Erlebnisgeschichten« in der neuen deutschen Frauenpresse am Beispiel von *Emma* und *Meine Geschichte*, Köln 1982.

Sachße, Christoph / Tennstedt, Florian (Hgg.), Soziale Sicherheit und soziale Disziplinierung. Beiträge zu einer historischen Theorie der Sozialpolitik, Frankfurt/Main 1986.

Sarasin, Philipp / Tanner, Jacob (Hgg.), Physiologie und industrielle Gesellschaft. Studien zur Verwissenschaftlichung des Körpers im 19. und 20. Jahrhundert, Frankfurt/Main 1998.

Schenk, Herrad, *Freie Liebe, wilde Ehe*. Über die allmähliche Auflösung der Ehe durch die Liebe, München 1995.

Scheuch, Erwin K., »Sozialprestige und soziale Schichtung«, in: *Soziale Schichtung und soziale Mobilität* (= Sonderheft Kölner Zs. f. Soziologie u. Sozialpsych.) 1965, 65–103.
Schildmann, Ulrike, *Lebensbedingungen behinderter Frauen*, Gießen 1983.
—, »Integrationspädagogik und Normalisierungsprinzip – ein kritischer Vergleich«, in: *Zeitschrift für Heilpädagogik* 3/1997, 90–96.
Schivelbusch, Wolfgang, *Geschichte der Eisenbahnreise.* Zur Industrialisierung von Raum und Zeit im 19. Jahrhundert, München 1977.
Schmieder, Arnold, *Sucht: Normalität der Abwehr*, Freiburg/Br. 1992.
Schneider, Manfred, *Die erkaltete Herzensschrift.* Der autobiographische Text im 20. Jahrhundert, München 1986.
—, *Liebe und Betrug.* Die Sprache des Verlangens, München 1992.
Schudlich, Edwin, *Die Abkehr vom Normalarbeitstag.* Entwicklung der Arbeitszeiten in der Industrie der Bundesrepublik seit 1945, Frankfurt/Main, New York 1987.
Schulte-Holtey, Ernst (Hg.), *Grenzmarkierungen.* Normalisierung und diskursive Ausgrenzung, Duisburg 1996.
Schultz, Duane Philip, *Growth Psychology.* Models of the Healthy Personality, New York u.a. 1977.
Schulze, Gerhard, *Die Erlebnisgesellschaft.* Kultursoziologie der Gegenwart, Frankfurt/Main/New York 1992 (changierender »Normalitäts«-Begriff dominant; u.a. »normale existentielle Problemdefinition«: 232ff.)
—, *Die beste aller Welten.* Wohin bewegt sich die Gesellschaft im 21. Jahrhundert? Frankfurt/Main 2004.
Schweizer, Christel / Prekop, Jirina, *Was unsere Kinder unruhig macht.* Ein Elternratgeber, Aufklärung über Ursachen der Hyperaktivität, Empfehlungen zur Förderung der normalen Entwicklung, Stuttgart 1991.
Sidler, Nikolaus, *Am Rande leben, abweichen, arm sein.* Konzepte und Theorien zu sozialen Problemen, Freiburg i. Brsg. 1989.
Silbermann, Alphons / Hüsers, Francis, *Der »normale« Haß auf die Fremden.* Eine sozialwissenschaftliche Studie zu Ausmaß und Hintergründen von Fremdenfeindlichkeit in Deutschland, München 1995.
Stechow, Elisabeth von, *Erziehung zur Normalität.* Eine Geschichte der Ordnung und Normalisierung der Kindheit, Opladen 2004.
Strube, Gerhard (Hg.), *Binet und die Folgen.* Testverfahren – Differentielle Psychologie – Persönlichkeitsforschung (*Kindlers Psychologie des 20. Jhs.*, Bd. 5), Zürich 1977.
Sullivan, Andrew, *Völlig normal.* Ein Diskurs über Homosexualität, München 1996.
Szasz, Thomas S., *Die Fabrikation des Wahnsinns,* dt. Olten/Freiburg 1974.
Thiem-Schräder, Brigitte, *Normalität und Delinquenz.* Sozialarbeit zwischen Resozialisierung und Normintervention, Bielefeld 1989.
Thimm, Walter, *›Ein Leben so normal wie möglich führen...‹.* Zum Normalisierungskonzept in der Bundesrepublik Deutschland und in Dänemark, Marburg/Lahn 1985.
—, *Das Normalisierungsprinzip.* Eine Einführung, Marburg 1995.
Tibon-Cornillot, Michel, *Les corps transfigurés.* Mécanisation du vivant et imaginaire de la biologie, Paris 1992.
Tort, Michel, *Le quotient intellectuel*, Paris 1974.
Treiber, Hubert / Steinert, Heinz, *Die Fabrikation des zuverlässigen Menschen.* Über die »Wahlverwandtschaft« von Kloster- und Fabrikdisziplin, München 1980.
Tufte, Edward R., *The Visual Display of Quantitative Information*, Cheshire (Connecticut) 1983.
Vadée, Michel, *Marx penseur du possible*, Paris 1992.
Virilio, Paul, »Véhiculaire«, in: ders., *L'insécurité du territoire*, Paris 1976, 243–269.
—, *L'horizon négatif.* Essai de dromoscopie, Paris 1984.
—, *Vitesse et politique*, Paris 1977.

Wagner, Benno, »Von Massen und Menschen. Zum Verhältnis von Medium und Form in Musils *Mann ohne Eigenschaften*«, in: Fuchs, Peter / Göbel, Andreas (Hgg.), *Der Mensch – das Medium der Gesellschaft?* Frankfurt/Main 1994, 264–296.
—, *Der Unversicherbare*. Kafkas Protokolle (Habilitationsschrift Siegen 1998).
—, »Odysseus in Amerika. List und Opfer bei Horkheimer/Adorno und Kafka«, in: Gangl, Manfred / Raulet, Gérard (Hgg.), *Jenseits instrumenteller Vernunft*. Kritische Studien zur Dialektik der Aufklärung, Frankfurt/Main u.a. 1998, 207–224.
Waldschmidt, Anne, *Das Subjekt in der Humangenetik*. Expertendiskurse zu Programmatik und Konzeption der genetischen Beratung 1945–1990, Münster 1996.
Walther, Andreas (Hg.), *Junge Erwachsene in Europa*. Jenseits der Normalbiographie? Opladen 1996.
Wendeler, Jürgen, *Geistige Behinderung, Normalisierung und soziale Abhängigkeit*, Heidelberg 1992.
Widmer, Urs, *Das Normale und die Sehnsucht*. Essays und Geschichten, Zürich 1972.
Wiehn, Erhard, *Theorien der sozialen Schichtung*. Eine kritische Diskussion, München 1968.
Wölker, Thomas, *Entstehung und Entwicklung des Deutschen Normenausschusses 1917–1925*, Berlin 1992.
Wupper-Tewes, Hans, *Rationalisierung als Normalisierung*. Betriebswissenschaft und betriebliche Leistungspolitik in der Weimarer Republik, Münster 1995.
Zima, Peter V., *Roman und Ideologie*. Zur Sozialgeschichte des modernen Romans, München 1986.
Zulliger, Hans, *Das normale Kind in der Entwicklung*, Ausgewählte Texte, Bern 1992.
Zwierlein, Eduard (Hg.), *Normalität – Differenz – Asymmetrie*. Ethische Herausforderung im Umgang mit Schwachen und Fremden, Idstein 1995.

Abbildungsnachweise

Graphiken S. 76, S. 77 und S. 79 mit freundlicher Genehmigung des Kinsey-Institute for Research in Sex, Gender, and Reproduction aus: Kinsey, Alfed C. / Pomeroy, Wardell B. / Martin, Clyde E., *Das sexuelle Verhalten des Mannes*, Frankfurt/Main 1970, S. 193, 458 und 597. – Kurven S. 344 und 345 mit freundlicher Genehmigung der Springer-Verlag GmbH & Co. KG aus: Jürgen Bortz, *Statistik*. Für Sozialwissenschaftler. Vierte, vollständig überarbeitete Auflage. Mit 72 Abbildungen und 247 Tabellen, Berlin/Heidelberg 1993, S. 32 und 39. – Graphikausschnitt S. 350 (»Das Wachstum der Weltbevölkerung« von Thomas Heumann) mit freundlicher Genehmigung der Frankfurter Allgemeinen Zeitung aus: *FAZ*, 17.8.1994.

V&R